天台宗典編纂所編

續天台宗全書

法儀2

常行堂聲明譜

法則類聚

春秋社

續天台宗全書　法儀2　常行堂聲明譜・法則類聚　目　次

法則集　一冊 …… 289

法則集　雜雜浮流草　一冊 …… 302

法則集　十六題　一冊

法則集　十七題　一冊

法則集　二十題　一冊 …… 440

法則指南集

一冊 …… 499

『續天台宗全書』編纂趣旨

1　天台宗全書刊行の目的は、天台宗の教学・歴史を学ぶに必要な典籍を網羅し、出来得る限り研究の便に供するにある。けれども、天台宗開創以来一二〇〇年に亘って伝えて来た諸寺の宝庫に所蔵されている書籍は極めて多く、『續天台宗全書』数百巻の刊行を必要とするほどであり、これに中国天台さらに経典の注釈書を加えると、なお多くの刊行が必要となろう。このような大規模な出版計画は、短期間に完成し難い。今回の刊行は前『天台宗全書』(昭和十年～十二年発刊)に続くものとして計画したものであり、第1期十五冊・第2期十冊・第3期十冊合わせて三十五冊とした。第3期完成後は、第4期第5期と継続する予定である。

2　編纂の基本方針は、入手された中で最も重要と思われる書籍の刊行を主とし、貴重珍稀な写本と重要希少な木版刊本を選択したが、すでに刊本が流布する書であっても重要と認められる書については採択した書もわずかながらある。

編纂上、諸典籍を顕教部・密教部・論草部・口決部・円戒部・法儀部・神道部(山王神道)・史伝部・寺誌部・修験部・悉曇部・雑録文芸部の十二に分けた。刊行順序は、出来るだけ成立の古い書籍から出版するのが望ましいが、その順序に従えなかったものもある。

3　明治以来、活版印刷によって流布した書籍については、天台宗の根本経疏であっても重複を避けて選択採用しなかった書籍が多い。すなわち、前『天台宗全書』はもちろん、『大日本校訂縮刻大蔵経』(縮蔵)、『大日本校訂訓点大蔵経』(卍蔵)、『大日本続蔵経』(続蔵)、『大正新修大蔵経』(大正蔵)、『大日本仏教全書』(仏全)、『日本大蔵経』(日蔵)、『伝教大師全集』『智証大師全集』『恵心僧都全集』『慈眼大師全集』『群書類従』『続群書類従』等の中に収められる書籍は、原則として省略し採用しなかった。

4　書籍の翻刻には、厳密なる校訂のもとに確定本が作られる必要がある。異本の対校には出来る限り努めて訂正注記した。

凡　例

使用文字

1　翻刻に当たり、原則としてすべて正字に統一した。しかし正字であっても、さして用いられない文字の場合は、通用の旧字体を用い、また別体字は生かして用いた。固有名詞は俗字・異体字でも使用した場合がある。

返り点・送り仮名は原典を尊重しながら表記統一を行い、句点「。」と中点「・」のみを適宜に付した。

傍注は、原則的に右側の行間に記した。

〔表記例〕

岳嶽天台五臺山。辯辨辨總綜燈灯。以レ邑ヲ爲レ氏。
（凡例2c　辨總㋑〈ナシ〉）（凡例2c　ㇾ㋑子孫因）

「穎川ハ郡ノ名。」〔在ニ豫州ニ秦ノ所レ置也〕
（凡例3b　（穎カ））（凡例2b　「」㋺〈ナシ〉）（凡例2b　㋺㋩）（凡例3a　豫州㋺許州ノ西）（凡例4b　㋩朱　有穎河）

「謂ニ照了ノ分明ナル體達ノ無礙ナルヲ。」法華ト花儼經。
（凡例3a　「」㋑照了分明。取ニ譬ヲ於日ニ體達無礙）（凡例3b　（ママ））

叡澄筆跡名蹟示迹也
（凡例1）（凡例4a　イ大師傳也）

〔 〕およびㇾは対校本の挿入
（ ）は参考注記（本文中では対校注記）
「 」『 』は範囲指示

2　脱字・加文の注記（表記例参照）

脱字・脱文、加字・加文の場合の挿入・注記。

2a　対校本は㋑・㋺・㋩等を用いて表示し、各書目末にその対校本の所蔵処と種類を明記した。

2b　底本に長脱文ある場合は、〔 〕を用いて本文中に対校本加入文を加入して㋑・㋺・㋩等で出典の対校本を表示した。対校本に長脱文ある場合は、脱文相当を「 」で囲み、対校注を〈ナシ〉で表わした。（例）「」㋺〈ナシ〉

2c　対校本加入字の傍注は、ㇾ㋑㋺㋩□□□などとした（原則的に短文）。対校本脱字の傍注は、本文の横に相当脱字を小文字で指示し、〈ナシ〉で表わした。（例）辨總㋑〈ナシ〉

3　校異文字の注記（表記例参照）

置き換え字・文（文字が対校本で異なる）の場合の傍注。

3a　3文字までは、本文の横に相当文字を小文字で指示し、続けて傍注した。（例）傳㋺傳

4文字以上の場合は、相当文を「 」で囲み、傍注した。

（例）「」㋑□□□□

3b　（ママ）（□カ）は、異読文字の校訂者注。

4　原典注の表記（表記例参照）

原典に記されている傍注等の表記。

4a　底本および対校本に元来ある短文傍注は、あるままに印刷してあり、○のないイが付されている場合がある。

4b　[朱]は朱書き、[押]は付紙、[裏]は裏書、[頭]は頭注を示し、長文注記の場合は2字下げて本文同様に印刷した。

朱書は[朱書]、付紙は[押紙]、裏書は[裏書]、頭注は[頭註]

常行堂聲明譜

〔序 文〕

夫聲明者。五音七聲之所操也。爰以如二懺法伽陀一者。出レ自レ宮出レ自レ商。至二散花梵音一者。象二于呂一象二于律一正レ之。僉起二於龍笛之音一搜レ之。咸莫レ非二鳳管之響一計知。五智五佛座位各異而雖二不亂不混一。五音五行次第輪環而遞爲レ主爲レ伴。若達レ之定通二聖衆之聽一。若違レ之豈無二齊(齋カ)會之妨一乎。堅守二師資之口傳一。勿レ加二自己之意巧一。既而先哲之爲二感能一猶思二稟承之不謬一。後昆之爲二愚昧一何忘二習學之可愼一哉。是故且披二十二卷之本譜一。聊調二上下帖之新曲一。全非二他家之所要一。偏爲レ備二自門之規摸一而已

貞和五年(一三四九)大歲庚寅四月 日

〔目 次〕

第九　後誓 且無之　教化曲 且無之
第十　大師供　惣禮詞 且無之　勸請 無之　佛名
無之　畫讚　勸請　佛名　勸請　教
化　六種　教化
第十一　羅漢供　勸請等 且略之　羅漢讚 但略之
第十二　云何唄　長音供養文　諸天讚　同漢語
吉慶梵語　同漢語　三寶讚　佛讚
十號讚　法讚　僧讚　蓮花部讚
金剛部讚　彌陀讚　四智讚　同漢語
乞戒師作法　表白　神分　勸請
佛名教化　乞戒偈　持地偈　三力偈
大日心略讚　同漢語　以上本譜十二卷
畢　此外散在
兩界讚　胎 供養文　唱禮　九方便　大讚
普賢讚　金 唱禮　五悔　百字讚
百八讚　合行唱禮　台 灌頂唱禮
金 唱禮　花供三禮　悲歎聲　念佛懺法

供養文 敬禮段 五悔 後唄 發願　摩多羅神等　忉利　八十有
餘　江東船子哥　朗詠曲
甲乙圖（圖略）

（上帖施入識語）
奉施入日光山常行堂妙音流聲明所（集歟）上下二帖
右志者爲現當二世悉地成就圓滿也
應永四年（一三九七）丁丑八月十一日
施入之仁　妙法坊阿闍梨榮重
結緣之仁　御留守權律師昌瑜

常行三昧堂大過去帳（中略）
奉施入日光山常行堂過去帳 一帖
右志者爲現當二世悉地成就也
應永四年（一三九七）丁丑八月十一日
施入之仁　妙法坊阿闍梨榮重
結緣之仁　御留守權律師昌瑜

（上帖修覆奥書）

日光山常行堂大過去帳大破。于時元祿四（一六九一）辛未年大猷院様御別當大僧都天祐御修覆被仰付。同五月二十一日。於御別所細工奉始之至大破故一枚宛是ヲヘキ分ケ閉新別紙一枚宛入之奉修覆。同八月三日奉成就。御表紙蜀巧（江カ）錦者。將軍家御使番當山輪番之御目付大嶋雲四郎源義高朝臣御祖父御兩親爲御菩提御奇（寄カ）進也　錦地者義高御祖父ヨリ御傳七十年餘御所持之由

生國武州江戸紺屋町　大經師植山彌平次正利（華押）三十七歳

（下帖施入識語）

奉施入日光山常行堂妙音流聲明所　上下二帖

右志者爲現當二世悉地成就圓満也

應永四年（一三九七）丁丑八月十一日

施入之仁　妙法坊阿闍梨榮重

結縁之仁　御留守權律師昌瑜

（下帖修覆奥書）

日光山常行堂御奉納御聲明御傳受之一册大破。于時元祿四（一六九一）辛未年大猷院様御別當大僧都天祐御修覆被仰付。同五月二十一日。於御別所細工奉始之至大破故一枚宛是ヲヘキ分ケ閉ニ新ノ別紙一枚宛入之奉修覆。同八月三日奉成就。御表紙蜀巧（江カ）ノ錦者。將軍家御使番當御山輪番ノ御目付大嶋雲四郎源義高朝臣御祖父御兩親爲御菩提御奇（寄カ）進也　錦地ハ義高御祖父ヨリ御傳七十年餘御所持ノ由

生國武州江戸紺屋町　大經師植山彌平次正利（華押）三十七歳

（底　本）日光山輪王寺藏、應永四年（一三九七）日光山常行堂施入識語、元祿四年（一六九一）修覆奥書、昭和三十二年二月十九日重要文化財指定、綠地錦表装上下二帖書寫本

常行堂聲明譜

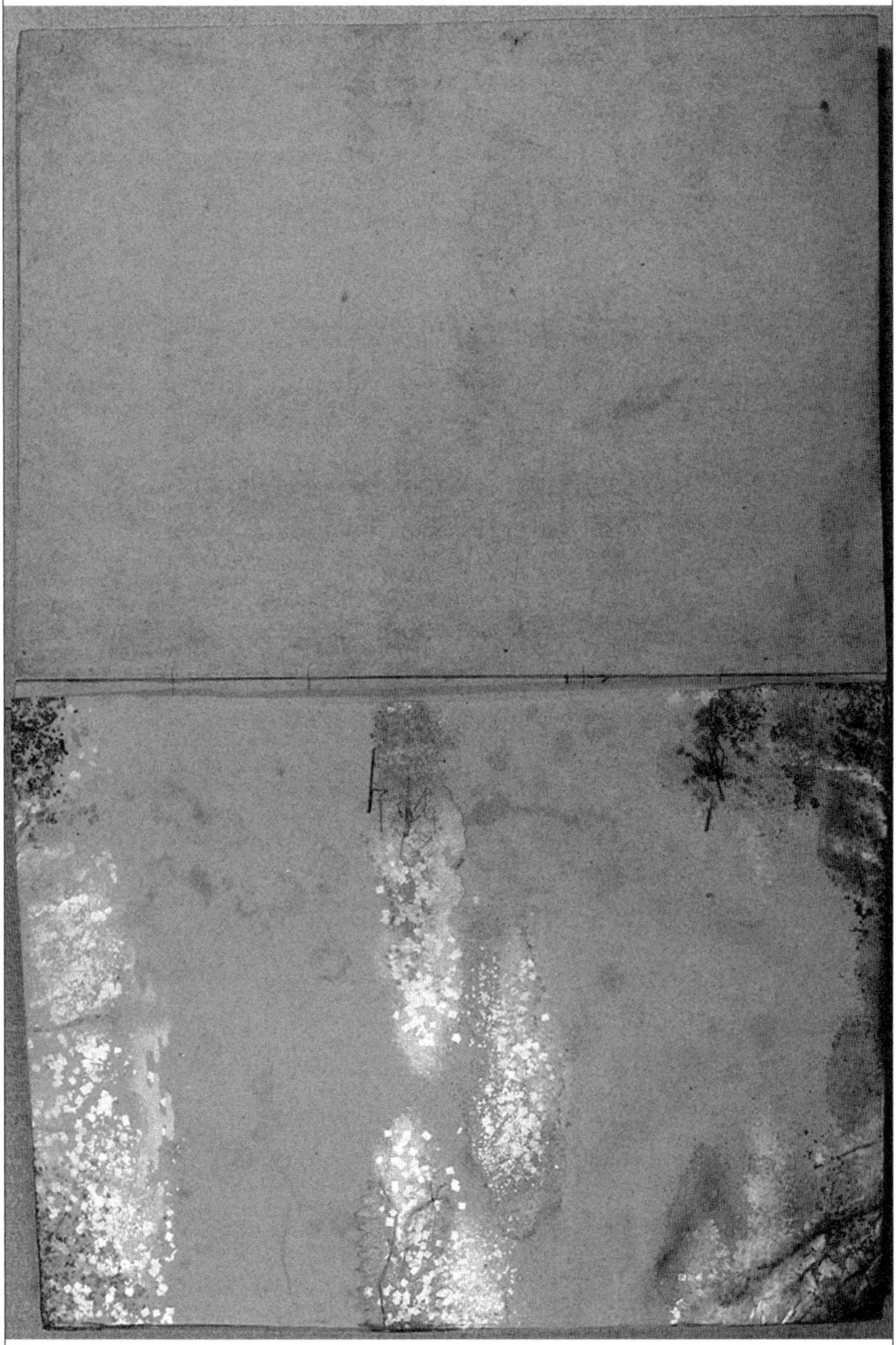

夫聲明者五音七聲之所操也爰以如幟法
伽陀者出自宮商自高至散花梵音者家于
呂家于律正之僉起於龍笛之音彼之感奠
非鳳管之響討知五智五佛座位各異而雖
不乱不混五音五行次第輪環而遁為主為体

若違之定通聖衆之聽若遠之宣無曆會之
始于堅守師資之口傳勿加自己之意巧既而
先祖之爲感能循思衆哀之不謬後昆之爲
愚昧付忌習學之十慎哉是故且被十二卷之
本譜所謂上下恰之新曲全非他家之所要備
爲倫自門之規模而已

貞和五年大歳庚寅四月　日

第一　始段唄　中唄　散花　梵音　錫杖
對揚曲　吳音三礼六　佛名教化六

第二　戦祇唄　行香唄　切音九条錫杖
伽陀曲

第三　長聲九条錫杖
二心戯礼　唄　変心懺悔　十方念

第四　法華懺法
三礼六并六時偈　頓迹流　経段

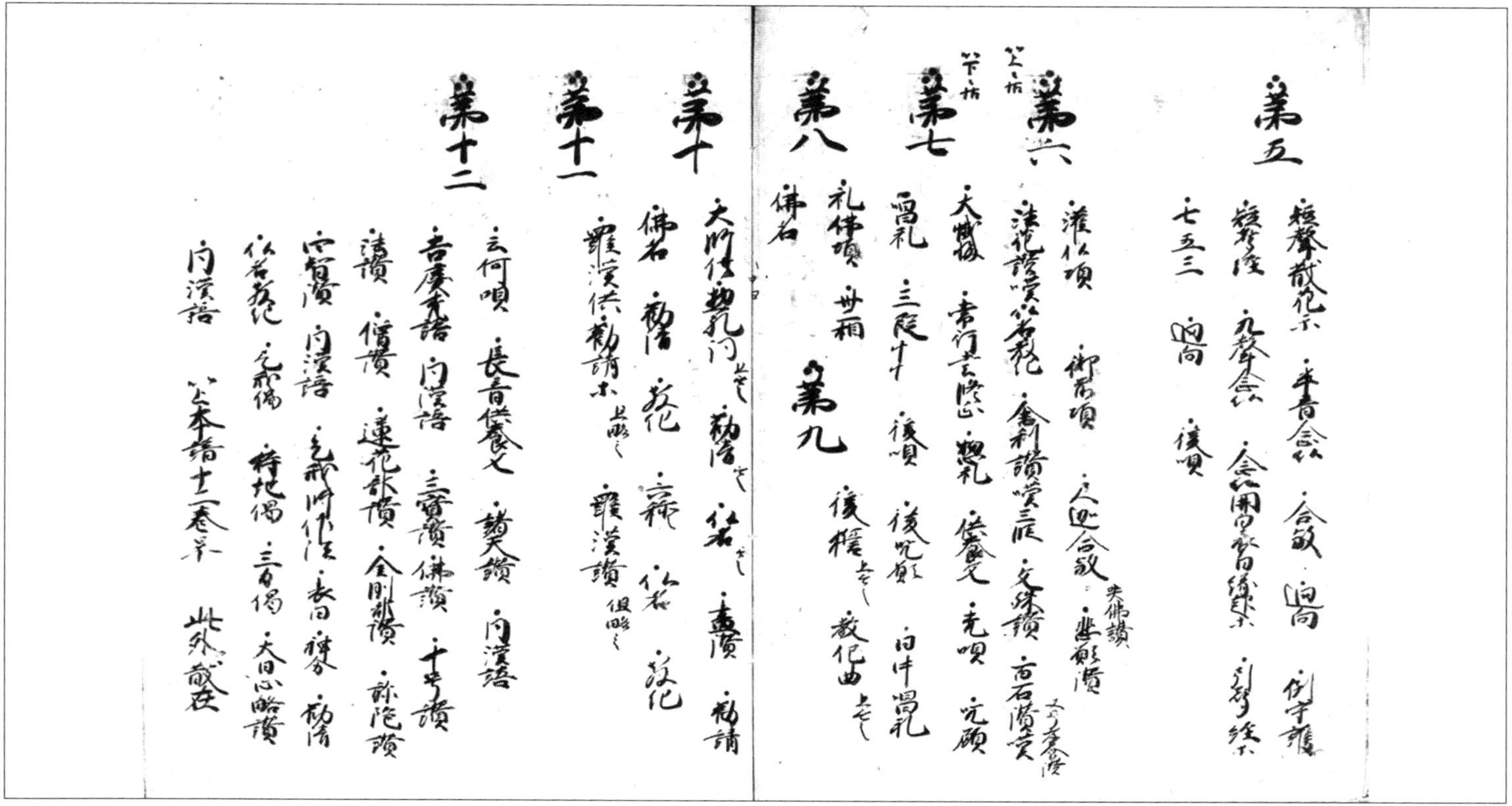
第五
梵讃散花 ・米音念仏 ・合殺 ・廻向 ・例時懺
梵讃後 ・九聲念仏 ・念仏開白縁起 ・引聲経
・七五三 ・廻向 ・後唄
第六
灌仏頌 ・御前頌 ・入迎合殺 ・悲歎讃
法花讃嘆 ・舎利讃嘆三匝 ・文殊讃 ・西方讃嘆
第七
大懺悔 ・常行三昧 ・総礼 ・供養文 ・光明 ・呪願
唱礼 ・三匝 ・後唄 ・後呪願 ・白仟唱礼
第八
仏名
礼仏頌 ・世相
第九
後讃 ・後懺悔
教化曲
第十
大阿弥陀讃仏門 ・勧請 ・仏名 ・画讃 ・勧請
仏名 ・勧請 ・散花 ・六種 ・仏名 ・散花
第十一
羅漢供勧請 ・羅漢讃
第十二
云何唄 ・長音供養文 ・諸天讃 ・同漢語
吉慶梵語 ・同漢語 ・三宝讃 仏讃 ・十方讃
諸讃 ・僧讃 ・蓮花部讃 ・金剛部讃 ・弥陀讃
四智讃 ・同漢語 ・光明供仟法 ・表白 ・神分 ・勧請
仏名教化 ・光明偈 ・持地偈 ・三身偈 ・大日心略讃
同漢語 以上本箱十二巻 此外散在

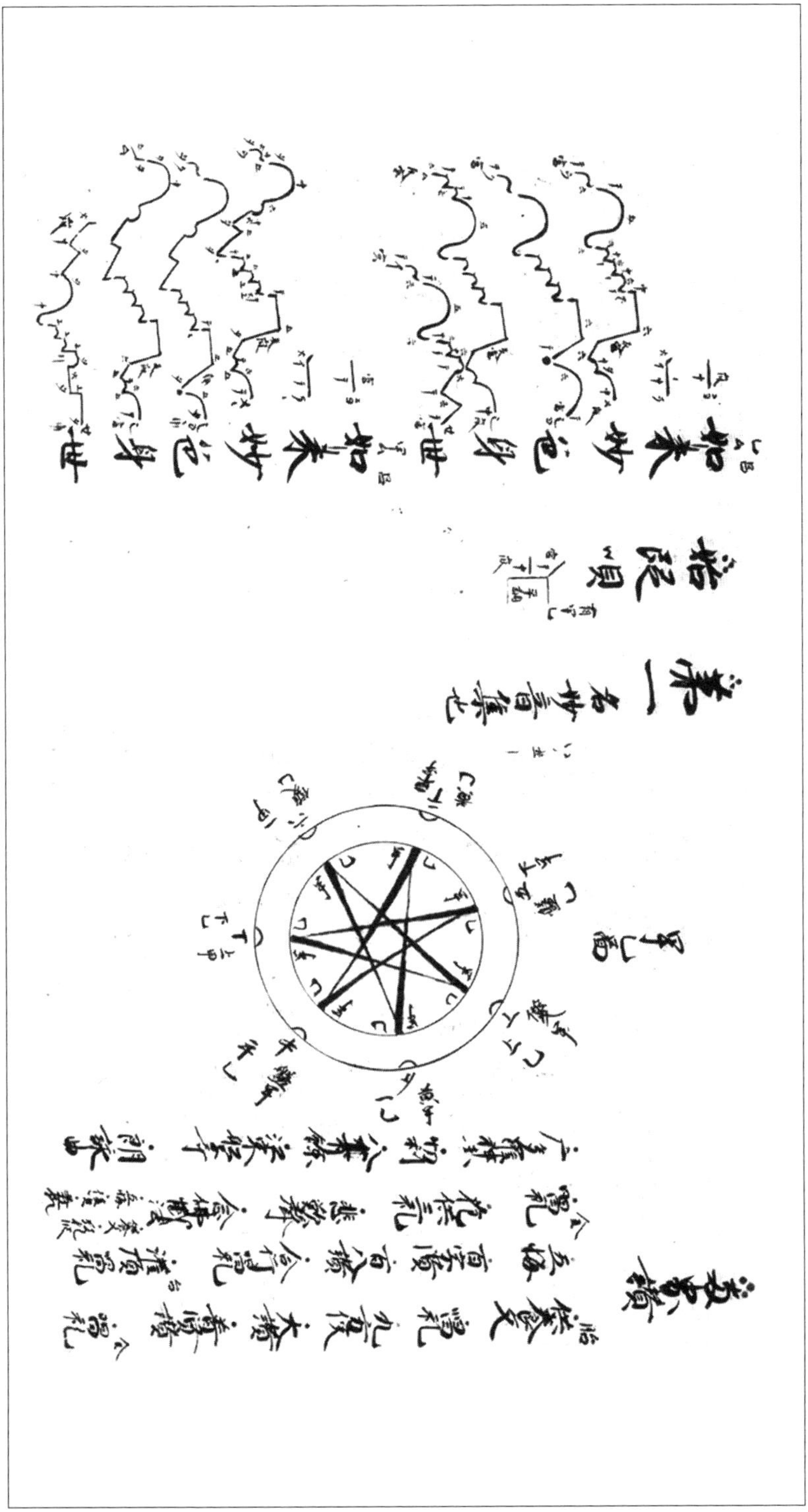
第一　名妙音集也
始段唄
如来妙色身世
如来妙色身世

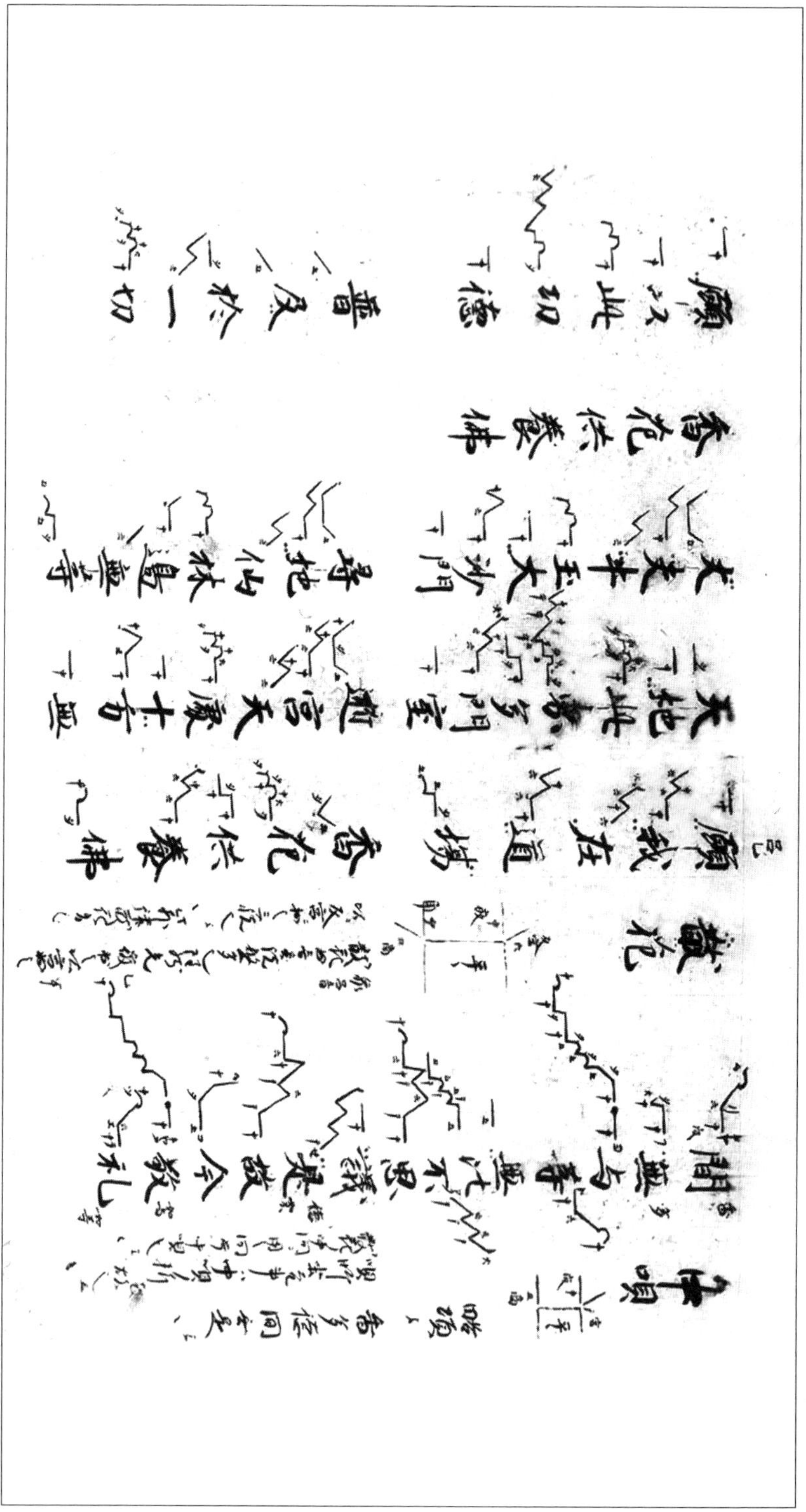
中唄
聞無与等無比不思議是故今敬礼
散花
願我在道場　香花供養佛
天地此界多聞室　逝宮天處十方無
丈夫牛王大沙門　尋地仙林遍無等
香花供養佛
願以此功德　普及於一切

我等与衆生　皆共成佛道
香花供養佛
梵音
十方所有勝妙花　普散十方諸國土
是以供養釋迦尊　是以供養諸如来
出生無量寶蓮花　其花色相皆殊妙
是以供養大乗経　是以供養諸菩薩
南無恭敬供養霊山極樂恭敬供養顕密聖教
錫杖
手執錫杖　當願衆生　設大施會

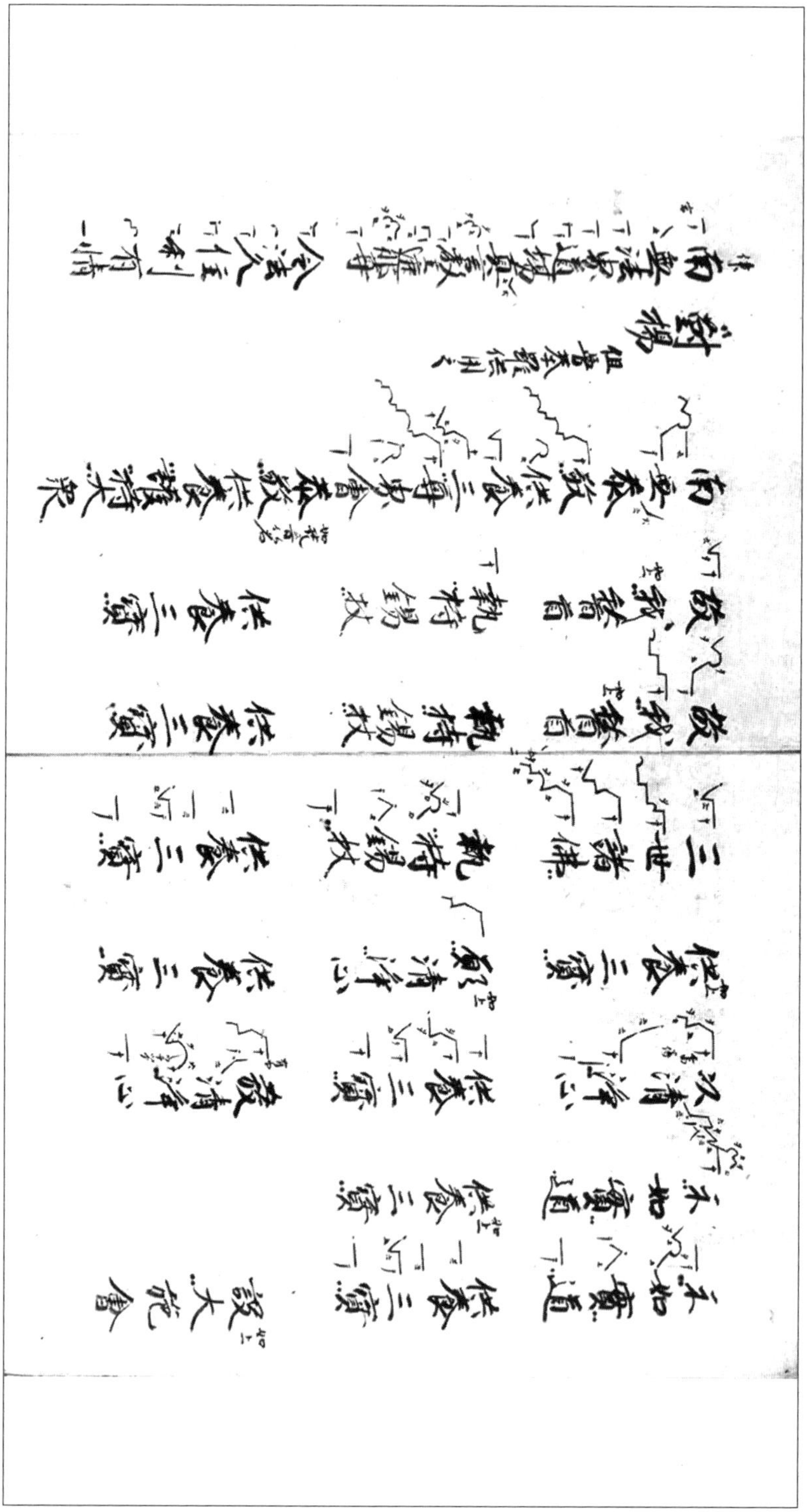
不如寶道　供養三寶　設大施會
不如寶道　供養三寶
以清淨心　供養三寶　發清淨心
供養三寶　願清淨心　供養三寶
三世諸佛　執持錫杖　供養三寶
敬我稽首　執持錫杖　供養三寶
故我稽首　執持錫杖　供養三寶
南無恭敬供養三尊界會恭敬供養護持大衆
對揚
南無法界道場真言教主遮那尊　令法久住利有情

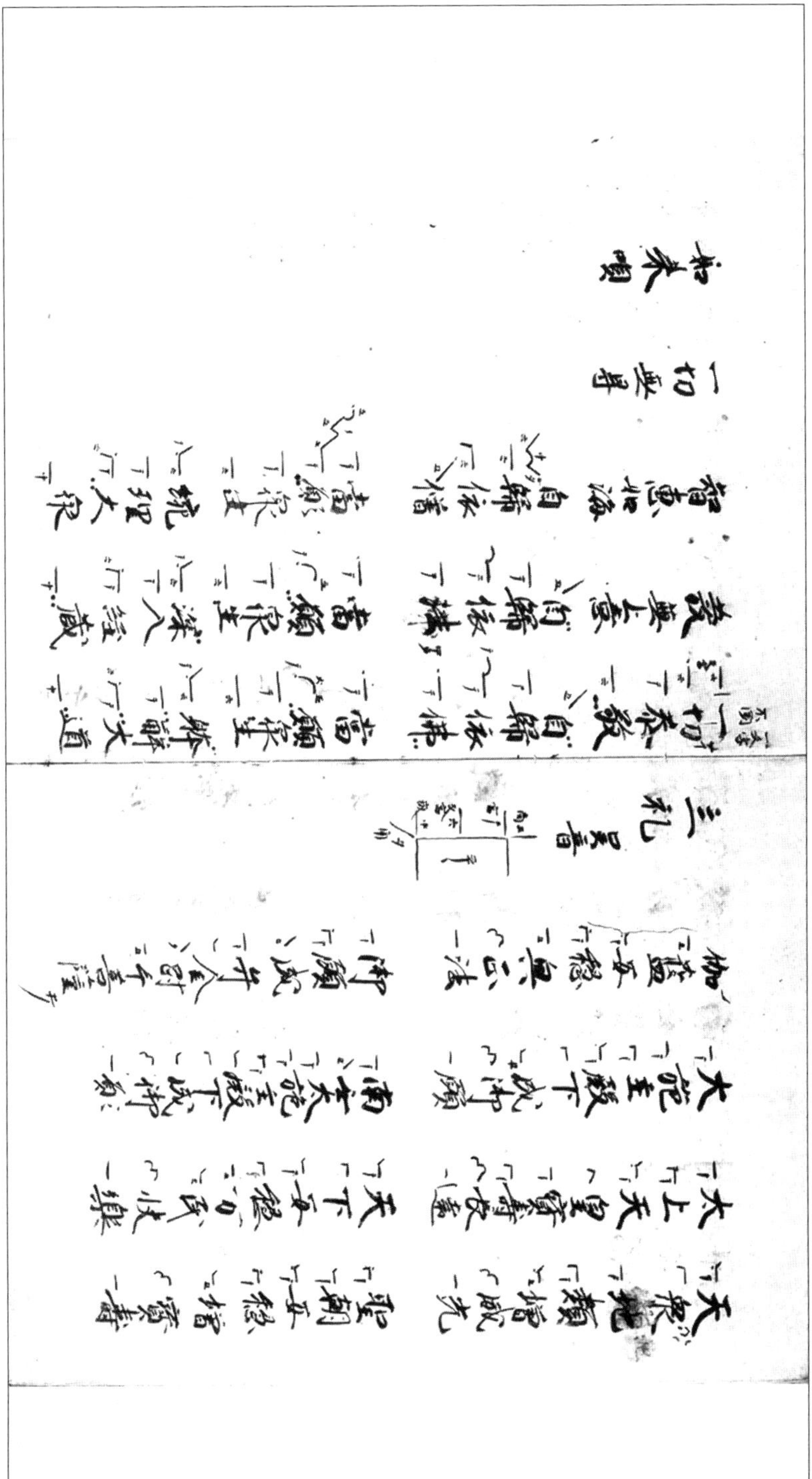
天衆地類増威光　聖朝安穏増寶壽
太上天皇寶壽長遠　天下安穏万民快楽
大施主殿下成御願　南無大施主殿下成御願
伽藍安穏興正法　御願成弁金剛手菩薩
三礼　呉音
一切恭敬　自帰依佛　當願衆生　體解大道
發無上意　自帰依法　當願衆生　深入経蔵
智恵如海　自帰依僧　當願衆生　統理大衆
一切無㝵
如来唄

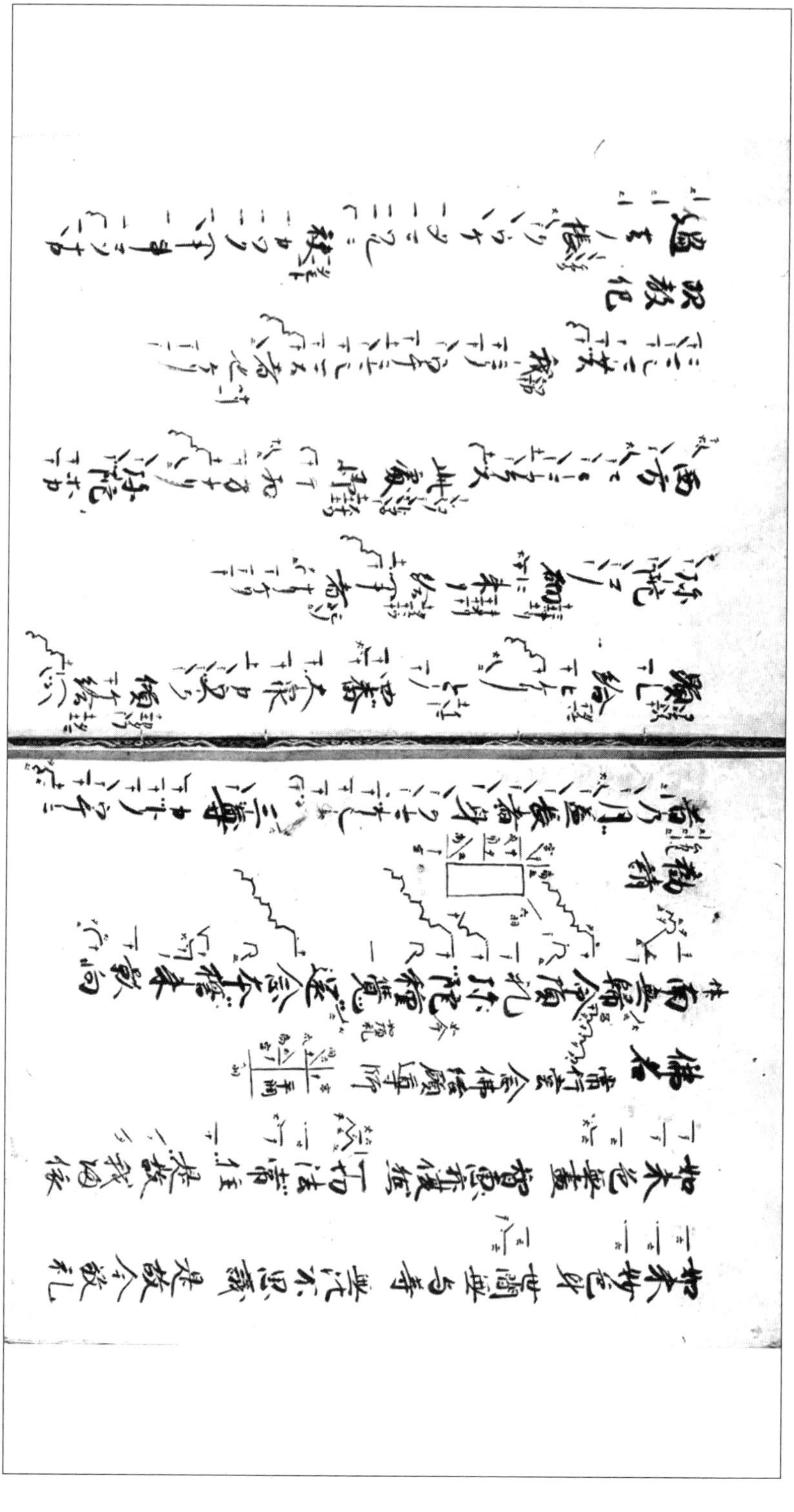
如来妙色身　世間無与等　無比不思議　是故今敬礼
如来色無盡　智恵亦復然　一切法常住　是故我帰依
佛名
南無帰命頂礼弥陀種覚　還念本誓来歓向
勧請

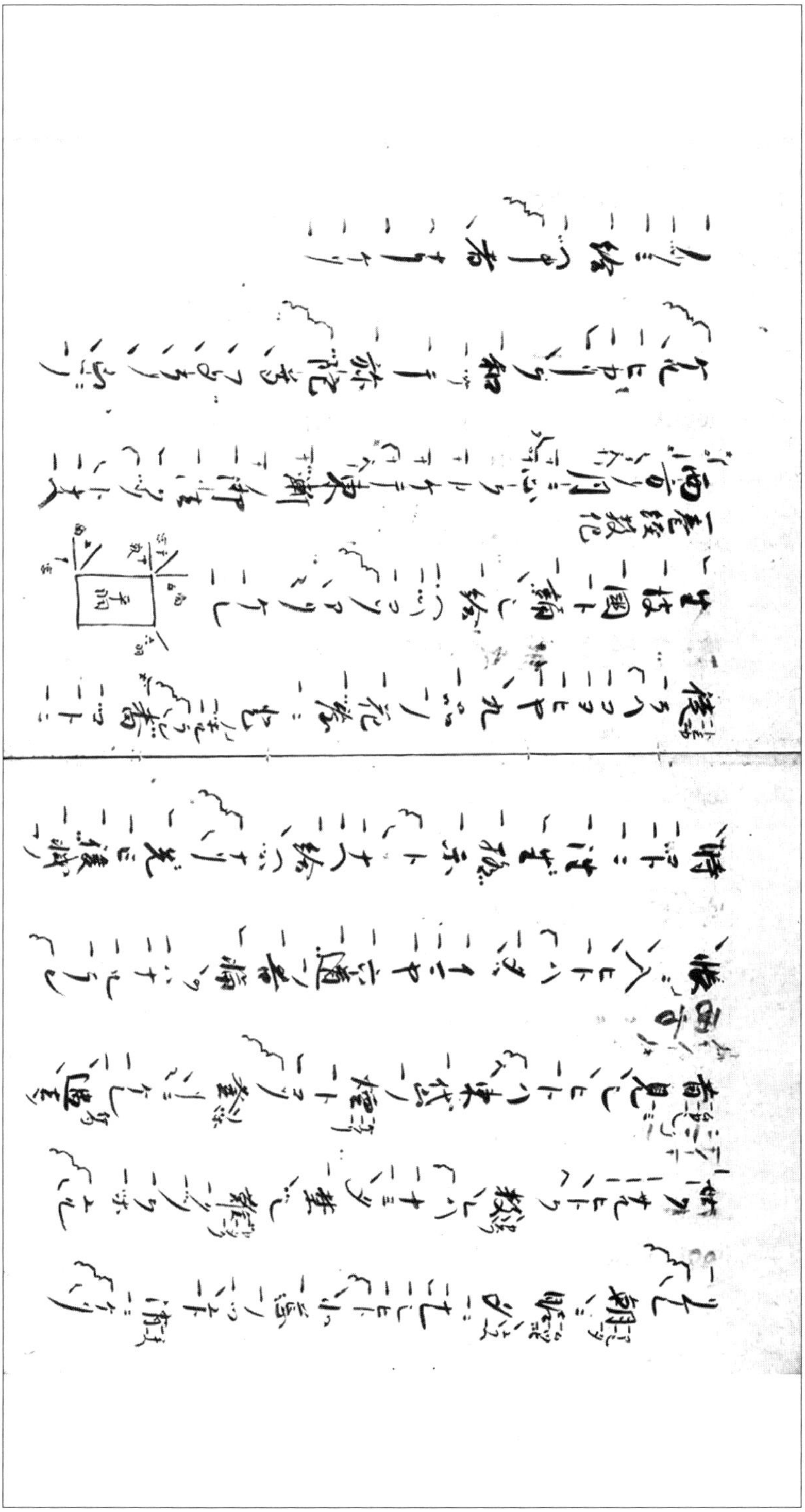

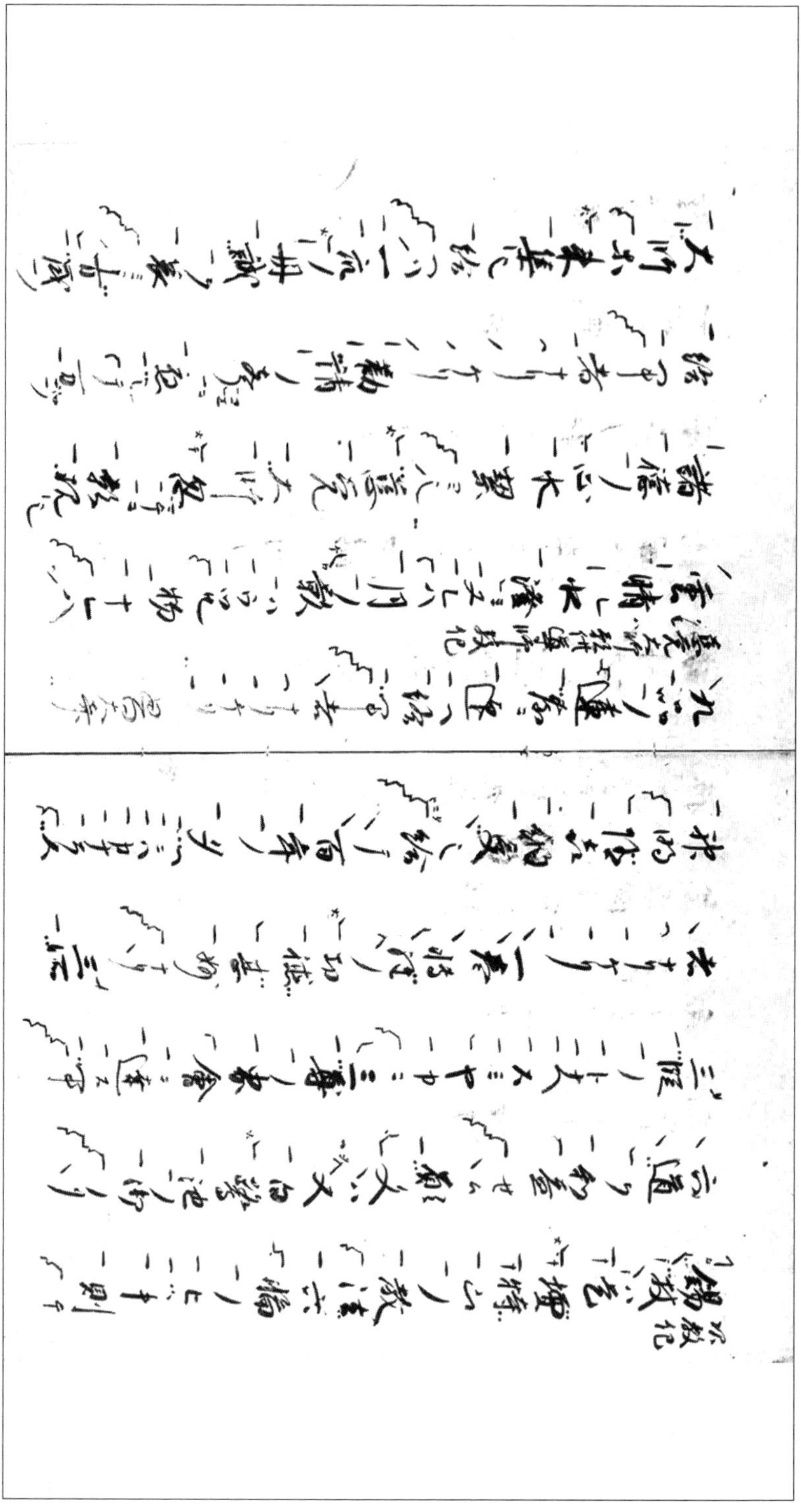

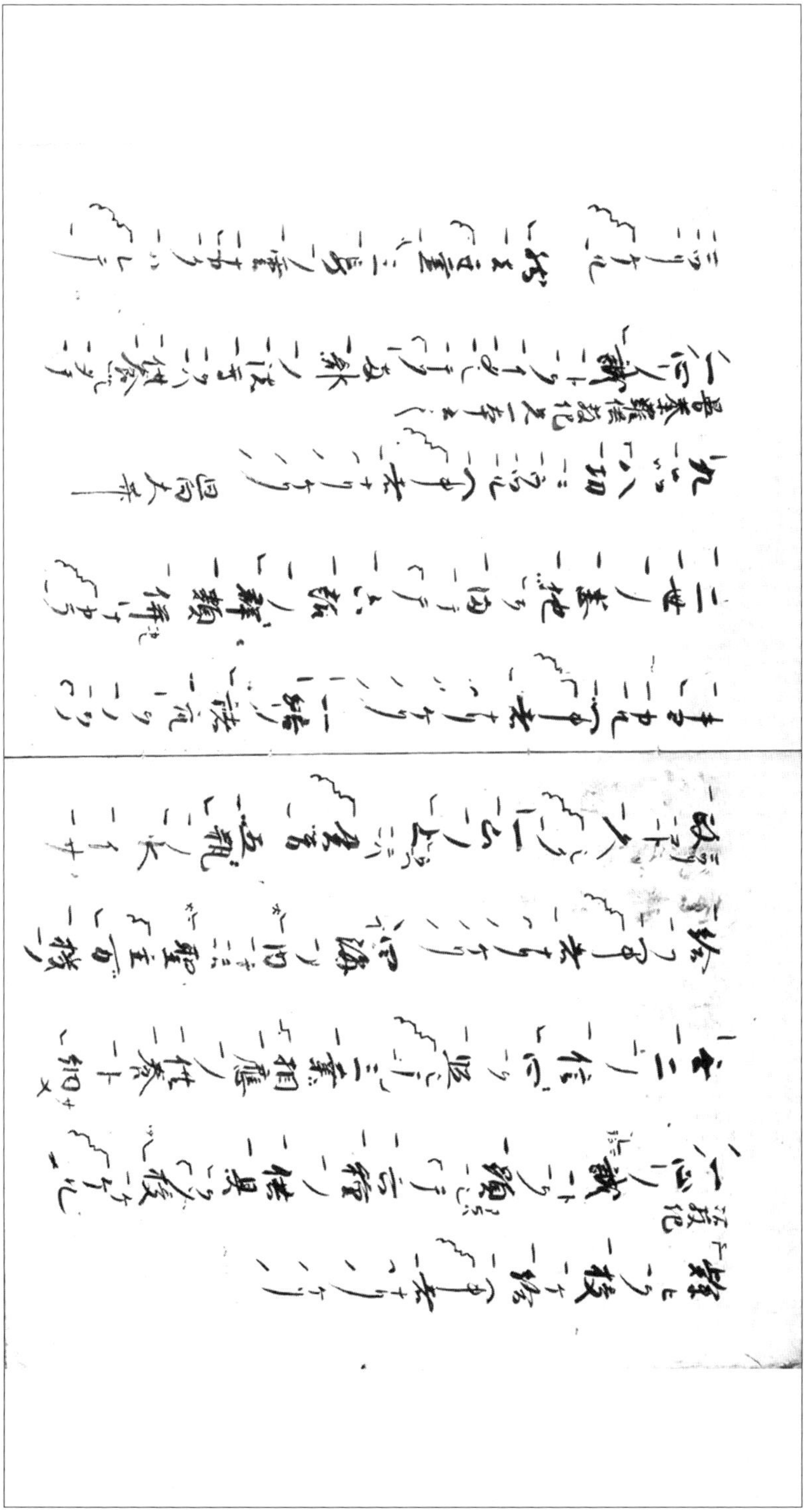

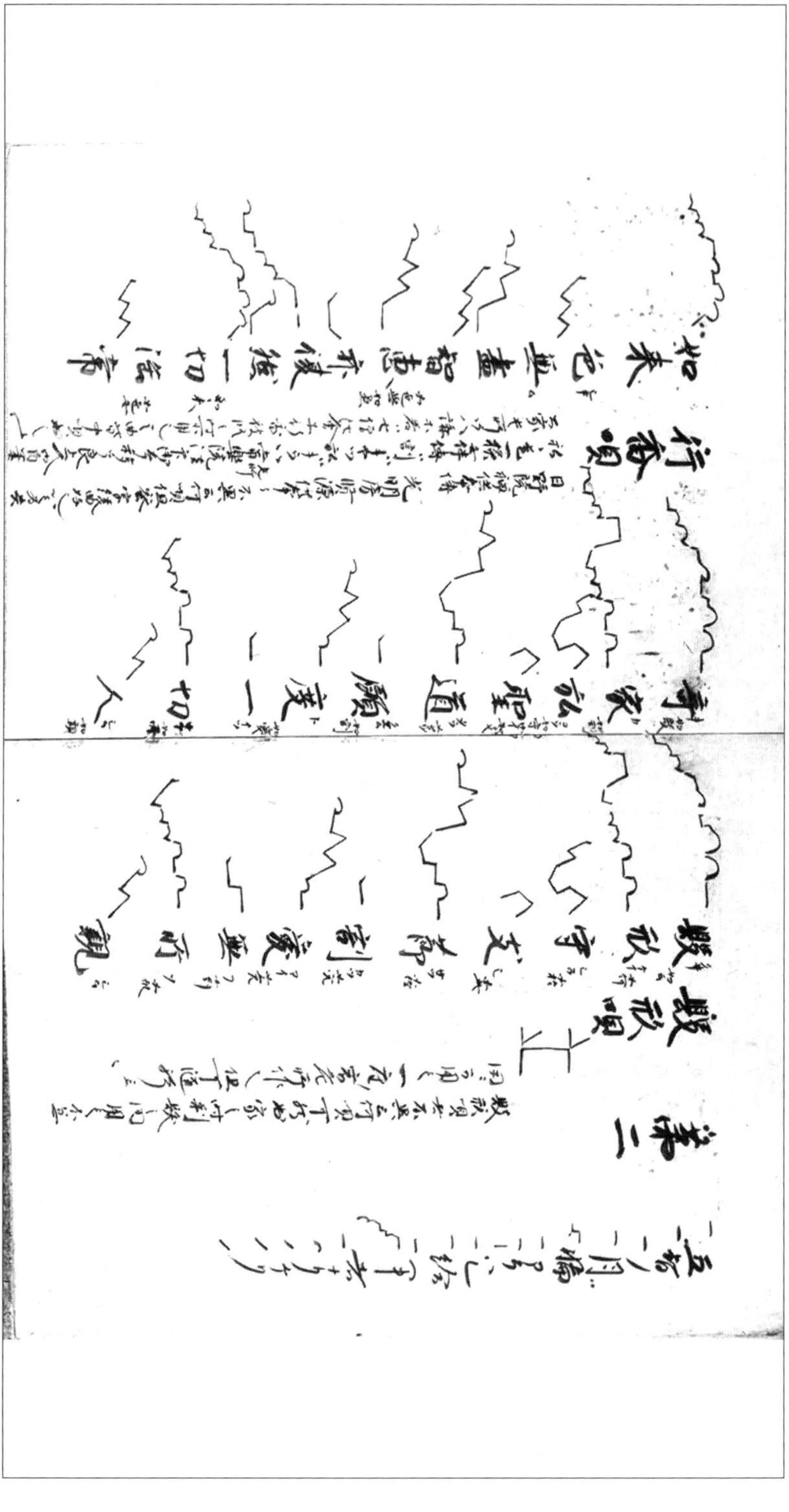

任是故我歸依
伽陀
敬礼天人大覺尊恒沙福智皆圓滿
因圓果滿成正覺住壽猶然去未來
我此道場如帝珠十方諸佛影現中
我身影現三寶前頭面接足歸命礼
得道來不動法性自八正道垂權跡
皆得解脱苦衆生故号八幡大菩薩
願我臨欲命終時盡除一切諸障㝵

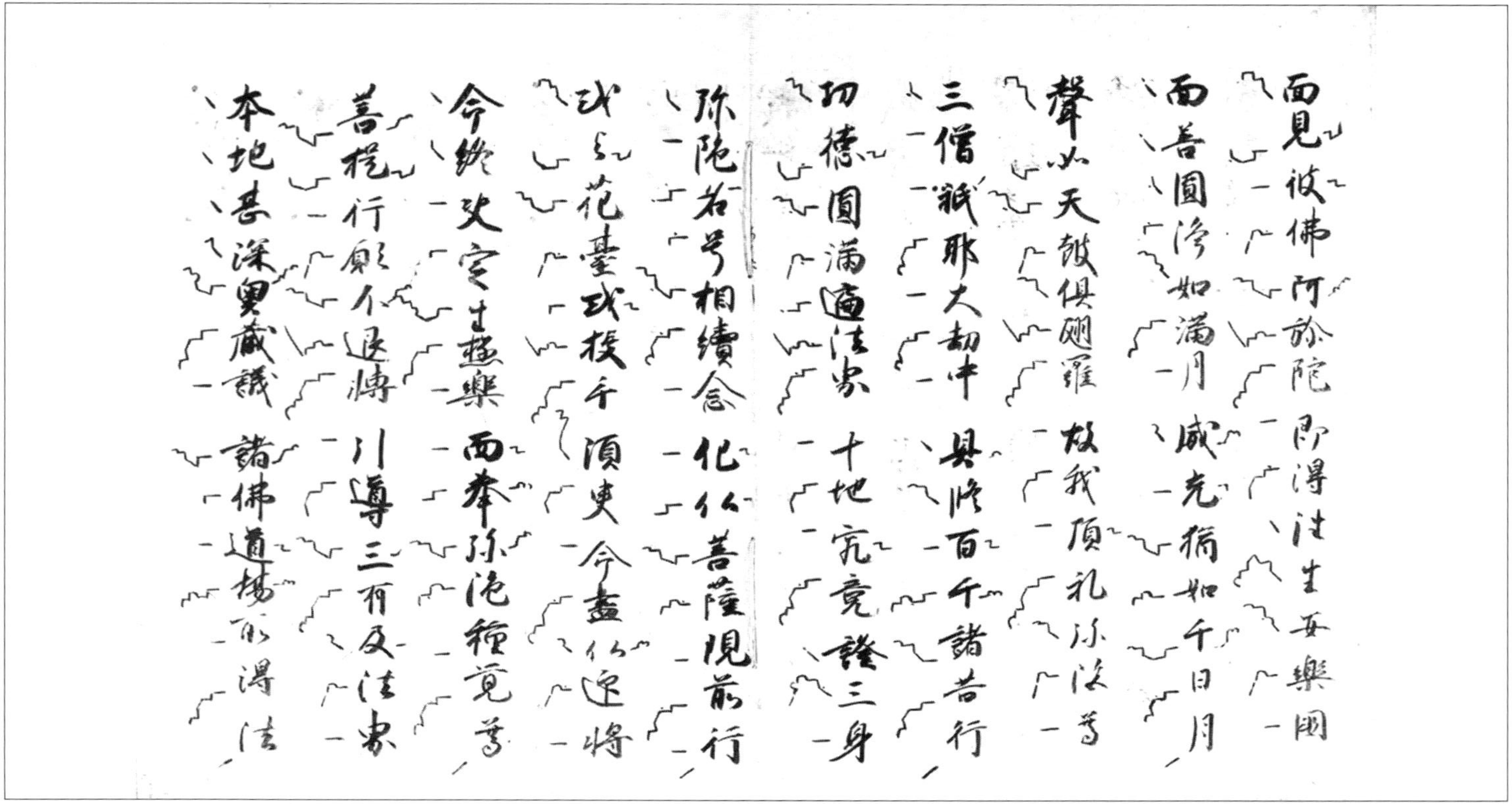
面見彼佛阿弥陀　即得往生安樂國
面善圓淨如滿月　威光猶如千日月
聲如天鼓倶翅羅　故我頂禮弥陀尊
三僧祇那大劫中　具修百千諸善行
功德圓滿遍法界　十地究竟證三身
弥陀名号相續念　化仏菩薩現前行
或々花臺或授手　須臾命盡仏迎將
命終决定生極樂　西奉弥陀種覺尊
菩提行願不退轉　引導三有及法界
本地甚深奥藏識　諸佛道場所得法

衆生若聞如説行　即得自我成佛道
於末法中善男子　一搏之食施衆生
是善根見弥陀　當得菩提究竟道
現在未来天人衆　吾今讃歎付属汝
大神通方便力　勿令堕在諸悪趣
倶尸那城跋提河　沙羅林中雙樹下
頭北面西右脇臥　二月十五夜半滅
願我生々見諸佛　世々恒聞深妙典
恒修不退菩薩行　疾證無上大菩提
八功徳水妙花池　諸有縁者悉同生

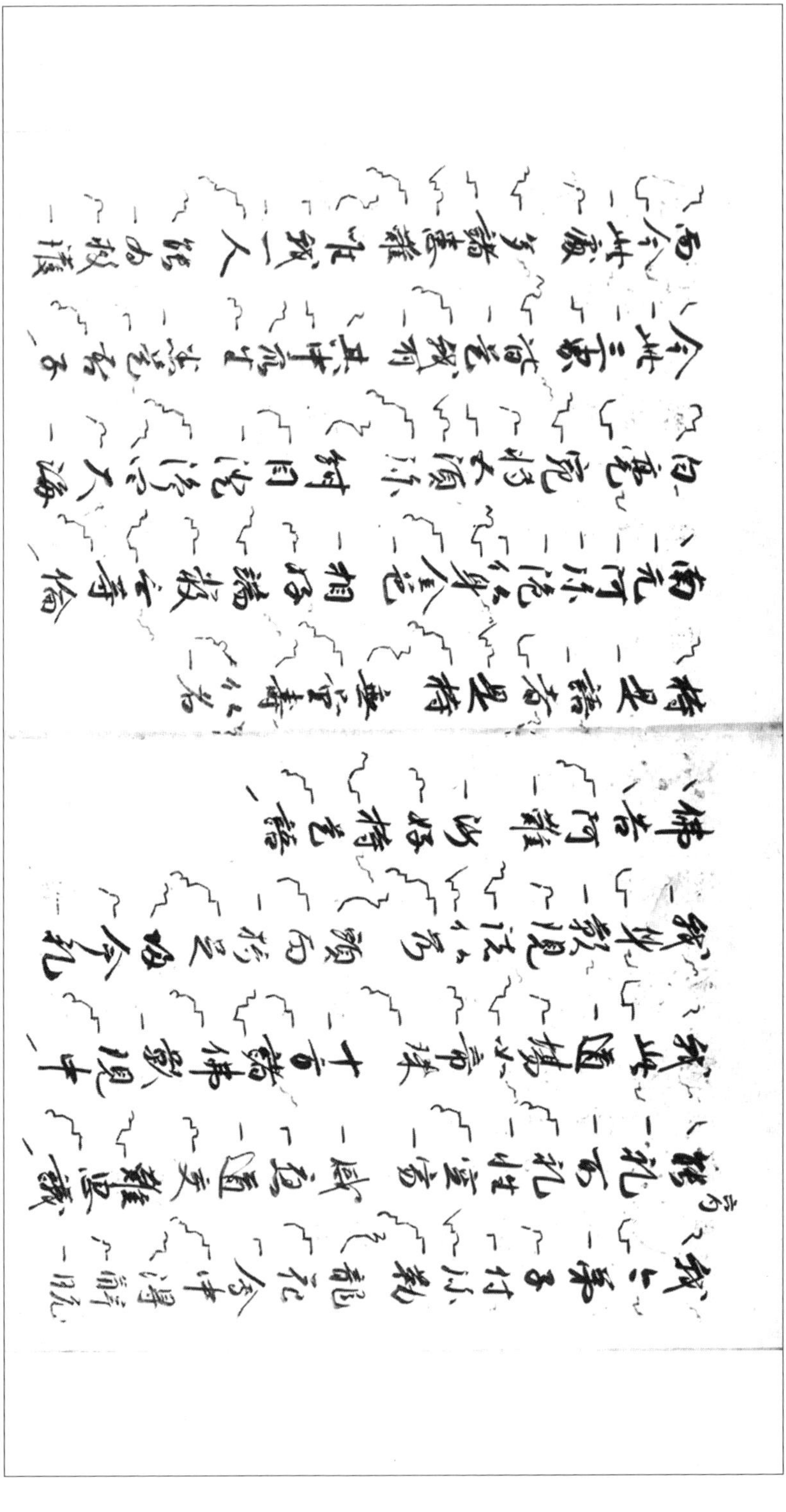

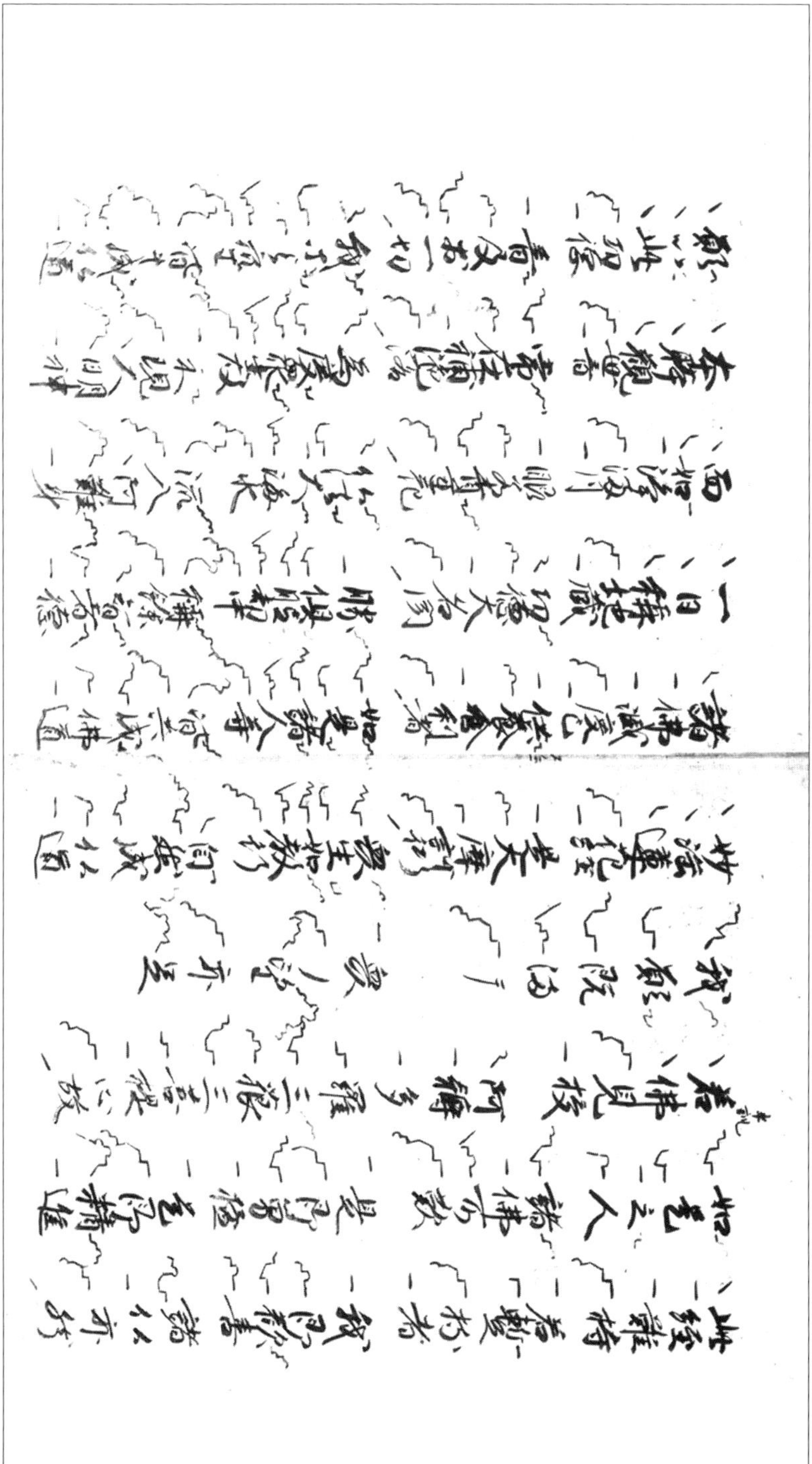
此経難持　若暫持者　我即歓喜　諸仏亦然
如是之人　諸仏所歎　是則勇猛　是則精進
若仏見授　阿耨多羅三藐三菩提心故
我願既満　衆望亦足
妙法蓮花経　是大摩訶衍　衆生如教行　同共成仏道
諸仏滅度已　供養舎利者　如是諸人等　皆共成仏道
一日称地蔵　功徳大名聞　勝倶胝劫中　称余智者徳
西方浄海月　眼如青蓮花　仏法大海水　流入阿難身
本師観世音　常住補陀落　為度衆生故　示現大明神
願以此功徳　普及於一切　我等与衆生　皆共成仏道

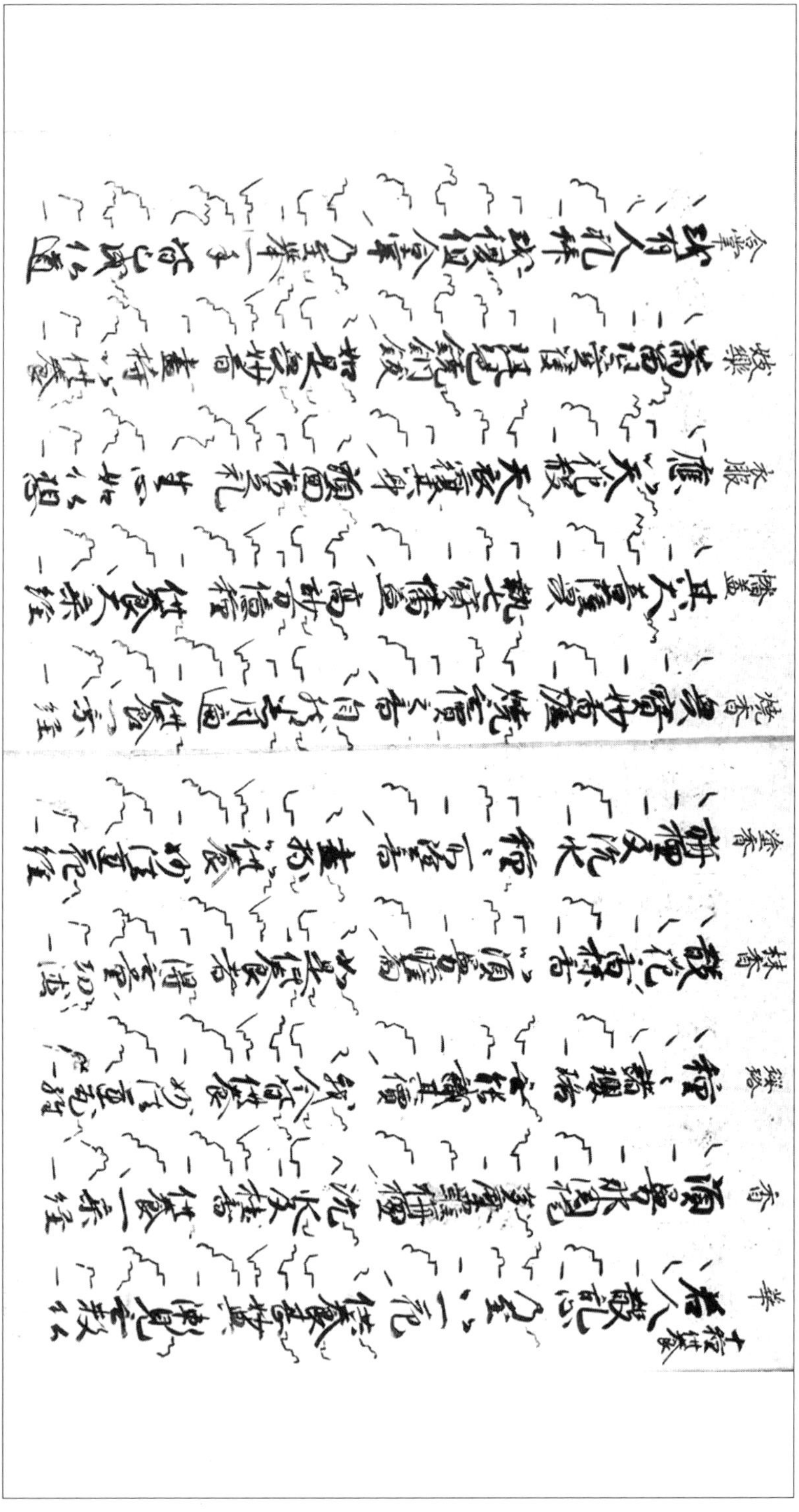

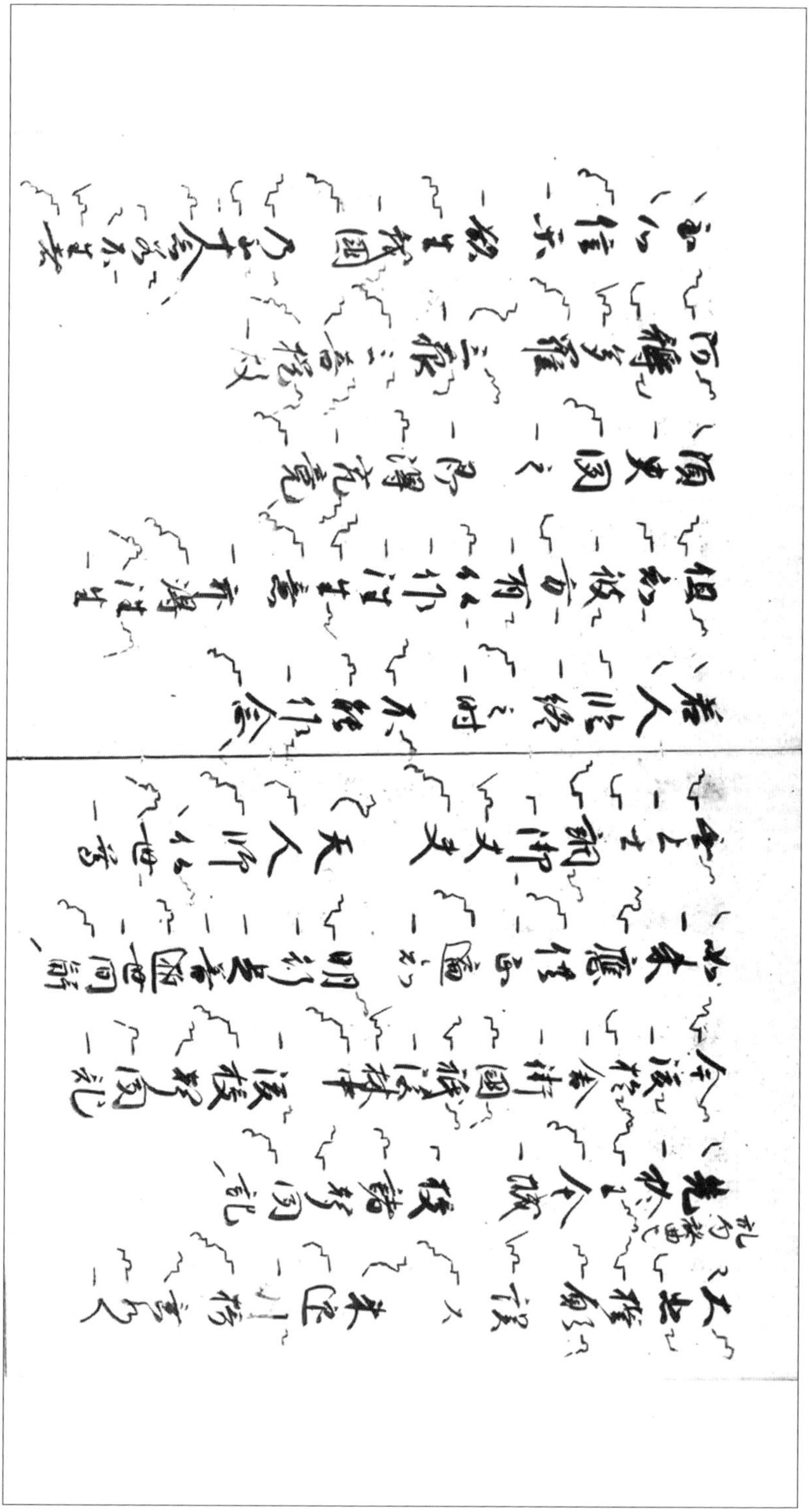

於取正覚

第三

九條錫杖 切聲

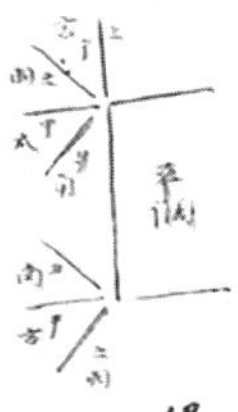

錫杖切音曲ハ篇況唯長曲用之〻曲殊不譜之

手執錫杖 當願衆生 設大施會 示如實道

供養三寶

設大施會 示如實道 供養三寶 三反

以清淨心 供養三寶 發清淨心 供養三寶

願清淨心 供養三寶 三反 當願衆生 作天人師

虚空滿願 度苦衆生 法界圍遶 供養三寶

値遇諸佛 速證菩提 三反 當願衆生 真諦修習

大慈大悲 一切衆生 俗諦修習 大慈大悲

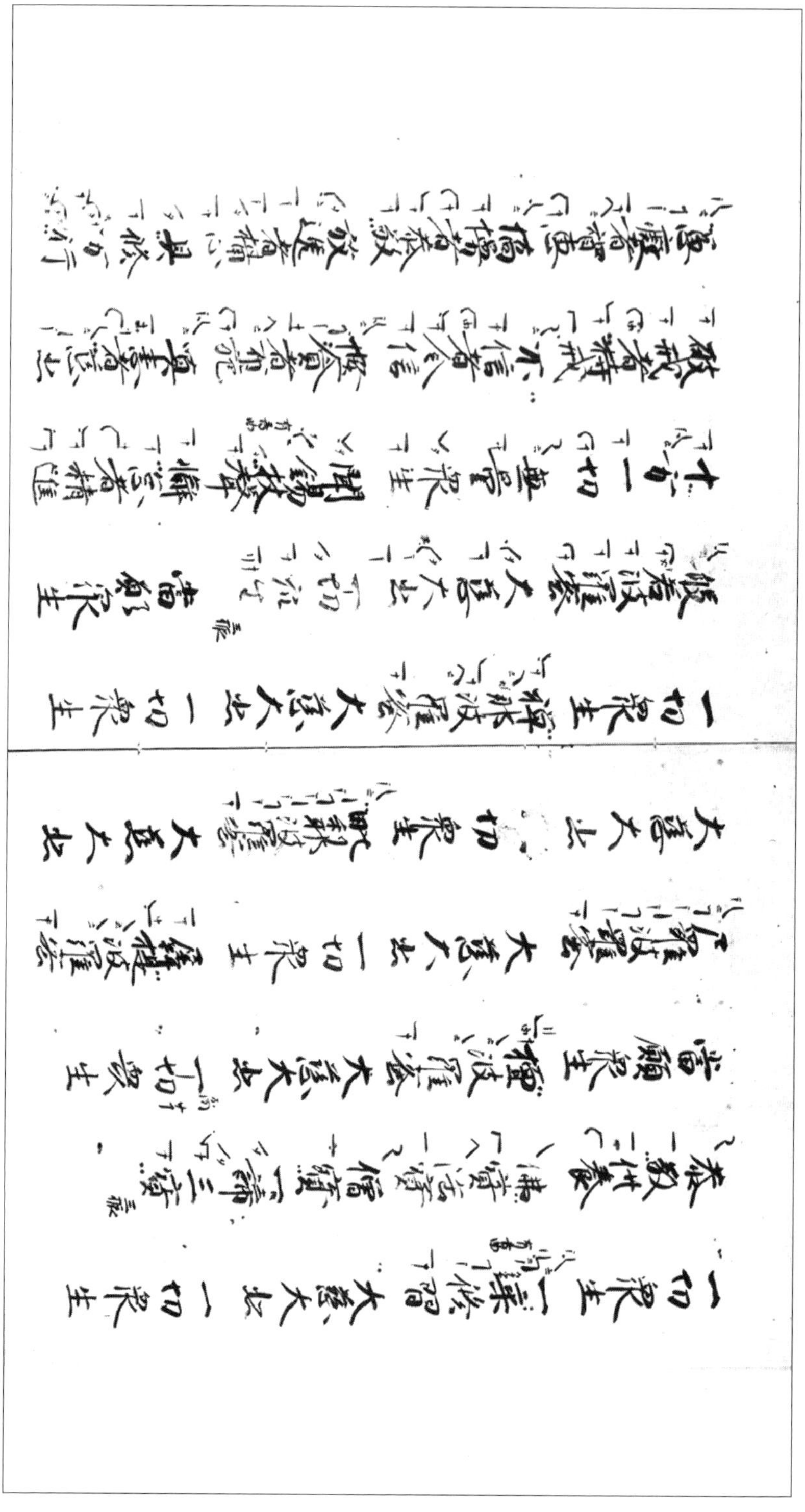

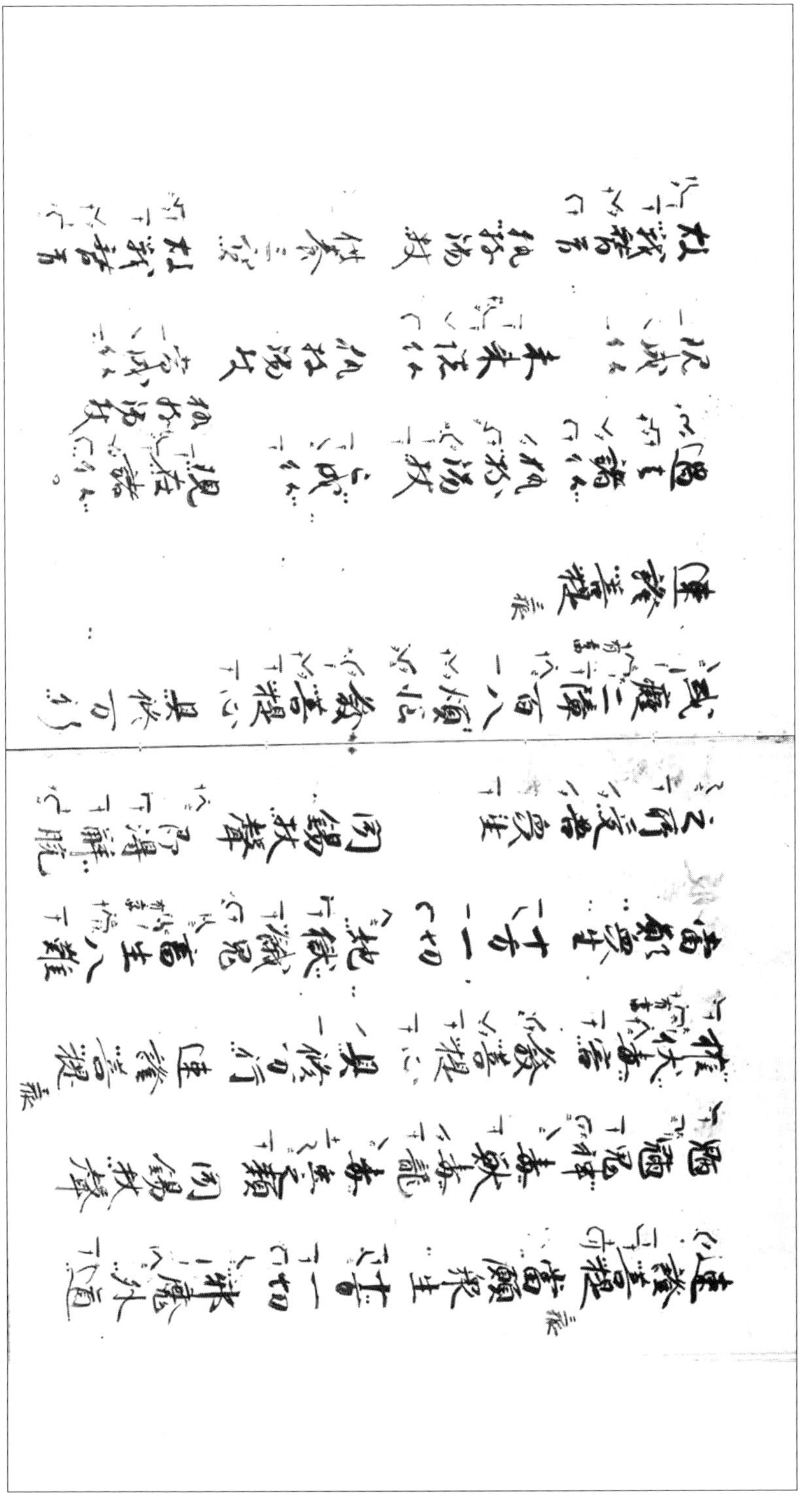

速證菩提 三反 當願衆生 十方一切 邪魔外道
魍魎鬼神 毒獸毒龍 毒虫之類 聞錫杖聲
摧伏毒害 發菩提心 具修万行 速證菩提 三反
當願衆生 十方一切 地獄餓鬼 畜生八難
之所受苦衆生 聞錫杖聲 即得解脱
惑癡二障 百八煩悩 發菩提心 具修万行
速證菩提 三反
過去諸仏 執持錫杖 已成仏 現在諸仏 執持錫杖
現成仏 未来諸仏 執持錫杖 當成仏
故我稽首 執持錫杖 供養三宝 故我稽首

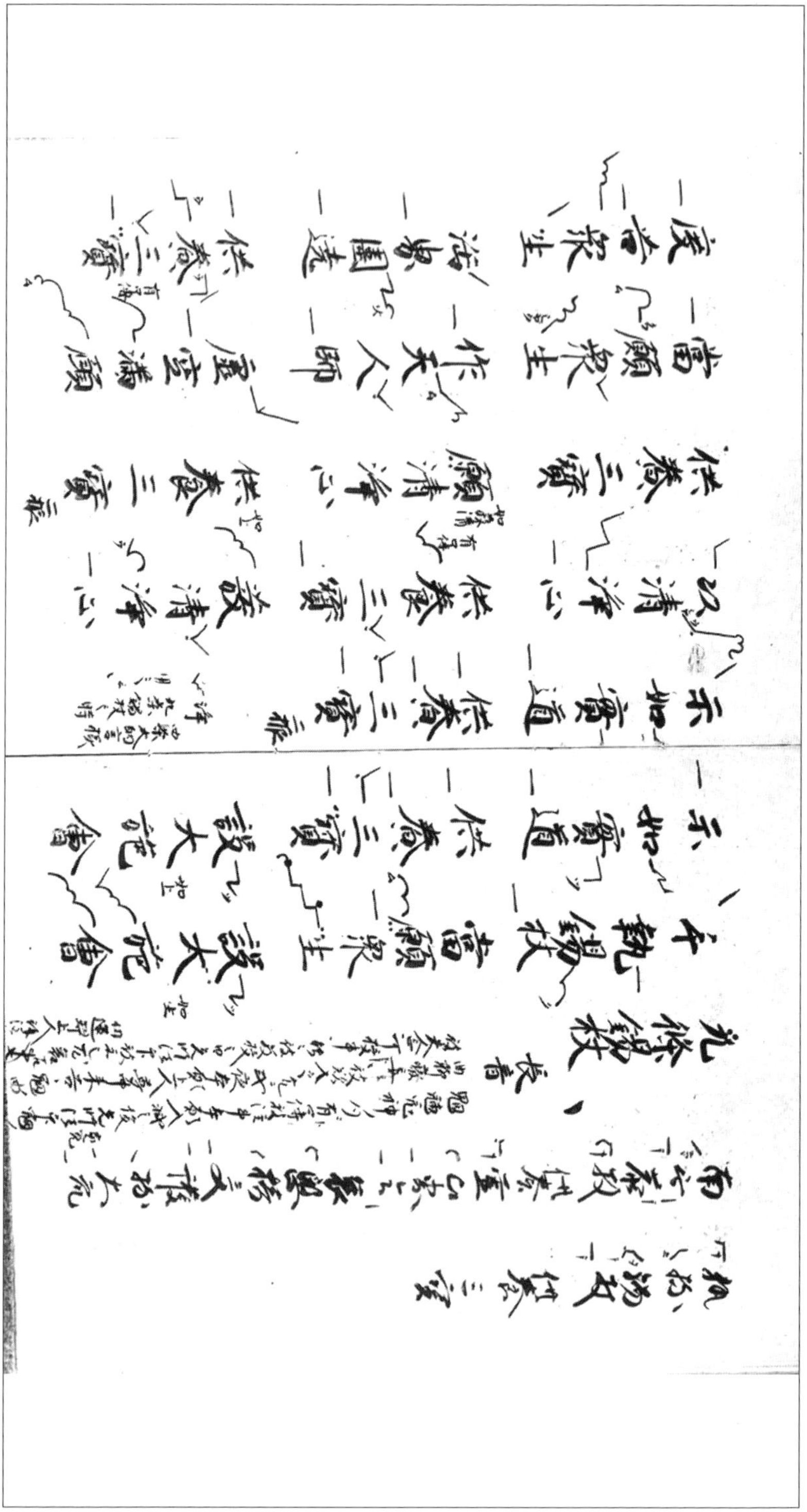

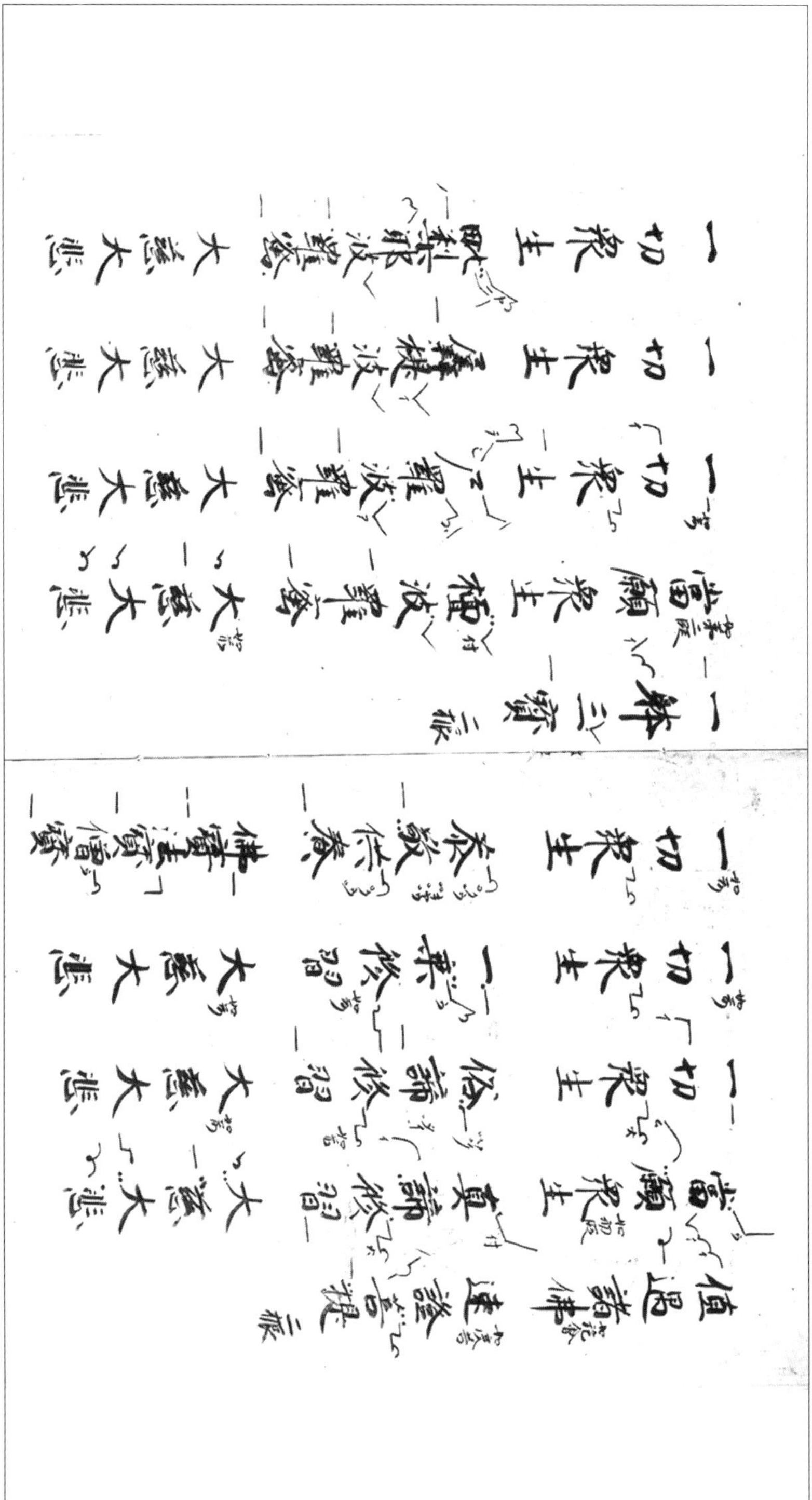
値遇諸佛 速證菩提 二振
當願衆生 眞諦修習 大慈大悲
一切衆生 俗諦修習 大慈大悲
一切衆生 一乘修習 大慈大悲
一切衆生 恭敬供養 佛寶法寶僧寶
一鉢三寶 二振
當願衆生 種波羅蜜 大慈大悲
一切衆生 尸羅波羅蜜 大慈大悲
一切衆生 羼提波羅蜜 大慈大悲
一切衆生 毗梨耶波羅蜜 大慈大悲

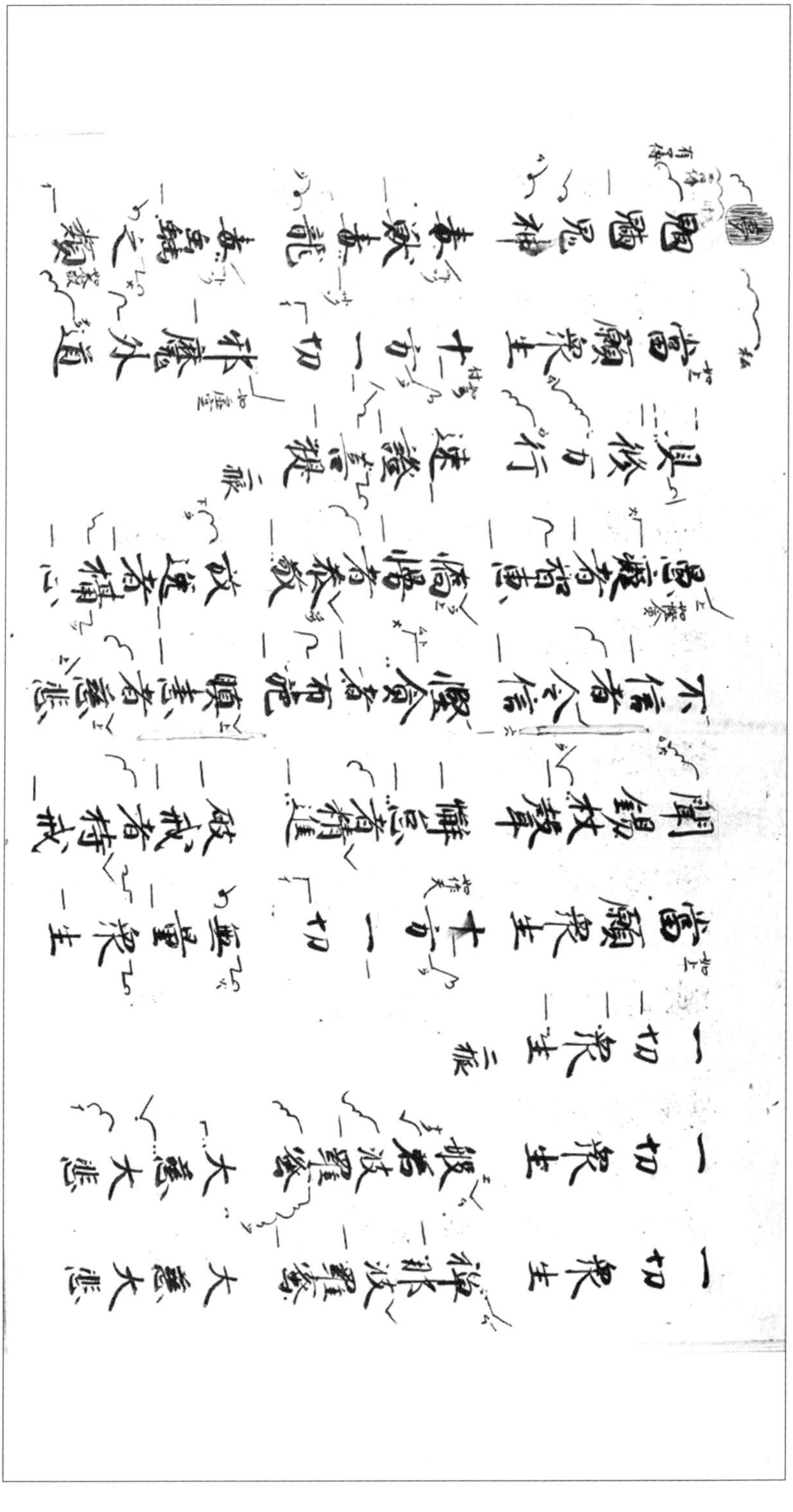

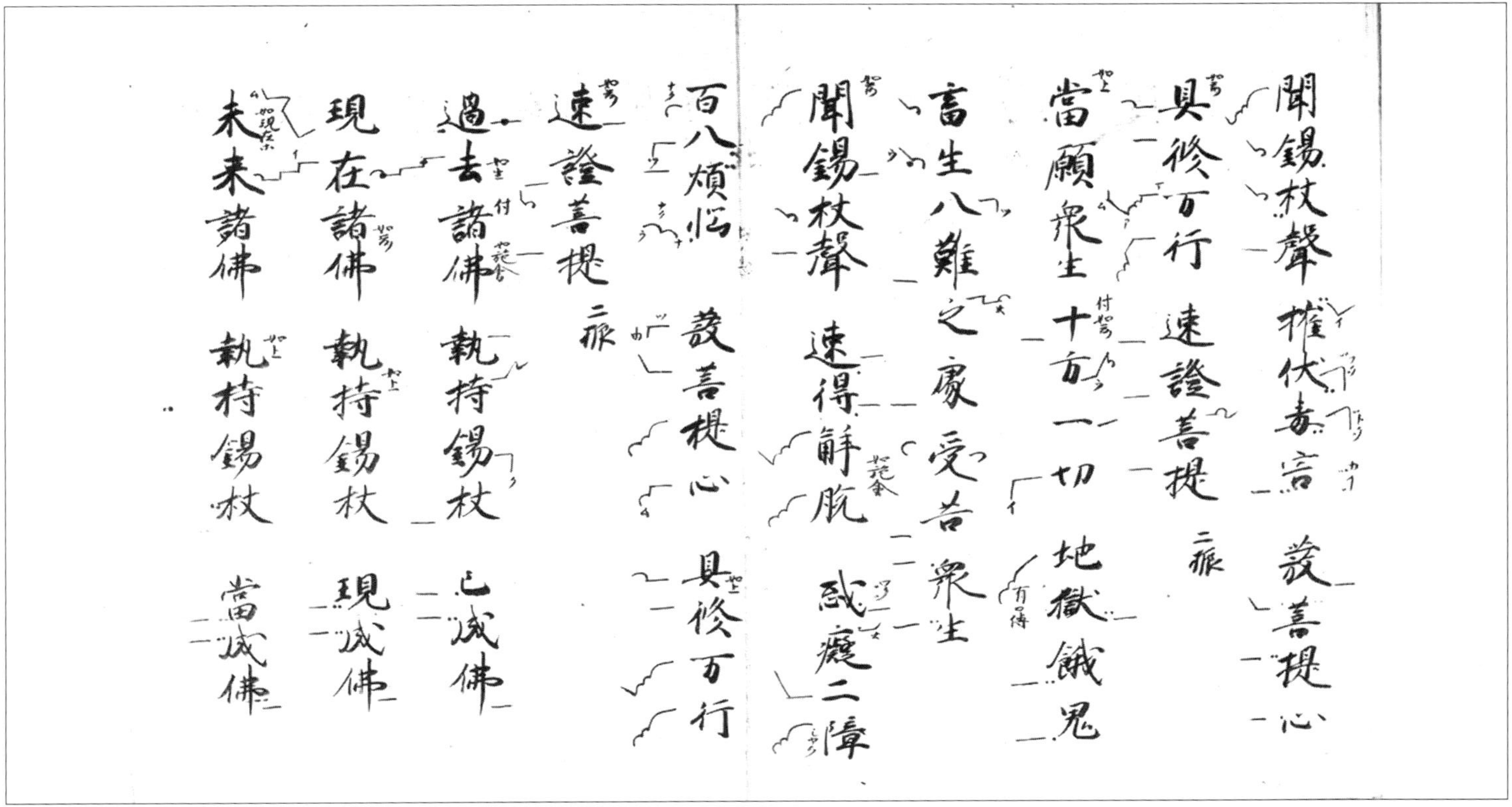
聞錫杖聲 摧伏毒害 發菩提心
具修万行 速證菩提 二振
當願衆生 十方一切 地獄餓鬼
畜生八難之處 受苦衆生
聞錫杖聲 速得解脫 惑癡二障
百八煩惱 發菩提心 具修万行
速證菩提 二振
過去諸佛 執持錫杖 已成佛
現在諸佛 執持錫杖 現成佛
未來諸佛 執持錫杖 當成佛

敬禮・

敬禮・

敬禮二禮

一切常住佛

一切常住法

一切常住僧

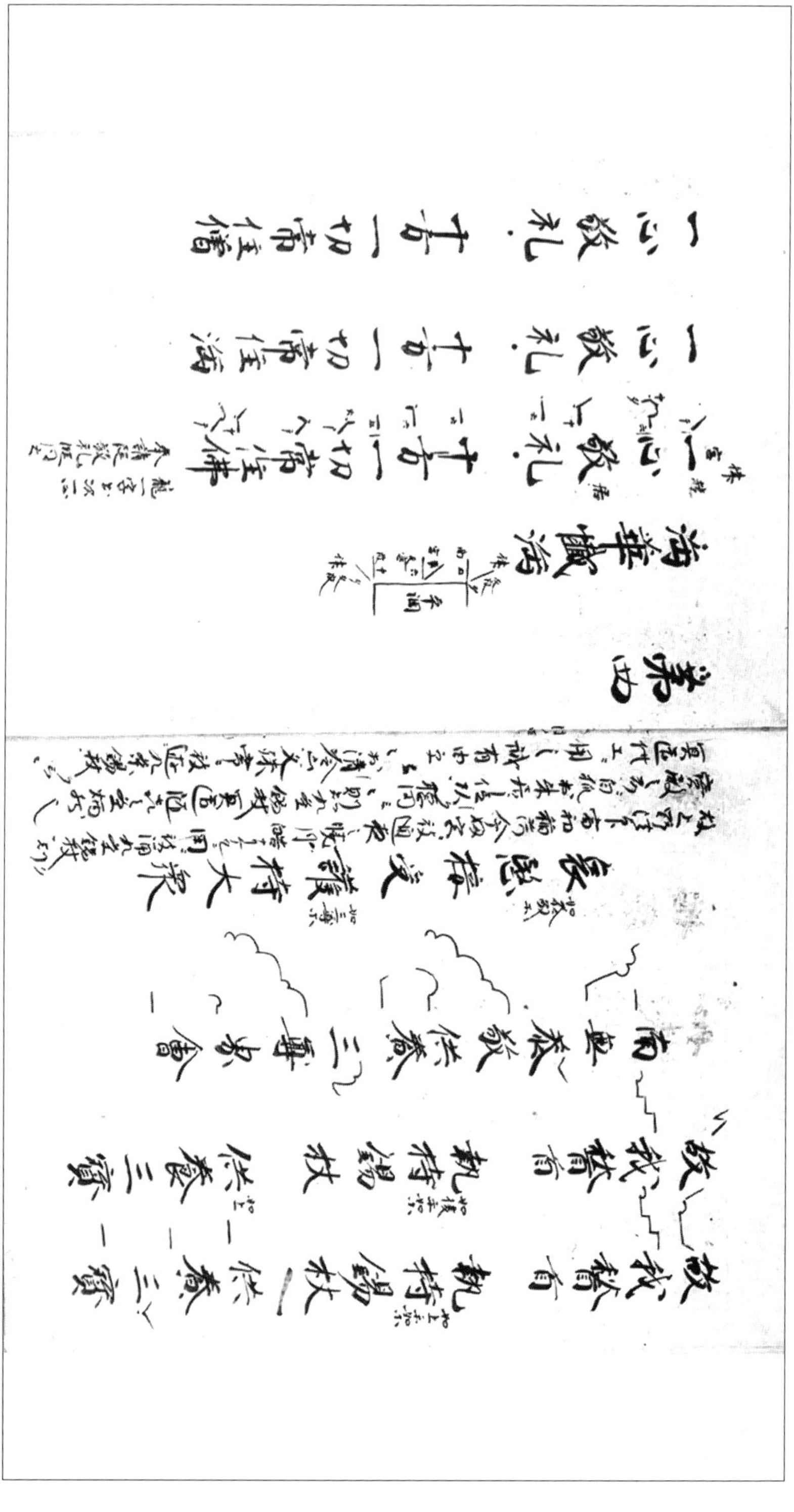

是諸衆等　人各胡跪　嚴持香華　如法供養

願此香花雲　遍滿十方界　供養一切佛　經法并菩薩

聲聞縁覺衆　及一切天仙　受此香花雲　以爲光明臺

廣於無邊界　受用作佛事　供養已礼三寶

梵音　安座　此調說

一心奉請・南無釋迦牟尼佛

一心奉請・南無過去多寶世尊

一心奉請・南無十方分身釋迦牟尼佛

一心奉請・南無妙法蓮華經中一切諸佛

一心奉請・南無十方一切常住佛

一心奉請・南無大乘妙法蓮華經

一心奉請・南無十方一切常住法

一心奉請・南無文殊師利菩薩摩訶薩

一心奉請・南無彌勒菩薩摩訶薩

一心奉請・南無藥王菩薩藥上菩薩摩訶薩

一心奉請・南無觀世音菩薩無盡意菩薩摩訶薩

一心奉請・南無妙音菩薩華德菩薩摩訶薩

一心奉請・南無常精進菩薩得大勢菩薩摩訶薩

一心奉請・南無大樂說菩薩智積菩薩摩訶薩

一心奉請・南無宿王華菩薩持地菩薩勇施菩薩

摩訶薩

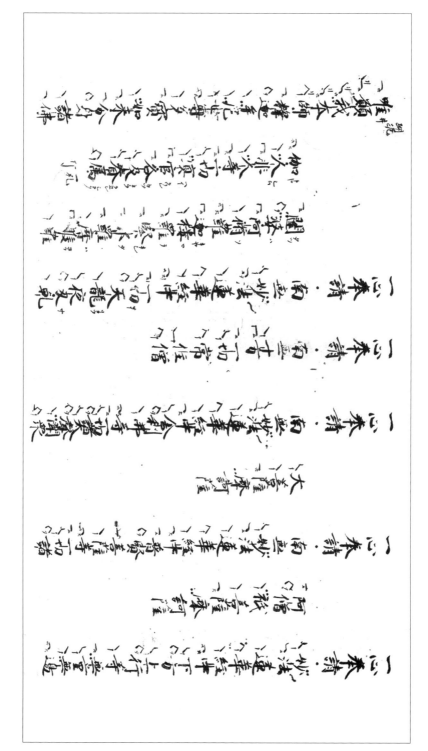

一心奉請・妙法蓮華經中下方上行等無量無邊

阿僧祇菩薩摩訶薩

一心奉請・南無妙法蓮華經中普賢菩薩等一切諸

大菩薩摩訶薩

一心奉請・南無妙法蓮華經中舎利弗等一切諸大聲聞衆

一心奉請・南無十方一切常住僧

一心奉請・南無妙法蓮華經中一切天龍夜叉乾

闥《タツ》婆阿脩羅迦樓羅緊那羅摩睺羅

伽人非人等一切冥官各及眷屬　一礼

唯願我本師釋迦牟尼世尊多寶如來分身諸佛

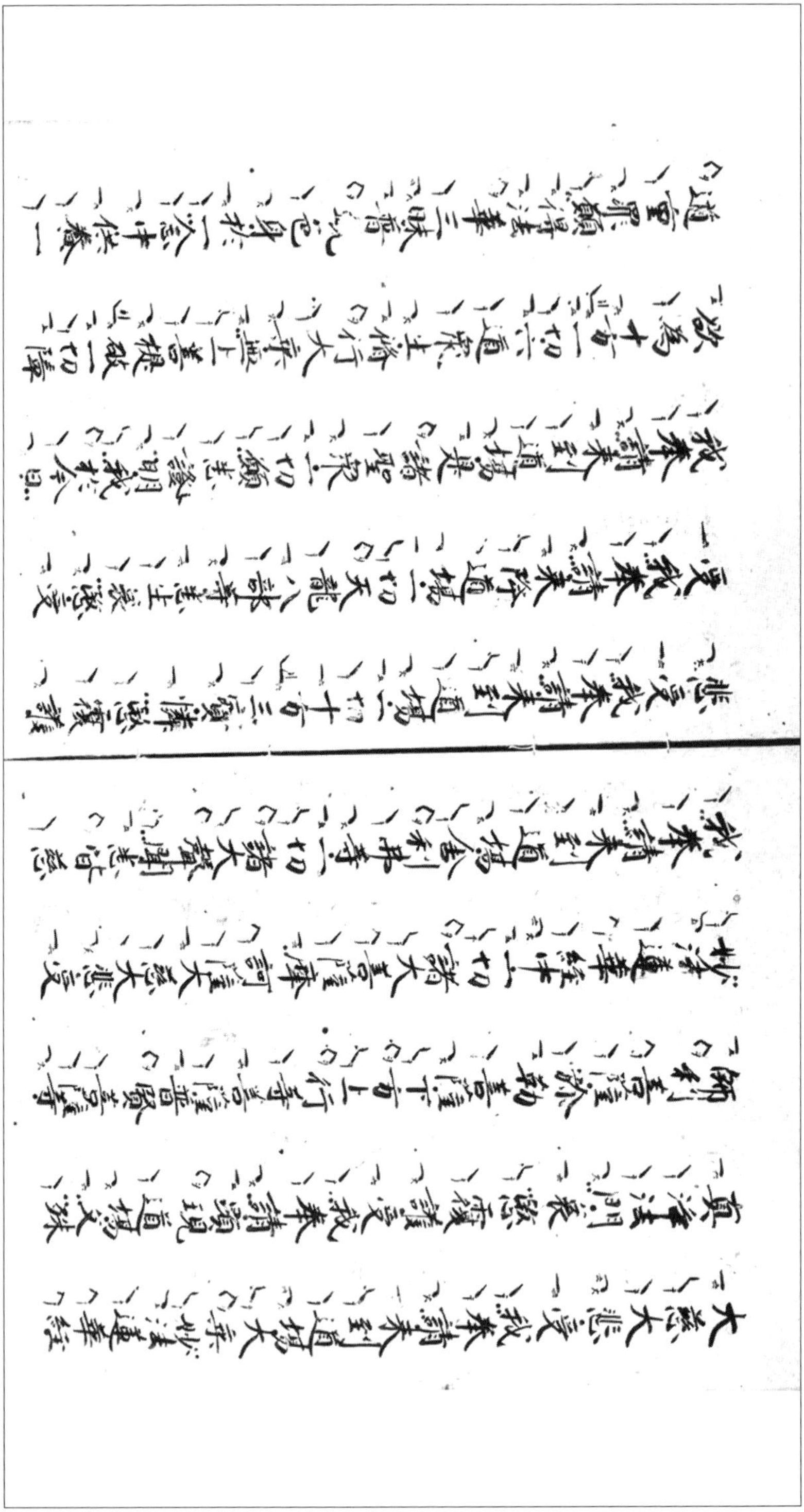
大慈大悲我奉請至道場大乘妙法蓮華經
眞淨法門眾聖賢聲聞緣覺我奉請影現道場文殊
師利菩薩彌勒菩薩下方上行菩薩普賢菩薩
妙法蓮華經中一切諸大菩薩摩訶薩大慈大悲
我奉請至道場舍利弗等一切諸大聲聞緣覺
悲我奉請至道場一切十方三寶
我奉請降道場一切天龍八部等衆
我奉請至道場是諸聖衆一切
欲為十方一切六道衆生修行大乘無上菩提破一切障
道場聖衆願得法華三昧以色身於一念中供養一

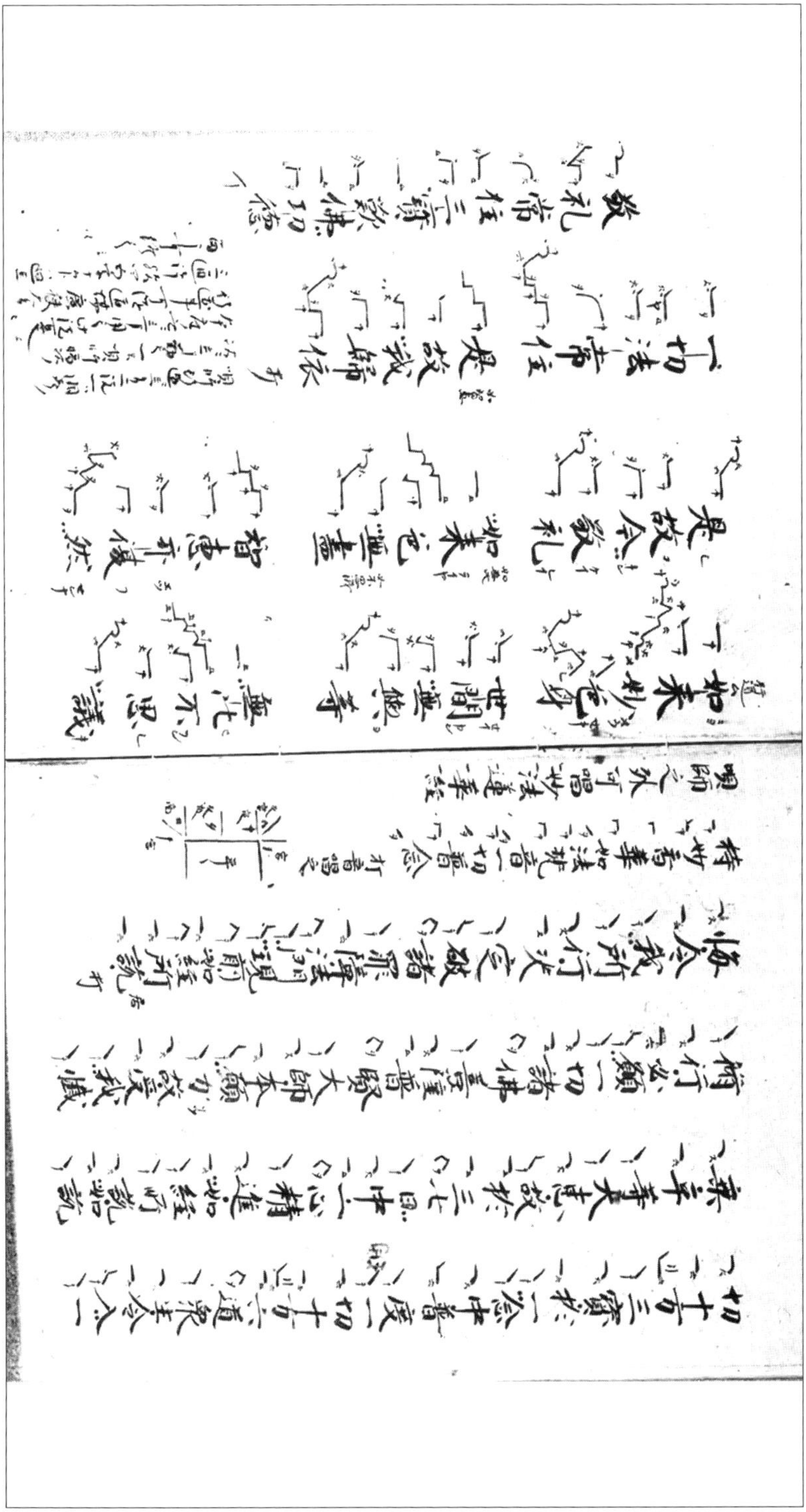

切十方三寶於一念中普度一切十方六道衆生令入一
乘。卒華夫志。故於三七日中一心精進。如經所説。如説
脩行。必願一切諸佛菩薩普賢大師本願力故受我懺
悔。令我所行決定破諸罪障法門現前如經所説。
持妙香華如法梵音一切普念　打音唱之
唄師之外可唱妙法蓮華經
如來妙色身　世間無與等　無比不思議
是故今敬礼　如來色無盡　智恵亦復然
一切法常住　是故我歸依
敬礼常住三寶歎佛功徳

容顔甚奇妙　光明照十方　我適曾供養　今復還親近

聖主天中天　迦陵頻伽聲　哀愍衆生者　我等今敬礼

以此讃佛　功德修行　大乘無上　善根奉福上界

天龍八部大梵天王三十三天・閻羅五道六齋八王

行病鬼王及其眷屬此土神祇僧伽藍内護正法

者文爲國王帝主土境萬民師僧父母善悪知識

造寺檀越十方信施・廣及法界衆生願藉此善根

平等薫修功德智恵二種荘嚴同會無生成種智道

一心敬礼・本師釋迦牟尼佛

薗東曲仏字替調名ナ同音。下ヨリ次ニ于同ヽ二下ニ而一同礼。登礼盤

一心敬礼・過去多寶佛

一心敬礼・十方分身釈迦牟尼佛

一心敬礼・東方善徳佛盡東方法界一切諸佛

一心敬礼・東南方无憂徳佛盡東南方法界一切諸佛

一心敬礼・南方栴檀徳佛盡南方法界一切諸佛

一心敬礼・西南方寶施佛盡西南方法界一切諸佛

一心敬礼・西方无量明佛盡西方法界一切諸佛

一心敬礼・西北方華徳佛盡西北方法界一切諸佛

一心敬礼・北方相徳佛盡北方法界一切諸佛

一心敬礼・東北方三乗行佛盡東北方法界一切諸佛

一心敬礼・上方廣衆徳佛盡上方法界一切諸佛

一心敬禮・法華經中本来寿光佛具足千万光相

王佛等一切現在諸佛

一心敬禮・法華經中現在浄華宿王智佛寶威徳上

佛等一切諸佛

一心敬禮・過去日月浄明徳佛雲雷音宿王華智

一心敬禮・過去二萬億威音王佛二千億雲自在燈王佛

智勝佛十六王子佛等過去一切諸佛

一心敬禮・法華經中過去二萬億日月燈明佛大通

一心敬禮・往古来今三世諸佛七佛世尊賢劫千佛

一心敬禮・下方明徳佛等下方界一切諸佛

荘厳佛等一切未来諸佛

一心敬礼・十方世界舎利尊像支提妙塔多寶如来

全身寶塔

一心敬礼・大乗妙法蓮華経十方一切尊経十二部経

真浄法寶

一心敬礼・文殊師利菩薩弥勒菩薩摩訶薩

一心敬礼・薬王菩薩薬上菩薩摩訶薩

一心敬礼・観世音菩薩无盡意菩薩摩訶薩

一心敬礼・妙音菩薩華徳菩薩摩訶薩

一心敬礼・常精進菩薩得大勢菩薩摩訶薩

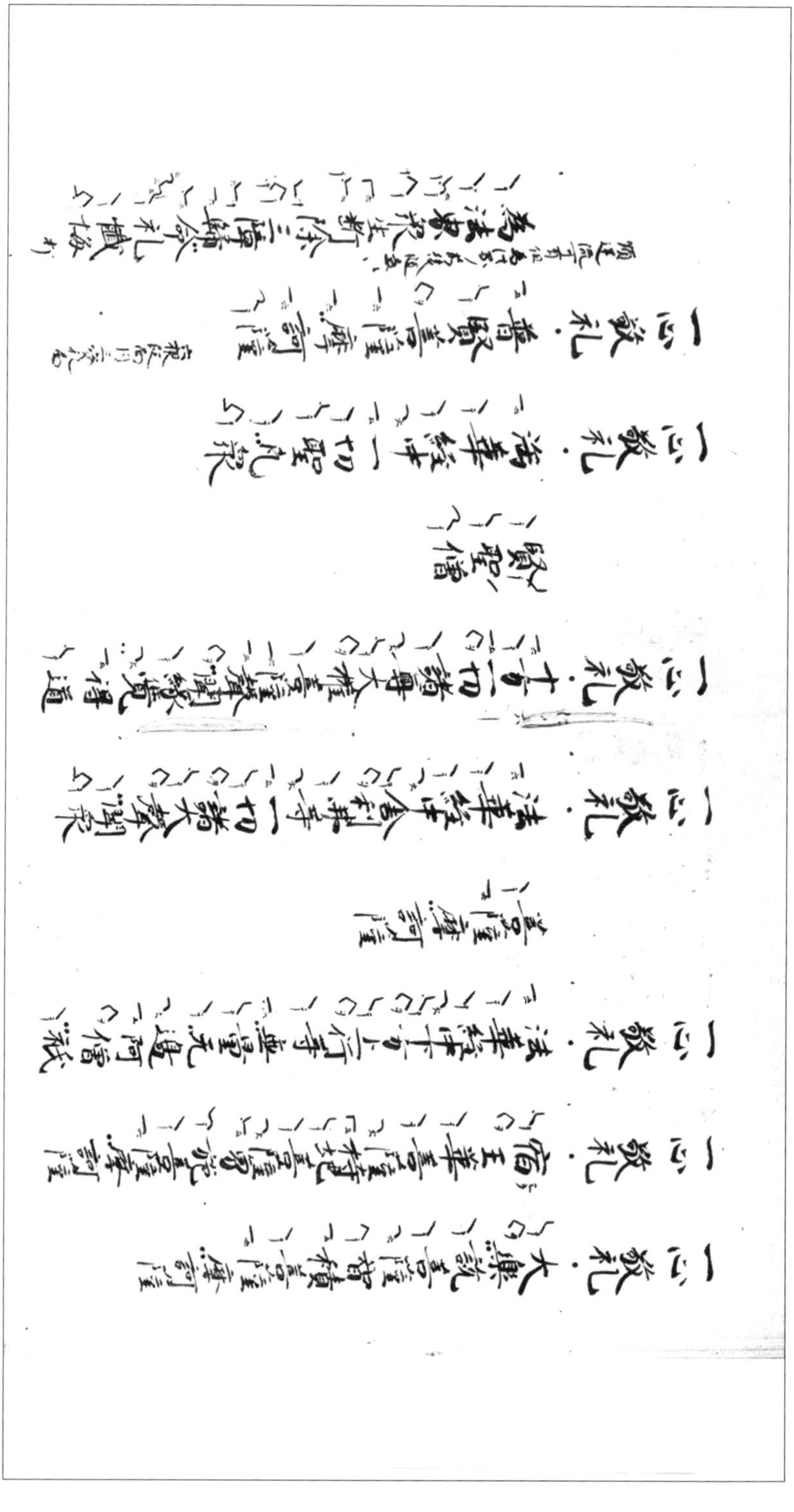
一心敬礼・大集説菩薩智積菩薩摩訶薩
一心敬礼・宿王華菩薩持地菩薩勇施菩薩摩訶薩
一心敬礼・法華経中十方上行等無量无邊阿僧祇
菩薩摩訶薩
一心敬礼・法華経中舎利弗等一切諸大聲聞衆
一心敬礼・十方一切諸尊大權菩薩聲聞縁覺得道
賢聖僧
一心敬礼・法華経中一切聖凡衆
一心敬礼・普賢菩薩摩訶薩
為法界衆生斷除三障歸命礼懺悔

至心懺悔弟子甲某與一切法界衆生從無量世来
眼根因縁貪著諸色以著色故貪愛諸塵以愛
塵故受女人身世世生處惑著諸色色壊我眼為
恩愛奴故色使使我經歴三界為此弊使盲無所
見眼根不善傷害我多十方諸佛常住不滅我濁悪
眼障故不見今誦大乘方等經典歸向普賢菩薩
一切世尊焼香散華説眼過罪發露懺悔不敢覆
藏諸佛菩薩恵明法水願以洗除以是因縁令我
與法界衆生眼根一切重罪畢竟清淨懺悔已礼三寶
第二第三　三反々時不用之
亦如是

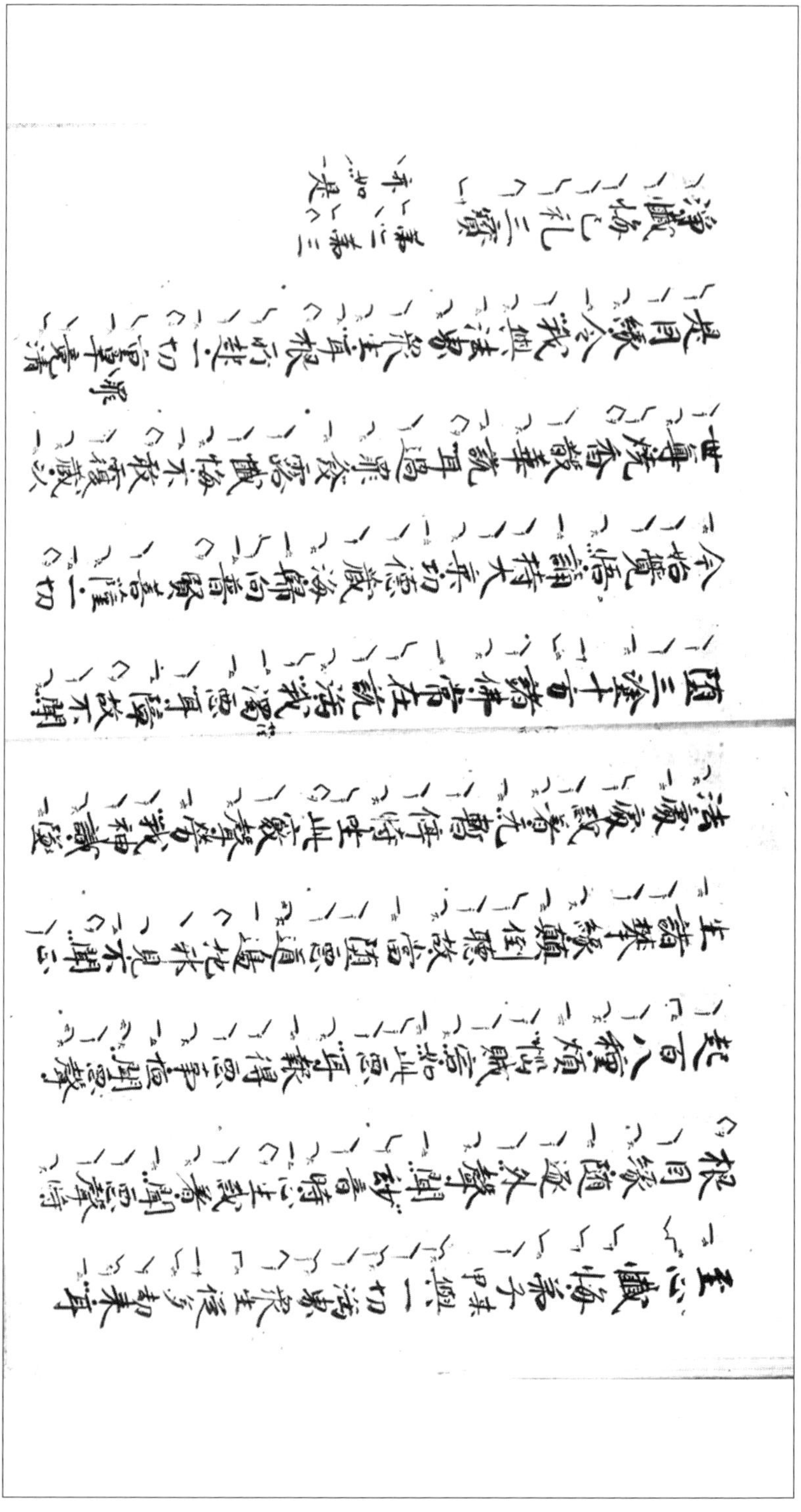

至心懺悔弟子某甲與一切法界衆生從多劫來耳
根因縁隨逐外聲聞妙音時心生貪著聞惡聲時
起百八種煩惱賊害如此惡耳報得惡事恒聞惡聲
生諸攀縁顛倒聽故當隨惡道邊地邪見不聞正
法處處貪著无暫停時坐此竅聲勞我神識墜
墮三塗十方諸佛常在説法我濁惡耳障故不聞
今始覺悟誦持大乘功德藏海歸向普賢菩薩一切
世尊燒香散華説耳過罪發露懺悔不敢覆藏以
是因縁令我與法界衆生耳根所起一切重罪畢竟清
淨懺悔已礼三寶　第二第三亦如是

至心懺悔弟子某甲與法界衆生從無量劫來生此
鼻根聞諸香氣若男若女身香餚饍之香及種
種香迷惑不了動諸結使諸煩惱賊卧者皆起無
量罪業因此増長以貪香故分別諸識處處染着
墮落生死受衆惡報十方諸佛功德妙香充滿法
界我濁惡鼻障故不聞今誦大乘清淨妙典歸向普
賢菩薩一切世尊燒香散華說鼻過罪不敢覆藏
以是因緣令我與法界衆生鼻根重罪畢竟清淨
懺悔已礼三寶　第二　第三
亦如是
至心懺悔弟子某甲與法界衆生從無量劫來舌根

至心懺悔弟子某甲與法界衆生從多劫來身根不善
貪著諸觸所謂男女身分柔軟細滑如是等種種諸
觸顛倒不了煩惱熾然造作身業起三不善謂殺盜
婬與諸衆生作大怨結造逆毀禁乃至焚燒塔寺用三
寶物無有羞恥如是等罪無量無邊從身業生說不可
盡衆業因緣未來世中當墮地獄猛火炎熾焚燒
我身無量億劫受大苦惱十方諸佛常放淨光照
觸一切我身罪重障故不覺但知貪著麁弊惡觸
現受衆苦後受地獄餓鬼畜生等苦如是等種種
衆苦沒在其中不覺不知今日慚愧誦持大乘真實

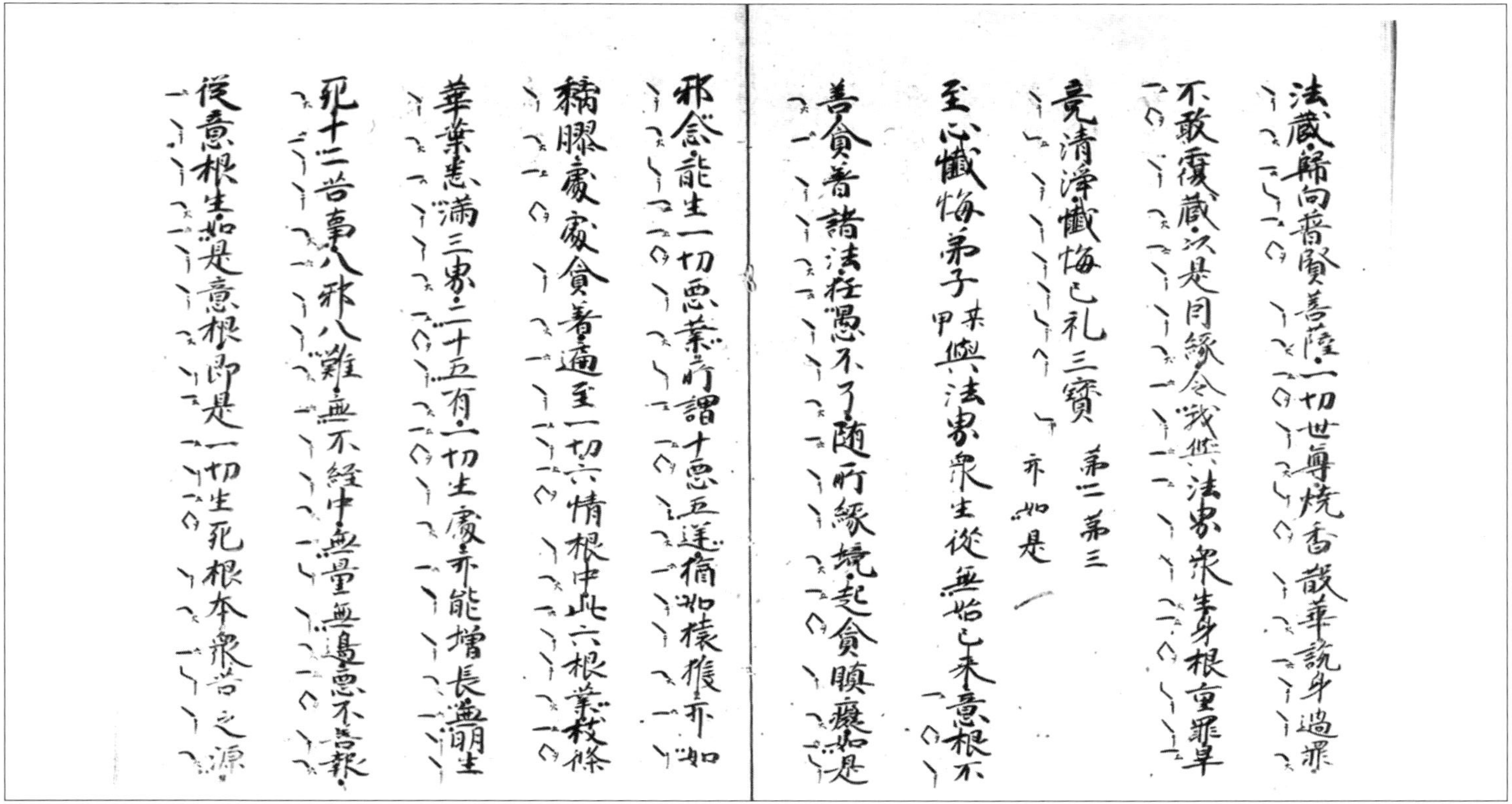
法蔵歸向普賢菩薩一切世尊焼香散華訖身過罪
不敢覆蔵以是因縁令我與法界衆生身根重罪畢
竟清浄懺悔已礼三寶　第二第三亦如是
至心懺悔弟子某甲與法界衆生從無始已来意根不
善貪著諸法狂愚不了隨所縁境起貪瞋癡如是
邪念能生一切悪業所謂十悪五逆猶如猿猴亦如
黐膠處處貪著遍至一切六情根中此六根業枝條
華葉悉滿三界二十五有一切生處亦能増長無明老
死十二苦事八邪八難無不經中無量無邊悪不善報
從意根生如是意根即是一切生死根本衆苦之源

如経中說釋迦牟尼名毗盧遮那遍一切處當知一切
諸法悉是佛法妄想分別受諸熱惱是則於菩提
中見不清淨於解脫中而起纏縛今始覺悟生重
慚愧生重怖畏諦持大乘如說修行歸向普賢菩薩
一切世尊燒香散華說意過罪發露懺悔不敢覆
藏以是因緣令我與法界衆生意根一切重罪乃
至六根所起一切惡業已起今起未來應起畢竟
清淨懺悔已礼三寶　第二第三　亦如是
南无十方法界一切三寶慚愧懺悔眼根罪障
南无法華經中一切三寶慚愧懺悔眼根罪障

礼三拜

勧請　礼三拜

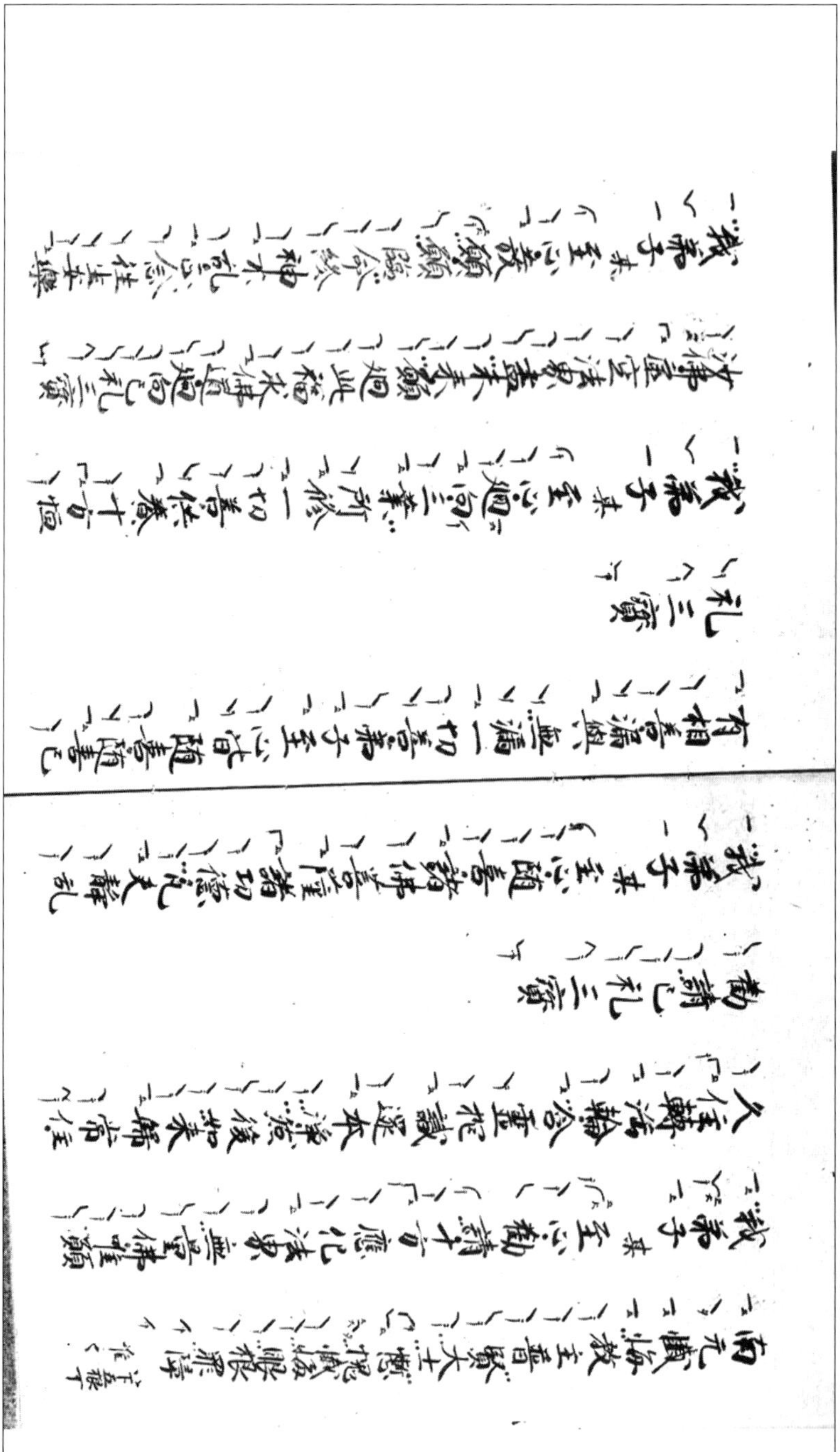

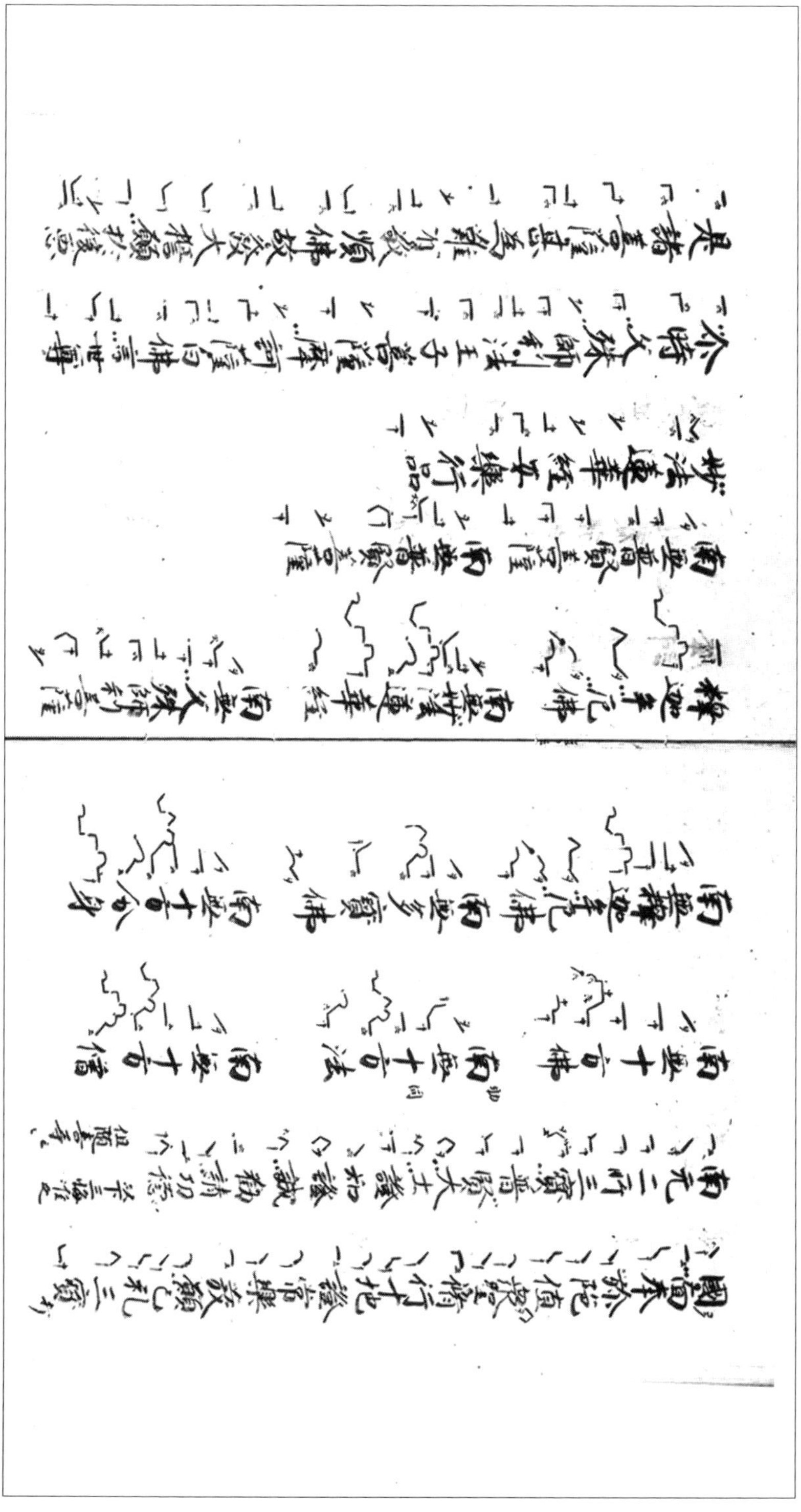

國當本弥陀値衆聖脩行十地證常樂我願已礼三寶

南元二所三寶普賢大士證知證誠勸請功德　以下三條准之　但随喜手

南無十方佛　南無十方法　南無十方僧

南無釋迦牟尼佛　南無多寶佛　南無十方分身

釋迦牟尼佛　南無妙法蓮華經　南無文殊師利菩薩

南無普賢菩薩　南無普賢菩薩

妙法蓮華經安樂行品

介時文殊師利法王子菩薩摩訶薩白佛言世尊

是諸菩薩甚為難有敬順佛故發大誓願於後悪

世護持讀誦説是法華經世尊菩薩摩訶薩於後惡
世云何能説是經佛告文殊師利若菩薩摩訶薩於
後惡世欲説是經當安住四法一者安住菩薩行處
親近處能為衆生演説是經文殊師利云何名菩薩
摩訶薩行處若菩薩摩訶薩住忍辱地柔和善順
不卒暴心亦不驚又復於法無所行而觀諸法如實相
亦不行不分別是名菩薩摩訶薩行處云何名菩薩摩
訶薩親近處菩薩摩訶薩不親近國王王子大臣官長
不親近諸外道梵志尼揵子等及造世俗文筆讃詠
外書及路伽耶陀逆路伽耶陀者亦不親近諸有兇戲

相叔相撲及那羅等種種變現之戯又不親近旃陀羅
及畜猪羊鷄狗畋獵漁捕諸悪律儀如是人等或時来
者則為説法無所悕望又不親近求聲聞比丘比丘尼優
婆塞優婆夷亦不問訊若於房中若經行處若在講
堂中不共住止或時来者随宜説法無所悕求文殊師利
又菩薩摩訶薩不應於女人身取能生欲想相而為説
法亦不樂見若入他家不與小女處女寡女等共語亦
復不近五種不男之人以為親厚不獨入他家若有因
縁須獨入時但一心念佛若為女人説法不露歯笑不現
胸臆乃至為法猶不親厚況復餘事不樂畜年少

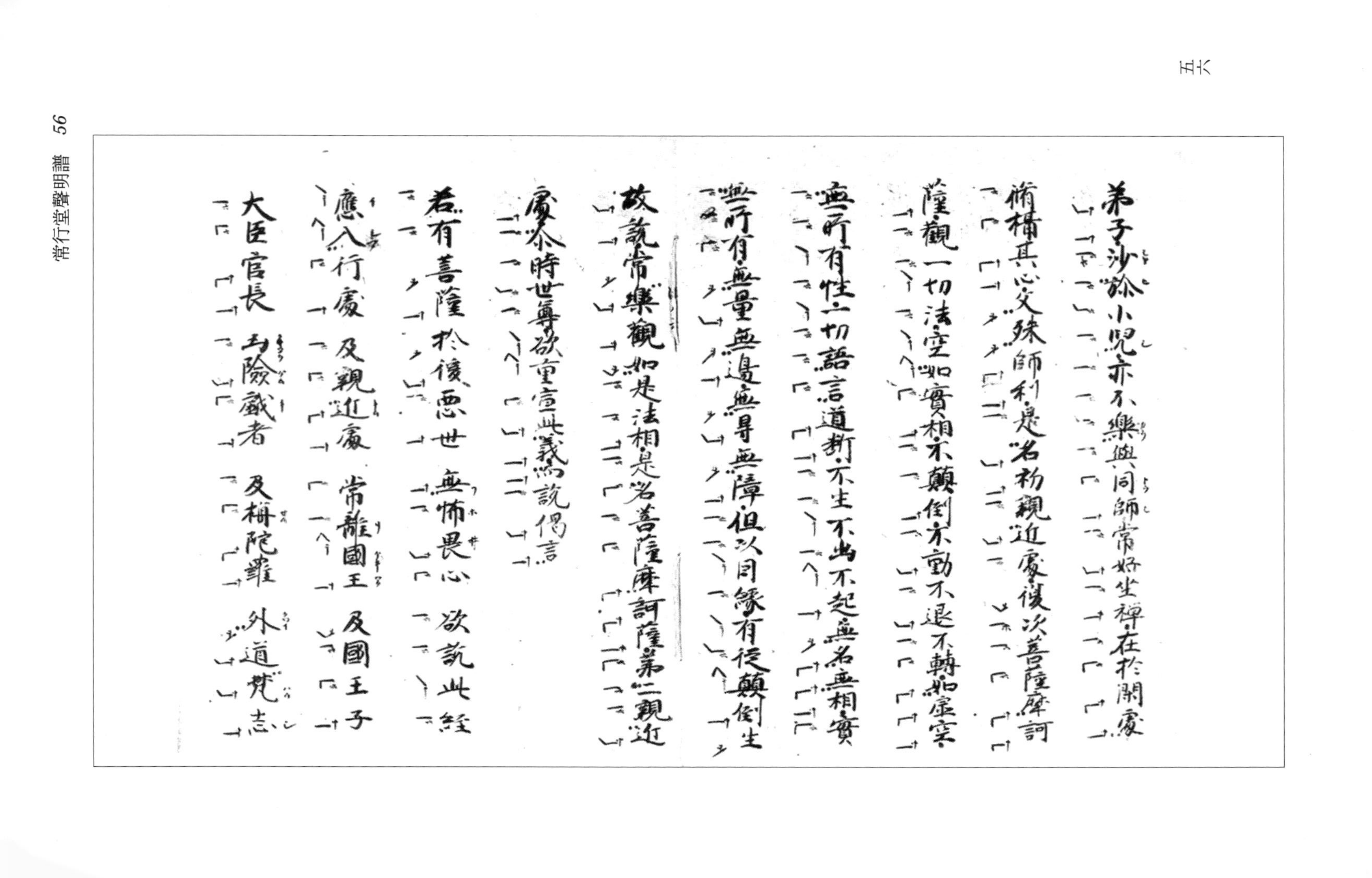

弟子沙彌小兒亦不樂與同師常好坐禪在於閑處
脩攝其心文殊師利是名初親近處復次菩薩摩訶
薩觀一切法空如實相不顛倒不動不退不轉如虛空
無所有性一切語言道斷不生不出不起無名無相實
無所有無量無邊無导無障但以因緣有從顛倒生
故說常樂觀如是法相是名菩薩摩訶薩第二親近
處爾時世尊欲重宣此義而說偈言
若有菩薩　於後惡世　無怖畏心　欲說此經
應入行處　及親近處　常離國王　及國王子
大臣官長　兇險戲者　及旃陀羅　外道梵志

又不親近　増上慢人　貪著小乗　三藏學者
破戒比丘　名字羅漢　及比丘尼　好戯笑者
深著五欲　求現滅度　諸優婆夷　皆勿親近
若是人等　以好心来　到菩薩所　為聞仏道
菩薩則以　無所畏心　不懐悕望　而為説法
寡女處女　及諸不男　皆勿親近　以為親厚
亦莫親近　屠児魁膾　畋獵漁捕　為利殺害
販肉自活　衒賣女色　如是之人　皆勿親近
凶險相撲　種種嬉戯　諸婬女等　盡勿親近
莫獨屏處　為女説法　若説法時　無得戯笑

入里乞食　將一比丘　若無比丘　一心念佛
是則名為　行處近處　以此二處　能安樂說
又復不行　上中下法　有為無為　實不實法
亦不分別　是男是女　不得諸法　不知不見
是則名為　菩薩行處　一切諸法　空無所有
無有常住　亦無起滅　是名智者　所親近處
顛倒分別　諸法有無　是實非實　是生非生
在於閑處　修攝其心　安住不動　如須彌山
觀一切法　皆無所有　猶如虛空　無有堅固
不生不出　不動不退　常住一相　是名近處

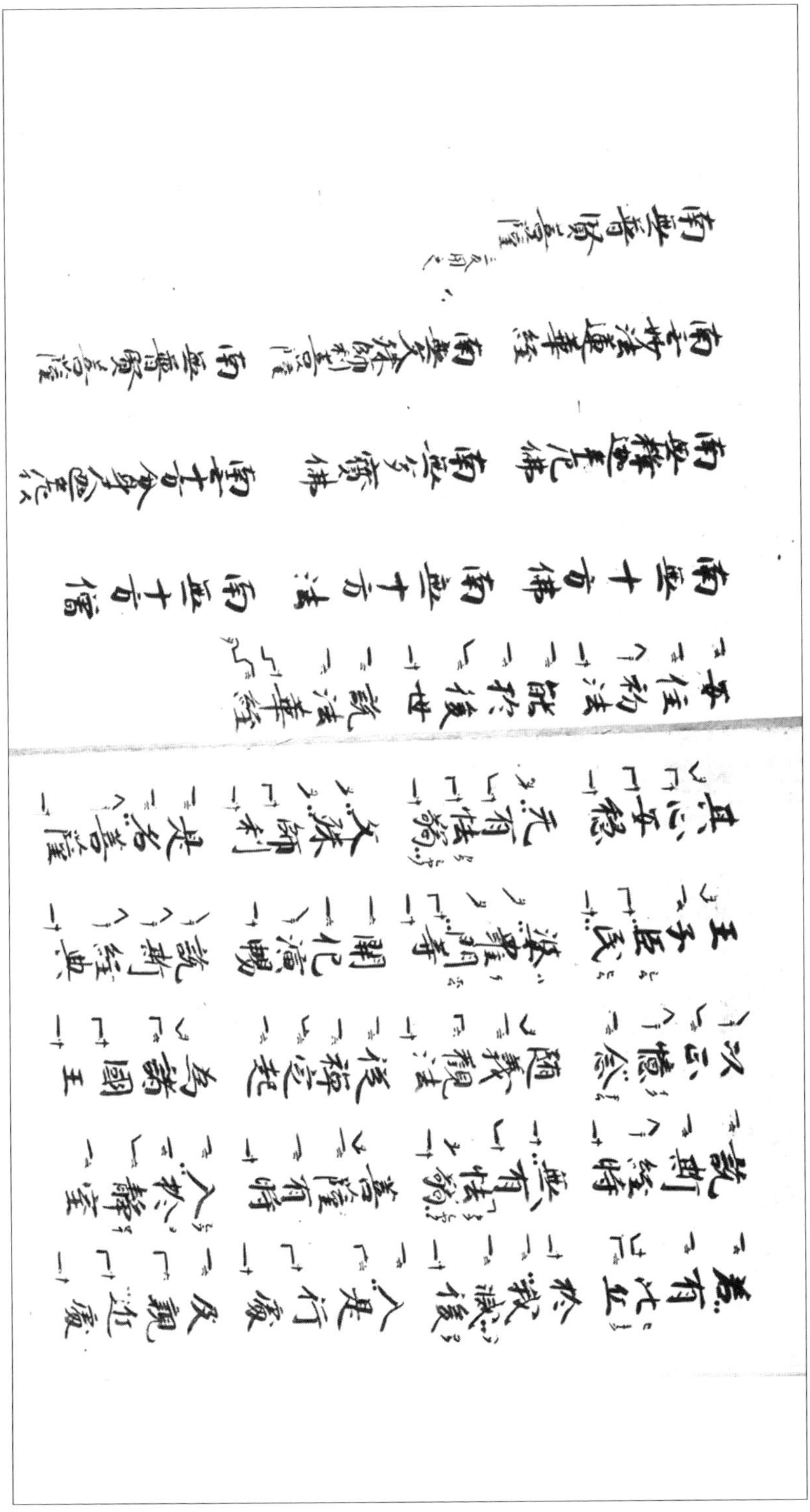
若有比丘　於我滅後　入是行處　及親近處
説斯經時　無有怯弱　菩薩有時　入於靜室
以正憶念　随義觀法　従禅定起　為諸國王
王子臣民　婆羅門等　開化演暢　説斯經典
其心安穏　无有怯弱　文殊師利　是名菩薩
安住初法　能於後世　説法華經
南無十方佛　南無十方法　南無十方僧
南無釋迦牟尼佛　南無多寶佛　南無十方分身釋迦牟尼佛
南無妙法蓮華經　南無文殊師利菩薩　南無普賢菩薩
南無普賢菩薩　三反用之

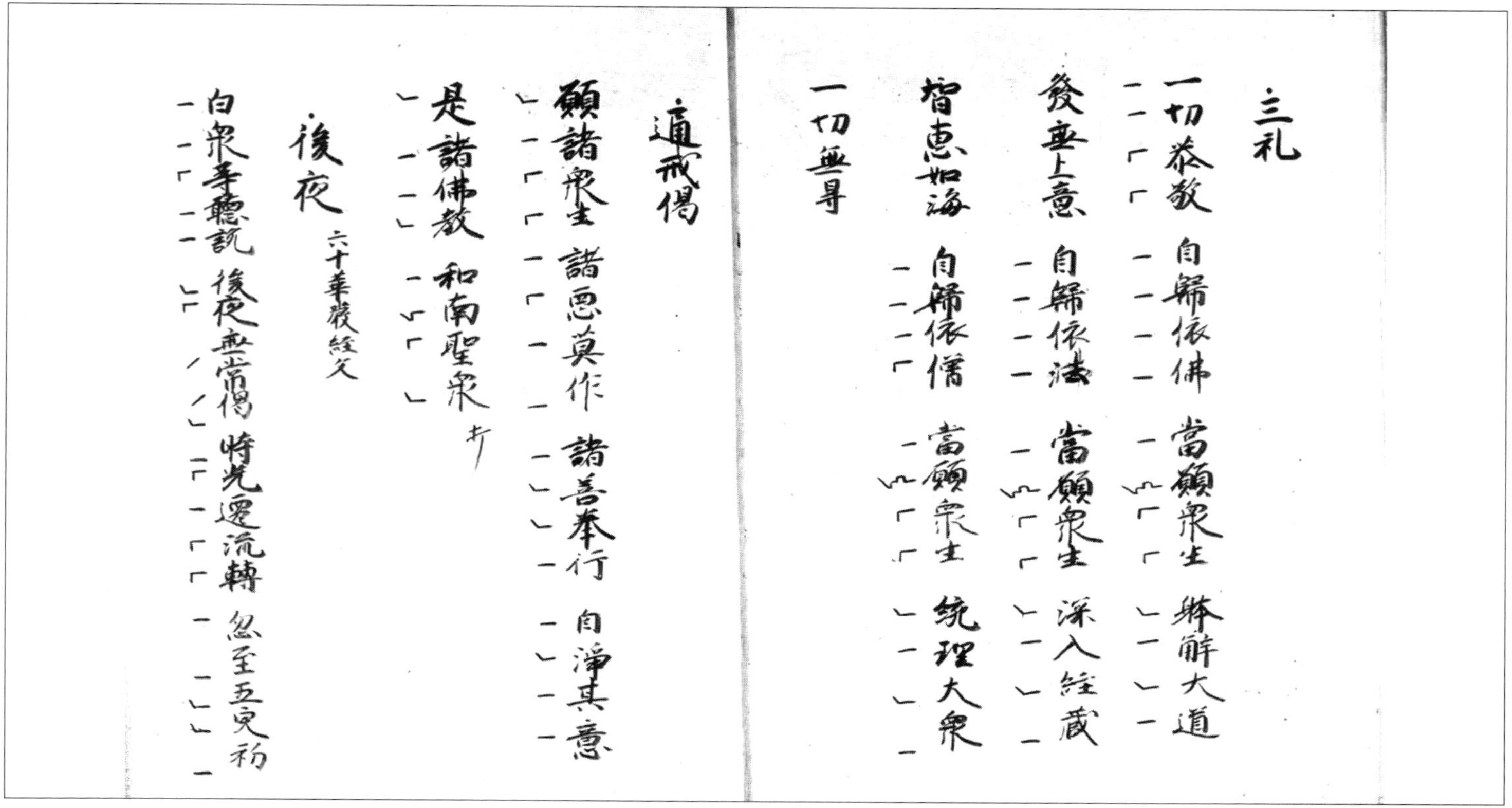
三礼
一切恭敬　自歸依佛　當願衆生　體解大道
發無上意　自歸依法　當願衆生　深入經藏
智恵如海　自歸依僧　當願衆生　統理大衆
一切無㝵

通戒偈
願諸衆生　諸悪莫作　諸善奉行　自淨其意
是諸佛教　和南聖衆

後夜　六十華嚴經文
白衆等聽説　後夜無常偈　時光遷流轉　忽至五更初

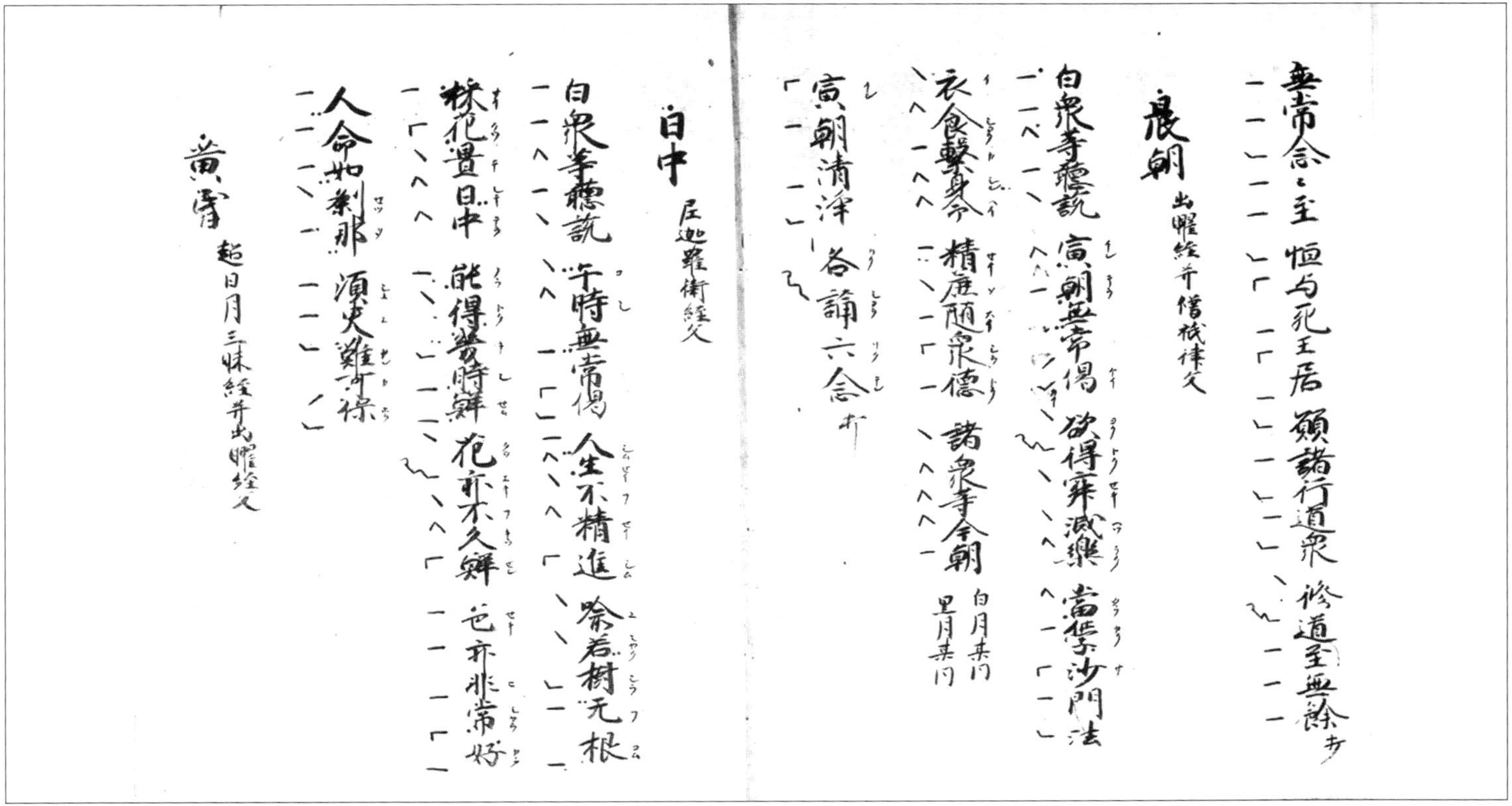
無常念々至 恒与死王居 願諸行道衆 修道至無餘 ホ

晨朝 出曜経并僧祇律文

白衆等聽説 寅朝無常偈 欲得寂滅樂 當學沙門法

衣食繋身命 精麁隨衆德 諸衆等今朝 白月共門 黒月共門

寅朝清淨 各誦六念 ホ

日中 屈迦羅衛経文

白衆等聽説 午時無常偈 人生不精進 喩若樹无根

採花置日中 能得幾時鮮 花亦不久鮮 色亦非常好

人命如刹那 須臾難可保

黄昏 起日月三昧経并出曜経文

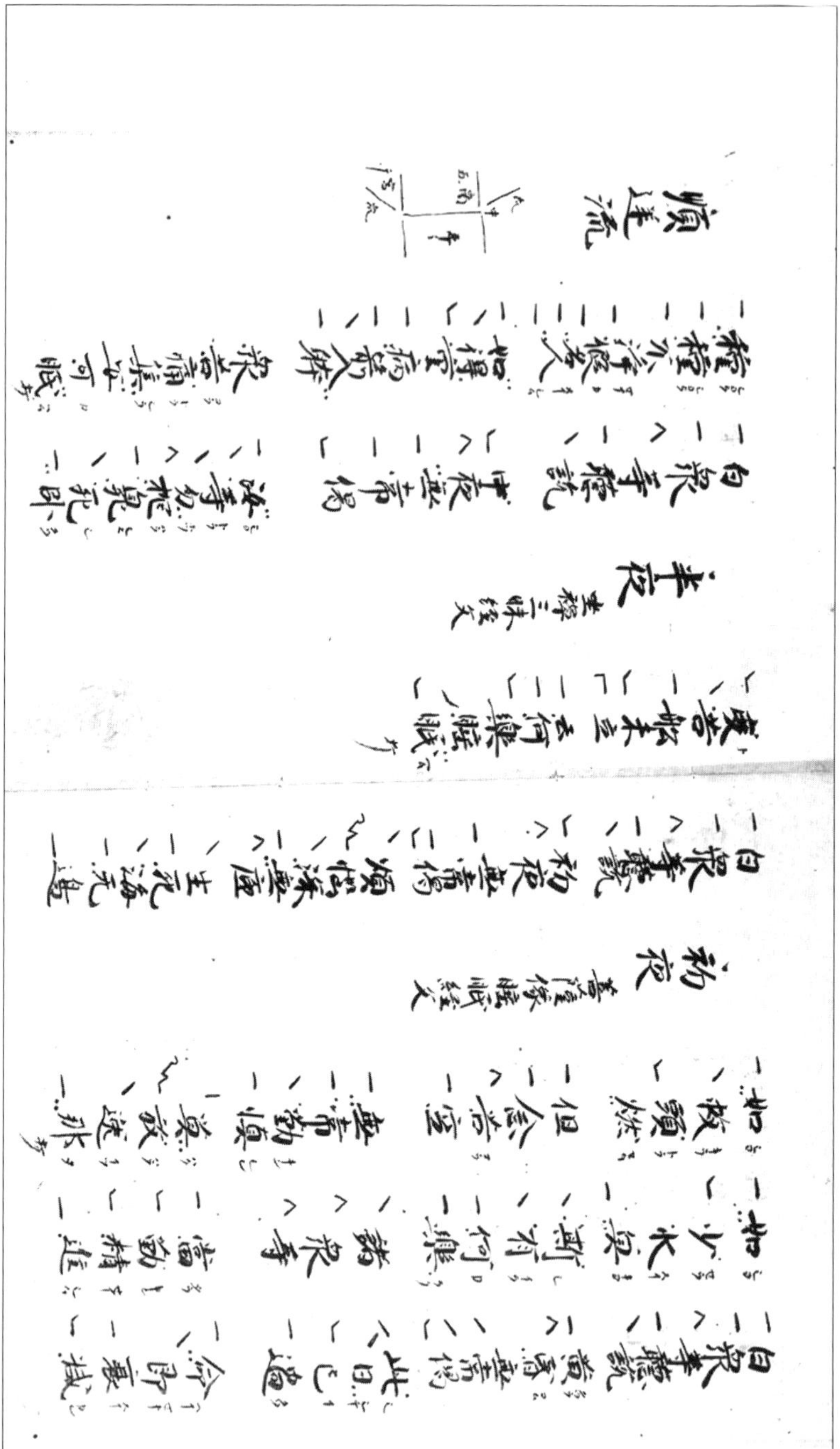
白衆等聽説 黄昏無常偈
此日已過 命即衰減
如少水魚 斯有何樂
諸衆等 當勤精進
如救頭燃
初夜 菩薩像睡眠経文
白衆等聽説 初夜無常偈
煩悩深無底 生死海無邊
度苦船未立 云何樂睡眠
半夜 坐禅三昧経文
白衆等聽説 中夜無常偈
種種不浄假名人
如得重病箭入體
衆苦痛集安可眠
順逆流

我与衆生無始以来今由愛見故内計我
人外加悪友不随喜他一毫之善唯遍三
業廣造衆悪事雖不廣悪心遍布晝
夜相續無有間斷覆諱過失不欲人知不
畏悪道無慚無愧撥無因果故於今日對
十方佛普賢大師深信因果生重慚愧生
大怖畏發露懺悔斷相續心發菩提心斷
悪修善勤策三業翻昔重過随喜凡聖一
毫之善念十方佛有大福慧能抜我及一
切衆生從二死海置三德岸無始来不知

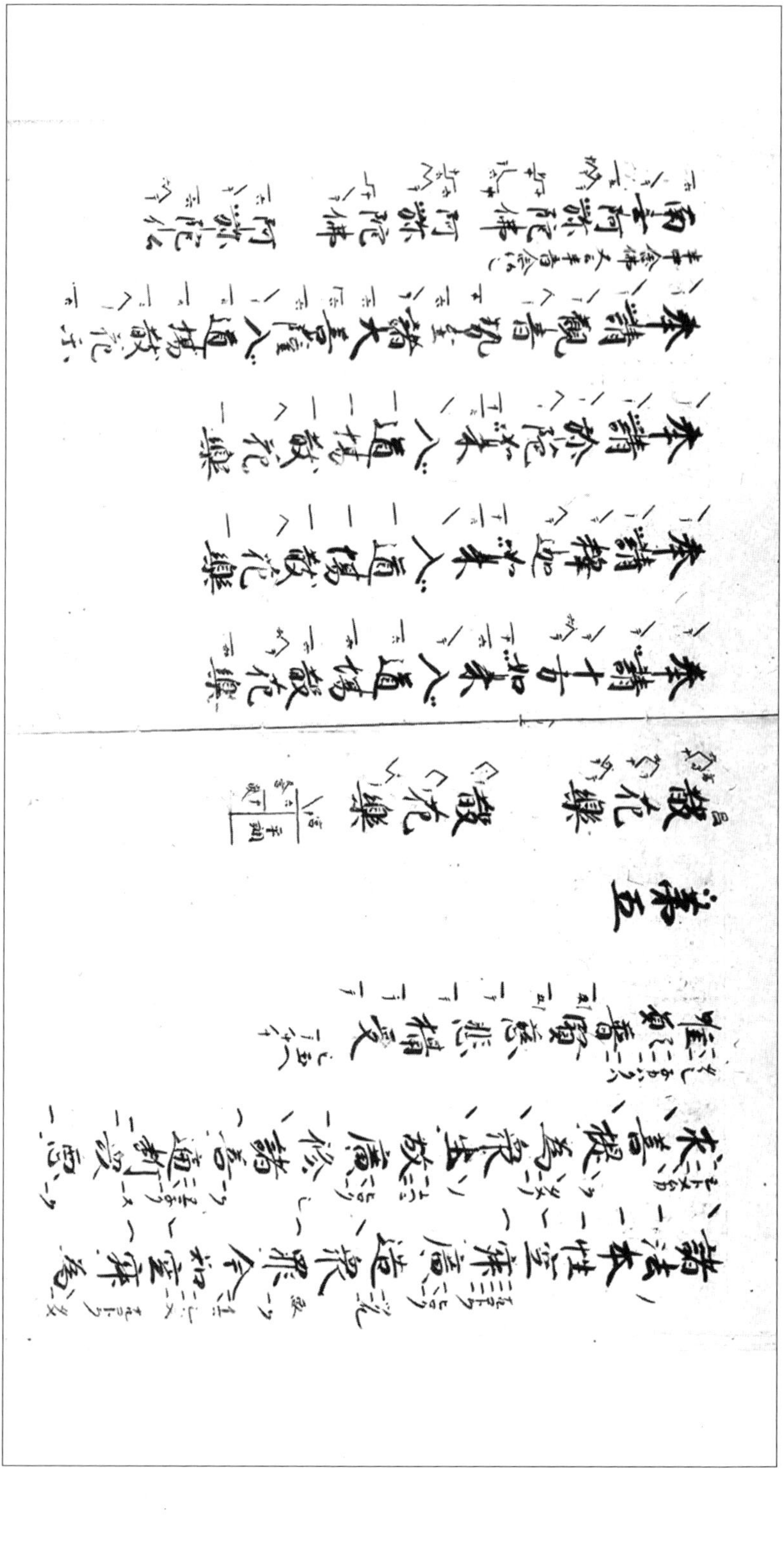

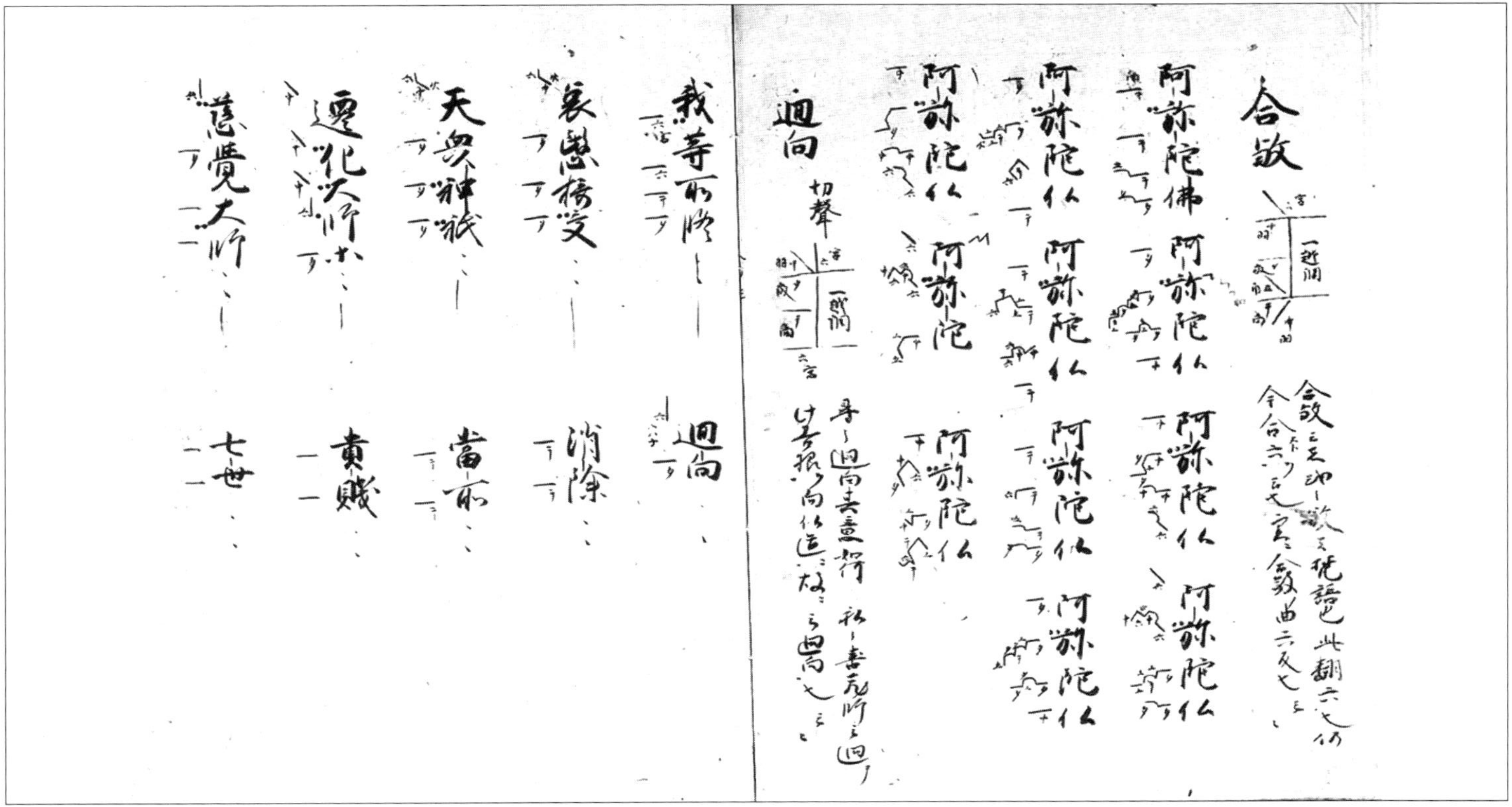
合殺
阿弥陀佛 阿弥陀仏 阿弥陀仏
阿弥陀仏 阿弥陀仏 阿弥陀仏
阿弥陀仏 阿弥陀 阿弥陀仏
廻向
切聲
我等所修 廻向
衆恩椿受 消除
天衆神祇 當所
遷化大師 貴賤
慈覚大師 七世

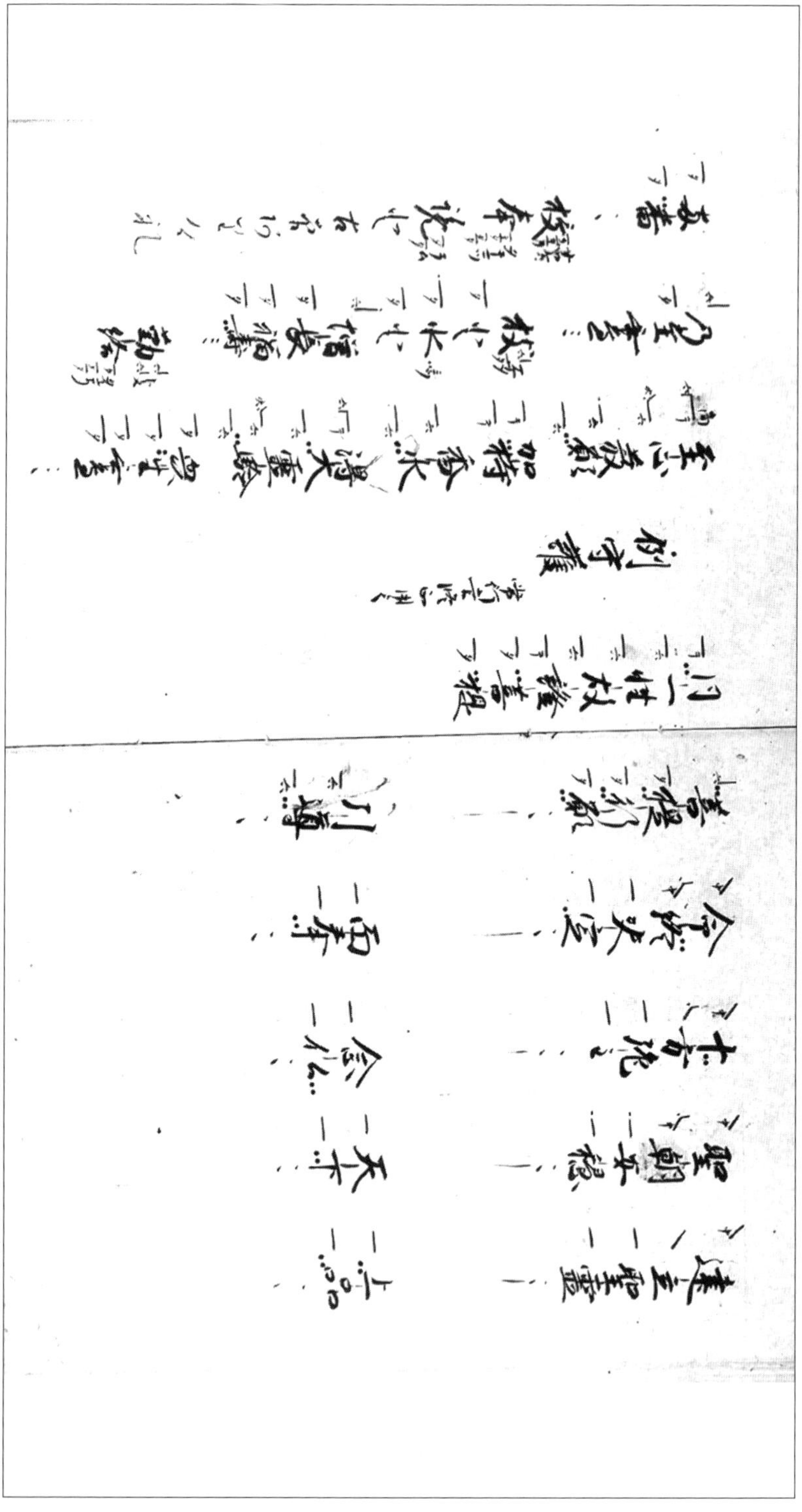

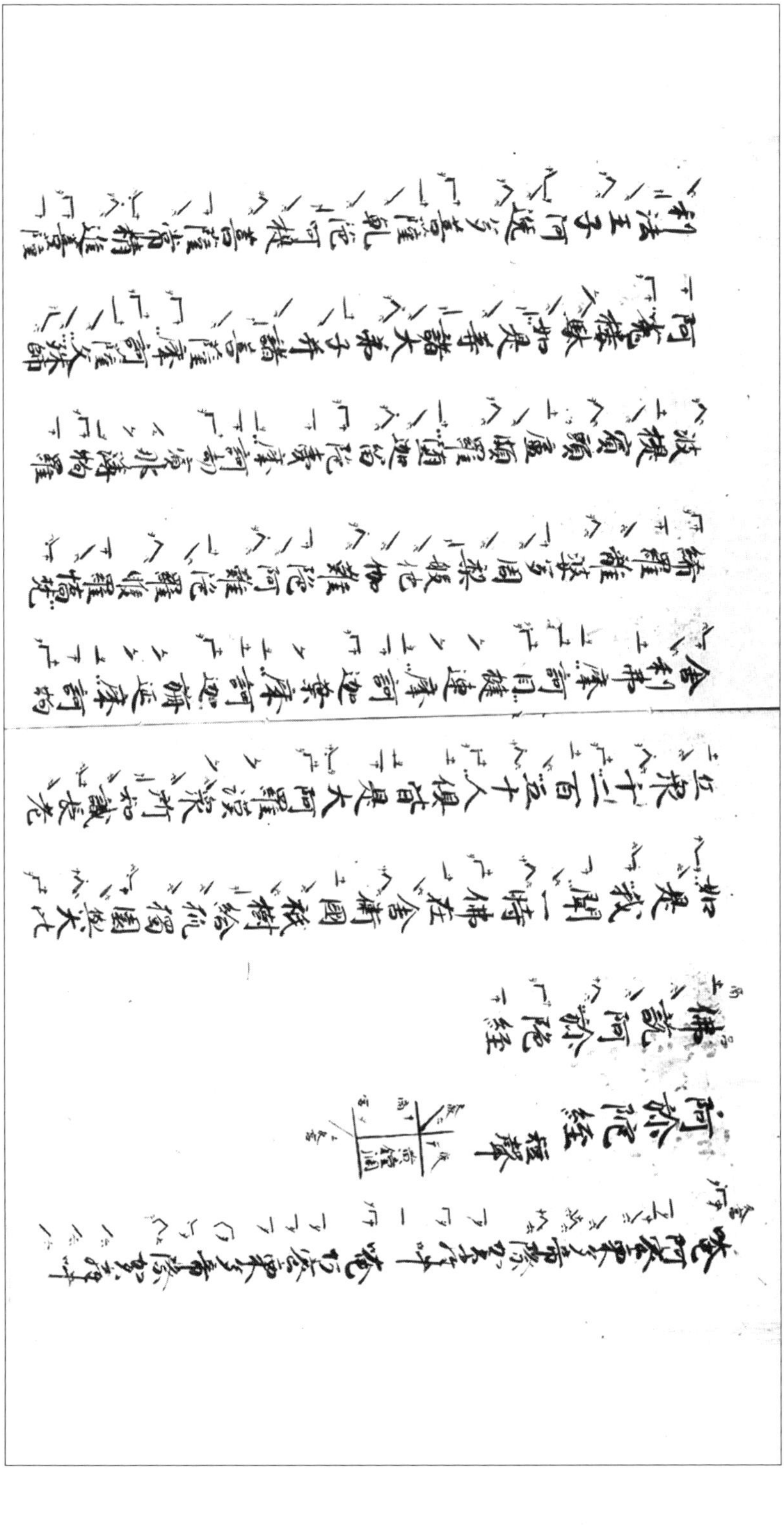

唵阿密栗多帝際加羅吽　唵阿密栗多帝際加羅吽

阿弥陀経　短聲

佛説阿弥陀経

如是我聞一時佛在舎衛國祇樹給孤獨園與大比
丘衆千二百五十人倶皆是大阿羅漢衆所知識長老
舎利弗摩訶目揵連摩訶迦葉摩訶迦旃延摩訶拘
絺羅離婆多周梨槃陀伽難陀阿難陀羅睺羅憍梵
波提賓頭盧頗羅墮迦留陀夷摩訶劫賓那薄拘羅
阿㝹樓駄如是等諸大弟子并諸菩薩摩訶薩文殊師
利法王子阿逸多菩薩乾陀訶提菩薩常精進菩薩

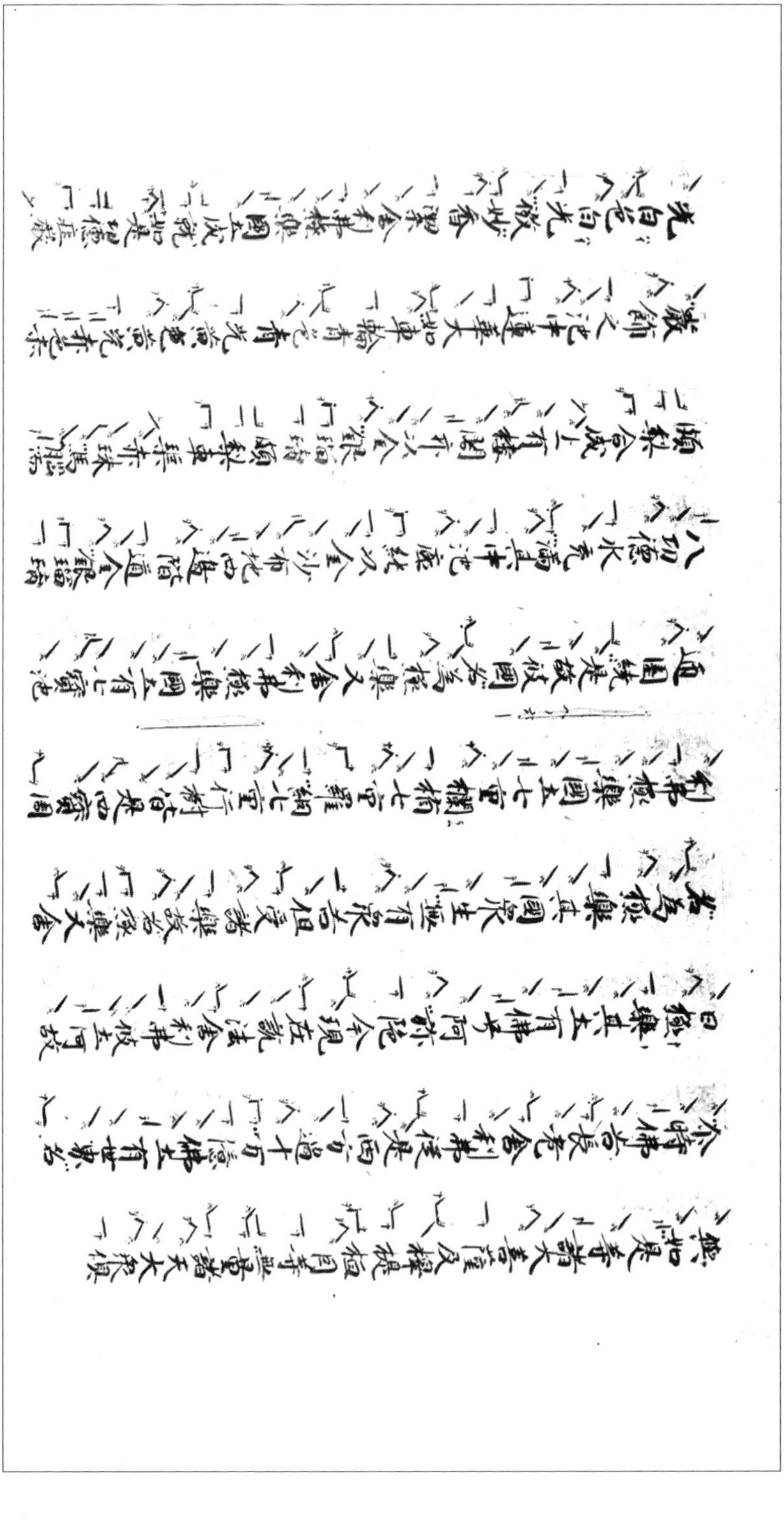

又舍利弗彼佛國土常作天樂黄金為地晝夜六時而雨曼
陀羅花其土衆生常以清旦各以衣裓盛衆妙華供養他方
十万億佛即以食時還到本國飯食經行舍利弗極樂國土
成就如是功徳莊嚴
復次舍利弗彼國常有種種奇妙雜色之鳥白鵠孔雀鸚鵡
舍利迦陵頻伽共命之鳥是諸衆鳥晝夜六時出和雅音
其音演暢五根五力七菩提分八聖道分如是等法其土衆
生聞是音已皆悉念佛念法念僧舍利弗汝勿謂此鳥
實是罪報所生所以者何彼佛國土無三惡趣舍利弗
其佛國土尚無三惡道之名何況有實是諸衆鳥皆是

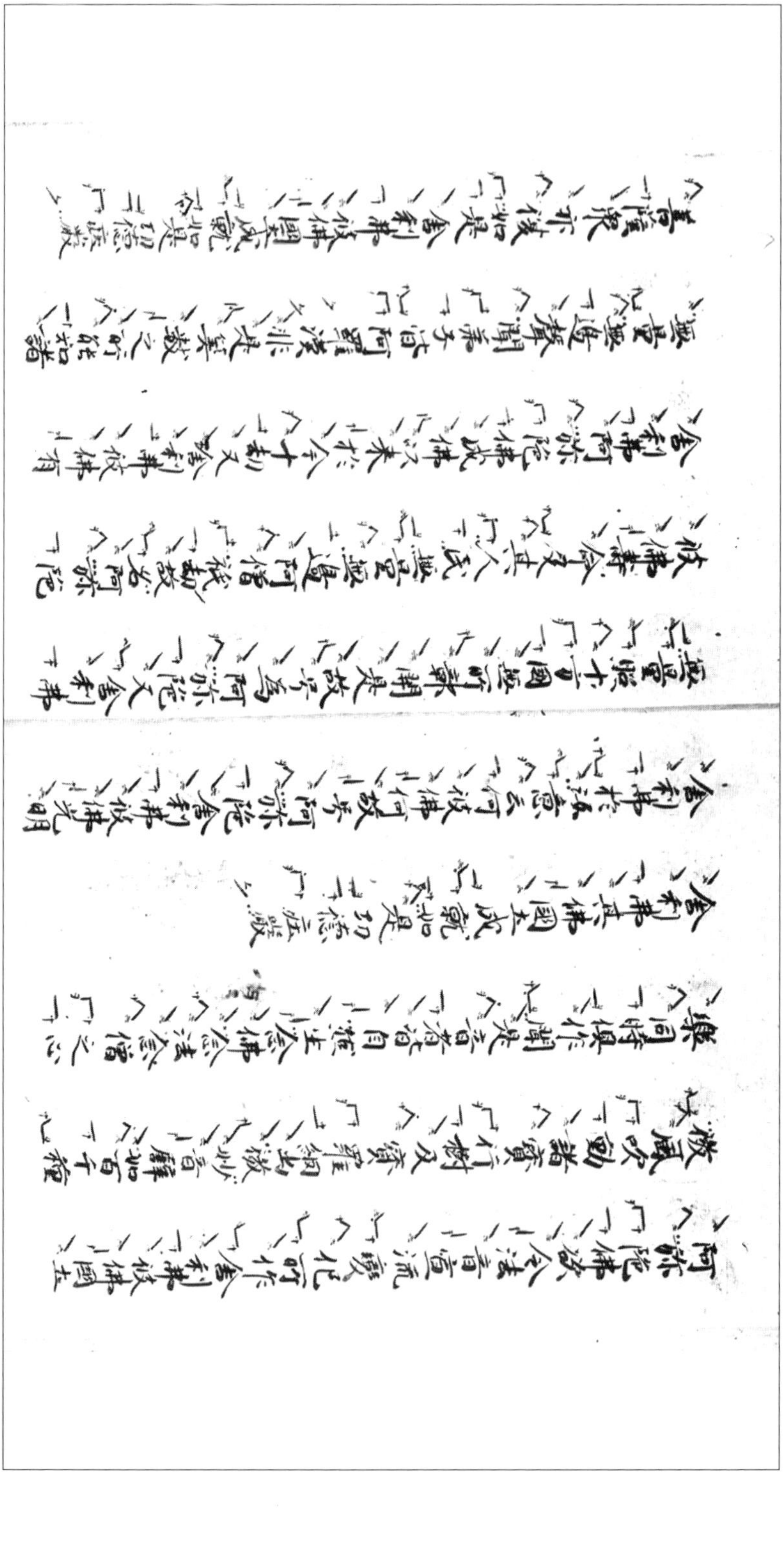
阿彌陀佛欲令法音宣流變化所作舍利弗彼佛國土
微風吹動諸寶行樹及寶羅網出微妙音譬如百千種
樂同時俱作聞是音者自然皆生念佛念法念僧之心
舍利弗其佛國土成就如是功德莊嚴
舍利弗於汝意云何彼佛何故號阿彌陀舍利弗彼佛光明
無量照十方國無所障礙是故號爲阿彌陀又舍利弗
彼佛壽命及其人民無量無邊阿僧祇劫故名阿彌陀
舍利弗阿彌陀佛成佛已來於今十劫又舍利弗彼佛有
無量無邊聲聞弟子皆阿羅漢非是算數之所能知諸
菩薩衆亦復如是舍利弗彼佛國土成就如是功德莊嚴

又舍利弗極樂國土衆生生者皆是阿鞞跋致其中多有一
生補處其數甚多非是算數所能知之但可以無量無
邊阿僧祇劫說舍利弗衆生聞者應當發願願生彼國
所以者何得与如是諸上善人俱會一處舍利弗不可以少
善根福德因緣得生彼國舍利弗若有善男子善女人聞說
阿弥陀佛執持名号若一日若二日若三日若四日若五日
若六日若七日一心不亂其人臨命終時阿弥陀佛与諸聖
衆現在其前是人終時心不顛倒即得往生阿弥陀佛極樂
國土舍利弗我見是利故說此言若有衆生聞是說者應當發
願生彼國土

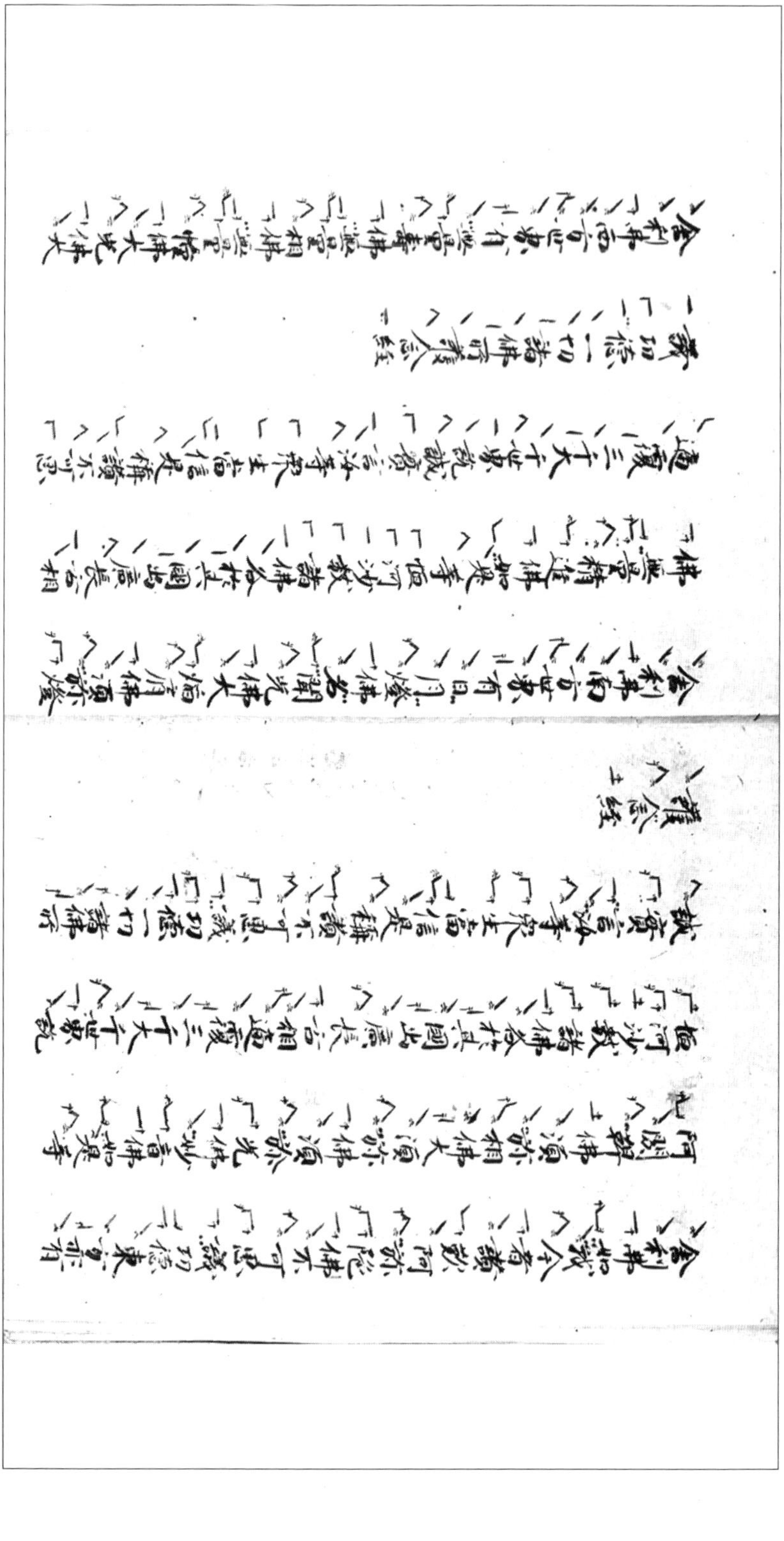

明佛寶相佛淨光佛如是等恒河沙數諸佛各於其國出廣長
舌相遍覆三千大千世界説誠實言汝等衆生當信是稱讃
不可思議功德一切諸佛所護念經

舍利弗北方世界有焰肩佛最勝音佛難沮佛日生佛網明佛
如是等恒河沙數諸佛各於其國出廣長舌相遍覆三千大千世
界説誠實言汝等衆生當信是稱讃不可思議功德一切諸
佛所護念經

舍利弗下方世界有師子佛名聞佛名光佛達磨佛法幢佛持
法佛如是等恒河沙數諸佛各於其國出廣長舌相遍覆三千大千世界
説誠實言汝等衆生當信是稱讃不可思議功德一切諸佛所護念經

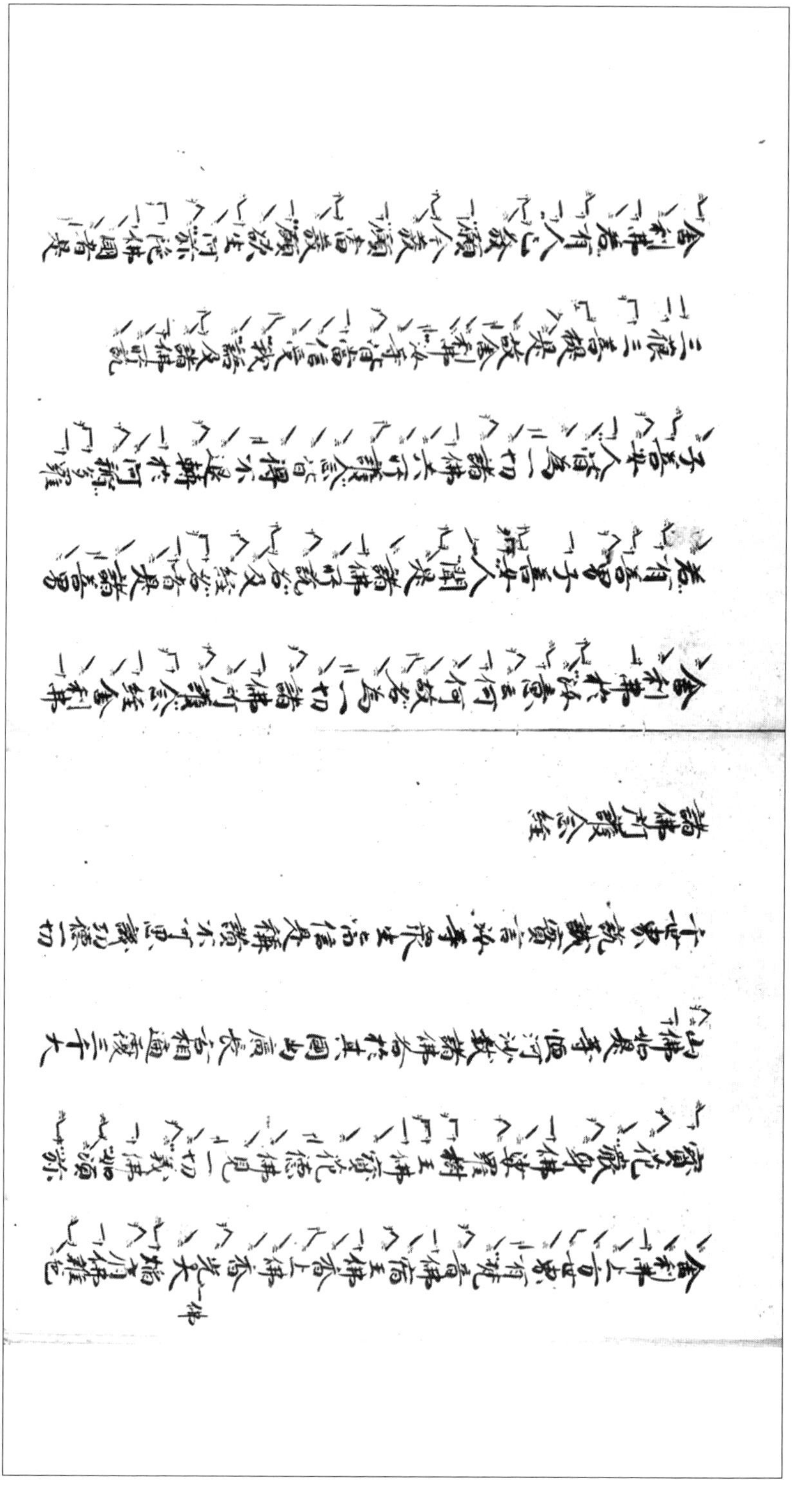

諸人等皆得不退轉於阿耨多羅三藐三菩提於彼國土若已生
若今生若當生是故舍利弗諸善男子善女人若有信者應當
發願生彼國土
舍利弗如我今者稱讃諸佛不可思議功德彼諸佛等亦稱說我
不可思議功德而作是言釋迦牟尼佛能為甚難希有之事
能於娑婆國土五濁惡世劫濁見濁煩惱濁衆生濁命濁中
得阿耨多羅三藐三菩提為諸衆生說是一切世間難信之法
舍利弗當知我於五濁惡世行此難事得阿耨多羅三藐三菩
提為一切世間說此難信之法是為甚難佛說此經已舍利弗
及諸比丘一切世間天人阿修羅聞佛所說歡喜信受作禮而去

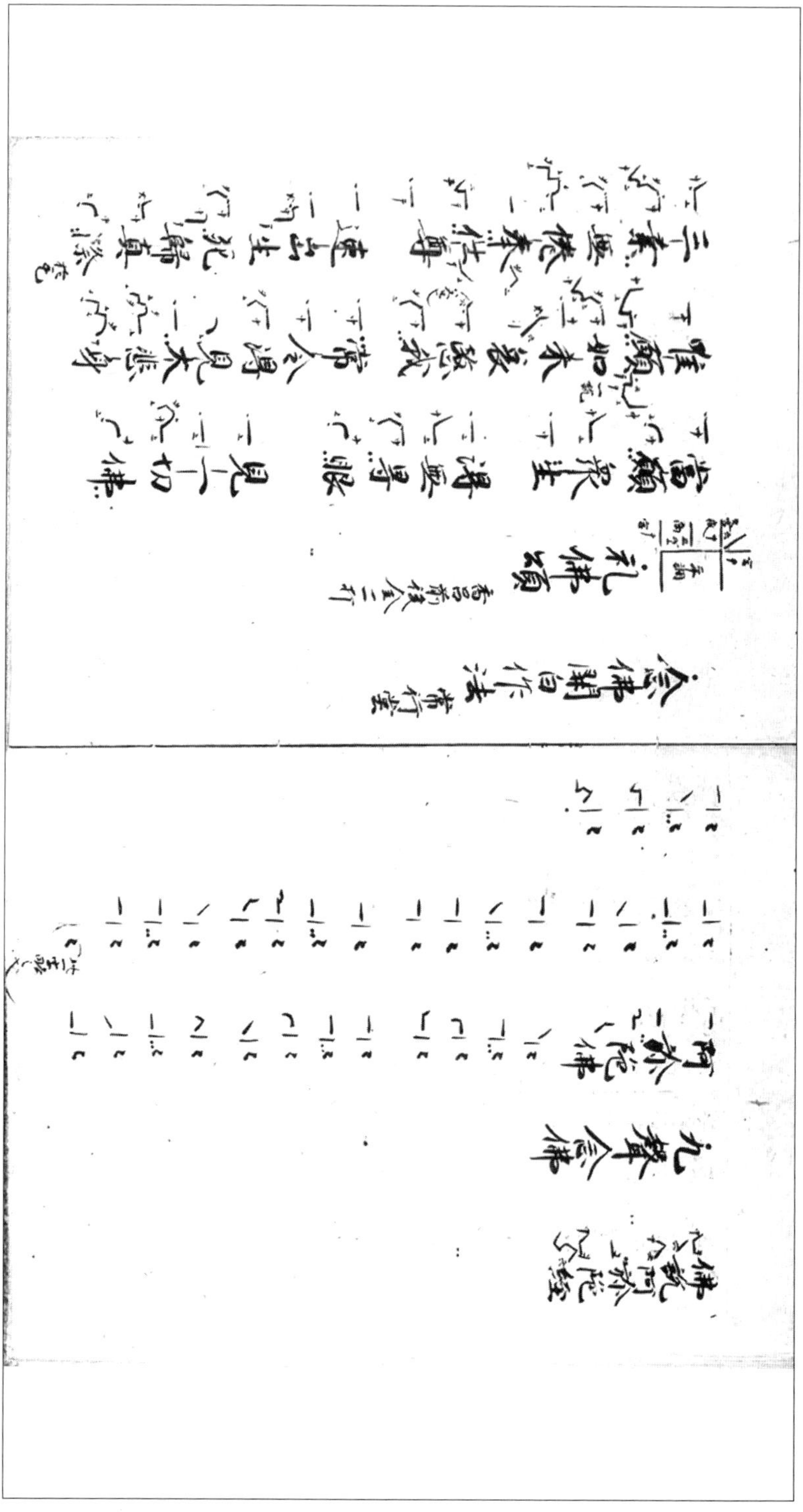
念佛開白作法　常行堂
礼佛頌
九聲念佛
佛説阿弥陀經

三礼

一切恭敬　自歸依佛　當願衆生　躰解大道
發無上意　自歸依法　當願衆生　深入經蔵
智恵如海　自歸依僧　當願衆生　統理大衆
一切無㝵

如来唄

如来妙色身　世間無與等　無比不思議
是故今敬礼　如来色無盡　智恵亦復然
一切法常住　是故我歸依

表白

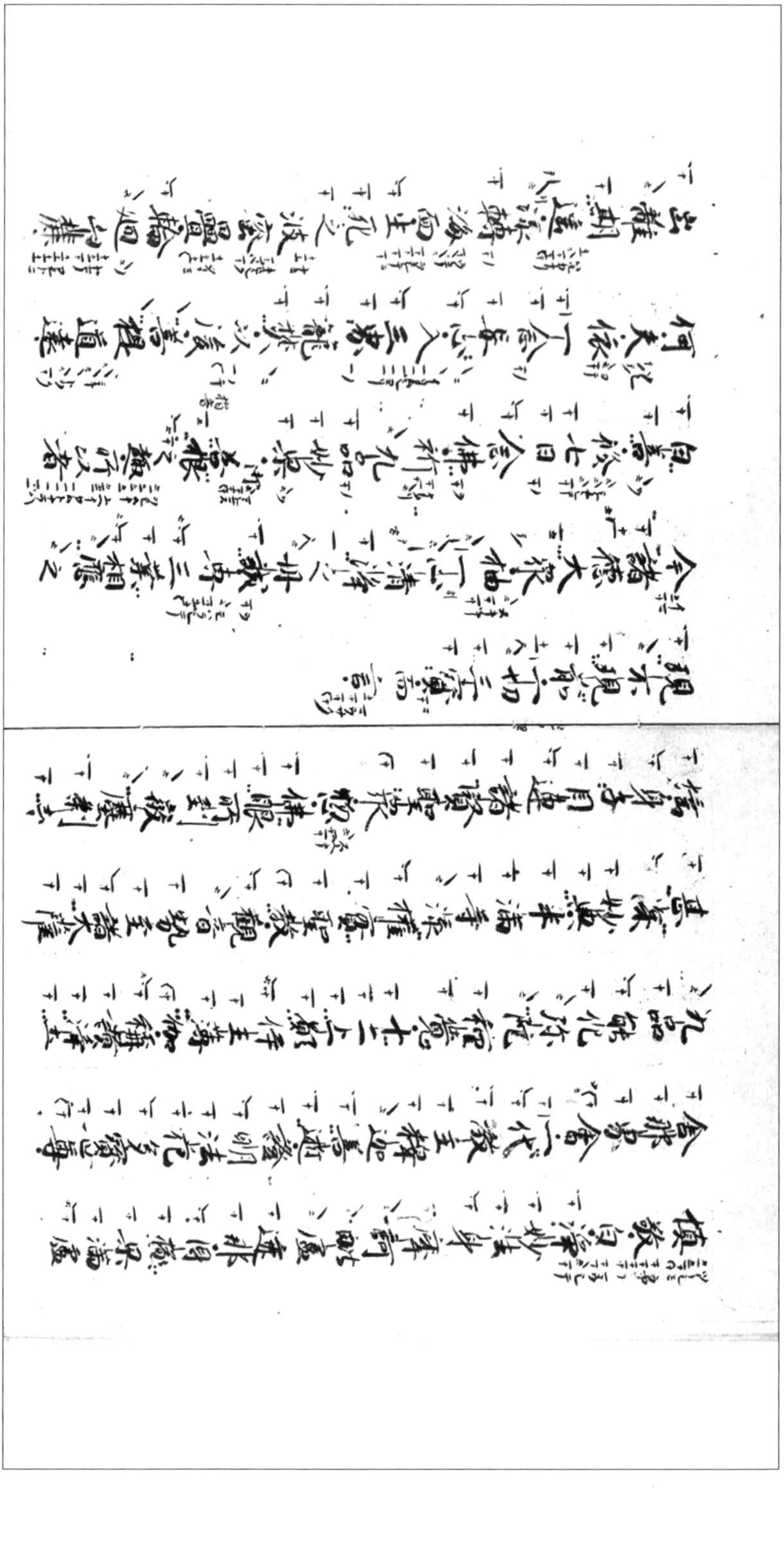

續天台宗全書（第Ⅲ期第二回配本）法儀２　常行堂聲明譜・法則類聚　解題

常行堂声明譜　二帖

Jyō-gyō-dō-shō-myō-fu.

〈撰　者〉明記なし。

〈異　名〉妙音集（上帖 第一題下）。

常行三昧堂大過去帳（上帖 過去帳内題）。

〈成　立〉貞和五年（一三四九）四月（序文）。

〈底　本〉日光山輪王寺蔵、上下二帖綴葉装写本。

〈法　量〉縦三百十一粍　横二百三十三粍。

（校訂者　水尾寂芳）

本書は、日光山輪王寺門跡に所蔵される声明譜ならびに過去帳で、通称『常行堂声明譜』といわれる重要文化財（昭和三十二年二月十九日指定）の書籍である。なお、書名の『常行堂声明譜』という表記は本書には無い。本書は元来、輪王寺常行堂に常備されていたもので、主たる内容が声明譜と過去帳であったが、大半を占める声明譜をもって『常行堂声明譜』と命名されたものと思われる。書名については、上帖第一の題下には「名妙音集也」と記され、施入の識語には「常行堂妙音流声明所」「常行堂過去帳」とあり、上帖後半には「常行三昧堂大過去帳」の内題もある。よって『妙音流声明集并常行三昧堂大過去帳』と命名すべきであろう。

今回本全書では、所蔵者日光山輪王寺門跡の特別の計らいにより、全二帖を縮小モノクロ写真版として印刷した。なお本文は、墨書きによる博士は勿論のこと、朱書きでもって注記、朱点等の書き入れが加えられている。本全書では単色のみ印刷。

本書の装幀は、修覆識語によれば、日光山輪番大嶋雲四郎源義高の寄進による緑地錦表装の上下二帖の書写本である。もっとも奥書や修覆識語によれば、声明書が二帖であり、大過去帳が一帖であったようである。

本書の成立について、まず序文があり、さらに日光山常行堂への施入記事が記された奥書があり、最後に本書の修理修覆に関する奥書識語が確認出来る。

初めに、貞和五年（一三四九）四月の序文には、声明の重要な概要とその楽理混乱などを踏まえ、本書は本譜十二巻上下二帖に調えたことが記されている。そしてその目次として、第一より第十二までの各曲名と両界讃その他の曲が、おおよそ一覧できるように収録曲名が明示されている。

上帖には、第一から第六が収められ、「奉施入日光山常行堂妙音流声明所〈上下二帖〉」などとして、応永四年(一三九七)の施入者名(妙法坊阿闍梨栄重)と結縁者名(御留守権律師昌瑜)が記述されている。

さらに続けて「常行三昧堂大過去帳」と題して、開山勝道上人以下代々の座主名、鑑真から伝教大師や慈覚大師など僧侶、天皇、大臣公家、武家、女院、諸氏、尼僧等の数百名を列記し、それらには博士が附せられており、実際に音読供養されていたであろう特徴ある過去帳が後に綴じられている。

そして、再び「奉施入日光山常行堂過去帳〈一帖〉」などとし、同じく応永四年(一三九七)の施入者名(妙法坊阿闍梨栄重)と結縁者名(御留守権律師昌瑜)がある。

そして最後には、上帖修覆の大経師植山弥平次正利による元禄四年(一六九一)修覆識語がある奥書がある。

下帖には、第七より第十二までが記述され、「以上本譜十二巻畢。此外散在」とあり、その後に両界讃等の曲が収められている。そして下帖施入識語にも、「奉施入日光山常行堂妙音流声明所〈上下二帖〉」などとし、応永四年(一三九七)の施入者名(妙法坊阿闍梨栄重)と結縁者名(御留守権律師昌瑜)が記録されている。

内容は、目次によって一覧出来る。

〔上帖〕

第一　始段唄・中唄・散花・梵音・錫杖・対揚曲・呉音三礼等・仏名教化等

第二　毀形唄・行香唄・伽陀曲

第三　切音九條錫杖・長声九條錫杖

第四　法華懺法

一心敬礼・唄・至心懺悔・十方念仏・経段・三礼等并六時偈・順逆流

第五　例時作法

短声散花等・半音念仏・合殺・迴向・例守護・短声経・九声念仏・念仏開白表白縁起等・引声経等・七五三・迴向・後唄

第六　灌仏頌・御前頌・釈迦合殺・哭仏讃・悲願讃・法花讃嘆・仏名・教化・舎利讃嘆三段・文殊讃・百石讃嘆(又号孝養讃)

常行三昧堂大過去帳

〔下帖〕

第七　大懺悔・常行堂修正・惣礼・供養文・梵唄・呪願・唱礼・三段懺悔・後唄・後呪願・日中唱礼

第八　礼仏頌・三十二相・仏名
第九　後誓・教化曲
第十　大師供・惣礼詞・勧請・仏名・画讃・勧請・仏名・勧請・教化・六種・仏名・教化
第十一　羅漢供
　勧請等・羅漢讃
第十二　云何唄・長音供養文・諸天讃・同漢語・吉慶梵語・同漢語・三宝讃・仏讃・十号讃・法讃・僧讃・蓮花部讃・金剛部讃・弥陀讃・四智讃・同漢語・乞戒師作法・表白・神分・勧請・仏名教化・乞戒偈・持地偈・三力偈・大日心略讃・同漢語
両界讃
　(胎)供養文・唱礼・九方便・大讃・普賢讃・(金)唱礼・五悔・百字讃・百八讃・合行唱礼・(胎)灌頂唱礼・(金)唱礼・花供三礼・悲歎声・念仏懺法(供養文・敬礼段・五悔・後唄・発願)・摩多羅神等・忉利・江東船子哥・八十有餘朗詠曲

本書の特色について一言すれば、本書第一に見られる「妙音集」や施入識語にある「妙音流」が挙げられる。ここでの「妙音」は「妙音院」を指していると考えられ、天台声明大原流に属する一派の妙音院流のことであろう。

妙音院流は、妙音院藤原師長(一一三八～一一九二)をその流祖として、平安時代末から鎌倉時代にかけて行われていた天台声明の一流である。天台声明は、日本の音楽史において特段の影響があったとされ、日本音楽史の母体基盤であると位置付けられている。

しかしながらこの妙音院流声明は、天台声明においては「古流」とされ、その伝承は途絶えている。よって現行天台声明と、この妙音院流声明との関係に注目する研究はあまりされていない。けれども流祖藤原師長については、雅楽の面から日本音楽史上の重要人物として注目されている。

そもそも日本天台の声明は、慈覚大師円仁の入唐求法によって、初めて比叡山にもたらされたとされる。特に「引声阿弥陀経」は有名である。そして五大院安然『悉曇蔵』(大正蔵八四)には声明の楽理が論述された。また円仁以降の声明は、五箇大曲が別々に相伝されていたが、天台声明中興の祖良忍によって、五箇大曲を統合し天台声明(大原流魚山声明)が大成したのである。そして妙音院師長は、この良忍から頼澄—玄澄—師長の系譜、また家寛や俊玄・源運などから稟承している。

さて、凝然述『声明源流記』(『続天台宗全書』法儀1、四七五下)には藤原師長の評価について次のように記されている。

時に妙音院大相国は、九流の麟鳳、三玄の鏡玉なり。詩歌管絃、幽を窮め旨を尽くす。音律声曲、微を洞くし理を明らかにす。内典の声明、これを衆英に聴き、或は家寛に稟け、或は〔信濃法橋〕玄澄に聞き、或は〔法勝寺叡泉房源運長老〕叡泉に習い、或は俊玄に訪い、普く習いて儻せず。取捨意に随い、遂に一流を立てて内典を摂尽す。仏法の声曲周備、茲に在り。爾してよりこのかた、灯灯相伝えて、遍く諸方に通ず。賞翫せざるは無し。

この藤原師長の略歴を『大日本史料』四ノ四「建久三年七月十九日条」によって示せば次のように纏められる。

藤原師長は、左大臣藤原頼長の次男であり、母は陸奥守源信雅の女とされる。

保延四年（一一三八）誕生。祖父の前関白藤原忠実の子となる。

久安五年（一一四九）元服し当日正五位下に直叙される。

仁平元年（一一五一）十四歳で参議に昇る。

久寿元年（一一五四）十七歳、権中納言に進む。

保元元年（一一五六）保元の乱に連座して土佐国に配流される。

長寛二年（一一六四）京に召還され、従二位に復し、ついで権大納言に進む。

安元元年（一一七五）内大臣に昇る。

治承元年（一一七七）従一位太政大臣となる。

治承三年（一一七九）後白河上皇と平清盛の衝突により、上皇の近臣として尾張国に流される。出家して理覚と号す。

養和元年（一一八一）帰京を許される。

建久三年（一一九二）七月十九日没する。五十五歳。

師長は、特に音楽的に恵まれた環境にあったとされ、また自身も音楽的才能に恵まれ、当時のあらゆる音楽を究めた大音楽家と評される。『十訓抄』や『古今著聞集』には、早くから管絃や歌曲に長じたことが記されている。また箏では『仁智要録』、琵琶では『三五要録』という各十二巻からなる譜集を編纂し、抄出した『仁智要略』『三五要略』とともに後世に伝えられている。

なお、大原流魚山声明や師長の相伝血脈については、円珠『諸声明口伝随聞注』「声明血脈事」（『続天台宗全書』法儀1、三〇四上）、凝然述『声明源流記』（同、四七六下〜七上）および『魚山声曲相承血脈譜』（同、四八六頁）の血脈譜を参照されたい。

今回の『常行堂声明譜』写真版は、妙音院流声明研究の基本文献として最も重要な資料の一つと言えよう。

参考：新井弘順「日光山輪王寺門跡蔵『常行堂声明譜』」（上野学園日本音楽資料室年報『日本音楽史研究』第一号、一九九六年）。

近藤静乃『妙音院流声明の研究』（東京芸術大学大学院音楽研究科博士論文ライブラリー、二〇〇四年）。

日光山輪王寺宝鑑編集委員会編『日光山輪王寺宝鑑』（日光山輪王寺、一九六六年）。

京都国立博物館・東京国立博物館編『天台宗開宗一二〇〇年記念　最澄と天台の国宝』（読売新聞社、二〇〇五年）。

（齊川文泰）

忌日法則　真祐執筆　一冊

Ki-jitsu-hos-soku.

〈撰　者〉柏原成菩提院真祐（一五二六～一五九五―）。

〈成　立〉天正十六年（一五八八）二月（識語）。

〈底　本〉叡山文庫真如蔵、一冊写本。

（校訂者　水尾寂芳）

本書は、江州柏原成菩提院（滋賀県米原市）第十七世真祐（一五二六～一五九五―）執筆の法則。成立は天正十六年（一五八八）年二月二十日で、同寺住持の時に撰述したものである。

その内容は、最初に開眼供養の定型文が記される。次第は三礼・灑浄・開眼供養文・神分・表白・経ならびに率都婆供養とし、最後に経釈（大意・釈名・入文判釈。なお写経がない場合は無用）が記述される。

次に、初七日～七七日・百箇日・一周忌・三年忌・七年忌・十三年忌・三十三年忌に至るいわゆる十三仏事の法則が並び、これに続いて回向法則が記される。今日では死後の追善供養として一周忌・三回忌などと表記するのが通常だが、古くは『預修十王経』（追善が主流となる前は預修〈逆修〉が中心であった）での十王の配列を示す表記（一年、三年）にならうことが多く、本書も三回忌以降は「〇〇年忌」と記述する。余談となるが十王と本地仏との対応関係は定まっていたものではなく、十三仏事が成立する以前の十仏事時代、三年忌（三回忌）の本地仏が阿弥陀仏とされた背景には、浄土系（『私聚百因縁集』など）の影響が強かったと考えられ、天台や真言では阿弥陀以外を置くことが多かった。しかし、その後は本書のように五輪や三身といった密教的要素を含むものが現れるようになり、同様な法則集は滋賀の三井寺にも見られる。また別には死霊に対しては尊霊をはじめ「亡霊・亡魂・聖霊・魂魄・魄霊」といった表現が見られる。

本書の最後には七本率都婆供養文が記されるが、四本柱や八塔に関する私記が付されていて、後者の八塔とは釈尊の追体験を表すものだろうが、前者に関してこれを図示すると《図一》

のようになる。

逆修法要の際に天台系では、十三本塔婆の造塔や十三部経写経が頻繁に行われていたことが文献上は知られるが、この四本柱と四十九院を合体させ、さらに十三仏の塔婆を内側に置くという形式のものは承知していないので非常に興味深い。

なお本書は表白に「大日本圀某州某郡当所此宝前」などとあるように、特定の法要に用いられる法則ではなく、汎用性のあるものであり、現今においても参考となる部分が多い。

なお真祐には、本書と同年である天正十六年(一五八八)秋に草書された『如法経法則』(魚山叢書、勝林院蔵、『渋谷目録』下、九〇三頁下参照)が報告されている。また真祐の事跡については、尾上寛仲「談義所と天台教学の流伝」(『日本天台史の研究』九八頁~一一二頁)を参照。


(塩入亮乗)

忌日法則　一冊

Ki-jitsu-hos-soku.

〈撰　者〉明記なし。
〈成　立〉明記なし。
〈底　本〉叡山文庫真如蔵、一冊写本。
(校訂者　水尾寂芳)

《図一》

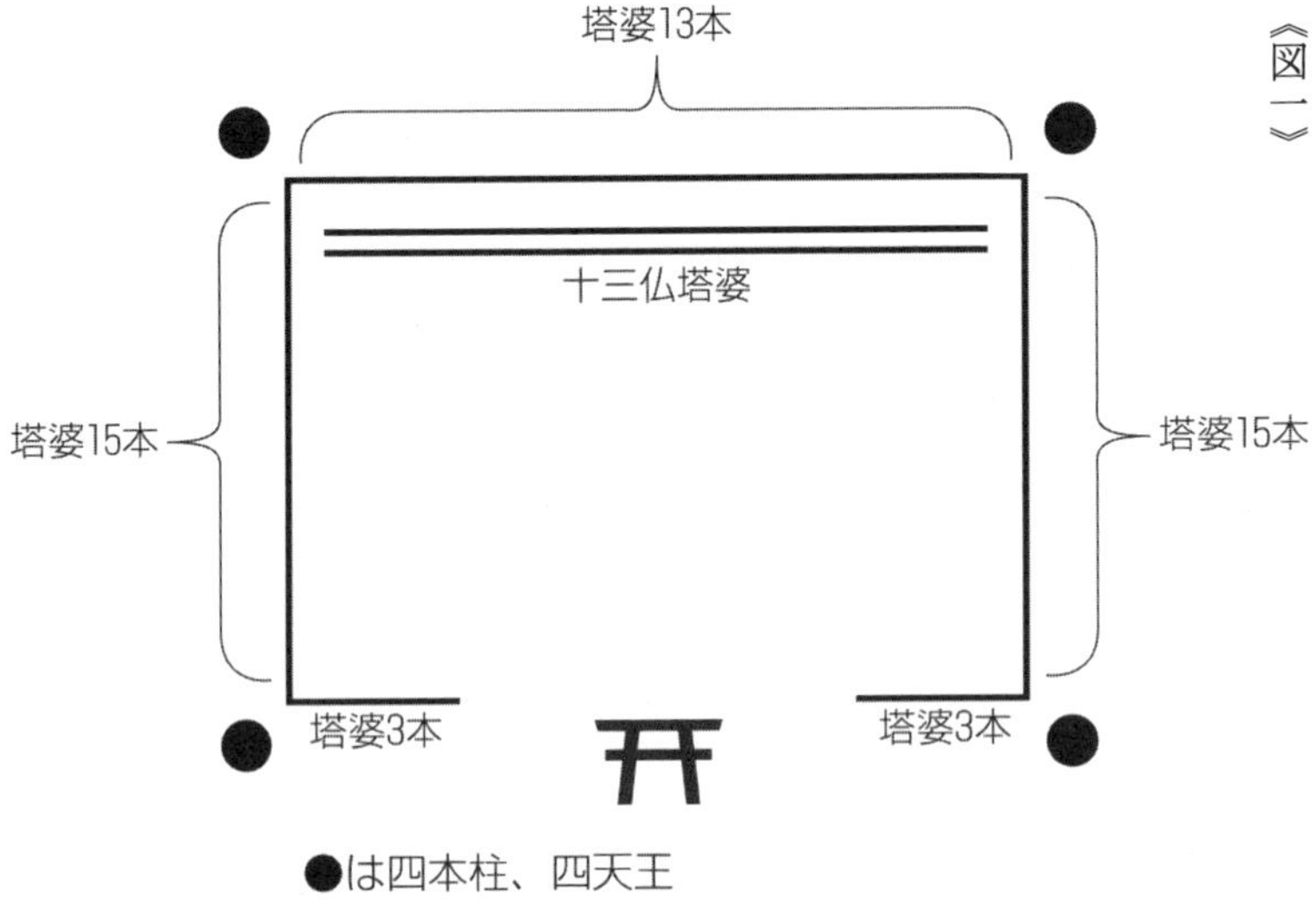

本書は、叡山文庫真如蔵に架蔵される法則集の一本。撰者や成立に関しては不明である。

内容は、初七日～尽七日・百箇日・一周忌・第三年忌・七年忌・十三年忌・三十三年忌および回向の法則を記す、いわゆる十三仏の法則である。

本書における「忌日」―「十王」―「本地仏」との関係は、次の通りである。

初七日	秦広王	不動明王
二七日	初江王	釈迦如来
三七日	宋帝王	文殊菩薩
四七日	五官王	普賢菩薩
五七日	琰魔王	地蔵菩薩
六七日	変成王	弥勒菩薩
尽七日	泰山王	薬師如来
百箇日	平等王	観世音菩薩
一周忌	都市王	大勢至菩薩
第三年忌	五道転輪王	阿弥陀如来
七年忌		阿閦如来
十三年忌		大日如来
三十三年忌		虚空蔵菩薩

本書の内容に特別な特徴はないが、同様の法則とも共通して「〇〇年忌」の表現を用い、死者の霊に関しても亡霊・幽霊・聖霊といった呼称が見られる。

なお、付言しておくならば「十王―本地仏」という十仏思想の関係が意識された平安時代、それは預修(逆修)法要においてであった。だがその当初の十王に対応する十仏は極めて不特定、流動的で種類も多様であった。また一方、追善供養においても四十九日までの法要本尊に重複する場合がある(例えば『兵範記』嘉応二年(一一七〇)五月～六月にある平信範の妻の追善供養では、阿弥陀如来が三度出る)など、これも確定したものではなかった。十仏事時代における天台の三年忌の本地仏に注目すれば、ほぼそれは釈迦であり、浄土系は阿弥陀であった。後に十仏事は中世に十三仏事へと展開し、本地仏も徐々に定型化していくが、その中でも十仏事時代の浄土系の弥陀三尊信仰の影響が強く残ったことは、八・九・十番目の本地仏(観音・勢至・阿弥陀)に見ることができる。一方、七年忌以降の本地仏には密教の影響が見受けられるといえる。

十三仏事の歴史的な概略は以上だが、本書は現行の忌日法則を作成する上で参考資料になるものである。

(塩入亮乗)

延命抄　一冊

Em-mei-shō.

〈撰　者〉明記なし。

〈成　立〉明記なし（実相房権律師昌興所持本）。

〈底　本〉叡山文庫双厳院蔵、中下巻合冊写本（上巻闕本）。

（校訂者　水尾寂芳）

本書は、中世末期の写本と認められる表白や作文の用例集である。中下巻合綴であり、上巻を欠くのが惜しまれる。中巻は初七日から三回忌までの追善回向を目的とした十王本地仏の表白を収めている。なお巻末に「詩序書句次第事」「勧進帳書次第事」「願文書様」「諷誦書様」等が付記されている。下巻には『王沢不渇鈔』の抜書を収める。叡山文庫双厳院蔵、通称窮源蔵に伝来する写本である。

撰者および成立について、中巻に「実相房権律師昌興之」、下巻に「昌興之」とあることから昌興が所持していたことがわかる。書写者について明確な記載は無いが、書体から推測するに昌興の筆にかかるもので間違いないと思われる。更に中巻の願文の書様を記した部分に「私書入之」とあり、朱書で「昌興」と補筆することから、昌興が何らかのテキストを自身で書写し、更に書き入れをしたと推測できる。

昌興とは、戦国期の日光山の住僧である。『日光山常行三昧堂新造大過去帳』（『鹿沼市史』所収）に記事が見られる。

実相房　此寺跡天正年中断絶ス、旦那ハ定宝坊抱ユ、往古寺領ハ岩崎郷ナリ、昌興法印ハ真名子ノ一家教城房昌長カ伯父ナリ、学頭・検校ヲ兼ヌル故ニ筆記多シ、中興ノ名僧ナリト云々

昌興は、日光山実相房の住僧で学頭や検校を兼ねた中興の名僧であると言われる。昌興については管見の限りこの記事のみである。そのため本書は昌興の活動を確認できると同時に、戦国期日光山の史料としても非常に貴重である。なお昌興による著述として『二十五三昧伽陀』と『補陀洛山建立修行日記』が日光文庫所蔵とされている（『渋谷目録』）。

内容について、まず中巻には、初七日から三回忌までの追善回向を目的とした十王本地仏の表白が収められている。その構成を列挙すれば、

初七日＝不動明王	二七日＝釈迦如来
三七日＝文殊菩薩	四七日＝普賢菩薩
五七日＝地蔵菩薩	六七日＝弥勒菩薩
七七日＝阿弥陀如来	百箇日＝観音菩薩
一周忌＝釈迦大日	三回忌＝阿弥陀如来

となり、十王信仰・十王本地仏の諸説と共通点を持ちつつも、一周忌の釈迦大日は他に見られない尊格で、新たなバリエーションとして注目されるべきであろう。

十王信仰・十王本地仏については、中国古来の習俗が融合して成立したとも言われている。しかし中国では生前の行為を踏まえた十王による裁きと追善供養の重要性が説かれるものの、十王の本地仏には言及されていない。十王に本地仏が宛てられるのは、日本において平安末から鎌倉期にかけてとも言われるが、近年の研究によると中世以降に十王の本地仏が語られるようになる。ただし本地仏は、所依の文献や宗派の教義傾向によって一定せず、室町期以降に浄土系の構成が一般化し、江戸時代の刊本によって流布するに至ったと思われる。その理由は、一般の葬送儀礼に最も適しており、受け入れられやすかったからであろう。室町期にはさらに七回忌＝蓮華王＝阿閦如来、十三回忌＝祇園王＝大日如来、三十三回忌＝法界王＝虚空蔵菩薩の三尊が加わり、十三仏信仰が成立したのである。

下巻は、鎌倉期の建治年間に成立した詩学書『王沢不渇鈔』の抜書である。この『王沢不渇鈔』は詩や四六文の対句、その他句法類や個別の作文法、文の発端の言葉(句端)等について実例を掲げてわかりやすく説明するもので、一般の仏書とは一線を画する。

戦国期日光山の僧侶がこの様なテキストを所持していた事実は、中世日光山における追善回向法会のあり方を考える上で非常に興味深い。また、天海が随風と名乗っていた頃の所持本に『王沢不渇鈔聞書』(二巻・日光山輪王寺天海蔵)があり、戦国期の天台僧に『王沢不渇鈔』がいかに受容されていたか考える一助ともなる。

本書は、中巻に僧侶が作成する表白を、下巻に施主の俗人が作成する諷誦文や願文の作成にも有益な『王沢不渇鈔』の抜き書きを収めて利便性を図っており、戦国期の天台僧が法会における作文の典拠をどこに求めていたか知る上で大きな手がかりとなる貴重な文献である。

参考：鹿沼市史編さん委員会編『鹿沼市史―資料編　古代・中世』(鹿沼市、一九九九年刊)。
国文学研究資料館編『漢文学資料集』(『真福寺善本叢刊』十二、臨川書店、二〇〇〇年刊)。
村山修一編『普通唱導集―翻刻・解説』(法蔵館、二〇〇六年刊)。
大石有克「王澤不渇鈔作者考―文鏡秘府論との関聯をめぐって」(『語文研究』九〇、二〇〇〇年刊)。
清水邦彦「『地蔵十王経』考」(『印度学仏教学研究』五一―一、二〇〇二年刊)。

(中川仁喜)

法則集　一冊

Hos-soku-shū.

〈撰　者〉種覚院殿重慶僧都草（「二。曼供法則」の末尾）。
　　仙承法印御草（「五。小比叡法則」の奥書）。
〈成　立〉永享十年（一四三八）（曼供法則の末尾）。
　　嘉吉二年（一四四二）三月（小比叡法則の奥書）。
〈底　本〉叡山文庫双厳院蔵、一冊写本。
（校訂者　水尾寂芳）

　本書は、叡山文庫双厳院蔵で一人の手で五つの法則が書き連ねてある。最終の「五、小比叡法則」の奥書によれば、「天文二十一年（一五五二）不老山南院大蓮坊に於てこれを書写せしめ畢んぬ。栄円五十九」とあり、栄円の書写本である。「二、曼供法則経供養」の末尾にも栄円書写と明記されている。

「一、合曼法則経供養　師匠七回忌」は、出雲国鰐淵寺において遺弟の某が施主となって、師匠の七回忌に法華経の写経を供養し合わせて合行曼荼羅供を勧めた時の法則である。法華円教と真言密教が融合された法則と云える。師の歎徳、哀惜の文言に続いて、「密厳国土」、「安養浄刹」などの言葉も並べて用いられている。また、発願、四弘誓願に続いて、胎金両部不二の尊体と一切衆生本具の妙法を事理一如の供養として「龍猛、龍智、善無畏、金剛智も之を秘し給う」と説くのも注目される。法則は更に法華経の経釈、卒塔婆の事、書写功徳、七年忌の事などを列ねている。

「二、曼供法則経供養　追善通用」も追善の曼供法則であるが、経供養、追善通用とあるように「一、合曼法則経供養」とも通ずる部分も多く、法則構成上の項目、決まり文句、解釈の要文などが挙げてある。なお、末尾に「永享十年（一四三八）種覚院殿重慶僧都草也」とあり、これは嘉吉三年（一四四三）の霜月会竪義に探題を勧め『大会探題記』を記した重慶のことであろうと思われる。また、続く奥書に「天文二十一年壬子（一五五二）七月一日これを書く。栄円」とある。

「三、頓写法則　師匠七回忌」は、法華経十軸を頓写し開題供養して師匠七回忌の追善を祈る法則である。先師の業績の賛辞、遺弟である施主への言葉も具体的で実際に用いられた法則と思われる。発願四弘に続く開題部分では、「妙法蓮花経一部八巻、開結二経、並びに心・阿弥陀経等」とあって、これらを一言ずつで解釈している。

「四、同法則　父十三回忌」は、「三、頓写法則」と同じく法華経八軸と心経・阿弥陀経の写経の開題供養による父の十三回忌の法則である。施主は信心大法主として珍覚と云う名が記されている。この十三回忌の法会は二日間に亘り、昨日は両部合行曼荼羅を供養したとある。

「五、小比叡法則」は、比叡山山麓日吉大社二宮宝前での法華経講経論義の法則である。奥書には、「嘉吉二年(一四四二)三月日仙承法印御草也」とある。山王権現への講経論義の法会としては、万寿の古風として、今日の礼拝講の濫觴とされる万寿二年(一〇二五)の法華八講が引かれている。毎年不朽の勤修、来際無改の法味、との言葉も見え毎年恒例の法会であり、毎年使われた法則とも思われる。奥書に見える仙承法印は、重慶の『大会探題記』に当時の現職探題としてその名がある。

(水尾寂芳)

法則集　雑雑浮流草　一冊

Hos-soku-shū, zō-zō-fu-ru-sō.

〈撰　者〉明記なし。

(文禄三年(一五九四)西楽院円智識語)

(慶長七年(一六〇二)求法亮玄識語)

〈異　名〉雑雑浮流草(識語)。

〈成　立〉明記なし(文禄三年(一五九四)か)。

〈底　本〉叡山文庫真如蔵、一冊写本。

(校訂者　水尾寂芳)

本書は、叡山真如蔵架蔵「法則集」(扉題)の一書。

書名は、扉題「法則集」の他に巻尾識語に、

九怙者

解脱房貞慶　安居院澄憲　安居院聖覚　円乗寺貞舜

円乗寺慶舜　円禅寺豪俊　花王院円信　月山寺尊舜

西楽院豪仁

雑雑浮流草

従二斯等之師述作之表白ノ内一抜萃訖

文禄三年二月中旬　西楽院円智

慶長七年五月吉日　求法亮玄

とあり、ここから本書の副題とした。

また本書は、この識語によれば、笠置寺の解脱房貞慶(一一五五～一二一三、法相宗の学僧)をはじめ計九名の諸師先徳、歴代の天台僧の著述を西楽院円智が再編成し、後に亮玄が入手所持した文献と思われる。小峯和明氏『中世法会文芸論』(笠間書院刊)『「貞慶表白集」小考』によると「中世南都の学僧として世に知られる笠置の解脱房貞慶は数多くの著述を残したが、なかでも『表白集』はひろく流布した作の一つである。」とあり、その流布本から『続真言宗全書』巻三十一「表白祭文部」などにも翻

刻されている。

本書の内容は、「一。不動法則」より最後に追記の「二十。竪義表白」まで二十題が収録されている。

はじめに「一。不動法則」「二。大黒法則」「三。山王本地開眼」と天台の法会仏事の諸法則を述べ、ついで「四。千座神楽供養」「五。源氏供養表白」「六。一万句連歌供養」「七。請雨啓白」とあり、「八。仏十三年忌事」以降に一般的な追善回向の法則が並ぶ。「九。山寺為児追善」「十。小児為先師」「十一。孝子為先妣」「十二。父母為亡子」「十三。孫子為祖父」「十四。孫子為祖母」「十五。養子為養父」「十六。養子為母」「十七。養女為亡夫」「十八。従者為主君」「十九。親為子追善」とその対象は子、親、祖父母、養父や主君など広範囲に及ぶ。中でも特徴は五七日の追善供養である。小峯氏は「とくに五七日は閻魔王で本地が地蔵菩薩であることから信仰を集めた。」としている。

本書の本文では、花鳥風月など一般の人々に分かりやすい言葉も並び、現代の追善供養の場でも大いに参考にできる。また「父母為亡子」「孫子為祖父」のように、施主と尊霊の立場を明確に表しており参考になる。

参考：赤瀬信吾「法則を書く僧たち」（新井栄蔵他編『叡山の和歌と説話』、世界思想社、一九九一年刊）

小峯和明『中世法会文芸論』（笠間書院、二〇〇九年刊）

牧野和夫「叡山文化の一隅〈海彼敦煌並びに民間信仰の影〉―掌篇類の紹介―」（新井栄蔵他編『叡山の文化』、世界思想社、一九八九年刊）

（伊藤進傳）

法則集　十六題　一冊

Hos-soku-shū.

〈撰　者〉明記なし。

〈成　立〉明記なし。

〈底　本〉叡山文庫真如蔵、一巻一冊写本。

〈校訂者　水尾寂芳〉

本書は、叡山真如蔵架蔵「法則集」の一書である。

内容は、(1)仏生会讃、(2)涅槃讃、(3)児灌頂法則、(4)順逆供養法則、(5)観音入仏表白、(6)不動入仏表白、(7)薬師入仏表白、(8)六地蔵讃歎、(9)橋供養表白、(10)鐘楼讃〔一切入仏表白〕、(11)仏名経法則、(12)堂供養法則・十王釈、(13)塔供養（本文欠）、(14)常行三昧開白作法、(15)法花三昧立筆法則、(16)六十六部縁起之事であり、諸法会の法則表白十六題を並記したものである。特に常行三昧の法則には古博士の声明の譜があり、声明研究に参考になる。

　この内(5)の項には「常州吉田郡遠廄郷西光寺再興観世音堂舎」とあり、(7)には「吉田郡於大野郷」、また(10)には、「当国ノ守護鹿嶋筑波等、当郡吉田笠原等」などとあり、ここでの常陸国吉田郡は、今日の茨城県水戸市吉田山神宮寺薬王院を中心とした記述であろう。

　注目される内容としては、(1)と(2)は、釈尊の誕生と涅槃の様相などを和讃に仕立てたものである。摩訶迦葉の鶏足山入山、阿難の火光三昧、商那和須の代まで記述があり、最後は舎利供養を説く。また(4)には「逆修」の功徳を説く。これは生前あらかじめ死後の冥福を祈り供養を修する功徳のことである。(10)には、「三十三身春花」、「十九説法秋月」などの表現もあり援用引用できる用語が多く見られる。(12)には、讃歎十王之事や十王釈が見られ関心が強い事がうかがえる。やはり五七日忌の法則が見られる。

　最後の(16)には、「有ニ昔シ法花書写六十六部ノ聖三人一。奉ニ納六十六箇国一。令レ結ニ縁一切衆生一。其時ノ三人ノ聖ト者。本願頼朝房。代リ聖ノ時政房。小聖景時房也」とあり、その後「経ニ百七十三年一出生給也」とある。これは『法華経』書写・奉納巡礼と源頼朝などの伝説が語られる、六十六部廻国巡礼の縁起である。源頼朝(一一四七～一一九九)が頼朝房と称して全国を巡り、『法華経』一部ずつを納めて天下泰平を祈願する記述があり、あるいは北条時政(一一三八～一二一五)が時政房となり、また梶原景時(?～一二〇〇)や大江広基(元カ)(一一四八～一二二五)などが文中に登場する。彼らの宿世は廻国の納経僧であったとする因縁譚で、日光山輪王寺所蔵『六十六部縁起』(同内容)にも記されている。また「入仏供養」の表白では、仏伝を丁寧に解説する様相が今日にも大切な要素になると思われる。表白制作の参考にしたい。

（伊藤進傳）

法則集　十七題　一冊
Hos-soku-shū.

〈撰　者〉明記なし(浄教房実俊(一六一八～一七〇二)か)。
〈成　立〉明記なし(寛文五年(一六六五)以降か)。
〈底　本〉叡山文庫真如蔵、一冊写本。
（校訂者　水尾寂芳）

　本書は、叡山真如蔵架蔵「法則集」の一書。

　撰者は、明記が無いものの、浄教房実俊(一六一八～一七〇二)によるものであろう。

　内容は、1から5は写経供養の為、『法華三部経』『般若心経』『阿弥陀経』等の法会の表白であり、それ以後は、大会・

講会の表白である。

まず御経供養（「新写之御経」）法則として、「1東照宮神儀五十年」、「2後柏原院二十一回聖忌」、「3大猷院殿御一周回御忌」に『法華三部経』等の写経供養、また「4心経供養并遷座法則」、「5大般若法則」などがある。

次いで正覚院豪観（一六三七～一七〇七）のために「6已講初日之表白」、「7已講五巻日之表白」、「8已講十講之表白」を草し、また多武峯自性院、同所十妙院のために「9大会所立之表白」を予め草し、同じく豪観のために「10大会探題之表白」を草している。更に実俊探題自らのために「11大会探題第二度目」を作り、白毫院実契のために「12大会十講開白之表白」と「13大会已講問者之表白」を草しており、また「14五巻日已講之表白」、「15五巻日十講問者之表白」、「16五巻日十講問者之表白」と続く。なお16には「予草レ之」とあるが、これは実俊のことであろう。なお「17新題者之表白」には表白中に「粤題者実俊」とある。

内容は、例えば、3は、まさに徳川家光公一周忌に相応しい内容である。「孝悌ハ仁ノ本ト也。仲尼ノ諫ムルニレ人ヲ以ス二孝道ヲ一 報酬ハ義ノ言ルレ也。牟尼ノ利スルニレ生ヲ専ラニス二報恩ヲ一」とあり、また「外ニハ専ニシテ二理民ノ之化ヲ一 深ク捜リ二周公大聖ノ之奥賾ヲ一 内ニハ励シテ二帰仏ノ之信ヲ一。快ク伝フ二慈眼大師ノ之脈譜ヲ一」とあり、家光公を讃え、また東照大権現と諸大明神との会通をつけ、更に「法華経開題」では、「妙ハ者相待絶待法ハ十界十如　蓮花ハ本因本果　経ハ有黐無黐」など天台学の要旨を述べるなど、法則作成に非常に参考になる。4の「本地清涼ノ之月静ニシテ…垂迹権化ノ之花鮮ニシテ」なども表白制作の参考にしたい。

撰者とみられる実俊については、『続天台宗全書』史伝3に「大僧正実俊伝」（三一〇下～一下）および「鶴林院大僧正実俊伝」（四三二上～三上）などがある。幼くして叡山浄教房に登り、探題大僧正まで登り詰めた先達である。『法華玄義釈籤』を講義したり、『三大部源流一揆』三百冊、附録六十六冊、『周覧』百五十冊および『日吉新記』一冊を著述するなど、近世を代表する学僧である。

また正覚院豪観は、鶏足院覚深のことで豪慧・豪寛とも言われる。伝記は『東塔五谷堂舎並各坊世譜』「正覚院」（『天台宗全書』二四、六六下～六七上）および『横河堂舎並各坊世譜』「鶏足院」（同、一六七上～下）を参照。

（伊藤進傳）

法則集　十七題　一冊

Hos-soku-shū.

〈撰　者〉明記なし。

〈**成　立**〉明記なし。
〈**底　本**〉天王寺福田蔵、一冊写本。
〈**校訂者**　水尾寂芳〉

本書は、東京谷中天王寺福田蔵に架蔵される一書。諸法則、諸行事に用いられる諸経儀などを編集類聚したもので、懺願儀、行願儀などは法則というよりは儀法といえるものである。内容は、新作目次で一覧できる。

(1)例講法則は、講経論義における法華経序品の法則。
(2)三十三巻経法則は、普門品三十三巻読誦法要の法則。
(3)千巻心経法則は、般若心経一千巻読誦法要の法則。
(4)往生浄土懺願儀は、天竺懺主・慈雲尊者ともいわれる遵式の『往生浄土懺願儀』(大正蔵四七)の内、「第四焼香散華」より「第九旋遶誦経法」までの抜粋。
(5)往生浄土決疑行願二門は、これも遵式の『往生浄土決疑行願二門』(大正蔵四七)の内、「第二正修行願門者。略開四門。一者礼懺門。二者十念門。三者繫縁門。四者衆福門。」の内、第一礼懺門からの抜粋。
(6)観無量寿仏経初心三昧門は、『浄土十要』(卍続蔵二-十三)第三中からの抜粋。
(7)受持仏説阿弥陀経行願儀は、右同様に『浄土十要』第三中からの抜粋。
(8)節分会日数心経法則は、東叡山両大師宝前での法則。
(9)光明供法則は、東叡山勧学校院道場での盂蘭盆会光明供法則。
(10)法華三昧・常行三昧法則は、前の法則と同じ東叡山勧学校院道場での法則。
(11)薬師如来懺願儀は、『薬師三昧行法』(卍続蔵二-乙)の「方法第三」の内、「三修供養」より「九行道旋繞」からの抜粋。
(12)蘭盆献供儀并序は、正確には餘杭沙門釈元照重集『蘭盆献供儀』(卍続蔵二-乙)そのもの。
(13)仏説盂蘭盆経は、竺法護訳『仏説盂蘭盆経』(大正蔵十六)である。
(14)観音秘法(付不動金縛。憶事不忘日天百日)は、法則ではなく、観音菩薩秘法・不動金縛秘法・不動如影随形法・憶持不忘之大事の次第を記したもの。
(15)一宿五遍大事は、『千手千眼観世音菩薩広大円満無礙大悲心陀羅尼経』(大正蔵二十)の千手千眼観世音陀羅尼法の次第であり、この中の誦経文(大正蔵二十、一〇六下～一〇七上)は、広安恭寿僧正著述『三陀羅尼経和解』(藤井文政堂、一九〇八年刊)の中にも見える。
(16)日天子百日礼法は、同じく千手観音法の日天子法の次第を記す。

⒄九文字は、⒃書の最後に九字切があるので、その補足説明と思われる。

（塩入亮乗）

法則集　二十題　一冊

Hos-soku-shū.

〈**撰　者**〉明記なし。
〈**成　立**〉明記なし（昭和十一年（一九三六）以前）。
〈**底　本**〉天王寺福田蔵〔雨十九〕、一冊写本。
〈**対校本**〉㋑＝天王寺福田蔵〔雨十八〕、一冊写本。
（**校訂者**　水尾寂芳）

本書は、江戸期の比叡山・東叡山・日光山の三山で執行された法会の法則集である。東京谷中天王寺の福田堯穎旧蔵本、通称福田蔵に伝来する近代写本である。

底本の奥書および対校㋑本の各法則掉尾によれば、昭和十一年九月吉日に円実なる僧が天王寺に納めたとあるが、円実については未詳である。底本・対校㋑本ともに近代写本ながら修辞の改行等も原本に準じて概ね忠実に筆写されていると見られる。筆者は円実と思われ、おおよそ同筆と思われるが、筆勢が異なる部分もあり、すべて円実の筆と断ずることはできない。法則の大半には返り点と片仮名の送り仮名が付され利便性も高く、これも原本によるものであろうが改行段の高さを変えて読みやすくする表記も見られる。

法則とは仏教における法用儀礼の中で、法要を主催する施主・日時・目的といった旨趣について述べるものである。天台宗の法要には顕教立てと密教立て、もしくは両者合行のものがあり、種類や目的も多岐に及ぶ。本来は旨趣に合わせて法則、もしくは表白が僧侶によって法要の都度作成される。法則はその前半部分、神分段・三宝段で法要の趣旨を述べ、供養の徳を重んじ、他に廻向し、後半部分の発願・五大願で祈願・誓願を述べる構成をとる。平安期以降、仏教の儀式が一般化するにともなって数多の法則集が編纂されている。

難解な法会の内容に対して、その趣旨を説明する法則や表白は、施主や一般の参加者が比較的理解しやすい。法則を作成するには、内外典の要文を対句・散文にする和漢籍の素養が必要となるが、定型文を作成すれば、具体的な箇所については一部を置き換えるのみですむ。そのため古来より先例が蓄積され、雛形が作成された。本書もその一つである。

本翻刻は、二本を対校し合計二十題に整理した（本書の新作目次を参照）。底本は袋綴本で山田屋の罫紙に筆写されており、内容は十七題である。対校㋑本は横綴本の無罫で、内容は九題である。なお底本・対校本で共通する法則は六題で、本翻刻においては法則の収録が多い本を底本とし、対校㋑本のみ所載の三法則は最後に収録した。

本書の内容は、実用を目的として書写されたと思われるが、法則からは歴史史料として重要な情報を多数読み取ることができる。その一部を示すと、11「滋賀院盆供儀」には法則のみではなく、七月十五日巳刻という法会の日時、出仕者の人数と簡易な差定、法事後の非時が一汁二菜である等、法会そのものの情報が付加されており、次いで施餓鬼作法の次第も収められている。これは同時代の法会を復元する上でも有益な史料となる。同じく15「胎曼荼羅供法則」からは、滋賀院において二代将軍徳川秀忠の追善法要として胎蔵界曼荼羅供を執行していたことが知られる。8「供養曼荼羅儀則」の対校㋑本には「享保九年十一月九日一品法親王公寛製」との本奥書を有するが、この様に具体的な作文者を特定できるものも多い。

本書には「千手大士供法則」や「千手大士供請雨法則」等、千手観音の法則が多数収められている。その多くが比叡山西塔山王院における法会の法則であり、請雨祈祷等具体的な内容から山王院の千手供が山内で重要な法会であった可能性を指摘できる。

この様に三山の法会が収められた本書であるが、6「霊元院尊霊七周忌金曼供法則」のように、京都妙法院門跡で執行された法会の法則も含まれる。収録された内容から、叡山文庫所蔵の諸史料を円実が書写したと見られるが、取捨選択に円実の意図があるかは不明である。ただし、格式の高い重要な法会を収録しているのは間違いないだろう。

法則は法要の内容や目的、執行の事実、年代や会場、法要の対象や執行者等、歴史的事実を示す情報が豊富に含まれている。これまでは主に国文学を主体とした研究が多かった法則や表白であるが、今後歴史学研究の面からも大いに活用されることを期待したい。

また本書の内容は、通例の法則であればそのまま現代でも使用可能であり、具体的な法要のものであっても、日時や場所、旨趣の句を入れ替えることで充分に活用できる。殊に本山において執行された天皇家や将軍家の法会に使用された法則は、文章も格調高い。今後、大いに活用されることを期待する。

（中川仁喜）

法則指南集　一冊

Hos-soku-shi-nan-shū.

〈撰　者〉亮映石槃輯（一八六六～一八九六）。

〈成　立〉明記なし。

〈底　本〉天王寺福田蔵、一冊写本。

（校訂者　水尾寂芳）

本書は、東京谷中天王寺福田蔵に架蔵される法則集である。撰者の亮映石槃については、『近世天台僧伝集』⒆東叡山青龍院亮映伝（『続天台宗全書』史伝3、三七八下～三七九下）に詳しい伝記がある。

内容は、目録のように多岐に亘り、東叡山や徳川家に関係する伽藍類・年中行事・年忌法要などの諸法則を集成した、まさに指南集といえる内容をもち、現今においても大いに参考になるだろう。

1光明供法則は、具体的には大僧都忠順と権僧正宣順師の葬儀法則である。2東叡山瑠璃殿供養儀、3寛永寺中堂供養の法則である。4放生会には、台麓東照宮放生会法則と堀家放生会法則とが収められている。5蘭盆会には、一橋家に関わる供養会法則。6胎曼供は、大行天皇尽七日忌と温恭院二十一回忌の胎曼荼羅供法則である。7金曼供は、大楽王院宮尽七日忌と淳宗院殿十七回忌の金曼荼羅供法則である。8合曼供は、妙勝定院宮百箇日忌と東照宮三十三年忌の合曼荼羅供法則である。9常行三昧は、順承院殿瓊寿英光大姉二十一回忌の法則を記し、また天璋院・顕樹院・精光院等の別文が示されて、法則作成に参考となる。10法華読誦は、中証院殿二百回忌の法華読誦法則であり、これにもまた別の文例があり、参考になる。

11妙経供養儀法則は、浄観院従三位慈門妙信大姉中陰忌法則であり、これにも別文例がある。12錫杖光明供法則は、無量院真寿見阿大姉十三回忌の法則。13法華三昧は、静慮院慈隆法印廻向と凌雲院鉄団宗釘大居士二百回忌の法則。これも別文例がある。14百光明供法則は、霊明院実如宗真大居士中陰の法則。15施餓鬼は、普賢行院宮一品公紹大王二七日忌の施餓鬼法則。16尊勝供は、普賢行院宮四七日忌の尊勝供法則。17光明供法則は、例文四種が記されている。18四箇法要法則は、前大将軍従一位太政大臣尊霊七七日忌宿夜追薦の法則。19御廟堂供養儀は、寛量院覚霊廟塔（寛量院正善映岳大居士廟塔）開光供養儀である。20正遷座は、一橋御位牌所の遷座供養儀である。

21法華頓写供養儀は、崇雲院覚霊廻向供養儀である。22温恭院下火は、引導師慈性親王の文。23法華頓写供養は旨趣文のみ。24胎曼旨趣・25金曼旨趣・26施餓鬼旨趣・27廟塔供養旨趣は、それぞれの旨趣文のみ。28温恭院御廟御拝殿は、拝殿新造による安鎮法である。29温恭公歎徳は、凌雲院大僧正志常による文である。30法華三昧は、桜峯諸将士廻向・頼信丸遭難廻向・峻徳院田中平八建碑供養・伝教講法華三昧の各法則である。

31蔵源院僧正年譜は、権僧正亮阿の年譜である。32慈覚一千遠忌は、慈覚大師一千年遠忌の下野二荒山王府道場における胎曼供法則。33慈眼開山会法則は、東叡山における慈眼大師会法則。34法華三昧は、国分寺殿前刑部郎中対馬地頭代中室宗玄大居士四百回忌法則である。

（塩入亮乗）

諸法則　八通　一冊

Sho-hos-soku, hat-tsū.

〈撰　者〉(1)文殊楼外遷座法則（正覚院大僧正豪雲（一六六八～一七五〇）親書）。(2)文殊楼正遷座法則（明記なし）。(3)文殊楼外遷座法則（明記なし）。(4)文殊楼正遷座法則（妙禅房大僧正豪雲（一六六八～一七五〇）製）。(5)文殊楼外遷座法則（明記なし）。(6)政所大黒天遷座法則（明記なし）。(7)唐崎宮正遷座法則（明記なし）。(8)表白唐崎（章海（一六三六～一七一二）僧正直筆）。

〈成　立〉(1)寛保元年（一七四一）。(2)寛保二年（一七四二）。(3)安永十年（一七八一）。(4)明記なし。(5)文殊楼外遷座法則（天明元年（一七八一））。(6)明記なし。(7)唐崎宮正遷座法則（天明元年（一七八一））。(8)明記なし。

〈底　本〉叡山文庫無動寺蔵、諸法則等八通一括一冊写本。

（校訂者　水尾寂芳）

本書は、叡山文庫無動寺蔵で八通の法則を一括一冊にしたもので、目次番号(2)を除いて別に表紙があって三つの印、「山門無動寺蔵」、「沙門真超」、「南渓玄林蔵」がある。目次番号(5)、(8)は「南渓玄林蔵」を欠く。

内容は、比叡山文殊楼の遷座関連の(1)から(5)、比叡山止観院政所大黒天の遷座法則(6)、辛崎宮（現在下阪本の唐崎神社）の遷座法則⑺、そして最後に⑺の関連で唐崎と標記のある表白一通⑻が合冊されている。記録されている年号からすると⑴の寛保元年（一七四一）から天明元年（一七八一）の間に実際に使用された法則の写しと考えられる。

⑴寛保元年文殊楼外遷座法則と⑵文殊楼正遷座法則は、楼閣の修葺（修復或いは屋根の葺き替え）のために尊像を他の場所に遷座（外遷座）し、修復後、元の場所に遷座（正遷座）する際の本尊供養の法則である。⑴の末尾には寛保元年四月二十二日の日付と共に法要導師が正覚院大僧正豪雲でその親書本の写しであることを誌している。⑵の冒頭には別筆朱書きで「寛保二年七月晦日」の標記があり外遷座の翌年に正遷座されたことを示している。

⑶は⑴の四十年後の安永十年（一七八一）三月二十一日の日付があり、法則の内容も⑴を参考にしていることは明らかである。⑷は順序から⑶の外遷座に対応する正遷座のように見えるが、年次の明記はなく、内容は⑵と同文である。但し、末尾に⑴と同じ豪雲の作成であることが示されている。豪雲については『東叡山寛永寺子院歴代主僧記』（『続天台宗全書』史伝3、二二五上～下）に詳しい。

⑸は⑶の同年十月二十四日の修復後の正遷座の法則で、⑵を参考にしていることは明らかである。

⑹は延暦寺止観院の政所に、新たに大黒天尊の尊像を遷座開眼する法会の法則である。伝教大師親刻の三面一躯の姿の尊像は山内各院に安置されており、この度は権大僧都光海法印がその大師の親刻を模して新たに尊像を止観院（東塔）の政所に安置したとあり、現在の比叡山大黒堂奉祀の尊像との関係が興味深い。

⑺は⑸と同年の天明元年六月の日付がある辛崎宮の遷座法則で、現在の大津市唐崎一丁目琵琶湖岸にある唐崎神社の屋根の修葺の落慶であることが知られる。

最後に⑻は、表紙に表白とあって右下に唐崎と添え書きされている。⑺の唐崎神社の遷座法則に関連して合冊されたものか、内容は唐崎神社での論義法要の法則である。唐崎の松が枯れかけてきたので、万寿二年（一〇二五）日吉大社の山林が一時に枯れ萎んでしまった時、法華八講を修したことに倣って、神前に論義の法味を備えるとしている。末尾には章海僧正直筆本書写の注記があり、横川恵心院第十世探題大僧正章海（一六三六～一七一二）のことと思われる。伝記は『横河堂舎並各坊世譜』「恵心院」（『天台宗全書』二四、一六七上～下）を参照されたい。

（水尾寂芳）

＊次回配本は、密教5「事相Ⅱ」を予定。

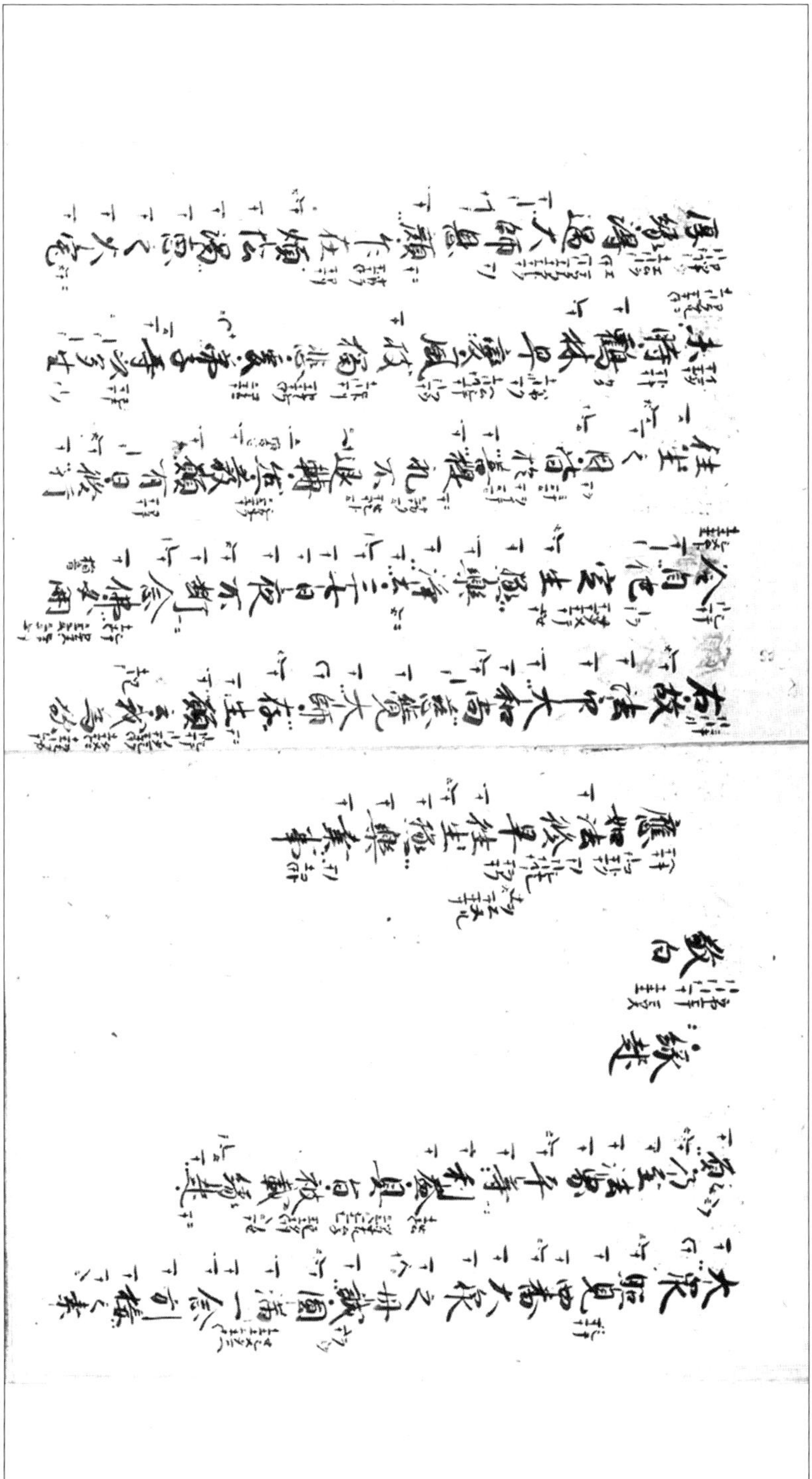
大衆既見當番大衆之丹誠圓滿一念可接之素
願至法界平等利益自旨被載緣起
緣起
敬白
應如法修早往生極樂業事
右故法印大和尚慈覺大師存生願云我為欲
令自他定生極樂淨土三七日夜不斷念佛令用
往生之因昔於葛坂孔不退轉依義願有日修行
未時鶴林早變風枝獨悲爰弟子等以多生
厚緣得遇大師恩顧作在煩悩渇恩之火宅

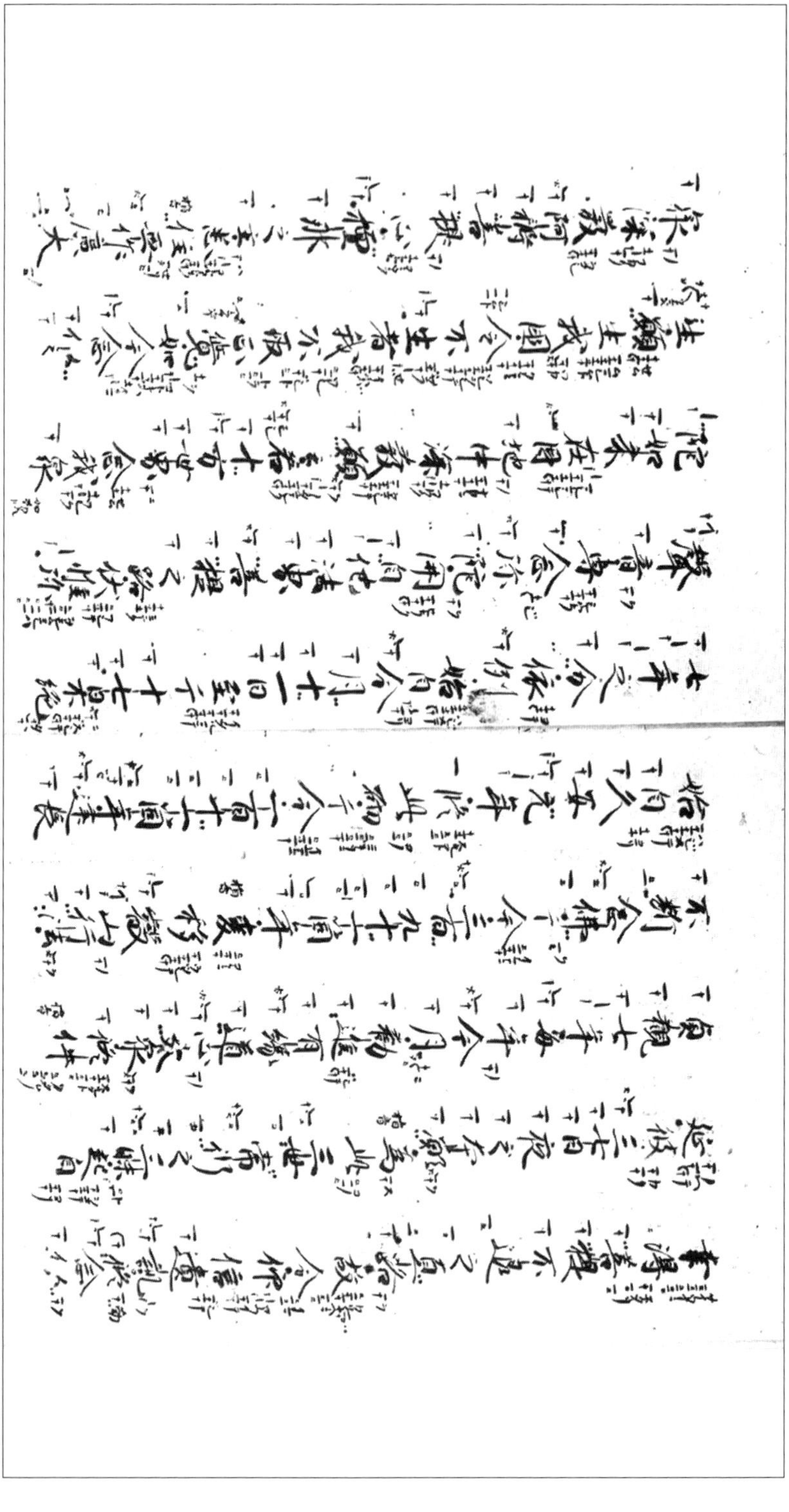

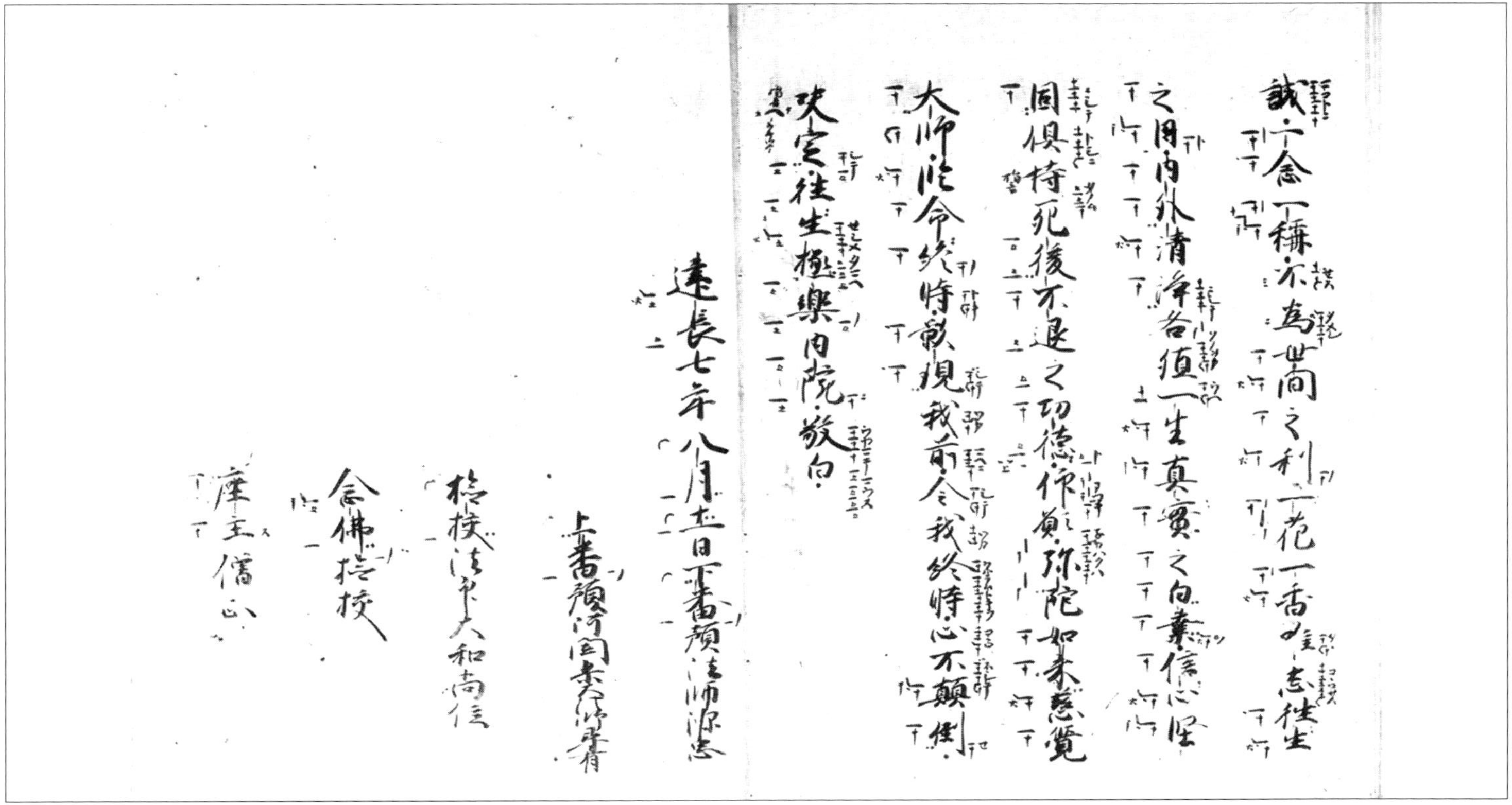
誠一念一稱不爲世間之利一花一香唯志往生
之間内外清浄各値一生眞實之白業信心堅
固倶持死後不退之功德仰願彌陀如來慈覺
大師命終時歟現我前令我終時心不顛倒
決定往生極樂内院敬白
建長七年八月五日下番預法師源忠
上番預阿闍梨大法師覚有
検校法印大和尚位
念佛検校
座主僧正

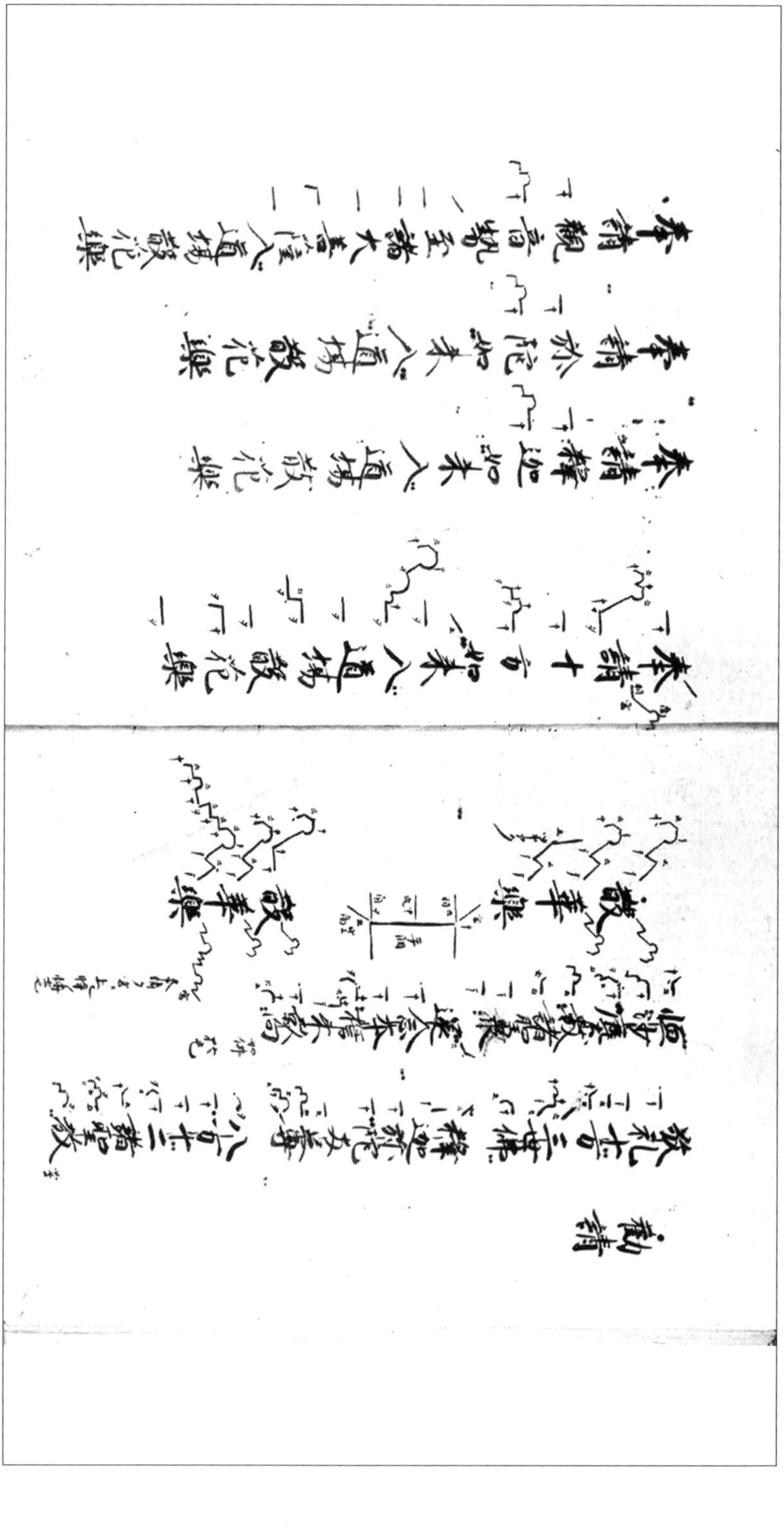
勧請
奉請十方如来入道場散華楽
奉請釋迦如来入道場散華楽
奉請弥陀如来入道場散華楽
奉請観音勢至諸大菩薩入道場散華楽

南无阿弥陀佛 阿弥陀佛 阿弥陀佛
南无阿弥陀佛 阿弥陀佛 阿弥陀佛
佛説阿弥陀經
如是我聞。一時佛在舍衛國祇樹給孤獨園。與大
比丘衆千二百五十人倶。皆是大阿羅漢。衆所知識。
長老舍利弗。摩訶目揵連。摩訶迦葉。摩訶迦旃延。
摩訶拘絺羅。離婆多。周梨槃他伽。難陀。阿難陀。羅
睺羅。憍梵波提。賓頭盧頗羅堕。迦留陀夷。摩訶劫
賓那。薄拘羅。阿㝹樓駄。如是等諸大弟子。幷諸菩薩
摩訶薩。文殊師利法王子。阿逸多菩薩。乾陀訶提菩薩

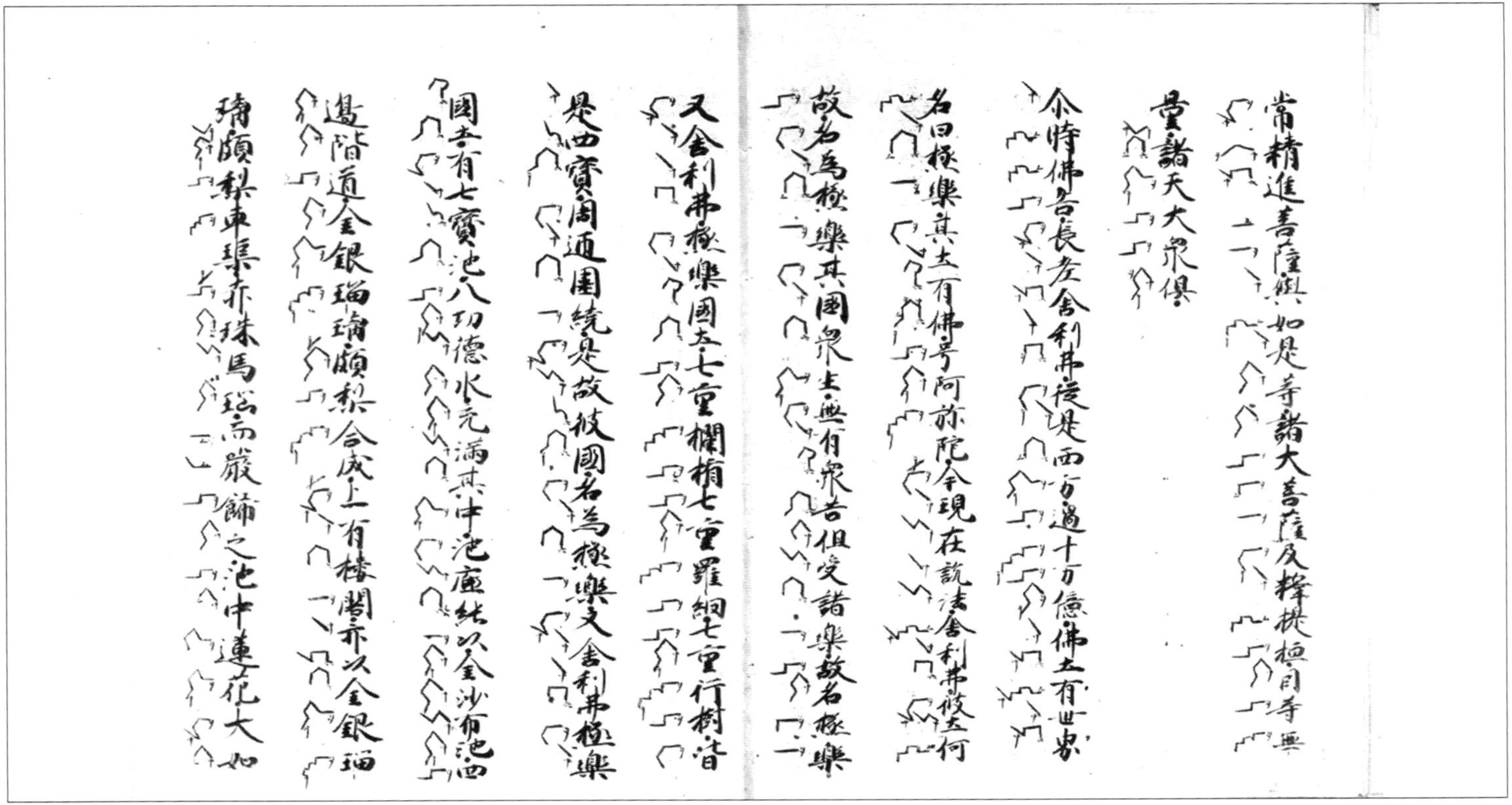
常精進菩薩與如是等諸大菩薩及釋提桓因等無
量諸天大衆倶
爾時佛告長老舍利弗從是西方過十万億佛土有世界
名曰極樂其土有佛号阿彌陀今現在說法舍利弗彼土何
故名為極樂其國衆生無有衆苦但受諸樂故名極樂
又舍利弗極樂國土七重欄楯七重羅網七重行樹皆
是四寶周匝圍繞是故彼國名為極樂又舍利弗極樂
國土有七寶池八功德水充滿其中池底純以金沙布地四
邉階道金銀瑠璃頗梨合成上有樓閣亦以金銀瑠
璃頗梨車𤦲赤珠馬瑙而嚴飾之池中蓮花大如

車輪青色青光黄色黄光赤色赤光白色白光
微妙香潔舎利弗極樂國土成就如是功德荘嚴
又舎利弗彼佛國土常作天樂黄金為地晝夜六時而
雨曼陀羅華其土衆生常以清旦各以衣裓盛衆妙
華供養他方十万億佛即以食時還到本國飯食
經行舎利弗極樂國土成就如是功德荘嚴
復次舎利弗彼國常有種種奇妙雜色之鳥白鵠孔雀
鸚鵡舎利迦陵頻伽共命之鳥是諸衆鳥晝夜六時出
和雅音其音演暢五根五力七菩提分八聖道分如是
等法其土衆生聞是音已皆悉念佛念法念僧舎利

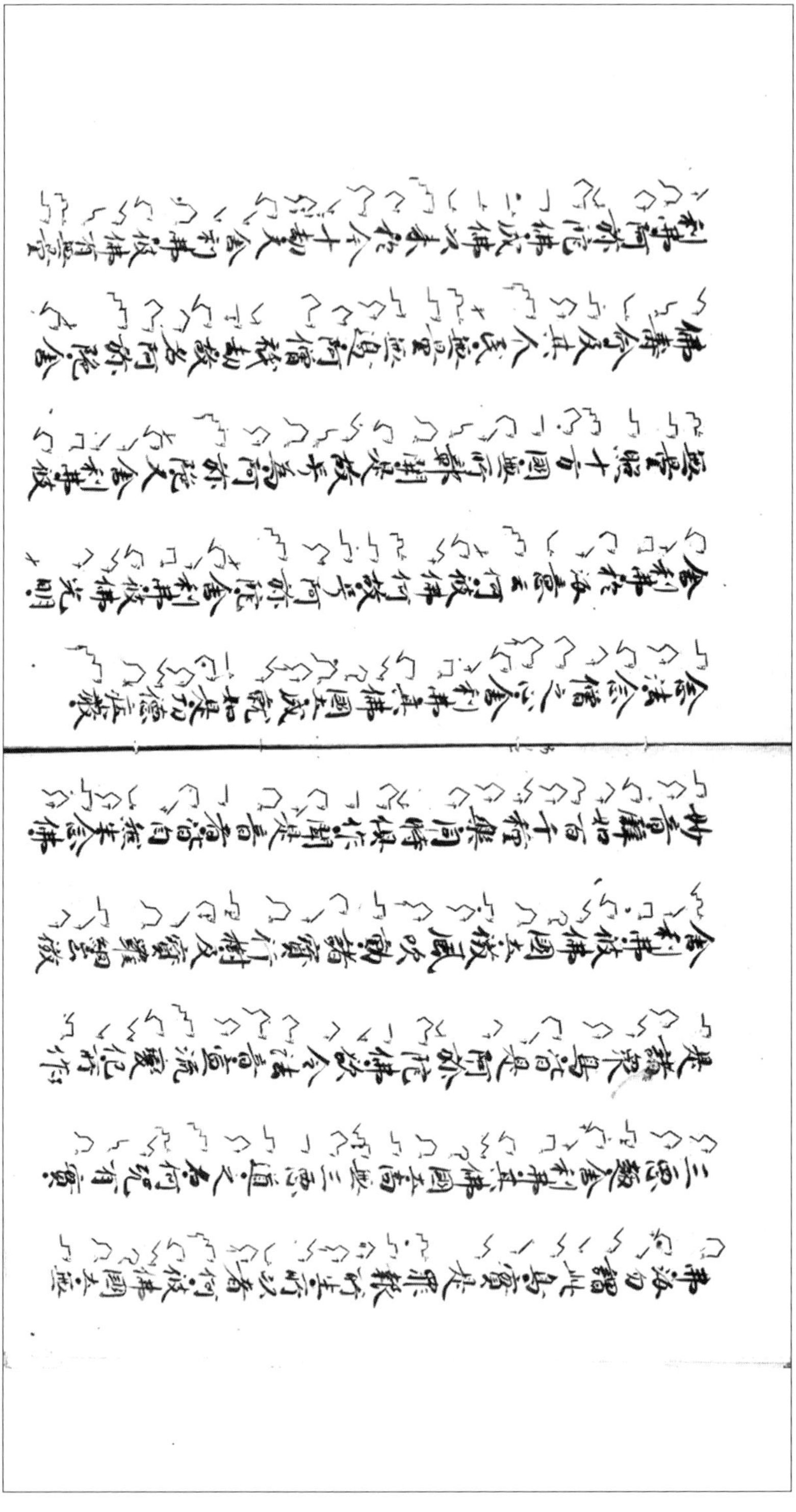
弗汝勿謂此鳥實是罪報所生所以者何彼佛國土無
三惡趣舍利弗其佛國土尚無三惡道之名何況有實
是諸眾鳥皆是阿彌陀佛欲令法音宣流變化所作
舍利弗彼佛國土微風吹動諸寶行樹及寶羅網出微
妙音譬如百千種樂同時俱作聞是音者皆自然生念佛
念法念僧之心舍利弗其佛國土成就如是功德莊嚴
舍利弗於汝意云何彼佛何故號阿彌陀舍利弗彼佛光明
無量照十方國無所障礙是故號為阿彌陀又舍利弗彼
佛壽命及其人民無量無邊阿僧祇劫故名阿彌陀舍
利弗阿彌陀佛成佛已來於今十劫又舍利弗彼佛有無量

無邊聲聞弟子皆阿羅漢非是筭數之所能知諸菩薩
衆亦復如是舍利弗彼佛國土成就如是功德莊嚴
又舍利弗極樂國土衆生生者皆是阿鞞跋致其中多
有一生補處其數甚多非是筭數所能知之但可以
無量無邊阿僧祇劫說舍利弗衆生聞者應當發願
願生彼國所以者何得與如是諸上善人俱會一處舍
利弗不可以少善根福德因緣得生彼國舍利弗若
有善男子善女人聞說阿彌陀佛執持名號若一日若
二日若三日若四日若五日若六日若七日一心不亂其人
臨命終時阿彌陀佛與諸聖衆現在其前是人終時

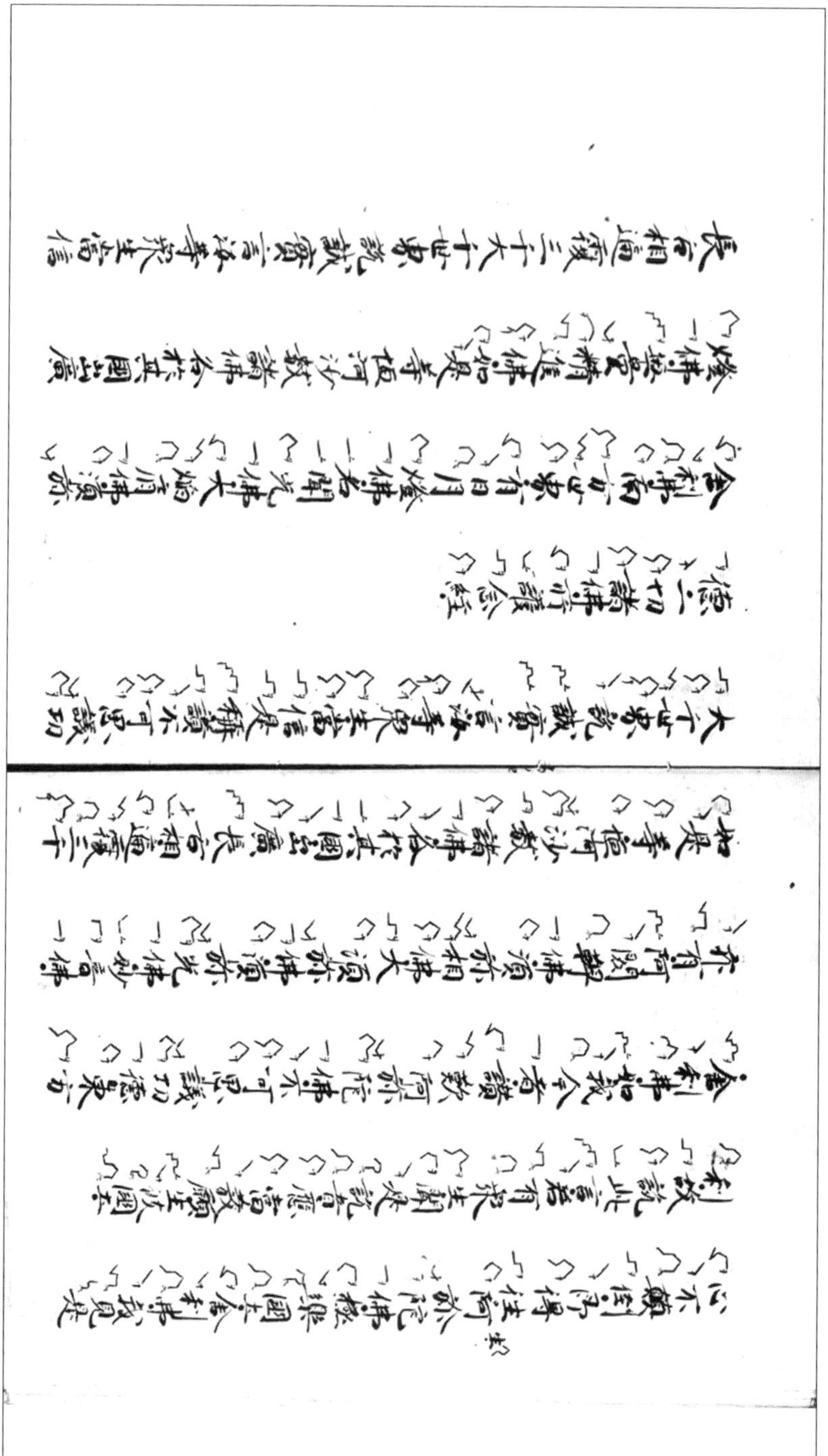
心不顛倒即得往生阿彌陀佛極樂國土舎利弗我見是
利故說此言若有衆生聞是說者應當發願生彼國土
舎利弗如我今者讃歎阿彌陀佛不可思議功徳東方
亦有阿閦鞞佛須彌相佛大須彌佛須彌光佛妙音佛
如是等恒河沙數諸佛各於其國出廣長舌相遍覆三千
大千世界說誠實言汝等衆生當信是稱讃不可思議功
徳一切諸佛所護念經
舎利弗南方世界有日月燈佛名聞光佛大焔肩佛須彌
燈佛無量精進佛如是等恒河沙數諸佛各於其國出廣
長舌相遍覆三千大千世界說誠實言汝等衆生當信

是稱讃不可思議功徳一切諸佛所護念經
舍利弗西方世界有無量壽佛無量相佛無量幢佛大光佛
大明佛寳相佛淨光佛如是等恒河沙數諸佛各於其國
出廣長舌相遍覆三千大千世界說誠實言汝等衆生當
信是稱讃不可思議功徳一切諸佛所護念經
舍利弗北方世界有焰肩佛最勝音佛難沮佛日生佛
網明佛如是等恒河沙數諸佛各於其國出廣長舌相遍
覆三千大千世界說誠實言汝等衆生當信是稱讃不可
思議功徳一切諸佛所護念經
舍利弗下方世界有師子佛名聞佛名光佛達磨佛法幢佛

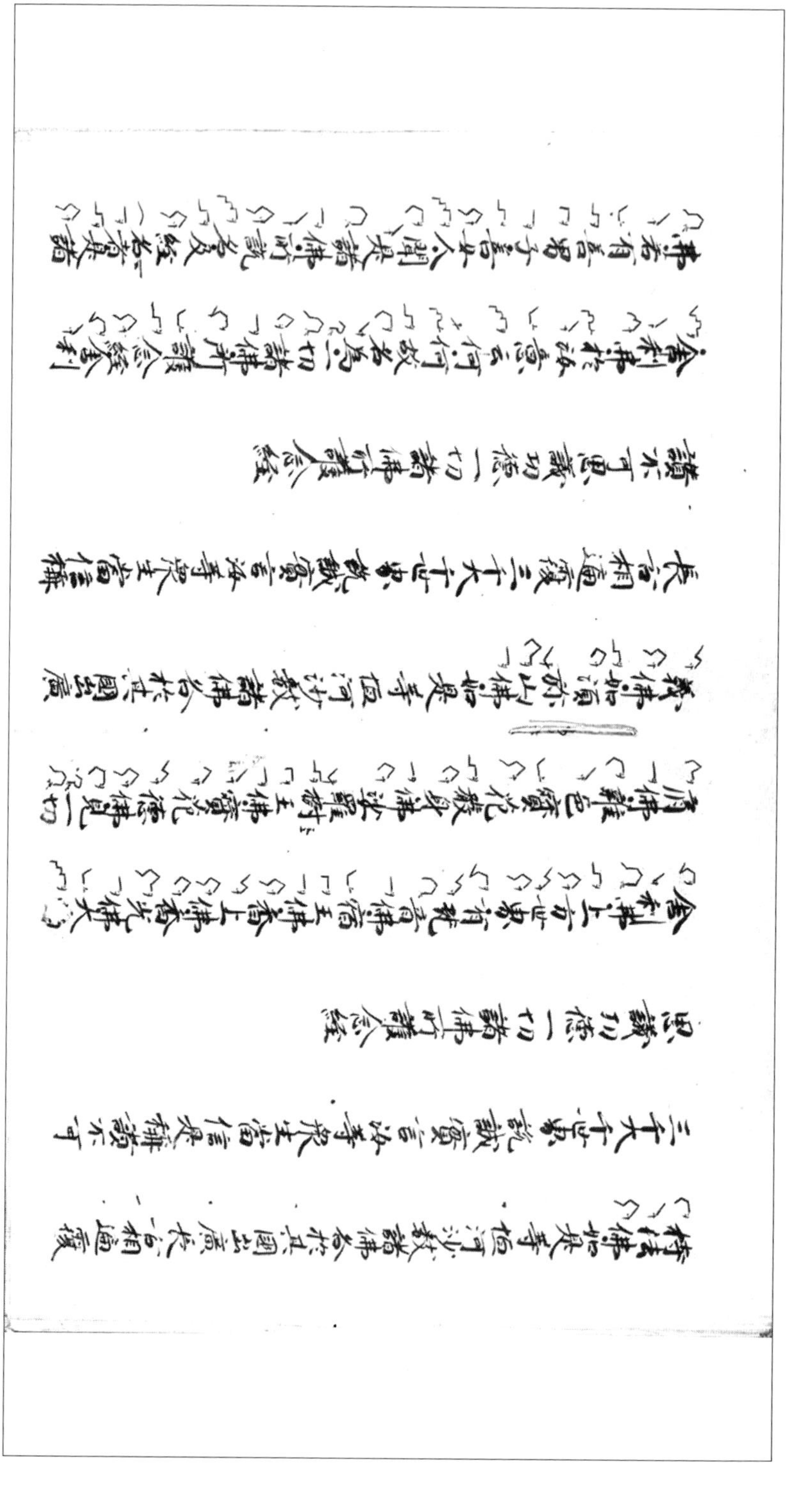

持法佛如是等恒河沙数諸佛各於其國出廣長舌相遍覆
三千大千世界説誠實言汝等衆生當信是稱讃不可
思議功徳一切諸佛所護念経
舎利弗上方世界有梵音佛宿王佛香上佛香光佛大焔
肩佛雜色寶華嚴身佛娑羅樹王佛寶華徳佛見一切
義佛如須彌山佛如是等恒河沙数諸佛各於其國出廣
長舌相遍覆三千大千世界説誠實言汝等衆生當信是稱
讃不可思議功徳一切諸佛所護念経
舎利弗於汝意云何何故名為一切諸佛所護念経舎利
弗若有善男子善女人聞是諸佛所説名及経名者諸

善男子善女人皆為一切諸佛共所護念皆得不退轉於
阿耨多羅三藐三菩提是故舍利弗汝等皆當信受我
語及諸佛所說
舍利弗若有人已發願今發願當發願欲生阿弥陀佛國
者是諸人等皆得不退轉於阿耨多羅三藐三菩提於彼
國土若已生若今生若當生是故舍利弗諸善男子善女人若有信
者應當發願生彼國土
舍利弗如我今者稱讃諸佛不可思議功徳彼諸佛等亦
稱說我不可思議功徳而作是言釋迦牟尼佛能為甚難
希有之事能於娑婆國土五濁悪世劫濁見濁煩悩濁衆

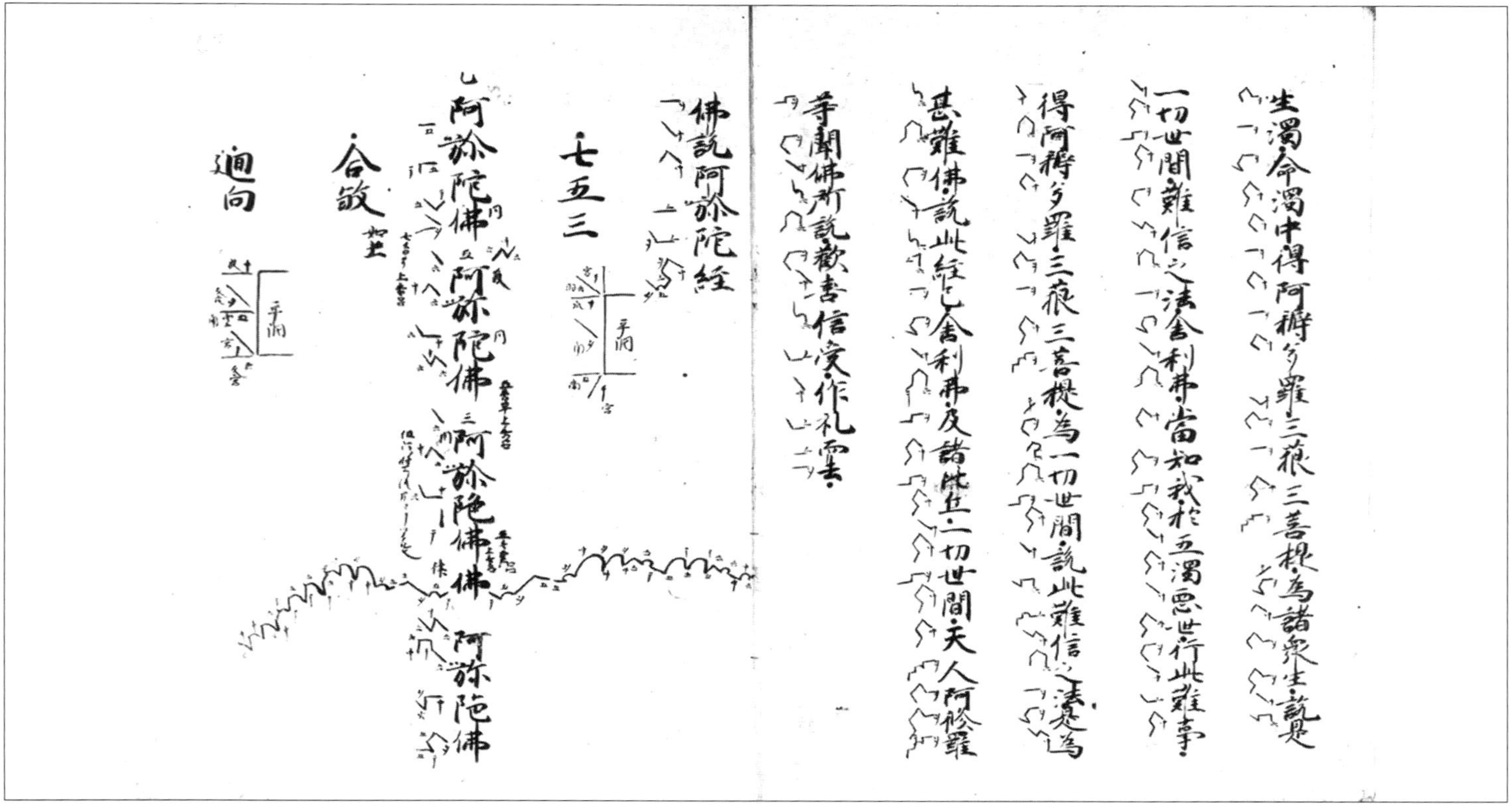
生濁命濁中得阿耨多羅三藐三菩提為諸衆生説是
一切世間難信之法舎利弗當知我於五濁悪世行此難事
得阿耨多羅三藐三菩提為一切世間説此難信之法是為
甚難佛説此経已舎利弗及諸比丘一切世間天人阿修羅
聞佛所説歓喜信受作礼而去
佛説阿弥陀経
七五三
阿弥陀佛
阿弥陀佛
阿弥陀佛
阿弥陀佛
阿弥陀佛
合殺
廻向

我等所修念佛、　廻向極……

哀愍攝受願海、　消除……

天衆神祇增威、　當所三靈……

遷化大師等成正、　貴賤靈等……

慈覺大師增法、　七世恩所、、

速證聖靈生極、　上品蓮臺……

聖朝安穩增寶、　天下安穩……

十方施主除災、　念佛大衆、、

命終決定生極、　面奉彌陀、、

菩提行願不退、　引導三有、、

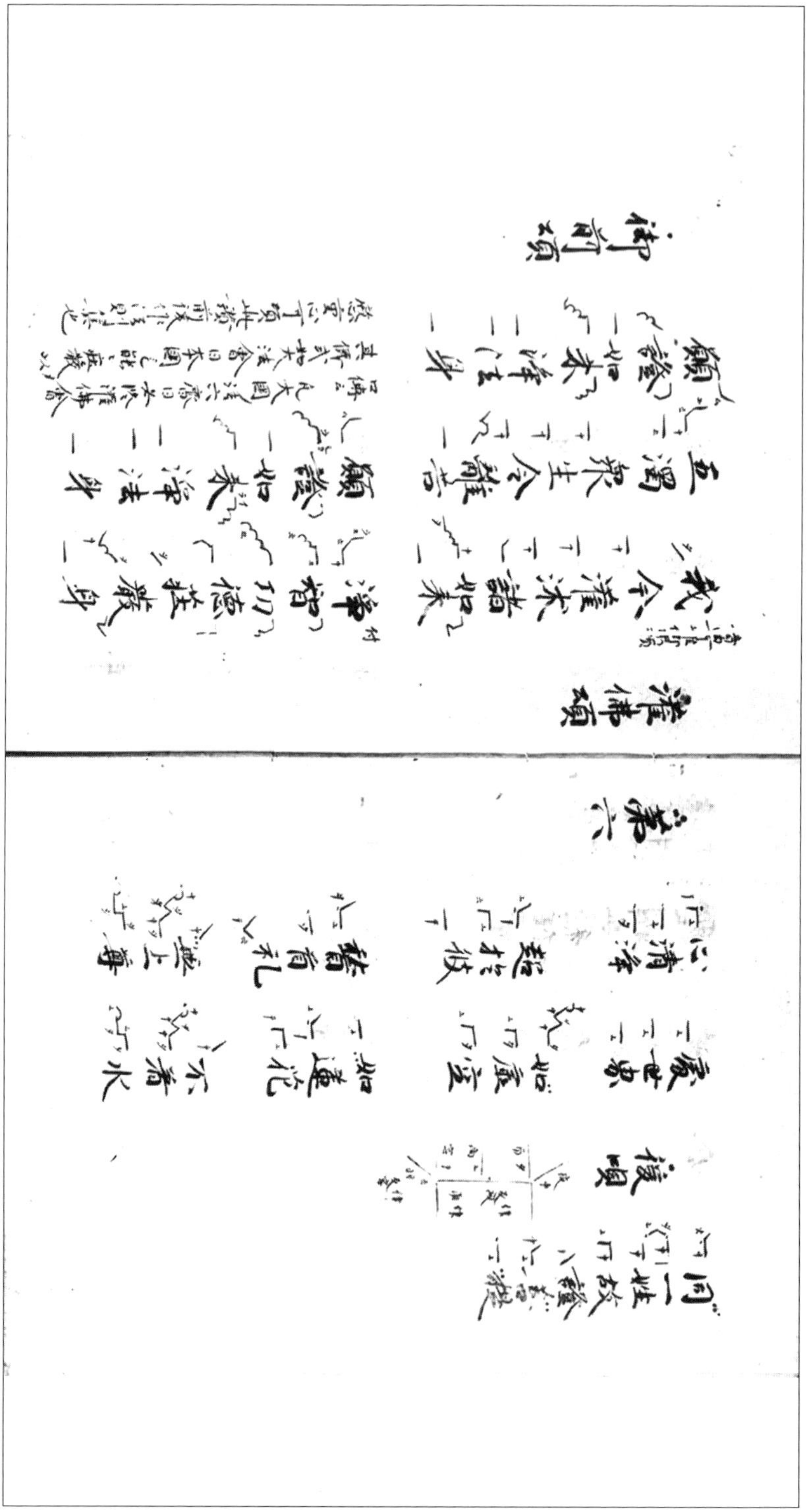

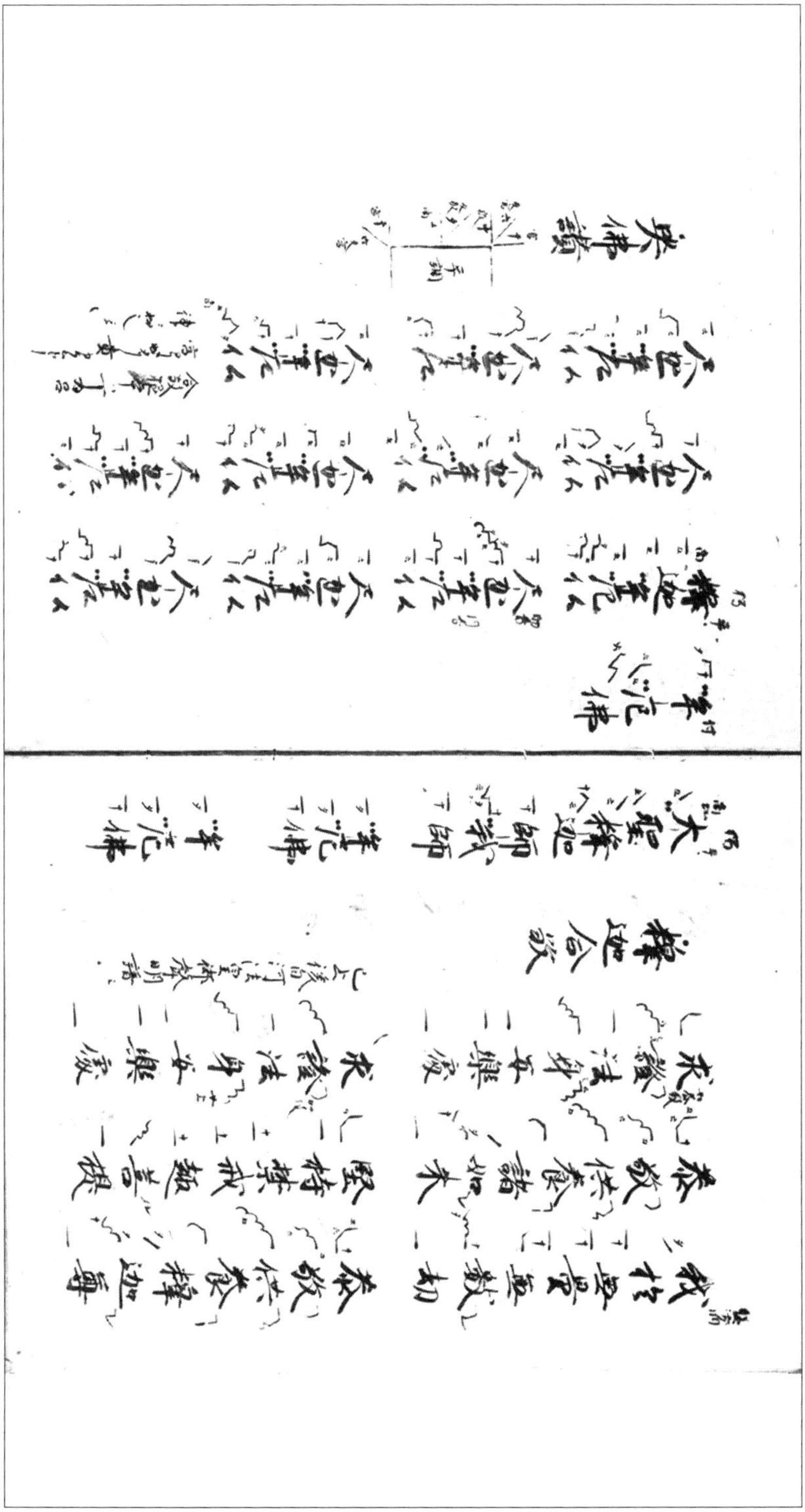

我於無量無數劫
恭敬供養諸如来
求證法身安樂處
恭敬供養釋迦尊
堅持禁戒趣菩提
求證法身安樂處

釋迦合殺

上後白河法皇御声明譜

大聖釋迦師我師
牟尼佛
牟尼佛
牟尼佛
釋迦牟尼仏　釋迦牟尼仏　釋迦牟尼仏　釋迦牟尼仏
釋迦牟尼仏　釋迦牟尼仏　釋迦牟尼仏　釋迦牟尼仏
釋迦牟尼仏　釋迦牟尼仏　釋迦牟尼仏

歎佛讃

平調

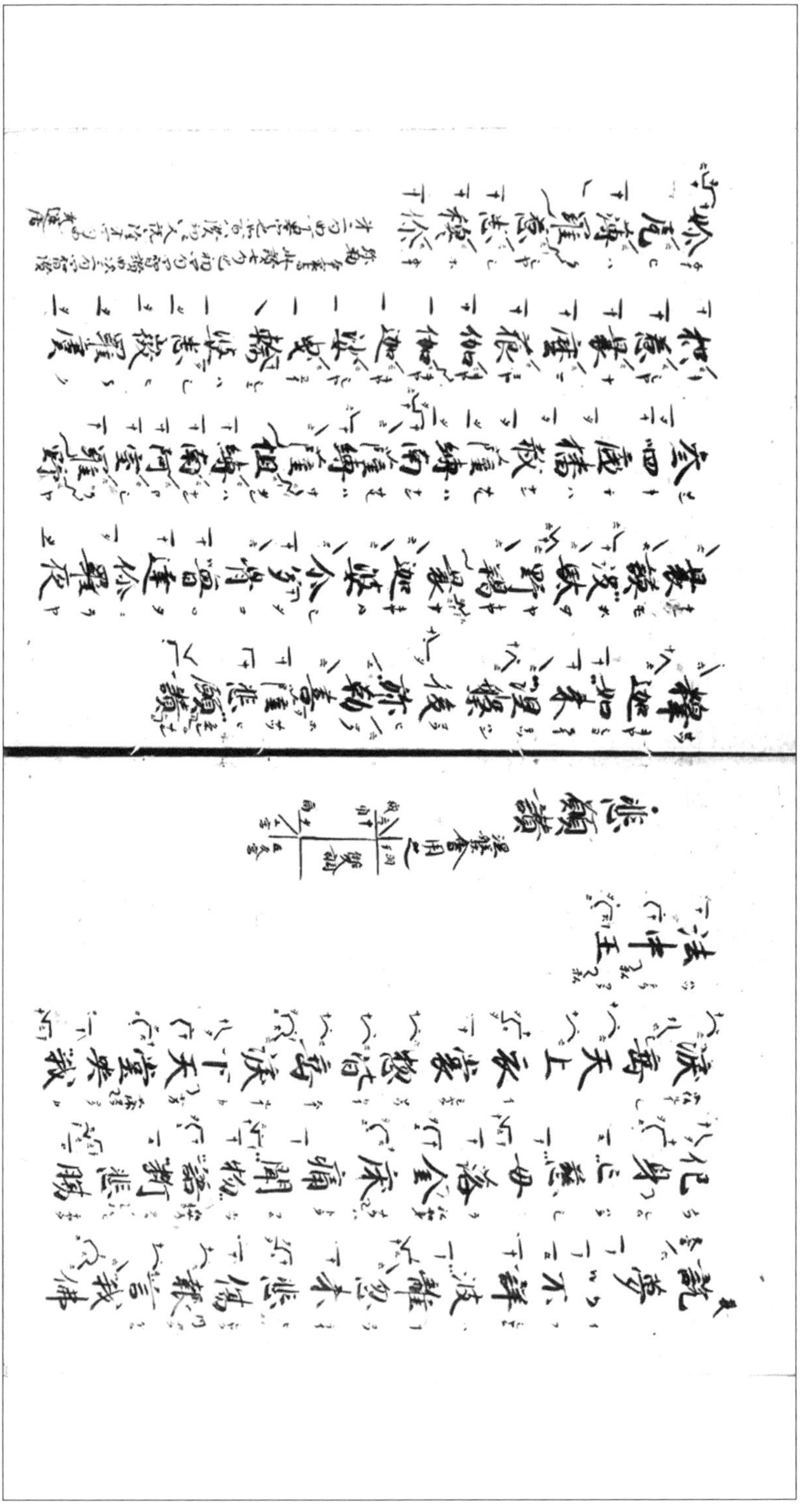

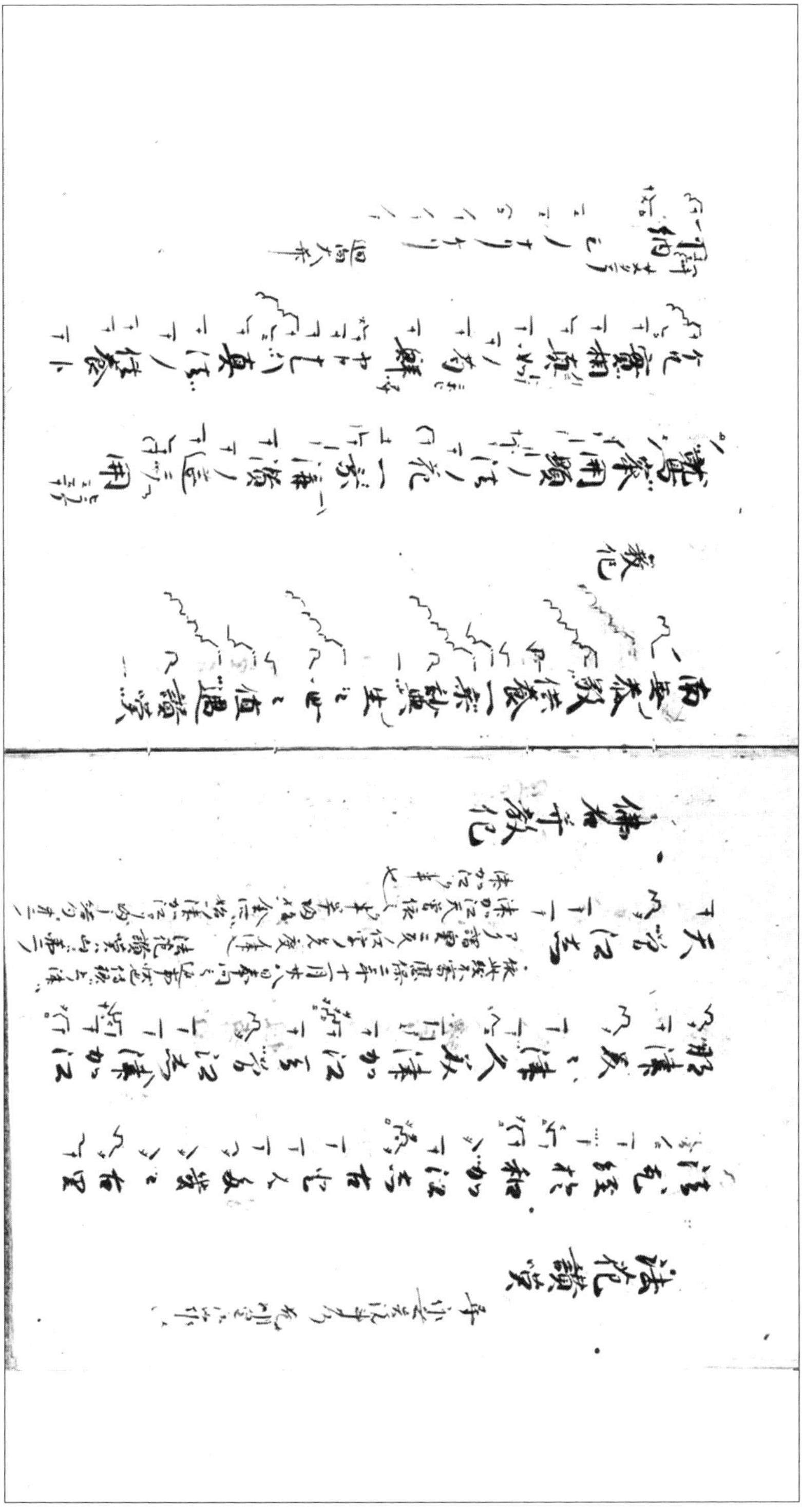

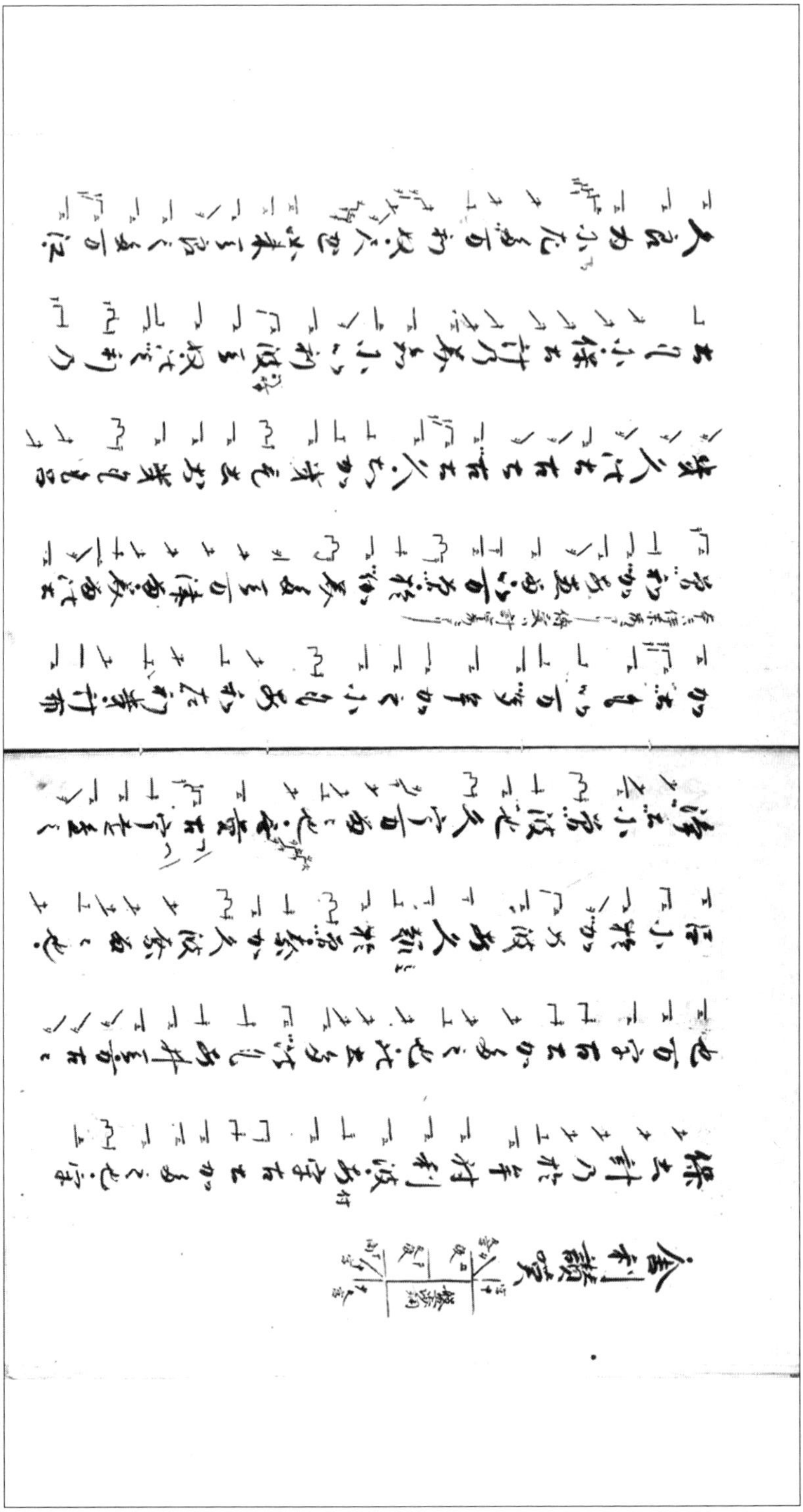

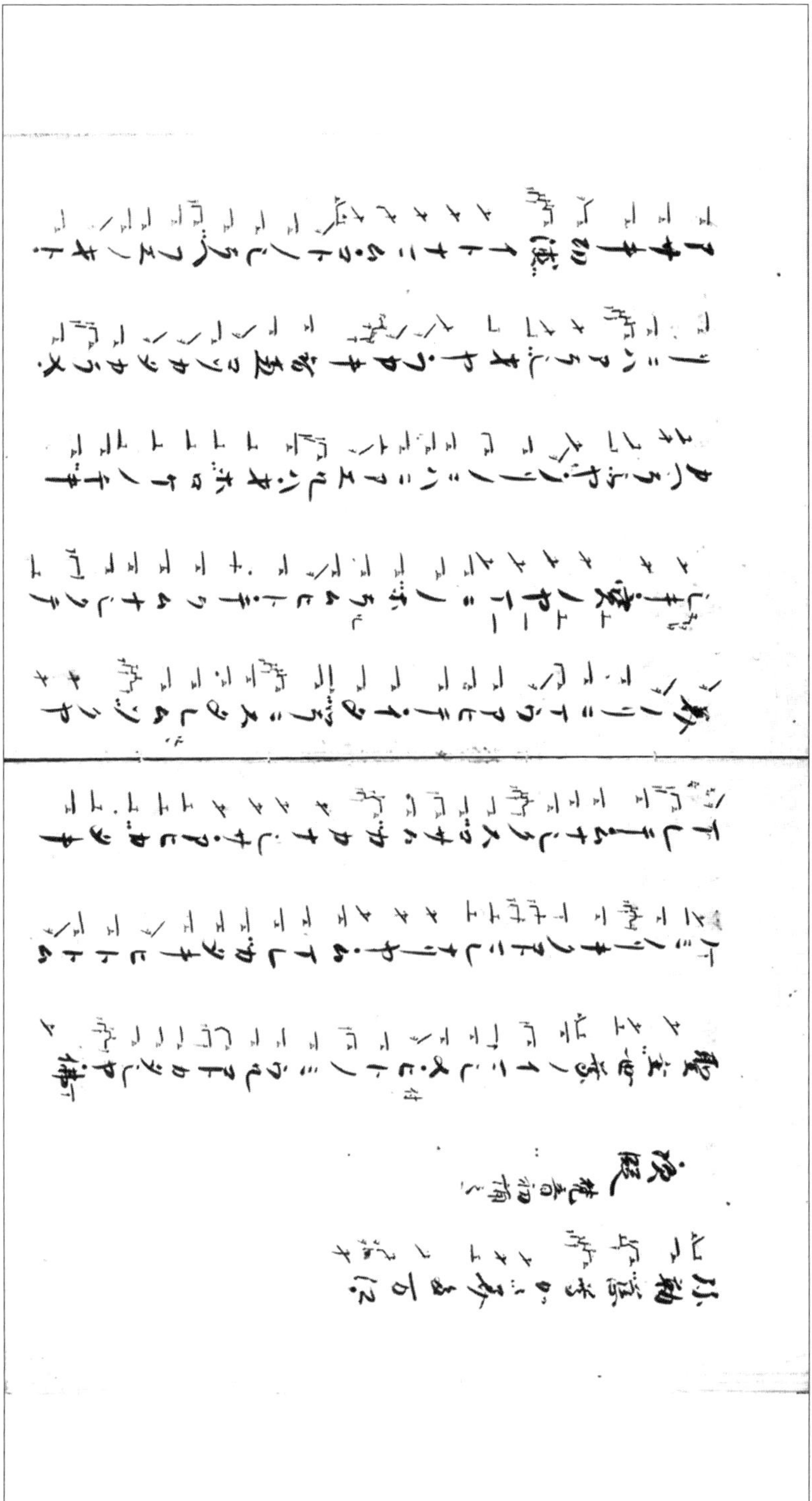

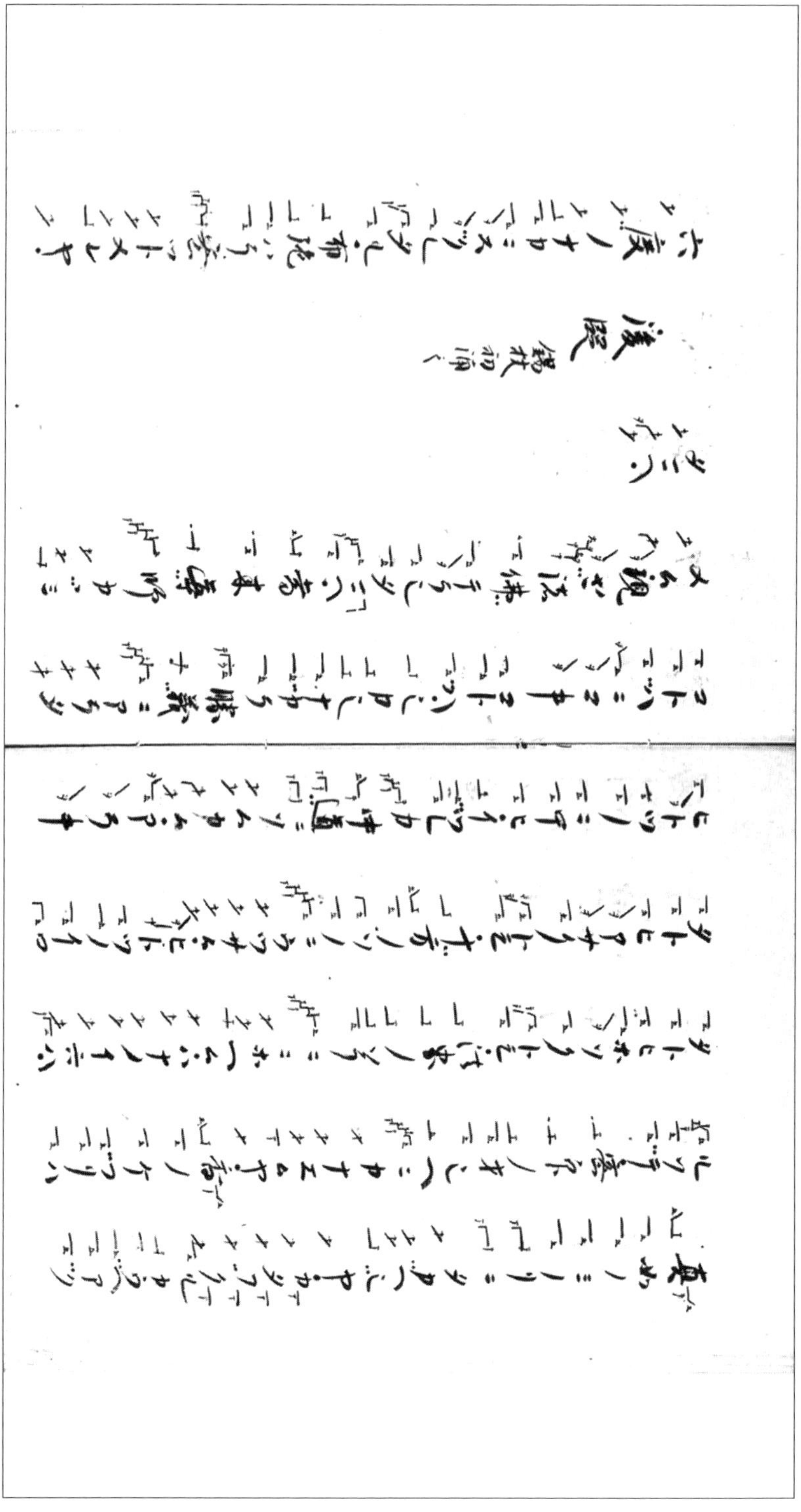
後唄

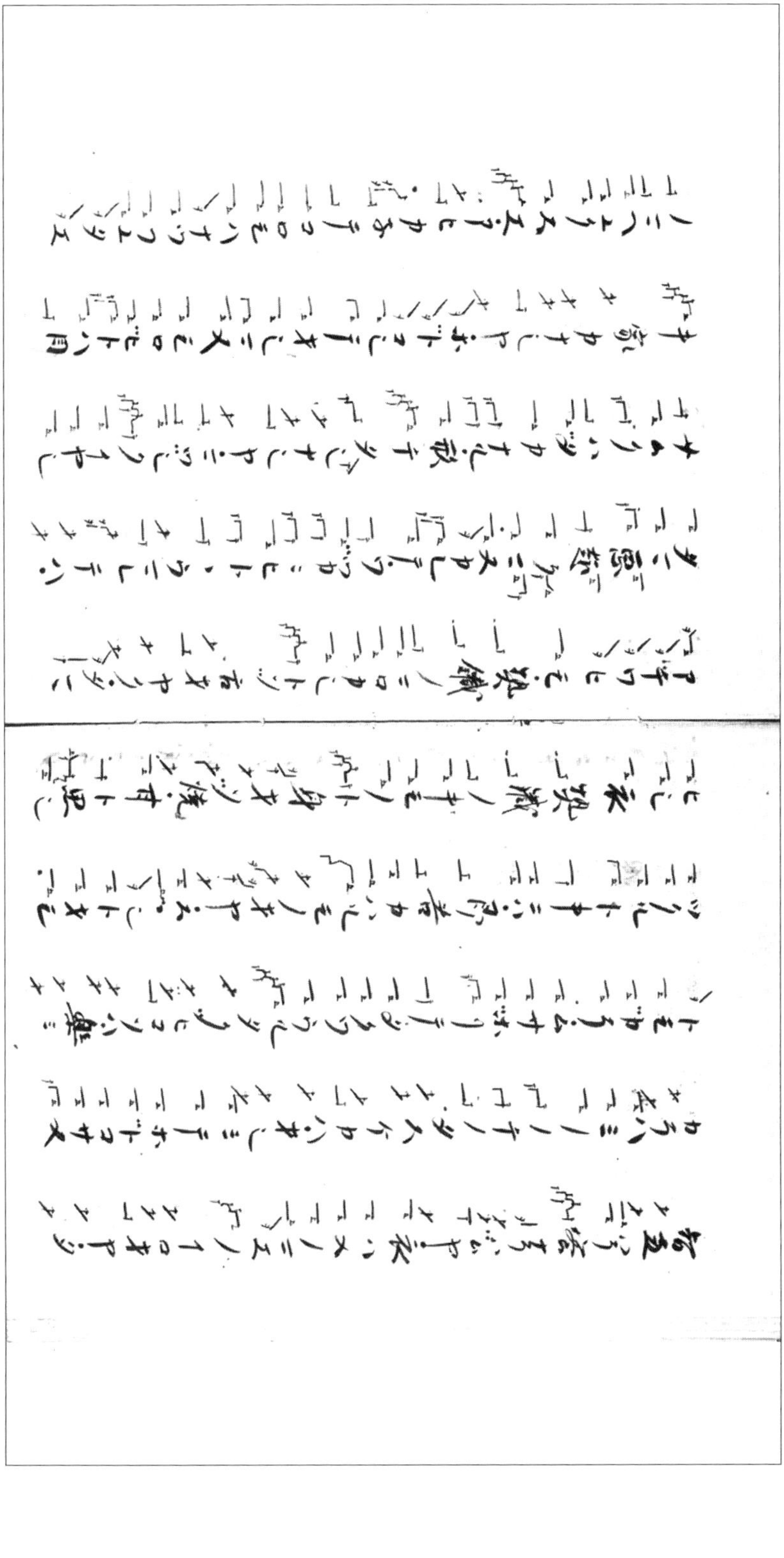

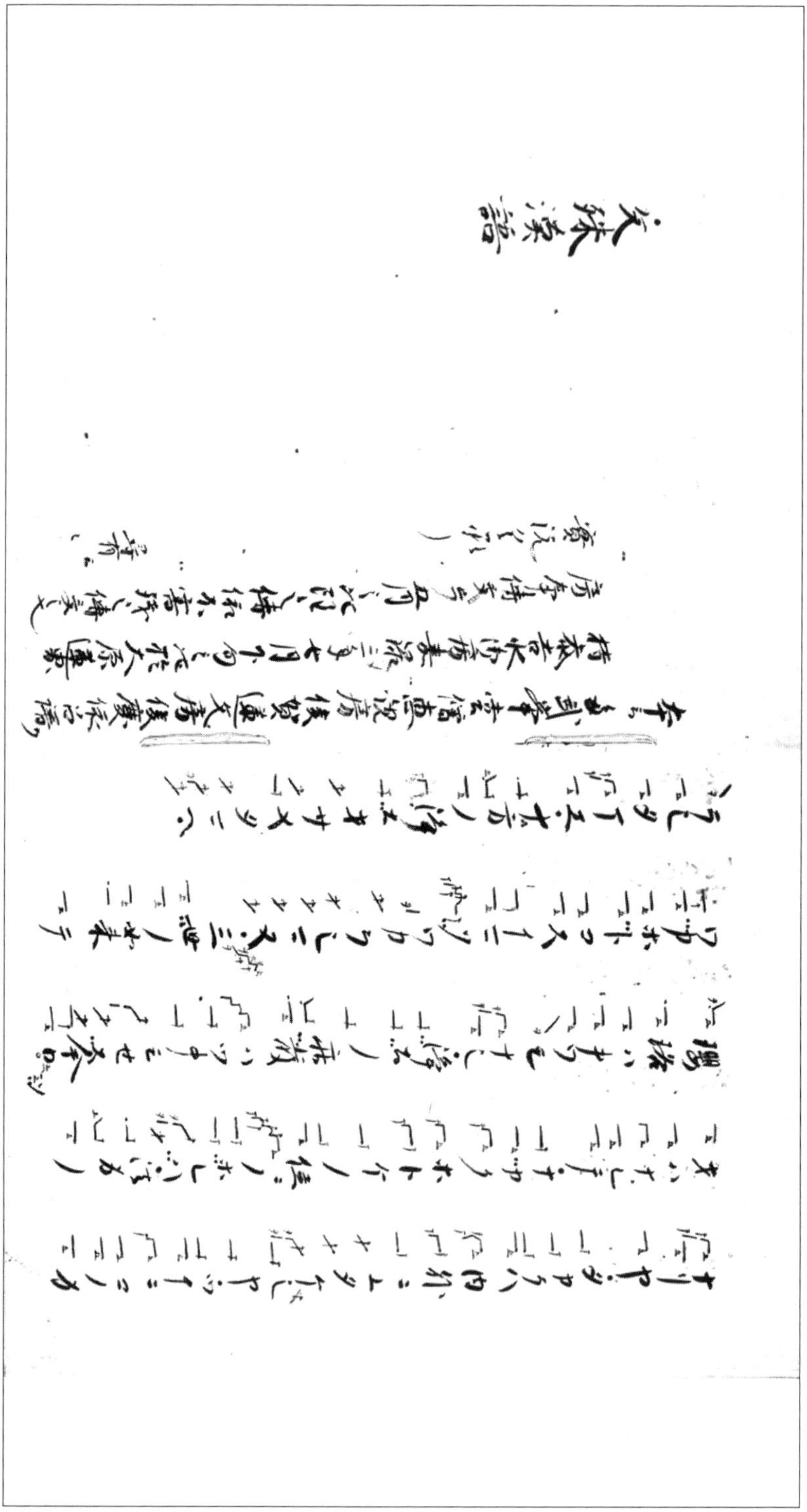

文殊菩薩摩訶薩　文殊菩薩摩訶薩
文殊菩薩摩訶薩　文殊菩薩摩訶薩
文殊菩薩出化清涼神通力應現他　加題三反
方身生金毛師子眉放殊光衆生仰
恃寶蓋契名香我今發願虔誠歸命
不求冨貴不戀榮花願當來世生淨
土法王家願當來世生淨土法王家

口傳云此讃居易詣清凉山峯過文殊奉讃嘆語也而入
唐上人日圓之弟子快圓於五臺山華嚴寺遇唐僧
傳之快圓歸朝傳先蓮房、羅漢供之時頌之
曼荼羅供之時後行道ノ諸僧集立佛前頌之或
所用此作法、五臺山文殊讃、凡法會僧集
時事了以後諸衆同音如下誦之

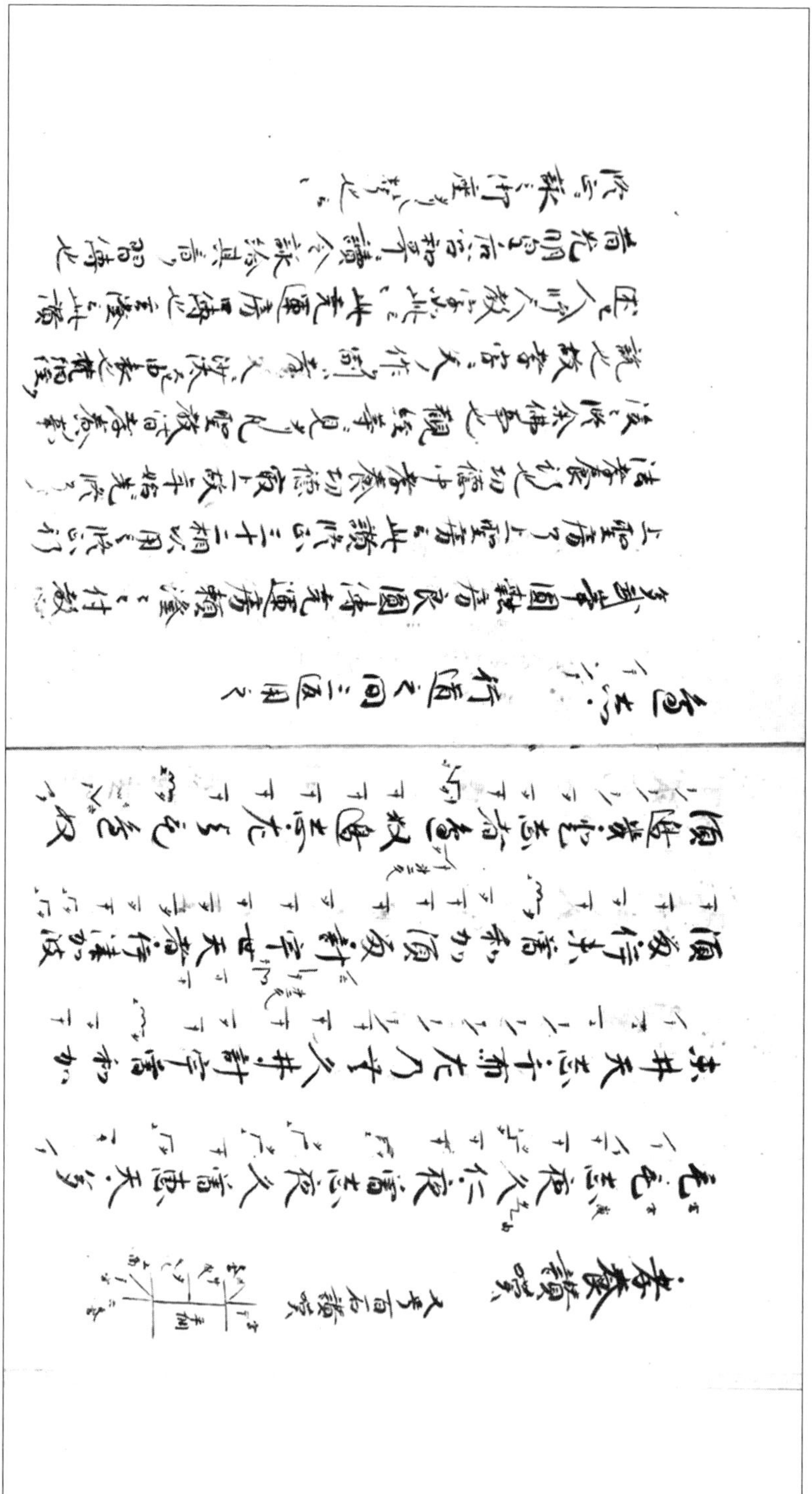

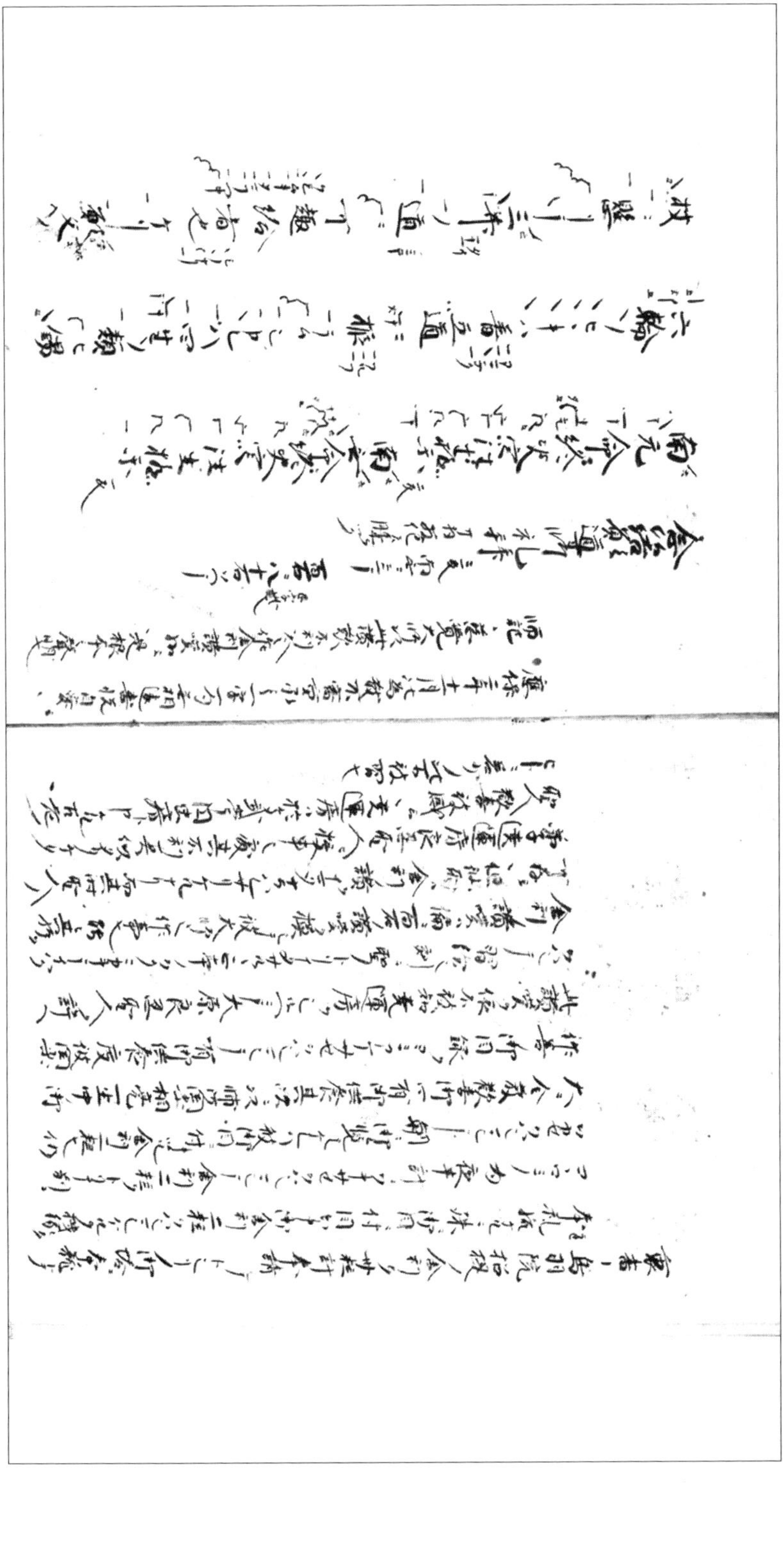

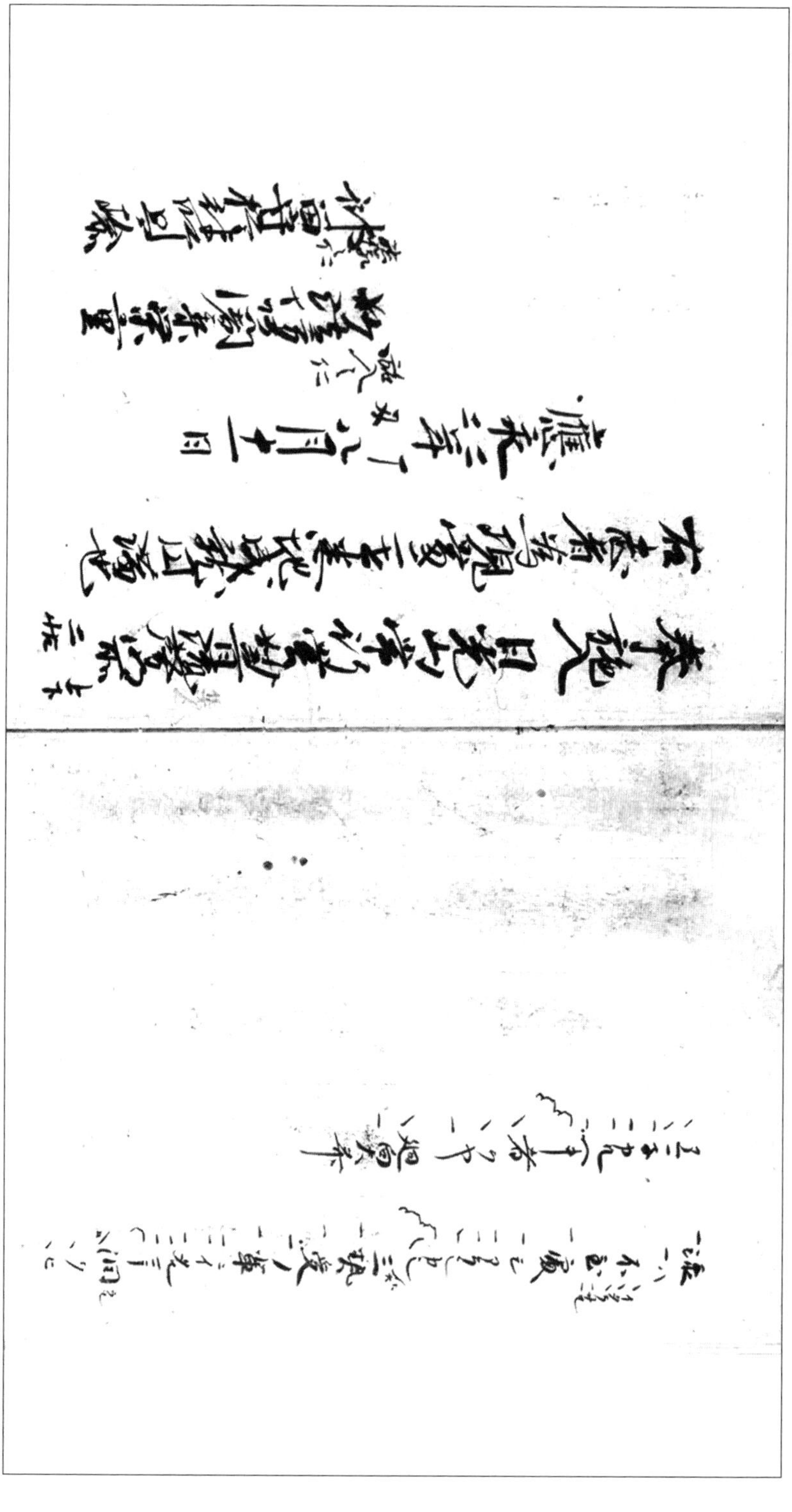

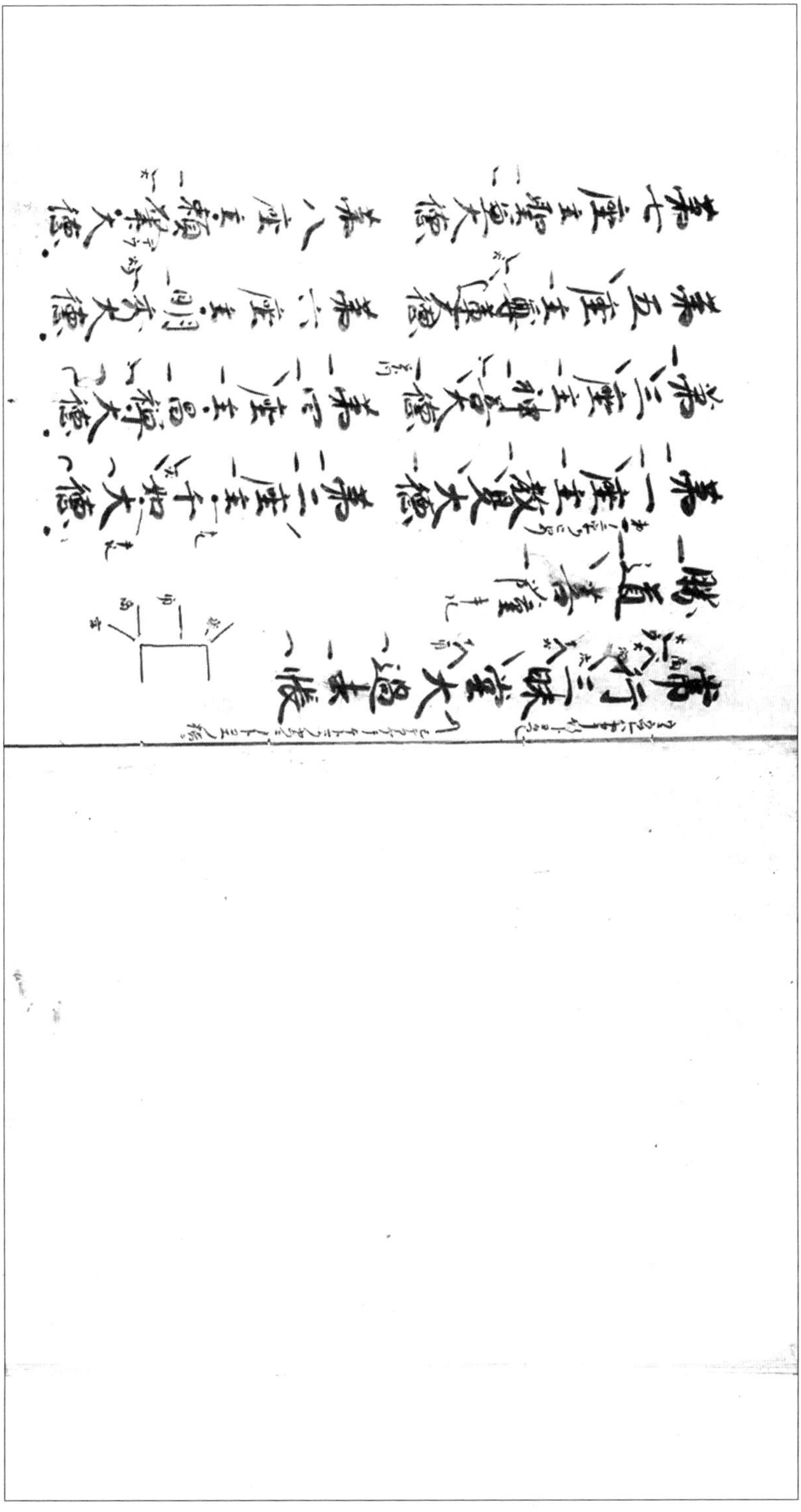

常行三昧堂大過去帳

勝道菩薩

第一座主教見大徳　第二座主千如大徳

第三座主神吾大徳　第四座主昌禅大徳

第五座主尊蓮大徳　第六座主明秀大徳

第七座主聖皇大徳　第八座主頼榮大徳

第九座主慶真大徳　第十座主明覚大徳
第十一座主宗円大徳　第十二座主快舜阿闍梨
第十三座主有尋大徳　第十四座主良重大徳
第十五座主聖宣大徳　第十六座主陰宣法橋
第十七座主禅雲大徳　第十八座主観纒備部
第十九座主覚智大徳　第廿座主静覚大徳
第廿一座主叉珎大徳　第廿二座主相弁大徳
第廿三座主弁覚法師　第廿四座主性弁阿闍梨
第二十五座主尊家法師

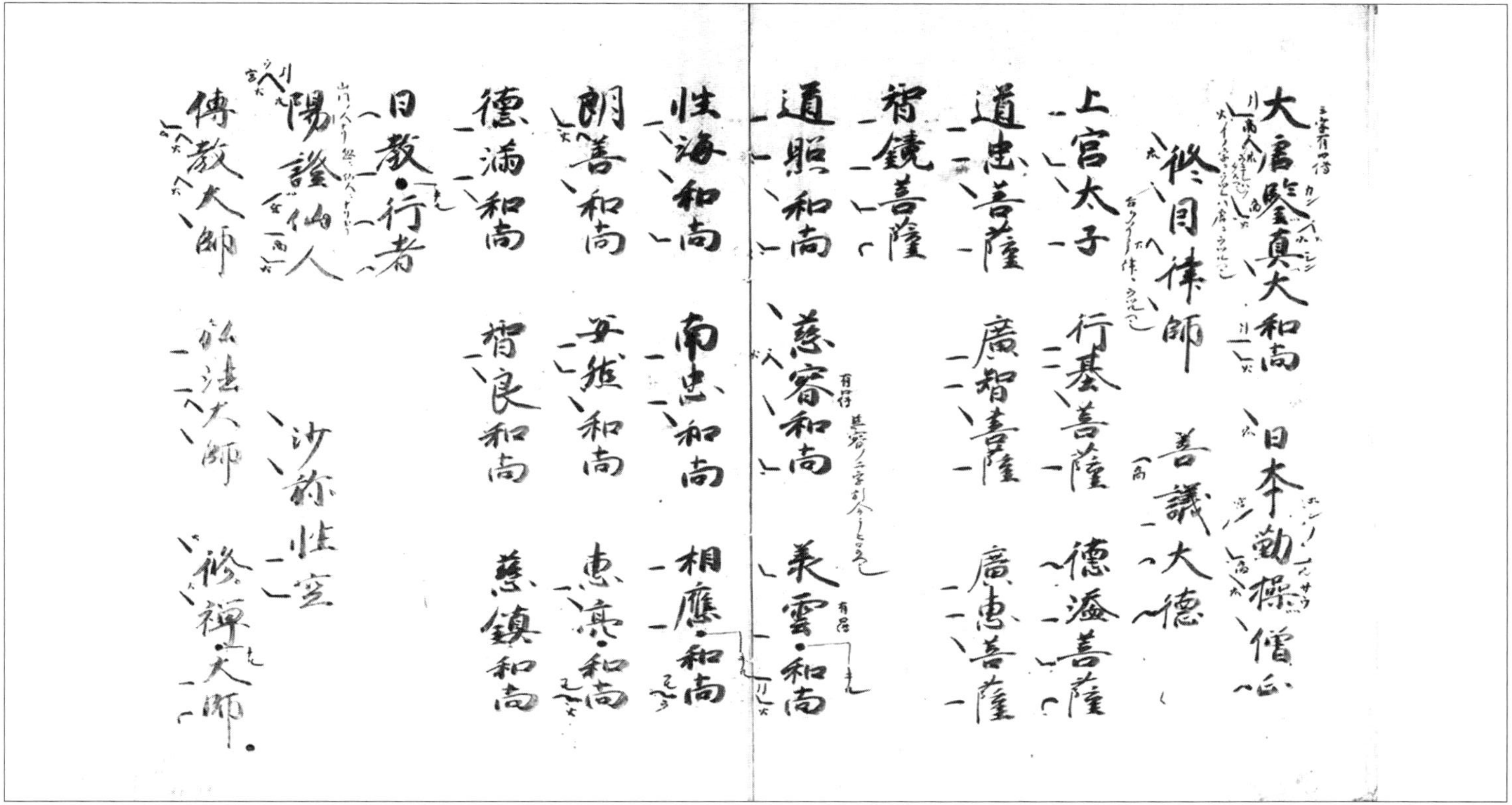
大唐鑒眞大和尚　日本勤操僧正
修円律師　善議大德
上宮太子　行基菩薩　德溢菩薩
道忠菩薩　廣智菩薩　廣恵菩薩
智鏡菩薩
道照和尚　慈睿和尚　義雲和尚
性海和尚　南忠和尚　相應和尚
朗善和尚　安然和尚　恵亮和尚
德満和尚　智良和尚　慈鎮和尚
日教行者
陽谿仙人　沙弥性空
傳教大師　弘法大師　修禪大師

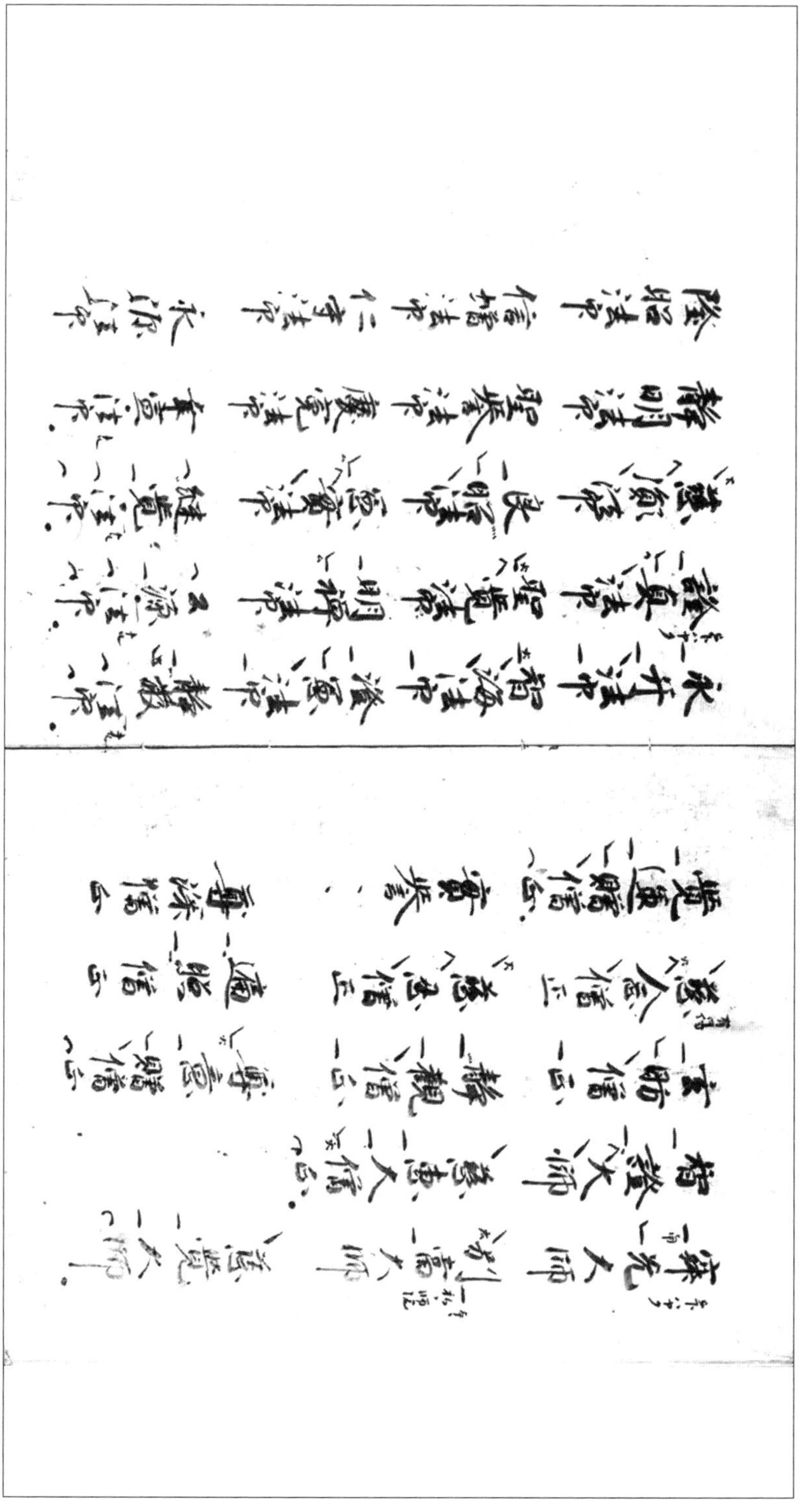

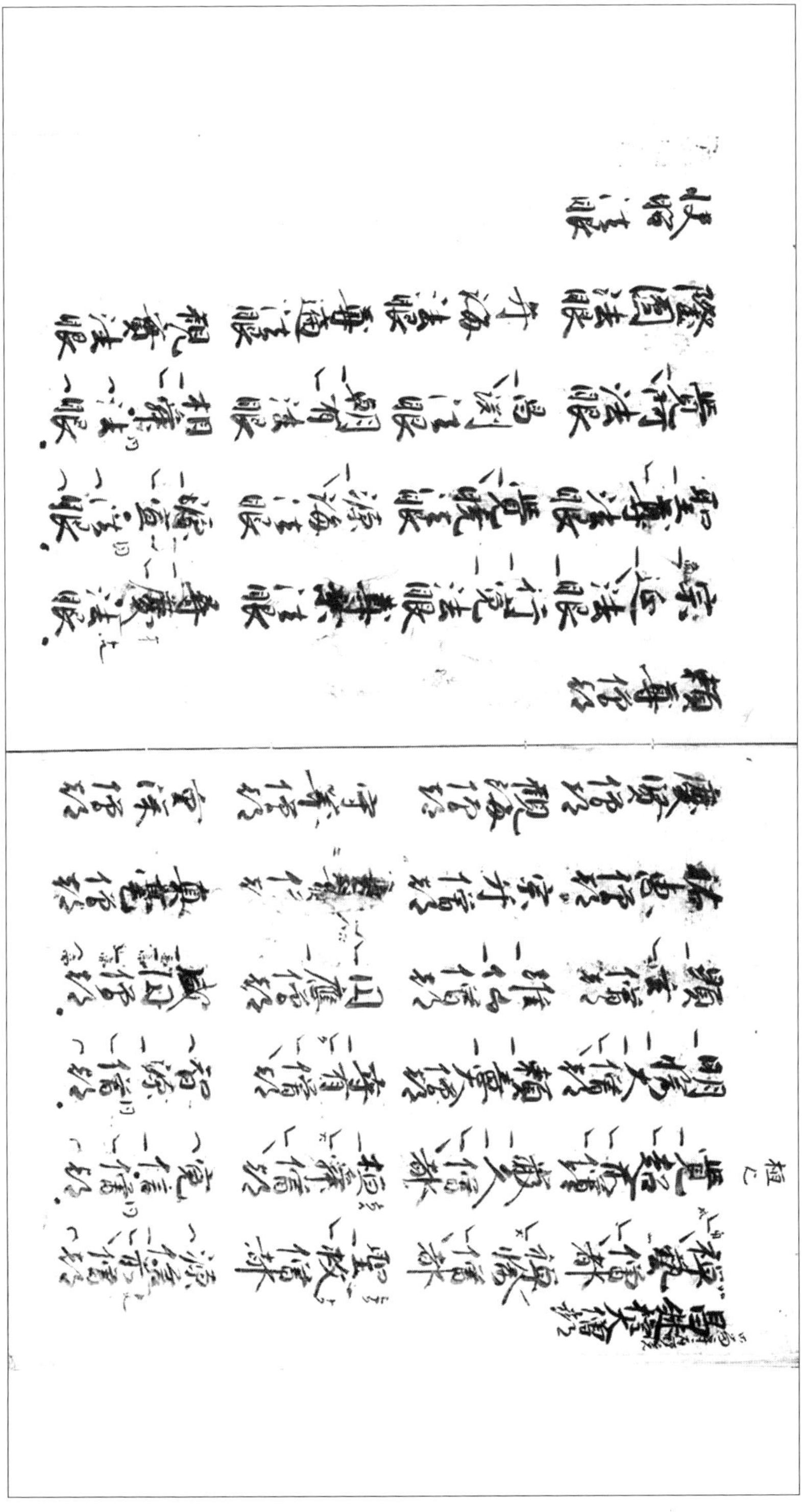
昌□権大僧都
禅芸僧都　禅慶僧都　聖救僧都　源信僧都
覚超僧都　厳久僧都　桓舜僧都　寛信僧都
明靖大僧都　頼尊僧都　尋有僧都　智源僧都
顕玄僧都　維仙僧都　円応僧都　盛円僧都
祐恵僧都　宗弁僧都　実算僧都　真覚僧都
慶賢僧都　観海僧都　守算僧都　実深僧都
頼尊僧都
宗延法眼　行覚法眼　尋某法眼　尋慶法眼
聖尊法眼　覚暁法眼　源海法眼　源宣法眼
覚珂法眼　昌渕法眼　明有法眼　相舜法眼
隆円法眼　弁海法眼　尊通法眼　観実法眼
快昭法眼

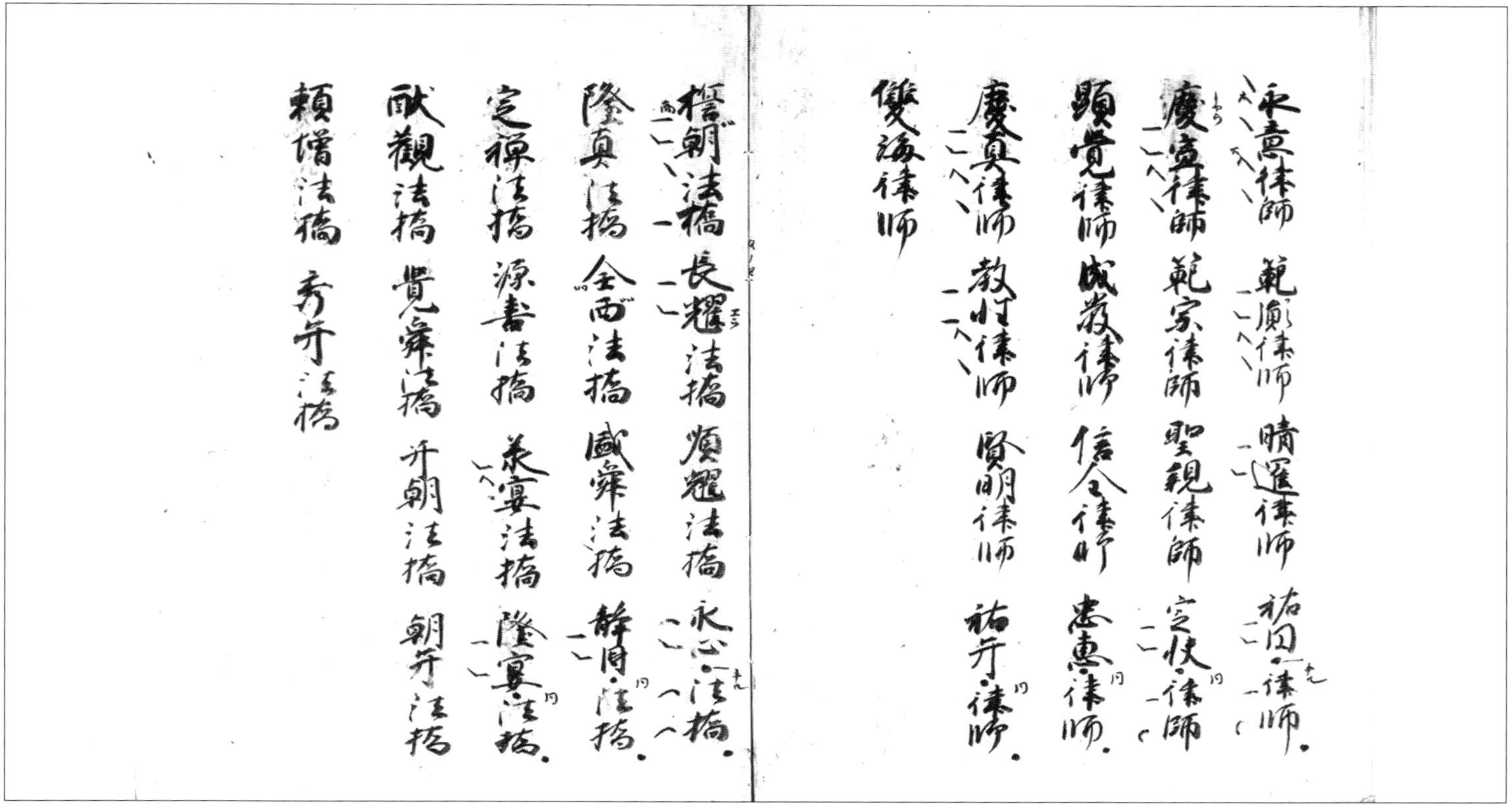
永意律師　範源律師　晴暹律師　祐円律師
慶宣律師　範宗律師　聖親律師　定快律師
頼覚律師　成救律師　信今律師　忠恵律師
慶真律師　教忖律師　賢明律師　祐弁律師
儼海律師

檀朝法橋　長耀法橋　頼耀法橋　永心法橋
隆真法橋　全西法橋　盛舜法橋　静円法橋
定禅法橋　源書法橋　慶宴法橋　隆宴法橋
猷観法橋　覚舜法橋　弁朝法橋　朝弁法橋
頼増法橋　秀弁法橋

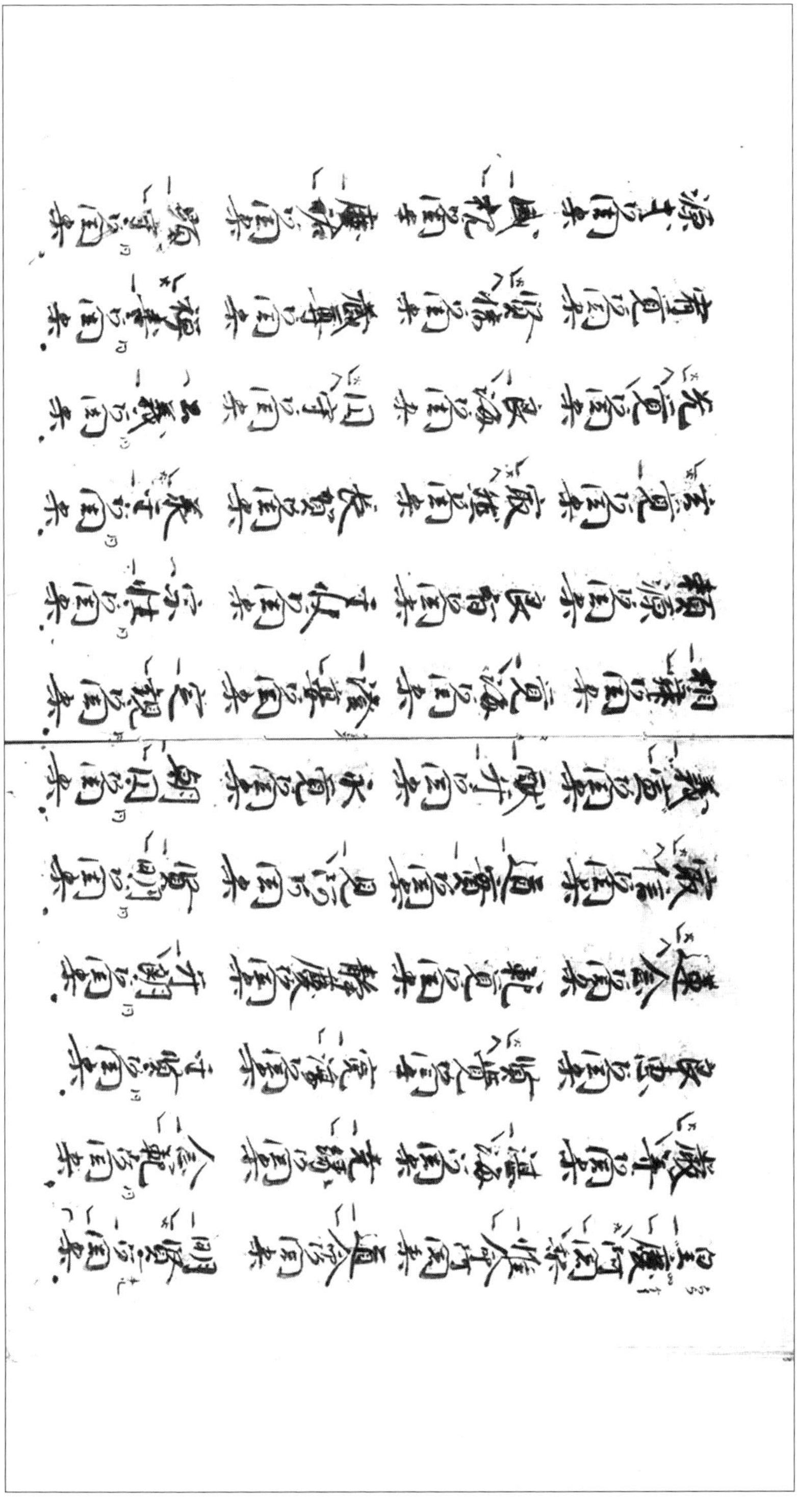

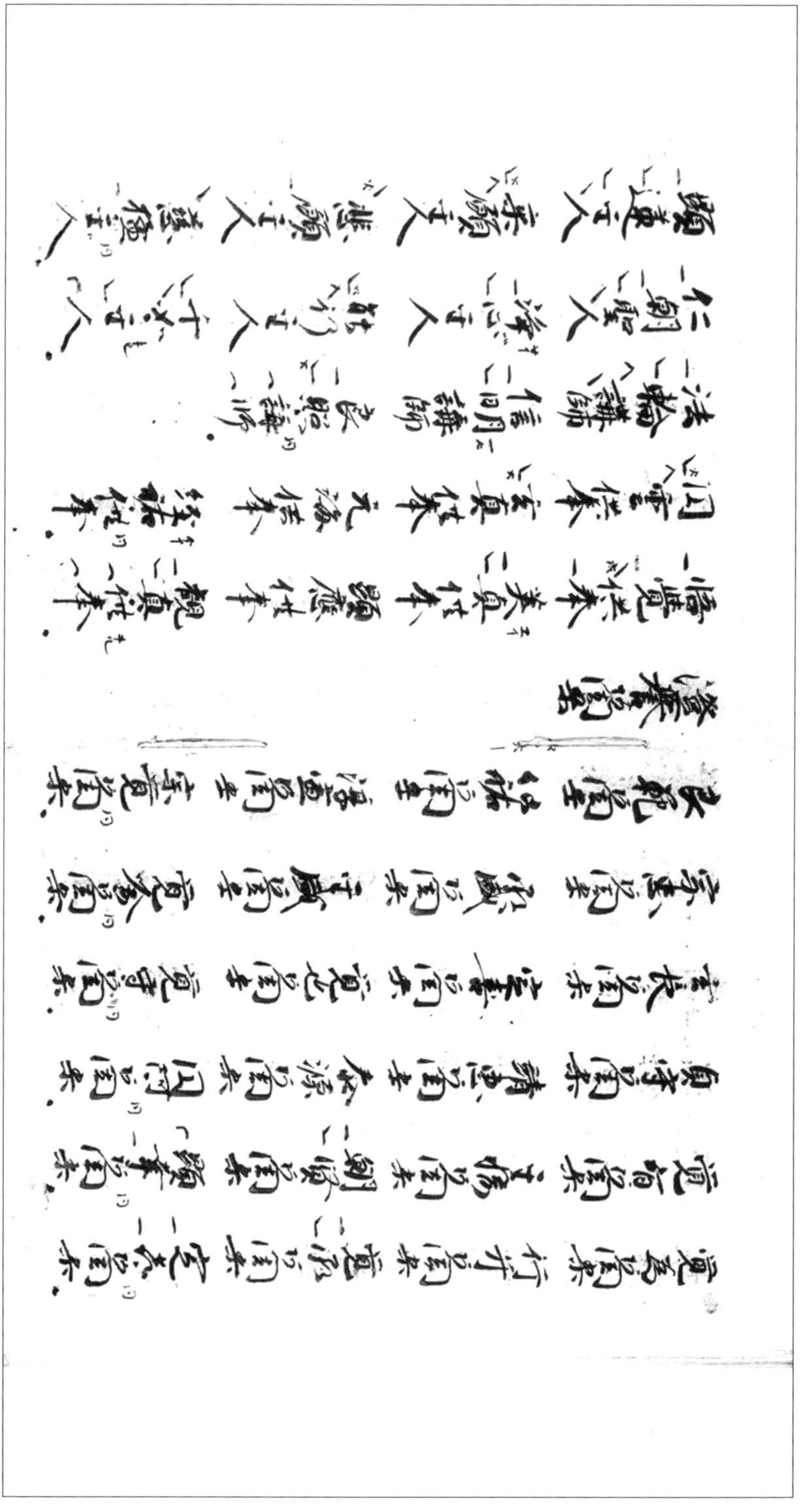

明泉已人 慈日已人 栄宗已人 南佛已人

浄心大徳 命範大徳 珍算大徳 寛円大徳

法命大法 頼円大法 延尋、、 頼舜、、

円暹、、 隆円、、 継覚、、 永海、、

文賢、、 相中、、 覚中、、 観実、、

琳泰、、 泉融、、 実仁、、 勝中、、

紆円、、 桓舜、、 良禅、、 覚也、、

祝覚、、 会西、、 藝桓、、 源暹、、

源勝、、 琳宣、、 栄算、、 覚鑒、、

實賢、、 暹藝、、 應禅、、 實念、、

定意、、 朝円、、 覚弁、、 隆意、、

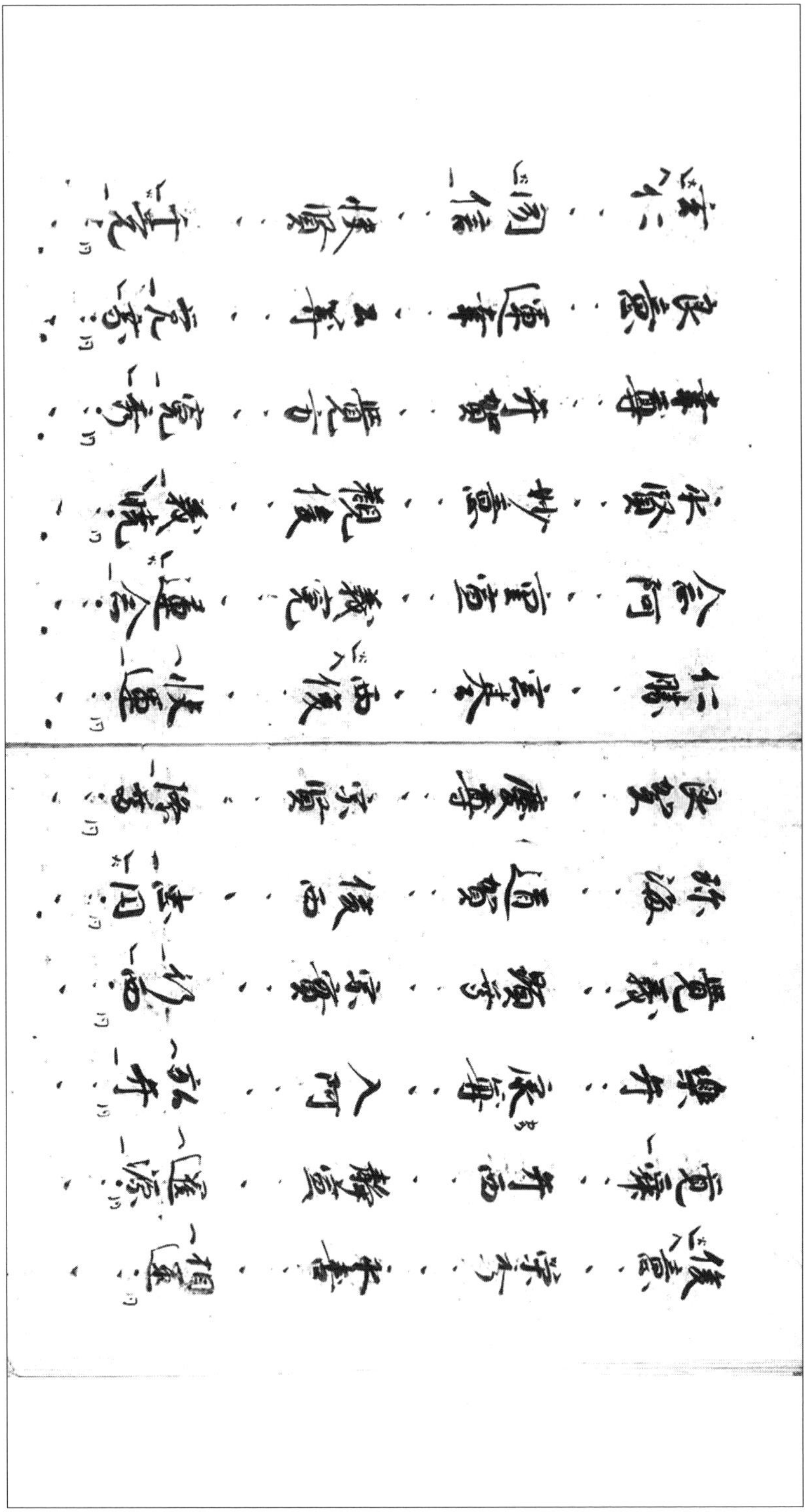

蓮西、、忠禪、、弁直、、恭僕、、
宗玄、、寂玄、、頼弁、、観実、、
公源、、永僕、、相賀、、義慶、、
満覚、、相変、、賢伏、、静泉、、
澄尋、、覚義、、

柏原先帝聖霊　奈良先帝聖霊
嵯峨先帝聖霊　淳和先帝主霊
深草先帝、、　文徳先帝主霊
水尾先帝、、　陽成院先帝主霊
小松先帝、、　亭子院先帝、、
醍醐先帝、、　朱雀院、、、

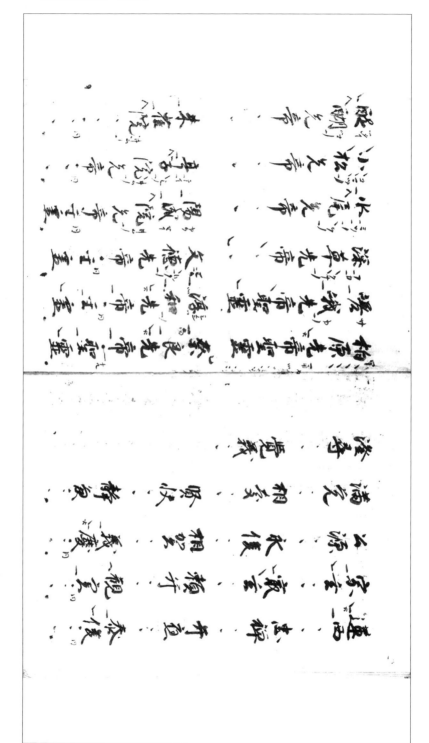

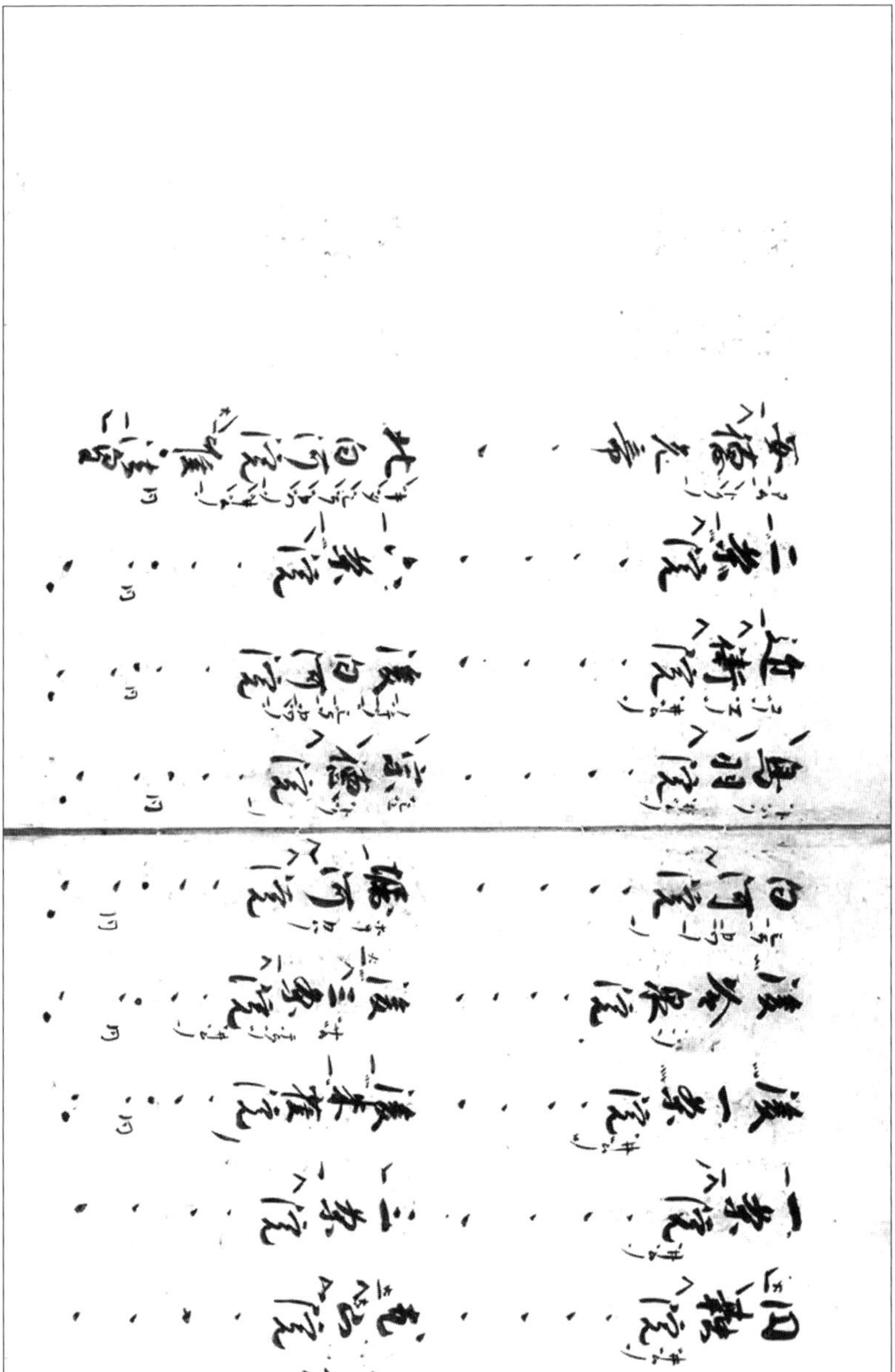

入道攝政太政大臣　攝政内大臣
関白右大臣　攝政左大臣
攝政太政大臣　関白太政大臣
太政大臣忠仁公　太政大臣照宣公　太政大臣貞信公
太政大臣清仁公　太政大臣謙徳公　太政大臣忠義公
太政大臣廉義公　入道太政大臣　平清盛御殿門
入道太政大臣藤原頼實御殿門　太政大臣藤原良平
太政大臣源通光　入道太政大臣藤原公房
入道鎮守府将軍中書大王源宗尊親王
入道前中将保通朝臣　参議源雅長朝臣
入道左近衛中将藤原公朝々臣

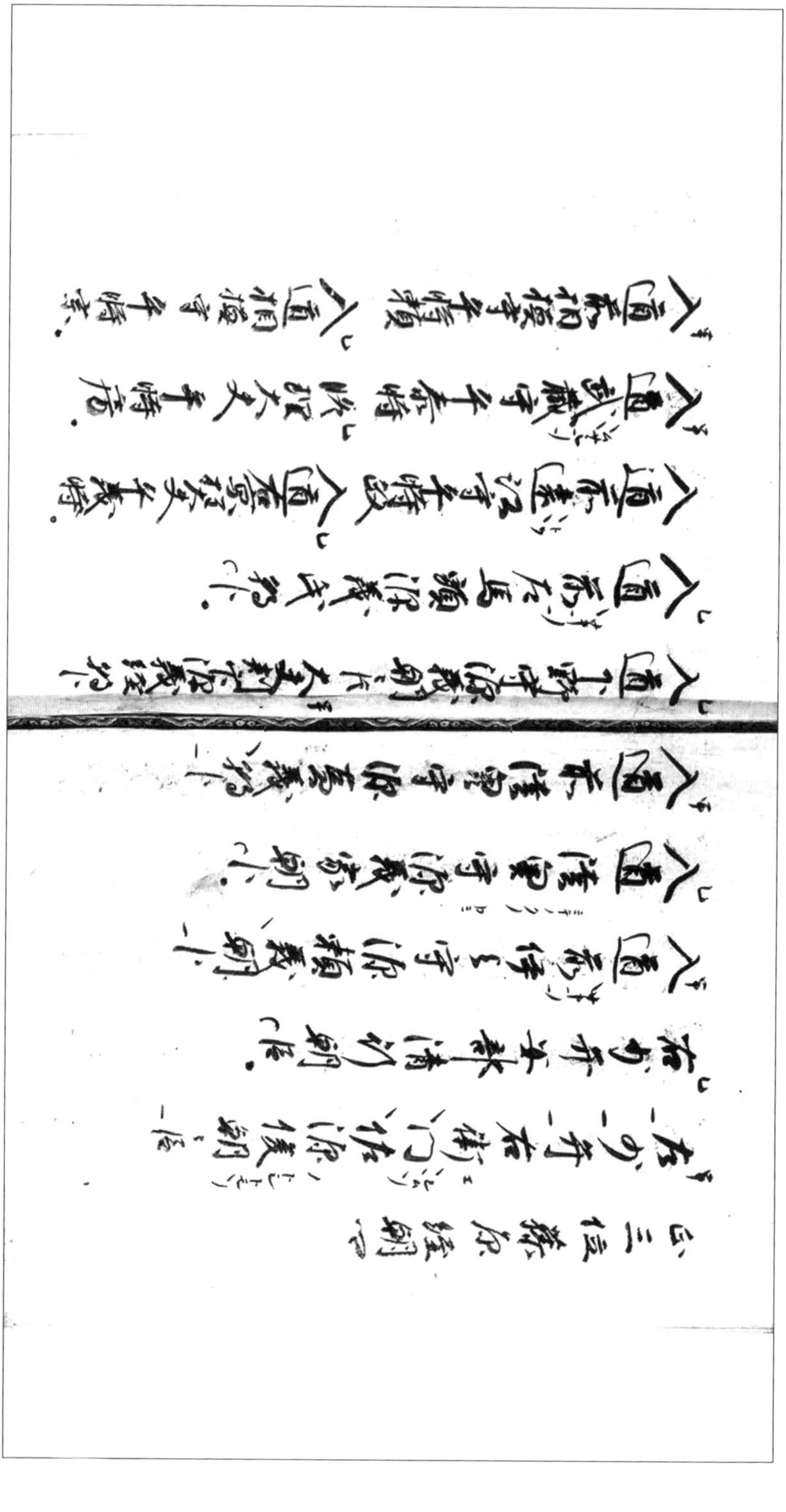

一一三

入道前越後守平貞時　入道備後守平時通
入道前越後守平顕時　前尾張守平時家
左京権大夫平政村　平時村
駿河守平宗方
入道大膳大夫大江廣基　同親廣
入道前下野守藤原朝政　入道安房守藤原國保
入道散位伴真房　入道散位藤原親安
入道鎮守府将軍前右大将源頼朝卿
鎮守府将軍正三位左近衛中将源頼嗣卿
鎮守府将軍左衛門督源頼家卿
大納言坂上田村麻呂卿　大納言平高棟卿

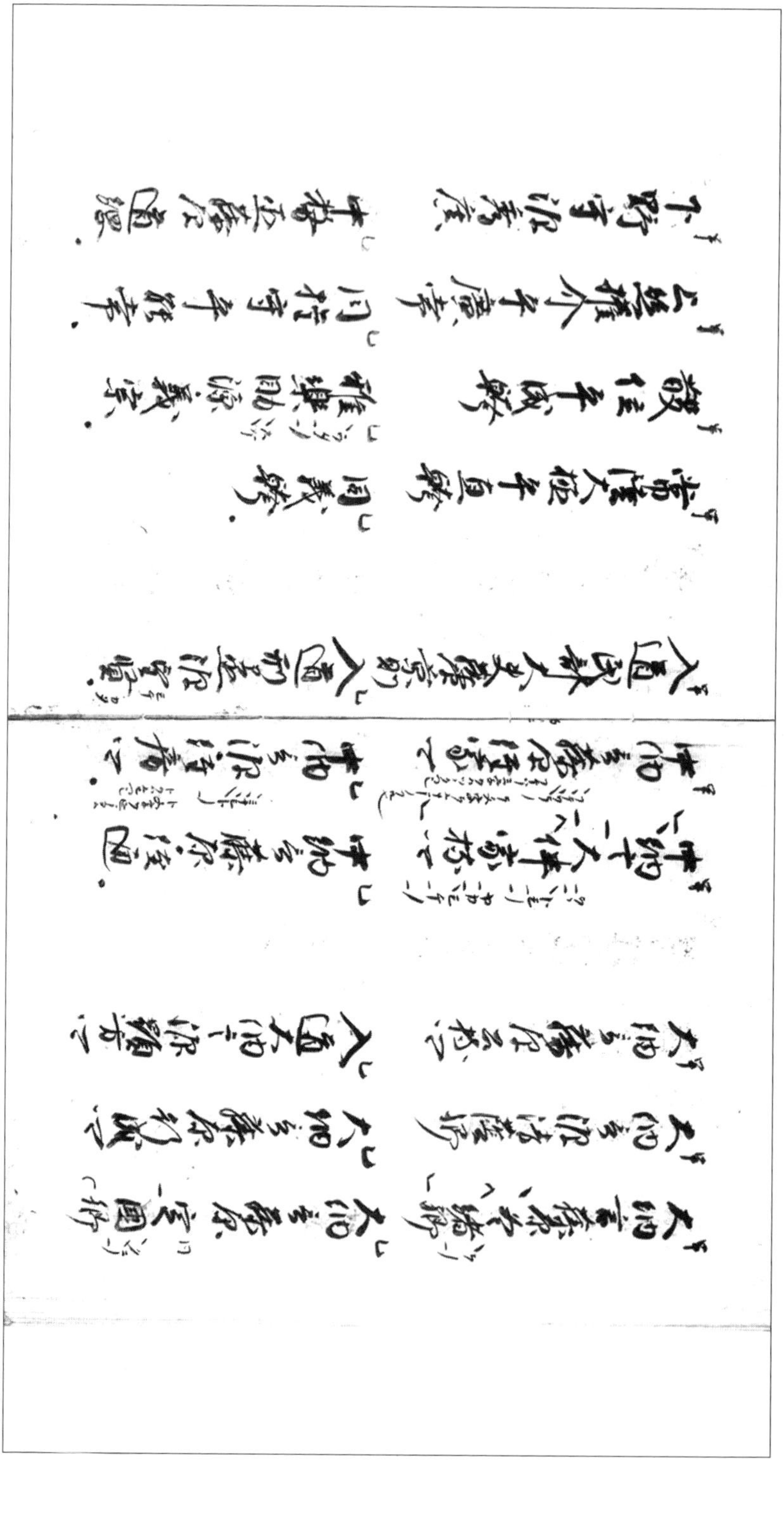

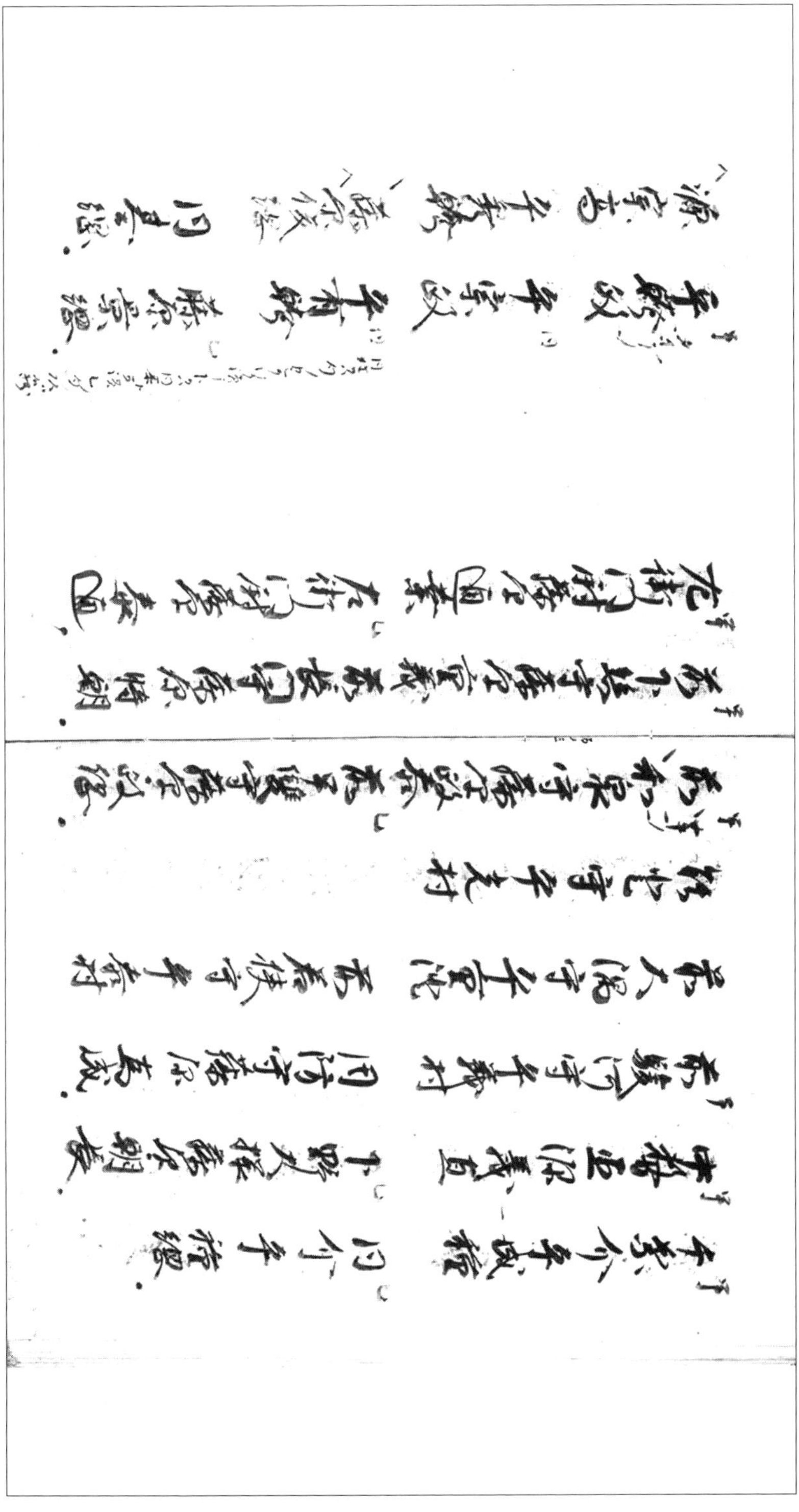
千葉介平成胤　同介平胤綱
中務丞源義直　下野大掾藤原朝長
前駿河守平義村　周防守藤原為成
前大隅守平重隆　前若狭守平泰村
能登守平光村
前和泉守藤原政泰　前甲斐守藤原政綱
前下野守藤原宣義　前長門守藤原時朝
左衛門尉藤原通業　右衛門尉藤原泰通
平範政　平宗政　平有範　藤原景綱
源宗高　平秀胤　藤原俊綱　同泰綱

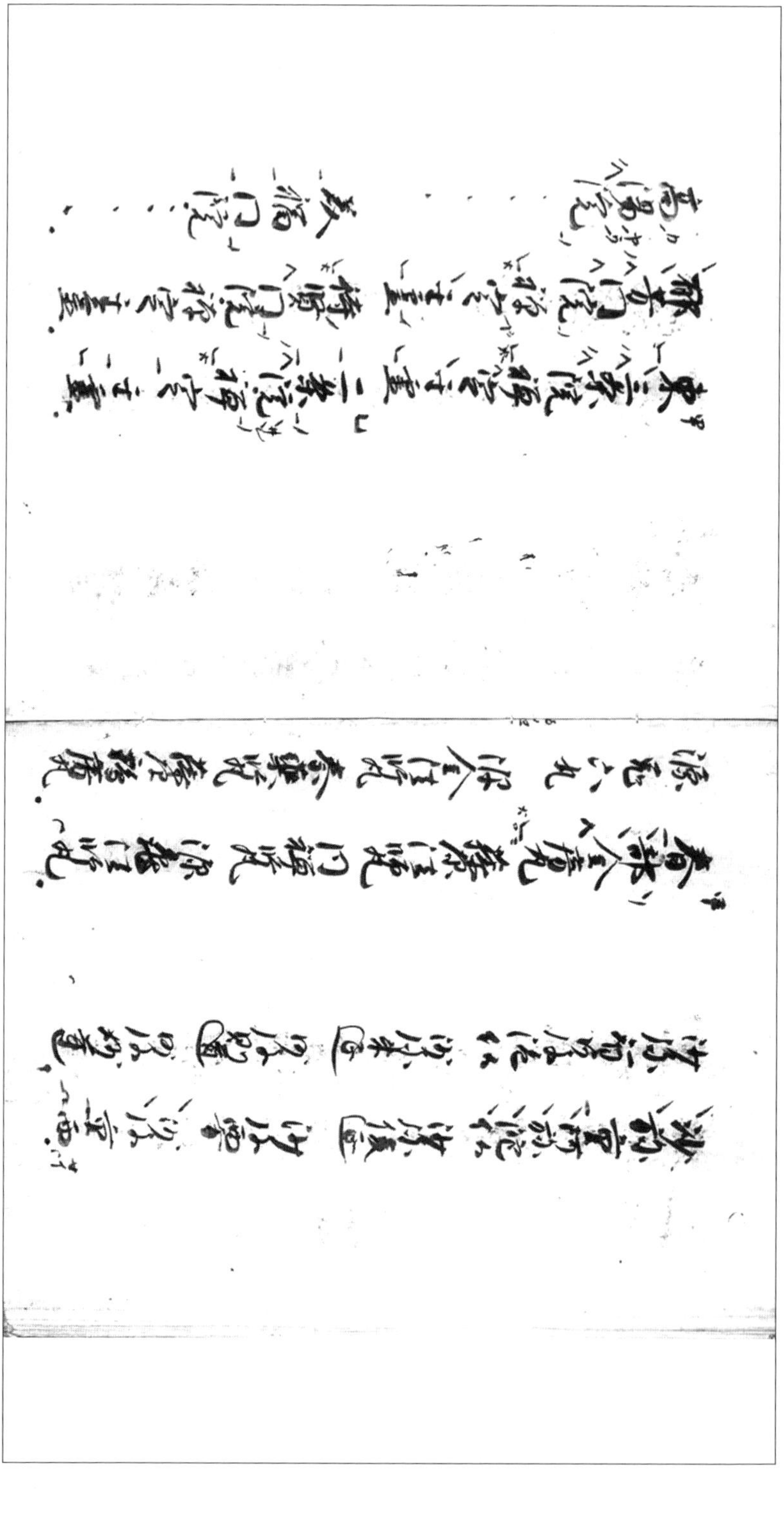

皇嘉門院・・・・・上西門院・・・・

八条院・・・・高松女院・・・

九条院禅・・・達春門院・・・・

宜秋門院・・・春花門女院王霊

土御門院禅定・・小白河院禅定國母

陰明門院・・・宣陽門院・・・

大宮院禅定王霊　令林准后・・

花徳門女院王霊　承清覚禅定尼霊

藤原氏　伴氏　佐伯《サイキ》氏　大中臣氏　在原氏

大中臣氏　藤原氏　物部氏　走使氏　佐伯《サイキ》氏

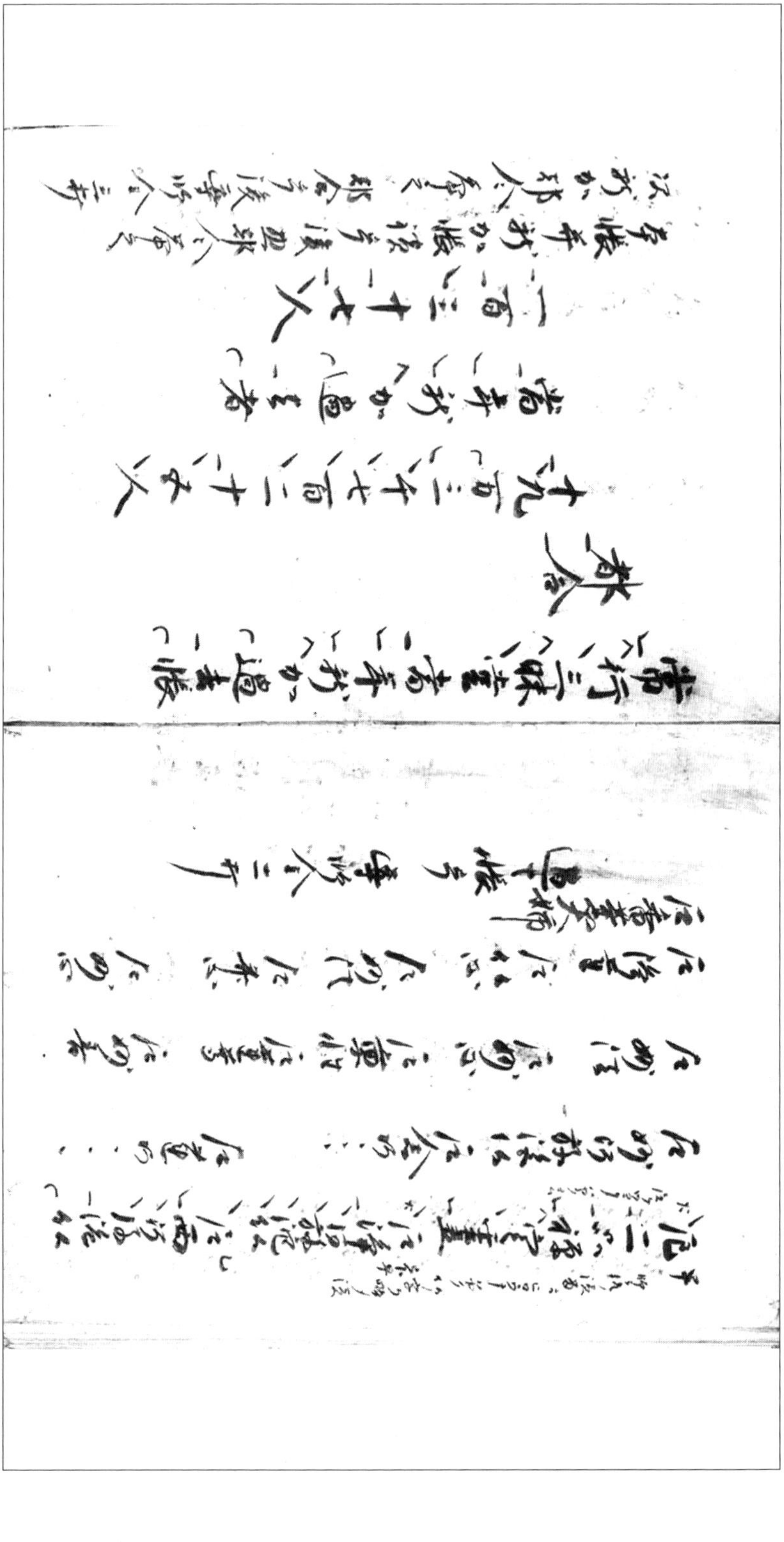

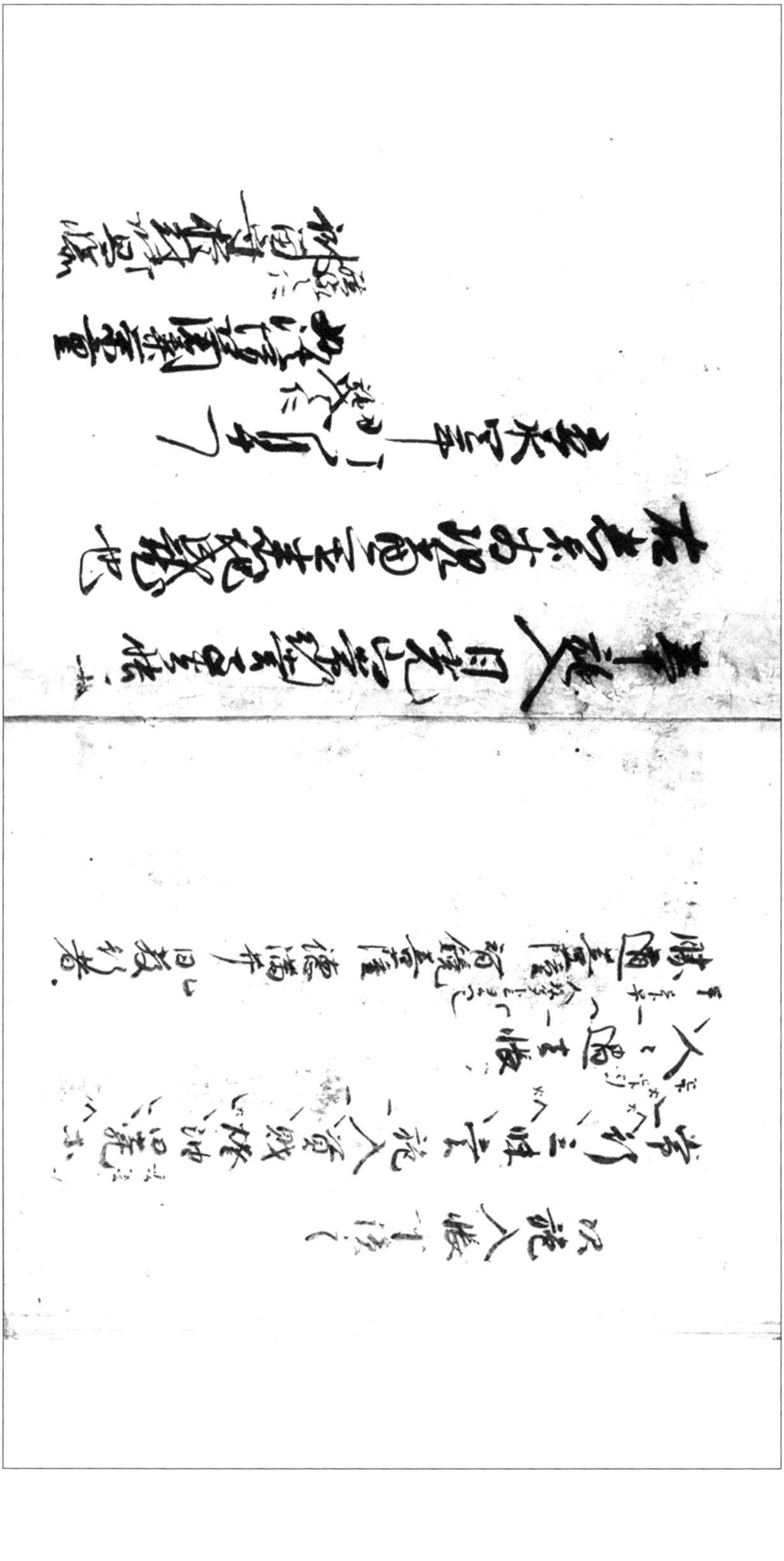

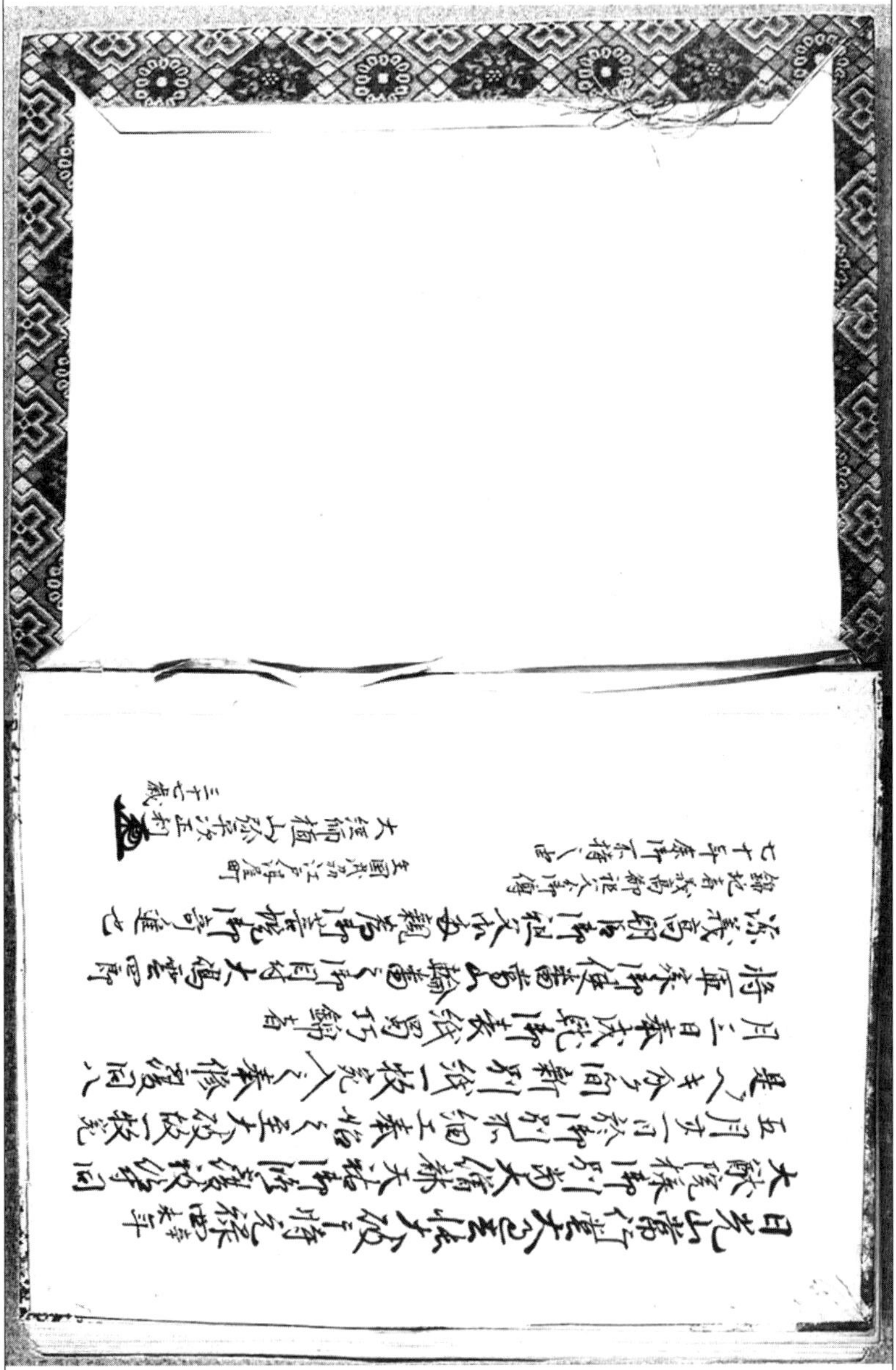

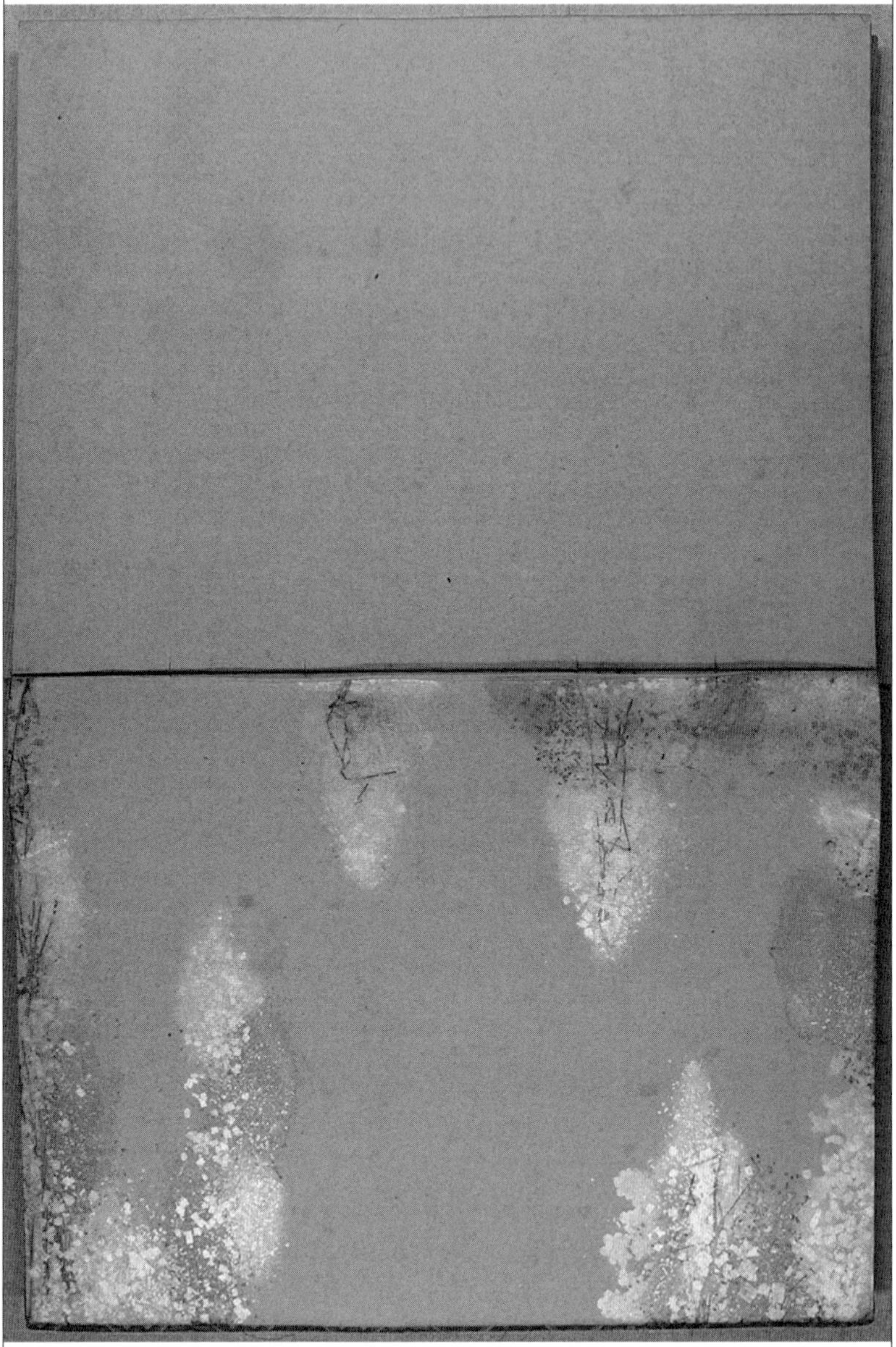

第七

對馬供養文　但此作法なし

大懺悔

至心懺悔如是等一切世界諸佛世尊常住

在世是諸世尊當慈念我憶念我證知我

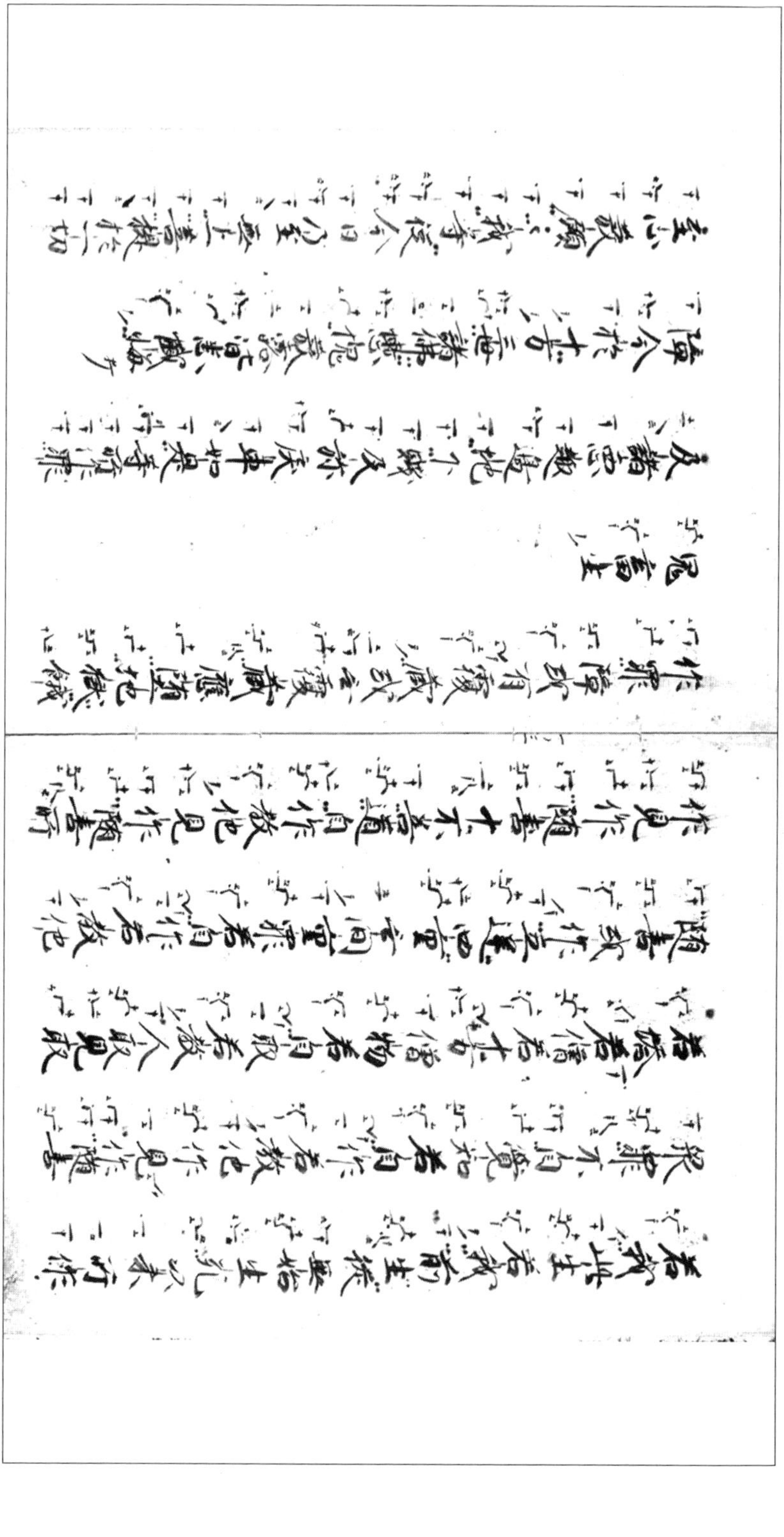
若我此生若我前生從無始生死以來所作
衆罪不自覺知若自作若教他作見作隨喜
若塔若僧若十方僧物若自取若教人取見取
隨喜或作五逆四重無間重罪若自作若教他
作見作隨喜十不善道自作教他見作隨喜所
作罪障或有覆藏或不覆藏應墮地獄餓
鬼畜生
及諸惡趣邊地下賤及蔑戾車如是等所作罪
障今於十方三世諸佛懺悔發露皆悉懺悔
至心發願我等從今日乃至無上菩提於一切

生處常得值遇十方諸佛普賢文殊觀音勢至
地藏菩薩令我恒得親近供養恭敬發菩提心
永不退轉常生淨處淨佛國土斷除三障永離
衆難成無上道　打

初夜偈　雙七之

常行堂修正作法

總礼頌　一越

能礼所礼性空寂　感應道交難思議
我此道場如帝珠　十方諸佛影現中
我身影現諸佛前　頭面接足歸命礼

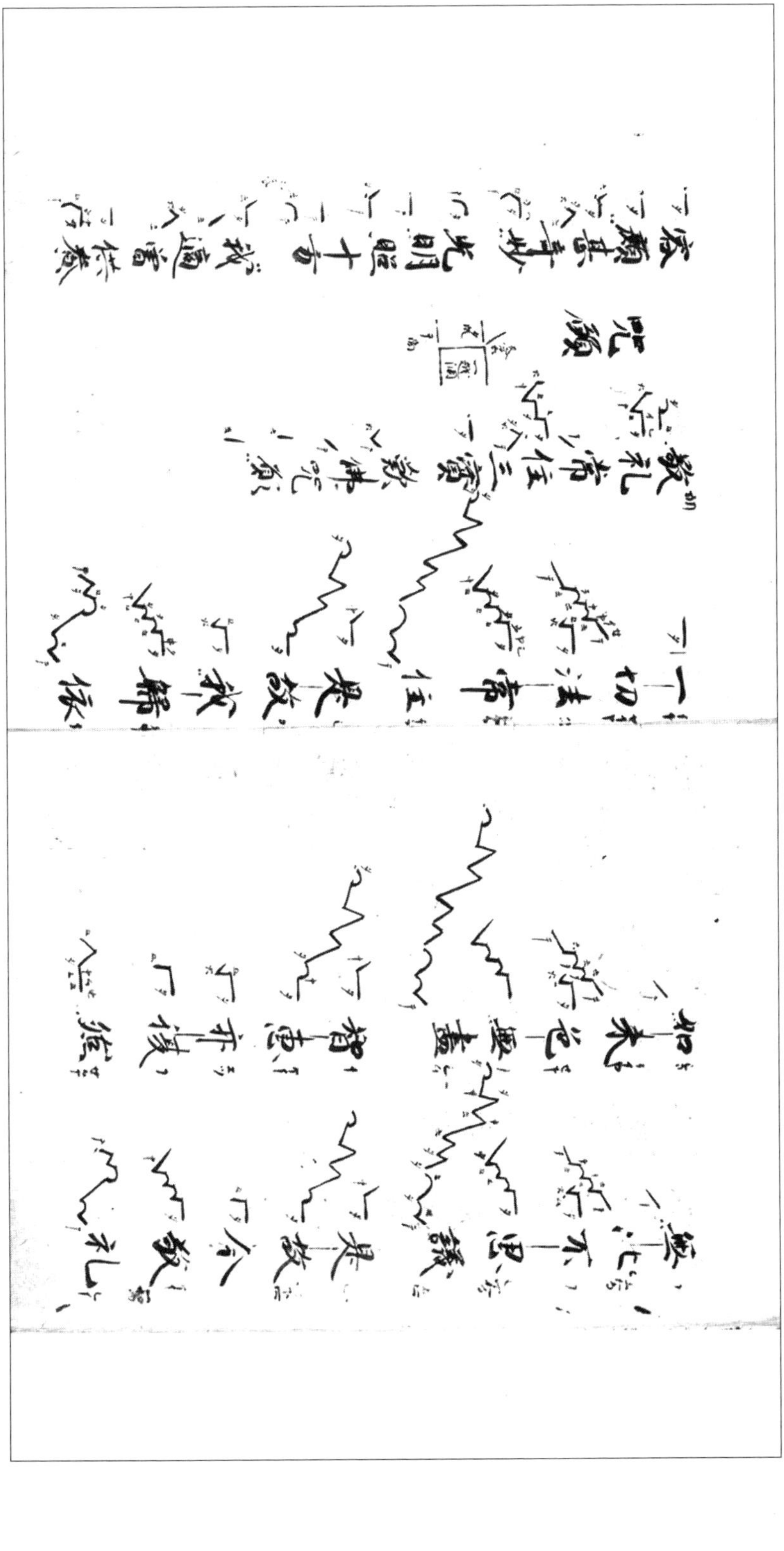
無比不思議　是故今敬礼
如来色無盡　智恵亦復然
一切法常住　是故我帰依
敬礼常住三寶　歎佛呪願
呪願
容顔甚奇妙　光明照十方　我適曾供養

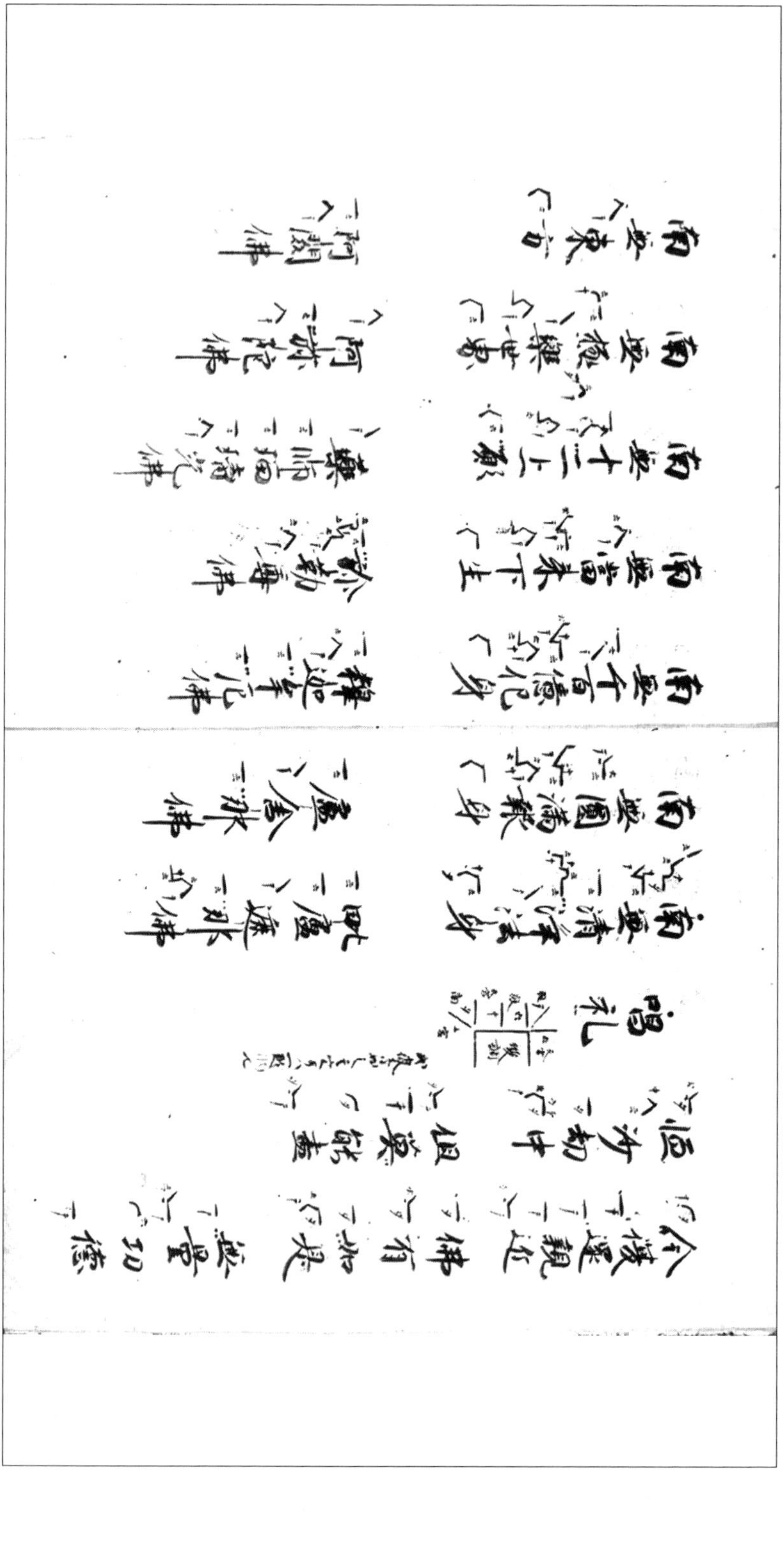

南無東南方 持地佛

南無南方 普滿佛

南無西南方 那羅延佛

南無西方 无量壽佛

南無西北方 月光面佛

南無北方 難勝佛

南無東北方 寂諸根佛

南無上方 無量勝佛

南無下方 實行佛

南無過現未來盡十方空界 一切諸佛

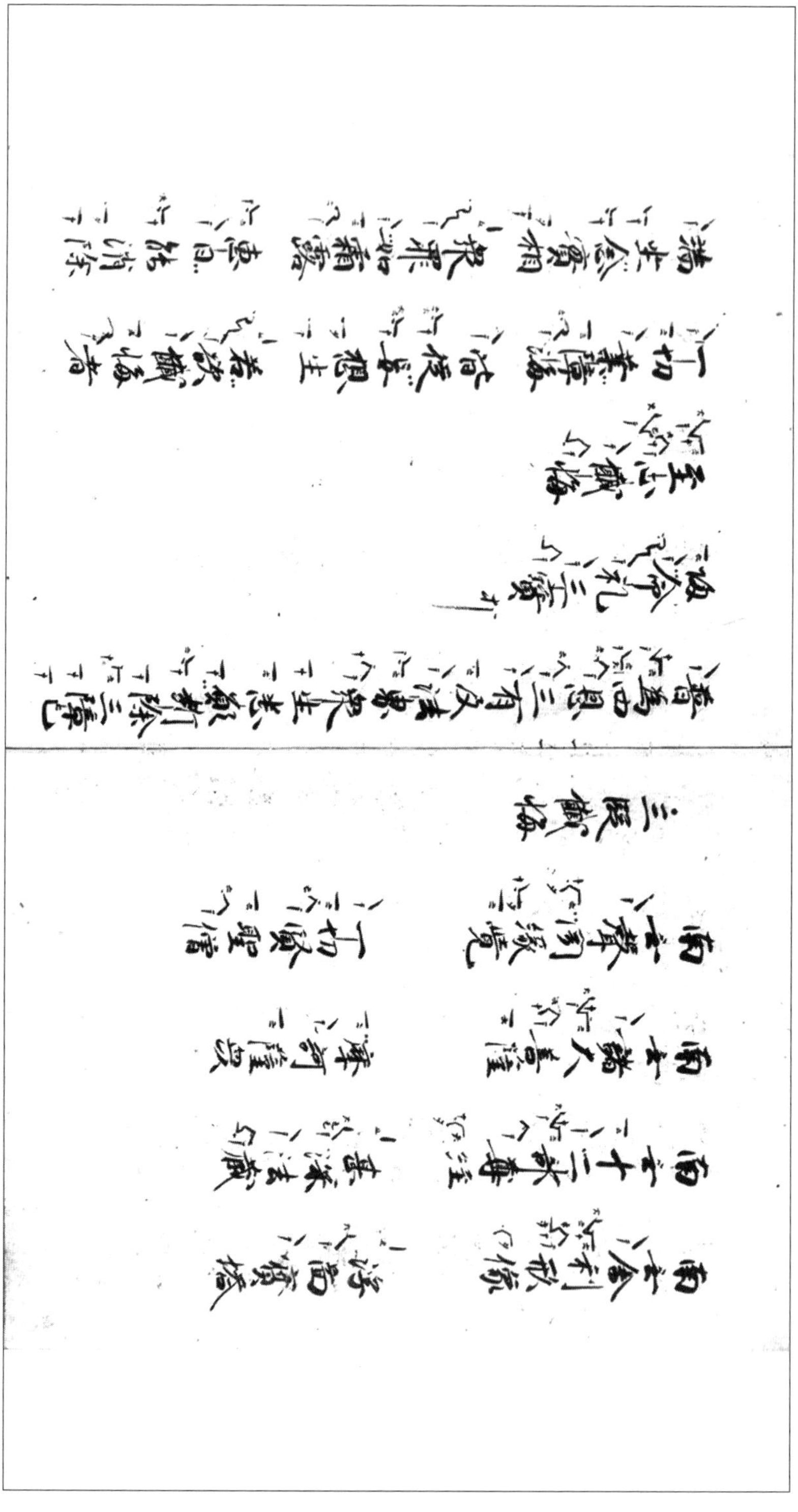
南无舎利形像 浮図寶塔
南无十二部尊経 甚深法蔵
南无諸大菩薩 摩訶薩衆
南无聲聞縁覚 一切賢聖僧
普為四恩三有及法界衆生悉願断除三障
帰命礼三寶
至心懺悔
一切業障海 皆従妄想生 若欲懺悔者
端坐念實相 衆罪如霜露 恵日能消除

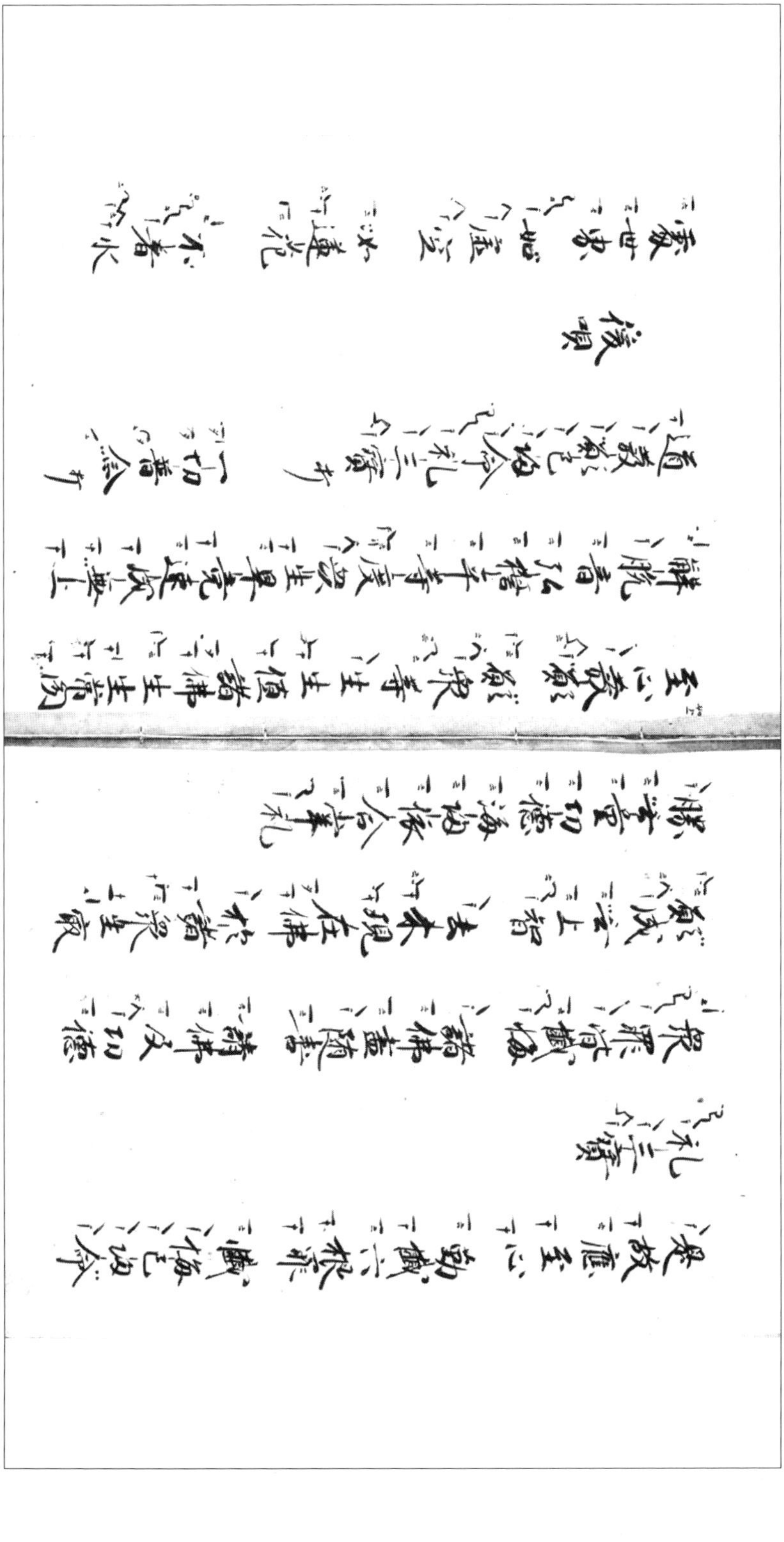

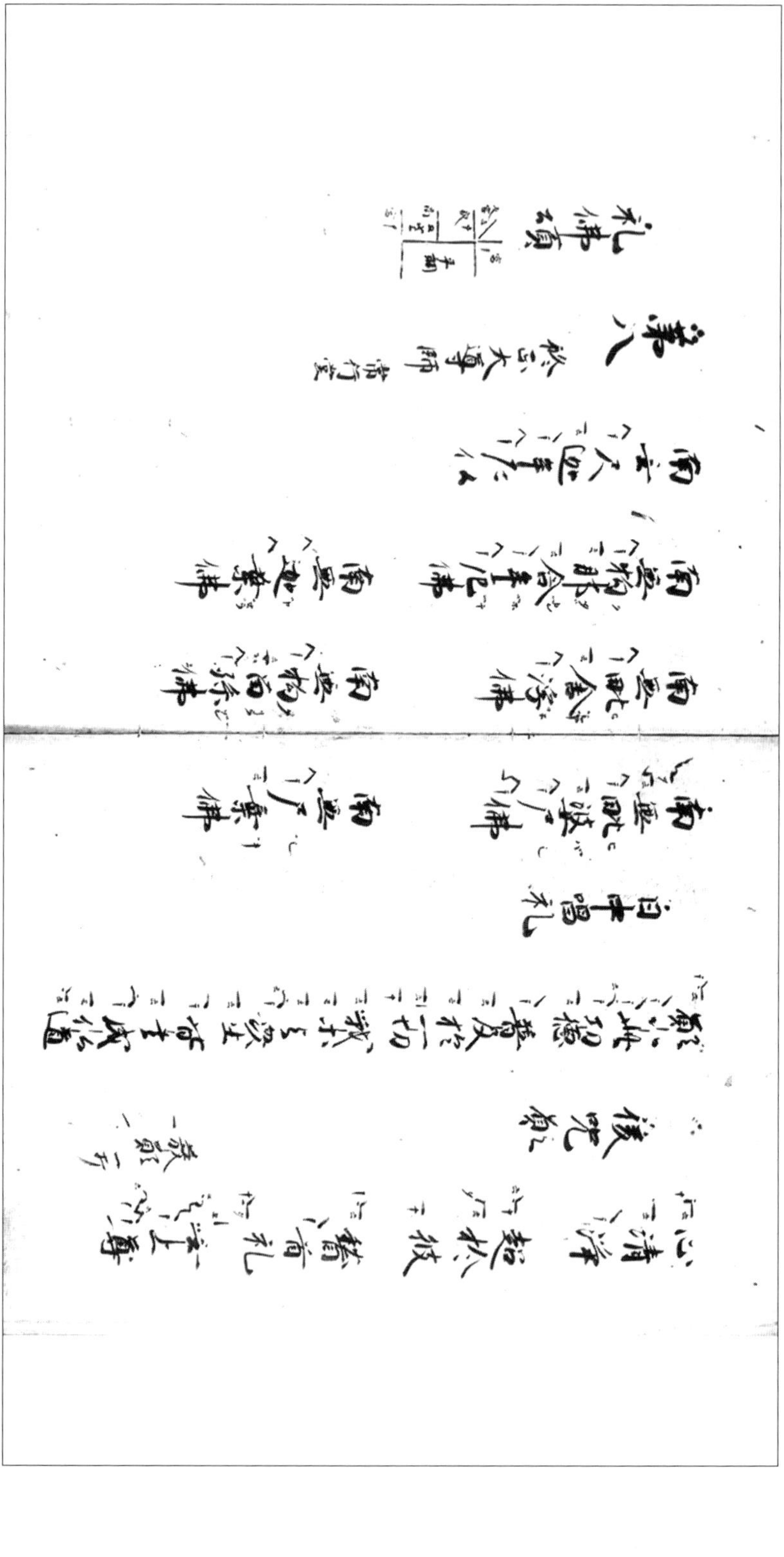
心清淨　超於彼　稽首禮　無上尊
後唄頌
願以此功德　普及於一切　我等与衆生　皆共成佛道
白中唱礼
南無毘婆尸佛
南無尸棄佛
南無毘舎浮佛
南無拘留孫佛
南無拘那含牟尼佛
南無迦葉佛
第八
礼佛頌
常行堂

當願衆生　得無量眼　見一切佛

唯願如來哀愍我　常令得見大悲身

三業無倦奉仕尊　速出生死歸眞際

三十二相

烏瑟膩沙無見相　髮毛右轉紺青相

面輪端正滿月相　眉間毫相右旋相

眼瞼紺青不亂相　眼精金色分明相

四十齒齊密相　四牙鮮白鋒利相

舌相廣長覆面相　常得上味適悦相

梵音和雅等聞相　常光面各一尋相

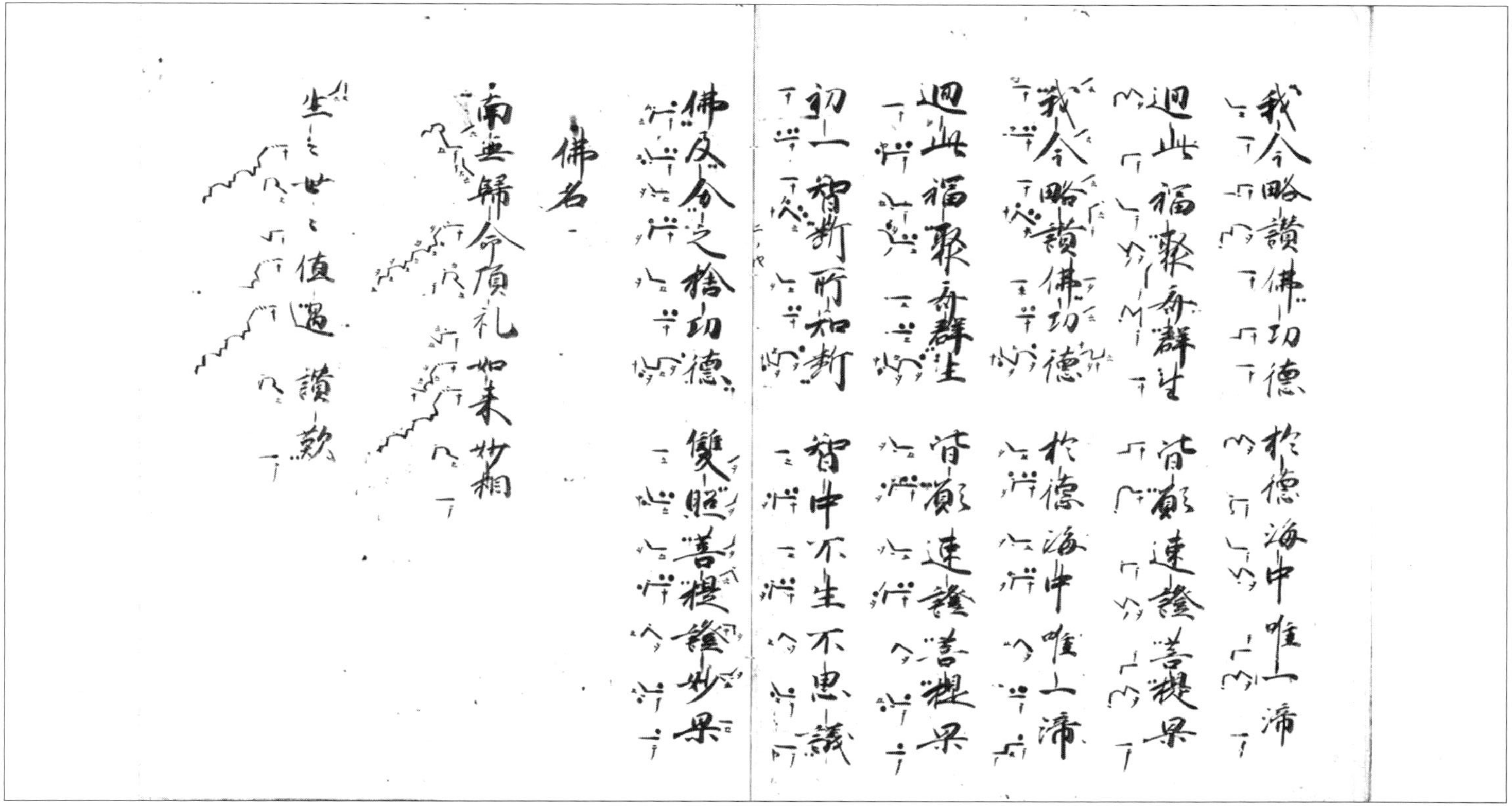

我今略讚佛功德　於德海中唯一渧
迴此福聚於群生　皆願速證菩提果
我今略讚佛功德　於德海中唯一渧
迴此福聚於群生　皆願速證菩提果
初一智斷所知斷　智中不生不思議
佛及命之捨功德　雙照菩提證妙果
佛名
南無歸命頂礼如來妙相
生々世々値遇讚歎

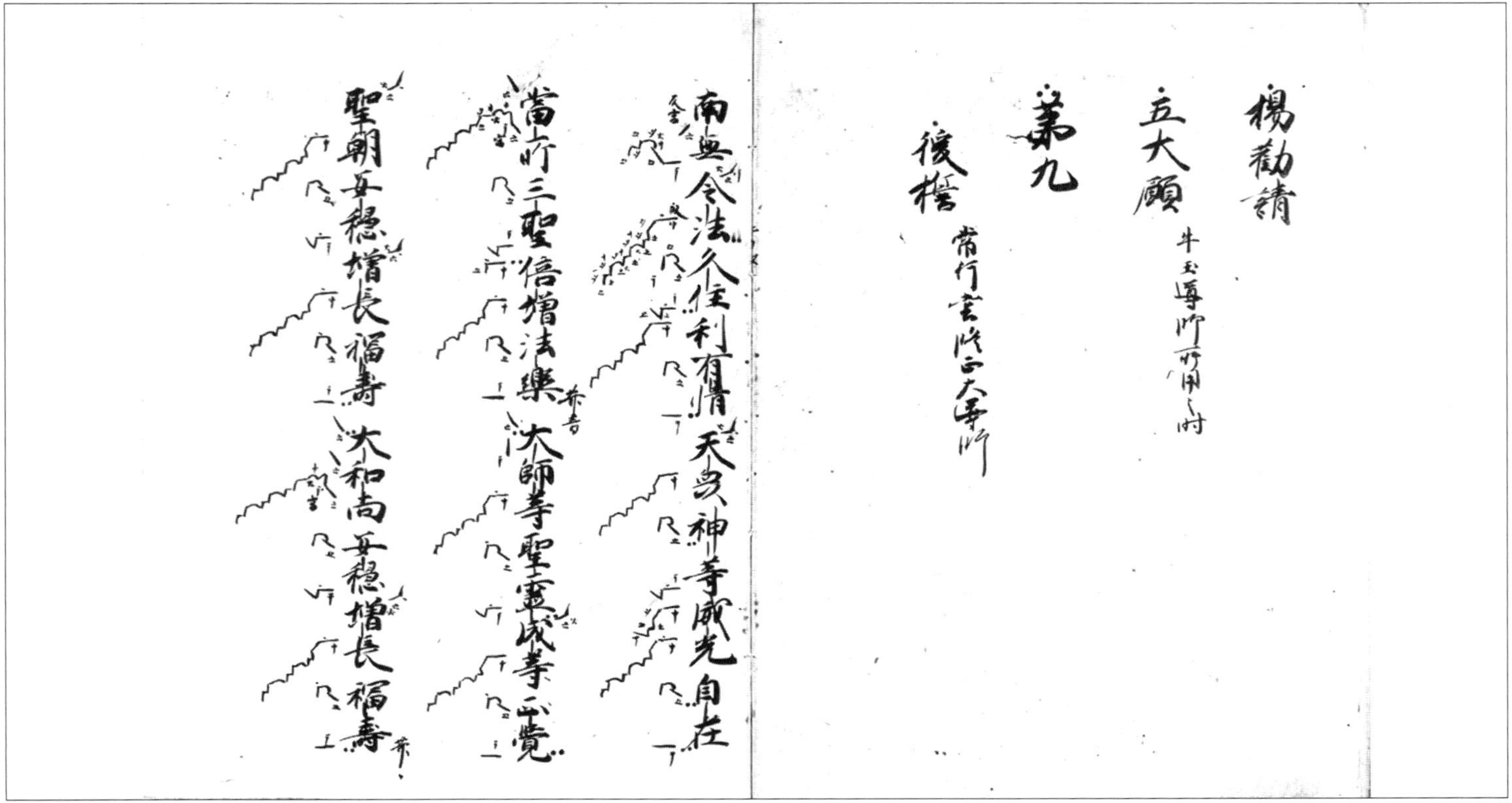
揚勸請

五大願　牛玉導師所用之時

第九

後讃　常行堂修正大導師

南無今法久住利有情　天衆神等威光自在

當所三聖倍増法樂　大師等聖霊成等正覚

聖朝安穏増長福壽　大和尚安穏増長福壽

南番一衆息災与楽　三界六道平等利益

大悲護念護持一衆

哀愍摂受護持一衆

教化

錫杖願文香花燈明倂擬楽衆會之

梵ホーして十方乃浄刹小及ものなや

回向大衆

御前頌　上左く

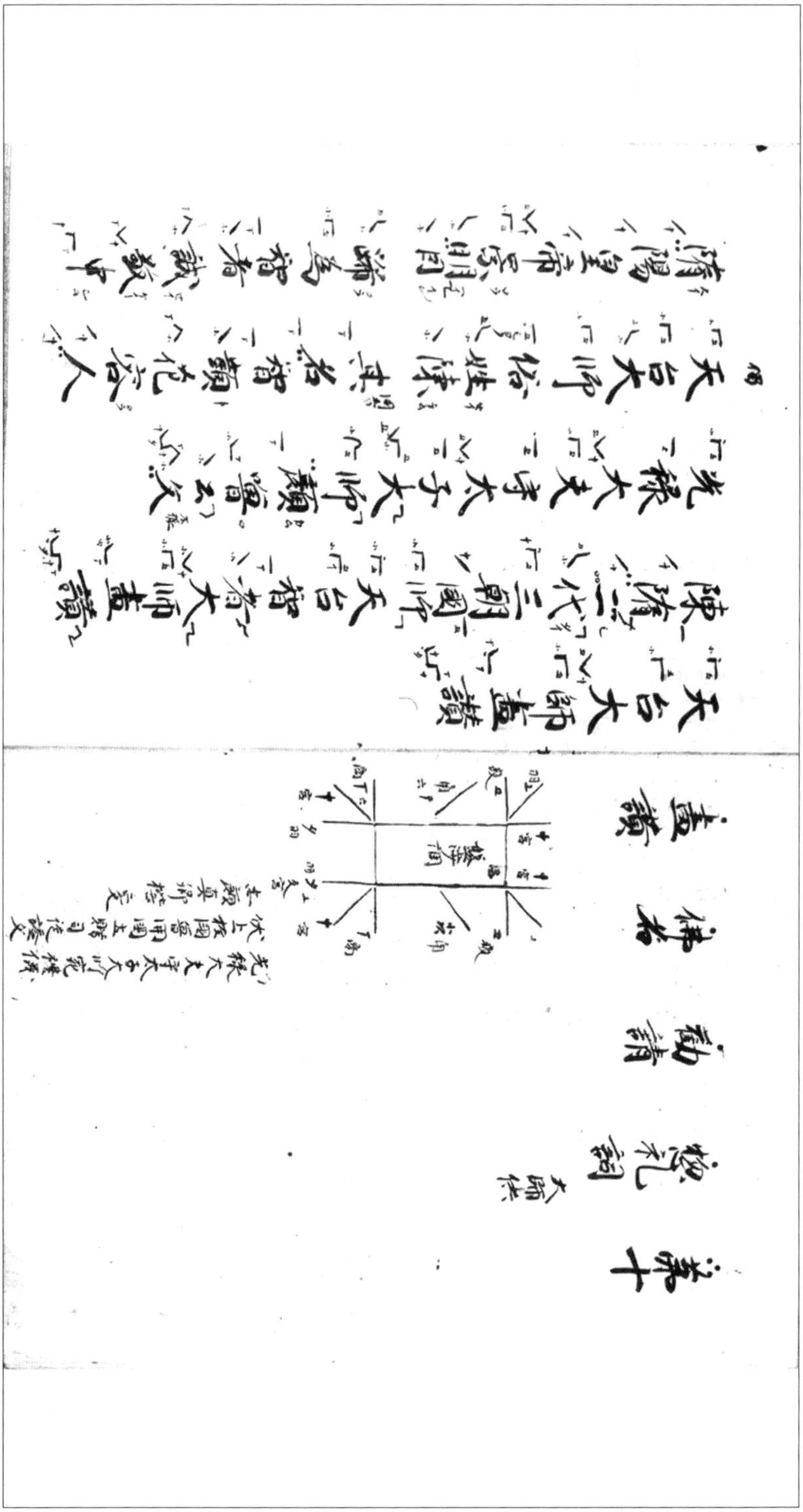
第十
惣礼詞　大師供
勧請
佛名
畫讃
盤渉調
天台大師畫讃
陳隋二代三朝國師天台智者大師畫讃
光禄大夫守太子大師顔魯公文
偈
天台大師俗姓陳　其名智顗花容人
隋陽皇帝崇明日　諦為智者誠歎中

師初孕育靈異頻　綵煙浮空光照隣
尭眉舜目灑若春　禪惠悲智嚴其身
長沙佛前發弘誓　定光菩薩示冥契
悦如登山臨海際　上指伽藍早身世
東謁大蘇求真諦　智同靈鷲聽法偈
得宿命通辯無礙　旋陀羅尼花三昧
居常面西化在東　八載瓦官闡玄風
數演揩度發禪蒙　梁陳舊德皆仰宗
遂入天台花頂中　再見定光符昔夢
降魔制敵為法雄　胡僧開道精感通

一時月夜如論議　初夢塔懐胡僧至
又爲南岳説三智　自言必當終此地
帝十七年歸江都　遣使奉迎師小祖
山下観盡爲寺畠　王家所介事不孤
石城天台西門樣　正好凭観形勝殊
像前鵝膺依首府　寄帝如意花香爐
第五法師背恒絶　觀音下迎歎記前
万行千宗寂後説　跏趺不動收寐滅
天雲決漭風惨烈　草木位爲火鳥咽
十日容顔殊不別　適身流汗歎異節

荊渓妙樂門生孫　廣述祖教補乾坤
寫照随形殊好存　源云瞻礼心益敷
俾餘讃述斯討論　廉紫億劫垂後昆
歸命頂礼大唐國中　天台大師聖霊等
哀愍攝受所設供　證知大衆三業礼
歸命頂礼大唐國中　南岳大師聖霊
哀愍攝受所設供　證知我等至心礼
歸命頂礼天竺振旦日本國中真言止観諸宗
哀愍攝受所設供　成我所願一心礼
佛名　大衆諸共可奉済天台大師聖霊

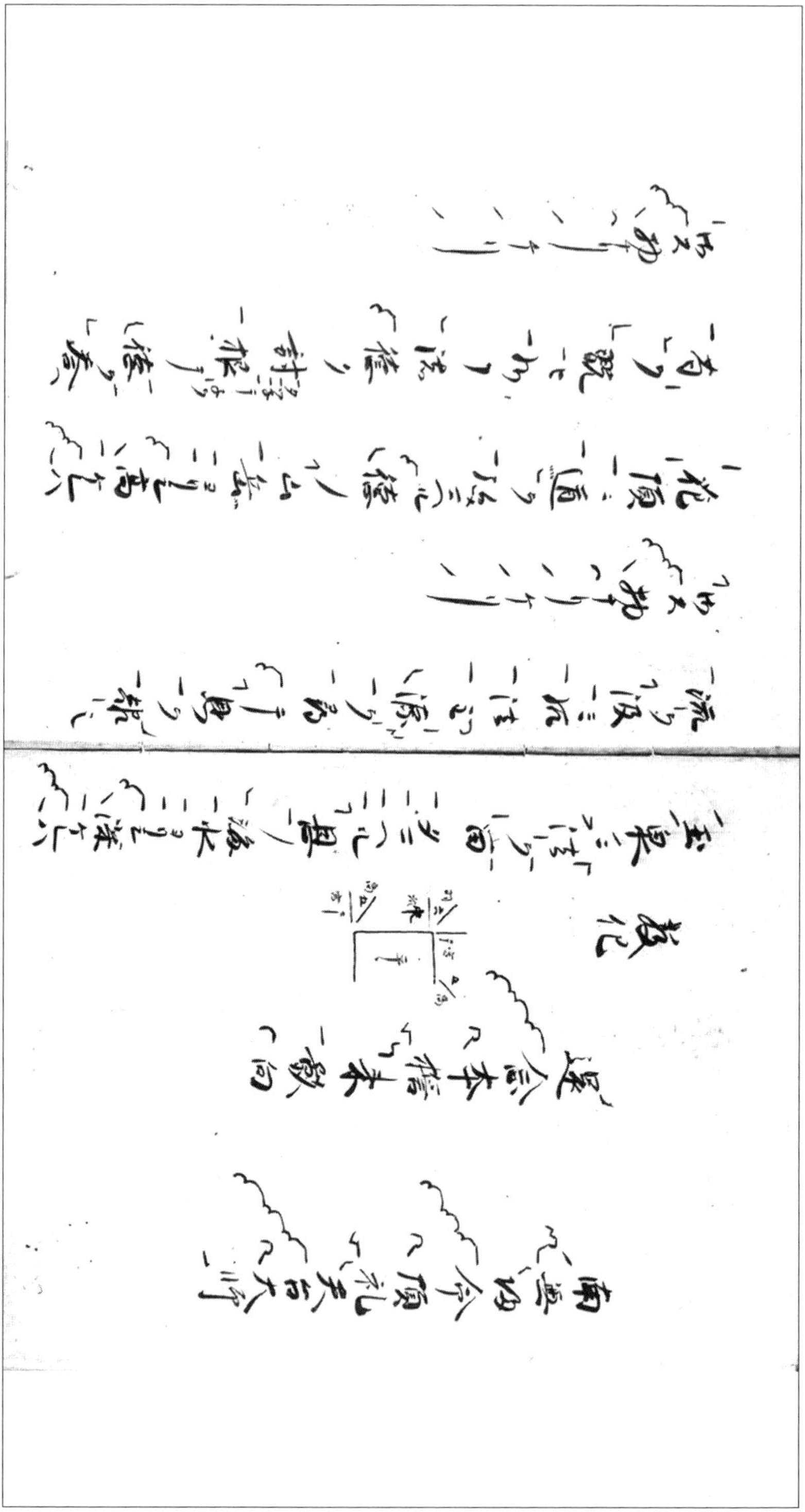

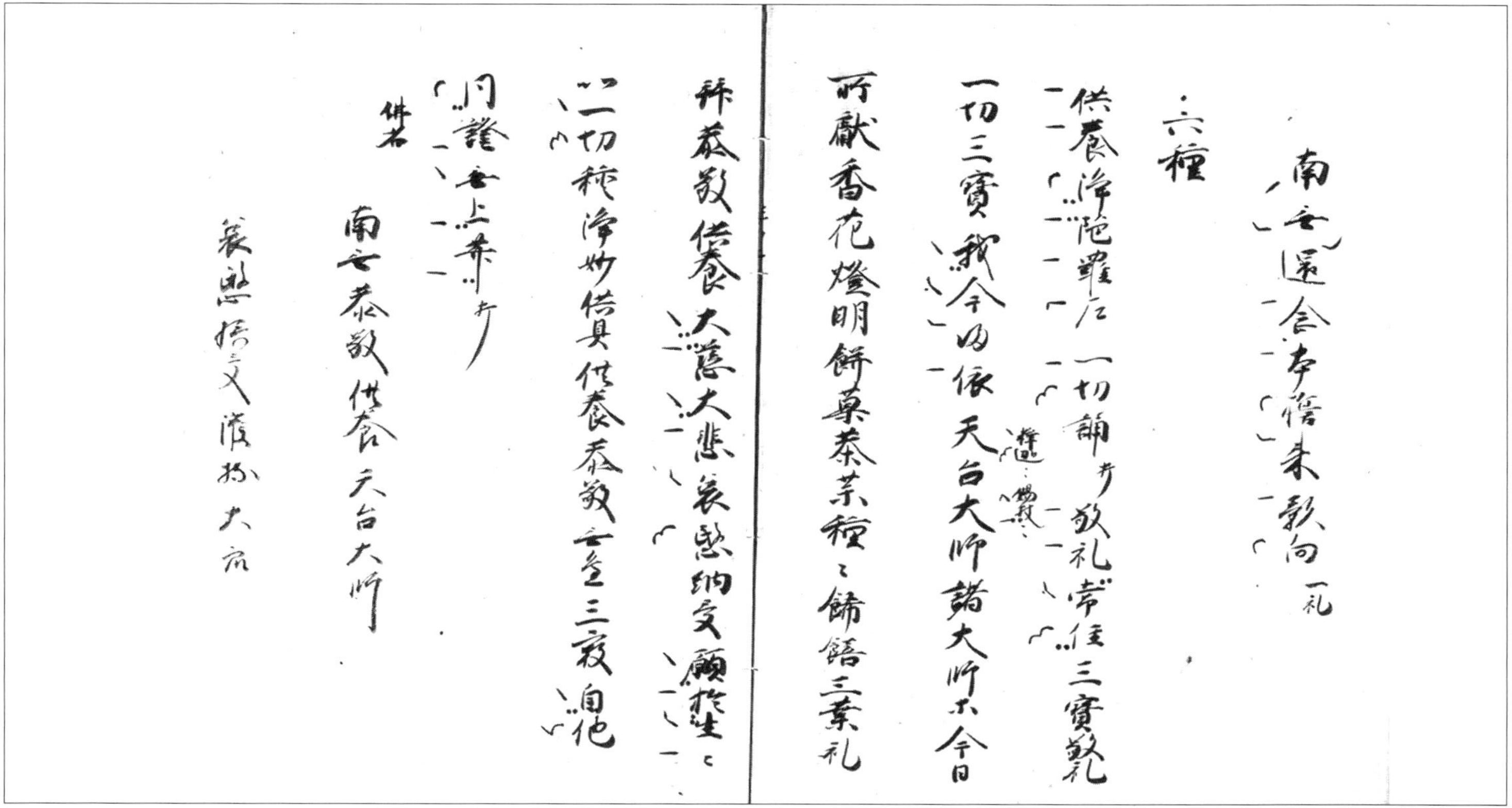
南無還念本誓来影向　一礼

六種

供養浄陀羅尼　一切誦ヲ　敬礼常住三寶

一切三寶　我今皈依　天台大師　諸大師等　今日

所献香花燈明餅菓茶菓種々飾餝三業礼

恭敬供養　大慈大悲　哀愍納受　願於生々

一切種浄妙供具供養恭敬　無上三寶　自他

門請　無上菩提

作者

南無恭敬供養天台大師

哀愍摂受護持大衆

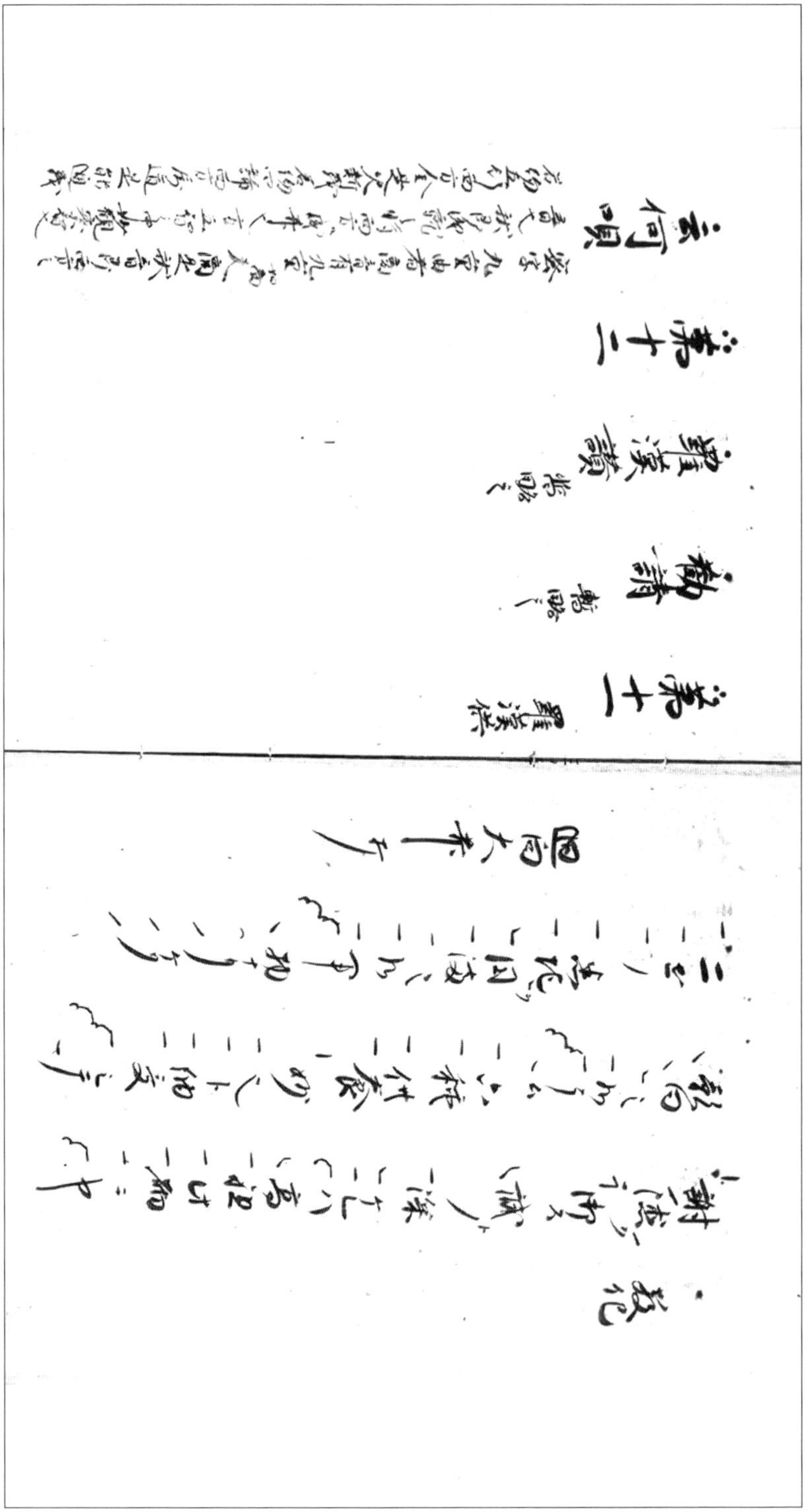

第十一
勧請
第十二
云何唄

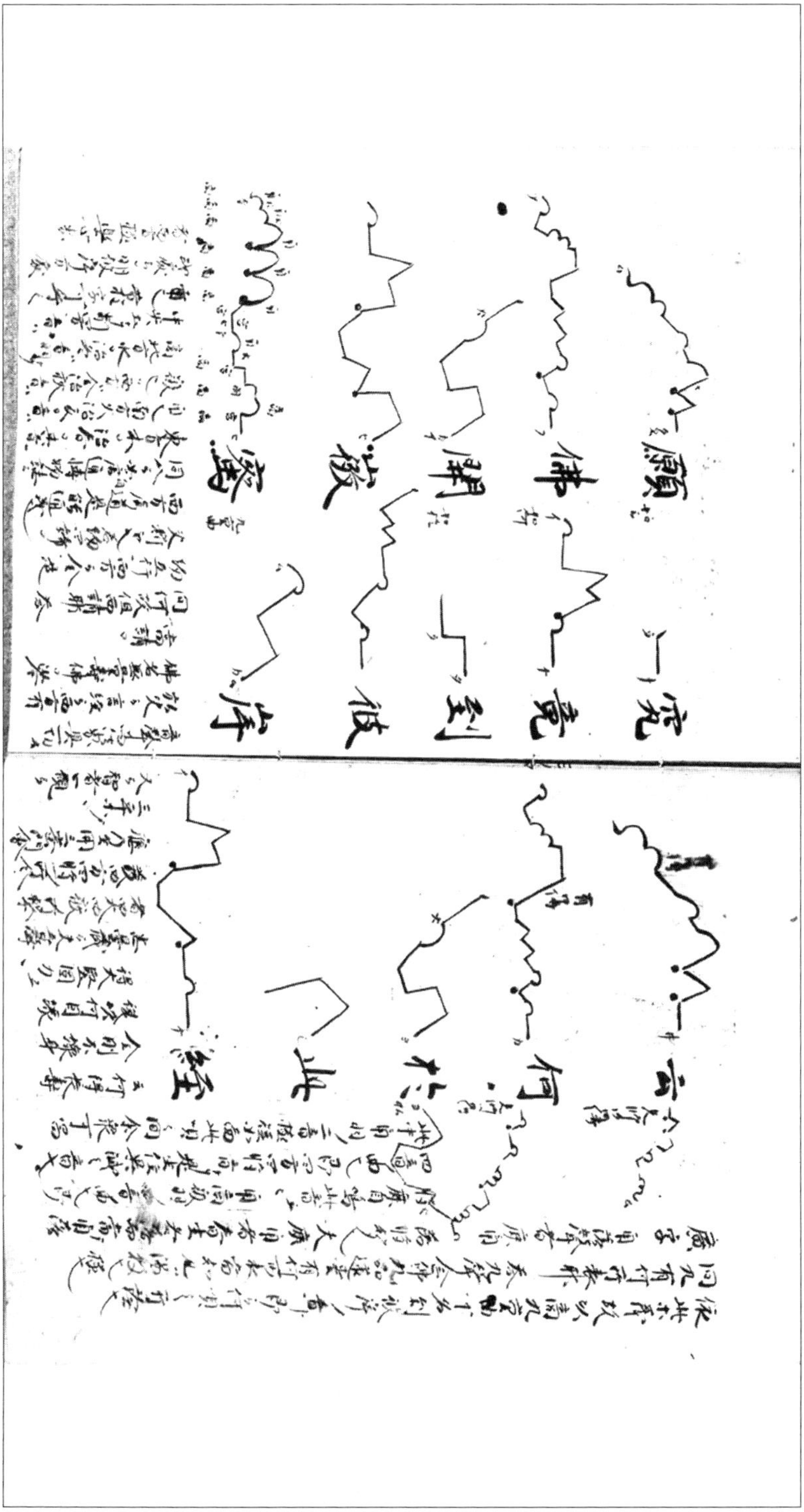

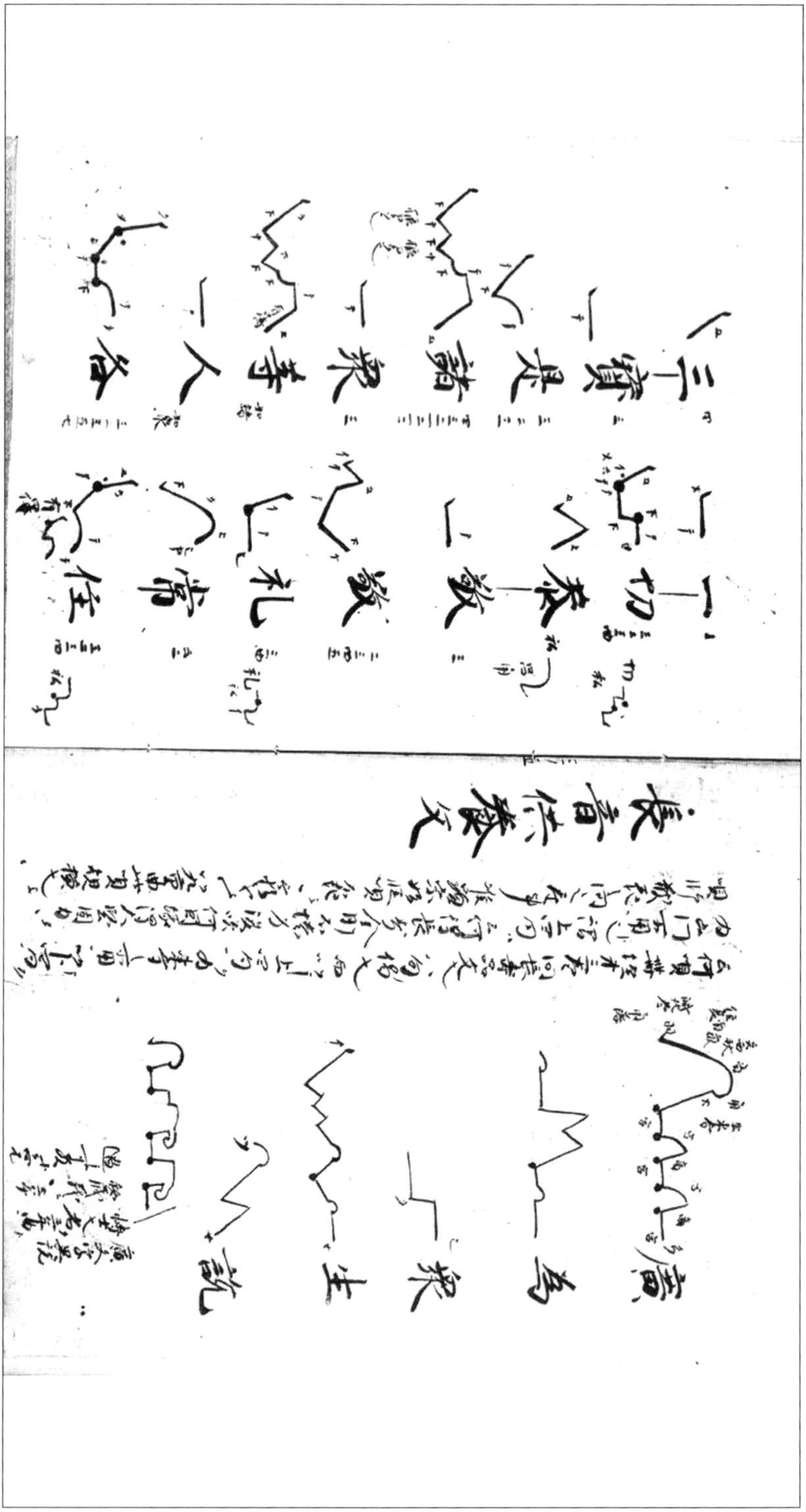

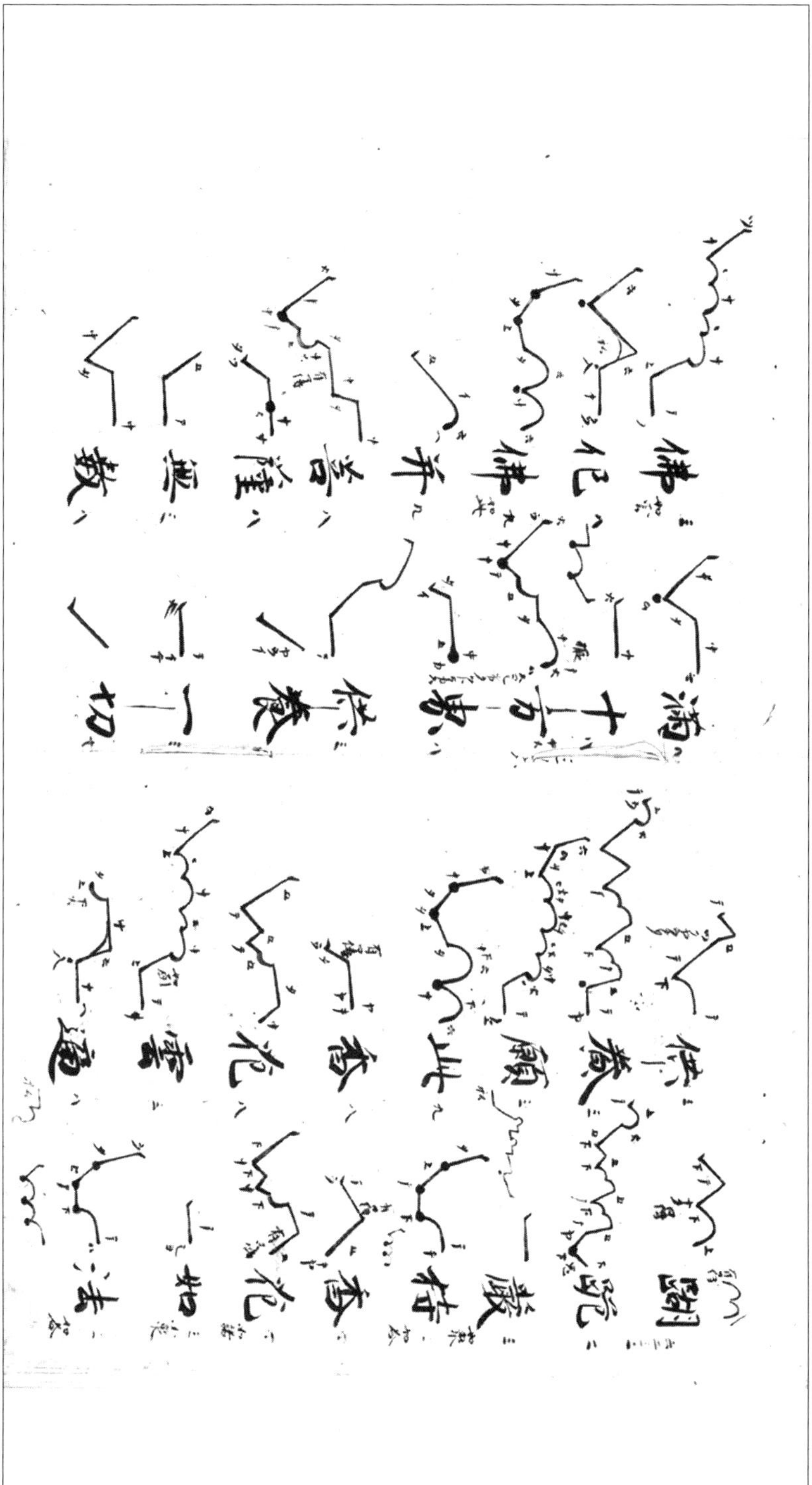
蹋跪嚴持香花如法
供養願此香花雲遍
滿十方界供養一切
佛化佛并菩薩無數

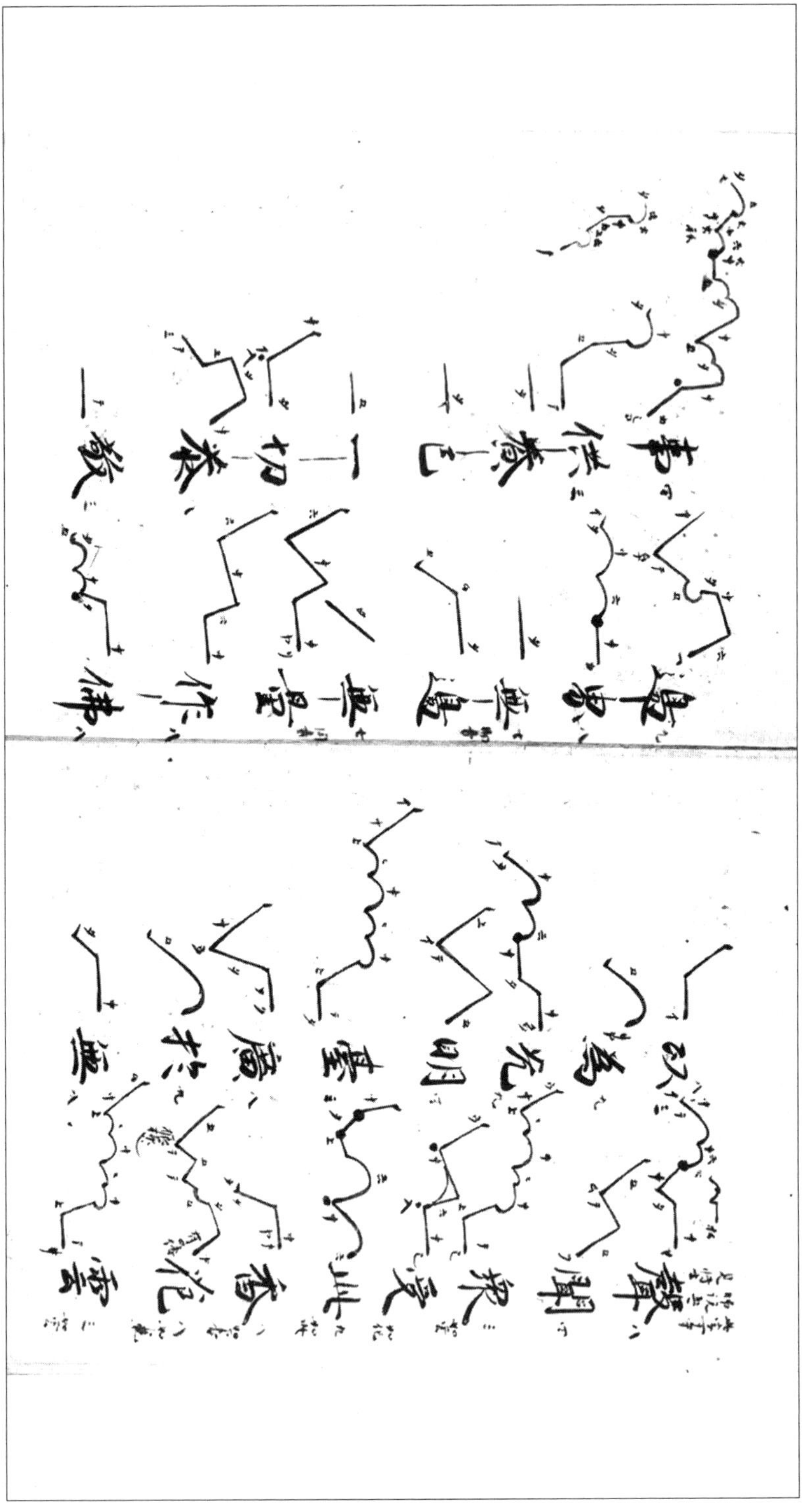

右長音供養文以先師御本移ノ畢於八事モ
聲明也仍聖人殊注笛穴被校先師ニ家寛
博士ニ上笛穴師説等旁雖無不審為未來
就十二律委明音位可有十一重歟畧ノ笛穴
等大旨也以本新加朱注ハ予任師説注ス
十二律笛在別
呂曲ハ呂律相交リ高下懸隔ス仍大事也能々習フヘシ
寺ニ云返音不如例丁有助音欲為不傅此曲也
ハ人人情ヲ知ル
師ハ有傅笛ニ人ハ小助音ヲ為ニ稽古作ス有
且唯平調七聲　何猶字ニ

律　宮　反宮羽　徴　反徴　角　商　宮　反宮羽　徴
呂　宮　反宮　羽　徴　反徴　角　商　宮　反宮　羽　徴
土　十　九　八　七　六　五　四　三　二　一
干　次　六　丁　中　夕　上　五　干　次　六　丁　中
大簇　大呂　夾鐘　應鐘　無射　南呂　夷則七月　林鐘六月　蕤賓五月　中呂四月　姑洗三月　夾鐘二月　大簇正月　大呂十二月　黄鐘十一月　應鐘十月　無射九月　南呂八月

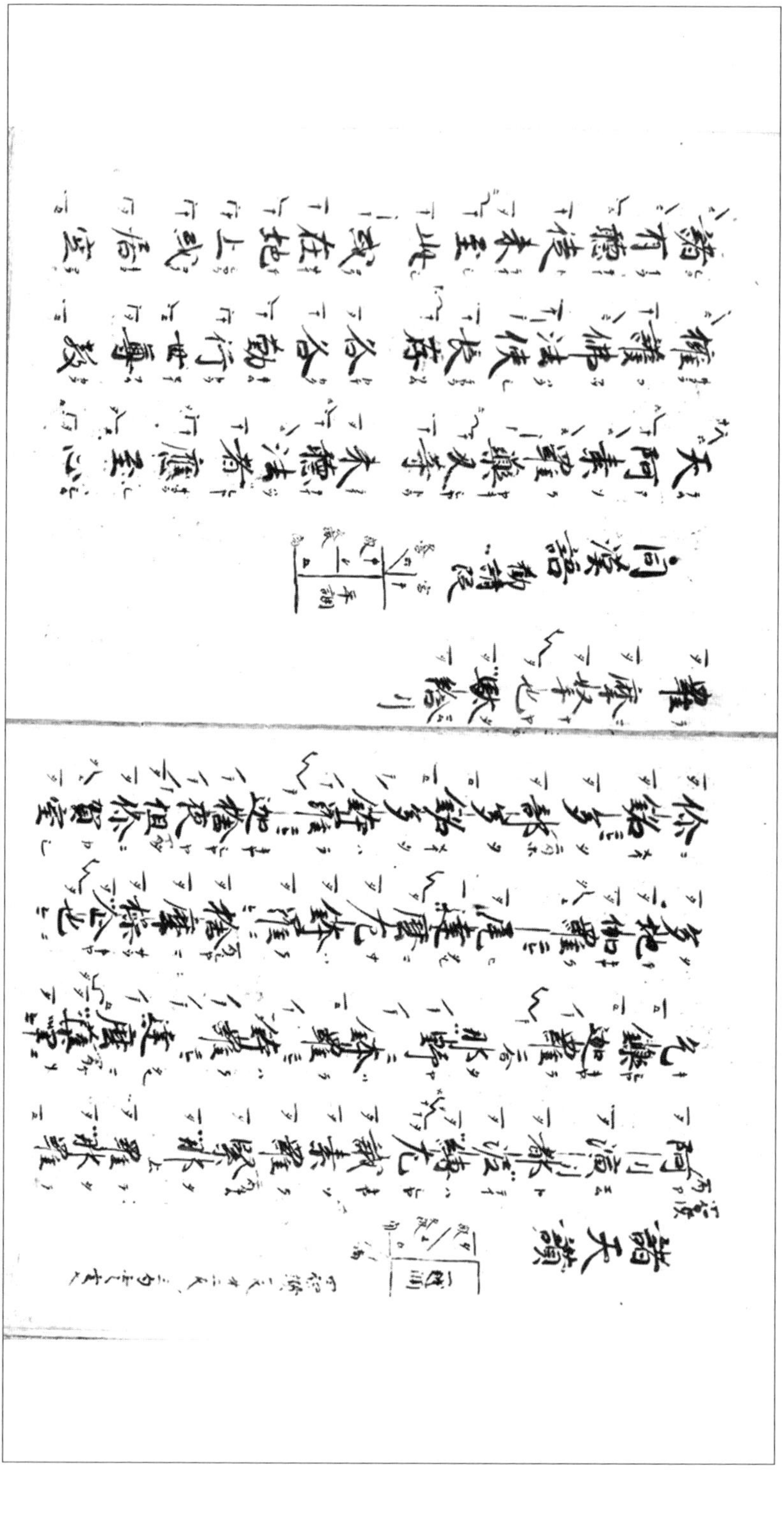
諸天讃
同音語勧請段
天阿素羅薬叉等 来聴法者應至心
擁護佛法使長存 各各勤行世尊教
諸有聴徒来至此 或在地上或居空

常於人世起慈心　日夜自身依法住

供養尼

願諸世界常安穏　無邊福智益群生

所有罪業并消除　遠離衆苦歸圓寂

菩薩尼

恒用戒香塗瑩身　常持定服以資身

菩提妙花遍莊嚴　隨所住處常安樂

吉慶梵語

平調

伊但儞識攬都史多祢縛尾摩曩娑

那枲祢賀縛多羅始惹識始吧路野賽

捺餘素餘羅拏曩但寫但侘曩但寫但柤

儞識攬娑縛都肩底迦蘭但縛祢乜　打

諸佛觀史下生時　釋梵龍神隨時衛
種種勝妙吉祥事　願汝今時盡能得
迦毗羅衛誕釋宮　龍王澍沐寸露水
諸天供養吉祥事　願汝灌頂亦如是
金剛座上為群生　後夜降魔成正覺
現諸希有吉祥事　願汝此座悉能成
婆羅奈薗河莚嚴　為五仙人開妙法
成就無量吉祥事　願汝今時盡獲得
諸佛大悲方便海　晋利法界衆生海
盡未來際無疲倦　四無礙智汝當得

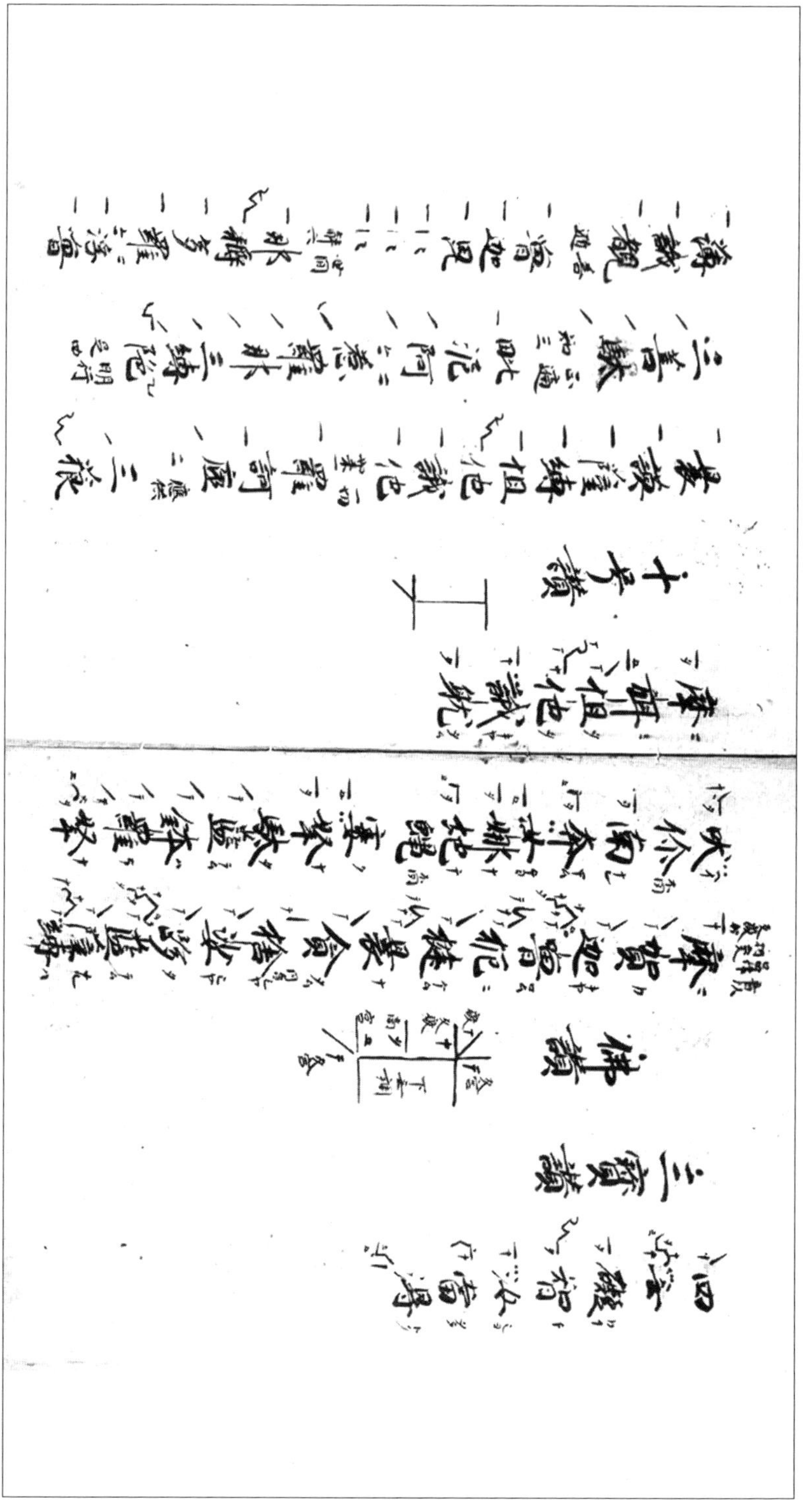
三寶讃
佛讃
十方讃

莎那毘耶　莎羅梶捨僧多泥縛摩

奴芝耶南薩　莫陀　縛伽梵

法讃

吠羅轉耶薏曩南秫䭾秫娑特蘖廈毋佐

達鉢羅摩廈迦迷達䭾曩迷達麼佗娑縛幟

僧讃

穖𧬈䭾穖𧬈廈播他鉢羅薩䭾試乞灑野素

訶野縛娑體䭾乞孃怛覽尾始瑟鴿霎婆

刎曩謎僧健左娑鉢羅縛弩

蓮花部讃　菩薩讃

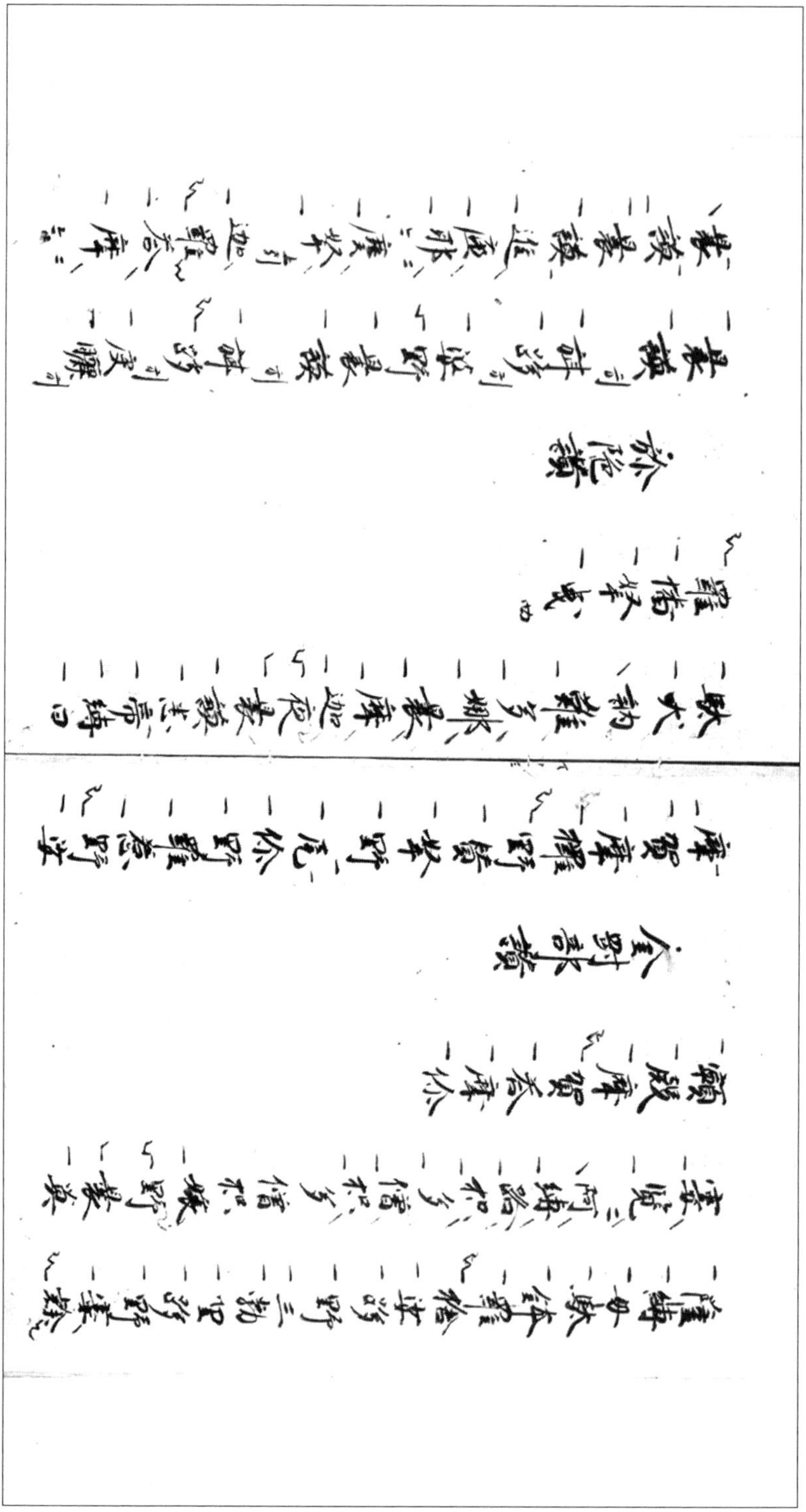

寐曩謨薩跢婆野毘曩帝毋寐

素佉縛座多夜佉跢婆拏欽婆耶素佉縛

座多迦曩迦尾野怛羅迦曩南摩拏

羅給素薩多素帯羅裓紇里航

多縛室尼夜吞鉢羅體多慶拏寫

地摩多鉢羅夜佴擔摩護慶拏

羅怛曩蔵尼瑛

四智讃　呂　庭讃

一越調

唵摩枡羅薩怛縛僧蘗羅訶摩枡羅羅

怛娜摩拏怛藍摩枡羅達磨誐也奈摩枡

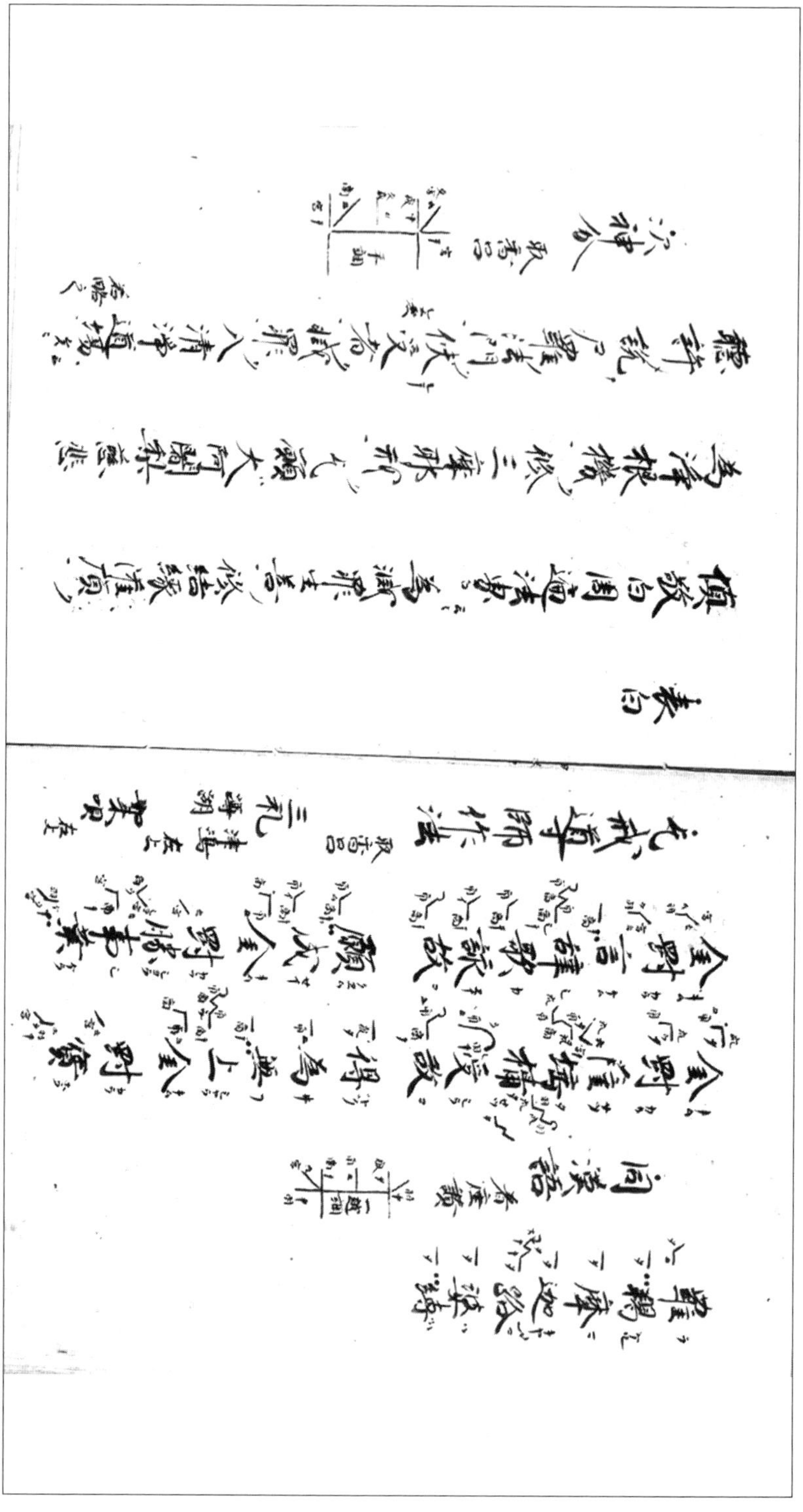

抑灌頂御願ヲ遂 三摩耶戒場砌定上天下泰

神祇冥道来臨影向 我則惣神分

般若心経　大般若経名

三国伝燈大師等聖霊普賢行願奉為円満 三二河法楽

金輪聖王天長地久御願円満ノ為

関白殿下左右丞相文武百官各御願成就ノ為 大般若

征夷大将軍御願円満ノ御為 大聖文殊師利

相州刺史御願円満ノ為 薬師

貫長大和尚伝法紹隆恵命長遠ノ為 般若

一山三院無極豊楽天下泰平僧衆与楽ノ為 大金剛

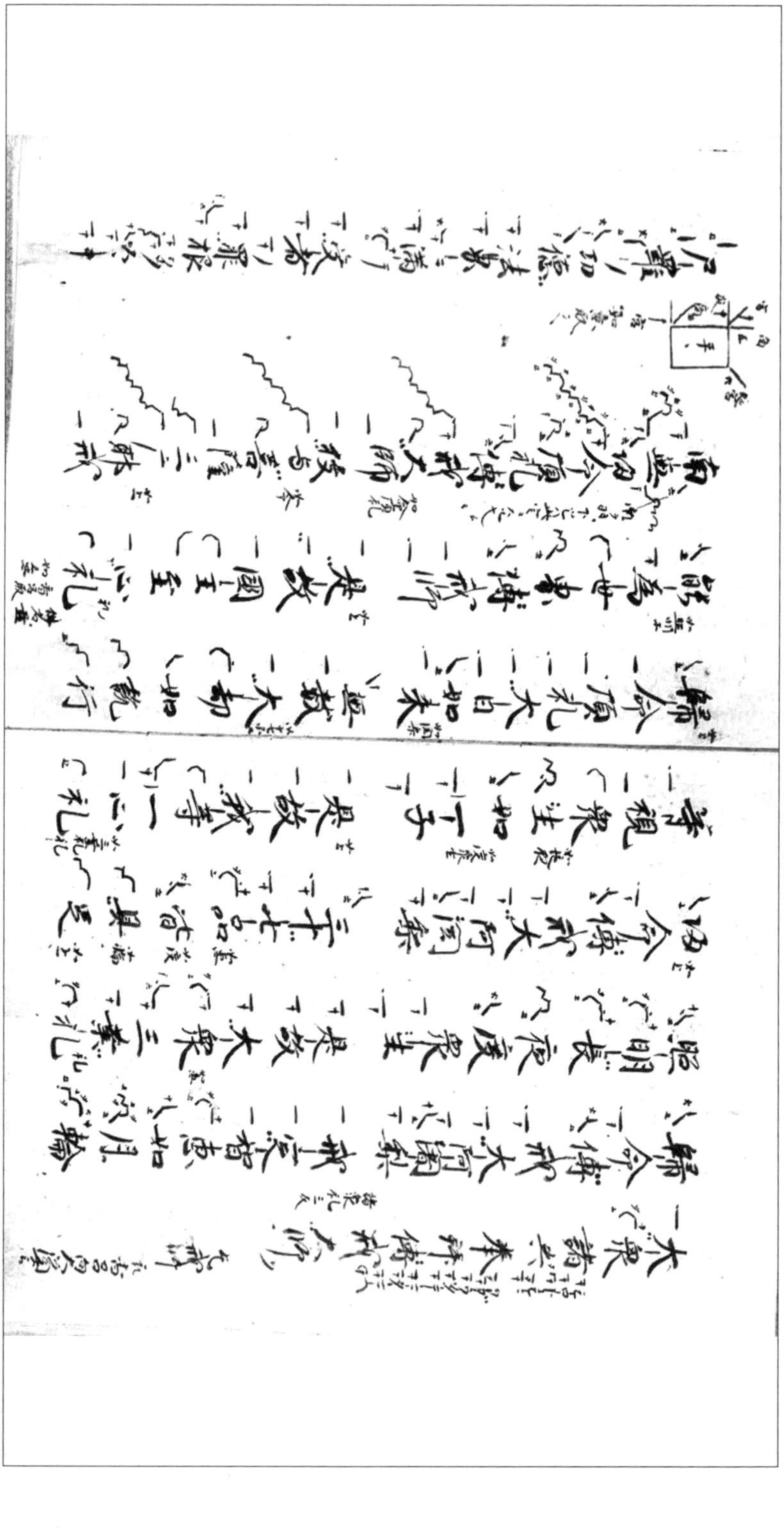

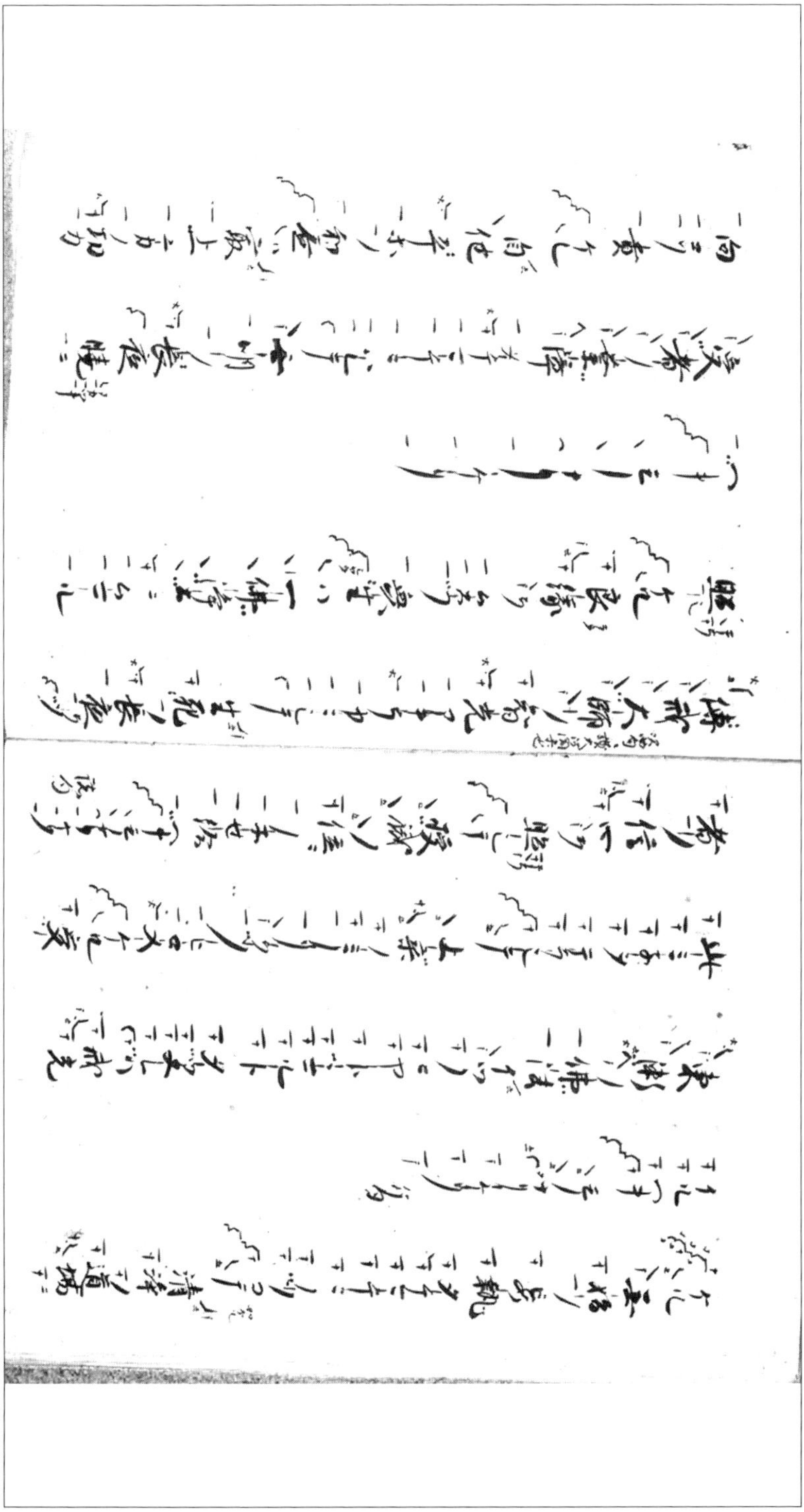

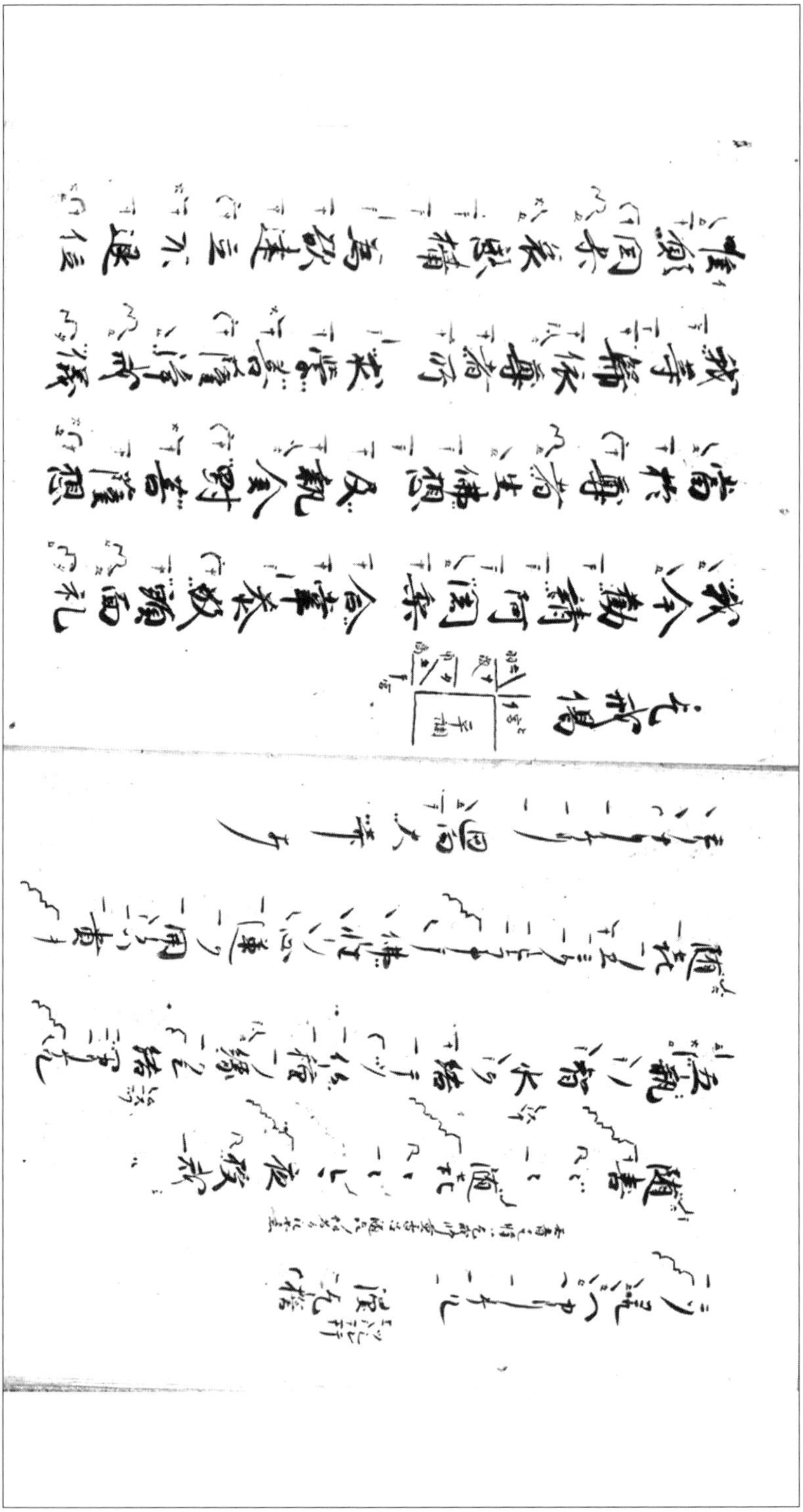

入南無曼荼羅　慈悲故示令我見
受諸佛所共灌頂　是故至心歸命礼

持地偈　衆音頌之

諸佛慈悲有情者　唯願存念於我等
我今請白諸聖賢　堅牢地天并眷属
一切如来及佛子　不捨悲願降臨
我様此地求成就　為作證明加護我

三力偈

以我功徳力　如来加持力
及以法界力　普供養而住

大日心略讃

一遍誦

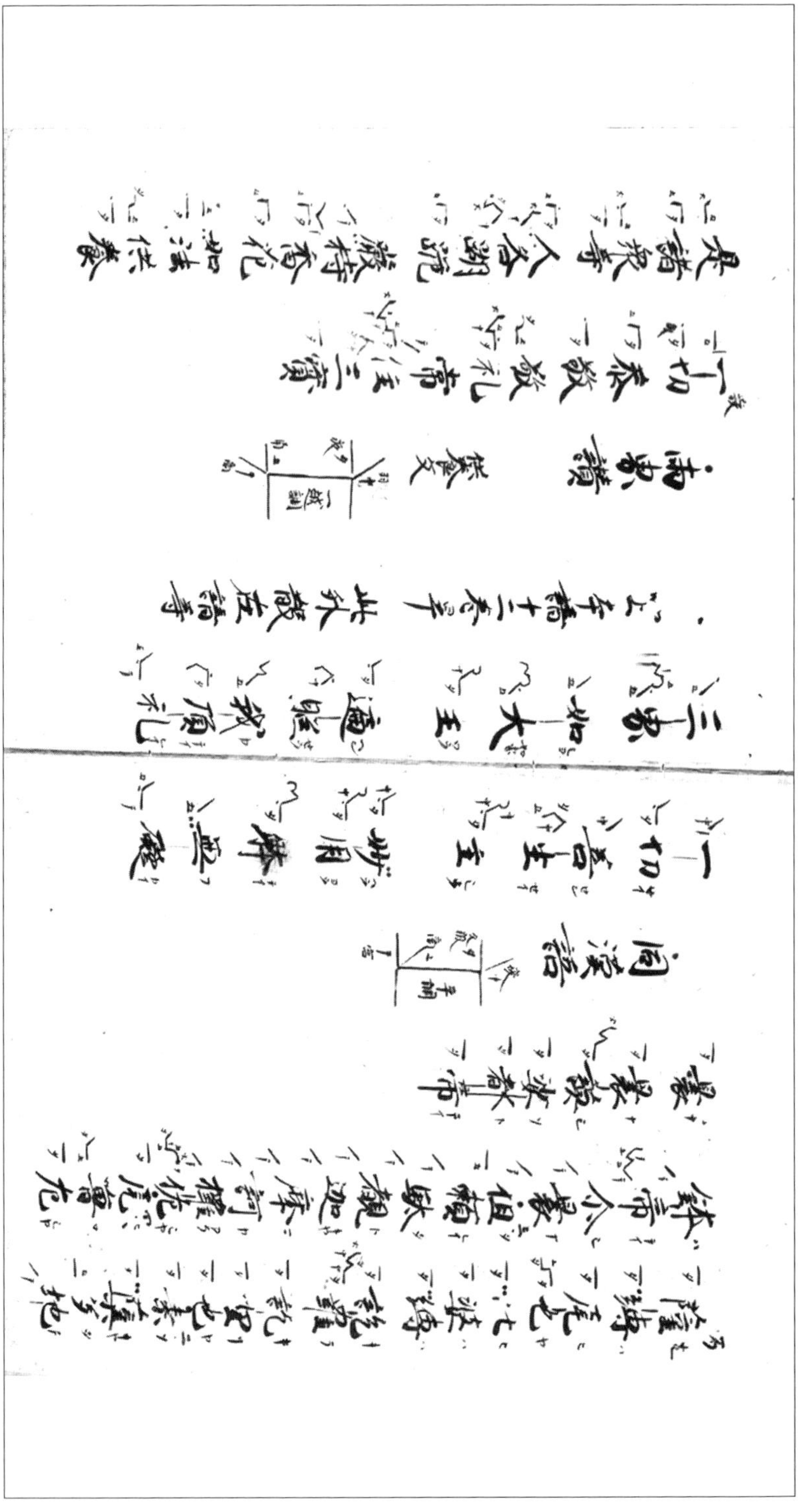

願此香花雲 遍滿十方界 供養一切佛 化佛并菩薩
無數聲聞衆 受此香花雲 以爲光明臺 廣於無邊界
無邊無量作佛事 供養已一切恭敬

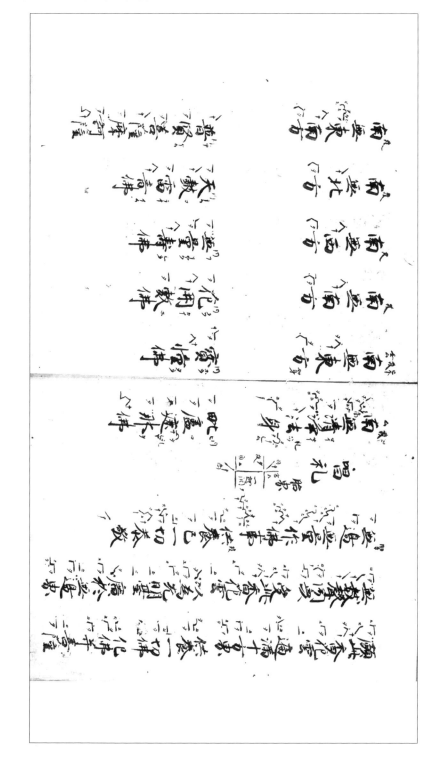

唱礼 胎界

南無清淨法身 毗盧遮那佛
南無東方 寶幢佛
南無南方 花開敷佛
南無西方 無量壽佛
南無北方 天鼓雷音佛
南無東南方 普賢菩薩摩訶薩

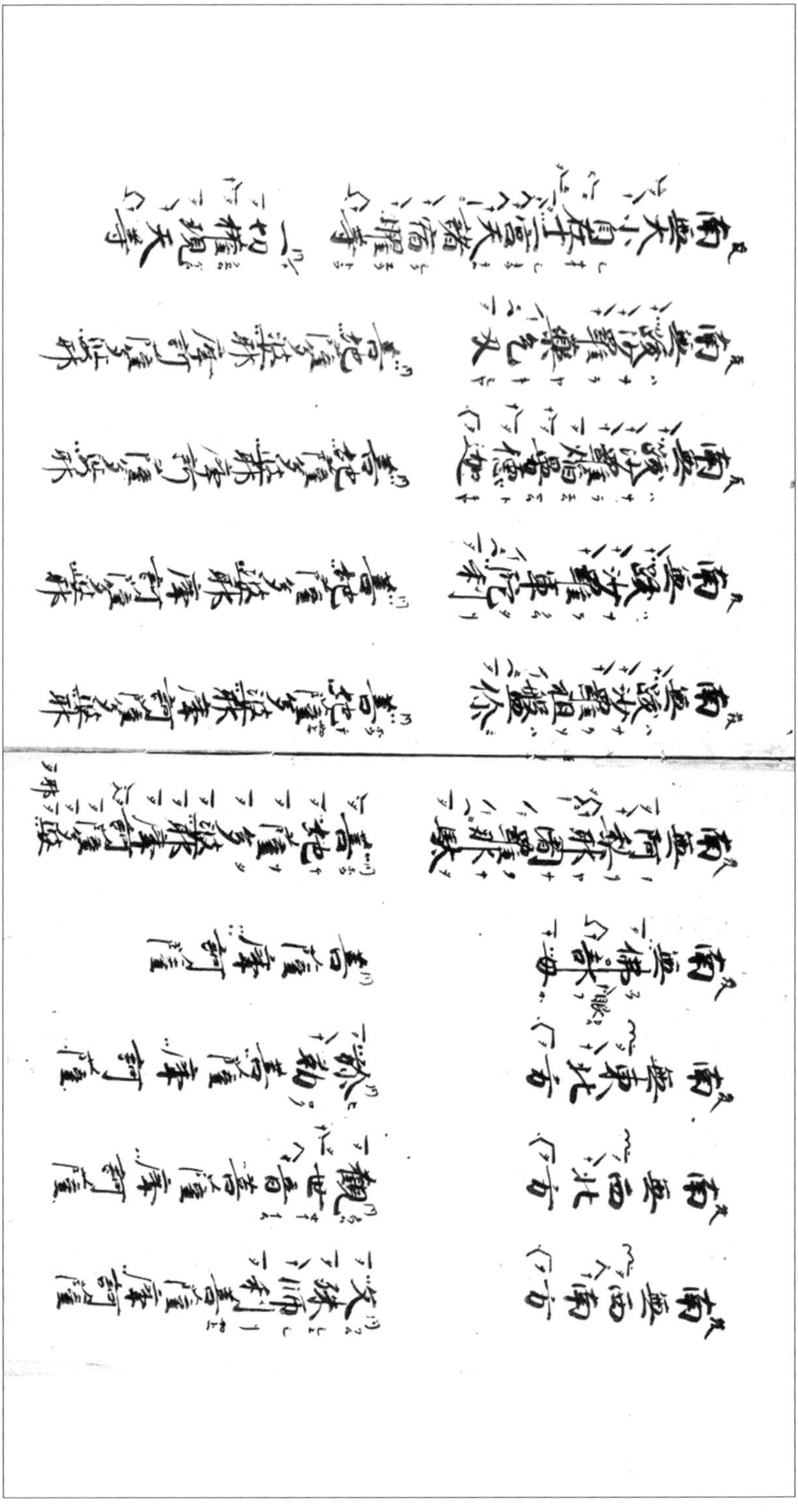
南無西南方　文殊師利菩薩摩訶薩
南無西北方　觀世音菩薩摩訶薩
南無東北方　彌勒菩薩摩訶薩
南無佛眼佛母　菩薩摩訶薩
南無阿利耶闍羅那駄　菩地薩多婆耶摩訶薩多婆耶
南無跋沙羅袒盤你　菩地薩多婆耶摩訶薩多婆耶
南無跋沙羅軍陀利　菩地薩多婆耶摩訶薩多婆耶
南無跋沙羅焔曼德迦　菩地薩多婆耶摩訶薩多婆耶
南無跋沙羅藥乞叉　菩地薩多婆耶摩訶薩多婆耶
南無大小自在十二宮天諸宿曜等　一切權現天等

南無三部諸尊　一切佛菩薩等

九方便

至心普礼

歸命十方正等覺　三世一切具三身

歸命一切大乘法　歸命不退菩提衆

歸命諸明真實言　歸命一切諸密印

以身口意清淨業　慇懃無量恭敬礼

歸命頂礼大悲毗盧遮那佛

至心懺悔

我由無明所積集　身口意業造衆罪

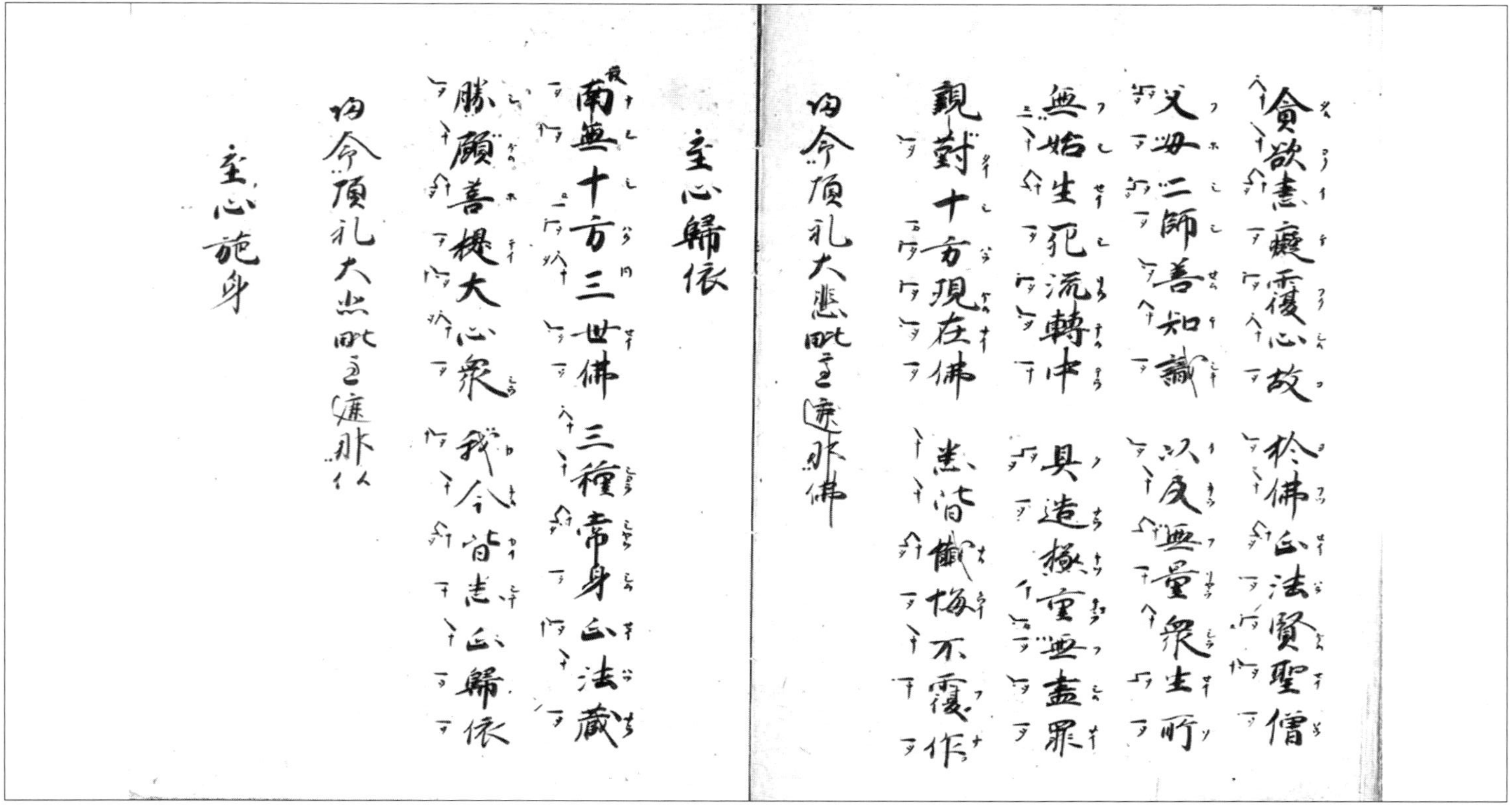

貪欲瞋癡覆心故　於佛法賢聖僧
父母二師善知識　以及無量衆生所
無始生死流轉中　具造極重無盡罪
觀對十方現在佛　悉皆懺悔不覆作
帰命頂礼大悲毘盧遮那佛

至心帰依
南無十方三世佛　三種常身正法藏
勝願菩提大心衆　我今皆悉正帰依
帰命頂礼大悲毘盧遮那佛

至心施身

我淨此身離諸垢　及与三世身口意
過於大海剎塵數　奉獻一切諸如來
如來頂礼大日毗盧遮那佛

至心發願

淨菩提心勝願寶　我今起發濟群生
生昔等集所纏繞　及与無知所害身
救接彼依今解脫　常當利益諸含識
如來頂礼大日毗盧遮那佛

至心隨喜

十方無量世界中　諸正遍知大海衆

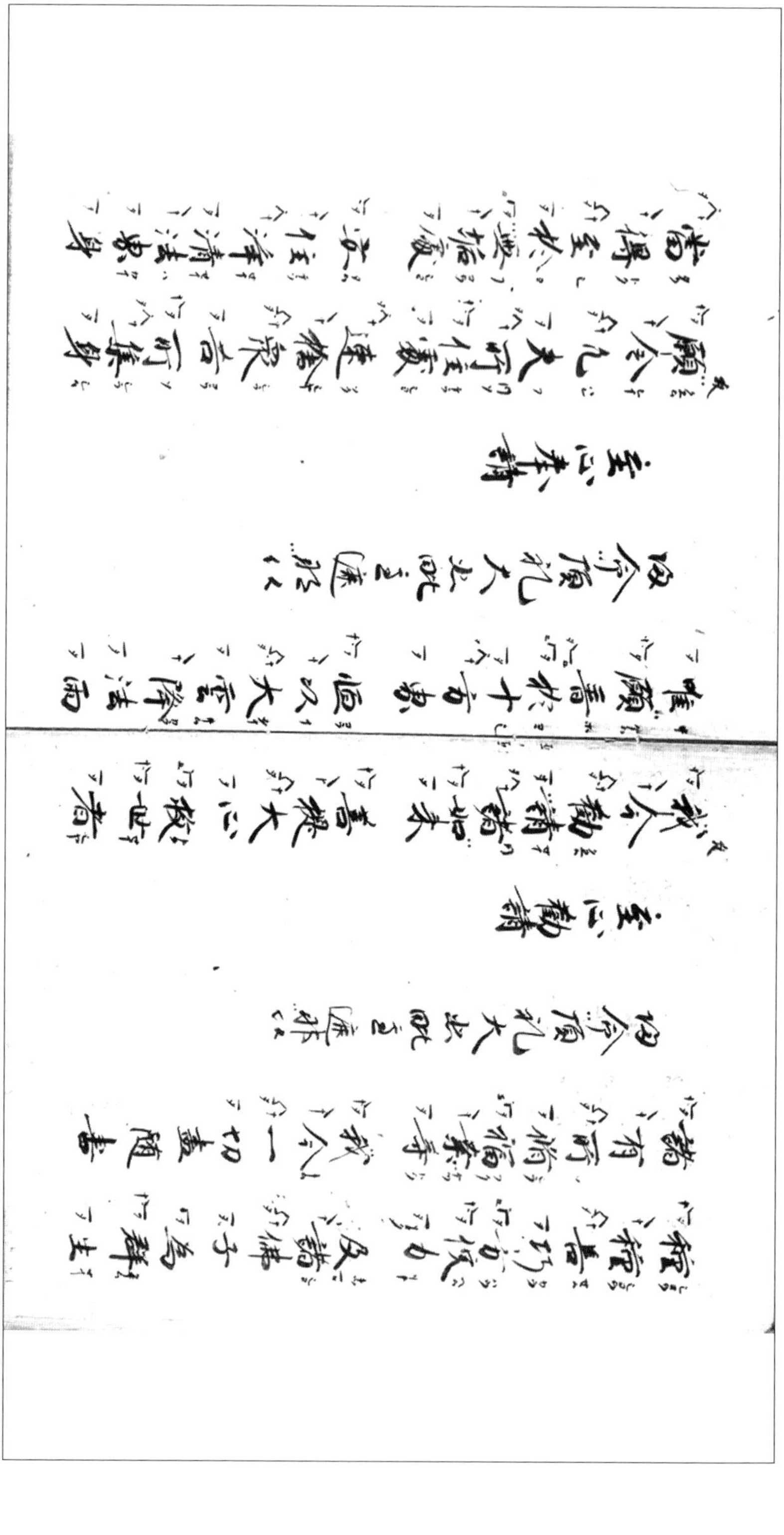
種種善巧方便力　及諸佛子為群生
諸有所脩福業等　我今一切盡隨喜
帰命頂礼大悲毘盧遮那仏
至心勧請
我今勧請諸如来　菩提大心救世者
唯願普於十方界　恒以大雲降法雨
帰命頂礼大悲毘盧遮那仏
至心奉請
願令凡夫所住處　速捨衆苦所集身
當得至於無垢處　安住浄清法界身

帰命頂礼大毘盧遮那仏

至心廻向

所修一切衆善業　利益一切衆生故

我今盡皆正廻向　除生死苦至菩提

帰命頂礼大毘盧遮那仏

大讃

阿沙摩佉攞薩怛多娑途達䩭紇迦魯紇

怛摩迦惹薩摩縛御迦哩紇阿沙滿多薩

縛摩紇志地曩以紇阿摩羅佉羅沙摩

縛羅達䩭紇誐識伱薩謨波摩薩多寧

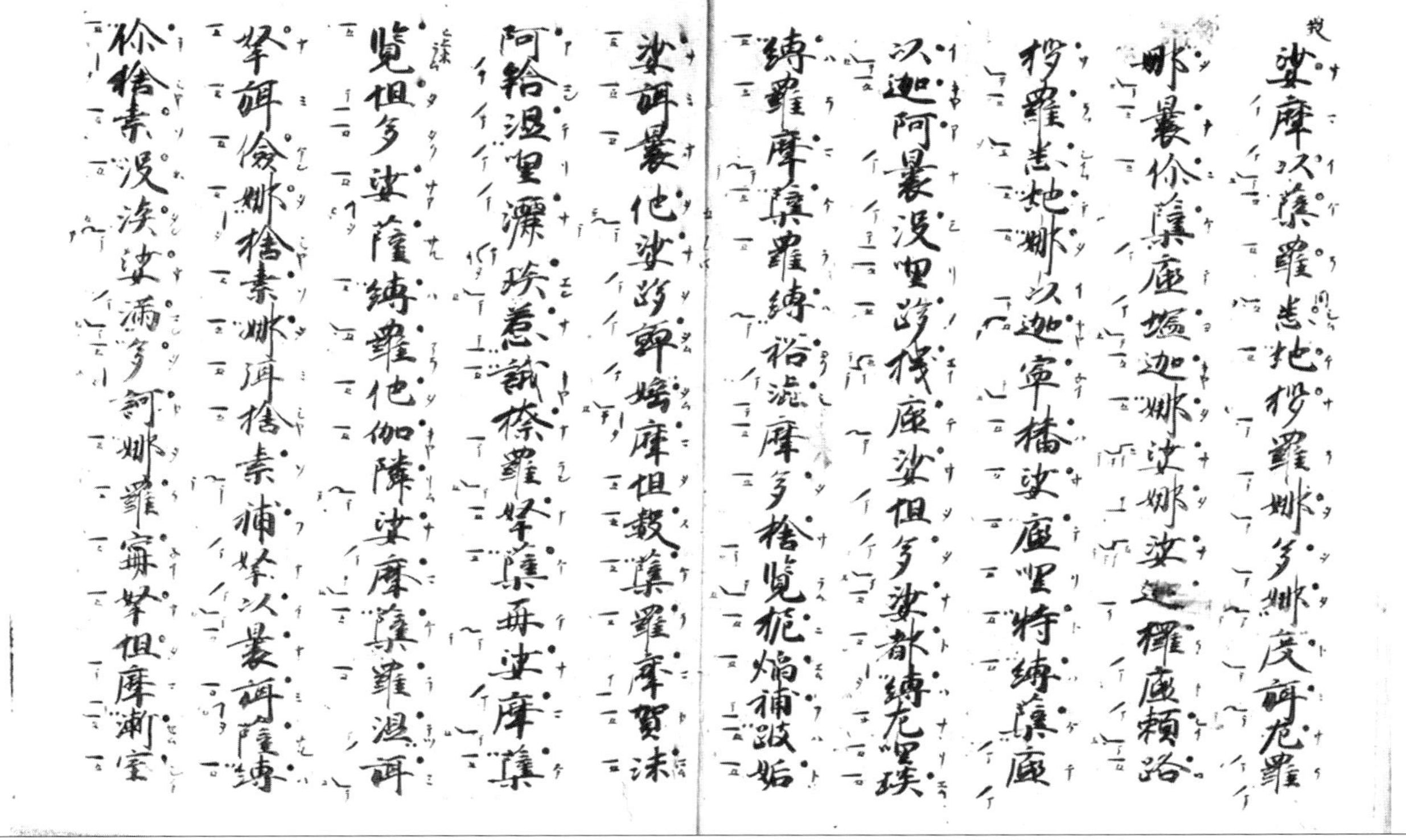

娑摩入嚩羅悉地杪羅娜多娜度訶尼羅
娜曩伱嚩座嘘迦娜娑娜娑𠍒羅座頼路
杪羅悉地娜入迦軍播娑座里特縛嚩座
入迦阿曩沒里路𧥽座娑怛多娑都縛尼哩㗚
縛羅摩嚩羅縛裕流摩多捨覧梔熘補跛姤
娑訶曩他娑路鉀蟠摩怛殺嚩羅摩賀沫
阿鉿温里灑埃慈誐㮈羅竪嚩毋娑摩嚩
覧怛多娑薩縛羅他伽陣娑摩嚩羅温訶
竪訶倹娜捨素娜㢐捨素補竪入曩訶薩縛
伱捨素沒涘娑濡多訶娜羅寗竪怛摩濊室

尒始路計薩縛座里櫟特縛識謎曩羅僧賀
謎曩護滿娜蘖薩尾阿勢欽迦也覩縛地摩
寧曩鉢羅散諾乞叉怛羅祖跛摩迦也鉢羅
摩曩孕薩縛尒那曩迦盧蘖鉢羅拏給
薩縛尒那奧稅勢曩摩寧曩跛捺羅地里
鉢羅祁䭾曩沫黎曩翳迦羅惹紇哩羅祖
跛麼沒渙沒䭾素謎曩顆敬羅拏矩沫弟
翳縛摩勢灑多達麼多䭾覩薩縛地沒世也
蘖布羅拏尒寧攞帝數地悪乞灑也饒羅
拏娑姆捺蘭薩縛娑縛朗識娑母捺羅曽帝

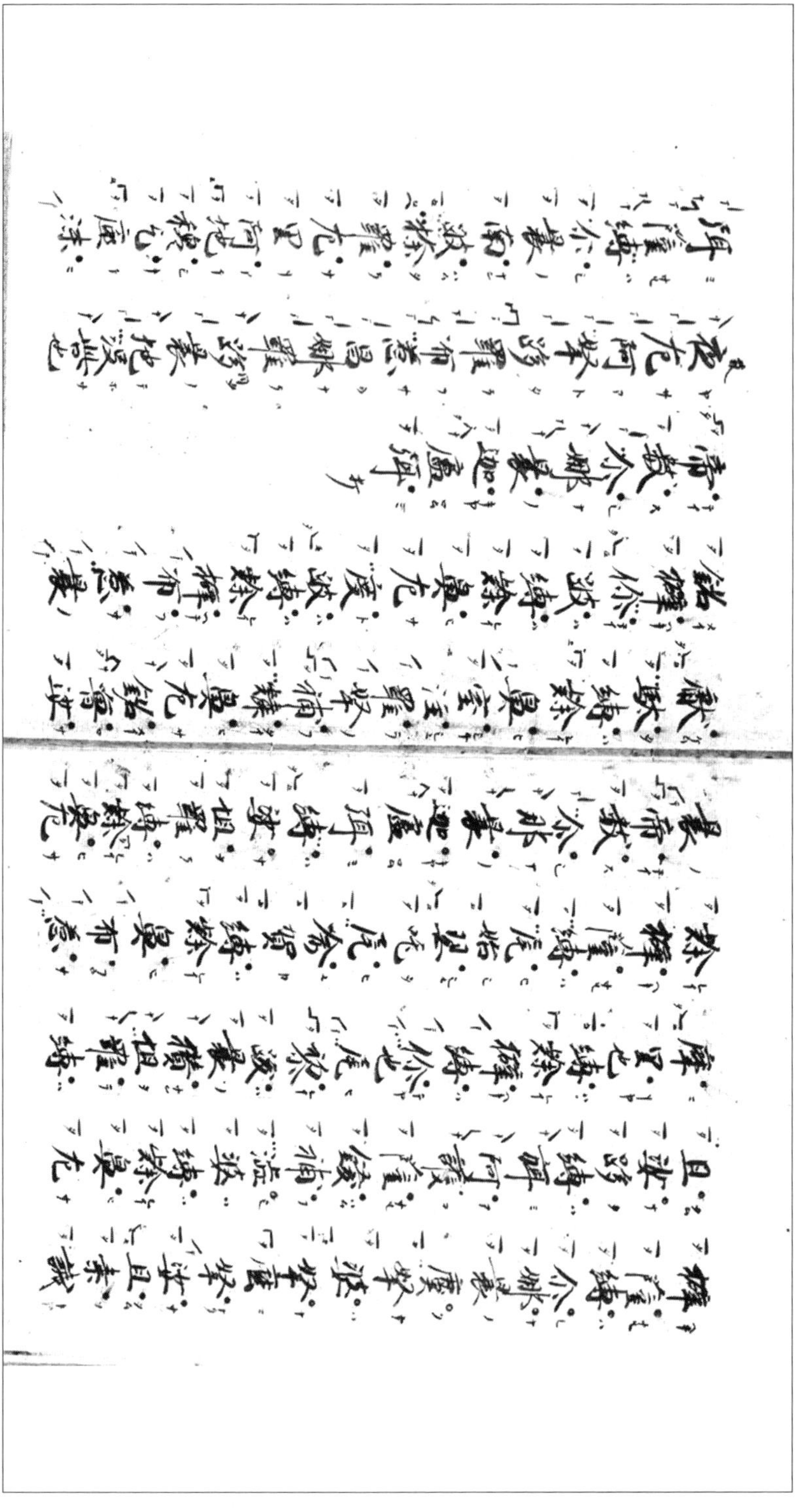

計毘娜設伱始乞老怛羅娑帝跛里秫駄
娑縛都唱那谿

唱礼　全衆　（一越調）

南無常住三世淨妙法身金剛界
大悲毘盧遮那佛

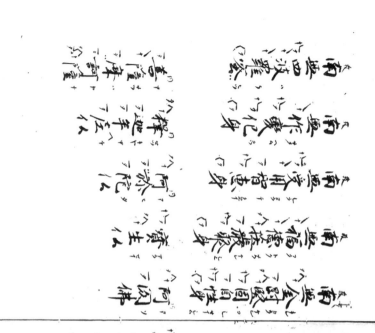

南無金剛堅固自性身　阿閦佛
南無福德莊嚴聚身　寶生仏
南無受用智惠身　阿弥陀仏
南無作變化身　釋迦牟尼仏
南無四波羅蜜　菩薩摩訶薩

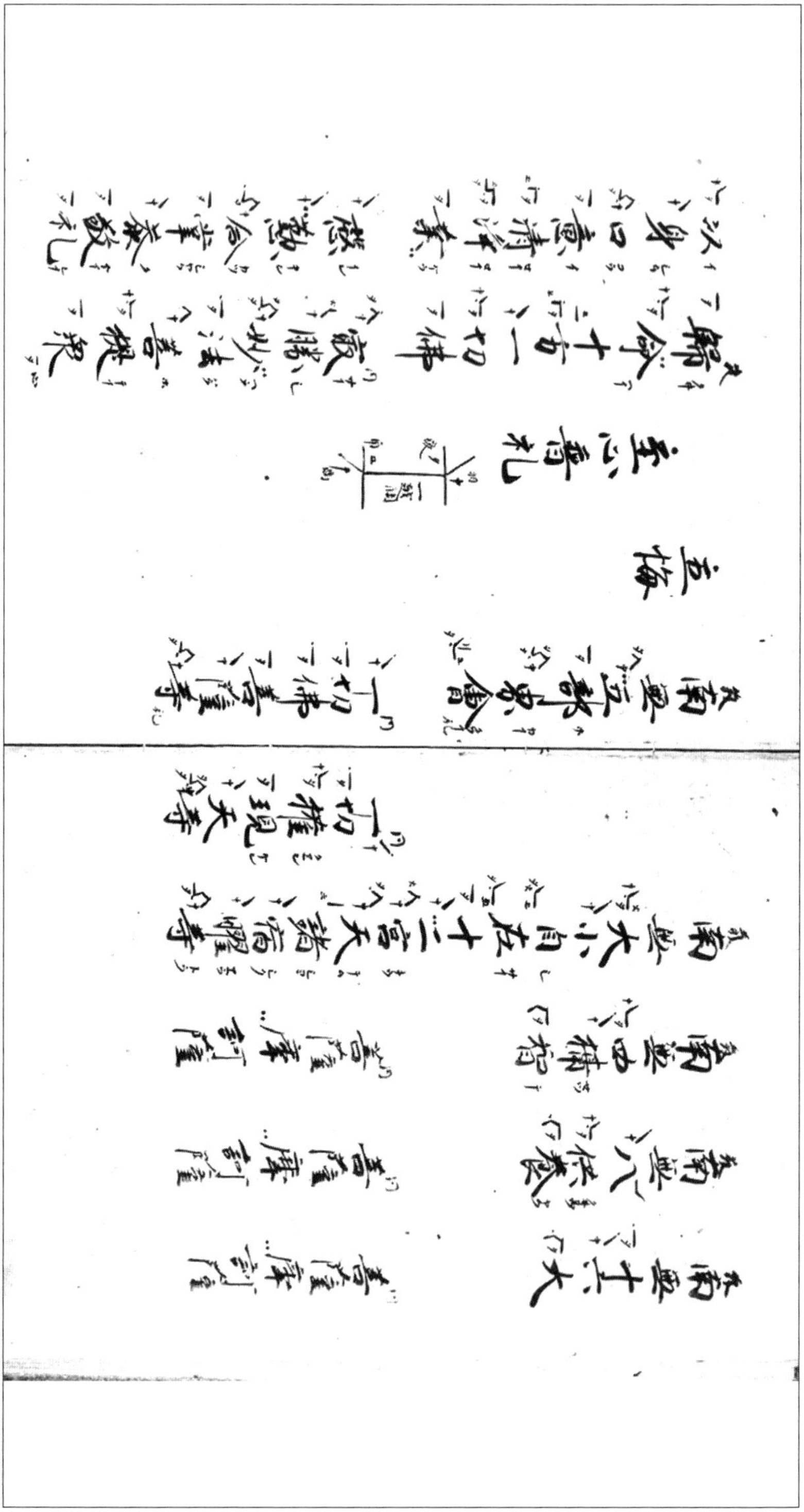
南無十六大菩薩摩訶薩
南無八供養菩薩摩訶薩
南無四攝智菩薩摩訶薩
南無大小自在十二宮天諸宿曜等　一切權現天等
南無五部界會　一切佛菩薩等
五悔
至心普礼
歸命十方一切佛　最勝妙法菩提衆
以身口意清淨業　慇懃合掌恭敬礼

歸命頂禮大悲毗盧遮那佛

至心懺悔

無始輪廻諸有中　身口意業所生罪

如佛菩薩所懺悔　我今陳懺亦如是

至心隨喜

又應深發歡喜心　隨喜一切福智聚

諸佛菩薩行願中　金剛三業所生福

緣覺聲聞及有情　所集善根盡隨喜

至心勸請

後觀諸佛坐道場　己身各請轉法輪

一切世燈坐道場　覺眼開敷照三有

我今胡跪先勧請　轉於無上妙法輪

所有如來三界主　臨般無餘涅槃者

我今勧請令久住　不捨悲願救世間

至心發願

懺悔隨喜勧請福　願我不失菩提心

諸佛菩薩妙衆中　常為善友不厭捨

離於八難生無難　宿命住智荘厳身

遠離愚迷具悲智　悉能滿足波羅蜜

富樂豊饒生勝族　眷属廣多恒熾盛

四無量并十自在　六通諸禪悉圓滿
如金剛幢及普賢　願讃迴向亦如是

百字讃

唵縛曰羅薩埵縛三摩耶摩努播攞耶
縛曰羅薩埵縛底尾努播底瑟姹涅哩茶弭
婆縛素覩使弭婆縛阿努落訖覩弭
婆縛素補使弭婆縛薩縛悉朕弭鉢羅
也瑳薩縛羯磨素者弭只多室利藥句盧
吽呵呵呵呵斛薄伽梵薩縛怛他誐多縛曰羅
麼弭悶遮縛曰利婆縛摩訶三摩耶薩

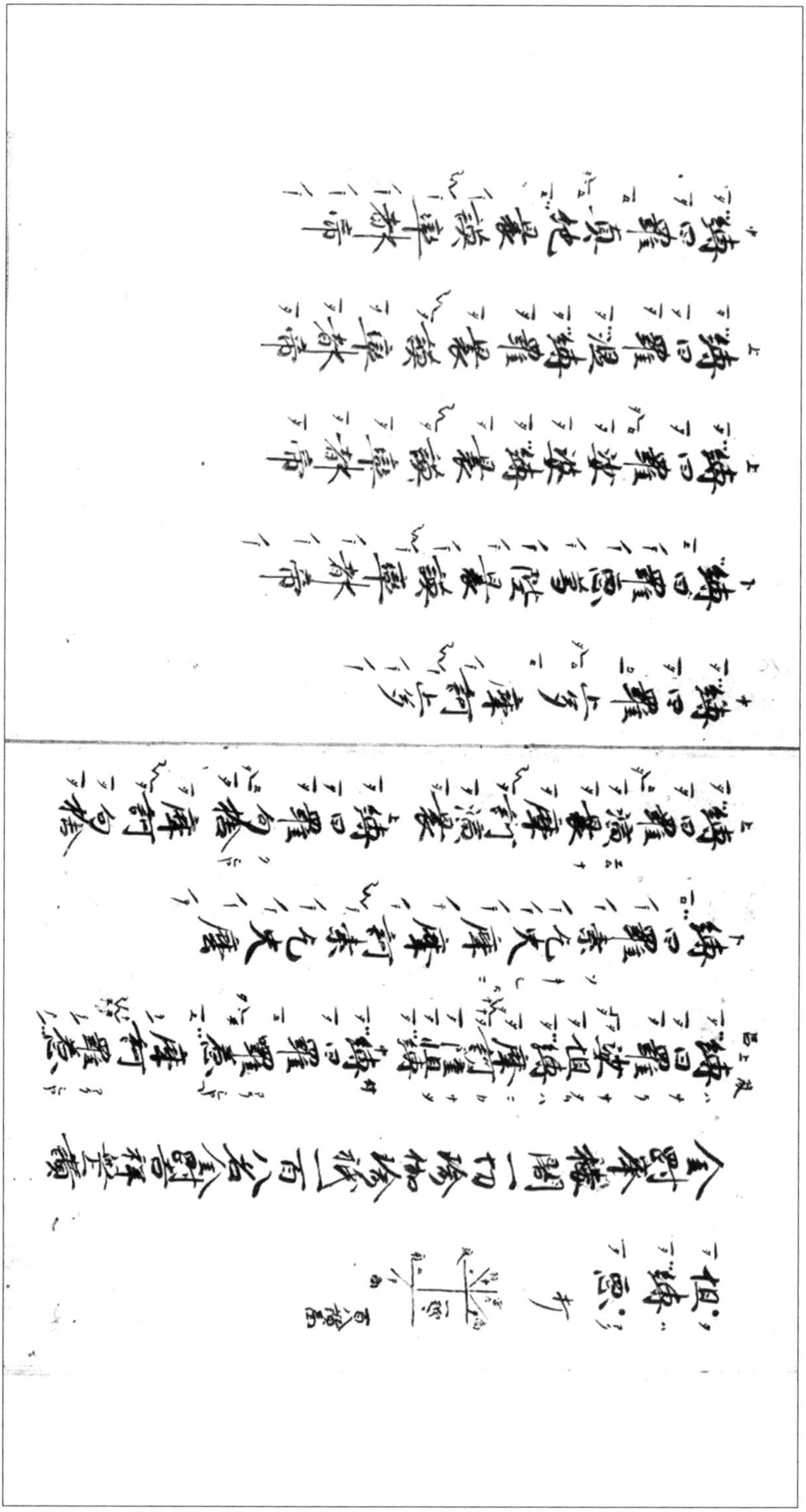

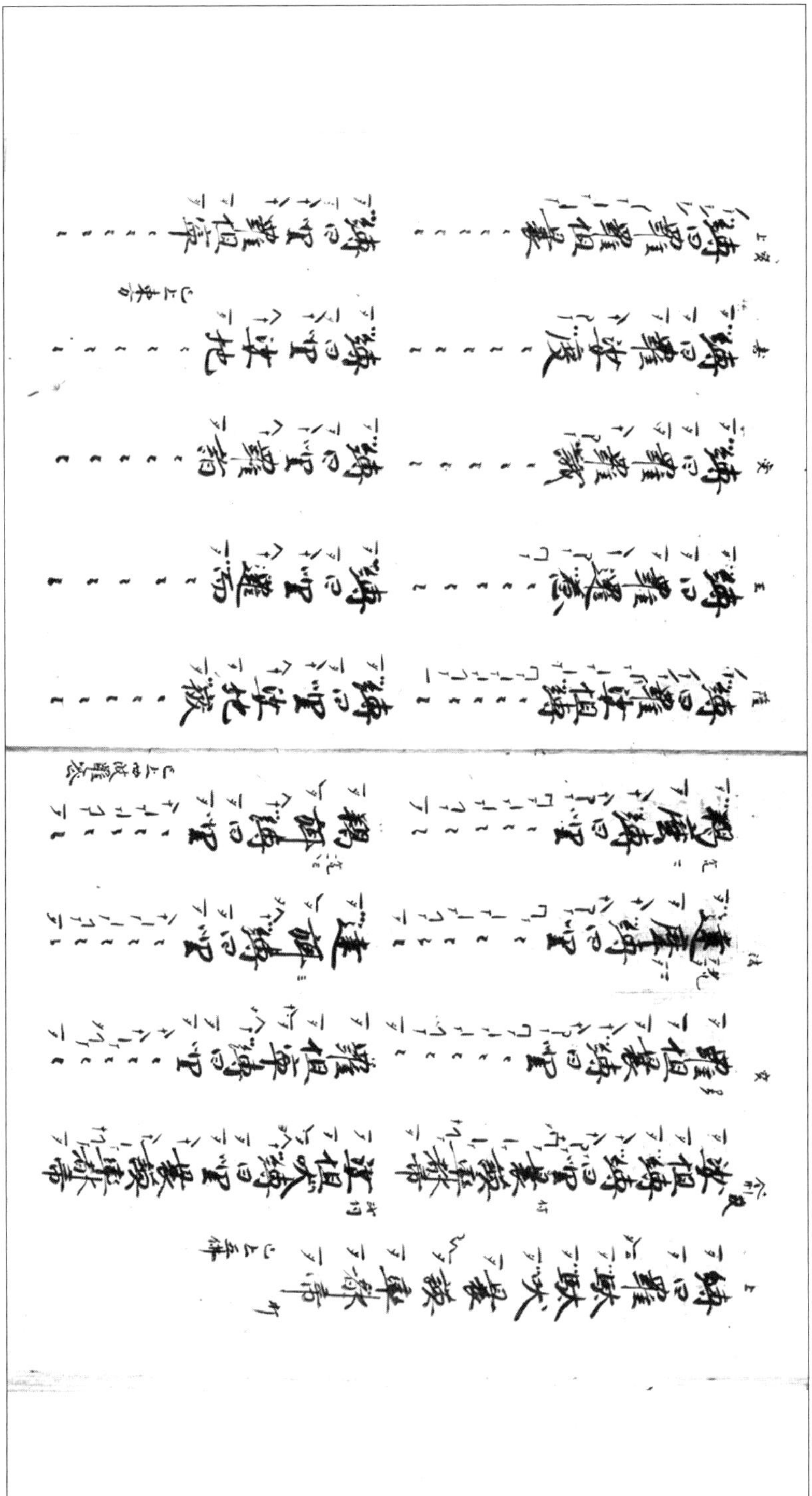

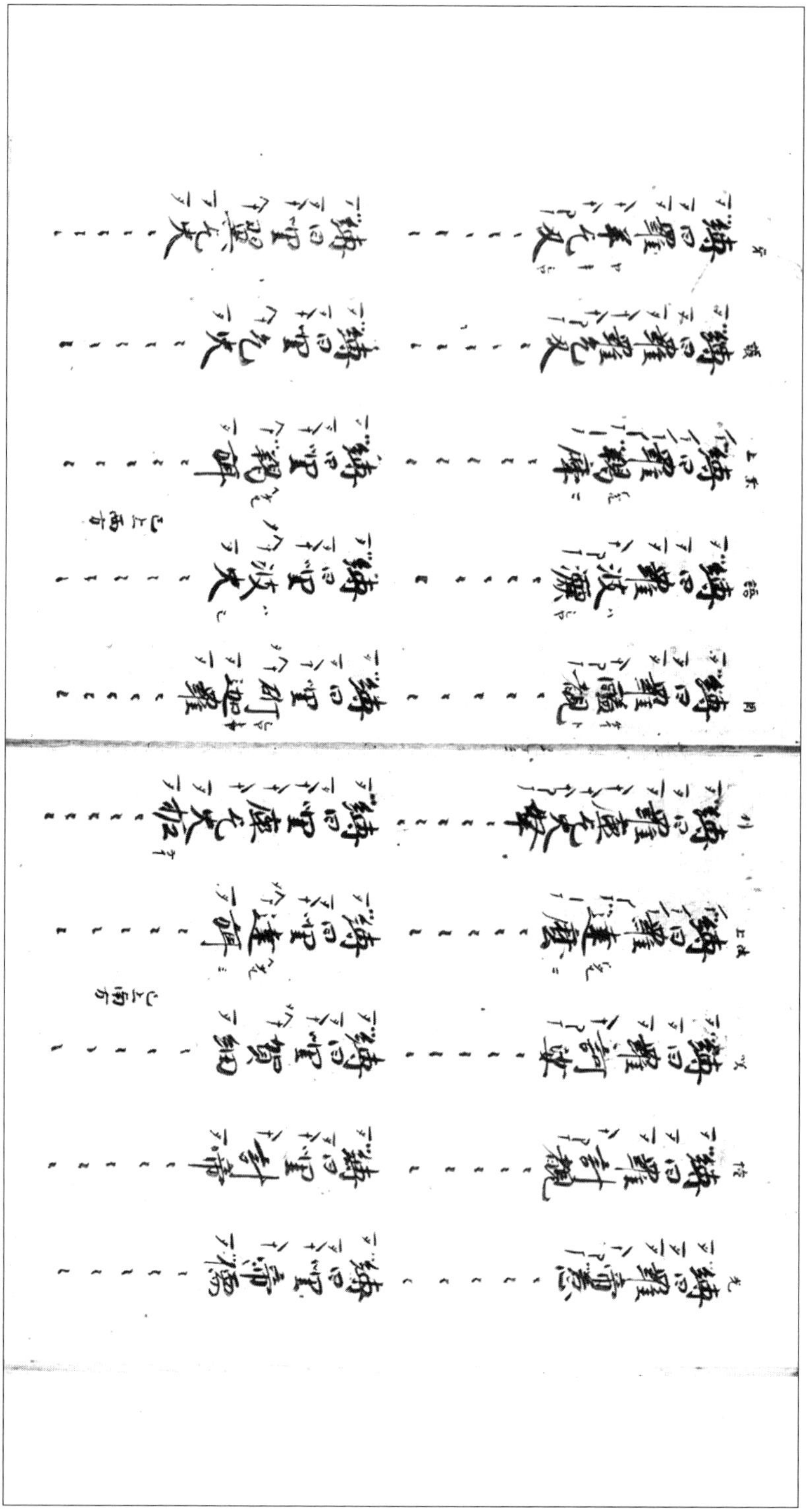

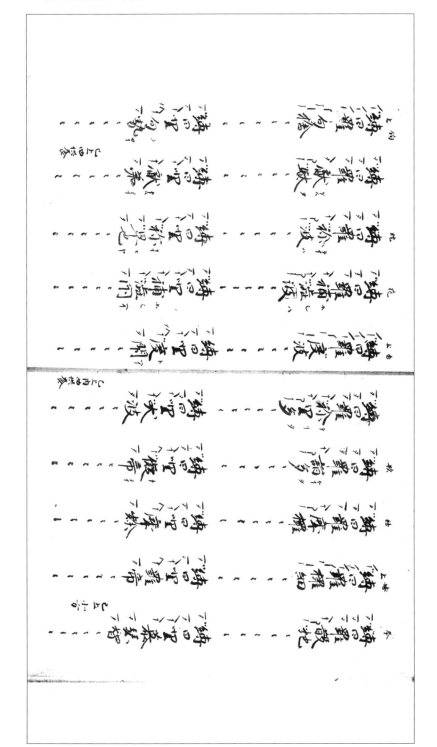

今
縛曰羅散地
縛曰哩慕娑智
已上小分

上 嬉
縛曰羅攞細
縛曰哩羅帝

鬘
縛曰羅摩攞
縛曰哩摩黙

歌
縛曰羅詣多
縛曰哩儞帝

舞
縛曰羅祢哩多
縛曰哩吠波
已上内四供養

上 香
縛曰羅度波
縛曰哩度閉

花
縛曰羅補澁波
縛曰哩補澁閉

灯
縛曰羅祢波
縛曰哩祢果也

塗
縛曰羅献駄
縛曰哩献弟

上 鉤
縛曰羅句捨
縛曰哩句熱
已上外四供養

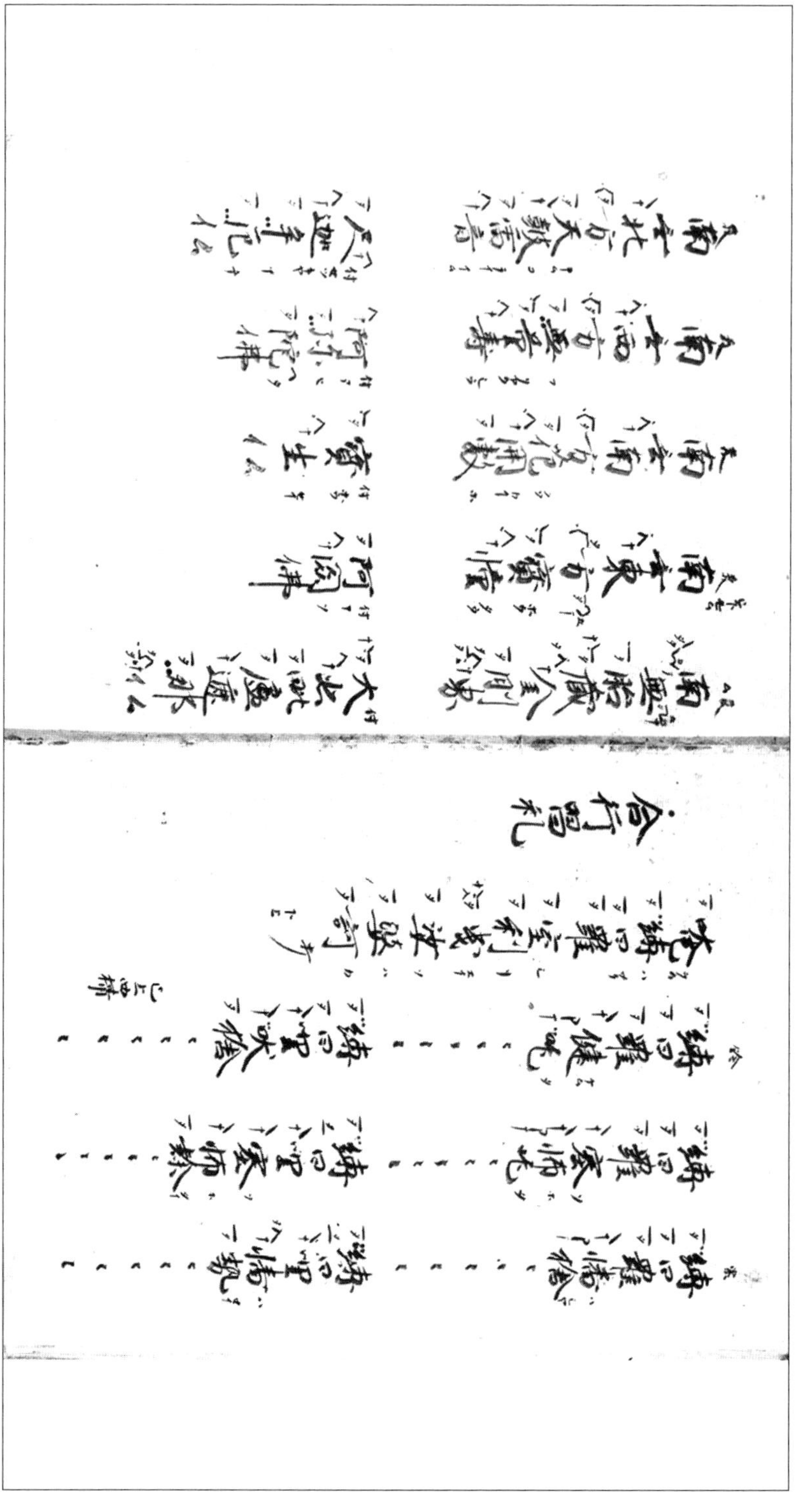

南无盡虚空遍法界　一切諸佛

南无虚空眼　菩薩摩訶薩

南无阿利耶尼羅那陀　菩提薩埵摩訶薩埵

南无吒隷路迦毗慧叉等　菩薩摩訶薩

南无大小自在十二宮天諸宿曜等　一切權現天等

南无胎藏界　一切佛菩薩等

灌頂唱礼　胎

南无清浄法身　毗盧遮那佛

南無東方　寶幢佛

南無南方　花開敷佛

南無西方　無量壽佛

南無北方　天鼓雷音仏

南無東南方　普賢菩薩摩訶薩

南無西南方　文殊師利菩薩摩訶薩

南無西北方　觀世音菩薩摩訶薩

南無東北方　彌勒菩薩摩訶薩

南無虚空眼　菩薩摩訶薩

南無阿利耶闍羅那吒　冐地薩埵縛耶摩訶薩埵縛耶

南無東南方住無戲論　執金剛菩薩摩訶薩

南無西南方虛空無垢　執金剛菩薩摩訶薩

南無西北方無垢眼　執金剛菩薩摩訶薩

南無東北方被雜色衣　執金剛菩薩摩訶薩

南無東方惣持自在　執金剛菩薩摩訶薩

南無南方念持　執金剛菩薩摩訶薩

南無西方利益心　執金剛菩薩摩訶薩

南無北方悲者　執金剛菩薩摩訶薩

南無東南方着雜色衣　奉教者

南無西南方滿願　奉教者

南無西北方金剛　奉教者

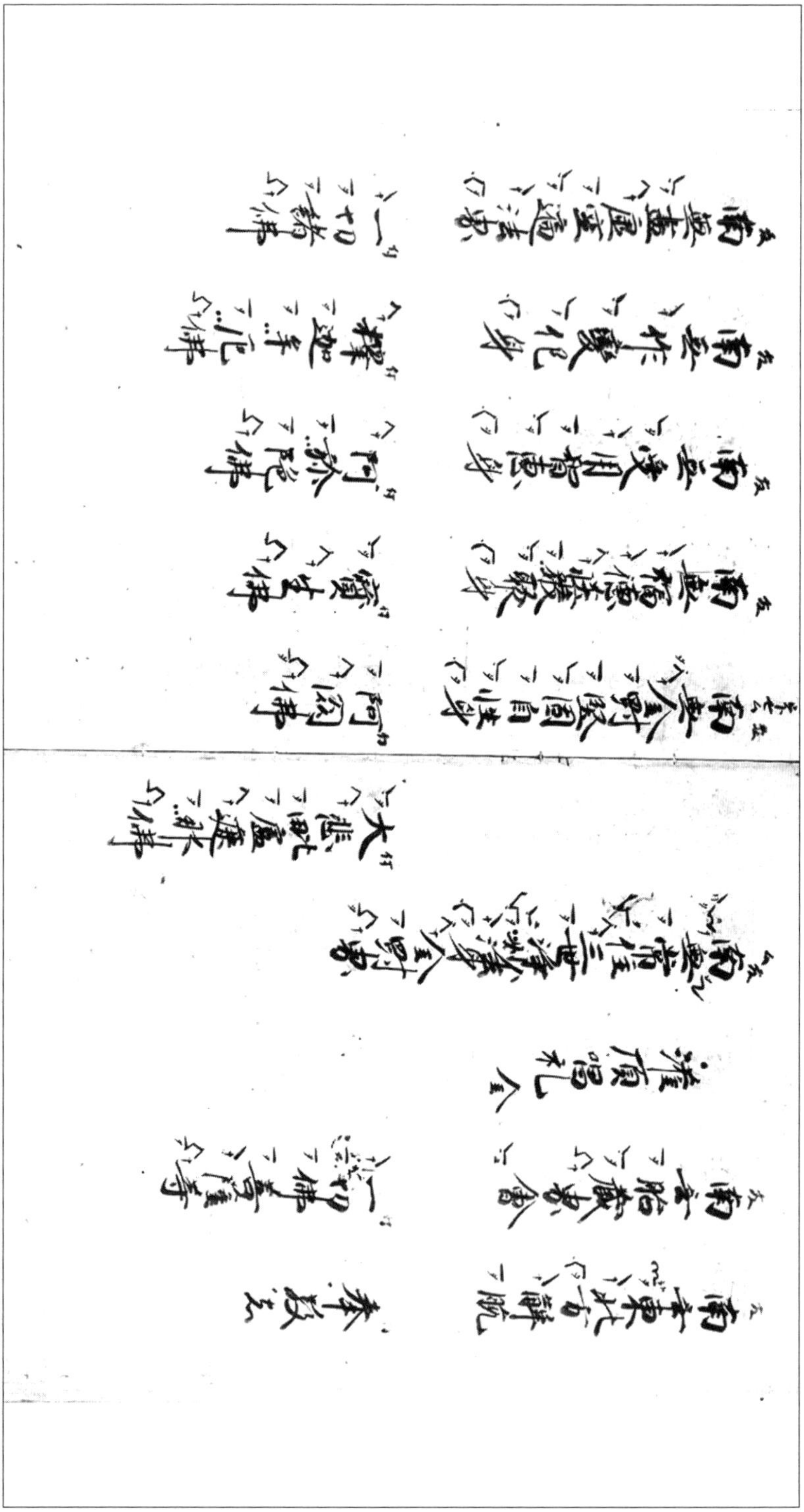
南无東北方醉䏲　奉敬白
南无胎藏界會　一切佛菩薩等
灌頂唱礼　全
南无常住三世淨妙法身金剛界　大悲毘盧遮那佛
南无金剛堅固自性身　阿閦佛
南无福德莊嚴聚身　寶生佛
南无受用智恵身　阿弥陀佛
南无作變化身　釋迦牟尼佛
南无盡虚空遍法界　一切諸佛

南無佛眼部母　菩薩摩訶薩

南無吒枳路迦毗盧那等　菩薩摩訶薩

南無東南方住無戲論　執金剛菩薩摩訶薩

南無西南方虚空無垢　執金剛菩薩摩訶薩

南無西北方無垢眼　執金剛菩薩摩訶薩

南無東北方被雜色衣　執金剛菩薩摩訶薩

南無東方惣持自在　執金剛菩薩摩訶薩

南無南方念持　執金剛菩薩摩訶薩

南無西方利益心　執金剛菩薩摩訶薩

南無北方悲者　執金剛菩薩摩訶薩

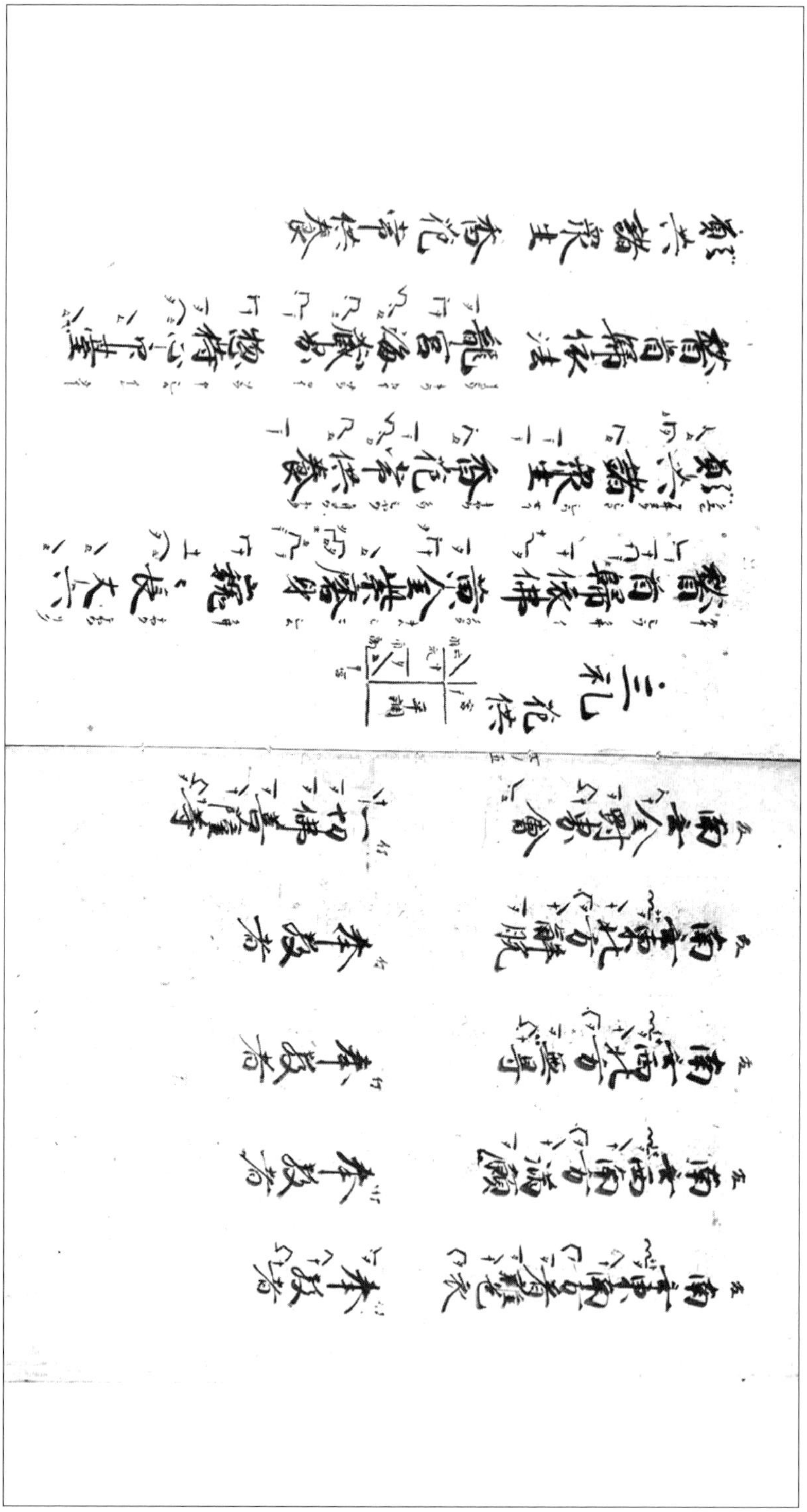
南无東南方
奉敬者
南无西南方滿願
奉敬者
南无西北方無量
奉敬者
南无東北方解脱
奉敬者
南无金剛界會
一切佛菩薩等
三礼
花供
平調
稽首歸依佛
巍々長丈六
敬礼諸衆生
香花常供養
稽首歸依法
龍宮海藏妙
惣持心中臺
敬礼諸衆生
香花常供養

稽首歸依僧　常然無盡燈　阿蘭若諸力

頂六諸衆生　香花常供養

南無釋迦牟尼佛　釋迦牟尼佛　釋迦牟尼佛　三反合殺 上有之

法花懺法　悲嘆聲

眼根

至心懺悔弟子某甲與一切法界衆生從無量劫來眼根因縁

貪着諸色　常住不滅我濁惡眼障故不見　歸向普賢　以下悲嘆聲

菩薩一切世尊燒香散花　諸佛菩薩慧明法水　初反

眼根因縁貪着諸色　受女人身世世生處故色使使我

經歷三界　常住不滅我濁惡眼障故不見　歸向普賢菩薩

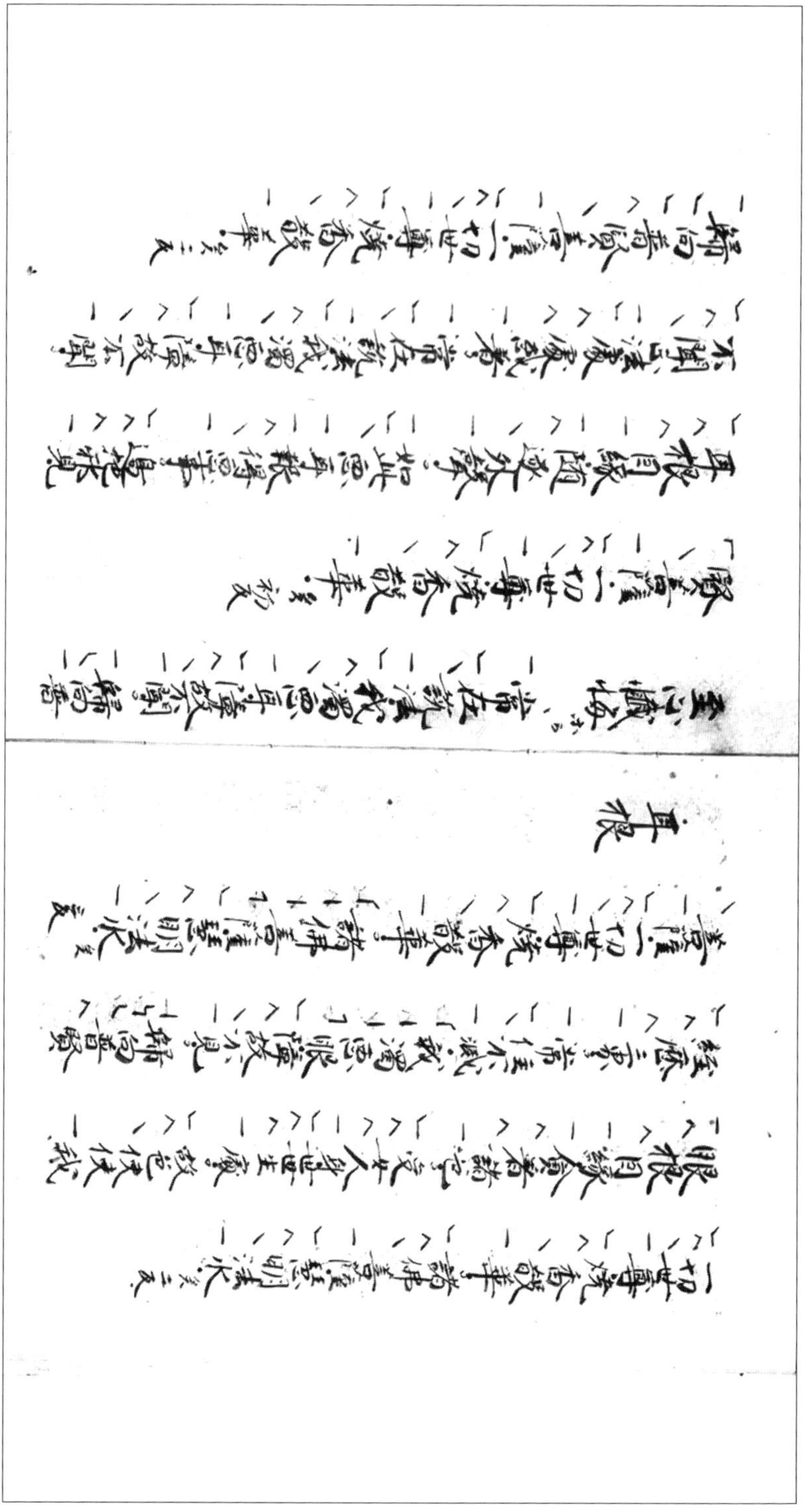

耳根因緣隨逐外聲。如此惡耳。報得惡事。遍地
邪見不聞正法處處貪著。常在說法我濁惡耳障
故不聞。歸向普賢菩薩。一切世尊燒香散華。笑三反

鼻根

至心懺悔 我濁惡鼻障故不聞。歸向普賢菩薩
一切世尊燒香散華。笑初反
坐此鼻根。迷惑不了。勤諸結使。處處染著隨墮坐
死受衆惡報。我濁惡鼻障故不聞。歸向普賢菩薩
一切世尊燒香散華。笑二反
坐此鼻根。迷惑不了。勤諸結使。處處染著隨落

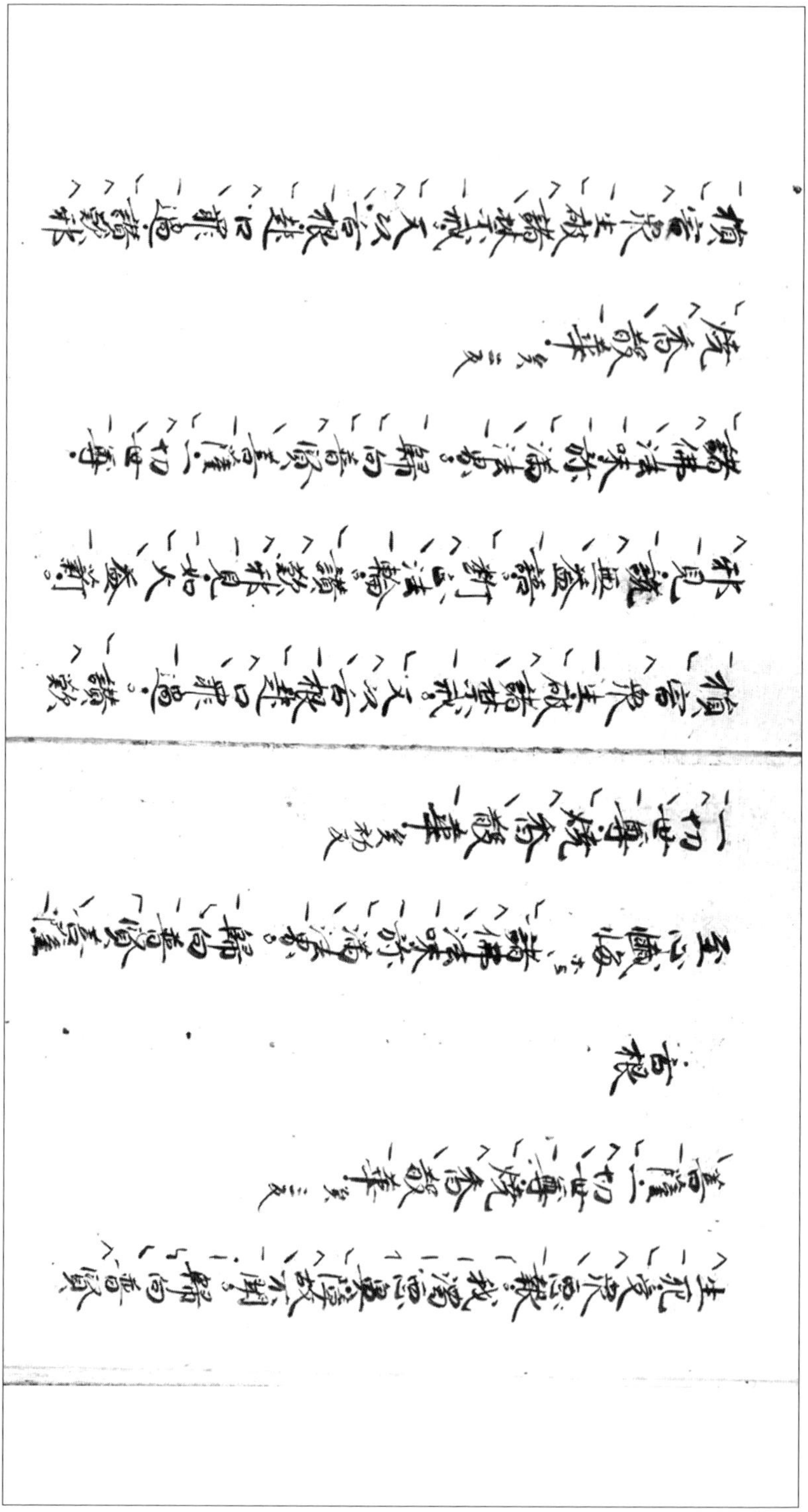
一切世尊焼香散華
至心懺悔
舌根

見誹無益語。斷正法輪。讃歎邪見如火益薪。諸佛

法味訴滿法界。歸向普賢菩薩一切世尊燒香散華。三反

身根

至心懺悔。常放淨光照觸一切。我身罪重。

現受衆苦。後受地獄。歸向普賢菩薩一切世尊。

燒香散華。初反

身根不善貪著諸觸。顚倒不了煩惱熾然。乃至

焚燒塔寺用三寶物。罪垢《コウ》因縁《エム》未來世中當隨地

獄。常放淨光照觸一切。我身罪重。現受衆苦。

後受地獄。歸向普賢菩薩一切世尊燒香散花。三反

身根不善貪著諸觸。顛倒不了煩惱熾然。

乃至焚燒塔寺用三寶物。罪垢因縁未來世中。

當墮地獄。常被淨光照觸。一切我身罪業。現受衆苦。

後受地獄。歸命普賢菩薩。一切世尊。焼香散華。三反

意根

至心懺悔　生死斷滅生死怖畏。歸向普賢菩薩

一切世尊焼香散華。意根一切罪。乃至六根

所起　三反　初反

意根不善貪著諸法。如是邪念能生一切惡業。

所謂十惡五逆。此六根業枝條華葉。無不經中。

無量無邊。生死根本。衆苦之源。當知一切諸法

是則於菩提中見不清淨。於解脱中。生重慚愧

生重怖畏。歸向普賢菩薩。一切世尊。燒香散華。

意根一切重罪乃至六根所起　矣二反

意根不善貪著諸法如是。邪念能生一切惡業所

謂十惡五逆。此六根業枝條華葉。無不經中。

無量無邊。生死根本衆苦之源。當知一切諸法

是則於菩提中見不清淨。於解脱中。生重慚愧。

生重怖畏。歸向普賢菩薩。一切世尊。燒香散華。

意根一切重罪乃至六根所起　矣三反

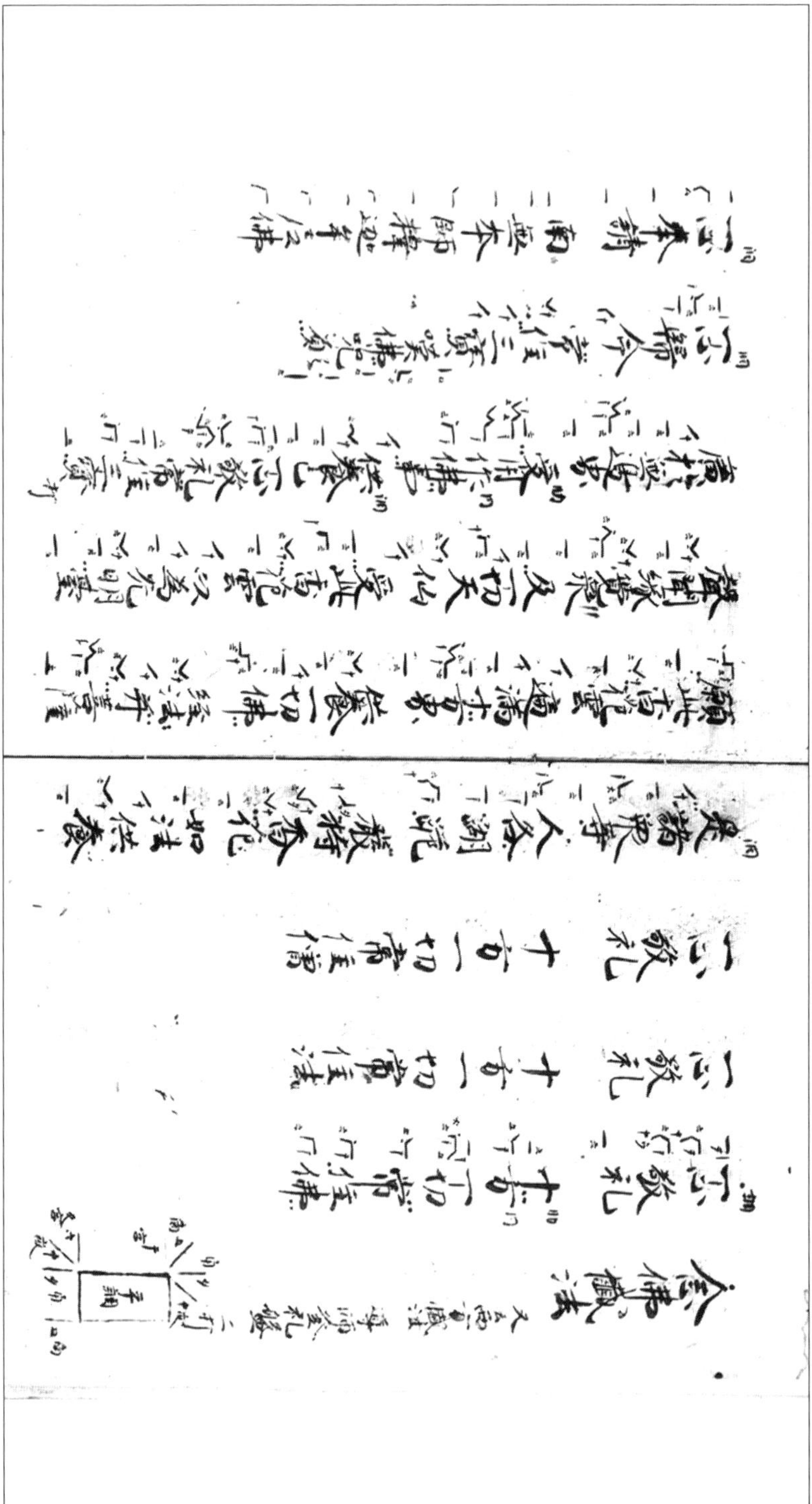

一心奉請　南無釋迦牟尼十方分身佛

一心奉請　南無過去劫中世自在王佛

一心奉請　南無西方極樂世界阿弥陀佛

一心奉請　南無東方十二上願藥師瑠璃光佛

一心奉請　南無阿弥陀経中称讃功徳東方阿閦鞞佛

須弥相佛等盡東方恒河沙世界一切諸佛

一心奉請　南無南方世界日月燈佛名聞光佛等盡

南方恒河沙世界一切諸佛

一心奉請　南無西方世界無量相佛無量幢佛等

盡西方恒河沙世界一切諸佛

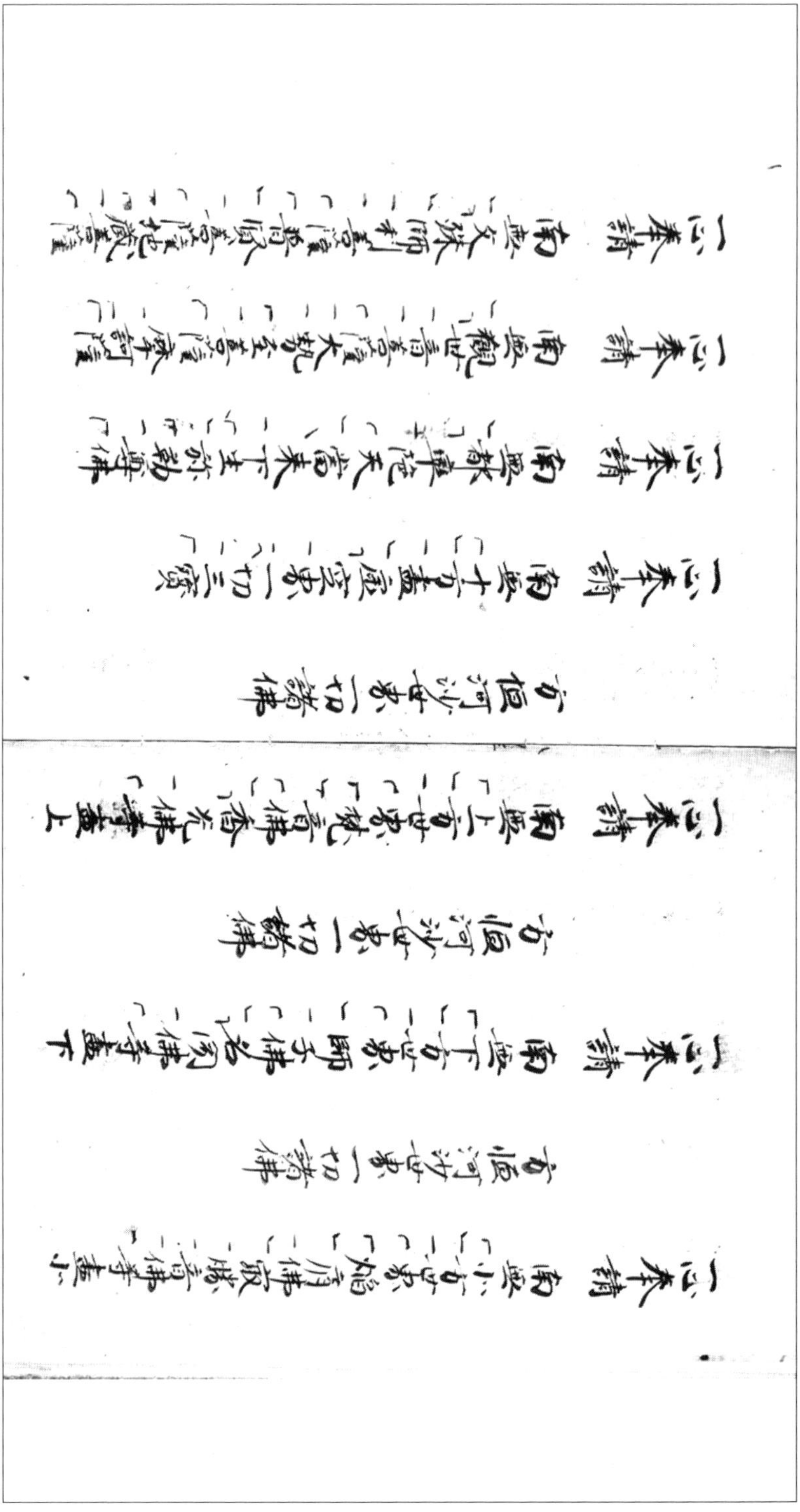
一心奉請　南無文殊師利菩薩普賢菩薩地蔵菩薩
一心奉請　南無観世音菩薩大勢至菩薩摩訶薩
一心奉請　南無都率陀天上当来下生弥勒尊仏
一心奉請　南無十方尽虚空界一切三宝
方恒河沙世界一切諸仏
一心奉請　南無上方世界梵音仏香光仏等無量上
方恒河沙世界一切諸仏
一心奉請　南無下方世界師子仏名聞仏等無量下
方恒河沙世界一切諸仏
一心奉請　南無小方世界焔肩仏最勝音仏等無量小

揵陀訶提菩薩常精進菩薩摩訶薩

一心奉請　南無賢護菩薩善思議菩薩信恵菩薩

空無菩薩神通華菩薩等十六正士及十方

諸大菩薩摩訶薩

一心奉請　南無無量壽經中舍利弗尊者上首一万

二千諸大羅漢及十方一切賢聖僧

一心奉請　大梵尊天三十三天護世四王金剛密迹

散脂大将護道場神一切皆是大權菩提薩埵

一心奉請　山王檀越地分靈祇一切冥官各及眷屬等

唯願我本師釋迦牟尼世尊及十方分身諸佛世自在王如来

平等大會唯願釋迦如來十方諸佛諸大菩薩
及聲聞衆慈悲覆護爲作證明令使三昧早成
六根清淨唯願阿彌陀佛不捨本弘誓大慈大悲
哀愍攝受　打

一心歸命常住三寶嘆佛咒願

世尊智恵如虚空　悉觀衆生去来相
十方一切悉見聞　我今稽首礼法王

以此歎佛功徳修行大乘無上菩提奉福荘嚴上界天
龍八部大梵天王三十三天閻羅五道六齋八聖行疫
鬼王及其眷屬此地神祇僧伽藍内護正法者又爲

國王帝主土境人民師僧父母善悪知識造寺檀越十
方信施廣及法界衆生願藉此善根平等薫修功
徳智恵二種荘厳又願捨報之時心得正念乗仏願
力与法界衆生同得上品往生阿弥陀佛國成無上道

同

一心敬礼本師釋迦牟尼佛

一心敬礼過去劫中世自在王佛

一心敬礼西方極楽世界阿弥陀佛

一心敬礼東方十二上願薬師瑠璃光佛

一心敬礼阿弥陀経中稱讃功徳東方阿閦鞞佛須弥
相佛等恒河沙世界一切諸佛

一心敬礼・南方世界日月燈仏名聞光仏等尽南
方恒河沙世界一切諸仏
一心敬礼・西方世界無量相仏無量幢仏等尽西方
恒河沙世界一切諸仏
一心敬礼・北方世界焔肩仏最勝音仏等尽北方
恒河沙界一切法仏
一心敬礼・下方世界師子仏名聞仏等尽下方恒
河沙世界一切諸仏
一心敬礼・上方世界梵音仏香光仏等尽上方
恒河沙世界一切法仏

一心敬礼　十方盡虚空界一切三寶

一心敬礼　釋迦牟尼[illegible]當来下生彌勒尊佛

一心敬礼　観世音菩薩大勢至菩薩摩訶薩

一心敬礼　文殊師利菩薩普賢菩薩地蔵菩薩

跋陀和菩薩常精進菩薩摩訶薩

一心敬礼　[illegible]菩薩[illegible]菩薩[illegible]菩薩[illegible]菩薩

[illegible]菩薩[illegible]菩薩[illegible]菩薩[illegible]菩薩[illegible]十[illegible]

及十方諸大菩薩摩訶薩

一心敬礼　摩訶迦葉舎利弗[illegible]

一千二[illegible]大聲聞衆及十方一切賢聖僧

為法界衆生具所知識断除三障欲

往生極樂歸命礼懺悔

人各胡跪合掌志誠發露往愆披陳衆罪哀泣

雨涙焼香散花存想三寶側塞虚空皆作證明

當想阿彌陀佛觀音勢至侍立左右及諸聖衆

如對目前真實志心普為一切衆生行懺悔法生重

慚愧發露無量劫來乃至此生与一切衆生六根

所造一切悪業皆悉悔過斷相續心從於今日乃至

盡未來際終不更作一切悪業何以故業障雖空果

報不亡知空之人止不作善何况作罪若有造悪不亡

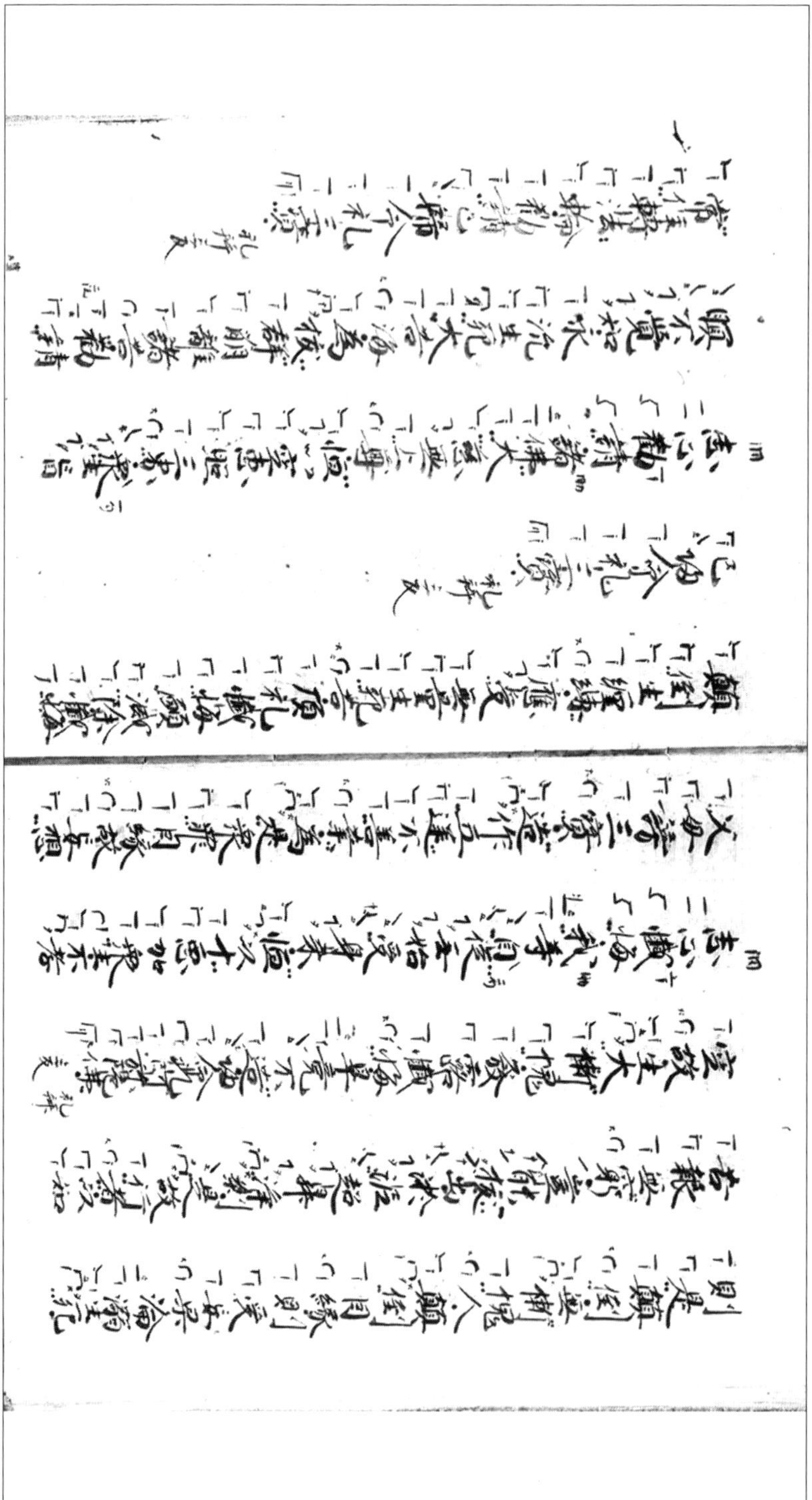

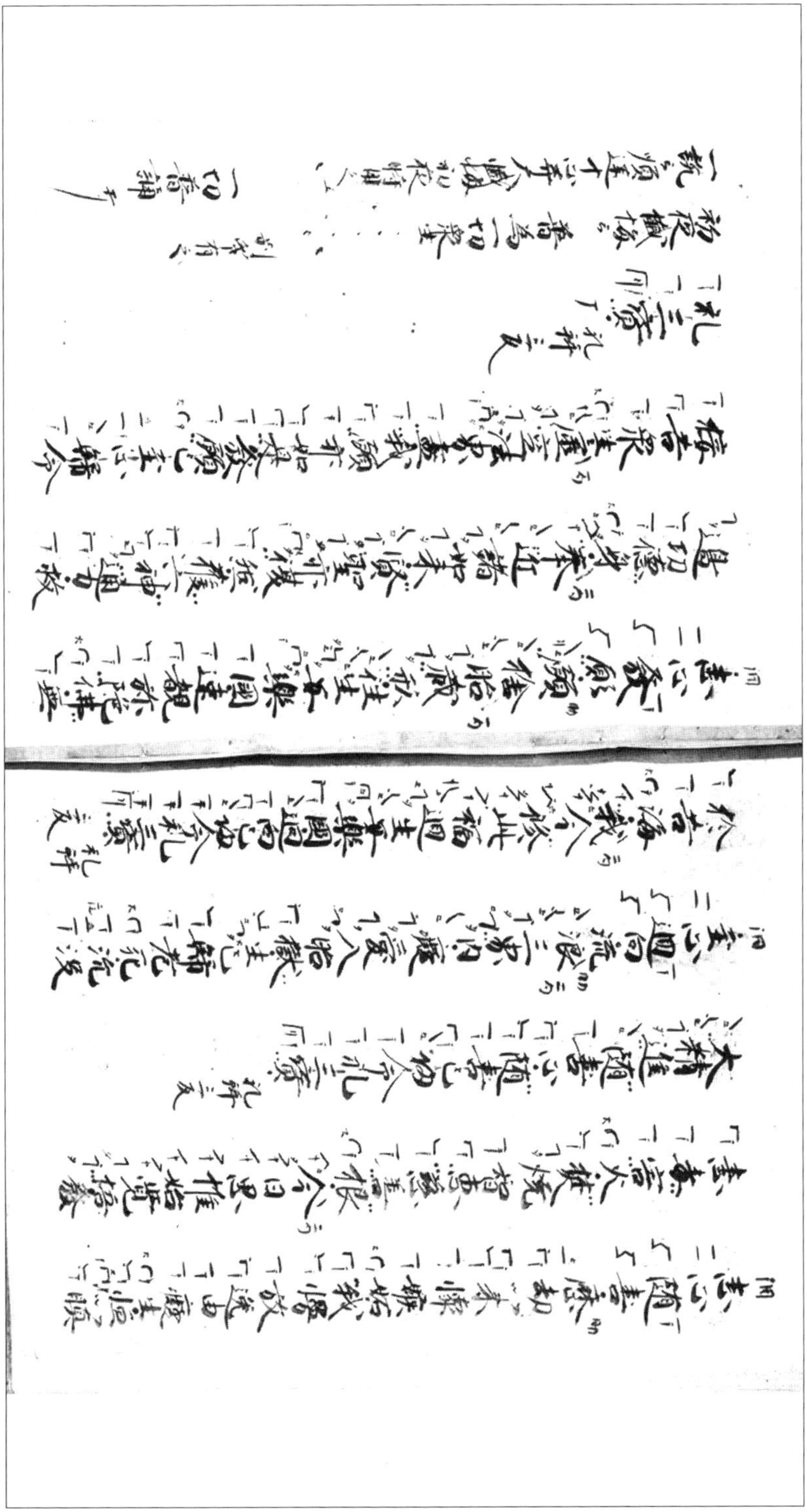

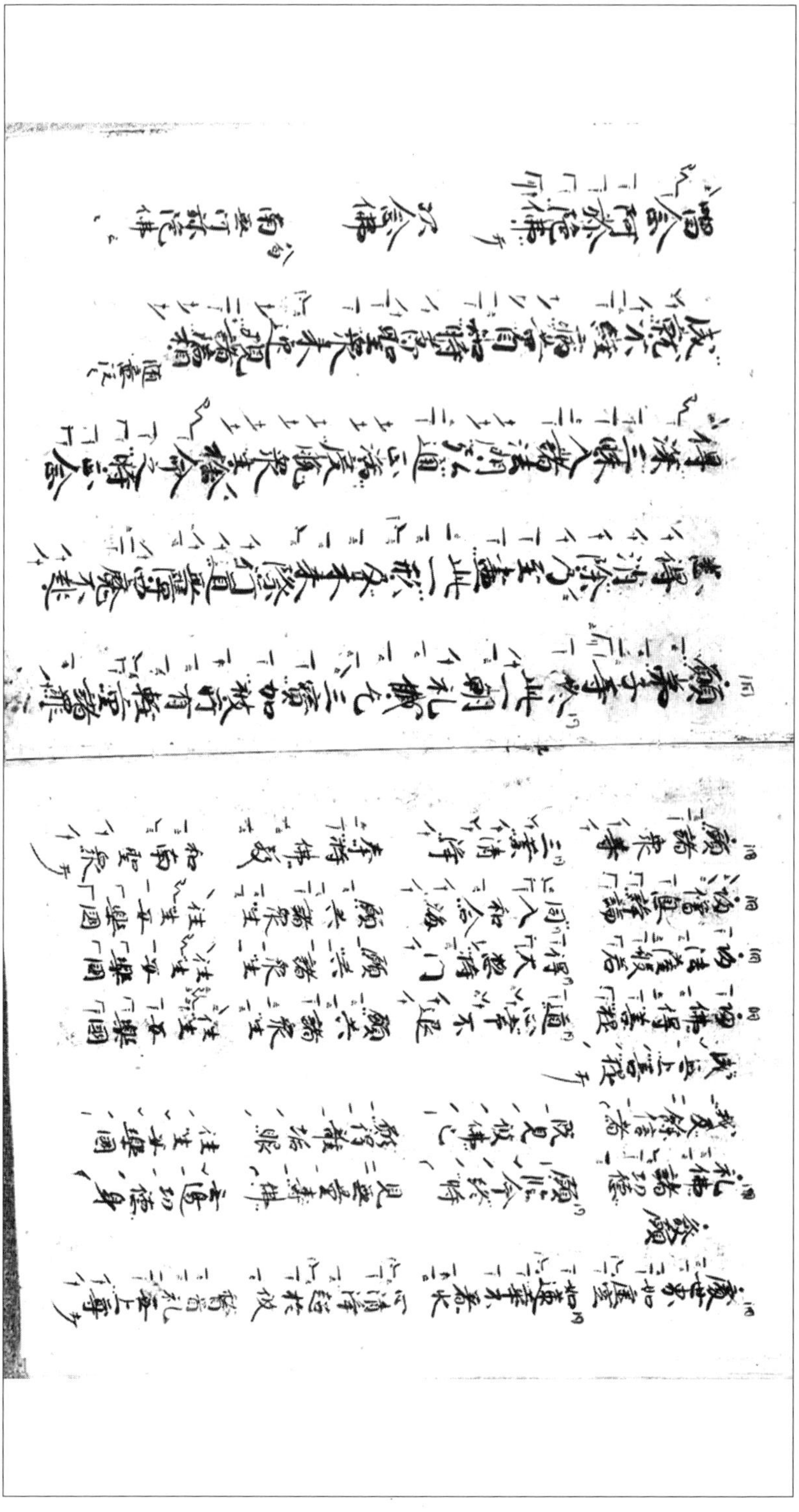

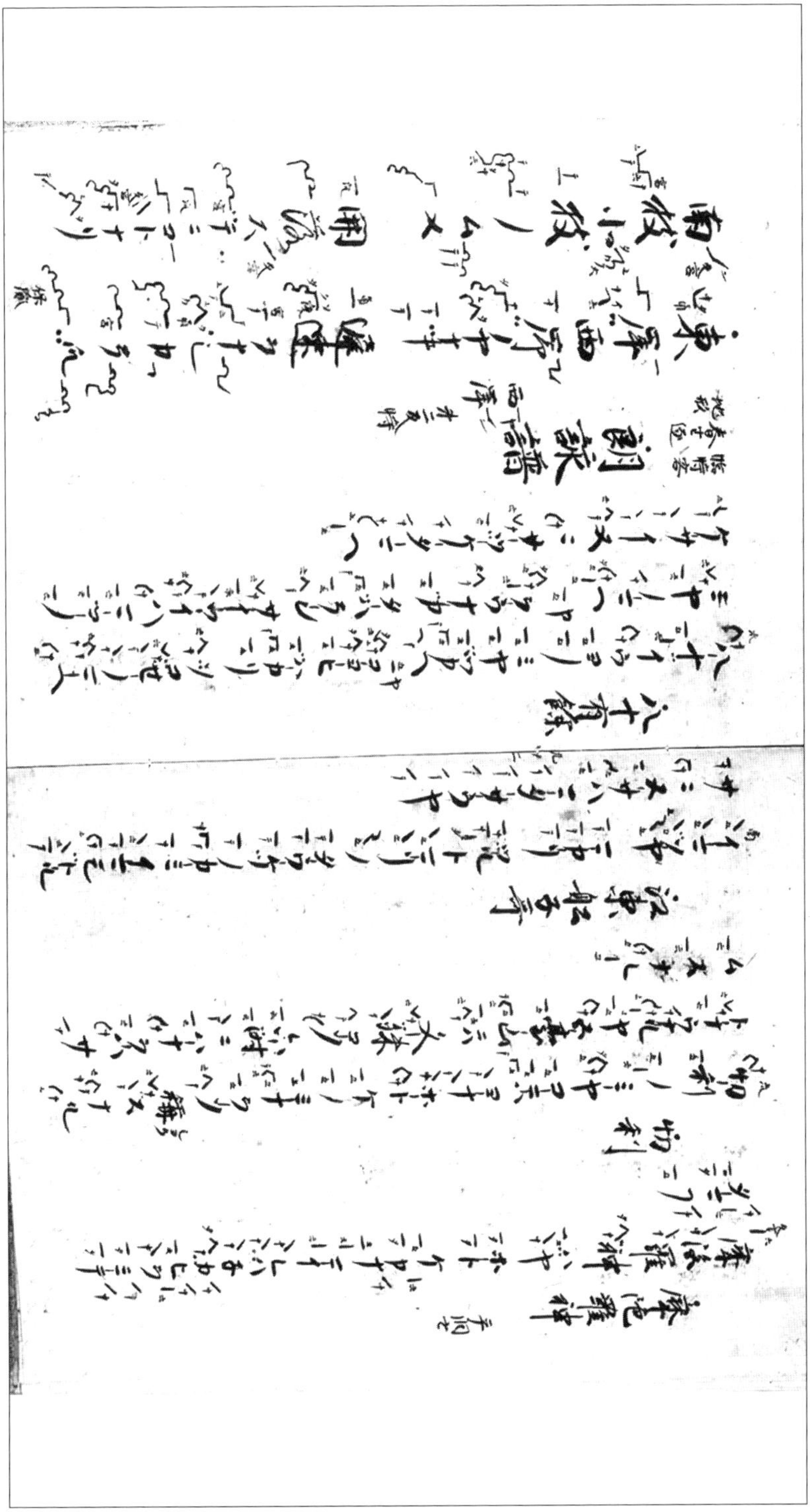

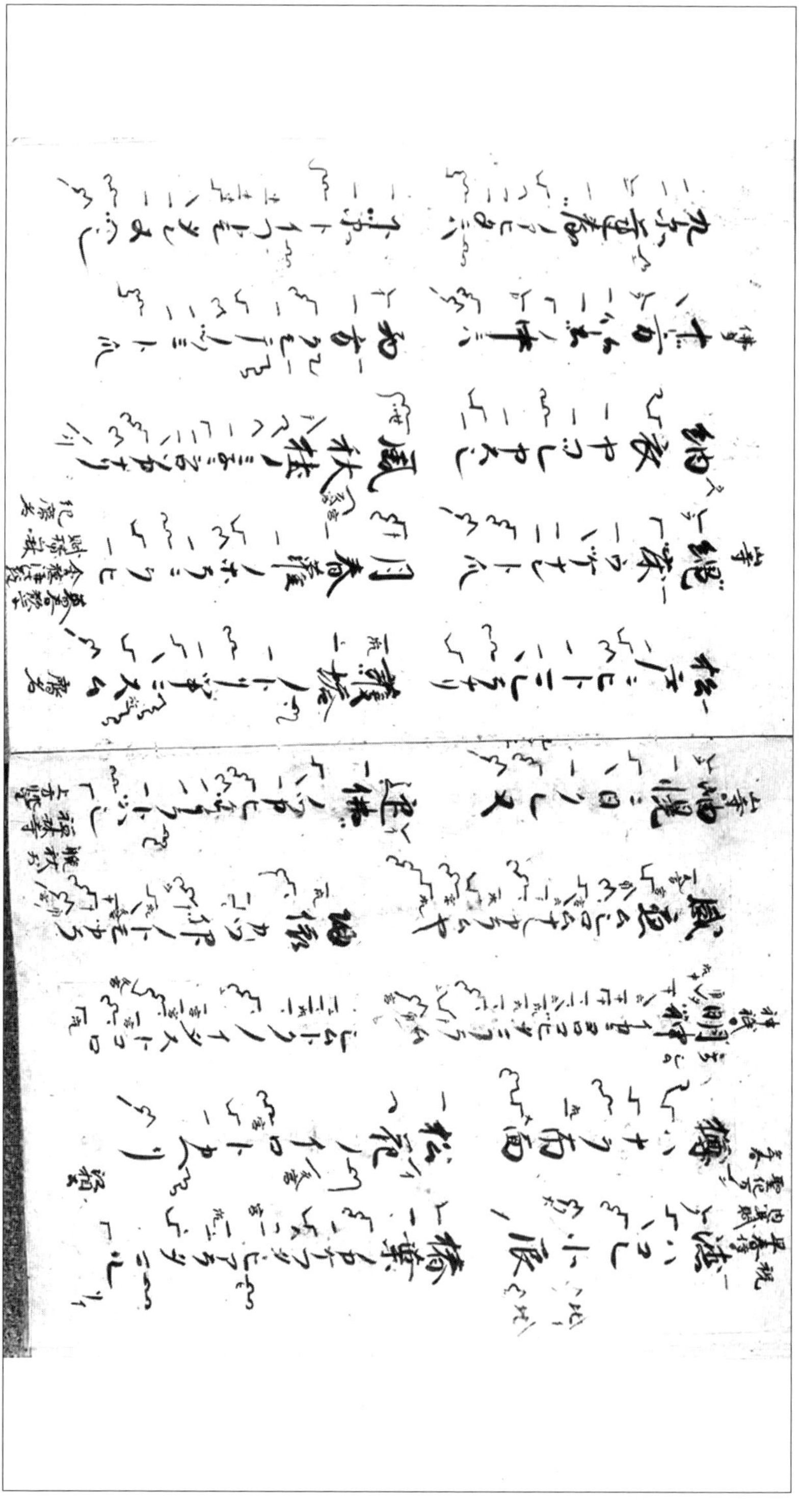

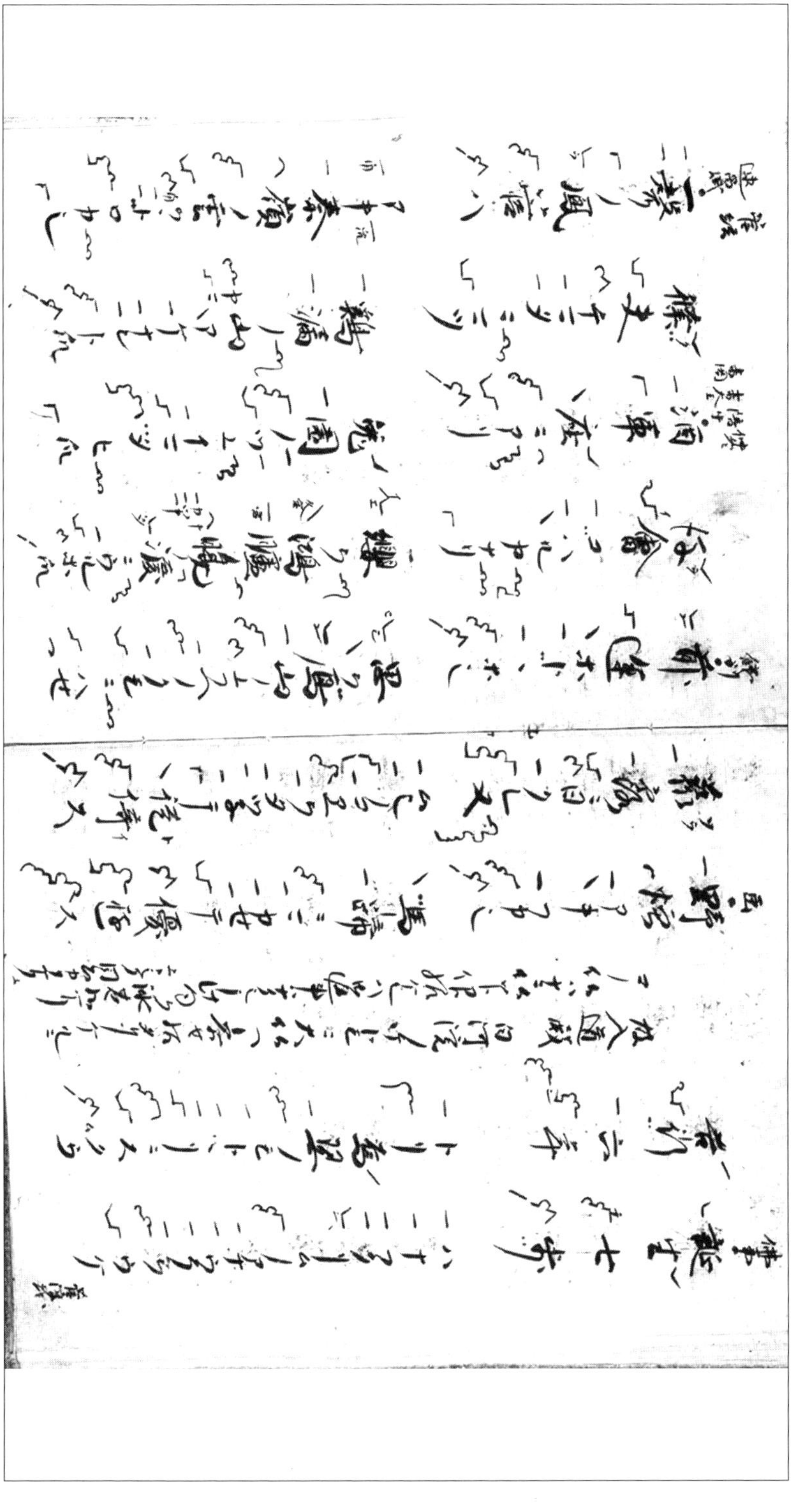

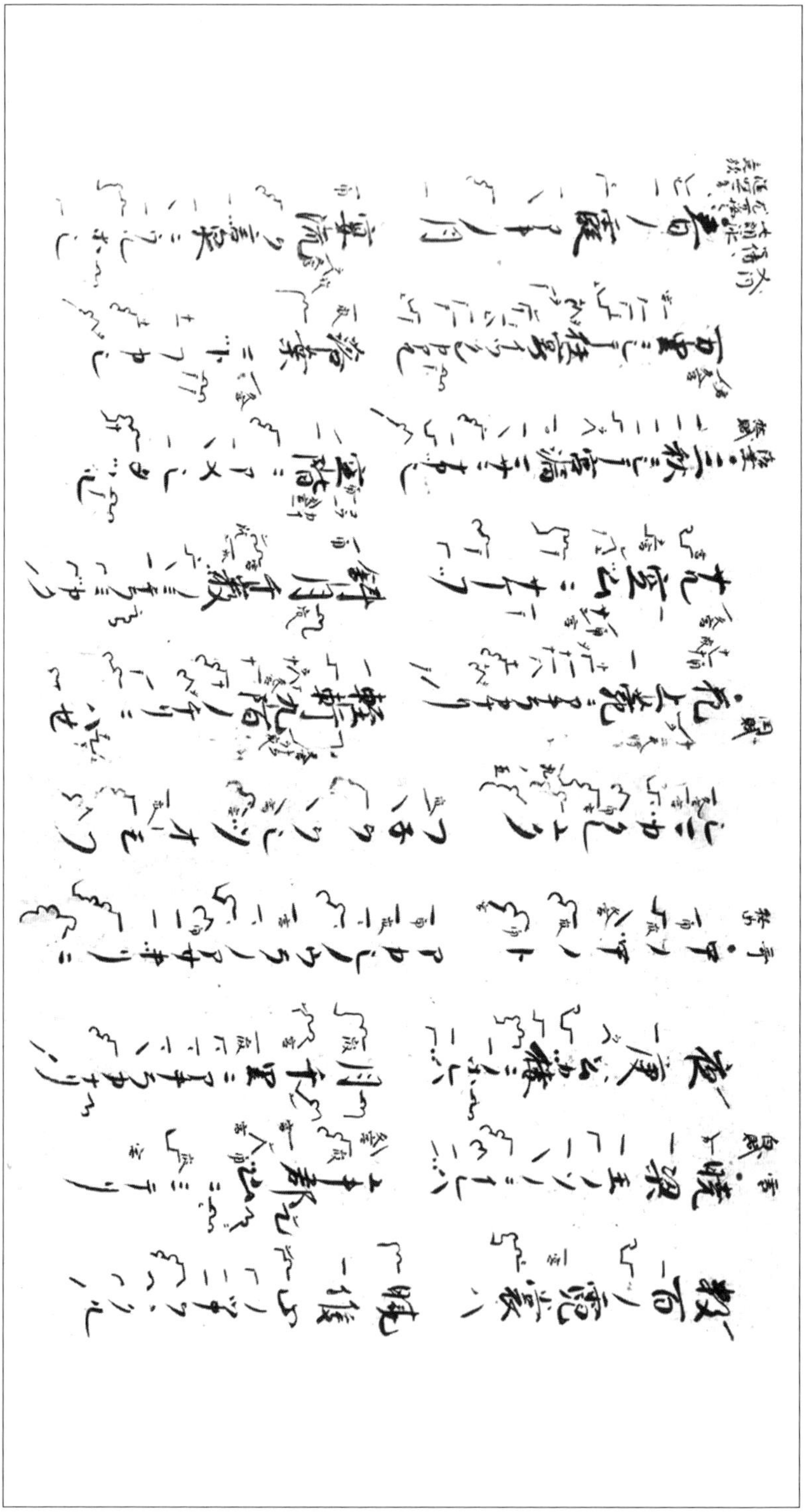

花ノ色トリノコヱ

浮藻ノ洞露ニ

奉施入日光山常行堂妙音流聲明本上下二帖

右志者爲現當二世悉地成就所願也

應永三年丁丑十一月十日

施入　妙法坊大阿闍梨宗重

謹　沙田寺住持呂珍

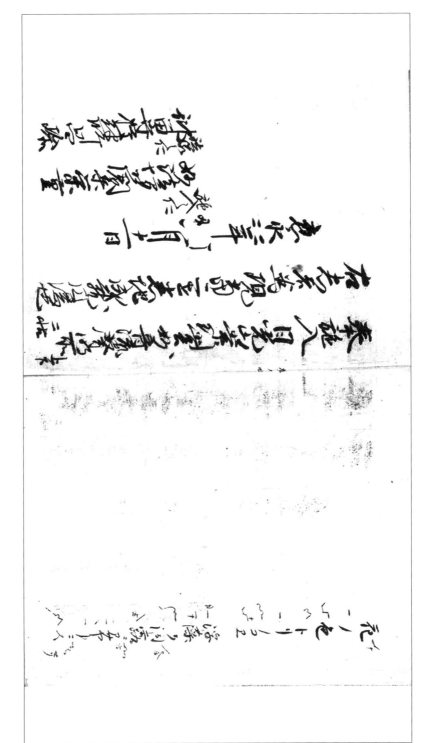

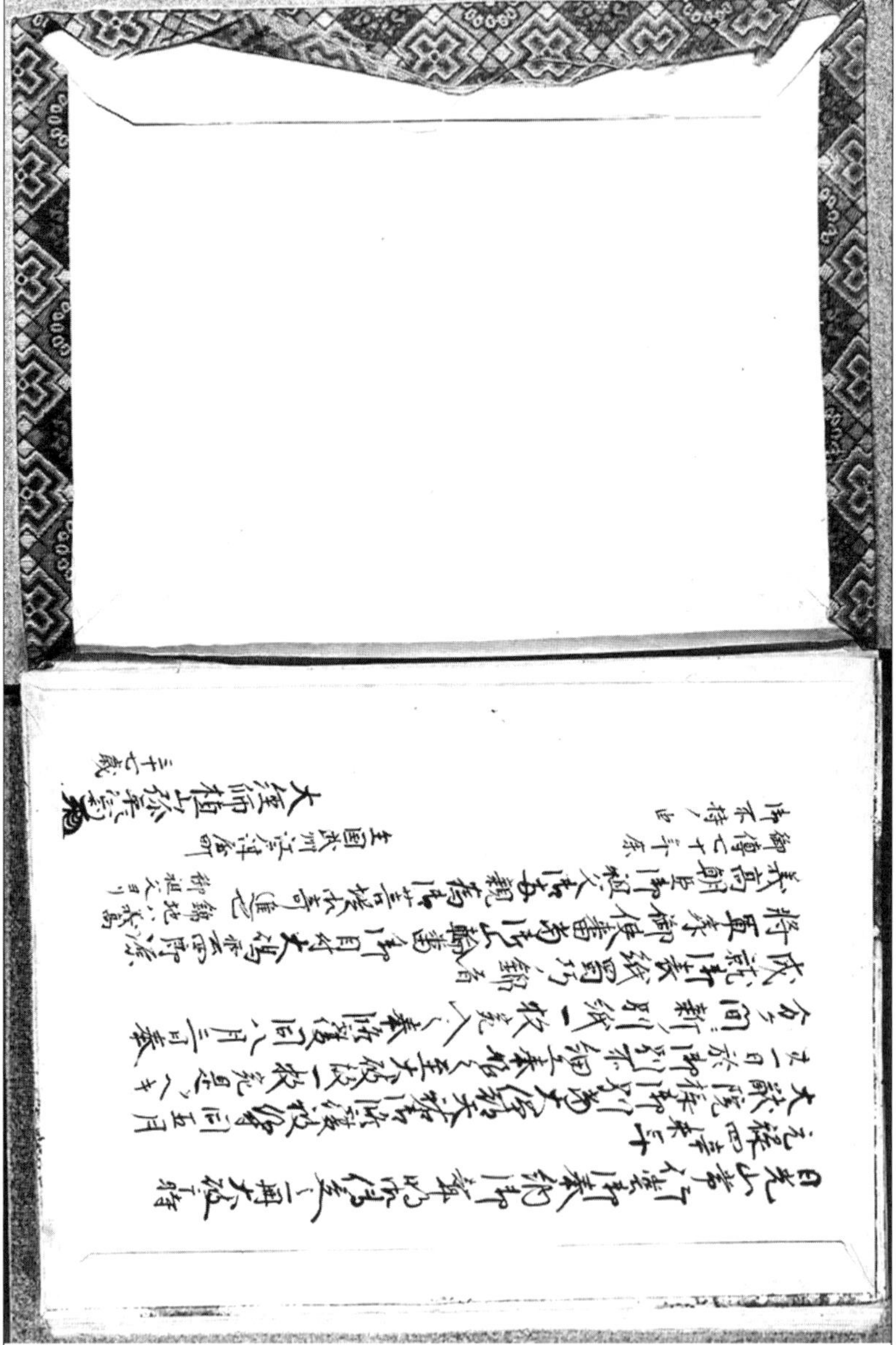

常行堂聲明譜

終

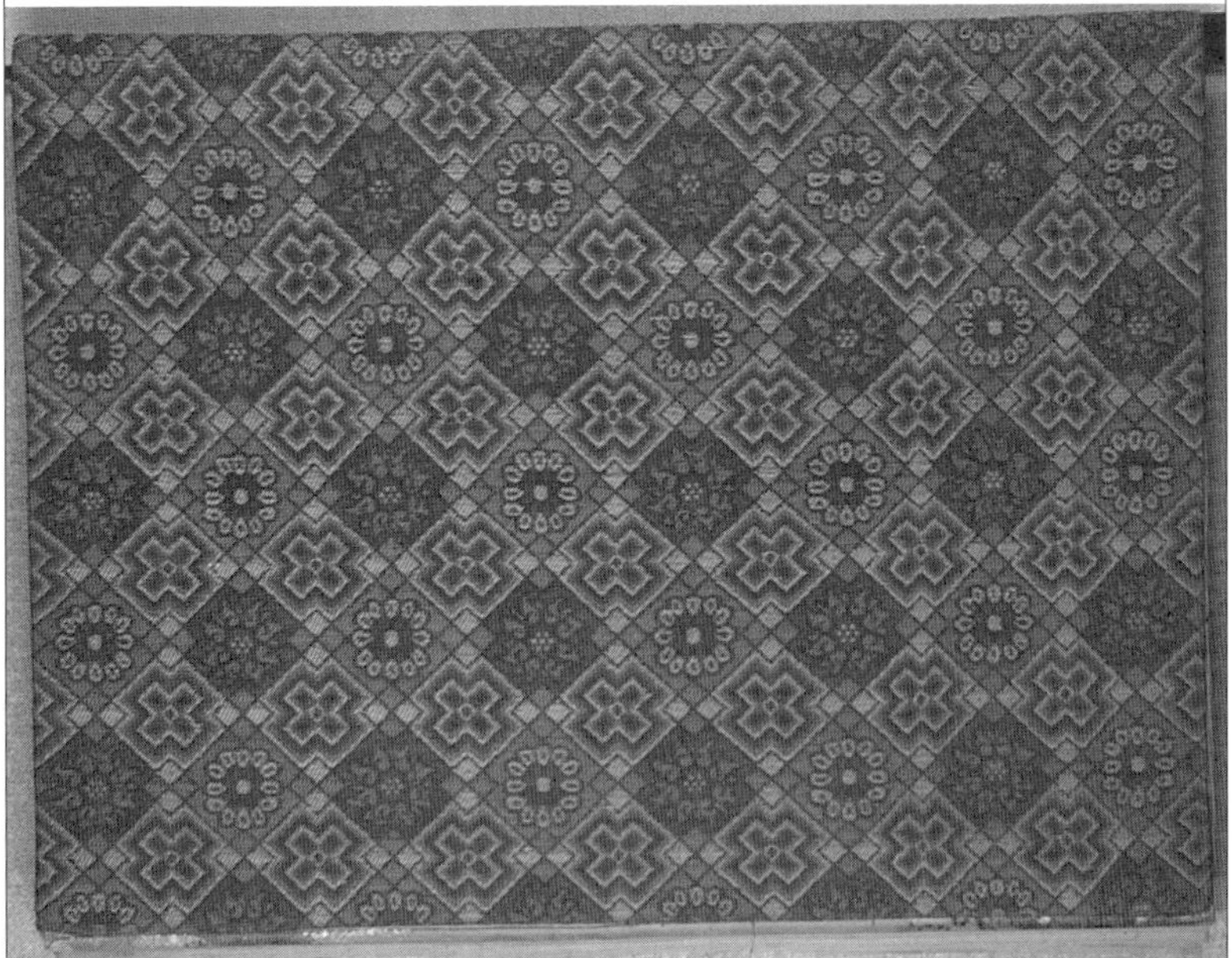

忌日法則

忌日法則　〔眞祐執筆〕

先三禮　如常　　次灑淨《ソトワ》　三反

次開眼供養　金丁取ニ香呂一

新ニ被ニ開眼供養一給リ大日如來ノ三摩耶形率都婆　一本或ハ七本。五輪一基等　爲ニ奉レンカ令レ成ニ靑蓮慈悲ノ之眼根一ヲ。佛眼ノ印眞言　丁結印明

爲レ奉レ令メニ五智三身功德圓滿獲得一。大日如來印眞言　丁印明

次神分　金丁取ニ香呂一

孝養報恩之庭。滅罪生善ノ砌リ。爲ニ法味飡受一ノ冥衆定來臨影向シ給ン。然ハ則奉レツテ始ニ梵釋四天一。三界所有ノ天王天衆。日月五星諸宿曜等。日域神母天照大神。王城鎭守諸大明神。圓宗衞《エイ》護諸神祇衆。當所勸請諸大神社。信心　施主佛子　當年屬星本命元辰乃至年內行疫神等。併ラ爲レ奉レ令ニ法樂莊嚴一セ。般若心經　丁　　大般若經名　丁　　一切三寶　丁

次表白

愼敬白ニシテ周遍法界摩訶毘盧遮那。因極果滿盧舍那界會。一代敎主釋迦牟尼如來。東土醫王。西方彌陀。空假中道一乘妙典。權論實經八萬法藏。觀音勢至諸大菩薩。身子目連諸賢聖衆。乃至盡空法界三寶ノ境界一ニ言ク　方今南瞻部州大日本圀｜某州　某　郡當所此寶前ニシテ信心　施主佛子

爲レニ奉レンカ備ヘニ過去聖靈　某名　菩提資糧一

彫ニ刻シ大日如來之三形一ヲ

勤ニ修テ究竟醍醐之一乘一ヲ

祈ニ幽儀ノ頓覺一擬コトアリ到岸ノ般舟《ジュ》一ニ　大フネ小舟也

志趣如何ントナレハ者夫

頭上 本覺顯照之山ニ閉レシ扉《トホソ》。曉ハ雖レ不レ聞ニ轉變無常之名一ヲモ

頭上 從眞起迷之里ニ借レ宿ヲ。夕ヘハ久ク眠リテ結ニ分段生死之夢一ヲ

爰ニ先孝（考カ）亡靈者

殘ニシ栖《スミカ》ヲ於當國當所ノ境地一ニ。結ニフ契リヲ於有緣無緣ノ朋友一

雖レ然

有爲ノ睡リ忽覺サメテ。圓寂ノ砌ヨリ已來《コノタ》初七日ノ　一周三十三年　追善既來ル

依レ之

歸シ二三身即一ノ尊ニ一。修テ二一乘無二ノ勤ヲ一
訪イ二黃泉ノ道ヲ一。祈ル二金蓮ノ臺ヲ一
　然則過去尊靈
三界有輪ノ堅著忽ニ蕩シテ。瑩《ミカ》キ二心月ヲ於見性見理ノ軒《ノキ》ニ一
六趣無常ノ濁水新ニ轉シテ。開カン二覺蓮ヲ於上品上生ノ汀《ミキハ》ニ一
　修善ニ有カ二餘慶一故ニ
一天太平　萬姓安樂　信心施主　息災延命
旨趣雖レ深ト　啓白存レ略ヲ
次經幷率都婆供養
抑新寫ノ御經開レ題ヲ可レシ拜《タテマツル》
　南無妙法蓮華經序○　八卷題號ミナヨム
至心發願　造立塔婆　開眼供養　讀誦經王書寫妙典　開題演說
功德威力　天衆地類　倍增法樂　家內安全　諸人快樂
乃至法界　平等利益
衆生無邊○度　煩惱○誓願斷
法門無盡○知　無上菩○　證
方今被ニ造立供養一給ヘリ大日如來三摩耶形率都婆　七本一本

是ニ必ス有リ二惣別ノ功德一。惣ノ功德ハ四智三身五眼ナリ。四智ト者。大圓鏡智・平等性智・妙觀察智・成所作智ナリ。此ニ加ハ二法界體性智一五智ナリ。次ニ三身ト者。法身ハ如如不變ノ妙理。報身ハ了了分明ノ智體。應身ハ處處應現ノ如來ナリ。次五眼ト者。肉眼・天眼・慧眼・法眼・佛眼ナリ。三世ノ諸佛具タマフカレ之故ニ名ニ惣ノ功德一ト也。次別ノ功德ト者。此ハ是レ大日覺王ノ三摩耶ナリ。三摩耶者梵語ナリ。此ニハ平等・本誓・除障・驚覺ノ四ノ翻譯《ヤク》アリ。本誓者。法界體性ハ雖レ離ニ靑黃方圓ノ形色一。大日如來ハ誓イレ利ン二胎卵濕化ノ衆生ヲ一給リ。故云ニ本誓一也。地輪ハ大圓鏡智。阿閦尊。水輪ハ平等性智。寶生佛。火輪ハ妙觀察智。阿彌陀如來。風輪ハ成所作智。天鼓雷音佛。空輪ハ法界體性智。大日如來ナリ。次種子ハ《アバラカキヤ》ノ五字ナリ。五字ニ各有リ二字相字義一。具ハ如シ二義軌本經一ノ。擧テレ要ヲ言ハハ之ヲ。一見率都婆。永離三惡道。何況造立者。必生安樂國ト宣タリ。是其ノ旨趣ナル者ノ歟

次經釋　寫經ナクハ無用

方ニ今奉《マ》ニ書寫一シ妙法蓮華經序品第一。將レルニ釋ニ此經一ントニ三

門ノ分別アリ

初大意ハ。如來ノ本懷成佛ノ眞道ナリ
迹門ニハ談二實相一ヲ。十界各各ノ萼《ハナフサ》。綻《ホコロヒ》二開權顯實ノ軒一ニ
本門ニハ顯二遠本一ヲ。三世番番ノ月。宿《ヤトル》二開迹顯本ノ水一ニ
若有聞法者　無一不成佛
得入無上道　速成就佛身　是一部ノ大意ナリ

次釋レセ名ヲ者ハ
妙法ハ己心ノ三諦。蓮花ハ當體ノ八葉。經ハ修多羅ノ翻名。序ハ次由述ノ瑞相。品ハ義類同ノ聚段。第一ハ四七ノ初也

第三ニ入文判釋ト者
序品ハ序分。從二方便品一至マテハ二分別功德品十九行ノ偈一ニ正宗分。從レ偈已後ハ本迹ノ流通段。以テ二所生ノ善根一ヲ備フ二亡魂ノ得脫一ニ

初七日

抑今日ハ初七日之追福。則本尊ハ秦廣王之裁斷ナリ
七日七夜常ニ越ヘ二死天山ノ嶮坂一ヲ。今月今日始テ到ル二秦廣王ノ廳庭一ニ。受レ苦流コトレ血。以レ筆難トレ記說タマヘリ
本地ハ不動尊ナリ。夫レ大聖明王ト者。一切ノ凡夫。初發道心ノ敎主。三世ノ如來。降魔成道ノ本尊ナリ。十九變相ノ月ノ光ハ浮ヒ二五乘六趣ノ水一ニ。十四根本ノ嶺ノ嵐ハ拂フ二三障四魔ノ塵一ヲ。外ニハ現シ二慕(暴カ)惡忿怒之形像一ヲ。內ニハ懷ク二平等大恵之慈念一ヲ。只願ハ聖無動尊顧《カヘリ》ミ二本誓一ヲ。伏《フシテ》乞フ秦廣大王導キタマヘ二幽儀一ヲ

二七日

抑今日ハ亡靈ノ二七日。故ニ裁斷ハ冥途ノ初江王ナリ
前七日ノ閒ハ越ヘ二死山ノ嶮難一ヲ。次七日ノ內ハ渡ル二葬頭ノ大河一ヲ。或ハ淩テ二三途浪一ヲ趣キ二初江ノ官廳一ニ。或ハ渡テ二七日橋一ヲ到ル二大王ノ面前一ニ。婆鬼ハ樹下ニ奪《ウハイ》レ衣。翁鬼ハ枝林ニ責《セムル》レ罪ヲ
本地ハ大恩教主釋迦如來ナレハ。幸ナル哉ヤ衆生亡魂皆是吾子ナリ。懸ケ二賴ヲ於能爲救護ノ如來一ニ。結フ二契ヲ於皆是我有ノ慈父一ニ

爰以奉二勤修一妙經ト者
釋迦牟尼法王。出世之本懷。預彌因初江王。本地之奧

藏ナリ

方今

以二無二無三ノ梵行一。備ヘ二幽魂ノ得脱一ニ。以二三業一心ノ善味一。擬ス二菩提ノ資糧一ニ。回向亙リ二三界一ニ。功福通ジ二十界一ニ而已

三七日

抑今日ハ亡魂三七ノ忌景。是レ本尊ハ黄泉宋帝王ノ裁斷ナリ前ノ二七日ハ聖靈過キ二山河ノ惡道一ヲ。今ノ七日夜ハ幽儀到ル二岸上ノ官廳一ニ。獄卒責メ二亡人一ヲ。大蛇害ス二身肉一ヲ

本地ハ是レ大聖文殊也

龍種上尊ノ古ハ十號具足ノ月圓ニ。入重玄門ノ今ハ一品等覺ノ花《ナ》鮮ナリ。聞《ミナ》クレ名ヲ者ハ滅シ二十二大劫之重罪一ヲ。誦レ明ヲ者ハ脱ス二十二生類之輪環《クワン》一ヲ。振テ二智劍一ヲ切リ二煩惱ノ業縛一ヲ。乘シテ二畜王一ニ出リ二生死ノ嶮道一ヲ。三世如來ノ智母。既ニ依ル二此ノ尊一ニ。七魄魂靈ノ得脱。正ニ在リ二此會一ニ

冀クハ本地文殊。垂迹宋帝。所勤之法味ヲ納受シ。亡神之頓悟ヲ示シ教給ヘ

四七日

抑今日者四七日之追籌。則本尊者五官王之讚嘆ナリ前キ三七日ノ間ハ聖靈渡リ二三途ノ大河一ヲ。今《マ》四七日ノ終リハ罪人蒙ル二五官ノ呵責一ヲ

本地ハ是普賢菩薩ナリ

居シテ二衆伏ノ頂一ニ播《ホトコ》シ二倒修凡事ノ苟（匂カ）一ヲ。下テ二普迷ノ谷一ニ教フ二眞如實相ノ峯一ヲ。三部祕教モ顯レ二金剛薩埵ノ弘通一ニ。再演法花モ起ル二遍吉大士ノ勸發一ヨリ

或ハ成テ二懺悔滅罪之教主一ト。助《タス》ケ二決定應受之逆人一ヲ

或示ニ法性無漏之妙理一ヲ。制シタマフ二大白象王之無明一ヲ

伏シテ願クハ

恆順衆生之本誓不レ誤スタマハ。幽儀成佛之索（素カ）願令レタマヘ成セ

五七日

抑今日ハ聖靈第五七日ノ忌景《ケイ》。琰羅雙王大城ノ裁斷ナリ

夫焰魔大王者

地藏薩埵之垂迹。無佛世界之教主ナリ

彼ノ預彌國ニ有二二院一。一ニハ善名稱院。是レ地藏尊之淨土ナリ。四方ニ有リ二四種ノ菩薩一。二ニハ光明王院。彼ノ琰羅王之廳庭ナリ。八方ニ懸リ二八面ノ業鏡一ヲ。頗梨鏡ノ影明ケニ浮ヘ二娑婆之昔一ヲ。檀陀幢ノ吻《サキ》委ク語ル二在生之事《コトハサ》一ヲ。就二琰魔社一ニ有リ二五種ノ翻名一。於二車輪王一ニ在《イマス》二四人ノ王子一

其ノ中ニ地藏大子者。於二迦羅陀山一ニ難行苦行シ。到テ二等覺無垢一ニ入重出重セリ。爲シテ二二佛中間ノ導師一ト救イ二八獄ノ罪人一ヲ。爲ナリテ二三摩付囑ノ弟子一ト代リタマフ二三熱ノ苦患一ニ。薩埵ノ悲願。最モ有リ二我等一ニ。閻王ノ裁斷。偏ニ憐タマヘ二亡者一ヲ

回向遍シ二三界一ニ。發願兼リ二二世一ヲ

六七日

抑今日ハ聖靈六七日ノ忌辰。則本尊ハ冥途變成王ノ裁斷ナリ

生處未ルレ定者ノ。來リ二此ノ王廳一ニ。罪障將《マサ》ニスルレ盡ナント輩。待ツ二今ノ追福一ヲ

凡本地彌勒菩薩ト者

當來導師。光リ遍ク拂イ二四十一地ノ暗一ヲ。龍花樹王。香イ久ク薫ス二五十六億ノ閒一ニ。妙法蓮花ノ蕚《ハナフサ》モ開ケ二無能勝ノ疑風一ニ。顯本遠壽ノ響モ出リ二阿逸多ノ論鼓一ヨリ

依レ之ニ

胸間八葉ノ月殿モ呈《アラハレ》二慈尊ノ指南一ニ。純圓一實ノ明珠モ收ル二亡者ノ心念一ニ。依テ二施主ノ善業一ニ魂靈。速ニ到リ二都率ノ內院一ニ。酬ニ今日ノ回向一ニ迷黨。悉ク渡ン二生死ノ愛河一ヲ

七七日

抑今日ハ七七日之忌景。太山王之裁斷ナリ

閻魔王ヲ爲シレ父ト。弁才天ヲ爲シテレ母《ハワ》ト。黄泉界所生之泰山王。

衆生界本命之守護神ナリ

夫本地藥師如來者

衆病悉除ノ良藥。治シ二生死ノ熱惱一ヲ。悉皆豐足ノ誓光。照ス二無明ノ暗夜一ヲ。七佛藥師。花開テ匂イ二閻浮樹ノ邊一リニ。十二大願。船穩《ヲタヤカ》ニ渡セリ二娑婆海ノ浪一ヲ。本地ノ與樂既ニ然リ。垂迹ノ拔苦何ソ疑ン

然則
泰山府君《クン》之禮奠《レイテン》者。延ヘ二必死之壽限ヲ於此ノ界ニ一
定生天王之嘉名《メイ》者ハ。定ム二亡魂之生處ヲ於今《コ》ノ時ニ一
所以《コノユヘニ》
本迹兩門兼備ノ實益。不レ可レ疑
現當二世安樂ノ願滿。正ク在リレ茲《コレ》ニ

百箇日

抑今日者百箇日ノ之善苗。肆ニ聖靈者平等王ノ裁斷ナリ
本地者觀世音之示現。本說者十王經之誠言ナリ
悲キ哉《ヤ》。彼ノ亡者被ル二杻械之責一。毎ニレ時雖レ欣ト二娑婆ノ追善一
愚ナル哉《ヤ》。其ノ子孫營ム二渡世之業《ワサ》ヲ一。毎ニレ人不レ訪《トフラ》二幽儀ノ菩提ヲ一
三十三身。月ノ光ハ照リ二八寒之氷ヲ一
十九說法。花ノ匂ハ殘ル二九界之稜ニ一
凡ソ諸佛ノ慈悲。惣テ集ル二一菩薩ニ一。故《カ》ニ常沒ノ凡夫。別テ歸ス二觀
世音ニ一
然則
大悲代受苦ノ本誓。不ンハレ盡今ニ亡魂ノ解脫。在リ二今日ニ一
娑婆施無畏ノ金言。不ンハレ落地ニ壇主ノ心願。滿ン二當會ニ一
懇祈至テ雖レ深。啓白且ク存レ略ヲ

一周忌

抑今日ハ聖靈一回忌ノ善苗《ミヤウ》。夫本尊ハ黃泉都市王ノ裁斷ナリ
極善極惡ノ人ハ。前ノ廳庭ニ定ム二生處ヲ一。小罪小福ノ輩ラ。此ノ王
前ニ被《カフム》ル二糺決ヲ一

抑過去靈魂

三百有餘ノ日。何ナル過ヘル二嶮道ヲ一カ。一十二廻ノ月。誰《キレ》カ代レル二苦
患ヲ一。留ル二舊里ニ一九族ハ悲歎雖レ有レ限。往ク二冥途ニ一三魂ハ愁涙
常ニ流ト說リ

本地ハ大勢至菩薩ナリ

首楞嚴經云。昔ハ値二超日月光佛ニ一。受二念佛三昧ヲ一得二無生
忍ヲ一。今ハ奉二仕シテ彌陀如來ニ一。往生ノ衆生ヲ令二引導一矣

方今

仰イ二都市王讚歎之敕風ヲ一而テ散シ二亡魂小惡之雲霧ヲ一。加ヘ二毘

盧王塔婆之智光ヲ㆒而テ照ス㆓幽儀中陰之冥途ヲ㆒懇祈。通シ㆓朗然之覺□ニ㆒。回向。及ス㆓法界之迷□㆒

第三年

抑亡靈第三回之忌辰者。則本尊第十王之裁斷也

本地ハ安養界ノ主《アルシ》阿彌陀如來。垂迹ハ預彌途《ヨミツ》ノ帝《ミカト》五道轉輪王ナリ

其ノ轉輪王ト者。焰魔天ヲ爲シ㆑父ト。妙吉祥ヲ爲㆑母ト

彼ノ彌陀尊ト者。刪《サン》提嵐國ノ昔ハ爲《シ》テ㆓無諍念王ト㆒。結タマフ㆓勝緣於我等ニ㆒。極樂世界ノ今ハ成《ナ》テ㆓無量壽佛ト㆒。顯シタマフ㆓來迎於終焉ニ㆒。

縱雖《イフ》トモ㆓罪障深重ノ亡魂タリト㆒。接取不捨ノ願船。何ソ可ン㆑漏シタマフ。既雖《イヘ》トモ㆓極重惡人ノ黨類ナリト㆒。唯稱彌陀ノ接取。最有㆑賴ミ。百卽百生ハ因地之本誓。一稱一念ハ超世之願□ナリ

仰キ願クハ過去聖靈。淨メ㆓塵垢於功德池之浪ニ㆒

伏シテ念スラクハ現在檀越。結タマヘ㆓契諾《ダク》ヲ於樂音樹之露ニ㆒

七年忌

抑依テ㆓今日之追善ニ㆒。數《シハシハ》見ニ㆓記錄之所說ヲ㆒。七年忌ハ歸㆓阿閦ニ㆒。十三回ハ仰クト㆓大日ヲ㆒明セリ

凡阿閦如來者。大通智勝佛ノ昔ハ第一ノ王子。東方歡喜國ノ今ハ四佛ノ最初ナリ。一切衆生發心卽到ノ敎主。八識賴耶大圓鏡智ノ佛體ナリ

然則

菩提ノ非㆑難㆑得。道心ノ難ナリ㆑發《ヲコシ》。佛道ノ非ス㆑難ニ㆑行シ。此尊ニ難ナリ㆑値。一乘妙典之春ノ花ハ。開ケ㆓報恩謝德之薗ニ㆒。六大無礙之秋ノ月ハ。□ス㆓普皆回向之□㆒

十三年

抑今日ハ十三回忌之追善。則本尊ハ十三大院之覺王ナリ

夫大日如來ト者。理智冥合ノ眞際。寂照同時ノ窮源ナリ

胎藏之四重圓壇ハ。十界ノ衆生ヲ納メ㆓阿字之本空ニ㆒

金界之九會曼陀ハ。五佛諸聖ヲ浮フ㆓鑁字之心水ニ㆒

理智並テ㆑舷《フナハタ》渡《ワタ》シ㆓生海ヲ㆒。方圓結テ㆑菓《コノミ》ヲ扶《タス》ク㆓渴《カツ》類ヲ㆒

十號具足之惠風。拂二三途八難之妄塵一ヲ。

五相成身之覺月。照ス六道四生之幽谷一ヲ。

仰願ハ大日如來。雖三法界體性ノ本誓ナリト一。先ニ勸タマヘ亡魂之菩提一ヲ。雖三平等利益ノ佛心一。偏ニ受タマヘ當會ノ法味一ヲ。

抑今日者過去聖靈。三十三回之忌景。則本尊者虛空藏尊。三十五佛之極聖ナリ。

（三十三年　十七年　二十二七）

凡此ノ大菩薩者。西方香集世界法身ノ大士。勝花敷藏如來ノ補處ノ弟子ナリ。外ニ示シ五五由旬之身量一ヲ。内ニ顯ス界界無礙之空力一ヲ。

故此菩薩來到ノ砌ハ。山川溪谷皆悉ク蕩ヶ。須彌巨海同ク共ニ空ナリ。

虛空無礙ノ心內ニ納メ三千ノ因果。能滿所願ノ本誓ニ備ニタリ三種ノ福智ニ。

此菩薩ニ一字ノ種字アリ。三種ノ願滿アリ。一ニハ福德自在之願滿。二ニハ智惠弁才之誓イ極マリ。三ニハ無上菩提之望ミ叶ヘリ。種

字ハ〔タラク〕字也。如如不可得之〔梵字〕字（タ）。離塵不可得之〔梵字〕字（ア）。遠離不可得之〔梵字〕字（アク）。三字合成シテ一字也。

大日如來同體之薩埵。明星天子應迹之大士ナリ。敷藏勝花之香集。深ク薰ク幽儀得果ノ臺ニ。虛空滿月之光明。遍ク曜ニ衆靈中有ノ空ニ〔ソラ〕。舉テ要言ニハ之。若持此呪者。墮三惡道。我（者カ）共隨往三惡道ト說リ。本願無レ誤リ。亡靈有レ賴。

（卍續三二八八丁右上ㄱ・下。佛說如意虛空藏菩薩陀羅尼經）

已上十三佛

次回向

回向

然則

回向偏ニ備ニ亡神之得脱一ニ。善水遍ク擬ス法界之受潤一。

一乘妙典之船筏不レ傾カ。送ニ魂靈於安養之西岸一。

五輪塔婆之惠燈倍レ光。照タマヘ普迷於忍界之東隅一ニ。

然則

六趣ノ沈淪ハ昨日ノ夢。勿レ殘コトヲ執塵於有爲之床一ニ。

四德ノ妙果ハ今日ノ覺。令（力カ）レ至タマヘ聖靈於無上之臺一ニ。

妙經者是法王髻（繫カ）中ノ明珠ナリ。貧家ニ如レ得レ寶ヲ。

高顯者又必生安樂ノ目足ナリ。絶壑如レ得レ梯（カケハシ）ヲ。

幽儀之頓證無レ疑イ。檀主之願滿有リ此ニ。

重テ乞フ

善風普天ニ充滿ルカ故ニ。上界ノ天衆拂イ二五衰之悲一

法雨率土ニ布潤ルカ故ニ。下界ノ土民收二百數之穀《クタモノ》一ヲ

乃至法界　平等利益丁

供養淨陀羅尼一切誦丁

敬禮常住三寶丁

敬禮一切三寶丁

廻向無上大菩提丁　　已上

七本率都婆供養

先三禮ヨリ經釋マテ如レ上

抑以テ二第一本ノ塔婆一備フ二初七日ノ追福一。本地不動尊ハ垂レ二生生ノ加護ヲ一。垂迹秦《シン》廣王ハ導タマヘ二嶮嶮ノ山路ヲ一。以二第二ノ塔廟ヲ一擬ス二二七ノ追修ニ一。釋尊ノ本佛ヨリ貴ミ二皆是吾子ノ慈父ト一。初江ノ王迹マテ仰ク二死山葬頭《センサウツ》ノ救助ヲ一。以二第三本ノ率都婆ヲ一配ス二三七日ノ波羅蜜ニ一。文殊ノ惠劍。切リ二生死業縛ヲ一。宋帝ノ王命。免《マヌカル》ノカ二毒蛇ノ殺害ヲ一。以二第四ノ芳墳ヲ一寄《ヨ》ス二四七ノ指南ニ一。歸シテ二本地ノ普賢ニ受ケ二理體遍ノ妙薫ヲ一。奏シテ二垂迹ノ五官ニ一遁ル二秤量斷ノ呵責ヲ一。以二第五ノ支提《デイ》一擄《ナスラフ》二五七ノ船筏ニ一。念シテ二地藏尊ノ本願ヲ一賴ミ二令離苦ノ濟度ヲ一。向テ二閻魔王ノ迹化ニ一見ル二頗梨鏡ノ善影《エイ》ヲ一。刻テ二第六ノ塔婆一擬ス二六七ノ忌景ニ一。彌勒慈尊ハ當來出世ノ導師。變成大王ハ變惡成善ノ稱號ナリ。立二第七ノ高顯一擬ス二七七ノ菩提ニ一。本地藥師佛ハ療シ二治シ生死ノ重病ヲ一。迹門太山王ハ讚シ二歎シタマヘ亡者ノ小善ヲ一。卽シテ二定生天王ノ之寶號ニ一。定メ二生處於安ヲ樂世界ニ一。託シテ二泰山府君ノ之嘉名《メイ》ニ一。符《チキル。カナフ》シタマヘ二短命《メイヲ》於無量壽佛ニ一

次廻向　如レ上ノ

天正十六（一五八八）戊子二月二十日

當時檀主猷長務齊。于時僭僧抽詮認。茲江州柏原成菩提院第十七世眞祐執筆

四本柱

私云。丑 多門天王 寅 毘沙門天王

辰 持國天王 巳 提頭賴吒天王

未 增長天王 申 毘盧勒叉天王

戌 廣目天王 亥 毘樓博叉天王

ウシロニ十三本。前六本。兩ノワキニ十五本ヅツ。ウシロノ内ノ方ニ

忌日十三本ヲ立ル也

〔八塔〕

鹿野薗中法輪塔

菴羅薗社維摩塔

淨飯王宮空所塔

沙羅林中圓寂塔

給孤獨薗名稱塔

曲如(女カ)城邊寶階塔

菩提樹下成佛塔

菩提樹下成社塔

(底　本)叡山文庫眞如藏、天正十六年(一五八八)柏原成菩提院眞祐執筆一冊寫本

(校訂者　水尾寂芳)

忌日法則　終

忌日法則

初七日

以テ所生ノ功德ヲ併ラ資《シ》ス亡靈《ハウレイ》得脫指南ニ。抑モ今日ハ聖靈初七日秦廣《シンクワウ》王本地不動明王之裁斷也。七日七夜ノ閒越《コヘ》シテノ死山ノ險《ケン》《ケワシキ》坂《ハン》ヲ今日至ル彼ノ王ノ廳庭《チヤウテイ》ニ。受ケ苦ヲ値《ワウ》コト悲ミニ經論ニ所ロ擧《アク》ル釋義ノ評《ヒヤウ》判以テ言《コトハ》ヲ難キ盡《ツク》シ者歟《カ》

凡本地不動明王ト者。一切衆生初發菩提心ノ本尊。六趣ノ群《クン》類送ル彼岸《カン》明王也

然《シ》則チ。十九變相ノ月ノ光ハ浮ヒ生生而加護之水ニ。三界攝《セフ》領ノ風ハ劇《ハケシク》拂フ三障四魔怨之怨塵《ヲンチン》ヲ。動シテ法性難動山ヲ入リ生死難入海ニ。外ニハ現シテ慕(暴カ)惡忿怒ノ形像ヲ。內ニハ垂ル平等一子ノ慈悲ヲ。內證外用ノ利益不可勝計《アケテカソウ》。只願ハ秦廣王還念シ本地誓願ヲ。垂迹ノ慈悲有テ餘リ。勸メタマヘ幽靈菩提ノ直路ヲ也

二七日

抑今日ハ亡靈二七日初江王本地釋迦如來也。初メ七日ノ閒ハ越《コ》ヘテ死山ノ嶮難ヲ。次ノ七日ノ閒渡ル三途ノ大河《カ》ヲ。七日滿《ミテル》スル日至ル初江王ノ廳庭ニ。本地ハ久遠實成ノ釋迦尊一代應世ノ教主也。化緣有リ限リ。雖モ隱ト雙林ノ雲ニ。利生年久ク尚《ナ》ヲ施ス遠《ヲン》沾《テン》《ウルヲス》ノ惠《メクミ》ヲ。五百ノ大願ハ偏ヘニ爲ナリ娑婆之衆生ノ。一子ノ慈悲ハ併ラ顧《カヘリ》ミタマフ我等之得脫ヲ。悲哉ヤ。乍《ナカ》ラ居シ皆是我有ノ國土ニ。忽ニ忘ルコト一化覺王之憐愍ヲ。傷《イタマシキ》哉ヤ。乍受ケ能爲救護ノ利益ヲ。不ルコト報《セ》タテマツラ三界慈父之恩德ヲ

今日ノ作善併ラ奉ル資《シシ》初江王ノ內證之法味ニ。若爾者。亡靈既ニ娑婆隨一ノ衆生也。何ソ不ン坐《マシマ》サ悉是吾子之慈悲。廻向亦タ無二清淨眞實白善也。尤モ可シ憑タテマツル唯我一人之濟度ヲ。內證外用ノ慈悲勸《スス》メ幽儀得脫ヲ。勸(勸カ)修シテ三業四儀之善根併ラ資タテマツル菩提ノ資糧ニ。何況ヤ書寫モ讀誦モ釋尊ノ所說ノ經典也。報恩モ謝德モ大聖慇懃《ヲンコン》《インキン》ノ遺《ユイ》誡也。廻向通セリ冥鑒《カン》ニ。功德豈ニ唐捐《タウエンナラン》哉ヤ

三七日

抑今日ハ亡靈三七日宗《ソウ》(宋カ)帝王本地大聖文殊也云云死山三途ノ二七日ノ後チ重テ渡ル二泥河《テイ》一ヲ。彼ノ岸ニ構《カマ》ヘ二王宮一ヲ。毒蛇惡鬼從《ヨリ》二池ノ中一出テ責ムル二亡《ハウ》人一ヲ。卽チ本地金色世界ノ教主三世ノ覺母ノ文殊也。龍種尊王ノ古《イニシヘ》雖モ二八相成道ノ月ノ光朗《リホカラ》ナリト一。一品等覺ノ今ハ顯ス二入重玄門ノ花ノ匂ヒ遍《ネキ》コトヲ一。假《カリ》ニ聞テ二此ノ菩薩ノ名《ミナ》一ヲ。滅シ二十二劫之生死ノ重罪一ヲ。暫《シハラク》《サン》唱レハ二此ノ大士ノ明一ヲ。免《マヌカ》ルニ二三有苦（界イ本）界之無窮ノ輪環《リンクワン》一ヲ。所以ニ提ケテ二智惠ノ劍一ヲ斬《キル》二輪廻生死之縛纒（無窮）一ヲ。乘シテ二師子王ニ一超《コユ》二流轉五道之嶮路一ヲ。三世ノ諸佛既ニ酬《コタヘ》テ二文殊ノ教化一ニ成ス二正覺一ヲ。今日ノ亡靈得脫定テ依ル二此尊ノ慈愍一ニ者也。乞願ハ。宗(宋カ)帝王本地垂迹哀三愍シテ弟子之懇志一ヲ。示シタマヘ二聖靈得脫ノ指南一ヲ

四七日

抑今日ハ幽靈四七日五官王ノ裁《サイ》斷。則普賢菩薩ノ應化也云云尋ルニ二聖靈黃泉ノ旅行《リヨカウ》一ヲ。前ノ三七日ハ死山ノ三途等ノ渡リ二山川《セン》一ヲ。重テ越テ二一ツノ江河《カウカ》一ヲ到ルト二四七日五官王ノ廳庭一ニ。見《ミ》ルニ二凡ソ內證一ヲ普賢大士ト者。不變實相ノ妙理常住本覺ノ薩埵也。居シテ二衆伏ノ頂《イタタキ》一ニ瑩《ミカキ》二玄理究竟之月一ヲ。隨テ二九界形《カタチ》一ニ播《ホトコ》ス二冥薰密益之匂一ヲ。凡ソ草屋《ヤ》《ヲク》松《セウ》扉《ヒ》《トホソ》ノ床ノ內ニハ自東自西之惠風鎭（頻ニ）ニ扇キ。衆生一念ノ心水ニハ普（賢）現一切之智月ノ影明《カケアキラカ》ナリ。何況ヤ現シ二白《ハク》玉之形一ヲ顯シ二法性無漏之妙理一ヲ。乘ルコトハ二六牙之象一ニ表ス二無明顚倒之制伏《セイ》一ヲ。所以。眞言上乘ノ流傳誠ニ由ル二普賢薩埵ノ弘通一ニ。法花一實ノ重演ハ偏《ヒトヘ》ニ爲タリ二末世濟度ノ善巧一。常隨給仕ノ誓願ハ餘尊ノ不レ及《ヲヨハサル》處《ロ》。晝夜不退ノ擁護ハ唯タ限ル二普賢菩薩ノ利益一ニ者也。抑願。顧《カヘリミ》ニ本地誓約一ヲ。垂テ二迹化ノ慈悲一ヲ勸メタマヘ二亡神ノ得脫一ヲ

五七日

抑今日ハ聖靈五七日ノ忌景《ケイ》琰魔王廳庭《チヤウテイ》ノ裁《サイ》斷也。彼ノ琰王ト者本地地藏薩埵ノ應化也。彼ノ預彌《ヨミ》國ノ炎魔宮ニ有リ二二院一。一ヲハ名（號イ）ク二善稱院一ト。本地地藏菩薩所居ノ淨土也。一ヲハ

號ス二光明王院一ト。垂迹炎魔王ノ所居也。八方ニ懸《カ》ケ二八面ノ業《コウ》鏡一ヲ中臺ニ有リ二淨頗梨ノ大鏡一。於テ二娑婆一ニ所レノ作《ナ》ス善惡諸業無レク所レロ殘ル浮フ二此ノ鏡ノ面一ニ。隨テ二罪障ノ輕重一ニ炎羅獄率《ソツ》致ス二呵《カ》責《シャク》一ヲ。本地ハ乃往過去ノ昔在《シイマス》二車輪王ト云フ王一。此ノ王ニ金色《地》・金淨・天藏・地藏トテ四人ノ王子有リレ之。其ノ中ノ地藏太子於テ二迦羅陀山一ニ。難行苦行シテ開悟得脫シ。還テ二六趣ノ苦域《イキ》一ニ引二導シタマハン難化ノ衆生一ヲ云フ誓願ヲ發シタマフ者也

竊《ヒソカニヲモンミレハ》㠯《以》

十地圓滿ノ華ノ匂《ニ》ハ董（薫カ）シ二有情輪廻之苑《ソノ》一ニ一品無累《ルイ》《雲月イ本》ノ月ノ影ハ照ス二無佛世界之闇一ヲ地藏ト者。是レ我等カ一念ノ藏識《シキ》。是ヲ名ク二三千在理同名無明一ト。亦《マタ》ハ本覺九識ノ藏理。是ヲ號ス二三千果成咸稱常樂一ト。故ニ此ノ尊ハ是レ無明法性不二ノ尊容。一念凡《ホン》心ハ三密ノ相海也。垂迹ノ炎魔王還ニ念シ本地ノ慈悲一ヲ。勸《スス》メ二幽魂九品往生一ヲ。內證ノ地藏尊ハ憐二愍シ弟子カ廻向一ヲ。送リタマヘ二亡神ヲ三明ノ覺位一ニ。何況ヤ。此ノ世界ハ今《マ》二佛ノ中閒ノ暗夜也。菩薩ノ濟度ノ時節此時《キ》也。我等《ラ》衆生ハ忉利付囑ノ迷類也。大士ノ利生專ラ不レ可レ漏《モラ》ス。只願ハ。本地垂迹合レテ力ヲ救二護シ亡靈一ヲ。廻向發願ノ顯レ誠《ワシテ》ヲ濟二度シタマヘ衆生一ヲ

六七日

抑今日ハ六七日變成王裁斷。本地彌勒菩薩也。前《キ》ノ五七日琰魔王ノ廳庭《テイ》ニ生所不レル定ラ人來ルニ此ノ王廳一ニ也。但シ此ノ七日ノ閒ハ如シ二前前一ノ深重ノ苦患《ケン》無レト之說リ

然而本地彌勒菩薩ト者。一生補處《フ》ノ大士當來正覺ノ導師也。所以ニ本地等覺ノ朝日《アサヒ》ハ耀《ヤ》キ二四十一地之雲外一ニ。當來作佛ノ妙花《ケ》ハ待《マ》ツ二五十六億之詫《タク》生一ヲ。然則釋尊既《ステ》ニ我等衆生ヲハ付二囑シ此大士一ニ。何《ナン》ソ不レン懸《カケ》二憑《ミ》ヲ於龍花正覺之値遇一ニ。依レ之。法王出世ノ本壞（懷カ）タル一實ノ妙花ハ開ケ二彌勒疑問《キモン》之梵風一ニ。衆生開悟ノ至要《シイヨウ》タル久《ク》成ノ覺月ハ出タリ二大士猶《ユ》預ノ朦《モウ》雲一ヨリ今日ハ忽チニ依テ二薩埵ノ方便一ニ。聞キ二本迹二門之奧旨《シ》一ヲ。來際ハ必ス待《マツ》テ二彌勒ノ正覺一ヲ。悟《サト》ラン二色心實相之妙理一ヲ

倩《ツラツラヲモンミ》以レハ

四十九重ノ都率《ト》ノ內院モ不レ出ニ衆生一念之心性一ヲ。第十減《ケン》

劫龍花ノ王宮モ併ラ在リ二胸《キヨウ》中八葉之月殿《テン》ニ一。當來無量ノ念念悉ク慈氏《シ》正覺尊體也。九界ノ衆生雖モレ異ト。非ンハ二此ノ尊ノ化道ニ一不《ス》レ可ニ成佛一。四種佛土不同ナレトモ。歸シ二彌勒《ロク》ノ本誓ニ一可《ス》キ二開覺一者也

若爾者。依ニ今日ノ廻向一ニ亡靈忽ニ到《イタ》リ二心內兜《ト》率ノ本宮ニ一。酬《コタヘ》テ二所修善業ニ一迷黨《メイタウ》ヲ渡《ワタシ》ン二本來生死之愛河《カ》ヲ一

盡七日

抑今日ハ聖靈七七日泰山王宮ノ裁斷。本地藥師如來也。垂迹ノ邊ニハ是レ琰魔王ヲ爲レ父ト。大弁才天ヲ爲シテレ母ト。所レノ生ル御《ミ》子《コ》也。一切衆生ノ壽命ヲ守護シタマフ也。一切亡靈多分此ノ王廳ニシテ生處定ル故ニ號スル二定生天一トモ者也

凡ソ本地ハ是レ醫王善逝衆病悉除ノ本誓深重也。十二ノ大願ハ偏ニ爲メ二娑婆ノ衆生ノ一。七佛ノ利生ハ併ラ及ス二難化我等《衆生トモ》ニ一。輪廻生死ノ夢メ雖トモ二久ク結フト一。一經其耳ノ梵風ニ悉ク覺メ。五住三妄《マウ》ノ闇《ヤミ》雖ニ誠《マコト》ニ深ト一。還得清淨ノ智玉快《ココロヨク》澄《スマサン》。衆病ノ言ニハ事理ノ病惱ヲ納《ヲサム》。良藥ノ功ハ兼タリ二世閒出世ヲ一。故ニ亡靈ノ流轉六趣ノ病患ハ愈《イユ》ニ一稱南無ノ藥力ニ一。妄想三有ノ闇路《ヤミヂ》ハ照スニ二光薩埵ノ惠日ニ一。懇志定テ通タマフラン二醫王ノ冥鑒ニ一。廻向併ラ在リ二幽魂ノ得脫ニ一

百箇日

抑今日ハ百箇日ノ追《ツイ》善平等王ノ裁斷也。彼ノ王卽チ觀世音菩薩ノ應化也云云。然ニ見ルニ二一經ノ說ヲ一。亡者當テ二今日ニ一被《カウムリ》ニ二杻《チウ》械《カイ》之責《セメ》ヲ一。只望《ノソム》ニ二娑婆善根ヲ一許《カリ》也ト見タリ

悲哉。亡靈ハ娑婆ニ有リト二親族《ソク》一思《ヲモツ》テ雖レトモ待《マツ》ト二孝養善因ヲ一。愚《ヲロカナル》哉。留《トトマル》ニ二舊室《キウシツ》ニ一我等ハ報恩ノ志疎《シヲロソカ》ナルコト。然ルニ營《イトナミ》ニ二隨分ノ供佛施僧ヲ一致スニ二眞實ノ普皆廻向ヲ一。冥衆モ定テ知見シ聖靈モ必ス歡喜シタマフラン

抑觀世音菩薩ト者。西方ニハ彌陀補處《フ》ノ大士。東方ニハ能施無畏薩埵也。然則。三十三身應用ノ月ノ光ハ浮《ウカヒ》ニ二六趣沈輪之水ニ一。十九說法隨緣《理勝イ本》ノ花ノ匂ヒ施スニ二九界迷情之袂《タモト》ニ一。三稱我名之輩ハ代《カワツテ》ニ二正覺ニ一救《スクウ》レ之ヲ。一時禮拜之者《モノ》ハ預ルコト二巨益ニ一指《サ》スナリレ掌《ロ》ヲ。所以ニ十方ノ諸佛ノ慈悲併ラ納メニ二觀音一身ニ一。三世

常沒《モツ》ノ凡夫悉ク待《マツ》ニ此尊ノ利益ヲ
若爾者。亡靈縱《タト》ヒ雖《モ》レ難レ出《テ》ニ六趣ノ苦域《イキ》ヲ。六觀音ノ應用何ソ
不《ン》三濟ニ度《シタマハ》之一ヲ。群類設《タト》ヒ雖《モ》レ有ニ無量ノ著別《リト》一。(差カ)平等王ノ慈
悲爭カ不《ン》三救ニ護之一ヲ。尋ルニ本地ヲ聖靈ノ得解有《リ》レ憑。聞《キケ》ハ應
迹ヲ我等カ冥益無レ疑《シ》ヒ。廻向ハ縱《タト》ヒ雖《モ》ニ輕賤《ナリト》一歸依ノ志既《シテ》ニ深
重也。本誓ハ如《ク》ニ本誓ノ垂レ哀愍ヲ一。祈願ハ如《ク》ニ祈願ノ達《セン》ニ衆望ヲ一
試剋《シコク》

一周忌

今日ハ先孝(考カ)聖靈一周ノ忌景《ケイ》。都市《トシ》王ノ裁斷之日居也。彼ノ
王ノ本地大勢至菩薩也云云 凡極善極惡之人ハ不レ來《ラ》ニ此王
廳ニ。小善小惡之輩《ラ》ハ到《イタ》ルトニ彼ノ王之所ニ見《タリ》
抑忌靈三百有餘《ユウヨ》日月迷《マヨヒ》タマヒケンニ何ナル嶮路《ケンロ》ヲカ。十二廻《クワイ》之夙《シユク》
想《サウ》受タマヒケンニ何ナル苦患ヲカ。留マルニ舊室《キウシツ》ニ者ハ悲歎《タン》有リレ限リ。忘《ワス》ルル方ハ
千萬端《タン》。往《ユク》ニ黃泉ヲ人ハ愁淚《シウルイ》如ナル九牛《キウキウ》ノ一。慰《イ》事《シ》《ナクサムコトハ》不レ可レ有ル
一毛《イチモウ》ニモ。今歸《キ》シテニ都市《トシ》王ニ祈ルニ幽魂《ユウコン》ノ菩提ヲ
抑モ本地勢至菩薩ト者。首楞嚴經ニ云。昔《ムカ》シ値《ワウ》テニ超日《テウ》月光佛ニ

受ケテニ念佛三昧ヲ得《ヘ》ニ無生忍一ヲ。今《イマ》奉ニ仕《ブジ》シテ彌陀如來ニ往生ノ
衆生ヲ令トニ引導一云ヘリ。若爾者。聖靈五道輪廻ノ眠《ムリ》雖《トモ》レ
深シ。大勢威猛《ミヤウ》ノ梵風忽チニ覺《サマシ》レ之ヲ。二種ノ生死ノ濁《ニコリ》雖レ
厚《アツ》シ。等覺無垢ノ珠玉速カニ澄《サン》レ之ヲ。懇志通シニ朗《ラウ》然之果報ニ(證イ本ニ)
廻向及《ハン》ニ遠近《エンキン》之群類《クンルイ》ニ
凡霜《サウ》

第三年忌

抑今日ハ先孝(考カ)第三廻之忌辰《キシン》。五道轉輪王ノ廳庭ニ到ル者也。
彼ノ冥官ハ炎羅王ヲ爲シレ父ト。妙吉祥弁財天ヲ爲シテレ母ト所ノレ生スル
御子也。居《キヨ》セシメニ十王ノ最末ニ諸ノ聖靈ヲシテ令ルレ勸《スヽメ》ンニ極樂往詣ヲ
也
本地阿彌陀如來ト者ハ。昔シ此ノ世界ヲ名シニ刪提嵐《サンタイラン》國ト時ハ。
爲《シテ》ニ無諍念王ト令メシ結《ムス》ハニ來緣於我等《レラ》ニ。今ハ居《キヨ》シテニ安養ニ成テニ超
世ノ願王ト引ニ接シタマフ十惡五逆ノ迷黨ヲ
憑キ哉ヤ。亡《ハウ》靈縱ヒ雖《トモ》ニ罪障深重ナリト一。接取不捨誓ヒ何《ナン》ソ可《キ》レ
漏《モラス》タマフレ之ヲ

喜《ヨロコハシキ》哉ヤ。我等縱《ト》ヒ雖モ二無惡不造一ナリト。唯稱彌陀ノ說不レ可レ疑《ウタカウ》者也

一念十念猶《ヲ》此尊ノ悲願ナリ。今日ノ善根何ソ不ン二納受一シタマハ。百即百生ハ既ニ因地ノ本誓也

亡《マウ》者ノ往生在《アリ》レ指スニ掌ヲ。依レ之諸教所讚多在彌陀ハ。寄《ヨ》ス二望《ミ》ヲ於功德池之夕ノ浪《ナミ》一ニ。具三心《シン》者必得往生ハ。結フ二契《リ》ヲ於樂音樹之朝《タ》ノ露《ユ》一ニ。只冀《ネカワク》ハ。本願無レク誤《アヤマリ》亡神ヲ迎《ムカ》ヘ二安樂國ノ西岸一ニ。祈念達《シ》レ心ヲ我等ヲ渡シタマヘ二娑婆界ノ東州《クニ》一

抑今日ハ先師第三廻之忌辰。五道轉輪王ノ廳庭ニ到ル者ナリ。本地阿彌陀如來也。居シテ二安養ノ界會一ニ成リ二超世ノ願王一ト。引三接シタマヘリ十惡五逆ノ迷黨一ヲ

憑哉。亡靈縱ヒ雖モ二罪障深重一ナリト。接取不捨ノ誓ヒ何ソ可レ滿レ之。喜哉。我等（亡靈イ）縱ヒ雖モ二無惡不造一ナリト。唯稱彌陀ノ說不レ可レ疑者也

然則（過去先師）聖靈一念十念猶《ナヲ》此尊ノ悲願也。今日ノ善根何ソ不ニ納受一シタマハ。扇テ二一乘妙法之梵風一ヲ。浴《ウルヲ》ス二一味平等之法雨一ニ。拂テ二三有流轉之妄雲一ヲ。烈（列カ）リ二兩部曼荼之聖衆一ニ　御サン

乃至法界平等利益

七年忌

抑今日ハ亡者七年ノ廻《クワイ》忌《キ》。或《ア》ル（然イ）記錄ノ說ヲ見ルニ。七年ニハ歸シ二阿閦佛一ニ。十三年ニハ仰《アヲ》キ二大日如來ノ悲願一ヲ。三十三年ニハ可《ヘ》レシト奉ル三歸三依シ虛空藏菩薩一ニ。明《アカ》セリ

依テレ之。今日ノ善根併ラ奉ルレ資シ二阿閦如來內證之法味一ニ。此尊ハ是レ大通佛ノ十六王子ノ第一。於テ二東方歡喜國一ニ成シ二正覺一ヲ。四方四佛ノ最頂トシテ大圓鏡智顯現之尊ナリ。一切衆生ノ發菩提心。偏《ヒトヘ》ニ此ノ如來ノ方便也

竊ニ以レハ。菩提ノ非レス難キニ得《エ》。道心ノ難レキ發シ。佛果ノ非レス難キニ成シ。此尊（歟）奉《ツル》レ仕《ツカ》ヘ難《カタ》キナリ

然ニ今《マ》。一念發心ノ華ノ色ハ。開《ケ》二孝恩《カウヲン》菩提之薗《ソノ》一ニ。普皆廻向ノ月ノ光ハ。照ス二九界迷情之水一ヲ。渇仰《カツカウ》盡《シ》レ誠ヲ。感《カン》應暗《ソラ》ニ通《ト》ス

乞《コイ》願《ク》ハ。報恩謝德ノ燈《ミ》ノ影《ケ》ハ。混《コン》シ二東方正覺之惠日一ニ。丹祈發願ノ磬《ケイ》ノ響《ヒヒキ》ハ和《クワ》セン二歡喜國土之曉《ケウ》ノ鐘《シヨウ》一ニ

十三年忌

抑今日ハ亡魂十三廻ノ忌辰ナリ。然而《シカル》ニ十三年ニハ可《ヘシ》三供二養一ス大日如來ヲ云フ事記錄ノ一說也

凡ソ大日覺王ト者ハ。理智冥合ノ眞際《サイ》。寂照俱時ノ窮源也。所以ニ自性法身ノ體《スカタ》一ナレトモ分《ナレトモ》チ二萬德於因果一ニ。法界空殿無邊ナレトモ耀《カカヤ》カス二圓輪於東西一ニ。是則チ胎藏ノ十三大院ハ圓二備《ヒ》シ十界ノ衆生ヲ𑖀字ノ一念一ニ。金界九會ノ曼荼羅ハ顯二現ス三十七尊ヲ𑖪𑖽字ノ虛圓《コ》一ニ。故ニ兩部分レテ德ヲ利二益ス衆生一ヲ。理智合レテ體ヲ濟二度ス群萌《クンマウ》一ヲ。爰ヲ以。六大無礙ノ智風ハ拂《ヒ》二三乘五乘之妄《マウ》塵一ヲ。五相成身ノ覺月ハ照ス二六道四生之迷闇《アン》一ヲ。仰ヲ キ願クハ。大日如來ノ誓願ハ法界ニ雖レトモ無レト隔《ヘタテ》。濟度ハ先ツ勸《スス》メ二先孝（考カ）ノ菩提一ヲ。覆護《フクコ》雖レトモ遍スト二三千一ニ。今日ノ廻向必ス令メ二成辨セ一給ヘ遂《ハルカニ》

三十三年忌

抑今日ハ亡靈三十三年ノ忌景《キケイ》也。然ルニ見ルニ二一經說一ヲ。三十三廻ニハ可レ供《ト》二養虛空藏菩薩一ヲ云云

凡ソ此ノ菩薩ハ西方香集世界ノ勝華○敷《フ》藏如來ノ補處《フ》ノ弟子也。其ノ身二十五由旬也。此ノ菩薩來タマフ時《キ》。須彌大海鐵圍大鐵圍皆成《ナ》リ二虛空界一ト。遊行スルニ無レク障無礙也。虛空無礙ノ一心ニ納《ヲサム》ム二三千ノ萬法一ヲ故ニ號《カウ》ス二虛空藏一ト。此ノ菩薩ヲ亦《マタ》ハ名ク二能滿所願《ムシヤウムケ》ノ薩埵一ト。三種ノ願ヲ滿足スルカ故ナリ。一ニハ無上菩提ノ願。二ニハ者智恵弁才ノ願。三ニハ者福德自在ノ願也

眞言教ノ意《ココロ》ハ種子・三摩耶・尊形ノ三重。重重ノ沙汰有レ之種子ハ卽チ𑖝𑖿𑖨𑖯𑖾字。如如不可得ノ𑖝《タ》字。離塵不可得ノ𑖨《ラ》字。遠離不可得𑖀𑖾《アク》字。三字合成ノ字也。但シ此ノ菩薩ハ大日同體異《イ》名ノ薩埵。五大虛空藏ノ不同在レ之。然則。香集世界ノ春ノ華ハ薰《クン》シ二匂《ヒ》ヲ於九界迷情ノ袂《ト》一ニ。大圓虛空ノ秋ノ月ハ宿《ヤト》ス二影《カケ》ヲ於能滿所願ノ水一ニ。經ニ說テ二此ノ菩薩ノ本願一ヲ云ク。若シ持ニ此呪一ヲ（卍續三二、三八八丁右上〜下）者ハ墮センニハ二三惡道一ニ我共《レトモ》ニ隨テ往《ユ》カント二三惡道一ニ。本願難思ナリ。成辨尤《ヘン》モ可レ憑ム。只願ハ大士ノ本誓無レク誤《アヤマリ》引二道シ幽靈一ヲ。送リ二九品ノ淨刹一ニ給《タマ》ヘ

廻向

廻向無レ他。只祈ル二亡神ノ得脱ヲ一。祈念有リレ誠ト。併ラ期ス二九品ヲ開覺ヲ一。依テレ之。一乘實相ノ船筏《セムハツ》ハ送リ二亡魂於安養ノ西《セイ》岸ニ一。六大無礙ノ智光ハ迷徒《ト》於照《テラ》シタマヘ二忍界ノ東隅ニ一

若爾者。聖靈六趣ノ沈《チム》輪ハ昨日ノ夢ナリ。無シレ殘《ノコ》ス二妄執於有爲ノ世雲《セイウム》ニ一。三身ノ覺位ハ今日悟《サト》ナリ。早ク究《キワメ》タマヘ二智斷於無上覺月ニ一。所以《コノユヘニ》久ク住シテ二輪廻ノ郷《サト》ニ一。遠ク隔《ヘタ》テ二本覺ノ都《ミヤコ》ヲ一。妄想顚倒眠深《ネムリフカク》。生死執著ノ濁《ニコリ》難キレ澄《スミ》者歟。雖トモレ然妙法ハ是レ煩惱卽菩提ノ眞法。廻向盡スレ誠ヲ。生死卽涅槃ノ果證。報恩抽《ヌキ》ンテレ志ヲ。成等正覺有リレ憑ミ。化《ケ》劫《カウ》(功カ)歸《キ》己《コ》ノ故ニ。信心ノ弟子隨孝子時　壽命ハ類《ルイ》シテ二玄靏《ケンクワク》ニ一保《タモ》チ二長生不死之算《カス》ヲ一。福祿ヲ等《ヒトシク》シテ二須達ニ一遂《トケ》ン二衆願成就之《ノ》望《ミ》ヲ一。殊《コト》ニハ當所諸人諸德當寺當通安穩シテ　民《タミ》唱《トナ》ヘ二常樂　榮《サカヘ》ヲ一國家無爲《フイ》ニシテ人誇《ホコ》ラン二長生之　樂《タノシミ》ニ一。善　潤《ウルヲヒ》二九界ニ一三磬響《ケイヒヒ》カン二六趣ニ一

抑令法久住

或經云。人去《ト》テ後至テ二三十三年ニ一修スレハ二彼ノ通修ヲ一。亡魂決定シテ得ト二無生忍ヲ一說リ

或傳ノ中云。漢朝ノ隆陌ハ迎テ二三十三ヲ一於二母ノ舊室ニ一營シカハ二作善ヲ一。亡魂出シレ聲ヲ悅ト二志ノ切コトヲ一見タリ

(奥書なし)

(底　本)叡山文庫眞如藏、書寫年不明一册本

(校訂者　水尾寂芳)

忌日法則　終

延命抄

（扉書）延命抄　中下合册 上卷闕本

〔目　次〕

（以上目次新作）

延命抄 中　平座。說經。法則

○初七日表白　不動法用　或三禮

○開眼　神分

○表白

謹敬白二淨妙法身摩訶毘盧遮那。因極果滿盧遮那界會。恩德廣大釋迦大師。證明法花多寶分身。去來現在爲衆生故。平等大會甚深妙典。八萬十二權實聖教。普賢文殊地藏龍樹。地前地上諸大菩薩。身子目連迦葉阿難。四向四果諸大薩埵。殊者。安養能化彌陀善逝。觀音勢至九品聖衆。念佛弘通諸大師等。惣者。佛眼所照塵數世界。現不現前三寶境界一而言。方今

南瞻部州大日本國信心大法主○値テ二先人永別ニ一拭二於雙眼ヲ一。當テ二初七忌辰一勵二於白善ヲ一。悲中圖二繪不動明王尊像ヲ一。愁忍テ書二寫ス一佛乘之眞文ヲ一。抑レ涙ヲ調二香花燈塗之供具ヲ一止テレ恨ヲ儲二出離解脱之資糧一。方展二百鄭重之梵莚ヲ一

泣啓二三寶無二之境界一ニ。勇猛精進御修善アリ。其願念旨趣如何者夫。今日聖靈告別御後相二當初七之忌景一ニ之日也。氣絶眼閉。如レ未二其傍ヲ去一。神去身冷。形チ猶二以覆テ不レ驚。含歎不レ知二日出一ヲ。太陽忽轉二七日之景一ヲ。消肝不レ辨二夜明一ヲ。卽移二一旬之忌一ヲ。悲哉。死人隨レ時ニ疎ナリ。哀哉。逝魂經レ日遠シ。爰過去幽靈當二初夏之天一ニ一期運命早盡。以二中旬之半一九泉別離忽至ル。自レ爾以來。朝拭夕拭尚不レ乾者戀慕之涙也。霄憂曉憂尚不レ休者哀傷之歎也。是雖二生死定理一ナリト人トシテ而無レ不レ悲。又雖二輪廻常習一當レ身テ難レ忍者也。加之。不レ擇二豪賢一者無常ノ殺鬼也。思トモ思トモ尚無レ情。不レ擇二老少一者有爲怨賊也。云テモ云テモ又有レ餘。不知迷タマフラン二六道四生之間一ニカ。不知胎《ヤトリ》タマフラン二九品三輩之蓮一ニカ。未レ明二天眼一無レ奉レ見レ之。未レ得二天耳一ヲ不レ奉レ聞レ之。不苦樂不定前ニ早廻二於出離得脱之計一コトヲ。昇沈斷罪ノ之程ニ速添ヱン二淨土新蓮之飾一ヲ。依レ之。佛像經典。供養恭敬。稱揚讚歎。香花燈明。如法如説。最尊最上也。佛陀ハ則不動明王ノ聖容。仰二業障消除之誓願一ヲ。經王ハ又平等大會眞文。馮二卽往安樂之金言一ヲ。供佛陀《施歟》僧忽ニ成二冥途之勝因一ト。開題供養速ニ爲二增進之良縁一ト。若然者。亡魂聖靈一念妄心恩愛ノ之雲。早晴レ二上品○《醍》無生月一ニ。流來生死如幻之夢。永增二究竟摩尼ノ耀一ヲ。作善之旨趣詞短誠ト深シ。三寶知見諸天證明シタマヘ

次願文　諷誦　次佛經釋

次施主段　佛經讚歎存略如レ此

凡今日者過去聖靈南浮ノ露消テ西刹ノ蓮開シヨリ以來タ。如ニ夢幻一相二當初七日ノ忌辰一ニ御ス。別離之道。生死之習。高モ賤モ賢モ愚モ一人トシテ無レ免。然者論藏ノ中ニ申《ノヘタル》樣ハ塚ノ内ニ倶ニ不死留レ家ニ泣モ冥冥タル中有モ相伴テ隨遂(逐カ)セン給サシク仕事ナレトモ氣絶眼閉ヌレハ不レ叶習也。千秋ノ之契リ萬歳ノ之昵モ只終命ノ通ヒ眼ノ眴閒也

何況。家僕老少男女信徒之儀式哉。爰幽靈去其月其日。露命永消テ花貌忽萎テ御座。剋哉。哭レ天叩レ地。從恩泣恩。或消レ魂推(摧カ)レ心ヲ。去レ東ヲ迷レ西ニ。或ハ泣泣絜《ツク》ニ東岱之墳一ヲ。或面面ニ營二葬禮之儀一。最後御供列レ袖ヲ。結句宮仕勵レ

歩ヲ。夜燈鏡レ影ヲ悲涙徒下非レ夢不幻幻同シ。漸及二五更之天ニ一八聲之鳥頻鳴テ登二北芒之煙一。然後面面歸二本宅一之後。誰一人モ奉レ添。誰片時奉レ隨。通嵐外無二問人一。月影外ニハ無二指入一。況冥途孤《コ》獨之道哉。況十王裁斷之庭哉。嗚呼。生死路隔逝而無二再歸一レ魂。墳基乾埋歟。而有二永不朽形一。不レ如下自レ沈二南浮綿綿之影一。奉レ祈中西方淨土之臺上思食ス者也。依レ之。抑レ涙展二讚佛講經之莚一ヲ。含レ悲ヲ抽二報恩追福之志一。乞願過去聖靈〔可レ隨レ時也〕照二此深重之誠一ヲ收テ二此無二之志一。必ス爲二中陰羇旅之證一ト。必爲二上品蓮臺之粧一。凡厥。難レ忘者恩愛慈悲之影。不レ夢不レ可二拜見一。易レ迷者生死成別之悲。經二曠劫一ヲ豈休二此愁一ヲ哉。懇丹至染《深歟》シ。啓白詞短。大聖哀レ之重爲二淨土菩提之友一ト。經典照レ之必爲二最初引接之緣一ト給ヘ。諸行無常是生滅法。貴賤皆歸二此理一。生滅滅已寂滅爲樂。聖靈早得二此樂一御スヘシ仰承。不動明王。生生而加護之誓不レ空。幽儀之菩提ヲ助給ヘ。伏乞。妙法一乘經王。佛力法力合力給ヘ

○二七日表白

敬白〔云云〕方今。聖靈早世後今日滿二二七日之忌景一。運二誠於三寶之御前一ニ。凝二信於一心之丹懷一ニ。圖二繪釋迦如來大恩教主之尊容一ヲ。致二開眼開題一悲祈二得道得果一〔御ス〕。慇懃御追福有。其旨趣何者夫

金谷ノ春花露ニ綻ヒ風萎。銀河之夜月東出西流。分段生滅皆以生者必衰。有爲習誰不レ猷。上天下界之閒誰人遁二有待之難一。山海空吊(市カ)之閒何處免二必滅之理一。是則輪廻六道ハ定習。愛別離苦ハ常習也。爰過去〔某甲〕夏之天中旬之候。西山日沈南浮露消ヘ〔御ス〕。太陽不レ駐《トトマラ》姮娥《コウカ》《月ノ中ノカラス》之影頻馳セ。中陰展二轉二七之忌一。爰奉恩愛ノ別離改十四日ニ猶悲。聖靈ノ芳德雖レ經二百千劫一ヲ淨報。依レ之。當二冥途ノ遠隔一ニ催二思ヲ於六道ノ之昇沈一。隨テ二亡魂永逝一ニ繫二望於九品之蓮臺一〔御ス〕。故迎二二七日之忌辰一ニ。讚二歎一代能化之教主一。開二妙法蓮花眞文一。演二說直示經王之功能一。所レ仰能爲救護之誓。釋尊代レ苦救二幽儀一。所レ馮皆已成佛之文。金言導二先人一ヲ開二タマヘ

佛種ヲ一。讚佛講經ノ儀是不ニ等閑一。恭敬供養誠又以甚深也。
所レ修功能皆精誠。所レ展齊莚增ニ鄭重一。然則。吾苦所通之
夢內從餘香殘トモレ悲。蓮臺九品之月前ニハ忽證ニ無生ヲ一開レ
覺ヲ

次願文　次諷誦文等云云　次佛經讚歎云云　次施主段

佛經功能存略如レ此。御作善之旨趣偏仰ニ三寶之證明ヲ一。
凡生死離別之悲ハ如ニ四鳥別一。四鳥別ト申者。魯國有レ名ニ
荆山一。彼山ニ有レ鳥名レ鵲《カササキ》ト。生レ子ヲ必三也。其子翼已ニ成
飛去之時。母子俱ニ相鳴各四方ヘ飛。別後又無ニ相見一故
云ニ四鳥別一也。孔子曉旦ニ聞ニ四鳥別離之音ヲ一。相泣テ撥カレ
琴ヲ造ニ四鳥別離之曲ヲ一。其詞云。腹內ニ羽下煖《アタタ》カナラン。久哀ニ
能馴ニ只一度別行幾ク計悲淚樣《タメシ》ナルヘシ。又再會モ習無量テ聞レ
聲事モ無。縱生テ廻ニ同世一有トモ互ニ親子ト云事ヲ不レ知。只
如ニ死別カ一。然者故人詞ニモ野獸山禽不レ辨ニ舊親ヲ一云事アリ。
息絕眼閉魂去身冷《ヒヘ》テ。埋土登煙之不レ見ニ往方ヲモ一。不レ知ニ
有樣ヲモ一。六道之內ニハ何所ニカ趣タマフラン。四生之閒ニハ受ニ何
形ヲカ一。只所殘筆染跡。其名ノミ止テ卽先人聖靈送別アテ後。

經ニ二七日一一行寫札不レ賜。況正蒙ニ其詞一哉。親無ニ拜
顏一重絕ニ汲引之便モ一。前途幾春風秋月。後會何ノ佛ノ國何
德ノ砌リ。住テモニ聳クレ空雲一尋ニ聖靈ヲ一受ニ天上勝妙之樂ヲ一。見ニ
傾レ西月ヲ一問マホシクニ幽儀一宿ニ九品十樂臺ニヤ一。曉雲蒼蒼トシテ不レ
語。夜月埋埋《ハイハイ》トシテ不レ答ヘ。嗚呼。流レ淚無レ由恐レ添ニ愛河之
浪一。燒レ胸ヲ何爲剩レ增サンニ火宅之煙ヲ一。止テレ怨ヲ讚ニ歎大恩教
主之聖容ヲ一。靜テレ心ヲ稱ニ揚卽得究竟之妙典ヲ一。以資ニ出離生
死之因ニ一。以祈ニ增進佛道之緣一。別レトモ離ルモ皆妄想顚倒之
夢。歎モ悲テモ併恩愛繫縛之迷ナリ。四十九年永別。隔ニ芳顏
於南浮之月ニ一。十方億《萬》土ハ遠キ道。待ニ値遇於西土之雲ニ一。善
根無レ限功德有レ憐。上自ニ螺髮梵王一。下自ニ牛《コ》頭馬頭一。皆
免ニ火血刀之苦一。同萌ニ正了緣之因一。仰承。大恩教主釋迦
如來。伏乞。妙法蓮花一乘妙典。佛力法力合力タマヘ。重乞
云云

○三七日　文殊

方今。摧二一心之肝膽一潔二一輪之日善一ヲ。當二過去聖靈三七忌辰一。歎中讚二歎シ三世覺母ノ之聖容一。涙底ニ書二寫直至道場之眞文一。開眼開題而資二三明覺位一。供養恭敬シテ而祈二九品之詫生一ヲ。有二一心回向御善根一。其旨趣何者。夫以。三界果報異業日別ナレトモ生二其所一ニ者必歸レ死ニ。受二其形一者有レ滅スルコト。是人中天上常習也。豈日域可レ免レ之哉。爰過去聖靈首夏中呂之天。中旬第五之候。無常責忽來テ有爲永驚御ス。自レ爾以來。難レ忍者恩愛別離之深怨。易レ迷者生者必滅常ノ新悲也○此是年年歳歳久馴二慈悲之溫顏一ニ。將又日日夜夜常蒙二鐘愛之芳言一故也。太陽照二四天之下一ヲ。戴レ眼而迷暗。巨海深シ二三千之底一。隔レ因而獨悲フ。前途何時シテ後會何日ソ。哀哉。恩愛之情無レ盡コト。在在之涙無レ盡。痛哉。戀慕之思不レ休。生生之腸未レ休。千萬端哀傷未レ半。三七日之忌陰已至レリ。仍示預二宗帝王之秤量一ニ。蒙二大聖文殊之引導一ヲ。詫二生シテ安養界之蓮胎一ニ。聞二觀音大士之教勅一。爰以。所二稱揚一者三世覺母之尊儀。仰二一字(子カ)慈悲於亡魂一○所二開講一者一乘頓悟之眞文。馮二安樂卽往於幽靈一ニ。若然者。無レ情ニ濟度於六趣長夜一ニ。定テ令レ遂二往生於三輩ノ果位一ニ給ヘ。設夫。北亡新墳《フン》ニハ見三悲風吹二岸松一ニ。西土妙覺ノ臺ニハ有三面月耀二芙蓉一。乃至法界云云

次願文　次諷誦等　如常　次佛經釋　次施主段

佛經稱揚大概如レ此。御回向之旨趣者亦無二二心一。明二聖靈決定往生極樂御祈請一也。別ハ常理リ當レ身ニ難レ忍○恨ハ常習有レ剩此恨也。大方世上之無常滿レ耳同事也。或有下別二恩愛之父母一人上。或有下後二鐘愛之子息一人上。或有下先二階(皆カ)老同穴夫婦一人上。或有下失二隨逐(遂カ)シ給仕之所從一類上。如レ此相互ニ有志有哀之中ニ相互ニ別ルル無常世間磨滅習也。或有二乍レ生別事一。王子晉之登レ仙。後人立二祠《マツル》於緱嶺月一ニ。羊太傅《博敷》(傳カ)之早世セシヲ。行客落二涙於峴山之雲一ニ。昔王子晉之爲レ學二仙道一語二三人ノ子一言。汝等無レ我之時。莫レ求二行方一。不レ見二于時一。三人子共任二父約束一ニ。雖二戀慕悲涙一スト無レ尋レ行。而ヲ最愛末子幼稚ニシテ。經程餘リ父戀シカリケレハ忘二

父命ニ入レ山ニ尋二老父ヲ一。已得二通力ヲ一。我子深山ノ中見二迷

行ヲ一。來二子前二一云。我已ニ成三仙人ト一。遊上二其境二於今者全ク

非二汝等境界一。然而汝幼稚ノ心、戀慕不レ堪尋二我來一リ。

哀ニ汝志ヲ故。今此來リ。自レ今以後者不レ可レ見。但欲レ見

我。七月七日ニ八縵嶺山ニ設二禮奠ヲ一可レ相二待我ヲ一。其時必

來可レ見レ汝ヲ契ル。其時彼子息歸二本宅一。舍兄幷親族等

語二此由一云 然後七月七日設二禮奠ヲ一相待之處不レ違契。

于時計二乘二白鶴二來一。子息共二前ニコツ申傳ト云 謬入二仙家一。

雖レ爲二半日之客一。恐歸二舊里一。逢二七世之孫一見二 實二

命タニモ有レバ終ニ歸二遇事是。一人ノ樵夫○爲レ探レ薪ヲ謬入ル仙

家二。二人仙人圍レ碁ヲ打居タル蹔見レバ思程二斧柄朽ケリ。卽久

而開二此尋彼求二僅二値二七世之孫一候モ。誠ニ命タニモ有レバ再ヒ

値レ子二遇レ孫ニモ。設又雖レ昇二上其境二一。以二恩愛眤一重テ

有二相見一コト。生テノ別如レ此。次死別者一去タル後再ヒ無三再

成事不レ知。亦後ニ歸二舊里二家宅不跡モ成リ。妻子モ不レ見。

會レ習二。但今、戀慕者生死媒チナレバ爲二亡魂一甚無益。追福ハ

淨土因也。爲二聖靈ノ尤至要也。爲レ酬二無窮恩德ヲ令レ修二

廣大菩提ニ御ス者也。若然者。聖靈ノ御得脱ハ雖二馮深一恩

愛ノ永別悲歡難伏。仰二天祈モ無二甲斐一。四十九年ノ御質（落丁脱文カ）

何ニカ赴ラン。叩レ地呼トモ不レ答タマハ。百千萬端ノ惠ヲ我レ情永

盡ス。告別三箇日。慈顏於如レ奉レ向。含レ悲三箇月。芳言

留在二耳底二一。但夫別モ恨モ生死之習也。始不レ可レ驚不レ

可レ憂。悲歡輪廻之習也。都不レ可レ騷不レ可レ痛。厥戀慕之

涙連テ玉。早爲二聖靈蓮座之莊一。悲歡之炎屠シタマハ胸。必爲二

幽儀迷情之燈一ト。我等已ニ纐纈綿綿長レ福ヲ回向普及。三途

恆居風普扇。六趣輪轉之輩之浪永澄。仰承。三世覺母文

殊大聖。伏乞。一乘妙法蓮花大王

○四七日表白　普賢

謹敬白　方今　推二一心於聖靈第四七日二一。潔三三業於五

官王斷裁場二一。拭二雙眼之悲淚一。圖二普賢大士慈之聖容一。

動二五大之哀傷一。寫二妙法蓮花甚深之眞文一。展二一座之

梵席ヲ一。祈二九品之詫生一二。驚二二寶境界ヲ一報シ御ス無窮之愛

恩一ヲ。一心勇猛之御善根ナリ。其旨趣何者夫以。生而必死ハ生死界之習也。賢愚貴賤皆無レ遁《ノカレ》。來ラ者定歸ル有爲世上ノ之理也。上天下界悉在レ終。依レ之。大覺世雄之悟ノ窮ル猶レ登二中夜之煙一二。十善金輪之運ノ貴キ又泣二一期之露一二。哀哉悲哉。如レ夢如レ幻。爰聖靈今年初夏之天。霧露數侵。五月中旬ノ之半。何所ニカ行臨シ御ス。凡有待ノ別ハ定レル理也。徒歎ノ有ル二何ノ益一カ。無爲ノ樂ハ永善也。勵レ志ヲ可レ奉レ祈。依レ之。所レ仰者十種願王ノ大士。恆順衆生之誓有リレ馮ミ。所レ寫者大白牛車ノ妙法。卽往安樂之文無レ謬。然則。先妣聖靈安養界之花下。自二下界一進二上界一。常寂光之月前ニハ。自二等覺一至ン二妙覺一。乃至法界平等利益

次願文　諷誦　次佛經　次廻向

御善根無二一心一唯偏資二聖靈成等正覺一二。凡爲二亡者一修二善根一事。經被レ說樣ハ。彼ノ追善ヲ作ハ遠人ニ如レ遣レ飼《カウ》事ニテ候。冥途遙ナル送功能ノ糧也。涅槃經ニ冥途ノ有樣ヲ說候樣ハ。（大正藏十二、四三七下。同、六七九上～中）於二嶮難ノ處一ニ無二資糧一。去處懸遠ニシテ而無二伴侶一。晝夜恆行モ不レ知二邊際一。深遠幽闇シテ無レ有二燈明一云云 誠ニ心細所テ

候。娑婆世界ノ旅道ハサマテ事カクマシキタ馮《タノモシキ》ニモ人ヲモ相伴ヒ。道ノ閒ノ飼ヲモ能能支度スル月ニテコソ候ラヘ。マシテ浮二海上一之人月浦風ニ泊ム。皆皆是ヲ計テ隨二鹽ノ滿乾一二。トモツナヲトキ帆ヲ萬里ノ波上ニアク。地ヲ行輩ラ山越テ宿リ野ヲ過テ止ル。雖二道遠近一ニ此用意候。而ヲ冥途旅道ニハ資糧モ不二用意一。無二所從眷屬一二。夜臺幽闇無二伴人一モ。中有之旅行ニハ無二立副輩一モ。臨レ前臨レ後晝夜ニ親近妻子モ無。顧レ左顧レ右朝暮給仕セシ親屬モ無シ。凡申限次第也。以レ詞難レ宣。以レ心不レ可レ量。遺跡追善計コソ何所ヘモ行伴事ニテ候ヘ。嗚呼。一生遙隔タル之恨。雙眼下ル涙無レ乾。千歲永逝之悲ミ。五內《更》ノ霜爭消。慈顏思レ奉レ見。不レ夢者不レ可レ拜。芳言止トモ二耳底一二。再會尤得レ聞乎。中陰半過トモ二戀慕之昨今一ノ。追善營盡トモレ誠ヲ。再會ノ望失二其期一ヲ候。修因感果ノ理不レ空者。聖靈何留二生死之界一二。歸佛信法ノ之德有レ誠者。幽儀定テ愛《受》二御スラン淨剎之臺一ヲ。涙與レ詞俱出。憂與レ悲同深。薩埵哀二亡魂一照レ之給ラン。善根無レ限功德有レ餘。疊疊タル古人之基。漫漫長夜之路。降二甘露之雨一ヲ霑二慈骨一ヲ。挑《カカケテ》二惠日之光一ヲ照二幽魂一。

九界即歸二佛界ニ一。無ク二闡提一無シ二敗種一。五障速轉二三道德一。無二
刀山一無二釼樹一。伏乞。普賢大士。伏願。妙法花經云云

○五七日　地藏　表白

謹敬白二本有四德莊嚴法身酬　自萬行報佛如來娑婆
忍界能化世雄大悲同化諸佛善逝平等大會甚深妙典法界
等流一切教法發誓利物菩提薩埵斷惑證理賢聖僧衆佛法
擁護天龍八部名稱普聞祖師先德。別者。悲願金剛地藏菩
薩佉羅陀山中一切聖衆。惣者。十方法界同體別體三寶境
界一而言。方今。南閻浮州大日本國信心大〻〻某。凝二清
淨之信力一抽二鄭重之精誠一。敬瀝ク二一心志一。伏抑二雙眼之
淚一。稱ヨ二揚地藏薩埵之聖容一。開ヨ二題妙法一部之眞文ヲ一。以
資二過去聖靈ノ御菩提ヲ一。勇猛慇懃御菩提有。其志如何者。
南浮一期之命ハ風前ノ燈。消再如レ不レ見。分段無常之體
梢ニ開花。散又似レ不レ結。老少共逝必告二長夜之別一。恩愛
遂盡速殘二永劫之恨一。哀哉輪廻之界。痛哉生死之習。是常
理中ニ當レ身猶悲者。恩愛別離永歎也。伏惟。過去聖靈○
風痾遂侵露命忽消○自レ爾以來○月既二箇月。慈顏隱再
不レ奉レ見。日積三十五日。芳言絕重不レ得レ聞。冥途何方
無二住隨之儀一。黃壤何所無二尋見之禮一。音信永盡之後聞二
秋冷之音一。面拜速隔之後重二夜月之光一。嗚呼。患未レ休五
七之忌早來。悲猶半ルニ中陰之景欲レ盡。綿綿哀慟無レ益。
不レ如レ祈二如如覺位一。連連悲淚無レ由。只須二三三金臺一。尊
像則濁世末代之導師。忉利之付屬無レ疑。經典又遠沾妙
道之眞文。即往安樂有レ憑。縱十惡之雲厚トモ地藏薩埵之
光照タマヘ。縱七覺花開モ妙法醍醐之萼增レ匂。乃至云云抑。
在二新寫之御經一可レ拜ヨ二見首題一。南無妙法蓮花經云云　金二
丁

次發願四弘等如常　次佛名教化

次佛經釋

佛經稱揚讚歎大概如レ此　次廻向

御追善之旨趣者。無二二一心一唯在二聖靈決定往生御祈請ニ一。
三寶定照覽シ願念哀タマヘ。凡別レ浦ニ之者雲海早隔。入レ山

之輩ハ白霧永遠。樂天ノ尋陽ノ頭。長安昌(倡カ)家女。彈ニ琵琶一ヲ令レ語レ昔。勸レ酒令レ彈。祕曲絃絶テ不レ通。別ルル事早至所ヲ給ニハ。此時無レ聲勝レ有レ聲候。一聲永盡テ兩眼閉坐タル。悲經ニ曠(曠カ)劫一難レ忍事ニテ候。就中。此所ニ聖靈正ク氣絶在砌也。此室ハ幽儀面リ閉レ眼舍宅也。故ニ臨メハ自催レ淚見卽消レ肝ヲ。只所レ殘者染レ筆ヲ跡。所レ聞者主也亡セル名ノミ。滿レ目ニ者佛菩薩ノ行像。聞レ耳ニ讀經念佛音聲也。見レ之增ニ哀傷一聞レ彼動ニ心肝一ヲ。計レ月二箇月。徒焦レ胸ヲ。願レ日者三十五日。泣斷レ腸。恩愛別離娑婆常理。會者定離分段令習也。只以レ防ニ冥途之暗一ヲ爲ニ永情一。又以レ進ニ菩提之道一爲ニ深志一ト。夫取ニ今日大施主御心中御悲歎一。以レ詞不レ可ニ申宣一。以レ心不レ可ニ思量一。就レ中。今日者五七日忌辰也。於ニ閻魔法王之御前一ニ被レ裁ニ斷善惡一。尤送ニ善事功德一可レ備ニ出離之要道一之日也。文云。五七閻王息諍聲。罪人心恨未レ甘レ情ヲ。策髮仰レ頭ヲ看ニ業鏡《キャウ》一ヲ。始知先世事分明　文(卍續二一乙二三、三八六丁左上。佛說預修十王生七經參照)

私云。息諍聲者。至ニ四七日一五官王懸ラレテニ業秤《ハカリ》一自不レ見ニ先世事一。而閒與ニ閻羅人一有ニ諍心一。向ニ業鏡一先世事分明ナリ。無レ所レ諍。閻魔廳前頗梨之鏡名ニ業鏡一ト。罪人向レ之善惡諸業皆悉浮現ス。又閻魔前有ニ二人頭幢一　○罪人向レ之從ニ幢口一吐ニ熾燃猛火一ヲ。善人向レ之自ニ幢口一雨スニ靑蓮花房一ヲ。然則。追福ノ慇懃誠ニ皆顯テニ頗梨ノ之鏡一ニ。修善ノ淸淨ナル志悉盡ニ十王斷罪詞一。炎魔大王何許開ニ隨喜之脣一ヲ。伺命伺祿何程カ哀ニ追善之誠一ヲ。若然者。聖靈必悅受ラン。三寶定テ哀愍ルタマフラン。凡厥。報恩ノ志ハ雖レ窮臨期志難レ忍者也。命露空消ス。慈悲恩顏何カ去ル。花容永ク萎ニシテ。柔和ノ德音何逝《サリシ》　○仰レ天祈無ニ甲斐一。幽靈件ヒ何雲ニカ御ラン。叩レ地叩モ無ニ答者一。亡魂消何露御ラン。隨レ誰ニ往御ラン。非レ夢スハ者再不レ可ニ拜見一。捨レ我何別御スラン。非ニ後世一者重テ不レ可レ奉レ遇。四十途歲之夏天。今生縱隔ニ芳顏於南浮一ニ。十方佛土之曉月。身後必滿ニ妙相於西刹一。乃至善根無レ限。七世ノ父母皆免ニ流轉一ヲ。功德普及ニ十方一含識悉悟ニ無生一。化功歸ニ本主一。故信心ヽヽ。萬春現世之閒ニハ。壽命長遠ニ誇ニ須達之財苑一。九品當來之時。相好圓滿シテ施ニ最初之引接一ヲ。重乞。本尊常住不變。爲ニ本尊利益等ニ正像之古一ニ。追福未來

無窮。爲二追福子孫一。爲二子孫相續之善一。仰乞。無佛世界能化主。伏乞。一乘妙法開會典。佛法合力所願如二御願一令二圓滿獲得一 御ス

○六七日表白　彌勒

愼敬白○方今。抽二勇猛之丹誠一。凝二清淨之信力一。値テ二聖靈之別一。戀慕之袂未レ乾。隔二恩愛語一。懷舊之腸未レ濱。依レ之。圖二繪慈氏菩薩之形像一ヲ。摺二寫妙法蓮花之眞文一。開眼開題資二幽儀之御菩提一。供養恭敬シテ祈二亡魂之正覺一。有二鄭重御善一。其志趣如何者夫。分段生滅ノ之鄕。自レ本有二生者必滅之理一。閻浮無常ノ之國。誰免二老少不定之悲一。自レ古至レ今此悲未レ舊。自レ貴至レ賤彼思相新。爰過去 某 聖靈。霧露俄侵其日命葉落チキ。自レ爾以來。呑レ憂已何叶何胸斷二九廻之腸一ヲ。抑レ涙幾千萬絞《シホル》レ袂ヲ。染二再入之紅一。何十何歲ヲ在世榮望雖レ窮レ前。百萬億悲歎再會隔二夢後一。哀哉。多年恩愛留レ心ニ。慈顏早絕タルコト。痛哉。朝暮ノ芳談不レ朽。面拜空隔リ。但恨テモ何爲ン。涙玉更不レ成二蓮臺粧一ト。歎無レ由。憂炎不レ照二冥路闇一。不レ如送二大悲之光明一ヲ消二冥途ノ黑闇一。寫二經典之露點一添二佛界ノ莊嚴一。思食スナリ。依レ之。圖二慈氏滿月一禮二兩足之趺一。開二一乘之眞文一ヲ述二三門ノ意一ヲ。所レ馮者大師釋尊之付屬。薩埵必爲二中陰之伴一ト。所レ仰者卽往安樂之金言。經王忽爲リタマハン二冥界ノ之炬一。追修追福之志不レ淺。上品上生之臺蕚新開。乃至法界平等利益　佛稱揚經讚歎

詞短心長。三寶光照二白善一ヲ。聖靈遙ニ哀二丹誠一給ヘ

次願文　諷誦　次佛經釋等　次回向

凡無常變滅之別。會者定離之悲。貴モ賤モ不レ遁賢モ愚モ不レ免之習也。サレハ孔子ノ詞ニモ人ハ死テ留レ名ヲ。獸ハ死シテ遺レ皮。多獸中ニ死タル後ニモ或皮留或ハ名留習也。サレハ其名殘久留ル人ハ。僅ニ其名計留テ目見形モ無シ。身ニ觸名殘モ無シ。只龍門原上ノ土ニ埋レ骨不レ埋レ名申無下ニ其名殘モ無事候。然而。子孫モ忍二其德一親昵モ其有レ情。故ニ書テ二其名一ヲ祈リ二菩提一ヲ於佛果一ニ。喚ヨテ二其名一ヲ報ス二後世一ヲ於其ノ恩一ニ。依レ之。永出二生死

之籠樊《ハン》一ヲ。速ニ取ニ涅槃之精誠一ヲ。凡ソ朝憂夕患テ六七日之忌景爰來レリ。夜曉日晩テ五七之光陰將レ滿。何十何歲恩愛之質永絶○百千萬端芳志之音從盡シテ。縱轉ニ四八妙相一在レトモ悲ニ恩顏之永隔一タリ。縱替ニ八音梵聲一ニ在レトモ患ニ遺跡之德一。但別モ悲モ菩提ナリ。須下伴ニ彌陀滿月之影一ニ速散中生死妄執之雲上。歎モ恨モ皆ナ妄想ナリ。忽遊ニ寶樓蓮臺之下一ニ將翫ニ無生法忍之萼一ヲ。乃至導ニ九世十世之恩所一。救ニ五道六道之含識一。仰承。當來導師彌勒慈尊。伏乞。妙法蓮花甚深妙典。佛力法力云云

○七七日表白　阿彌陀

愼敬白ニ三世十方三寶境界一而言。凝ニ丹誠於一心一潔ニ白善於三業一。當ニ四十九日之忌辰一。圖ニ彌陀三尊之聖容一。修ニ頓極頓證之衆善一。祈ニ聖靈出離之解脫一。底開眼開題摧レ肝供養恭敬シ御ス。有ニ一心勇猛之御善根一。其旨趣如何者夫。北州千年之壽。遂ニ曝ニ骨《コツ》於金剛之山一。南浮不定之命。皆

喩ニ形ヲ於泡沫之消一ニ。爰以。東岱前後ノ之魂。如ニ奔駕連追一。此芭（本ノママ）（北芭歟）新舊之塚。似ニ魚鱗相重一。云レ彼云レ此不レ留不レ殘者也。寢鐥（饍カ）俄ニ乖レケハ例ニ葛氏花他《カツシクワタ》カ之方醫遂失レ驗。佛界神道之祈精應レ似レ空。自レ爾以來。慈顏忽冷シ芳言永絶。如ニ眼前ノ燈消一。魂迷レテ空暗然。同ニ掌中玉摧一。打レ手旋ニ傷歎シ。會ヘタマハレハ必有レ別。當レ身難レ忍。生テハ定有レ死。老後恨小。而閒。樂未レ半悲早來。齡未レ傾《カタフカ》病侵ニ其身一。生者必滅之示レ理。誰馴ニ無常之風一ニ。恩愛別離之含レ悲ヲ。猶弱ニ戀慕之淚一ニ。六道之閒何處カ。非ニ聖人一者無レ知レ之。四生ノ之內何形ソ。無ニ天眼一者無レ見レ之。百千萬行淚未レ盡。七七ノ忌辰早來レリ。仍當ニ太山王斷裁一ニ。訪ニ菩提之資糧一。佛則六八願王之如來。來迎引接有レ馮。經ハ文（又歟）一乘圓頓ノ妙語。卽往安樂無レ疑。然則。戀慕恩愛之情ケニ。速成ニ引接結緣之便一ト。追福修善之營。爲ニ蓮胎半座之契一。娑婆舊里縱埋ニ骸於西山蓬下一ニ。安養ノ淨刹必遊ニ魂於上品之蓮上一ニ。乃至法界平等利益

次願文　諷誦　次佛經釋　次施主段

佛經功德大旨如レ是。凡御追善之次第。奉レ讓二三寶知見一。慇懃之誠佛界定哀愍タマフラン。人雖二無情一有情又別必有レ悲。而故花下半日之客。尚散二於暮山嵐一ニ。月前一夜伴。又別二於曉天之雲一ニ。傷只一夜之遊宴。等閑一日之遊戲。別悲其名殘惜事也。外聞二人傳承一及其身死人ト聞ケハ霑レ袂摧レ肝。マシテ後先立習末《ヲクレサキタツナライスヱ》ノ露本《モ》ノ滴《シツク》皆以憂事也。サレハ大安唐月支ノ王子猷ト申人ノ事ヲ田舍候ヘハ。只山川逍遙行時之昵。花鳥風月ノ暫友《トモ》別惜契除也。白樂天戀慕詩云。秋冷巻二朝莚一春暖通(撤カ)二夜衣一。隨(雖カ)二是無情者一別(ヿ欲カ)猶沈吟。況共有情別ヲヤ。隨レ情有二淺深一。唯有二潺湲淚一。不レ惜霑レ眸云云夏闌秋來テ風吹床冷成ヌレハ流蘋莚寒故取直レ之。花氷解テ靑陽春ニ向ヌレハ莚無情衾不レ識。日來馴昵事ノ情ヲ以テノ故ニ。別トスルハ心細キ習也。此故欲レ別吟スト申テ不覺ノ淚霑レ衣ヲ申シタル事也。有意有情之心皆如レ此思理事テ候。期二十年二一十年一奉二別悲心一憂アルヘキ事。況生死之別ハ再會無二其期一事ナレハ。眼者眄眄《カイ》トシテ不レ眠。淚ハ連連トシテ不レ留○別離ノ習ハ凡不レ及レ申次第也。此是輪回之定習也。此是閻浮ノ常習

也。悲テモ無レ益。今只送テ二善事功德之計一ヲ。奉レ資二頓證菩提之道一ヲ思召者也。就中。今日者中陰已滿テ生處可レ定日也。凡冥途之作法者。七七日之閒次第經二歷於彼一注二姓名一。於レ此被レ記二善惡一。業果未定千萬秋苦ント云テ。六七日マテ尚評定未レ決。朝暮ニ悲。時時ニ歎。而罪福爰ニ極テ被レ遣二善惡之生處一。サレハ今日ハ罪福將レ定時ナリ。妻子眷屬親昵。捧二治塵之善根一ヲモ。可レ送二定生斷罪之庭一ニ。依レ之。淚底ニ顯二三尊之聖容一ヲ。憂中ニ寫テ二一乘妙文一。延二讚歎一ヲ贈二冥闇一。致二開講一祈二得脫一御ス。百千萬億ノ哀傷不レ窮。連連悲淚濕レ袂。四十九日ノ忌辰有レ限。面面ノ分散在レ今。善根卷レ莚。是悲ノ中ノ悲哉。僧侶欲レ去。又則別ノ中ノ別也。思レ見二聖靈之御形一ヲ。今日ノ過ルハ忍レ思。幽儀之御名殘。今夜ノ暮ルルモ心憂アルヘシ。別モ歎モ皆妄想也。只可レ祈二九品蓮臺之露一ヲ。悲モ憂モ非二善根一也。須レ契《或》二儲《本ノママ》〔三輩〕淨土之月一。若然者。過去聖靈翫二本覺匂一ヲ。化功歸レ己故ニ。三寶諸天副二貴德一。夜モ守晝モ守。護法善神來二殿中一ニ。除レ災ヲ拂レ役(厄カ)ヲ。現在ノ長壽ハ不老

不死八十九十無レ傾コト。當來ノ引接ハ往生極樂上品中品隨レ思ニ。祗候ノ諸人。家內ノ所從。現世安穩。後生善處。乃至云云

○百箇日表白　觀音

敬白。方今潔二三輪之底一合二十指ノ之掌一。圖二觀音弘誓之尊容一。寫二妙法經王之眞文一。當二聖靈一百箇日之忌辰一。設二開眼開題之濟(齊歟)會一事アリ。其旨趣如何者夫。胡雁去林鶯來。知二物相替一ヘヲ。歸レ根尙枝花開見二再盛一ヲ。但夫去永不レ返者。懸木懸水之魂。盡再不レ見者。爲レ煙爲レ灰之貌。生死永離。哀哉。爰過去幽靈無常責忽來。有爲之夢永驚御ス。自レ爾以來。喚レ天叩レ地泣昔形再不レ見。魂消心摧從レ古語重不レ聞。邪(愁カ)心採二東岱之墳一陰二惠吾之質一。遂企二葬斂(斂カ)之儀一勵二報恩之善一ヲ。朝泣夕泣之涙染二再入之紅一。夜明晝明之腸。炎州之煙。而ルニ其悲未レ半。百箇日之忌早臻リ。空泣無レ益。只欲レ祈二淨土往生一ヲ。依レ之。佛則來迎引接之薩埵。只今趣二聖靈之生所一ニ。忽仰蓮臺引導タマフラン。經文卽(又歟)得究竟之眞文。仰二皆成佛道之設敎一已。已照二幽儀一開悟御ラン。凡厥。無レ由二變レ愁爲レ誠。悲有二何甲斐一。故改抽信。百日不レ盡之涙袖雨何乾。四月不レ休之憂思火何消。若然者。聖靈無明長夜忽晴。觀音接取之耀顯。幽魂輪廻生死永絕。妙法開示之蓮結レ趺ヲ。善事無レ所レ限牽二今信力一ニ。一家忽得二千秋萬歲之壽一。乃至法界云云

次諷誦等已下云云　次施主段

佛經功德大略如レ此。於二御願之旨趣一者三寶定照見シ重テ不レ及レ宣レ申。凡今日者聖靈御他界之後。相二當レリ一百箇日之忌辰日一也。十王中ノ第八平等王廳庭跪テ被レ撰二定生前一ヲ。被レ勘二定罪福一剋也。善事功德ノ力已殊當二此時一ニ大要也。佛像經典助モ以二此日一ヲ可二大體一折節也。是故。魂魄携二舊跡一。求二思所追善一ヲ。冥官衆必照二舊居一所レ修。其モ無レ音無二功德善根之響一。點心更ニ無二追善追福之音一。懸レ馮魂魄令レ恨二徒歸一。鑒レ跡ヲ冥衆慙《サン》愧テ行去ル事也。凡冥途之習。人死之後。只空ク骨ハ野外ニ朽テ。肉ハ燒ハ登二北芒煙一

無レ何。止テハ非業果未レ定愁苦スト云テ。四十九日ノ程。經ニ歴シテ十王斷罪之座ニ。被レ記ニ一期所造之罪ヲ一。秦皇宗(廣宋カ)帝之所ニ被レ注ニ姓名一。加之。在ニ五官閻羅ノ砌一。或ハ懸レ秤ニ或向レ鏡。次第ヲ經廻之間。秤下拭レ涙。鏡前消レ魂。心細悲事。凡所レ喩無。惣業果罪事極。十王呵責早ク畢テ。沈ニ銅柱鐵床苦一。連ニ寒氷破烈之歎一破ニ身肉一。凡以レ言宣レ心不レ可レ量次第也。然今日者。過去聖靈御閉眼之後相ニ當一百箇日一。沒後之追福追善。何モ同事ト申ナカラ今日ノ御善根。就中可ニ慇懃一覺候。其故ハ一周忌ハ遙也。今日何事モ可レ定日也。サレハ一經說ニハ。人死後。七七日・百箇日・一周忌・第三年。次第經歴シテ。十王御前ニ致ニ辛苦一。勘覽サラフニ取テ。幽靈今日於ニ平等王之所一ニ一生ノ善惡被レ定。冥途習ハ白善之上ニ遣レ使。實撿ニ亡人舊跡ヲ一。亡人福業此時仍未レ定。更看ニ男女造ニ何因一。若然者。今日ノ御追善。聖靈何許カ悅思食ラントト覺ル事テ候。閻王ノ廳使者歸參シテ。大施主慇懃御作善之樣ヲ奏申許事大切候ヘキ。此一百箇日ノ齊會。如法如說慇懃鄭重ノ御修善。其功不レ可レ疑。然則。聖靈罪障之雲漸

消テ。幽儀長夜之闇頗晴。菩提明月者澄ニ煩惱之心水一。妙法晴風者拂ニ塵勞之妄執一。但夫。會者定離者娑婆習也。誰恨誰愁。生者必滅者閻浮ノ樣《タメシ》也。如レ夢如レ幻。是以。十善萬乘君モ皆告レ別。千宮(官カ)百寮職併早去。天上天下悉有終。先賢後賢何獨殘。凡樂盡悲來有レ會有レ離。生時猶有ニ愛別離苦之憂一。去者必含ニ會者定離之理一。川ハ閱《タタシク》シテレ水而成レ川。水日日濟。世閱《カキ》ツキレ人而成レ世。世慕(人冉冉暮カ)。水常流不レ乾。彼流續未レ歸。人ハ不レ絕有レトモ世ニ。人有レ去人ハ不レ見。生死無常ノ悲如レ此。凡人モ去。聖人モ去。仙骨モ朽。俗骨モ朽ツ。勵ニ報謝(讀カ)之善ヲ一可レ資ニ菩提之道ヲ一。依レ之。戀慕歎從ニ往事一摧レ肝。念佛續經願恩德專心作善心淚之染レ色ヲ。功德者盡ニ悲之功誠一。定知。聖靈早絕ニ生死妄緣ヲ一。翫ニ蓮臺之蕚ヲ一。速進ニ菩提之道路一ニ。增ニ覺樹之匂ヲ一。伏願。非ニ普門示現之便一者。再ヒ忽來ニ娑婆之鄉一ニ。非ニ最初引接之誓一者。重テ忽成ニ恩愛之妄執一。報恩之善歸ニ本敎一者。殿中安穩。諸人泰平。翫ニ萬歲長春之花一。家門繁昌。榮花重職。待ニ千歷久秋之月一。惣者。善根無限回向有レ剩《アマリ》。有頂無閒悉蒙ニ菩薩拔

濟之光一。五道六道普乘二直至道場之車一。仰承云云

○一周忌表白　釋迦大日

三禮　如來唄　開眼　神分　表白

謹敬白三三身卽一釋迦善逝。九品三輩彌陀種覺。兼但對帶一乘妙典。八萬十二權實敎法。普賢文殊觀音勢至。身子目連迦葉阿難。諸賢聖衆。殊者三世常住大日遍照。金剛胎藏兩部諸尊。都者佛眼所照微塵刹土。同體別相三寶境界一而言。方今。迎二聖靈一周之忌日一。當二都市斷罪之時節一。拭二悲淚一仰二佛法之哀愍一。抑二胸炎ヲ一祈二西土之往生ヲ一。敬テ開ヨ眼大日敎主眞影一。苦(舊カ)二開ヨ題妙乘之花文一。新展二一座之梵席ヲ一。彌祈二三輩久住一。益一心勇猛之御善根アリ。其旨趣如何者夫。櫻梅綻レ風之句。散再待二聞香ヲ一。人倫歸レ泉之魂。去永無二來習一。閻浮有待ノ命。如レ夢更空。分段無常之形。似二消露一不レ結。雖二是南浮常習ト一當レ身猶難レ忍者也。爰過去幽靈。去年中夏之天。霧數數侵シ。朱夏下旬之半。命葉早萎。自レ爾以來。年去月重トモ無二幽儀之姿一ニ。鶯歸鸞來モ無二恩愛之語一。聞二冥途何方一尋不レ知二苦樂一。黃壤何境語不レ聞二安否一。忍二餞別一拭レ淚。夜虫含二悲聲一。戀二芳顏一燒レ胸。曉月入二浮雲一。痛哉。變滅無常之砌。永行重無レ歸。唯徒難(歎)何爲。須レ送二夜臺之糧ヲ一。但咽レ淚無レ由。將レ祈二三明覺ヲ一。今日者聖靈閉レ眼月也。故哀ヨ慟膺肝一。今日者幽儀氣絕日也。故悲歎添レ色。凡夫所レ仰者毘盧遮那如來。遍照尊ノ之光。早照二無明長夜一。所レ馮者平等大會眞文。妙法蓮花之蕚。忽開二八葉之水一。追福功深。亡魂以二今日一爲二轉(輪カ)回之限一。作善數積。先人以二今時一爲二菩提之初一。若然者。南浮十惡之雲。永ク晴二六道生死之境一。西方九品ノ之臺。新ニ榮二八功德池之浪一。乃至法界無差同利

次諷誦等　次佛經釋　次施主段

御追善之旨趣者。唯偏在二聖靈出離生死往生極樂一。祈請三寶照見諸天納受タマヘ。凡人別ノ道過二其月日ヲ一。今幾度ノ春秋ト待ニテ行人モ留人モ別淚不レ盡習也。サレハ古人筆ニモ離別ノ之悲何雖レ同。生死之恨ニハ是異也。一度去テ永ク無ニキハ歸

期死別也。アノ天竺辰旦遙境有今。送星霜經年序自有歸時。彼蘇武越胡國再來漢家萬里之月。秦王質又院君入仙家。遂歸晉室七世之風。而中陰冥途之境。流浪十王裁斷之砌。經樣樣呵責蒙其閒五官王秤懸罪障輕重被勘。向閻羅王之鏡知先世之造罪。サラフニ取今日修善根。丁寧可回向。其故經云。一年過此轉苦辛。男女修齊福業因。六道輪廻仍未定。造佛讀經出迷津。五旬之追福修善乃至百箇日追福。前八人王御許事尚不定。第九申此都市王御前善惡生處可被定。サラフニ取遺跡人人。御訪殊盡懃志可被修。亡者今日切肝去魂。苦樂因緣百度千度危見候。一年過此轉苦辛。哀苦重境界閒吾訪覺。古恩愛親昵之中轉經念佛修覺習候。此時以其男女修福有大金光。照地獄預金光。歡之心餘身。光中演說徵(徹カ)妙法。踊躍思徹骨。前途何秋霜。何春霞。只須得始得無生之朝日。後會何臺上。何蓮下。遙坐上品上生之玉臺。戀慕之淚皆爲佛座莊。悲歎之思併爲增進之媒。化功歸本故信心云云積善餘慶之理。續一門於萬春。孝養報恩之志。救六道於一時。重乞。花磬遠響(頭カ)鬱顯四陰之夢早覺。香煙遙薰調達三逆之苦忽休。仰承。法花經中一切三寶。伏乞。影向神祇。三界諸天。隨喜善願。納受功德。乃至云云

○第三年表白　阿彌陀

三禮　如來唄　開眼　神分　表白

恭敬白。方今。迎聖靈早世第三回之忌日。當五道轉輪王斷罪之忌辰。抽無限三業之誠。凝有餘一心之志。圖繪彌陀之聖容。摸寫妙法一乘之眞文。奉祈過去幽儀成等正覺事有之。御願旨趣如何者夫。三春歸根花重有開梢之匂。五更傾峯月非無出之光。去永不歸者生死之別。陰再不見者無常之質也。雖知此理猶當時難忍者也。伏惟。過去聖靈者文應(一二六〇)第一之

歷(曆歟)。朱夏下旬之天。夜霧久纏二貴體一。曉露永落過レ臺以來。告レ別三箇廻。慈悲之貌再無レ歸。含レ悲一千日。恩愛之語又不レ聞。春花三開タレトモ花貌再不レ見。秋風數吹モ月質重無レ出コト。冥途何方ソ。賓雁書不レ通。黃壤何道。紫鸞歸難レ邇。六趣之閒得二何報一。四生之中愛二何生一　御ス。非二萬里之山川一。尋無レ知。無二一言顧命一。留無レ聞。哀哉。分段如幻之界。痛哉。會者定離之習。但涙雨未レ結(沾)二三因之種一。胸炎永隔二三知之暖一。不レ如。報二一生無窮之恩德一。祈二九品詫生之因緣一ヲ。就中。今日當二五道轉輪之裁斷一。今更摧二悲之肝一ヲ。今時迎二千日定生之期限一。爭不レ送二福業之因一。依レ之。讚佛讚經。祈二三身之妙果一。仰レ天仰(伏カ)レ地ニ。請二諸天之證明一。三寶納受。冥衆加隨喜タマヘ。若然者。過去云云恩愛ノ別離ハ昔ノ妄念。早飜二出離解脫之契一。生死ノ輪回ハ古ノ霜露。悉ク除ン二歸依三寶ノ之勤一ニ。安養寶樹下忽ニ拜二彌陀三尊ノ之月輪一ヲ。實報花王砌永朝(照歟)ニ無常八苦ノ之迷闇一。積善歸本ノ故信心云云椿葉又椿葉。八千之景數數改ラン。松花又松花。一千之色彌彌茂ラン。乃至法界平等利益

佛經讚歎大概如レ斯

次願文　次諸釋等　次回向

別離之悲。高モ歎賤(ヿ亂カ)ラン。古モ哀レ之今人モ愁レ之無二述事一ニコソ候。但別有二二樣一。一秦吳絕國之別。二分段生生(死カ)之別也。先秦吳絕國之別者生別也。二分段生死之別者死別也。彼王昭君書二雁山之雲一。是秦吳絕國之別ナレハ尚有二所期一。楊貴妃殺二馬嵬《ハクワイ》之《ヤ》場一ニ。分段生死ナレハ更無レ所レ憑。越二白雲千里山一隔二蒼波萬里之海一。我存人不レ死經二年月一ヲ送二星霜一ヲ。尚憑方モ候。一息不レ返千歲永往。一期速盡再會已隔。金谷醉花之之(之ナシカ)地。花每レ春匂主ハ不レ歸。南樓朝(嘲カ)月之人。月期レ秋時身何去。從レ風花。陰レ雲月。待レ慕(暮カ)開。臨レ秋照。乃至牽牛織女必ス後年秋初待之習テ候。而過去幽靈一度登二東岱之煙一。萬情消二北芒之露一(之)御也。後再會卽期二何歲一。拜覲又待二何ノ日一。五內不レ安。一心既迷。只念念恨二無常一。只日日訪二菩提一。其日不レ空者定聖靈正覺便タラン。佛陀慈悲普必導二タマヘ幽儀佛道一。今日其魂逝去ノ之日也。又第三年之忌辰也。依レ之。懷舊之思彌深シ。戀慕之悲誠切也。

サレハ後中書王詩云。年年別思驚二秋雁一。夜夜幽聲到二曉鷄一。實《ニ》胡雁一聲。曉天鷄鳴。隨レ節臨レ時增二哀傷一拭二悲淚一事《ナリテ》候。聖靈陰御《シテ》後何日何時愁。今日《ノ》幽儀出《テテ》二年來舊栖一入二冥途《ノ》旅行一御《ス》日《ソト》被二思食一。餞別《ノ》淚彌添レ色。百劫恨今更難レ休御事也。以二此悲歎之功一列二彼佛界慈悲一御ス。若然者。過去安養都率之月《ノ》前。消二生死妄執之雲一。彌陀觀音之光閇。開二斷疑生信之蕚一。化功歸本故信心云云息災延命。恆受快樂。無邊善願。決定圓滿。仰承云云彌陀三尊。伏乞。妙法一乘云云佛力法力合力聖靈云云

○詩序書句次第事

・一神垂　・次主歎句　・次祈願　・次破題句　・次檢事句　・次境節句　・次宴止句　・次謙句

一○諷誦書次第事

・一神垂句　・次哀傷句　・次歎德句　・次忌辰句　・次修善句　・次景氣句　・次梵鐘句　・次檢事句　・次回向句

大概如レ此。廣略可レ依レ時也

○一勸進帳書次第事

・一神垂句　・爰長句・少句書也

・次歎德句　・次荒廢句　・依レ事替也　・次微少句　・次勸進句　・次自微至著句　・次祈願句

實相房權律師昌興之

○願文書ニ有二四種一　私書入之朱書昌興

每レ段有二故字一

一首句　・夫以・凡聞・傳聞・蓋《シ》・粤《ココニ》・若等也

二悶絶句　・嗚呼・悲哉等句也

三連句　・依之・因之・是以・是故・所以等也

四落句　仰願・伏乞等也

或《ハ》四段《ト》者・佛誓・意趣・祈願・回向等也。已上師傳如レ此

又諷誦書樣　段段依レ人依レ時不定也

一。敬白請〻　三〻如レ常
二。奉造立云云奉頓寫云云　略二願文一ヲ云時如レ此可レ書也
三ニ右云云發句　釋迦帝釋等スラ隨二無常ノ掟一ニ等也
四。亡者ノ存生ノ閒(記カ)德化。依二位ノ高下一ニ。隨二德ノ厚薄一可レ替
也
五。發病之恨。祈禱次第。療治様等
六。死去之次第
七。孝子悲歎。揮二愁涙一修二善根一様
八。刻ヨ彫卒塔婆一書ヨ寫法花經一等。以二此修善一資二彼菩
提一云云
九。然則過去聖靈。上ハ登二都率一ニ。西ハ往二安養一云云
十。時節之句。隨二四季一
十一。普皆回向
十二。流通句。如レ常如レ件　敬白
年號日付ノ下。孝子某敬白可レ書

(中表紙)
延命抄　下

昌興之

○予　一字發句右夫此類　・筆體ノ之初ニ置二ク此ノ類一ヲ也
・于時。二字發句・原夫・觀夫・竊以　此字類也
・孟秋ノ天平　餘暇ノ日他
莊(壯カ)句。三字ニ有(ㇾ對カ)。存二字對一ヲ。天與レ日同天象ノ故ニ。或云二正
對一ト。又ハ云二切對一ト。或含(人云カ)二的名對一ト。或人云。字對ト者義
別ニシテ字對ト云云　所謂杜(桂カ)棹《サヲ》荷《ニナウ》レ戈《ホコ》ヲ。佛神通僧祇劫等也
・早ク送二朱明一ヲ平　已ニ迎二素律一ヲ他
緊《キン》句。四字ニ有レ對。存二色對一ヲ。與レ素(ㇾ朱カ)同光彩ノ故ニ。或人云。
以二此對一可レ屬二正對一ニ云云
・憐テ二三商之景一ヲ他　斷二萬歲(感カ)之腸一ヲ平
長句。五字ニ有レ對。存二韻對一。三與レ萬同韻數ノ故ニ。自二五
字一至テ二九字一皆同名二ク長句一ト○抑用二韻對(ㇾ數カ)一之時ハ數ノ下字
強不レ求レ對ヲ云云
・胡角一聲　漢宮萬里　聲與レ里強非レ對。是其證也

・方今 傍字。但此字通ニ發句一。中間ニ隨ニ便宜一置ニ比類一也

・就中・因茲・然則 此其類也。但シ此ノ三ハ但傍類也

・浮ニ鐘和レ霜而動〔他〕　遊客乘レ月而來ル〔平〕

同句。六字ニ有レ對。存ニ片對一。鐘與レ客又云ニ側《ソク》對一ト。或云ニ字側對一ト。此對ハ殊ニ可ニ賞翫一。漢朝ノ于公義 人名也

・望ニ天末一春雲悉收〔平〕

・見レハニ地表一秋影方霽タリ〔他〕

同句。七字ニ有レ對。存ニ異類（對カ）一。天與レ地天地異故。此對若《ナンシ》以ニ天地一取ニ方角一者可レ屬ニ正對一ニ。今暫ク以ニ天地相違之義ヲ屬ニ異對一ニ

○爰《ココニ》客問云。項日《コノコロ》（頃カ）ハ通ニ發句一。傍字ナリ

・欲レ哢（嘲カ）ニ夕臺清明之月一〔他〕

・擬レ朝ニ玉殿颯然之風一ヲ〔平〕

同句。八字ニ有レ對。存ニ韻對一ヲ。夕與レ玉韻同故。夕ハ時節ナリ。玉ハ雜物ナリ。雖レ非レ對ニ夕ノ韻通《コヘ》レ石。以對レ之ヲ。或云ニ聲對一ト

○仍 傍字

・染ニ紫毫於華陽東西府イ本宮之霜一ニ〔平〕

・添ニ墨點於散騎方圓石イ（觀カ）省之露一〔他〕

同句。九字ニ有レ對。存ニ義對一。紫與レ墨。「存（「ト」カ）ニ義對一。紫與」墨其色黑カ故。以ニ光彩之義一ヲ對ニ紫ノ字一。但此對事舊ハ不レ用。近來有ニ其沙汰一。就中。今ノ所論紫墨ノ兩字ハ似ニ側對一ニ。不レ可レ亂レ之。以レ義對レ之ス。已上五六七八九ノ五種長句畢

（「雖レ然傍字カ」）
・句題古調〔平〕　未タスレ習ニ呂律之體一ヲ〔他〕

・蜂腰鶴膝〔他〕　猶滯ルニ韻聲之病一ヲ〔平〕

自レ此隔句ナリ。此ニ有ニ六種一。輕隔句。重隔句。疎隔句。密隔句。平隔句。雜隔句。上四下六名ニ輕隔句一。存ニ疊對一。句題。古調。蜂腰。鶴膝。此疊字也。又句中之對也。已上八對畢。但疊對重對連ニ八對一ヲ之時ニ有ニ其論一。今ハ用ニ疊對一。重對次下ニ有レ之。遲遲綿綿等是也。凡對ニ有ニ二十九種一。雖レ然近來八對。或十二對用レ之。常有ニ其沙汰一。仍今連レ之

○予答云　○誠夫 傍字

・遲遲春日翫レ花〔平〕　非レ詩無レ興〔他〕

・綿綿秋夜吟レ月〔他〕　以レ賦有レ情〔平〕

・重隔句。上六下四
・可レ習ッ者。採紙含毫詩賦道〔他〕
・可レ交者。辭人才士花月莚(七カ)〔平〕
・疎隔句。上三下六
○或下多上少任レ意。但(「不カ)溢二十字云云
・思慮動中也　憐二萬物代序一ヲ焉〔平〕
・言語形外也　惜二四運環廻一矣〔他〕
・密隔句。上五字下六字已上。或上七下三。焉矣ノ二字ハ
不レ叶レ避レ聲ヲ之時用。又聊有二口傳一者歟。中閒送句有レ
例
○就中　傍字
・平他之字他　依レ訓可レ存平
・清濁之聲平　隨レ所不レ定他
・平隔句。上下同四有レ對
・欲レ携二六義曲一他　須レ授二文道心一平
・爲レ通二七歩才一平　早習二儒家術一他
同句。上下同五字。平隔句有レ之

夫可レ觀而不レ可レ取景也。可レ聞而不レ可レ見風也。繫二我
形一ヲ而雖二妙ニ用一ト無レ體心也。義貫テ二衆象一ヲ無二定ル質色一也。
此等可レ對レ虛二。又可レ對レ實二。今術與レ心對レ之如何
・客云　○猗哉《ヨイカナ》論レ事《コト》ヲ傍字イ無　如レ此例有レ之
・談話叶レ心　如三明帝之幸二魯宅一
・問答盡レ疑　似三宋玉之陪《カ》二楚臺一
・雜隔句。上四下五七八。今用二七字一。或上五七八。(「下カ)四
・携テ二螢愰雪窓之學一〔他〕　我賦二新詩一〔平〕
・披二露詞風雅之篇一〔平〕　君二示二故實一〔他〕
同雜隔句。上七下四。已上隔句六種了
○嗚呼
今夜之拜謁《エツ》。必ス可レ散二蒙霧一
漫句ニハ不レ用レ對。不レ叶二避聲一之時用二此句一云云或人云。
漫句ハ是不(不ナシカ)レ用レ對姿也。不對是卽對也。二十九種ノ對ノ中ニ
惣不對ノ對者。只上下ノ文字ヲ計《カス》ヘ合テ不レ用レ對ヲ。以二不對一ヲ
爲レ對ト故云二惣不對ノ對一ト。能能可レ尋。絶句詩以二惣ノ不
對ノ對一ヲ作レ之姿也。可レ問レ之云云

(〔者也。而已。號送句カ〕)
○客云。於レ詩ニ有ニ幾體一詠ル有ニ何由一カ
○予云。陶瓠異《コト》レニ品黼《ナフ》(〔黻カ〕)不同。雖レ然先唱ニ呂律大體之頌一。
後ニ述《ヘシ》ニ詠吟按題之義一

○略頌云

・古調新調幷廻文。離合字訓越調等
・江南曲體絕句篇。是名同爲ニ呂部詩一
・句題無題非句題。賦物經題山寺會
・詠史贈答唱(唄カ)吟等。是名同爲ニ律部詩一
・即是ハ呂律之略頌也。就中。贈答ノ篇若得ニ古調等詩一。贈ニ答之一者强何ゾ置ニ律部一ヲ。雖レ然有ニ其由一
・客云。古調新調者如何
・予云。古調ト者韻聲不レ直《タタシ》其名也。多ク乞(是カ)五言也。新調者韻聲直其名也。專是七言也。凡雖レ有ニ種種體一以ニ七言四韻句題之詩一ヲ先爲ニ最初沙汰一。略頌并有レ圖。先頌曰

二四不同二六對　　平他聲字避ニ三連一
上句終字皆是(他カ)也　　下句終字皆是韻
用ニ連韻一時題目句　　上下ノ終ノ字ハ同用レ韻

不レ用ニ連韻一草(莫カ)レ用レ平　　每行上ノ句ノ終ニ他聲ナリ

又

二四不同二九對　　平他聲字避ニ三連一
上句終字皆他聲　　下句終字皆用レ韻
用ニ連韻一時題目句　　上下終字同用レ韻
初行第二平聲者　　隣行第二他平他

○圖　發句第二ノ字。自リニ平聲一起ル。若自レ他起ハ可レ翻レ之

題目　又發句

(以下平他員朱書)

○ 平 ○ 他 ○ 平 他　連韻ナラハ平
○ 他 ○ 平 ○ 他 員
破題又胸句　三連者此字可平聲
○ 他 ○ 平 ○ 他 他
爲避三連可他聲
○ 平 ○ 他 ○ 平 員
本文又云胸(腰カ)句
○ 平 ○ 他 ○ 平 他
○ 他 ○ 平 ○ 他 員
述懷又落句　(〔爲避三連可平聲カ〕)
○ 他 ○ 平 ○ 他 他
○ 平 ○ 他 ○ 平 員
爲避三連可他聲

凡詩序等者。以二傍字一括《ククリ》二先ノ事一ヲ催二後《ノチ》ノ志一可レ存レ之
先發レ端敍《ノフル》レ事詞。名二發句一ト
・觀夫・竊以・夫以・蓋聞・巨聞・右夫 申《ノヘ》重テ明カスレ理ヲ(「詞カ)
・至レ如《テハ》クニ・於レ是《ココニ》・及レ有ルニ・是則 因レ事變易《カヘカウル》詞
・翫《ステニシテ》(旣カ)而・亦翫(旣カ)・俄而シテ・自屬 取二下ノ言一ヲ證スルレ上詞
・乃知・所以・遂使・所謂・斯《コレ》誠 以二其輕少一後更ニ云詞
・況ヤ則チ・矧《イワンヤ》夫・豈若《シカンヤ》・未タスレ若カ 引二取彼ノ物一爲《スル》二此類一詞
・豈獨・豈直・寧唯・何獨 言《イフ》二彼ノ事一ヘ不レ越レ此《コレニ》詞
・假令・縱使《タトヒ》・雖《イフ》レトモ令《シムト》・設復《タトヒマタ》 取二後ノ義一ヲ反《カヘス》レ前詞
・雖レ然・然而・而 所レ求不レ然詞(「可カ)
・豈至ンヤ・寧可ンヤ・誰レカ令《シメン》・安ソ在ラン 論二此物一ヲ勝ルレ彼ニ詞
・豈類・不レ合レ然ヘカラ・詎(誰カ)似・未レ若《シカ》 前ニ敍《ノヘテ》レ事ヲ。次更ニ云《イフ》詞
・爾レハ乃・若シ其レ・然トモ其レ 有テレ可レ然期スルレ終詞
・方ニ・冀クハ・庶クハ・所レ望〔・足レ令 更論二後事一〕 足二前ノ理一詞
・加レ之・兼復・仍・猶 惣論スルニ物狀一ヲ詞
・不レ因・盡《コトコトク》(聞カ)皆・並咸ク 引二大ナル狀一令《シム》レ至レ甚キニ詞

・自《ヨリハ》非・非夫《カノ》 思二來事一異二於今一ニ詞
・恐クハ・所ロハレ恐ルル 論スル二志ノ所レ欲スル行一ハント詞
・敢テ・欲フ・輒・恆・望ラクハ・願ハ 事非レ常有テレ時見ル詞
・毎《コトニ》レ至タル・數《シハシハ》復《マタ》 勸二先ノ事一ヲ欲レ行ハント詞
・誠ニ・願・唯願クハ
少少注レ之ヲ。隨レ處依レ事須レ置二句句ノ前後中間一也。此同(詞カ)
類多多也。餘ノ詞准レ之
・凡願文最初一筆詞能可レ案レ之。種種體雖レ難レ定暫有二
十番目錄一。可レ知レ之云云
十番目錄之內。初番有二四種之次第一。毎レ番傍字尤可レ案レ
之。依二件字一甘苦有レ之故也
一番。四種次第
一。世間無常。通用儀也
・萬法皆空之觀。春ノ花飛テ而秋葉落。諸行無常之理。朝露
晞シテ而夕ノ雲消シテ。閻浮之鄕。誠非二常住之土一ニ。分段之
身。豈爲二不壞之器一者歟。人中之尊。猶現二四枯之相一。天
上之樂。終ニ逢二五衰之悲一。況於二凡身一乎。況於二下界一乎。

大都ヲ苦輪之中ニ不レ免ニ生死一ヲ者也
・有レ身卽有レ苦。世尊未レ免ニ老病之患一
・有レ生亦有レ滅。悲相(非想カ)猶期ニ終焉之悲一
一。孝行義(儀カ)
恩有ニ四種一。又父之慈母之悲ヲ爲レ先ト。報ハ一(ㇾ是カ)心。雖レ歷レ劫ヲ雖レ改レ生何忘。父母之恩。四恩之深(ㇾ中カ)恩。孝養之福。三福之中初福
・及ニ老齡一兮就レ死者定理也。何强溺ニ鯁(綆カ)縻之淚一。守ニ遺跡一兮抽レ孝者要道也。誰不レ思ニ雀環之報一恩深難レ謝。可レ類ニ鯷《テイ》海之深一。德高無レ極。以喩ニ花岳之高一
一。佛法讚歎
佛日雖ニ早陰一。餘輝明而常住。玄風雖ニ遙隔一。遺韻叩而猶聞。大寶蓮蕚。貫ニ四時一而不レ凋。摩尼珠光。照ニ三(世カ)一而彌明。天上天下。妙覺之理獨圓。三千大千。無緣之慈普覆。八萬四千之相。秋月滿而高懸。開三顯一(ㇾ之カ)文。春花貫而永點

一。悲歎哀傷 第五番悲歎與ニ此悲歎一聊別也。彼別此初(惣カ)也
欲レ述ニ心緒一。舌根結而易レ亂。更防ケハニ淚川一。胸波溢而難シレ留。方寸所レ憶。何宣ニ少分一。五內如レ割。一心已迷。唯願大悲。照ニ我幽墳《フン》一。悲之亦悲。莫レ悲ニ於老後ㇾ子。恨更(更□カ)而更恨。莫レ恨ニ少(ㇾ於カ)先(憤カ)ㇾ親
惣悲歎別歎(ㇾ悲カ)。其體聊異ナリ。凡悲也別者死去後付體悲也
○惣者 但悲而述ニ其心一。雖レ似ニ死去後悲一聊別也。能可レ思レ之。已上初番四種次第也。蓋如レ斯
隨レ時依レ人。雖レ有ニ種種體一擇レ之取テニ一種一可レ用レ之
次自ニ第二番一至ニ第十番一。願文一通强ニ不レ可レ具也。或用レ之或不レ用レ之。事多者不レ可レ限ニ十番一ニ。事少者可レ省ニ十番一。爲レ令レ知ニ其意一。先以ニ十番一注レ之
○二番。聖靈平生之樣
花下(ㇾ之カ)春遊。揮ニ神筆一而手書ニ御製一。月前之秋宴《ヱン》。吹ニ玉笛一以自操ニ雅音一ヲ
柔《ニウ》和稟レ性。婉順在レ心。仁義備レ身。禮忠存レ心淨ニ一身一而多年。久懸ニ苾芻之衣一。猒ニ五濁一而幾日。頻

携二木叉之杖一

○三番。病中之様

去春ヨリ以還。聖體不豫。摩耶入レ夢。毒龍遺二吸珠之悲一
世尊患レ風。耆域施二獻藥之術一。優鉢羅之蕚。三殞失レ方。
梅檀堪(梻カ)之羹。一服無レ驗
自レ春及レ夏。寢膳背(ヿ和カ)。渉レ旬送レ日。療養失レ驗。受レ病臥レ
床。迎レ醫嘗レ藥。病痾相侵。旬日多積。夏季受レ病。秋初
背レ世(ヿ效カ)。花氏葛洪之方。金丹失レ效《シルシ》(驗カ)。佛法神通之禱。感應
少
自二去歳之冬一至二今年之夏一。風霧之氣屢侵。藥石之驗忽
空

○四番。逝去之様

忽出二冷(之カ」)泉寶(ヿ宮カ)一。永還二眞如之花界一以來。四十年(ヿ中カ)。利生之願
不レ遂。三五月下。登覺之行暗催。哀樂如レ夢。未レ獻二此界
之壽一。福禍相改。忽趣二他方之遊一。貺二繁花甲乙三(之カ)帳一。遷二
一實眞如之鄕一。忽盡二自界之他(化カ)緣一。遷三御本覺之淨刹一

○五番。悲歎事

芳顏去而不レ還。愁雲空別離之跡(ヿ埋カ)。遺韻絶而無レ聞。悲風
徒叩二寂寞之啓(居カ)一。涕涙流而無レ徒(從カ)。迷三倒雲漢ヲ於眼ノ下一ニ。
心肝屠《ホフ》テ而靜(ヿ不カ)。如レ呑二風胡於胸中一。戴レ眼呼レ天。蒼具(昊カ)默而
不レ答。於(投カ)レ身倒レ地。白砂平ニシテ而爲レ何
宛轉不レ閑。如レ臥二鑪火之上一。迷或(惑カ)不レ據。似レ入二霧(ヿ重カ)之中一。
拭二幻(紅カ)涙之難ヒ乾。抑二「丹(ヿ丹心カ)心丹心」之易ヒ惑

○六番。日數事

千萬行之悲歎未レ乾。初七日之忌景云盈。歎中斷二九廻之
腸一。悲閒迎二五旬之景一。今當二七七忌景一未レ休二懇懇之恨一。
楚痛未レ休。周景云滿。抑二千萬行之悲涙一。迎二十三回之忌
辰一。悲涙者不レ覺而下。忌景者有レ限而移

○七番。修善佛經事

誂二毘首之巧匠一。造三立彌陀三尊之聖容一。啒(屈カ)二雪眉之辨才一。
講三讚妙法八軸之眞文一
佛者生前之御願。以二三尊一爲二賓朋一
經者夢後之精勤。以二一乘一爲二輿輦一
佛則(等カ)登覺(ヿ妙覺カ)之三尊。十四十五之月普光

經亦本門迹門之一乘。難解難入之花薰匂
奉レ鑄二純銀阿彌陀佛像一體一。軀《ムクロ》ミ（〻此像者云云カ）
觀世音・得大勢菩薩像各一體
奉レ寫二金字妙法蓮花經八卷（〻一部カ）一
開結二經。心・阿等經各一卷。此經者云云
○八番。時節景氣事
林花紛紛。ヲ自添二金容紺殿之色一
山鶯關關。暗助二讚歎和雅之聲一
嘒《ケイ》嘒蟬之鳴二林頂一也。自助二梵唄之聲一
曜曜螢之集二叢端一也。暗添二燈炬之光一
送レ秋林葉。不レ待レ風而自飄
流レ憂（去カ）眼泉。不レ隨レ言而先落
訪二玄跡於虛無一。芝砌之露讓讓（瀼瀼カ）
趁二遺音於故宮一。蘭庭之風馥馥
故宮寄レ眼。月光殊二昔秋之色一
荒砌尋レ聲。虫響非二前年之聞一
・不裁（載歟）景氣之當座之興含。其座無味者也云云

○九番。昔因緣（〻事カ）
昔釋迦善逝。爲レ報二摩耶之恩一昇二忉利一（〻而カ）說レ法
今國母寶宮。爲レ飾二上皇之德一留二閻浮一而說（設カ）レ齊
蘇武之入二胡城一而十九年。以二雁足之書一通二心緒一
聖靈之辭二娑婆一而十三廻。飛二鷲頂之敎一祈二覺位一
昔漢帝燒二戀（〻之カ）暮（慕カ）之香一。彌增二妄執之緣一
今弟子之捧二恭敬之花一。須レ爲二解脫之因一者ナリ
丁蘭刻レ木。致二孝行之禮一。弟子捧レ花。祈二解脫之因一
○十番。回向句事　有二惣別回向一
惣捧二惠業一。奉レ飾二聖靈一
千官影徒（從カ）。本是諸天之愛子
九品雲聳。今則三界之慈親
別回向句
人皆有レ才無レ才各謂二其子一。佛願有レ罪無レ罪救（〻定カ）二我兒一
別回向（「」44行後出＊か）
「凡厥一切衆生普遊二四種佛土一。惣回向。」乃至法界平等
利益

惣回向

別　若猶在ニ穢惡之土一。忽免ニ泥離（梨カ）之苦一

早已詣ニ清浄域之（之域カ）一。彌增ニ金蓮之果一

惣　恩德之餘。普及ニ遠近一

同　凡厥一切衆生。普遊ニ四種佛土一

同　乃至法界。平等利益

已上十番目錄事。蓋如レ此。雖レ然專守ル二此體一ヲ。卽詞無レ味。古人製作ノ願文長短不同ナリ。隨（依カ）レ時作レ事艶詞等。或加（マ或カ）レ之不レ加レ之。每レ番便宜詞并傍字可レ安《ヲク》レ之。詞（マ詞カ）不レ離ニ上ノ理一。又可レ續ニ下句一ニ也。段段句并便宜傍字等可レ見ニ或抄一ヲ。件抄可レ尋レ之

○願文段（マ段カ）可レ見レ之（マ樣カ）

圓融院四十九日御願文　菅相公

敬白

奉レ造ニ白檀阿彌（マ陀佛カ）像一軀一

觀世音菩薩。得大勢菩薩像一體

奉レ寫ニ金字妙法蓮花經一部八卷一

無量義經。觀普賢經。阿彌陀經。般若心經一卷（マ各カ）

以前ノ佛經供養演說ス八萬四千之相。秋月滿而高懸リ。開三顯一之文。春花貫テ以永點　以ニ佛法讚歎一爲ニ最初一也

伏惟レハ。法皇慈悲稟レ性佛法刻レ心。從ニ少齡之日一及ニ太（大カ）位ノ年一。莫レ不下臣妾感ニ其恩一ヲ花夷歸中（戴カ）其德上。然猶絕（泡カ）山可レ猒。忽尋ニ始（姑カ）山之邃《スイ》（マ幽カ）一ヲ。苦海將レ救。遂入ニ佛海之淸底（虛カ）ニ。誦ニ一乘經一令レ護ニ寶珠於頂上一ニ。受テニ五部ノ法一ヲ新ニ寫ニ智水於瓶中一ニ　聖靈平生御存生之樣。去多ヨリ御惱之

降（マ去多以カ）聖體不豫。天便（使カ）相ニ望於道一。醫人多盡ニ其方一　御惱之樣也

豈圖ニ二月十二日中夜。機緣薪滅花界駕催一ヲ　崩御之樣

留而消レ魂者皆是緇門之遺弟。仰而戀レ恩者寧非ニ丹墀之舊臣一乎　悲歎之事也

嗚呼。過ニ於熙連河之苦行一一年禪定水靜。先ニ於沙羅林之涅槃一三日應化月空也　昔因緣

法王（皇カ）平日讚揚之窓ニ經卷之塵漸積レリ。今上每レ春臨幸之地輦路之草初繁。鶯無レ識《シル》コト（マ舌カ）猶奏ス怨曲於庭樹之曉風一。柳眼無レ情空添ニ啼粧於池堤之暮雨一　時節景氣事也

視聽之悲未ㇾ半。忌景之期既臻 日數事
天宮(官カ)依ㇾ敕而輸《イタシ》二錢帛一ヲ。舊院有ㇾ儀而營二佛經一。夫圓融
院者。當二受圖一所ノ二草創一スル類ㇾ屣《シ》(「脫カ)而棲息ス。爰設二齋會一
之(之ナシカ)彌增二善因一 修善佛經事
臥雲之後ニハ雖ㇾ謙(論カ)二一乘佛子之名一。昇霞以來定到《タマフラン》二
無上法王之位一。何疑。鉢羅樹下(「之カ)ニハ開二菓脣一而轉ㇾ法。七
寶池之中ニ破二波旬一以登二覺路一ニ。今勤二信心之業(「惠カ)一者。
唯添二法身之莊嚴一也 別回向 (「前出＊か)
正曆二年(九九一)二月二十七日。別當大納言陸奥出羽按察使
藤原朝臣
十番體如ㇾ此。以二此體一可ㇾ見二此願文一。或九番八番乃至
六番五番。隨二作者意一ニ可ㇾ知ㇾ之。長短不定故也
客云。諷誦體(「其樣カ)如何
予云。長短不定。雖二諷誦一ナリト多言越二願文一ニ有ㇾ之。然而多
分諷誦者書二肝要一也。不ㇾ莊ㇾ花。可ㇾ採ㇾ實ヲ云云
以前文(「願カ)ノ十番之目錄之中。取二第二(三カ)逝去・第四悲歎幷第九
(「之カ)因緣・第十(之カ)三回向等一也。雖ㇾ然又難ㇾ定。隨宜書ㇾ之也

在原氏修諷誦文　後(「江カ)相公
敬白
請諷誦事
三寶衆僧御布施一具(「法服カ)
右員外納言受ㇾ病之時。變テ二風議(儀カ)一而脫二俗累一。臨終之日。
落二雲鬢ヲ一歸二空王(「而カ)一ニ。仍擎二此方袍之具一捨二彼圓照之庭一ニ。
妾少後《ヲクル》二所天一。獨流二面(血カ)涙於眼泉一者(者ナシカ)。老哭二愛子一誰抽二
紫筝(雪カ)於雲林一。人皆以二短命一爲ㇾ歎。我獨以二長壽一爲ㇾ憂。
若有シカハ二遄死一豈二逢二此悲一。燈ノ前裁縫之昔曳二龍尾之
露ヲ一。涙底(「染カ)二出之今任二鷲頭之風一ニ。魂魂トシテ而有ㇾ靈受二此
哀贈ヲ一。所ㇾ請如ㇾ件。敬白
天慶六年(九四三)四月二十三日。(「女カ)弟子在原氏敬白
諷誦常句
當二四十九日一叩二鐘一兩聲一
叩二松鐘之逸韻一飾二蓮座之覺位一
鳴二凫鐘之響一驚(敬カ)二鵝王之尊一
對二鵝王無上之尊一。爲ㇾ達二卑懷一

鳴二晁氏三下之鐘一。有レ驚二高聽一

普通多分體

敬白

(〔請カ)諷誦事

三寶衆僧御布施一裹

右奉二為過去聖靈出離生死頓證菩提乃至法界平等利益一。

諷誦所レ請如レ件。敬白

年號。月。日。性(姓カ)名。敬白

客云。種種ノ口傳悉得二其意一。祕二心底一云云 味二口傳(實カ)一矣

王澤内拔書也 私

延命抄下

實相房昌興之

(底　本) 叡山文庫雙嚴院藏、書寫年不明一册本

(校訂者　水尾寂芳)

延命抄　終

法則集

法則集〔目次〕

〔一。合曼法則　經供養　師匠七回忌〕

合曼　表

愼敬白二胎金兩部祕密教主。摩訶毘盧遮那如來。三部五部諸尊聖衆。外金剛部金剛天等。法界道場常恆演說。三部上乘甚深法門。平等大會一乘妙典。八萬十二顯密教法。法界空中尼吒天上。十方三世帝網重重。界會聖衆一而言サク。方今

南浮州扶桑朝雲州鰐淵寺。此道場ニシテ信心遺弟某法印。迎二第七回ノ忌陰一寫二妙法一實ノ眞文一。調二曼陀供養稱揚一祈タマフ二聖靈得脫一事アリ。其意趣何者夫

恩山哦哦(峨峨カ)トシテ兮　冥慮之頂尙ヲ非レ高

德海慢慢トシテ兮　蒼海之底正ニ非レ深ニ

尤可レ謝者師匠ノ恩也　誠ニ可レ報者聖靈ノ德也

　爰過去聖靈者

律體堅固ニシテ六十箇年戒光終ニ無レ傾

三密花鮮ニシテ八葉一肘ノ白蓮□タリ二胸中ニ一
飽テ酌二青龍玄法ノ□(清カ)流一　快ク居二三部都法ノ職位ニ一
　加之
坊舍ノ執持。人法ノ紹隆。恐クハ秀タマヘリ二前代祖師ニモ一
　然而
閻浮之化緣既ニ盡テ無常ノ殺鬼莅《ノソ》キ二病室ニ一
露命終ニ消タマヘリ二姑洗(三月事也)下浣《カン》(旬)ニ一
有爲ノ冥使競二禪閤一　色質忽ニ陰タマヘリ二一時之霞ノ底ニ一
月運ヒ日廻テ第七回ノ忌陰忽ニ來レリ
非ハレ夢ニ不レ可レ見二其形ヲ一　非ハレ幻不レ可レ聞二其音ヲ一
天仙モ難レ通。生死隔ルカレ境ヲ故ニ。鬼神モ難レ感。冥途遠レ程(如カ)
故ニ。賢愚皆貽コシ二此恨ヲ一。古今固ク沈二此悲ニ一。不レ加カ下改テ二眼
前之悲歎ヲ一偏ニ送中沒後之資糧ヲ上
　爰ニ信心施主
曠劫之契リヤ深カリケン。於二一師ノ下ニ一窮タマヘリ二密教ノ深義ヲ一。夫レ
宿リ二一樹ノ陰ニ一酌ム二一河ノ流一。尚非ス二一世之昵《ムツミ》ニ一。況ヤ預リ二眞俗ノ
扶助ニ一成ス二師弟之○一。寧ロ非ス二多□(生カ)之緣一耶
　若然者尊靈
上密嚴國土ノ之中ニハ　居二普賢圓明ノ月殿ニ一
安養淨刹之閒ニハ　遊タマハン二上品上生之花臺ニ一
　見レハ夫
庭前之草垂ルレ露ヲ　自ラ裝《ヨヒ》ナリ二灑瓶之供具ヲ一
　聞又
山林之風吟スレ枝ヲ　更ニ疑フ二聖衆之來迎カト一
景色自然也。豈非二聖靈開悟ノ緣ニ一耶
　化功歸本故ニハ信心施主
榮耀ノ花樹ノ下ニ開テ　萬歲之春ヲ重ネ
壽□ノ□(月カ)圓ニ滿テ久ク　千秋之齡ヲ保タマハン
懇丹旨深シ。啓白言短シ。曼荼ノ諸尊。經中ノ三寶。知見證
明。哀愍納受タマヘ
抑新寫御經。可レ奉レ拜二首題一。南無妙法蓮花經卷第一
次發願
至心發願　新寫妙典　開題演說　功德威力
天衆地類　倍增法樂　過去尊靈　成佛得道

乃至法界　平等利益

次四弘

衆生無邊誓願度　煩惱ミミミミ

法門無盡ミミミ　無上菩提誓願證

上方今被二開題演說一タマヘリ。妙法蓮花經一部八卷。重テ

被二稱揚讚歎一タマヘリ

胎金兩部ノ曼陀羅幷大日如來三昧耶形等

先兩部不二ノ尊體者。一切衆生本具之妙法。事理一如之供養者。三世諸佛內證祕藏也。龍猛龍智モ陰レシ之。無畏金剛モ祕レ之

誠是

卽身頓悟之要道。己證遮那之祕術也。依レ之色香中道之香華ハ薰二卽事而眞之袂一。法性眞如之燈塗ハ照二色心實相之掌一

次付二法花一任レ例可レ有二三門一。初大意者。開方便門之風(大正九、三一下。法師品)本ニハ顯二十界皆成之素懷一。示眞實相(同前)月前ニハ示二ス惡人女人之成佛一。化一切衆生皆令入佛道(同、八中。方便品)。說二此經之大意一也。次

釋名者。妙ハ迹本二十之妙。法者界如三千之法。蓮花者法喩兼含之稱也。入文判釋者。序・正・流通之三段アリ。一切衆生己心所具三諦卽三段也見タリ

次率都婆事　大日遍照ノ一身。十方諸佛通體也。一見率都婆永離三惡道ト云ヘリ

次書寫功德者　住持張本利生元申也

次七年忌事　歸テ二阿閦佛一ニ可レ祈二聖靈得脫一見タリ。凡此尊ハ是大通佛十六王子ノ第一。於二東方歡喜國一成二正覺一。四方四佛ノ最頂トシテ大圓境智顯現ノ尊也。一切衆生ノ發菩提心。偏二此如來方便也

若然者尊靈

七重寶樹之花下ニハ　烈(列カ)リ二聖衆倶會之席一

八功德水之浪上ニハ　成二樂(ヿ常カ)我淨之德一

重乞

坊中繁昌而佛法之紹隆成レ林。道堅固而謝德之法弟連レンレ枝

伏乞

善根ノ餘塵施ニ法界ノ有情一ニ。浴ニシ皆得解脱之惠澤一。回向功
用被ニ無邊迷徒一。拂ニン無始妄執之塵勞一ヲ

乃至

善根及ニ塵刹一ニ。功德遍ニ法界一ニ。有性無性。齊成佛道

仰承乞

佛力經力合レ力。聖靈決定頓證菩提
抑令法久住利益人天過去聖靈增進佛道爲

南無摩訶毘盧遮那如來　丁

南無金剛手菩薩　丁

〔二一〕曼供法則　經供養　追善通用

曼陀羅供表　并　經供養作法

前方便

合行分注レ之。若新佛在之時者前方便也。次開眼灑水用レ之。如レ例印明等結誦ノ。則表白可レ出レ之

謹敬驚白ニ祕密教主理智冥合。清淨法身遍照薄伽梵。四智・四行・四佛・四波羅蜜。三點眷屬四大菩薩。十六開示內外八供四攝天女。惣十三大會九會十八會等。兩部曼荼羅諸尊聖衆。外金剛部金剛天等。妙法蓮花教菩薩法。八萬法藏十二分教。權實顯密修多羅藏海。聲聞緣覺賢聖衆僧。乃至佛眼所照微塵世界。佛法僧境界一而言

方今

南浮界日本國比叡山延曆寺。信心大法主　但可レ隨レ時　定惠合掌。精進潔心。供ニ養理智ノ曼陀羅一。開ニ題法花ノ素怛覽一ヲ賫ニテ先師聖靈一記(期カ)之忌業一ニ。祈ニタマヘリ成等正覺三明之覺

位ヲ一。旨趣如何ナレハ夫
知恩報恩之道　無レ過二追福作善之慧業一
即身成佛之謀　不レ如二三密一乘之功力一
云レ顯云レ密不レ可レ不レスハアル修セ
伏惟過去ミミミ者　亡者始終立身之樣可レ述レ之
而閒　聖靈之一期德行可レ讚レ之
豈圖リキヤ　有待無常ノ樣自他哀傷等可レ云レ之
自爾已來　年忌月忌無レ程來執二隨時一可レ釋レ之
爰施主　施主受二聖靈之恩彼(波カ)一可レ云レ之
依レ之
作善ノ目(錄カ)六可レ云レ擧レ之。兼日顯密回向今日事理
之供養誇(綷カ)已鄭重也。福豈唐捐哉ナント可レ云也
然者聖靈　得二三菩提一恆受二快樂一之樣可レ云也
乃至有頂無閒。法雨普灑梵風遠扇ナント可レ云也。若願文
有レ之時ハ。具[　]相載願文捧讀テ可レ奉レ備二聖衆之高聽一
次願文　讚云。願文如レ此曼荼聖衆諸天三寶知見證
明シタマヘト可レ云也

次賜經題
新寫御經可レ奉二首題一ヲ。諸衆賜レ之。餘經若有レ之於二此
處一皆悉可レ賜レ題者也
南無妙法蓮花經 甲　ミミミミミミ　乙金一丁
次發願經
次四弘一切普誦 一丁 是マテ捧レ經。於二此所一少讀經シテ置レ之
次讀諷誦文　先金三打。讀レ之畢卷之左手與二香呂一持レ之
次發願諷誦
次四弘
御諷誦ノ威力ニ依カ故ニ聖靈出離生死證大菩提ノ御爲
摩訶毘盧遮那如來 丁
阿彌陀佛名 丁
妙法經名 丁
諷誦在レ之
次佛名　諷誦無レ之時少讀經。已後佛名計唱レ之
次教化　諷誦無レ之時不レ用。教化謹奉レ祈丁也
一重擧レ之 方今被二開題演說一タマヘリ。妙法。妙法蓮花經一部八卷

猶作善在㆑之時於㆓此所㆒目六(錄カ)悉可㆑擧㆑之
被㆓供養讚歎㆒タマヘリ。台(胎カ)藏金剛兩部曼陀羅一補(鋪カ)。新佛
等在㆑之者悉可㆑擧㆑之
先本尊界會兩部曼陀羅者。胎藏界大悲胎藏生成養育之
義。法界衆生佛種增長之心也。在㆓人身㆒名㆓八分肉團㆒。
顯㆓曼荼㆒爲㆓八葉花臺㆒。金剛界ハ以㆓舍那果德㆒處㆓普賢心
殿㆒㆓。伴㆓自性眷屬㆒處㆓自受法樂㆒㆓
凡理遍法界之故　攝㆓十界依正於四重圓檀(壇カ)㆒㆓
智在己心之故　功德之甚深不㆑可㆓得而稱㆒者也
次諸大乘經者
般若心經ハ三有忌(妄カ)心之雲霧忽晴㆓[梵字]《シャ》字之智門㆒
阿彌陀經ハ六方如來之護念自顯㆓ス[梵字]字之聲塵㆒
無量義經ハ[梵字]字不生之理生㆓隨緣之萬法㆒
普賢經ハ[梵字]字離言之水洗㆓煩惱之衆罪㆒ヲ
□大部者任㆑例可㆑有㆓三門㆒。大意ハ法界衆生皆成佛道之
祕藏。法身如來內證甚深之境界也
在顯實相之春ノ花ハ　開㆓大悲台(胎カ)藏之心檀(壇カ)㆒

顯本遠壽之秋月ハ　耀㆓光明心殿之虛空㆒㆓
題目者妙法等ノ五字ハ五方之五智
[梵字]《サタルマ》([梵字]カ)等ノ九字ハ八葉之九尊也
一乘弄引云㆑序ト。前後階級ヲ爲㆑品ト。第一ハ法王ノ一識法
界ノ一門也
入文判釋者
迹本二經ハ台(胎カ)金理智之二門
一部八卷ハ心性蓮華之八葉也
凡此經者迹門說㆓開示悟入之四位㆒。發心・修行・菩提・涅
槃之四點也。本門顯㆓久遠實成之本地㆒。大日如來一切本
初之異名也
智證大師者
阿字不生微妙體(佛全28、二一九五上。阿字祕釋參照)　卽是(住カ)衆生內心法
本來清淨如蓮花　因經悟入己心法
本來清淨覺體ナレハ　不㆑染㆓生死之淤泥㆒ニモ
阿字不生之妙理ナレハ　不㆑穢㆓煩惱之妄染㆒ニモ
而ヲ顯㆓初門釋迦之色質㆒　逗㆓顯教一途機緣㆒㆓之日

以二遍一切乘自心成佛之心蓮一 稱二迹門實相一
以二本有常住不壞金剛之月輪一 名二本門ノ極理一
義釋云
彼言諸法實相者。卽是此經心之實相。卽(了〇カ)是菩提更無二別ノ(續天全密教1、二九上)
理一 文
或又。妙法蓮花最深祕處 文(同、二〇二上)
本迹雖レ異不思議一也　顯密雖レ異實相一如也
次回向旨趣
[ ](密カ)宗啓白之雖レ可レ略レ之。旨趣聊文不レ能レ欲レ罷者。哀傷
之樣。聖靈之德行。出離生死句等重可レ用レ之歟
化功歸本之故大施主。祝言句可レ用レ之
都而。天下泰平。山上安全。乃至法界。平等利益
仰願。兩部諸尊。一乘妙典。悉地證明。哀愍納受
抑令法久住等 云云
永享十年(一四三八)種覺院殿重慶僧都草也
天文二十一年(一五五二)壬子七月一日書レ之　榮圓

〔三〕頓寫法則 師匠七回忌

一。頓寫開題供養法則
開題供養之庭。幽靈得脫之砌等 云云
表白
恭敬白〇而言。方今
信心大法主。迎二先師七廻之忌辰一致二經王十軸之頓寫一。
祈二九品之往詣一 莊《カサリ》タマフ二三明之覺位一ヲ事アリ。其旨趣何者
夫
謝而可レ謝。先師愛顧之德山。五岳モ非レ喩ヘニ
報而可レ報。幽儀慈悲之恩澤。四海モ叵《カタ》シレ比《タクラヘ》シ
凡尊靈法印大和尚位。權大僧都顯密兼學シテ潤二三密一乘
之智水一ヲ。眞俗周備シテ響カシテ二一山三院之仁風一ヲ
就中
東西兩塔同時之堂務。古今無二比類一
春秋二季彼峯之別當。大小悉轉任シタマフ

八句有餘之長壽。勝二本師釋尊一
一生無病之快樂ハ超二タリ羅漢善容一ニモ
門葉枝茂シテ遊二德林之陰一　輩幾許《イカハカリ》ソ哉
家風音喧シテ慕二芳言之昔一　族《トモカラ》不二稱計一ス
顏花忽ニ蕣二テ(萎カ)朱夏ノ空一ニ。雖レ送二スト七廻之居陰一ヲ。心蓮定テ開二ケテ
金臺ノ上一ニ快ク踏二ン九品之階級一ヲ

雖レ然

頓二寫シテ經王十軸之花文一ヲ。彌莊二リ聖靈結跏之花臺一ヲ。開二
題シテ圓融三諦之金言一。倍嚴二先師相好之全容一ヲ

爰以信心大法主

自二幼稚之古一被《エ》レ牽二先師之恩光一ニ久伴二ナヒ台嶺之月一ニ
於二壯《シヤウ》年之今一ニ被レ催二尊靈之德香一ニ鎭ニ遊二フ叡岳之花一ニ

依レ之

諸社彼峯之經營遂レリ年ヲ修レシ之。本禮拜講之執事勝レ人ニ
勤レタマフ之。啻《タタ》匪レ爲二ルノミニ先師哀憐之餘薰一。剩又戴二ク山王擁護
之德光一。誠是於二幽靈一ニ是則爲二リ重勝之門弟一。爲二ニハ吾神一ノ又
可レ言二ツ最上之愛子《アイ》一ト

加之

酬二テ法主堅固之信力一ニ廻二タマフ天中守護之冥睠《ケン》一ヲ

化功歸本故信心大法主

現世百《ハク》年之閒ハ飽二テ阿育之七寶一ニ
他生一期之後ハ生二タマハン極樂之九品一ニ
結緣隨喜之輩同ク預二三菩提之益一ニ
入來聽聞之族《ヤカラ》ハ倶植二ン一佛乘ノ種一ヲ

重乞

城ハ複《フク》(復カ)二シ延喜天曆之豐年一ニ　山ハ歸二ラン傳敎慈覺之往因一ニ
願主懇丹雖二旨深一シト。愚老啓白猶詞短シ。諸天善神悉知照
見シタマヘ
新寫ノ御經在ス可レ拜二首題一ヲ。□
南無妙法蓮花經　南無妙法蓮ゝゝ
發願
至心發願　頓寫妙典　開題供養　功德威力　當所神等
倍增威光　先師聖靈　成等正覺　信心法主　現當二世
悉地成就　心中善願　決定圓滿　乃至法界　利益周遍

四弘丁　一切諷誦謹奉供養丁

方今被ニ稱揚讃歎一彌陀如來觀音勢至ノ二菩薩。被ニ開題供養一妙法蓮花經一部八卷。開結二經幷心・阿彌陀經等。先就ニ佛菩提(薩カ)一ニ在ニス惣別ノ功德一。惣ノ功德ト者三德三身具足故ニ。法報應三身圓融横竪顯密利益也。別ノ功德ト者構ヘニ四十八願ノ莊嚴淨土一ヲ迎ニフ一念十念之稱名凡類一ヲ。是其相也。惣別ノ功德大旨如レ此。次般若心經者萬法皆空甚深之妙理。三世諸佛ノ發心之智母。阿彌陀經者極樂往生之要樞《スウ》。彌陀引攝之祕藏也。無量義經者會多歸一之序分也。觀普賢經ハ開權顯實之能結也。法花經者可レ有ニ三門ノ分別一。妙法蓮花經序品第一□大意ト者。凡此經者開權顯實之花下ニハ凡聖同坐ニシ八葉之花臺一ニ。開迹顯本之月前ニハ善惡均《ヒトシク》住ニ一心之月輪一ニ

若爾者過去幽靈

三有妄執之生死之眠リ過ニテ昨日ノ夢一ニ
四德常住之涅槃之理ハ究ニラン今日《ケフ》覺《ウツツ》一ニ
供養淨陀羅尼等云云　萬ニハ抑ヘウツル也

〔四。同法則　父十三回忌〕

頓寫妙典開題供養表

神分　慈父十三廻

表白

恭敬白○而言。方今。信心大法主珍覺。迎ニ慈父一十三廻忌辰一ヲ致ニ經王二十八品之頓寫一ヲ。祈ニ九品蓮臺之往[生]一。莊ニリタマフ三身金容之果德一ニ[事]アリ。其旨趣如何者

夫過去幽靈者

先キトシテ歸佛敬神一遊ニシメ心於慈悲質直一
宗トシテ止惡修善一ヲ恣《ホシイママ》ニシタマヘリ望於福祿壽命一
就ケレ親キニ就レ疎キニ。思レ之輩多レ之
或ハ近ク或ハ遠。潤德之類《タクヒ》幾《イカ》許哉

雖レ然

[二]聲山鳥ハ告ニ鳴《トナウ》於南浮一期之別一ニ
萬點水螢ハ加ニフ光於西土三尊之迎一ニ

自爾已降

一十三年之陽烏《ウ》早飛ヲ芳顔ノ永隔タリ

四千餘日之隟《イン》駟不駐德音無レ聞コト

寐而寤而思ニヒ慈父之恩山之尊《タウト》一キコトヲ

明而暮而案ニシテ亡魂之德海之深一キコトヲ

或時ハ讀ニ誦シテ法花ヲ一祈リニ直至道場一ヲ

或時ハ稱ニ念彌陀一願フニ卽悟無生一ヲ

於《アア》戲。倩案ニ幽靈之恩德一ヲ

少年之昔登ニ台嶺之雲一ニ　列ニ一山三千之淨衣一ニ

是誰カ恩ソ耶

長久之今ハ汲ニ玉泉之流一ヲ　入ニ四教五時之覺路一ニ

職而因レ斯ニ者哉

謝而有レ餘。報而不レ足

依レ之

昨ハ供ニ養兩部合行曼陀羅一ヲ擬《コラ》ニシ先孝(考カ)之速證菩提一ニ

今ハ開ニ題シテ一日頓寫妙法花一ヲ祈ニ幽儀之卽身成佛一ヲ

凡今經者

勸人聽經之輩猶感ニシ花報於釋梵轉輪之座一ニ。須臾聞之類

剰ヘ得ニ果得於分證究竟之位一ヲ

況於ニ一部頓寫之功用一哉　況於ニ八軸開題之餘薰一ニ哉

測リ知ヌ。過去幽靈ハ

五住ノ淤泥ハ早ク澄ニ兩部合行之祕水一

三有妄執之雲霧ハ散ニ一日《イチニチ》頓寫之梵風一ニ

證ニ一實之菩提一ヲ也　住ニタマフラン四德之嚴《ケン》前一ニ

化功歸レ本ニ故ニ信心大法主

法體堅固ニシテ遂ニ顯ケ密眞俗之先途一ヲ

當果嚴妙ニシテ達ニハン安養知足之本望一ヲ

重乞

帝城雲收テ人皆ナ伴ニ理世安樂之月一ニ

叡岳風靜ニシテ法猶盛ニ治國利民之蕊《ハナフサ》一ラン

啓白詞短。三寶照見シタマヘ

經題

新寫御經在可奉拜□(首カ)題

發願

二九八

至心發願　頓寫妙典　開題供養　功德威力
先孝(考カ)幽靈　成等正覺　信心法主　心中善願
決定成就　及以法界　平等利益
四弘
衆生無邊等云云
八講。次ニ經供養時ハ此ニテ諷誦
次發願　次佛名　敎化　勸請
方今被ニ稱揚讚歎一九品能化彌陀如來尊像并二菩薩
講經
被ニ開題演說一一日頓寫之妙法蓮花經并心・阿彌陀經。
先就レ佛在ニ惣別之御功德一。惣功德者法報應ノ三身也。阿彌陀ノ三字卽空假中ノ三諦。因ノ三觀。果ノ三身《シン》ナレハ名號ノ上ニ卽具ニ三身ノ功德一ヲ。或又一佛二菩薩ノ體卽境智慈悲ニシテ顯ニ三身ノ形一ヲ。別御功德云云
册(刪カ)提嵐國ノ酬ニ昔ノ因一。顯ニ四八ノ妙相於安養一ニ
寶藏(法カ)比丘ノ牽レテニ古ノ誓一ニ。漏スニ六八之本願一ニ於極樂一ニ
是其別ノ御功德也

次心經者般若洮汰《テウタ》ノ肝心。畢竟空寂之樞鍵
阿彌陀經ハ演說極樂之莊嚴。稱ニ彌陀之功德一ヲ
法花經者任レ例可ニ三門分別一
妙法蓮花經序品第一
先大意ト者　凡今經者
諸法實相之風扇キ定性モ無性モ遊ニ淸冷之池一ニ
如來祕密之月ハ照テ有情モ非情モ歸スニ寂光之空一ニ
若爾者慈父聖靈
皆令入佛道無レ疑　速成就佛身有レン徵《シルシ》
乃至法界。利益周遍矣
萬ニハ抑ヘウツルヘシ

〔五。小比叡法則〕

小比叡表白

神分　妙法講讃ノ庭等　云云

表白

恭敬白二三身卽一牟尼善逝。十二願主藥師如來。九品能化彌陀種覺。十方三世應正等覺。妙法蓮花眞淨法門。八萬十二權實聖敎。住前住上ノ諸大薩埵。四向四果諸賢聖衆。惣シテ塵數法界ノ一切ノ三寶二而言

方今。一結信心諸德詣シテ二二宮ノ寶前一叮(叩カ)キタマフ二一座疑關一。其旨趣如何者夫

小比叡之權現ト者尋二本地一醫王薄伽之高本。淨瑠璃ノ月光潔《キヨ》シ

訪《ト》ヘハ二垂迹一ヲ國常立ノ尊之應迹。豐葦原風聲新ナリ

上一人ヲ爲レ始傾テレ冠歸シレ之二　下萬民ヲ爲レ終合レ掌仰レ之

依レ之

爲二每年不朽之勤修一添ヘ二萬壽ノ古風於松墂《シュ》之風ニ一

爲二來際無改之法味一莊二永厚ノ新花於叢祠之花一

所レ捧ル妙法ノ良藥濃《コマ》ニス二本地大醫王之香水一

所レ資ル實相ノ寶珠倍ス二內證淨瑠璃之光明一者歟

若爾者

諸德之願望立所成就　衆侶之欣樂卽時ニ圓滿セン

重乞

一天泰平四海安全ハ以二此春一爲二萬春之始一

三塔靜謐七社繁昌ハ以二今年一爲二千年之基一

事惟《コレ》恆例啓白不莠　諸天善神悉知照見シタマヘ

次祈句

捧二一乘講讚之慧業ヲ一　資タテマツル二二宮權現之法樂ニ一

伏以レハ當社權現者

圓智妙境之月耀二內證常住之空ニ一

宗廟社稷之花ハ匂二垂迹隨緣之籬ニ一

本地淨瑠璃之國土雖レ隔ト二十恆河沙之世界一

外用小比叡之鎭座ハ新ニ示タマヘ二三千衆徒之擁護一

誰ノ人カ不レ歸レ之乎　何輩カ不レ値《アフ》レ之哉

依レ之

一結諸德排キ二地主權現之玉扉一ヲ。講シテ二妙法蓮花之金文一。

祈二神威之長久一ヲ。願フ二佛法之興盛一

化功歸レ本故信心諸德

禪室風靜ニシテ二顯密之法燈彌彌明一カニ

學窓月圓ニシテ二教觀之智光倍朗一ナラン

重乞

帝城基堅《イ》シテ至二億兆歳一ニ。叡岳法久シテ期二千萬年一ヲ。乃至法界。利益周遍矣

嘉吉二年（一四四二）三月日　仙承法印御草也

于時天文十四年（一五四五）。於二比叡山西塔院東谷等覺院南面學窓一書二寫之一畢

豪榮

于時天文二十一年（一五五二）壬子不老山南院於二大蓮坊一令レ書二寫之一畢

榮圓　五十九

（底　本）叡山文庫雙嚴院藏、天文二十一年（一五五二）榮圓書寫奥書一册本

（校訂者　水尾寂芳）

法則集　終

法則集〔雜雜浮流草〕

法則集〔目　次〕

〔一〕入不動

方ニ今。信心ノ施主頼ミ二不動之本誓ヲ一。仰キ二明王之悲願ヲ一。有レ祈コト二除病延命ヲ一。夫レ不動明王ト者ハ。火生三昧ノ色質ツ能ク燒ク二三毒ヲ一本尊ナリ。大日如來ノ教令輪身大定智悲具足ノ如來ナリ。花臺ニ久ク成佛シテ雖三已ニ成リタマフト二世尊ト一。被レ引ニ本誓ニ一成リ二如來使者ト一。被レ催サ二大悲一執二持シ於諸務ヲ一。以ニ大定ノ德ヲ一住ニ不動法門ニ一。備ニ大智德一入ニ火生三昧ニ一。具ニ大悲德ヲ一現シ二忿怒像ヲ一。執ニ智惠ノ劍一催《ザイ》(摧カ)二破シ惡業《ゴツ》障之怨一。持ニ三昧ノ索ヲ一繋二縛難調伏ノ者一

然則

四魔郡(群カ)類隨イ二慈悲之體一低レ眉ヲ。三世ノ怨敵畏ニ忿怒之威ニ一曲ケレ勝(膝カ)ヲ。恆ニ隨二逐ルコト行者ニ一如ク二響《ヒヒキ》之應ルカレ聲ニ。鎭ニ示二同ルコト郡(群カ)生ニ一似タリ三水之順ニ二器ノ方圓ニ一ノ。夫諸佛菩薩ハ各ノ十方處居ノ淨土有レ之。此明王ハ住シテ二一切衆生ノ心性ニ一片時モ無レ離コト肆ニ

衆生作ニ罪業ニ一隨ニ惡道ニ一。不動同ク往テ二惡趣ニ一。有情修メ二善根ヲ一至シメ二菩提ニ一。明王共ニ唱フ二正覺ヲ一

凡

草木萬差ナレトモ離テ二大地ヲ一不ニ生長一セ。菩薩無數ナレトモ舍テ二不動ヲ一不ニ成佛一

爰以

祕教所レ貴ム大目(日遍カ)偏照入ニ不動ノ三摩地ニ一降魔成道ナリ。顯教ニ所ハレ崇ムル釋迦如來依ニ明王ノ加持門ニ一樹下ニ成佛ス

惣

破ニ惡靈邪氣之執ヲ一。除ニ短命怖畏之災ヲ一。遂ニ世間出世之望ヲ一。滿ルコト二今世ノ後世之願ヲ一。併ラ此ノ明王之利益ナリ

然閒

相應和尚ハ被レ荷二負不動尊ニ一。現二參詣ス都率天之內院ニ一。淨藏貴所ハ令レ制二伏焰魔王ヲ一面《マノアタリ》取二還ス善相公之神識ヲ一。是皆不動之行者明王呪力之至ス處ナリ。底哩三昧經ニ說テ二不動ノ誓願ヲ一云ク。見我身者。發菩提心。聞我名者。斷惡修善。聽我說者。得大智惠。知我心者。卽身成佛。我等トモ

施主トモ久聞ニ二不動ノ名字ヲ一。斷惑證理トモ除病延命トモ無レ疑。
又タ時時《ヨリヨリ》ニ見ル二明王ノ形像ヲ一。發ルニ二菩提心ヲ一有レ頼ミ

異ハ

大聖明王本誓不ンハレ悞ラ佛子トモ施主トモ所願令ニ二成就一給ヘ

〔二〕大黑天

夫レ大黑天神ト者。冠リ二利於三世一ニ佩《ヲヒ》タリ二化於十方一ニ。本地測難來化無邊ナリ。或ハ毘盧遮那ノ應化。天鼓雷音ノ敎令。或ハ觀自在尊ノ垂迹。摩醯修羅ノ所變ナリ。爲ニ二魔王降伏ノ一成ニ二大王ト一。爲ニ二虎狐誘引ノ一化ス二辰狐王ト一。玄象《シャウ》ニハ即爲ニ二三界自在ノ天神一ト。素鵝《ソウ》ニハ亦爲《ナ》ル二四域領掌ノ地主一ト

故ニ

四禪定ノ中ニハ現シテ二三目八臂ノ色相ヲ一而除キ二三魔八逆之障難一ヲ。三輪際ノ上ニハ爲《ナツテ》二四州六欲ノ堅牢一ト而戴ス二四敎六即之法座ヲ一。凡ソ覆《ヲヲテ》而無レ外者ハ天也。尊卑誰ノ人カ不レ仰。戴而不レ棄《ステ》ノ者ハ地也。朝野何ソ所ナランレ不レ歸セ。紫微宮《シミキウ》ニハ于(下カ)北極爲タリ二五星之尊《ン》一。色心ノ空上ニハ大黑ヲ爲ス二諸天之長一ト

淨瑠璃界ニハ日光遍照
花(灰欲カ)翼國土ニハ月勝如來ナリ
僧祇劫ノ前ニハ化ニ二有習ノ迷徒《メイト》ヲ一而遂ニ證ニ二菩薩(提カ)ヲ於一念一ニ
尼國城ノ內ニハ率《ソツ》シテ二無數ノ伴侶ヲ一而持ニ返ス二利益於十方一ニ
三兄弟之隨テ二前後一ニ也先ツ拂ニ二魔賊ヲ一兮滿シ二願望ヲ一
四姉妹《シマイ》之伴《トモ》ナツテ二于左右一ニ也專ラ施ス二敬愛ヲ一兮授ニ二壽榮一
求テ二宮(官カ)位ヲ一授ケ二宮(官カ)位ヲ一。欣テ二福緣《ネコウ》ヲ一與フ二福緣ヲ一
若シ復タ論レハ二是非一令ム二非《シ》ヲシテ而是ナラ一
若復タ決レハ二勝負ヲ一敎《シ》ニ負《フ》ヲ而勝ナラ一
若人ト赴テ二敵城ニ一有レハ二怖畏一。則一心稱念スレハ即時ニ顯ス二譽《ホマレ》ヲ一
若人處シテ二貧家ニ一無レハ二衣糧《ラウ》一。亦再拜饗《キャウ》スレハ隨レ日ニ垂ル二愍ミヲ一

故

天竺辰(震カ)旦皆ナ依テ二神力ニ一修ス二佛法ヲ一。松戶《シウコ》蓮宇《ウ》併ラ洛(浴カ)《ヨク》シ二恩波《ハ》ヲ一流《ホト》コス二德永(水カ)ヲ一

然則

金足鐵塔之樞《トホソ》ニハ發シテレ願ヲ而致シ二護持ヲ一。靑龍玄法之流ニハ應シテレ誓ニ爲タリ二施主一

由レ斯
尋二レハ台嶺之昔一ヲ。酬《コタ》ヘ二南岳天台之知行一ニ。久ク守リ二五時八教
之學窓一ヲ
謂イヘハ二叡岳之今一ヲ。藉《ヨル》二傳教慈覺之契約一ニ。示シテ宇《カナ》二シム一乘三密
之法侶一ニ。何ソ唯タ三塔三千之徒衆乎《タラン》
凡ソ厥《ソレ》
觀念坐禪ノ床ノ上ニハ不レ違二護法之誓一ニ。偸《ヒソカ》ニ照二心空一ヲ。求法
修學牖《マト》ノ前ニハ卽《チ》應二歸《キ》僧之願一。純《モツハラ》ニ助二行ノ化一ヲ。內ニハ深ク祕シ二
大慈大悲之金容《ヨウ》一ヲ濟二度シ四生ノ含識一ヲ。外ニハ純ラ服シテ凡卑凡
下之黑衣一ヲ圓二滿メタマフ二世ノ諸願一
抑
王頂ノ珠安《タマイツク》ンカ在ル。在リ二烏瑟《ウシツ》之髻《モトトリ》中一ニ。愍意ノ色《イロ》何ンカ出タル。
出タリ二大觀大黑之肝《キモ》ノ底《ソコ》一ニ。金剛碓《コ》擧二動シテ辰樓一ニ而生二衆
寶一ヲ。胎藏袋含二容シテ星纏一ヲ而會スル二一如一ニ
倩以
貧ハ是第一之怨《アタ》也。已ニ爲タリ二諸道之障一。貴賤誰不レ猒ン
財ハ亦無二之寶也。永ク生ニ累代之榮一ヲ。蓋シ緇《ル》（緇カ）素《ソ》酷《ハナハタ》可レ

歸ス
遁レ世ヲ之背《ハイ》（輩カ）ハ縱イ不レ諂《ヘツ》ラハ富家一ヲ。交レ人ニ之類ハ唯タ在リ歎クニ
貧道一ヲ。富者《トメル》ハ愚ニシテ而ニシテ如シ不カ愚。貧ナル者ハ存而如レ不レ
存。人貧ナレハ爲ニ時所レ奇《ステ》（棄カ）。家富爲ニ世所レ疑ハ。貧則妻子猶
不レ隨。況ヤ餘事ヲ乎。富亦佛神自易レ供。況ヤ他人乎
可レ恥。可レ憐
孝養父母。奉事師長モ貧而ニシテ難レ叶。興隆佛法。利益衆
生モ富ンテ而有レ便。縱《タト》イ於二市中一ニ有レハ價《イ》其ノ心自ラ靜ナリ。豈ニ
入テモ二禪下一ニ無レハ糧《カテ》其ノ身安カラン。諸天ノ本誓雖二何モ妙ナリト一
先ツ愍ムコト二貧賤一ヲ唯此ノ天ノ別願ナリ。萬人ノ忠心雖二皆ナ差差《シナシナ》一
其レ樂《ネコ》ウコト二富貴一ヲ亦タ每ニ人定レル習ナリ。若家富祐（裕カ）ナラハ知ヤ否。
知ヘシ何ノ强《ヤカラ》（族カ）モ歸スニ此ノ尊一ニ。身旣ニ貧窮ナリ。愍テモ可レ愍。其レ惠ミ
限ラ二誰レ人一ニカ。無極ノ道心ノ上ニハ無レ喜モ無レ愁モ只タ一如ナリ。有
爲ノ賤寶ノ中ニハ有レ樂有レ苦萬事夢ナリ。悲哉。縱トモ爲ニ有情之
身一。貧（貪カ）而レハ施コト猶シ二木石一ノ。痛哉。雖トモ爲ナリト二不愚之報一富
以テ貧（貪カ）惜レハ甚《ハナハタ》シ二畜生一ヨリ。故ニ廻シ二於一善沙界一ニ。會ニ四恩於金
人一ニ。與ニ三寶於塵刹一ニ。開ニ含識於花臺一ニ

方今
慣ナラツテ二一千ノ悲ミニ一同ク施二六趣ニ一
憶ヲモツテ二二親ノ惠《メクミ》ヲ一滋《イヨイヨ》廻ス二衆生ヲ一

吒婆天
蓋シ聞ク遍照僉亂《ソラン》神ト者。文ハ散二在シ顯密之諸經ニ一。義ハ被レ戴(載カ)セ二内外之典籍ニ一

然ニ而
其ノ文髣《ホウ》髴ニシテ兮シテ其旨幽玄也
迷フ二此教ニ一者ハ二世ノ悉地難レ成。伺フ二其(其ナシカ)ノ其ノ説ヲ一人ハ萬事ノ願
望叶レ心ニ。誠ニ是レ速疾之經路《ケイロ》也

所以ニ
大日遍照之知光(和カ)也。鎭ニ照シ二三有之昏衢《コンク》ヲ一
普賢薩埵之同塵ハ也。恆ニ巡シタマフ二九界之迷津《メイシン》ニ一
不變眞如ノ理中ニハ起二恆順衆生之誓ヲ一。隨縁妄染ノ風ノ前ニハ
示シメ二僉亂荒神之形ヲ一。迷悟雖レ異ナリト同ク隨ヒ逐ス二衆生ニ一。染淨
不同ナレトモ共ニ二三世ニ無レ離ルコト

朝朝暮暮同キ起キ同ク眠ル。日日夜夜ニ倶ニ行倶ニ座ス。因レ茲
或ハ云イ二自我所生ノ障リ無始倶生ノ我執ナリト一。或ハ説ク二佛法常
隨ノ魔衆生ノ倶生神ナリト一。凡ソ是隨ヒ順シテ有懷ニ一伺レ短ヲ求レ隙メ
焉於二佛法僧之境界ニ一爲ス二障礙ヲ一故云二三寶荒神ト一也

是以テ
薩埵之爲ニ祕教之大將ニ一。尚迷イ二所從來之處ニ一。鷲(鶖カ)子之爲タリ二
釋迦之輔翼ニ一。非レ無キニ二障礙難之煩イ一。上聖尚爾ナリ。況凡夫ヲ
乎。在世尚爾ナリ。況ヤ滅後ヲ乎
思ニ其根源ヲ一者八識元品之無明ノ體。論ハ二其枝葉ヲ一者八萬四
千之塵勞門ナリ。法門ノ中ニ已ニ有二斷而不斷之義一。妄懷ノ前ニ
誰カ妄ン二承掌祭祠之禮一

依之
聖者之立二精舍ヲ一也。忽ニ鎭ル二破壞於天尊之祭場ニ一
金室之沈ム二病床ニ一也。尚感ス二平愈於崇神之奠《テ》席《セキ》ニ一

加之
伏羲子ノ美人ハ受二后《コウ》位於祈請之後ニ一。波羅奈ノ貧女ハ得ル二福
報於祠祀之前ニ一

殃ヤ

誓願巨多也。無ニ善トシテ而不レ成者也。威德且千也。無ニ惡トシテ而不レ失也

昇レ天入レ地ニ。達ニ諸法之理體一ニ。徹レ山潛《カクルル》レ海ニ。成ニ一切之事業一ヲ

是故ニ

違背ル輩ハ忽ニ失ニ二世之利益一ヲ。歸依ノ類ハ速ニ成ニ一切之願望一

所謂

天上之明鏡。人間之寶珠也

爰信心大施主

三寶仰信ノ思銘レ肝ニ。佛神歸依ノ志シ更ニ深シ

依之

捧ニ輕《ケイ》塵之財一任ニ雲外ノ風一ニ。延ニ微滴《テキ》之志一ヲ添ニ海上ノ浪一ニ。祭祠之禮是雖レ疎ナリ精誠之至リ專鄭重ナリ。早ク還ニ念ニ本地之誓願一ヲ。不レ捨ニテ垂迹之慈悲一ヲ。令レ成ニ就施主弟子之所願一ヲ

地鎮

夫堅牢地神五帝龍王ト者。尋ニ其由來一者五智ノ如來ノ變化身ナリ。謂ニヘハ其悲願一者五大明王ノ分身也

然者

領ニス大地一ヲ故ニ一切衆生ハ無レ非ニルコト(彼カ)後ノ眷屬一。率ニス四海一故ニ國土貴賤無レ非ニ後《カノ》(彼カ)加護一

凡

起立僧房之善。造作宮殿之敕。田夫耕作之業。社參佛詣之德。何事カ地神恩ニ乎

依之

捧ニテ隨分之微供一ヲ

〔三〕山王七社御本地開眼

眞如海ノ昔ハ無ニシテ菩提樹下一成ニ正覺之如來一ト

平等性ノ古ハ無ニシテ宗廟社稷一垂ニ應迹之神明一ヲ

是レ而ニ不變隨緣未レ分タ。生界佛界無レ二故ナリ

然而

氣形質覆詑以後。天地人ノ花開《ナ》ケヨリ以來《コノカタ》。三世諸佛番番ニ出レ世ニ度ニ衆生ヲ一。八萬《ヤヲヨロツ》神更更ニ和レ光利ニ迷黨一ニ。佛神ノ化道區ニ分レ。本迹ノ利益品ニ圭トル。佛家ニハ以レ佛爲ニ本地一指レ神云ニ垂迹一。神道ニハ以レ神爲ニ本地一ト指レ佛云ニ垂迹一ト。本地迹雖レ殊不思議一也。爰ニ日吉七處明神ト者。先ツ三聖權現ト者。本者則是釋迦・藥師・阿彌陀ノ三佛。迹者則大宮・二宮・聖眞子三神也。天現ニ三光ノ養ニ育千草萬物一ト。地ニハ顯ニレ三聖一ト護ニ持一天四海一ヲ。內證利生之慈雲無レ所レ不レ覆。外用ニハ和光之惠風莫ニレ物トシテ不レ扇

次客人權現者。十一面觀音應作ナリ。白山禪定之靈神。爲レ護ニ圓宗之佛法一。忽於ニ北陸之嵩峯一遙來ニ叡山之靈地一故ニ號ニ客《(了人カ)》權現一也

　　佛說事舊

次十禪師權現者。天下第一明神瓊瓊杵尊化現。無佛世界ノ導師地藏菩薩應作也。今世後世能引導之悲願ナリ

二度其事既已畢之神詑明賢ノ記新ナリ

次八王子權現者。千手千眼觀世音之垂跡《(迹カ)》。三千大千希有者之示現也

引ニ率八人王子一來護ニ超八醍醐之法一

次三宮權現者。十種願王之垂跡《(迹カ)》。普賢菩薩之權化。法花流ニ布閻浮ニ一偏普賢威神力。行若成就者卽見ニ普賢身一。漢家ニハ一代三藏翻經砌見レ色ヲ。本朝ニハ楞嚴叡桓草庵內ニ得ニ白象一ヲ

　　依之權現

一乘讀誦窓前去ニ社壇一恆順。十法成乘床頭垂ニ影向一摩頂

　　尤可レ歸誰不レ信

抑七社權現者

在レ佛七佛藥師　在レ草七種藥草

在レ天本命七星　在レ地山王七社

在レ人頂上七穴

是名ニ如影隨形山王一ト。又號ニ元初不知ノ神明一也

遷宮鎭座行法

日本是神國。依報正報何ヵ非二神明利益一二
此國何神結。僧衆俗衆誰非二明神骨肉一

肆

入二山野一千草萬木併諸神變作。臨二田畑一五穀九穗莫三一
非二神體一二。日神晝耀故祿華拾レ菓。天台是釋二寂而常照ノ
觀一。眞言亦說二但爲利益說一ト。月神夜照故休レ身安レ心。顯
宗惟云二性法(法性カ)寂然心一ト。密教二ハ則宣二我本無有言一ト

倩思之

衣食偏飡三用於天神地祇一。身命併補三養於宗廟社稷一。思二
神恩忝一全身無二置所一焉。案二祇德深一禱心徒失二計略一。爰
當社十禪師權現者
地神第五　瓊瓊杵尊再來
六道能化　地藏菩薩垂跡(迹カ)
忝受二牟尼ノ遺敎一　慇預二忉利付屬一ヲ
在二二佛之中閒一　爲二四生依怙一
扶二三聖之行化一　調二一段之化儀一
凡

諸社ノ中山王威驗最勝。七社內權現明德殊秀。是非二本地
之優劣一。亦非二神德之勝負一。機感相交利生得節

依之

新造三立神殿一　勸三請御聖體一
捧二財施法施ノ供養一。祈二今世後世願望一ヲ

諸神通用

夫當社明神者。施二神化於日域之中一二。恩惠反二遠進(近カ)一二。祐二
靈祠於扶桑之境一。利物多二貴賤一
蒙二神恩一之輩玉墻(牆カ)之閒成レ市ト
崇二靈德一之類金殿之返(邊カ)繼レ踵

爰信心願主

當社信仰之思銘レ肝。靈神恭敬之心異レ他

依之

撰二嘉辰一卜二良日一玉帛捧二社壇一妙法講二寶前一。願者
法味無レ竭倍二威光於我國一。參詣無レ心(止カ)施二靈驗於自他一。宗
廟威光普耀二四方一二。民烟水(永カ)譽悉滿二八埏一。金榁並詹送二星
宿劫春秋一無レ滅。玉牆同貫遇二樓至佛出世一彌盛

〔四〕千座神樂

夫神樂者。神道無雙之行事。靈神法樂之最頂

然聞

天巖戸爲レ之開闢。日神光爲レ之照耀。面白言葉モ自レ是始。目出度謂モ自レ是記《ヲコル》(起カ)

就中

五人神樂男ト者。表二金剛界之五佛一。八人之舞姬者。表ヲ形胎藏界八葉一。擊擊ト打鼓音ニハ峙二四智三身之耳一。諷諷振鈴聲ニハ醒二六道四生之眠一。誠是天下太平之祈禱。國土安穩之勤行而已

歌仙供養

圖ヲ畫三十六人歌仙之影像一。奉レ莊二二十一社權現之神前一。今鳴二開眼ノ一梵磬一。終期二無上ノ三菩提一

其志趣何者ハ夫○歌仙者。何大聖之垂應。俱歌道之宗匠也

倩尋二和歌濫觴一

久方《ヒサカタノ》　天《アメニシテハ》　自二下照《シタテル》姬一始焉

荒金《アラカネノ》　地《チニシテハ》　自二素盞雄《ソサノヲ》ノ尊一起

雖レ然

於二神代一未レ專二此道一。至二人世一ニ此風殊盛也

肆

汲二難波津ノ流一人滿二都鄙一。尋二淺香山陰一輩亙二古今一。匪二啻和國之風俗人倫之翫一ニ。彼印度之菩提梁朝之達磨モ詠二和歌一。鳴レ華鶯住レ水蛭(蛙カ)詠レ歌

是則

臨レ國尋レ帆(軌カ)。入レ境問レ風。蓋此謂歟

就中

孝謙天皇御宇

敕二諸兄家持卿一撰二萬葉集一

醍醐天皇御宇

命二貫之忠峯(岑カ)等一集二古今集一

自レ爾已來

代代敕撰　家家集レ歌
野生レ葛　江滿テルレ蓮ス
根リ出レ葉　花リ至レ菓ニ
爰天皇御宇
圖ニ畫人丸等之三十六人形像一以爲ニ日本《ヤマト》歌之三十一字ノ宗匠一。是皆大聖之化現。同又利生之方便也
所以
漢土ハ人貞正。非ニ緊句一難レ正ニ衆心一ヲ。日域是和國ナリ。非ニ和カナル言ニ莫レ和ニ人意一ヲ
依之
柿《カキ》本人丸ハ寄ニ嶋陰所船一ニ顯ニ諸行無常之實理一ヲ。花山遍照ハ以ニ不レ染レ濁ニ蓮一ヲ示ニ蓮花清淨之染道一ヲ。中納言朝忠。今行末ハ神知ラン讃ルハ世閒相常住之法門也。在中將業平。我身一ハ本ノ身ニシテト詠マンハ本有自受用之深理也明石浦ノ朝霧ト唱ヘシモ。祕經ニ宣ル如秋八月霧微細清淨光ノ（大正藏十八、二五八上。瑜祇經）心。吹風ノ目ニ不レ見人ト云ルモ。法花ニ說ル如風於空中一切無（大正藏九、五二中。神力品）障礙ノ理也。起ニ一乘開會ノ內語一趣ニ千言萬葉遊庭ニ三十一字焉悉ク應佛利生之妙體也
出ニ六道三有ノ貧里一ニ入ニ開權顯（〔實カ〕）ノ帝都一ニ。五七五七ニ併三五七九之成佛也
歌唄頌佛德皆已成佛道ハ（大正藏九、九上。方便品）。法花圓經之眞（敎カ）文也
麁言及輭語皆歸第一義ハ（大正藏十二、七二八上）。涅槃一部之樞楗也
因レ茲
圖ニ繪歌仙之靈像一。莊ニ當社和光之神殿一
啓ニ請神明之納受一。所（祈カ）ニ遠近結緣之願滿一
先　信心願主現當安樂
次　神務社官息災增福　兼庄內萬民安穩豐樂
次　發願等　次　開眼詞
方今被ニ開眼供養一歌仙尊影三十六人。是惣別ノ功德可レ有レ之
凡　加持木石成ニ新成妙覺果德一其功尚仙難。開眼人影顯ニ本地難思ノ境智一其理良可レ易
先ツ惣ノ功德ト者。四知三身五眼也。是則三身周ニ偏（遍カ）法界一五眼不レ隔ニ依正一故ナリ

次別ノ功德者。和歌者侘(託カ)㆓其根於心地㆒開㆓其花於詞林㆒。動㆓天地㆒感㆓鬼神㆒化㆓人倫㆒和㆓夫婦㆒以レ之爲㆓其德㆒。加之。五七五七七之五句則五佛ノ惣體。三十一字表㆓三十二相㆒。加㆓意ノ一字㆒顯㆓三十二ノ數㆒一流ノ祕傳也。又和歌有㆓風賦比興雅頌ノ六義㆒。迷則六道ノ衆生。六根情執。悟ハ亦六大無礙。常瑜伽ノ體也。此等功德悉納㆓和歌ノ內語㆒。斯等ノ勝用皆籠㆓歌仙心中㆒故。以レ之爲㆓別功德㆒也

就中攝量定㆓三十六人㆒事

先付㆓顯教㆒言レ之。天台立㆓六卽次位㆒。互具シテ有㆓三十六卽㆒。又一處釋ニ。法報應化ノ四身互具シテ有㆓十六身㆒。相起相入根本ニ約シテ成㆓三十六身㆒。次寄㆓密教㆒論レ之。金剛界ニ有㆓四佛四波羅蜜四接八供十六人㆒。表㆓此等ノ數ヲ㆒也

又加㆓六卽ノ始中終平等ノ句㆒成㆓三十七卽㆒。加㆓法界身㆒成㆓三十七身㆒。加㆓大日如來㆒成㆓三十七尊㆒。加㆓歌仙惣體㆒成㆓三十七人㆒也。仍六六ノ歌仙ハ。釋タマヘリ㆓顯教之源底ヲ㆒。惣㆓密教奧藏ヲ㆒。所修ノ功德至甚深。神明ノ納受有㆓何疑カ㆒

抑御回向志趣者。信心願主深信㆓當社㆒。成㆓何事㆒蒙㆓明神利生㆒。修㆓何善㆒增㆓靈社ノ威光㆒。運レ志涉㆓居諸㆒廻レ計送㆓年序㆒。爰ニ有㆓善知識㆒教㆓此善巧㆒。仍三十六人ノ歌仙ノ尊影不日ニ圖㆓畫之㆒。三年ノ內ニ遂㆓供養㆒ヲ。諸天必隨喜。當社定納受ラン。此是過去遠遠宿善也。此是未來永永龜錢也

仰願

神威顯㆓七代五代之昔㆒。天岩戶新開ケ。金輪ハ還㆓聖武桓武之古㆒ニ。花萩戶　逶《イヨイヨ》(遙カ)　盛ナラン

一仁ハ寶算長久ニシテ同㆓佐佐禮石ノ成レ巖唱㆒ニ。萬庶ハ福壽增榮シテ等ラン㆓氣富里立民之竈㆒ニ。庄內ノ諸人ハ定テ佐ヾ木草之二葉三葉ノ殿作リ數數ニ滿レ願ヲ。隣里ノ上下ハ必呉《クレ》羽鳥之八重九重ノ唐衣打續《ツツキ》遂レ望ン。化功歸己故

〔五〕源氏供養　表白

桐坪ノ夕部ノケフリスミヤカニ法性ノ空ニ至。箒木《ハハキキ》ノヨルノコトノハツイニ覺樹ノ花ヲヒラカン。ウツセミノ空キ世ヲイトヒテユウカホノツユノ命ヲ觀シ。スヱツム花臺ニ座セシメン。モミチノ賀ノアキノユフヘニハラク葉ヲノソミテ有爲ヲカナシヒ。花ノ宴ノハルノ

朝ニハ飛花ヲ觀シ無常ヲ悟ン。タマタマ佛教ニアフヒナリ。サカキハサシテ淨刹ヲネカフヘシ。花チル里ニ心ヲトトムトイヘトモ愛別離苦ノコトハリヲマヌカルルタメシナシ。只スヘカラクハ生死流浪ノスマノウラハマテ四智圓明ノアカシノウラニ身ヲツクシ。セキヤノユ《ウ》キアフミチヲノカレテ。般若ノキヨキミキリニヲモムキ。蓬生ノフカクサムラヲワケテ菩提ノ眞トノ道ヲ尋ン。何ツミタノ尊容ヲウツシテヱアワセニシテ。マツカセニ業障ノウスクモヲハラワサラン。生老病死ノ身アサカホノ日カケヲマタンホトナリ。老少不定ノ境ヲヲトメコカ玉カツラカケテモナヲタノミカタシ。タニタチイツルウクイスノハツネモナニカメツラシカラン。鳬鴈鴛鴦ノサヱツリニハシカシ。シハラクノタノシヒナリ。天人聖衆ノアソヒヲモヒヤレ。サワノホタルノクユルヲモイ。トコナツナリトイヘトモ。忽ニチヱノカカリ火ニヒキカヱテ。ノワキノカセニキユルコトナリ。如來覺王ノミユキニトトモナイテ。慈悲忍辱ノフチハカマヲキ上品蓮臺ニ心ヲカケテ七寶莊嚴ノマキ柱ノ本ニ至ラン。梅カ枝ノ匂ニ心ヲモテアソフヘシ。仙洞千年ノ給仕ニハ若菜ヲツミテ世尊ニ供養セシカハ成佛得脫ノ因トナリキ。夏衣タチ居ニイカニシテカ一枝ノ柏木ヲ拾ヒテ。妙法ノ薪トナシテ無始廣(曠カ)劫ノ罪木ヲホロホシ。本有常住ノ風光ヲカカヤカシテ。聖衆音樂ノ横笛ヲナカン。ウラメシキカナヤ佛法ノ世ニウマレナカラ家ヲ出テ名ヲスツル砌ニハススムシノ聲ヲフリステカタク。道ニ入カサリヲオロス處ニハタキリノムセヒハレカタシ。悲哉ヤ。人閒ニ生ヲウケナカラ御法ノ道ヲシラスシテ苦海ニシツミ。幻ノ世ヲイトハスシテ世路ヲ卉トナマンコトカシ。タタ薫大將香ヲアラタメテ青蓮ノハナフサニ思ヲソメ。匂兵部卿ノニホイヲヒルカヱシテハ香ノ煙ノ粧トナシ。竹河ノ水ヲムスヒテハ煩惱ノ身ヲススキ。紅梅ノ色ヲカヱシテハ愛著心ヲ失フヘシ。待ヨイノフクルヲナケキケン。宇治ノ橋姬ニ至ルマテ。優婆塞カヲコナフ道ヲシルヘニテ。椎カ本ニトトマルコトナカレ。北亡ノ野ヘノ泡(淡カ)雪トキヱンユフヘニハ解脫ノアケマキヲムスヒ。東岱ノ山ノサ蕨ノケフリトノホラン朝ニハ栴檀ノカケニ宿木トナラン。ツカサ位ヲアツマヤノ內ニノカレテ。タノシヒサカヱヲ浮舟ニタトフヘシ。是モカゲロウノ身也。アルカナキカノ手習ニモ往生極樂ノ文ヲカクヘシ。後モ夢ノウキハシノ世ナリ。アサユフナニ來迎引接ヲネカイワタルヘシ

南無西方極樂彌陀善逝。ネカワクハ狂言綺語ノアヤマリヲヒルカヱ(ヱ[ナシ]カ)ヘシテ。紫式部カ六趣ノ苦患ヲ救ヒタマヘ

南無當來導師彌勒慈尊。カナラス轉法輪ノ縁トシテ是ヲ翫ハン人ヲ安養ノ淨刹ニムカヘ給ヘトナリ　已上

安居院　法印　勢(聖カ)覺作

源氏供養表白

源氏式目

一。桐壺《ツホ》。ツホセン。二。箒木《ハハキキ》・空蟬《ウツセミ》・夕顏《カホ》。三。若紫《ハカムラサキ》・末摘《ツム》花。四。紅葉ノ賀。五。花宴。六。アフ日。七。榊木《サカキ》。八。花散里。九。須磨。十。明石。十一。澪標《ミホツクシ》・關屋《セキヤ》・蓬生。十二。繪合《アハセ》。十三。松風。十四。薄雲。十五。槿《アサカヲ》。十六。乙通女《ヲトメ》。十七。玉鬘《カツラ》・小蝶《テウ》・螢火・篝《カカリ》火・野分《ワキ》・御幸・槇《マキ》柱。十八。梅枝。十九。藤ノ裏葉。二十。若菜《ナ》。二十一。柏木。二十二。横笛・鈴虫。二十三。夕霧。二十四。御法《ノリ》。二十五。幻シ。二十六。雲陰レ・浮舟・薫《カヲル》大將。二十七。橋姫・紅梅・竹河・匂兵部卿。二十八。椎カ本。二十九。アツマヤ。三十。早蕨。三十一。カホト《ヨ歟》リ。三十二。總角《アケマキ》。三十三。宿キ。三十四。蜻蛉《カケロウ》。三十五。手習。三十六。夢ノ浮橋《ハシ》。三十七。浮船

〔六八〕一萬句連歌供養

信心願主

召ニ請數十人之連衆一吟ニ誦一萬句之連歌一

奉レ資ニ志趣何者夫當明神之法樂一ヲ

其志趣何者夫

一乘開會之籬下ニハ狂言綺語之花迄モ皆施ニ讚佛乘之句一ヲ。諸法實相之野面《ノモセ》ニハ長歌短歌之露迄モ悉瑩ニ轉法輪之珠一

然則

法花ニハ說ニ俗閒語言皆順正法一ト焉(大正藏九、五〇上。法師品。取意)大經ニハ宣ニ麁言輭語皆歸第一義一ト(大正藏十二、七二八上)

加之

眞言祕教ノ意ハ。觀ニ兒女ノ戲笑一即入ニ金剛嬉戲菩薩之三摩地一。觀ニ山野ノ草木一即入ニ金剛花鬘菩薩之三摩地一。觀ニ禽獸ノ音聲一即入ニ金剛歌詠菩提(薩カ)之三摩地一ニ。觀ニ新古ノ舞

曲一即入二金剛旋舞菩薩之三摩地一
凡立三眞言ノ行人不レ見二一出法性一者。但除二其執一不レ除二
其法一矣　就中
連歌ニハ　神祇釋教　戀暮(慕カ)無常　述懷懷舊
古今遠近　春夏秋冬　雨露霜雲　松風籬月
飛花落葉　山禽林鹿　樹蟬草虫　琴基(棋カ)書畫
士農耕(工カ)商　古鄕旅宿　名所舊跡　川海船筏
畋蠟(獵カ)漁捕　寒溫動靜　憂喜苦樂　生老病死
四苦八苦等
惣而
百員ノ內ニ含二萬端之義理一。百句ノ間ニ備二無邊之德用ヲ一
肆
吟祿之諸神モ隨喜シ。法樂之冥衆モ納受タマヘリ
爰以
古今序ニハ動二天地一感二鬼神一。化二人倫ヲ一和二夫婦ヲ一莫レ宜二和
歌一矣

〔七〕請雨啓白

今年三秋
當二百穀可レ熟レ菓之月一。天晴拂レ雲。迎二霖月可レ降レ雨之
候一。地乾掃レ塵。囊(農カ)夫拱レ手而東作勤已廢。田園失レ潤而西
收營專欲レ絕。唯非二尙羊之妄(忌飛舞カ)化舜一。恐有二龍神之爲レ嗔歟
倩以
君以レ民爲レ力。民以レ食爲レ天。百穀悉祐(枯カ)盡。地民倂失レ
計。責歸二黎民一。恨殘二諸天一。但當二天然之池(地カ)運一至二災蘖(孽カ)之
萌起一者。聖化有レ之。治世非レ無。所謂。漢朝堯九年之洪
水。七年炎旱也。我朝貞觀之旱。永祚風。承平煙塵。正曆
疾疫也。朝有二善政一代多二賢(ヿ普天カ)臣一天然災實(ヿ運カ)不レ能レ遁者歟。
而至二近年少旱一者。非二返(遍カ)滿之災一。非二純令然之夭一。恐龍
神聊相嫉。天衆木(不カ)祐事歟。世及二堯(澆カ)季一時屬二末法一。可二實
恐一深可レ謝。大日本國ハ是本ヨリ神國ナリ。天照太神之子孫。
永爲二我國主一。天兒屋根命子孫。今佐二我朝一。天(ヿ龍カ)輒不レ可レ
寄(棄カ)之地也

況欽明天皇代佛法始度二我朝一。推古天皇代恢弘盛二於日域一。以降凡上自二一天郡（群カ）卿一。下至二四海黎民一
競捨二田園一皆施二佛陀一ヲ。爭傾二財產一悉獻二三寶一
一國田地帝王進止實少。多名二三寶之領一
正稅《セイ》國家用途不レ幾。併充二佛界之供一歟
釋梵四王廻レ眸照レ之。龍神八部以レ自（目カ）視ノ（ㇾ之カ）。
十六大國有二加加留國一。五百中國有二加加留境一

然則

天神若不レ護二我國一者卽不レ護二常住之三寶一
龍神若惡捨二我國一者卽奉レ惡二三寶之福田一ヲ
不レ降レ雨而失二地利一者佛界皆絕二供養一
不レ止レ災而損二人民一者道人定滅二徒衆一

今

驚二三界諸天一敬啓二此理一ヲ。聚二四衆龍神一深爲二此恨一

伏願

不レ廻二時日一忽降二甘雨一。普濕二稻穀萬草一豐熟二田畝五菓一

加之

江河之生類潤レ鰓。池沼之魚鼈全レ鱗

然則

國保二九年之蓄一。民多二五誇（綺カ）之慶一矣

〔八〕佛　十三年忌

何者夫

幽靈去而一十三年。別離思雖レ舊。遺音絕而四千餘日。戀暮（慕カ）淚未レ慰。幽溪問レ雲。往還之古跡雖レ空。閑窓望レ月。遊宴之昔姿省レ見
遺德觸レ境而思出。舊恩隨レ時而欲レ酬
仍當二一紀相移之期一。今修二三有永離之業一
彌陀聖容。妙法眞文。新圖新寫。祕密軌則。事理供養。以調以設

方今

振鈴聲澄。鐃鈸音高。無明之妄夢欲レ覺。紅燭光朗。有漏之迷闇何殘《ラン》

加之
梵唄歌讃之奏二音曲一也。自在宮之聽滿レ耳
彩幡寶蓋之添二莊嚴一也。摩尼殿之粧在レ眼
綺(綷カ)已鄭重　福豈唐捐
然則尊靈
三妄之雲忽暗(晴カ)。彰二覺月於心城一
一女(如カ)之水轉證(澄カ)。洗二業塵於性海一
兼又大施主

〔九〕山寺爲レ兒追善

今一寺諸德。數輩衆僧。各抽二同心合力之懇誠一有レ祈二少人幽靈之菩提一善願之趣。所以者何
紅顏翠黛者君粧也。變爲二東岱無常之煙一。錦句玉章者人翫也。雨霑(留カ)二南浮有爲之露一。披レ之催レ涙。懷レ舊之腹欲レ斷。見レ之知レ情。戀レ昔之悲彌深
嗟呼
幽儀者而(去カ)五七日。面面消二哀傷之肝一。同侶集而數十輩。各傷二別離之意一
再會無レ期。非二春風一非二秋月一
一生永隔。爲二朝露一爲二夕霞一
艾苔埋レ地。妬二無レ跡於芒砌一
松柏咽レ嵐。恨二不レ言於新墳一
遺音常留二耳底一。芳情未レ忘二胸中一。翠髮之嫋娜對二岸柳一而諳レ姿。玉顏之嬋娟看二籬花一而思嘆。觸二時之悲一每レ物難レ休
螢火之照レ窓也。聚レ光之粧早盡。鸞鏡之積レ土也。並レ頭之類誰望。但戀暮(慕カ)而無レ遠(還カ)。須二相儀而報恩一
仍
始自二長老一至二于若輩一各抽二丹志一惣修二白善一
佛則六道能化之聖容。扶二故劍一兮圖繪
經亦一乘實相之眞文。漉二遺机(札カ)一兮書寫
幽靈在生之持物。翻爲二出離之妙因一
諸友合力之惠業。豈非二德廻之善緣一
所以

涙底染筆。垂露之點各鮮。掌中開題。信水之誠云彰。今
就二禪室一專展二講莚一
于時
助二法音一溪鳥之囀也。暗傳二妙典於一實相之風一。備二供
具一者林花之色也。自混二濃粧於七覺分也(之カ)露一
香煙之聳レ砌。餘氣遙遍二法界一
紅燭之閣レ牆。徹光幾照二迷衢一
金鈴響玉磬響。是覺二生死無明之眠一
轉經聲持呪聲。盍レ破二妄想有爲之夢一
然則。少人幽靈
罪根永盡。更成二九品宿蓮之呪一
佛果增進。定交二一如舉萼之朋一
善願之趣蓋在レ斯矣
所生之功德併資二幽靈儀歟一
聚砂《シャ》者少年之遊也。畜而成佛因
鎊玉者今日之勤也。進而登二妙覺位一
凡厥

禪床並レ枕之人。同登二空玉(王カ)懸鏡之臺一
宴席交レ抽(袖カ)之容(客カ)。共戲二天童廻般(船カ)ノ池一
三界窮子皆進二大覺之慈父一
四生迷件悉歸二本有之眞源一矣
〔十〕小兒爲二先師一
傳聞
天帝之重レ法之(也カ)。猶傾二首於野干一
雲章(雪童カ)之敬レ偈之(也カ)。忽投二身於山底一
師恩難レ報　佛果冥所(宜祈カ)
而今。少人大施主
桑門懸レ心。花園通レ思以來
臥二禪床一而並レ枕。咸似二鴛鴦重衾之契一
侍二學窓一而積レ書。兼悦二龍象成器之身一
爰
先師相順(煩カ)之後。少人看病之閒。晝終日進二床前一而給仕。
夜終夜對二燈下一而侍衞

因レ茲

紅梅之貌雖レ染レ霞。匪レ遑二于城(拭カ)一也

翠柳之髮雖レ亂レ吹。無レ隙二于梳一也

而趣二他界一之後。徒在二閑窓之中一

泣而更泣也。紅涙未レ乾二雙袖一

憂而亦憂也。青岱(黛カ)空開二兩眉一

哀哉

本尊留兮守護。晝夜薰修之壇煙絶

持經閣兮無レ主。晨昏轉輕(經カ)之机塵染

付レ見二舊跡一無レ妄(忘カ)二往事一

然間

迎二五七日忌辰一。修二供佛施僧善一。爰

展二門葉一而面面志區彰二慇懃之路一

摘二林花一而色色匂定薰二周遍之風一

供養之定。感應盍レ通

伏乞諸佛。必導二先師一

於戲

無

五相成身者昔觀也。本有月輪早霽

三明得果者今位也。上妙蓮臺定開

孝子爲二先孝(考カ)一

何者夫

盛者必衰。松樹終朽二千年之霜一

開者定落。槿花未レ待二一夕之日一

草木皆示二無常之理一。人倫誰免二有爲之悲一

伏以。過去幽靈

老樹風摻(慘カ)。命葉露消以來

愁雲滿而七朝。諸子雖レ迷二戀(「慕カ)之開(闇カ)一

忌辰來而一日。施主泣致二報謝之營一

是以

所レ圖者大聖明王之尊容也。新開二蓮眼於佛母加持之力一

所レ寫者大乘實相之眞文也。更解二花納(紐カ)於禪侶稱揚之乎(手カ)一

云レ佛之(云カ)レ經。最尊也。最上也

云レ善云レ福。無量也。無邊也

伏願大聖必導二孤魂一
無相解脱之掌中。振二惠劍一兮伏二魔障一
本有實相之胸前。瑩二智鏡一兮顯二尊體一
旨趣雖レ多事是存レ略。委旨奉レ讓二三寶知見一

〔十二〕孝子爲二先妣一

厥以
子以レ母貴。先賢之詞銘レ肝
母以レ子貴。故人之文深(染カ)レ心
我等今
依二慈堂之養育一。適得二人哀(寶カ)之生長一。其恩尤深。雖レ歴二億劫一。争謝盡。其德。雖(「大厚カ)レ送二多生一。豈報窮。縱雖二少分一宜レ抽二寸心一
是以大施主
相二當四十九日之忌景一
爲レ所(祈カ)二三十二相之妙果一
專抽二篤信之懇念一。泣萌二出離之良因一
所レ師者西土引接之聖容。新顯二金姿於無上之妙相一
所レ歸者中道實相之眞文。各寫二墨字於法性之制底一
便就二密壇一。聊展二講序(席カ)一
爰
佛者常可レ安二之道場一。以代二平生之昔姿一
經者後可レ送二之墳墓一。以觸二先亡之新骨一
風吹二其遍(邊カ)一則諸魂皆拂二業障之塵一
雨灑二其上一亦餘類悉受二解脱之潤一
況於二尊靈一。豈疑二成佛一乎
昔波斯匿王之訣二百歲之母一。十善之袂無レ乾
今孝子施主之薨二八旬之母一。千行之涙豈盡
冀以二戀慕之深思一。翻爲二引接之良縁一
然則
四十八願莊嚴之土。金蓮開レ床而早進
二十八品演説之門。寶車廻レ轅而速導
善願之趣蓋在レ斯矣

〔十二〕父母爲二亡子一

厥老而後レ子悲中悲也。少而先レ親歎中歎也

朝綱所レ述昔詞染レ心

我等

今在二老少不定之境一。空迷二前後相違之道一。誰堪二斯愁一。

須レ訪二菩提一

是以

雙親共疑(凝カ)二懇棘於三業一。一善專求二覺花於九品一。蓋迎二五七日之忌一。偏祈二四八相之果一

方今

所レ圖者地藏之眞容也。以代二幽靈鐘愛之昔姿一

所レ寫者妙法之實敎也。以代二亡魂音之古(ㄱ信カ)詞一

披レ之消レ肝。戀慕之淚染レ紅。禮レ之斷レ腸。哀傷之袂增レ色。常憶二幽儀一及二長年之齡一。必被レ報《ホウ》二二恩於生前一

豈圖。施主蓋沼(遇カ)二厚夜之譯(訣カ)一。忽可レ曾(會カ)二一善於沒後一

竹馬遊芥鷄戲。幼童之往事未レ忘

寶刹面金臺上。成佛之今粧遺レ懷

定知

摩尼殿内。微風轉動二正覺瓔珞之飾一

師子床前。滿月祈(新カ)耀二眞性瑠璃之光一

伏願尊靈速進二佛果一矣

〔十三〕孫子爲二祖父一

何者夫

觀レ身岸額二離レ根草一。留二河畔一不レ久

論レ命江頭不レ繫船。覆二波上一無レ程

老年不レ通(返カ)。露命易レ消者歟

而今大施主。幼而早後二嚴親一

留而被レ養二幽靈一。從二少年一相傍。雖二片時一不レ離。深雲(雪カ)步疲之冬朝。代二鳩杖一而加レ力。老日《イッタツ》眼眼(暗カ)之秋夕。讀二寫書一而令レ聞。宛如二忠臣之仕レ君。亦似二法侶之隨レ師。數日看病之時。丹志殊深。一生告譯(訣カ)之後。紅淚未レ盡

舊室望レ跡。塵芥積而有レ愁

新墳思レ姿。沙石埋而無レ音

只拜三塔婆之安二其上一。爭見三慈顏之藏二其底一。
歡而今有三何遠一。修而須レ報二後恩一（還力）

仍

當二五七日一。圖二地藏之尊像一。分二二十八品一。寫二妙法之眞

文。便就三本素之故居一
敬展三啓白之齋席一。志之慇懃莫レ不二周備
彼新豐老翁之往二居前一也。入旬均憑二無際之力一。此舊宅（彼力）（八カ）
祖父之登二臺上一也。九品偏任二追善之勤一。古今存亡雖レ事
異。所レ扶者是孫子也。家門親疎雖二數多一。相訪者亦施主
也。報恩之足。得脫何疑。伏願大悲必導二孤魂一矣

〔十四〕孫子爲二祖母一

爲レ父爲レ母先世之機緣互結。云レ子云レ孫今生之鐘愛誰
無。恩德區深。報謝宜レ勵（ホウ）（ミツ）

伏惟。女大施主

隨順而幾歳。給仕而多年。爰霜蓬鬢亂之秋朝。拔二白髮一（サカリ）
依二祖母之養育一。得二身體之生長一

以濕レ袂。凍利膚寒之冬宵。凝二丹心一以溫レ床。休息之閨
爲レ床。往來之路爲レ杖。加之。裁縫者所レ痛二老眼一也。在二
室中一。兮貫レ針。哈食者所レ違二病口一也。對二爐前一兮羞レ
羹。主孝之志。觸レ事而切

然閒

計レ日五七日。日日戀慕之淚未レ乾
調レ時十二時。時時哀歡之心無レ慰（讀力）
嗟呼
稱名之聲留レ耳。每レ曉思出。瞑目之貌銘レ肝。送レ年爭忘。
一生永隔。再觀無レ期。須下修二善根一早祈中覺果上仍圖二彌
陀之聖容一。新寫二妙法之眞文一
供養恭敬抽二誠運一志。信心所レ及願海蓋滿
伏願孤魂速進二佛果一矣

〔十五〕養子爲二養父一

幼而爲レ父。猶是曠劫之宿緣也
養而成レ人。誰忘三今世之深恩一乎

仍當二養父幽儀之中陰一。專營二成佛得果之上乘一。蓋迎二五七日忌辰一。所レ祈二四八相果位一也。尊像何像。六道利生之導師。經典何經。一乘實相之眞文。便就二祕密之道場一。敬展二供養之齊席一

于時

香煙之聳二一爐一也。聖衆引而轉表。紅燭之分二九枝一也。暗冥暗(晴カ)而高照。倩憶二事也(之カ)周備一。豈有二福也(之カ)唐捐一

然則過去幽靈

苦輪永絶。不レ歸二南浮如車之故聊(鄕カ)一

妄業迷(悉カ)盡。必到二西方眞金之淨刹一

懇丹所レ及。啓白斯若

〔十六〕養子爲レ母

蓋聞

摩神(耶カ)生二太子一而早去。憍曇養育育(之カ)恩尤苦。悲母生二施主一而不レ知。幽儀憐愍之志獨深。雖レ無下十月宿二胎內一之苦上。非レ無下三年遊二膝上一之恩上

誠乃

榮二人寰一者併彼ノ恩也。雖レ爲二一日一宜レ報　仍相二當中陰五七日忌一。所レ修二底露淸淨之業一

方今

尊像圖二地藏一。光目如(女カ)之昔誓可レ貴

眞文寫二如(妙カ)法一。藥王品之今說有レ憑

卽往安樂之金言。於二如(女カ)人一而正明。頓語(悟カ)菩提之覺果。於二

然則

尊靈一而無レ疑。伏願。薩埵必導二先人一

寶珠放レ光。忽照二五障之迷暗一。錫杖隨レ響。早光(覺カ)二三有之妄夢一。化功歸己故大施主

〔十七〕妻女爲二亡夫一

蓋聞

王母三千年之春花。紅桃逐(遂カ)落二慕(暮カ)月之風一。彭祖七百歲之秋籬。黃菊猶萎二寒天之日一。縱可レ保二長生之算一。非レ可レ無二終死之期一

而今過去幽儀。計二齡八旬一尚爲二南浮末代之上壽一。謂二望

九品一。久凝二西土專念之中城一。（誠力）老眠早覺常殘レ夜。每レ曉

繋三心於淨刹一。病力先衰不レ待レ年。追レ日遠二思於此界一（慝侵力）

雖レ問二祕術於鶣鵲一藥力無レ及。雖レ祈三延齡於大雄一法驗

　然則　初商之天。下旬之候。病根。意樹不レ安

女空（如力）

遂乃。寸心不レ亂。十念告レ終以降。光陰積而五七日。日日

未レ慰二戀慕之思一。晝夜分而十二時。時時只咽二哀傷之淚一

男如諸子含レ悲。袖上之雨早晩乾（女力）

僮僕衆人抱レ恨。胸中之炎于レ今盛

矧於二禪尼施主之心一。爭堪二良人幽靈之訣一。蟋蟀之吟レ枕。

轉添三哀傷於別離之床一。鴻鴈之詑レ書。未レ示三來由於生死

之路一。一生永障。再觀無レ期

懷舊之袂觸レ時而易レ濕。追戀之苦隨レ折而難レ休。遺書

在レ匣。每レ披消レ魂。輕衣係レ竿。每レ見傷レ思。在レ世之持物（留力）

雨而有二何還一。沒後之福田設而有二其憑一

仍以二平生之資財一。併爲二追善之供養一

佛則西方教主。橫二金容於淨刹之車一。（橫力）（東力）經亦中道妙文。寫二

墨字於信水之底一

開眼開題抽二誠志一。功能皆莫太也

伏乞。大悲納レ受二寸心一。嗟呼。蘇武往二胡國一而十九年。

蘇妻恨憍二衣帛於漢宮之秋風一。良人遷二妙土一而三千餘（孀力）

日。禪尼泣二資二齋席於蓮臺之朝露一。彼生前芳契受非二於離（更力）（出力）

之湊一。此夢後善因二解脫之道一。實相風扇永拂二塵（累力）

黑於無明之地一。眞如水澄新浮二月輪於本覺之池一。然則。比（黑力）

丘尼禪下。松蘿昔契變爲二花界交袖之妙因一。鴛鴦古語翻

作二鶯王補翼之善緣一。子孫皆詣二一佛之淨刹一。親族悉出二

三有之昏衢一。乃至六趣之迷津一。併到二五智之覺路一矣

今松蘿トレ者。松二生タル苔一也。是曰二景苔トモ一也。妻ハ依ルレ夫二故二（孀力）

彼ノ契ヲ松蘿契トト云也（ラト）

【十八】從者爲二主君一

相二當先君中陰之忌景一。有レ修二成佛底露之妙善一。善願之

趣何者夫

有レ恩必酬。楊寶之雀已授レ環。有レ德必謝。孔瑜(愉カ)之龜猶
預レ印。畜類如レ此。人倫盍レ然
　伏惟。過去尊靈
柔和稟レ性。慈悲在レ心
隨順之親疎是多。恰袷戴ニ芳恩一
倍(陪カ)仕之僮僕不レ少。皆悉師(仰カ)ニ厚德一
　筒(箇カ)中大施主者
忠懃越ニ餘人一。哀憐被ニ一身一。在ニ俗家一者誰力乎。顧ニ往
事一而拭レ涙。入ニ潤屋一者彼德也。對ニ遺跡一而斷レ腸。戀慕
之思露寐(寤カ)難レ休。懷舊之涙往今易レ露
但。歎而無レ還。歎彌結ニ生死之妄念一。訪而有レ遠(還カ)。訪盍レ
爲ニ解脫之妙因一
是以。相ニ迎五七日忌辰一。所レ圖者《シャ》六道能化之聖容也。新
顯ニ滿月端嚴之玉像一。所レ披者一乘實相之眞文也。各寫ニ
乘露(垂カ)染(清歟)淨之寶偈一。今就ニ本素之故居一。新展ニ啓白之齊席一。
供養祕(「整カ)密之儀。稱揚述ニ懇篤之志一。丹棘之露。金蓮盍レ開
　然則尊靈
榮花之送レ匂也。隨ニ梵風一而遍薰。妙果之含レ味也。當ニ法
雨一而轉熟。報恩志深ク。願鑒ニ此誠一

〔十九〕親爲レ子追善

謹敬白○而言　夫以。無常之歎。如ニ影隨ヒ形。有待之悲。
似ニ響應ヒ聲。縱策ニ龍象之蹄一至ニ乾坤外一何何兎(兎カ)レ之。縱
附ニ鳳凰之翼一昇ニ雲霞上一豈遁レ之。然則
大梵三銖之衣。深禪定色忽變
帝釋十善之冠。歡喜園蕚終萎(萎カ)
上天下界雖レ異。轉變憂是同
六道四生雖レ差。遷流悲無レ贊(替カ)
抑過去尊儀。太淸宗邦居士
柔和善順。萬人感ニ其芳猷一
仁愛貞潔。一門歸ニ其懇情一
內調ニ父母孝養之禮義一。外備ニ弓馬透逸之武藝一。感(或カ)酌ニ難
波津之舊流一。感(或カ)扇ニ筑波山之古風一。終日賞ニ三十一字之歌
什一。竟夜專ニ華鳥風月之詠吟一。娜(耶カ)孃之所レ重超ニ絕餘一。親族

之所レ貴只在レ斯
　　雖レ然
維摩(魔カ)城之風頻○吹。顏花忽散。黃泉之雲俄覆。西月逐陰。
自レ爾已降。朝歎夕歎。雙親之愁恨未レ息。如レ夢如レ幻。三
回之忌景爰至。粤信心御法主
酬二廣却(曠劫カ)之宿因一。結二親子恩愛一。契二於聖靈一。依二多生之往
緣一。施二慈念鞠育之情一。於二幽儀一。一園中之花月。委附更
非レ化(他カ)。七月半之盂蘭。後事無二憑人一。而今
子逝親留。咽二老少不定之涙一。凡定消露光。不レ待レ日散レ
風。似レ不レ遂レ末。必陰月光。不レ傾レ山入レ雲。如レ不レ果レ
終。生者必滅常理。先若者至悲也。會者定離世習。老後者
深恨也。悲哉。去二覆育家一入二黃泉境一。寔如二掌中珠忽摧一。
哀哉。出二慈念寶(室カ)一至二冥途衢一。殆似二水上泡俄消一○捨レ父
捨レ母。從二何人一。仰レ天拭レ涙。天神不レ告。離レ家離レ里。
往二何所一。伏レ地扣レ胸。地神不レ示
件二朋友一出レ門之朝。尚恨遲遠(還カ)來。荷二棺槨一送レ野之夕。
再會斯何日。昔衣空殘二閨充之面一。歎レ明歎レ暮。古枕徒

在二床棒之手一。起レ悲居レ悲
飛花落葉之隨風。有二重開春一。離鴻鴈之歸覆(復カ)。待二再來秋一。
玄臺何處。往而無二重來一。黃壤何境。去而無二幷(再カ)還一。爲レ雲
爲レ雨。只慕陽臺之夢。消露煙。空恨北芒之嵐○向レ月只
愁藏二有爲之雲一。翫レ花亦悲散二無常之風一
聞打窓之雨《アメ》。添不レ乾レ涙。見背壁之燈。思消殘レ身。親同二
親思一子有二差異一。子同二子孝一親有二種類一。法主撫三育尊
儀一。尊儀奉三事法主一。其儀超二常儀一。一十九年之隨逐隔レ生
難レ忘。百千萬端之忠孝經レ劫何謝　　但　　袖上露彌
可レ添二愛何(河カ)之流一。胸中火不レ可レ燒二煩惱之薪一　　不始
　　押二無乾之紅涙一修二有餘之白善一。然則
鳴二一乘在在世尊之聽一。擊二八座開講論鼓一。下驚二悠悠迷
妄之眠一　　方今　　經有二速疾頓成之勝用一。實報寂光
之語(證カ)入一。如二壯士伸一レ臂。佛有二接(攝カ)取不舍(捨カ)之悲願一。花池寶閣
之往詣一。同二駟馬過一レ隙
　　加之　　或舒二紅蓮舌一讀誦。六萬九千三八四之
金文。或染二紫毫一筆寫。一部八軸四七品之玉章

就中　屈一人唱導解脱。文文句句之妙義。勸萬人聽聞誘進。時時節節之結緣。道俗尊卑。當二斯時一繫二眞如智寶於信樂衣裏一。老若男如(女カ)。迎二斯節一萌二菩提佛種於領納心地一。依二種種之御修善一故。尊儀定三十二相莊嚴添二一入再入之色一。酬二懇懇之御回向一故。幽魂必四十二地瓔珞增二千顆萬顆之光一

抑。凡夫之習。具縛之身。雖下修二善根一通中冥應事上難レ知。

雖下營二功德一達中佛界事上難レ測

不レ得二道眼一者。不レ解二聖靈得脱一

不レ具二天耳一者。不レ聞二幽儀感言一

此條誠不審者也。而一淪(論カ)中云ク。問云。世間有二思所一有二知識。露命落沈遊水。其人有二親昵一有レ子。殊營二白善一送二黄攘(壤カ)一。既非二自作之功德。亡者爭得二度脱一云云 答云。若人爲レ恩所修善根。亡者魂神必來。修善之砌隨喜納受。依二此隨喜福一成佛得道云云 既魂神正來

追福作善之窓

聖靈速預二聞法隨喜之還一。更不レ違二自業自得ノ理一。又不レ空二追福善之志(「作カ)一。施主之丹誠。追修之素意。何事如レ之。何事過レ之。幽儀納受。無レ色如レ見。佛天隨喜。無レ聲如レ聞。冀過去尊靈。詣二寶樹寶池之極樂一。是爲二終栖一。拜二大慈大悲之彌陀一。是憑二實觀(親カ)一。轉二不幸短命之憂一贊(替カ)二無量壽尊之齡一

離二恩愛別離之苦一。誇二聖衆倶會之樂一。乃至。六親眷屬。滅罪生善。四恩法界。轉迷開悟

委旨。三寶諸天。語明(證カ)知見

次開題　次發願　次釋經　次祈句

講二妙法芬陀利之蓮經一。莊二尊靈極樂界之華臺一

倩尋子息德。法花疏記云。(天文五、二三一四上)百歳人不知衣食。要假孝子而扶養云云 所謂在家人以二子息一令レ解(嗣カ)二胤族一。出家輩以二門弟一相二續佛種一。思レ家故慈レ子。顧レ身故悲レ子。有三子傳二家箕裘一。有三子扶二身衰老一。老屈人以レ子爲二楯桙一。衰邁者以レ子師翼(輔カ)。恩愛奴出入叶レ心。宿生婢起居隨レ思出レ門進レ前曳レ手。昇レ床退レ後拘レ腰。外來破二陸續(績カ)橘一潤レ口。家還煮二者(著ナシカ)孟宗竹一安レ心。若非レ子者誰人如レ是。

若失レ子者何親不レ歎レ彼。宿二叢畔一之雉哀二雛交一レ火。巣二梁上一之鷲□二卵呑一レ蛇。人畜雖レ異哀憐是同

然則

文宣王者。儒童菩薩之示現○失二伯魚一而拭二幻涙於眼下一

白居易者。文殊大士之變作。別二金鷲(鑿カ)一而呑二白刃於胸中一

聖人如レ此。凡人豈不レ歎。上代既爾。末代尤可レ悲

悲哉。夜岳雲闇。通二音信於何所一

傷哉。黄壤途幽。契二再會於何時一

但　歎而無レ還。愁雲徒増二生死輪廻之妄雲一。恨而爲レ何。悲風亦非二解脱覺滿之梵風一

仍　歸二彌陀《ミダ》一　祈《キ》二妙法一

欣二極樂之往詣一。期二寂光之開悟一

彌陀悲願者。雖二一念十念一必來迎。譬如三巨海納二涓露一

法花勝用者。雖二定性無性一速成佛。荒二於疾風一披二雲霧一

冀過去尊儀

蹉二七寶莊嚴之階一。見二濱砂不算盡佛一

遊二八功德池之渚一。登二荷葉不染濁臺一

聞二上品蓮臺之曉樂一。開二音聲佛事之悟道一

觀二黄金樹林之暮花一。得二色香中道之智惠一

覩夫

一聲之山鳥雲轉。助二轉妙法輪之音一

萬點之水螢風亂。添二接(攝カ)取不捨之光一

景色自然　道儀任運

重乞

供佛之所堅牢地神戴レ之故。永無二災難起一

修善之家梵釋天衆讃レ之故。常有二吉祥來一

子孫光榮飽諄二蓬萊萬歲之樂一

運命長久倍成二松柏千年之喜一

兼又

國郡靜謐。除二刀疾飢之殃禍一

寺院安泰。宗二佛法僧之興隆一

乃至

有頂雲上鬱頭藍弗之

四蘊眠早醒
無間炎下提婆達多之
　五逆煙永消
久方天荒鐵地皆爲二淨土一
花鳴鶯水栖蛙齊成二佛道一
永正十年（一五一三）癸酉五月　於二齊藤伊豆守私宅一爲二子息第
三回追善一被レ修二八講一于レ時法印圓信記レ之
濃州生津花王院ニテノ事也
　此開示悟入佛知見也
　　七（九カ）怙者
解脱房　貞慶　　安居院　澄憲
安居院　勢（聖カ）覺　　圓乘寺　貞舜
圓乘寺　慶舜　　圓禪寺　豪俊
花王院　圓信　　月山寺　尊舜
西樂院　豪仁

雜雜浮流草
從二斯等之師述作之表白ノ內一拔萃訖
文祿三年（一五九四）二月中旬　西樂院圓智
慶長七年（一六〇二）五月吉日　求法亮玄

〔二十　竪義表白〕

被接義　天台大師說
　夫以
廣學立義ノ洪業者。佛法弘通根源也
　然則
眞諦無生之春花ハ。浮ヘ二匂ヲ兩教地位之波ニ一
開三顯一之秋ノ月。澄二光ヲ偏被末代之砌ニ一
窺二止觀ノ玉章一ヲ。接キ二眞諦中道岫《クキ》一ヲ兩理
開二玄文金札一ヲ。糺二前兩番之優劣一ヲ
　抑探題者

顯密之傳燈明明乎　詞花開レ口敎觀溢レ胷ニ

問者又

學山ノ良材ニシテ文義了了。豈非ニ破邪顯正ノ要津一ニ乎

肆堅者 某

拾螢勤疎ニシテ。誤テ期ニ折捶於師子之床一

聚雪功淺。纔遂ニ大業於風材之席一

恥者

忘ニ遠近謗一訖。植ニ佛果德本卽身一

（底　本）叡山文庫眞如藏、書寫年不明、文祿三年（一五九四）西樂院
圓智・慶長七年（一六〇二）求法亮玄識語一冊本

（校訂者　水尾寂芳）

法則集　雜雜浮流草　終

法則集

〔法則集　目　次〕

〔法則集〕

〔十六題〕

(1) 佛生會讚

歸命頂禮釋迦尊　非生現生迦毘羅城
五濁之我等ヲ哀ミテ　閻浮ニ誕生シタマヘリ
迦葉佛ノ付屬ニテ　都率ノ一生終シカハ
淨飯王宮生處塔　摩耶ノ胎ニソ宿リケル
胎内虚空ノ如ニテ　廣博嚴淨無レ限リ
八相成道轉法輪　無邊佛事ヲ成シタマフ
終ニ十月ヲ滿シカハ　四月八日ニ成ニケリ
藍毘尼園ノ内ニシテ　右ノ脇ヲ分テ出タマフ
三十二相鮮カニ　八十種好備ハレリ
光明世界ヲ照シツツ　長夜ノ闇モ晴ニケリ
其時菩薩賢聖衆　如レク雲ノ集リテ
優曇ノ面ヲ拜シツツ　歡喜ノ心限リナシ
梵釋四王衞護シテ　二龍湯浴奉ル

終ニ七歩ヲ行シツツ　蓮花ノ御足ヲ受タマフ
天上天下無如佛　十方世界亦無比
四句ノ偈頌ヲ唱ツツ　相テ利生ヲ示シケリ
出家降魔成正覺　轉妙法輪入涅槃
初生靈瑞若シ無クハ　爭カ我等ノ益アラン
久遠劫ノ昔ヨリ　利生成道妙ナレハ
殊ニ賢劫百歳ノ　八相我等ニ勝レタリ
十方淨土ニ捨ラレテ　罪業深衆生ヲハ
佛日南浮ヲ不スハレ照サ　誰カハ是ヲ濟度セン
思ヘハ涙モ不レ留ラ　腸タ殆ト絶ヌヘシ
降生八日ヲ思出テ　道俗同ク報スヘシ
況浴像スル人ハ　現ニハ福壽增長シ
永ク八難離ルヘシ　早ク佛ニ成ルト說ク
亦願三途苦輪息　悉令除熱得清涼
皆發無上菩提心　永出愛河登彼岸
願以此功德　普及於○

(2) 涅槃讃

歸命頂禮釋迦尊　十方恆沙諸世尊
兼但對帶諸法門　乃至八萬權實敎
菩薩聲聞諸大衆　五十二類渧泣等
我等カ心ヲ哀ミテ　所作ノ功德ヲ增(ソか)タマヘ
心ヲ靜メテ往昔ノ　儀式ヲ思ヲ哀ナル
如來五濁ニ出タマフ也
難化ノ衆生ヲ誘《コシラエテ》　五十年ノ春秋ハ
無量ノ敎法說タマフ　機緣ノ薪盡ヌレハ
漸ク滅ヲ告タマフ　拔提河ノ西ノ岸
沙羅雙樹ノ下ニシテ　紫金粧ヲイ無端《アチキナク》
頭北面西シタマヘリ　時ニ人天悲歎シテ
佛ニ而モ言シテ白ク　如來滅シタマヒナハ
我等カ長夜ヲ如何カセン　如來大衆ニ告ハク
我等ハ滅ヲ唱フトモ　法界等流ノ敎法ハ
生死ノ長夜ヲ照スヘシ　滅度ヲ悲ム事ナカレ
常在靈山ナルヘシト　漸ク初夜ニ成シカハ

萬億恆沙ノ諸大衆　拘尸那城ニ充滿テテ
十二由旬尙狹マシ　大衆各各悲ミテ
心心思口口ニ云フ　我等宿緣深クシテ
佛ニ値ヘルヲ歡ヒテ　兼テ別ヲ思フコソ
宿緣還テ恨ミナレ　梵音聲ヲ聞ク事モ
三十二相ヲ見事モ　今夜ヲ限ト思ニソ
涙隔テテソモ見エス　南無釋迦牟尼佛
漏剋屢押移リ　漸ク中夜ニ成シカハ
如來床ヨリ起キタマフ　普ク大衆ヲ見廻シ
靑蓮花ノ眼ヨリ　慈悲ノ泪ヲ流シツツ
拔提雙樹ニ充滿テ　衆會ニ告テ曰ハク
我世ニ出テ化ヲ示シ　種種ノ御法リヲ說ツレト
末代惡世ノ衆生ノ　不信ノ身悲ケレ
紫金胸ヲ顯ハシテ　重テ大衆ニ告タマフ
汝等心ヲ納メツツ　最後ノ我カ身拜スヘシ
大衆涙ヲ押エツツ　合掌恭敬尊重シ
目暫クモ不レ捨シテ　最後ノ粧ココヲ拜見ス

今ヲ限ト思フニソ　一會ノ心クレニケル
爾時世尊順逆ニ　超越三昧シ給ヘリ
自ラ金ノ棺ニシテ　滅盡三昧修シタマフ
面ヲ西ニ向ヱツツ　右ノ御手ヲ布タマフ
青蓮花ノ眼閉チ　面門光衰ヘテ
卽眠ルカ如シテ　終ニ入滅シタマヒヌ
時ニ樓《ル》豆大尊者　悲歎ノ聲ヲ擧ツツ
十二由旬ニ充滿ル　衆會ニ告テ悲メハ
大覺世尊ハ只今ソ　事切レ終テタマヒヌト
大衆尊者ノ聲ヲ聞キ　各大地ニ倒レ臥シ
或ハ金ノ棺ヲ見テ　佛ノ御前ニ消エ入ヌ
或ハ提河ニ身ヲ投テ　波ニ交ル人モ有リ
或ハ衣ヲ割捨テテ　威儀ヲ忘ルル人モアリ
或ハ手ト手ヲ合ツツ　大地ニ倒ルル人モ有リ
或ハ聲ヲ高クアケ　佛ヲヨハハル人モ有リ
或ハ髮ヲ拔キ捨テテ　虛空ニ投ル人モ有リ
或ハ聲ヲ出スシテ　座禪ノ床ノ如ク也

或ハ泪《ナミタ》モ落スシテ　醉ヘル者ノ如ナリ
或ハ自手ヲ握《擧イ》トリ　合掌踞跪ノ如也
或ハ叫ヒテ山ニ入リ　或ハ泣泣野邊ニ出
羅睺羅ハ佛ノ後《ロ》ニテ　解脫ノ袂ヲシホル事
卽母ニ別レタル　少ナキ者ノ如クナリ
阿難尊者ハ地ニ臥シテ　死タル者ノ如クナリ
六恆河沙ノ國王ハ　國ノ位ヲ忘レニキ
七恆河沙ノ夫人ハ　金ノ環《タマキ》ヲ投捨テテ
大梵王ノ泣ク泪タ　亂波ノ雨ニ勝タリ
天帝釋ノ叫フ聲エ　雷震霹ニ猶足ラヌ
二月十五ノ夜ノ雲　月ノ御影ヲ立陰ス
沙羅雙樹ノ木ノ下ニ　青蓮笑ミヲ止タマフ
惡業何ナル雲ナレハ　佛ノ月輪陰スラン
生死何ナル里ナレハ　如來ノ住ム事無ルラン
五十二類ノ泪《タ》ニハ　大地モ色コソ替ケレ
後ノ世如何ニトカ思ニソ　不ルレ待月日モ憂カリケル
說置給シ教法ハ　耳ノ底ニテ不《ス》レ忘ラレ

拜セシ四八ノ相好ハ　見奉ルカ如クナリ
狐虎狼毒蛇モ花ヲ食《クヒ》　人ヲ舐《ネフ》リテ悲メリ
惡象獅子ノ勇メルモ　人ヲ危キ事ソナキ
拔提河ノ浪ノ音エ　生者必滅ヲ唱エケリ
沙羅雙樹ノ風ノ音ト　會者定離ヲ調ヘリ
祇薗ノ鐘ハ今更ニ　諸行無常ト響キケリ
常無レ事ヲ思ニソ　實ニ是生滅法ナレ
佛ハ生滅滅已ニテ　寂滅爲樂ヲ證シタマフ
南無釋迦牟尼佛　則轉輪聖王ノ
闍維ノ法ニ順ヘテ　牛頭栴檀ノ香木ハ
金ノ棺ニソ入タマフ　大衆各火持チテ
栴檀薪ニ進ムレト　其火モ卽消ハテテ
更ニ付ク事ナカリケリ　次ニ諸天ノ火ヲ持テ
薪ニ投ルニ猶消ヌ　次ニ龍火ヲ放セケル
龍火モ又コソ消ニケル　迦葉尊者ノ山ヲ出テ
來ケルヲソ待タマフ　尊者ハ道ニテ人每ニ
佛ハ如何ニトニ問ヒタマフ　人人泪ヲ流シツツ

佛ハ亡（已カ）ニト答ヘケル　迦葉ハ五百ノ御弟子ト
聲ヲ擧テソ叫ヒケル　サスカ道ニモ消スシテ
泣泣狗尸那城ニ入　大衆迦葉ノ入ヲ見テ
皆又叫フソ哀レナル　迦葉ハ衆會ノ中ヲ分ケ
金ノ棺ニ近カ付シ　佛ハ迦葉ヲ哀ミテ
最後ノ質タヲ見エタマフ　須由（臾カ）ノ閒ヲ經テノ後チ
本ノ棺ニソ入タマフ　迦葉ハ佛ヲ拜ミツツ
五體ヲ地ニ投ケ消エ入ヌ　良久シクテ蘇ヘリ
泣泣偈ヲコソ唱ケレ　世尊滅度一何速
大悲不能兼持戒　令我不見入涅槃
不發一言相教告　時ニ力士ノ火ヲ持テ
牛頭栴檀ニ移セトモ　煙卽チ絶ハテテ
如レクニ先ノ消エニケリ　終ニ佛ノ御胸《ネ》ノ
口ヨリ慈悲ノ火ヲ出シ　漸ク薪ニ移シテソ
七日七夜燒ケタマフ　荼毘ノ煙ハ空ニ擧ケ
衆會ノ泪《タ》ハ地ニ流ル　七日七夜ニ叫聲エ
終ニ閑《ヒマ》コソ無カリケレ

佛此夜滅度　如薪盡火滅
分布諸舍利　而起無量塔
後ニハ舍利ヲ分チツツ　五天竺ニソ崇メケル
或ハ忉利ノ雲ノ上《エ》　或ハ龍宮浪ノ底《コ》
漸ク星霜經シ程《ト》ニ　跡《ト》ヲサヒシク成ニケル
恆沙ノ聖衆ハ散リハテテ　一夜ノ夢ニソ成ニケル
迦葉尊者ハ鷄足ニ　袈裟ヲ捧テ入滅ス
阿難尊者ハ身ヲ投テ　恆河ニ入テ又不《ス》レ見
商那和須ノ賢コキモ　御法ト共ニ陰レニキ
舍利弗尊者ハ佛ヨリ　前ニ入滅シタマヒキ
我等五濁ニ生ヲ得テ　佛ノ在世ニ漏レタレト
聖敎ニ値舍利ニ値　可レ知契リノ不《ス》レ朽シテ
抑釋尊ノ遺《ユイ》身ノ　舍利ノ功德ヲ案ルニ
十方世界ノ諸佛ノ　智惠モ如何カ可キレ及フ
應身所變ノ形ニテ　依正不二ノ法ナレハ
三寶無量ニ御座スト　三身一異ニフサネタリ
芥子ノ如ノ一粒モ　內證外用ヲ顯ハセリ

金剛不壞ノ形體ニ　口音ノ德ヲ納メタリ
竹(竺カ)法蘭ノ所持ノ舍利　空ニ登リテ法ヲ說ク
八大龍ノ請《コイ》シ舍利　炎苦ヲ消スル藥リ也
孔雀鸚鵡ニ不レトモ有ラ　諸佛淨土ヲ飛カケリ
栴檀摩麗不レト燒カ　異香薰シテ遍滿ス
カカル不思議ノ法ナレハ　暫時モ恭敬セン人ハ
永ク三途ヲ可シレ離ル　誰カハ是ヲ疑ハン
唯シ釋迦大悲尊　五十二類權實衆
我等カ心ヲ鑒ミツツ　加念忘ルル事ナカレ
願共諸舍利　一供結緣者
臨終住正念　往生安樂國

(3) 兒灌頂法則

啓白　二丁

愼敬白ニ眞言敎主自性法身大日遍照摩訶毘盧遮那如來。正法輪身。金剛薩埵。敎金輪身。忿怒明王等。胎藏界會(合カ)四行乃至遍知院等。十三大院。金剛界內證究竟五佛。四波

羅蜜。十六大菩薩。內外八供四攝薩埵。惣九會曼荼羅三十七尊。凡滿空如來。塵數薩埵。四曼聖衆。五類天等一而言

方今

南瞻部州大日本國○當道場《ニシテ》仰二觀音大悲之誓約一請二蓮花部之諸尊一。引二少性有緣之兒童一。授二四曼三密灌頂一。其志趣如何夫。苟雖レ生二卑劣之南州一。忝難レ遇値二祕教上乘一。屢《シハシハ》雖レ居二娑婆之東土一。親回レ聽聞二觀音悲願一。向二本尊無緣之慈悲一而勸二未聞非法之輩一。與二觀音廣大之利生一而誘二善根幼稚之類一

依レ之

引二入沈海之童體一。令レ乘二弘誓之船筏一。誘二進迷徒之嬰兒一。使レ駕《ノラ》二大悲之寶車一。爰尋二童兒之內證一者。懸二情於親疎之諸僧一。如二觀音之大悲一者。致二哀於遠近之老若一。雖下兼二智福一菩薩上。豈勝二少人之芳情一乎。雖下救二墮獄難患一薩埵上。寧及二兒童之劬勞一乎。倩《ラ》想二事情一。法(此カ)是本尊自在之業用。將又應以童男之變化也。倩想レ之依二如レ此大悲之善巧一。續二佛法之惠命一。酬二蜂起易息之方便一。令二顯密之修學一。豈非二大悲示現化用一。又不二本尊普門利生一。若爾《ハ》本尊蓮花部聖衆。哀二愍今夜灌頂之事一。使三少性成二大乘法器一。護二念《シテ》受者心中趣一。童子《ニ》授二顯密之三益一

乃至諸寺諸山《ノ》童形者洗二煩惱塵垢一。成二轉依莊嚴之質一。諸堂諸房《ノ》嬰兒者登二福智長位一。熟二一世悉地願一給。雖下多二旨趣一委不上遑。諸天知見《シテ》納受《セシメタマフ》

兒灌頂法則

(4) 順逆供養法則

其《ノ》志趣如何《レハ》者夫《レ》

上三界者有爲之栖《カ》也。欲色無色共二毀壞《ス》。四生《ハ》無常之質《チ》也。胎卵濕化《モ》同《ク》埋《ル》。上大聖釋尊《モ》未レ免《レタマハ》二栴檀之煙《ヲ》一。閣浮《ノ》人身誰《カ》遁《レン》二無常之悲《ヲ》一。下北州之壽福《モ》盡《キ》二一千年之暮《ヘ》一。悲(非カ)想之深禪《モ》限二八萬劫之朝一。生死之昇沈者如二鳥《ノ》遊レ林《ニ》一。分段之輪廻《ハ》似《リ》二小車《ノ》廻《ルニ》レ庭《ニ》一。爰《ニ》慈父幽靈不《ルニ》レ圖霜月上旬《ニ》受《テ》二病苦《ヲ》一療養失レ驗《ヲ》。病

重クシテ臥レ床ニ。迎ヘ醫ヲ嘗レ藥ヲ。生者必滅ノ病ヲ療事無シ
終ニ。崇メ佛法ヲ神明ニ禱レトモ。感應之効少シナシ。煩惱之家ニ風
忽ニ吹キ。霜露之命速ニ消ヘ。辭シテ娑婆之舊宅ヲ趣ク黄泉之
旅ニ以來。千萬行之悲涙未ダ乾カ。五七日之忌景云ヒ盈ツ。嗚
呼似テ夢ニ非ズ夢。如クシテ幻ニ非ズ幻。哀哉分段生死之境。
去テ人再ヒ不レ歸。傷シキ哉無常遷變之理。往ク人亦無レ來ルコト
抑生處何ノ方ゾヤ。苦樂難レ知。昇沈何ノ所ゾヤ。善惡不レ辨。愁
歎至テ深キコト。無二取ルニ譬物一。疵至テ深ケレハ痛又切也。慈ノ
恩深ケレハ別レ又切也。悲哉何ッ世ニカ又可レ見二慈愛一之。慈父ノ
歎哉何ッカレ奉レ聞二柔和ノ音一。自東來リ自西
來ル人遺ハス眼ニ似タル我幽靈ノ姿ヲ姿ハ永ク不レ見。南語
語ハ澄セハ耳似レトモ聞ウルニ峙テ欲聞ント時ハ不レ聞。立居ノ姿ハ
欲レ見ト全ク不レ見。惣シテ起シ臥給フ床ニ有レトモ主ハ去テ塵ハ
積リ形不レ見タマハ。手ニ馴ヒシ物ハハカナク箱ニ留形見ル。セキ
アヘヌ涙ノ徒ニ渇セトモ袂ヲ無キ甲斐ソ。何ナル霜月中旬ノ嵐ナレハ五
十三年之送二日月一ヲ倒二スラン一枯木一ヲ。來ルル春無レ根妻子ノ枝葉
付中。今日ノ逆修ハ。初七日ノ秦廣王ヨリ始テ三十三年ノ梵天

持ニ東朔一
信心ノ孝子等福祿久クシテ増二陶朱伊頓之財一ニ。壽命遙ニシテ永ク
教也。願ハ依二今日作善ノ力一栖二定メン九品蓮臺之閒一ニ。閣
能引導之誓。經ハ又直至道場之實語。所レ仰ク卽往安樂之
因ヲ始處也。佛ハ則無佛世界之大士ナリ。所レ憑ム今世後世ノ
聖衆之數二。娑婆ハ悲トモ極樂ニハ悦ヒ給ラン。化功歸己レ之故ニ
浮ノ故鄕ニハ設ヒ雖レ別ニ恩愛之形ヲ。安養刹土ニハ得ルコトヲ列レ
罪障ノ垢ニ。愁ノ炎焦シテモ胸ヲ爲ン何ニカ。非レ可レ燒ク幽靈煩惱ノ
薪ヲ。依レ之今至三五七日之忌景一ニ。顯二佛像一仰クテ拔二苦與樂
之誓願一。當テ炎魔王裁斷二。寫二妙文一憑二離苦得樂一之修
云何カハヒコラン。別レ涙湛テモ袖ニ無レ由ソ。非レ可レ洗二聖靈ノ
○抑逆修ト申候事ハ普光經ノ文ニ見テ候。死テノ追福七分カ
一ヲ得候。存生ノ逆修ハ七分ナカラ得ト見テ候。七分者六
根ニ心信ノ廻向ノ句ヲ添テ七分トハ申候。方廣懺悔經ニハ。逆修ト
者。五逆七逆ノ罪ヲ滅スル故ニ逆修トハ申候。是以彼ノ經ニハ。若人
存生。至心懺悔。卽得滅罪。果報無邊ト被レ說候

王ニ至ル迄テ。十三本ノ三摩耶ヲ造立シ給ヘリ。故ニ七日七日ノ大王モ不レシテ經ヘレ聽ヲ決定往生ノ人可レト有記シ置キ給ト覺ヘ候次。尋ニ卒都婆ノ功德一候ニ。滅罪生善ノ基。出離得脱ノ源。息災延命ノ方法。増長寶壽ノ指南。偏ニ卒都婆ノ功力ニ有ト見テ候。是ヲ造立ル人ハ除キ二七種ノ難盡一ヲ。恭敬禮拜ノ輩ハ得二八種ノ功德一。一基ヲ造ル功德ハ遙ニ似二三千佛ヲ顯一スニ。刻ム二一本一ヲ似用ハ將ニ超ヘタリレ寫ス二八萬法藏一ヲ被レテ説候故ニ。是ヲ水ノ中ニ立レハ。受ルレ波ヲ衆生ハ皆超二眞如得果ノ報一ヲ。是ヲ山ノ頂ニ立レハ。觸ルルレ風ニ群類併ラ蒙ル二離苦得樂ノ用一。是以テ短壽カ起シカハ二六本ノ卒都婆一ヲ。六日ノ壽命ヲ延テ六箇年ノ命ヲ持ト見テ候。求法ノ彌陀ハ造シカハ二七尺ノ卒都婆一ヲ。五百ノ獼猴見テ候ヲ成ルト二五百ノ羅漢一ト見テ候。卒都婆ノ功能大概如レ此候

(5) 觀音入佛表白

愼敬白二周遍法界摩訶毘盧遮那如來。因縁果滿盧舍那界會。一代教主釋迦牟尼善逝。東土藥師。西土彌陀。顯密權實大少(小カ)經律。當精舍本尊聖觀自在菩薩。地前地上諸大薩埵。惣十方法界微塵刹土。帝網重重不可説不可説三寶境界一而言。方今。於二南部州大日本國常州吉田郡遠殿鄕西光寺再興觀世音堂舍一。以二吉日良辰一奉二入佛供養一。其旨趣如何夫

加之

三十三身ノ聖容ハ順二機縁一濟二衆多重苦一

十九説法ノ妙業ハ應二所念一愈二煩惱病處一

慈悲深厚ノ誓願ハ寒熱ノ苦ヲ扶ケ

然則

平等一味ノ法雨ハ佛種ノ田ヲ濡《ウルヲス》

一心稱名之輩ハ忽ニ脱二衆難一

恭敬歸依之人ハ速ニ離二惡趣一

爰以

一心稱名皆得解脱宣ヘ。種種諸惡趣心漸悉令滅ト説。金言所憑也。若爾ハ。結縁値遇之輩ハ。現世中ニハ得二長歳不老樂一。當來ニハ結二九品蓮臺趺一。乃至法界平等利益　敬白

爲補缺分釋迦牟尼寶號　丁

供養淨陀羅尼 丁
敬禮常住三寶 丁
敬禮一切三寶 丁
廻向無上大菩提 丁

(6) 不動入佛表白

愼敬白二周遍法界摩訶毘盧遮那如來。因緣果滿盧舍那界會。一代教主釋迦牟尼如來。證明法花多寶分身諸釋迦文佛。東土藥師如來。西土彌陀種覺。一乘法花八萬十二權實聖教。普賢文殊觀音勢至地藏彌勒藥王勇施等諸大薩埵。當伽藍本尊不動明王。諸大忿怒諸尊聖衆。身子目連迦葉阿難等諸賢聖衆。多聞持國等。靈山界會發起影向。當機結緣四衆。惣盡虚空法界微塵刹土。帝網重重不可說不可說一切三寶境界一而言

方今。南閻浮提扶桑朝。常州吉田群(郡カ)於〇信心大檀那抽二無二悃丹一再三修不動明王梵閣一。撰二吉日良辰一刷二今日入佛供養之儀式一。其旨趣如何夫

諸尊化德雖レ同。猶此尊ノ本誓深重也。仍不動明王者出二本源毘盧ノ郊《ハウ》(邦カ)域一。垂二應用於三千世界一。一百由旬閒。斷三破惡心惡鬼類屬一。威力强厚而衆德無邊也。殊更此尊ハ是花藏世界之地主。而萬物養育之能體也

爰以。萬郊(邦カ)諸域之有情非情。無レ不レ蒙二明王巨益一

然則。青黑忿怒貌相示給言。青黑之色質ヲ現タマフ事。是偏大力大護之德形也。正二大力大護ト者。風空所感之妙用也。而尋二風空之所德一者。以二無障礙一爲二自體一。因レ茲。此尊於二萬法一備二自在之威力一。催(摧カ)三伏怨讎熾盛之鬼魔ヲ一。於二利物化道一無障礙之顯給也。然閒。一持祕密呪生生而加護奉仕修行者猶如薄伽梵トモ說テ。誠以生生而加護猶如薄伽梵ノ誓所レ憑也。可レ信可レ仰。反今日大檀那卽生ニハ持二松栢龜鶴之齡一。當來ニハ登二淸淨無忍之位一。乃至入來聽聞之緇素。分分芳助之男女。現世安穩之春ノ朝ニハ弄二榮樂熙《キ》怡《イ》之蕚《ハナフサ》ヲ一。後生善處之秋夕ニハ詠二無爲常住之月一

重乞

大虛納レ風。土地《トチ》ゝニ無レ災。蠶女《サンヂョ》農夫歌《ウタイ》二土壤《トシャウ》一遊二桑田一。

乃至國家平等安全　　敬白

(7) 藥師入佛表白

愼敬白二周遍法界摩訶毘盧遮那。因緣果滿盧舍那界會。一代教主釋迦牟尼如來。證明法花多寶分身。殊ニハ當寺本尊醫王薄伽。平等大會一乘妙典。八萬十二權實聖教。地前地上諸大薩埵。四向四果賢聖衆僧。殊靈山虛空二所三會。發起影向當機結緣四衆。都佛眼所照微塵刹土ノ三寶ノ境界二而言ク。方今

南閻浮提大日本國常州吉田郡於二大野郷一。一人願主爲二修造一雖二勸進一力弱難レ成。志淺無レ遂歟。嚴軒漸傾。雨洗二佛面一。露消リ二香煙一。肆信心法主。處之悲之。趨二郷黨一誘二懇志一。憑二隣里一蒙二助力一。上葺修造丹誠早遂。宮殿莊嚴素願已成。所以扇二和密之教風一展二一座行法之梵莚一。汲二玉泉之法水一灑二一乘法用之會席一。今日既致二入佛儀式一祈二現當願望一事アリ。其旨趣如何者夫。諸佛菩薩盟誓何雖レ同二利益一。猶深重ナル事專藥師如來本願也。凡立二十二無雙大願一普濟二一切衆生各望一依レ之。信心歸依之輩。衆病忽二除。至誠禮讚之族。所願速二滿ス　　然則

現世安穩春花。匂三有快樂薗

後生善處秋月。映九品往詣臺

加之。家族資具悉皆豐足之本誓有レ憑。願生西方極樂世界之金言染レ心

爰以。大聖釋尊建二療病院一。仰二衆病悉除之盟誓一。傳教大師闢二比叡山一。貴二像法轉時之利生一。在世滅後先縱(蹤カ)正如レ此。末代濁世後輩尤可レ信

冀信心法主助力檀那。蒙二醫王善逝日光月光擁護一手足無レ患。預二十二神將七千夜叉愛愍一身心有レ樂

次一念歸敬之道俗入來聽聞之男女。現ニハ含二壽福增長咲一。當ニハ結フ二果德蓮臺趺一

重乞。當所安全而上下誇リ二快樂一。乃至一天風穩四海浪靜ナラン

唯願。補缺分釋迦牟尼寶號
供養淨陀羅尼
敬禮常住三寶
敬禮一切三寶
廻向無上大菩提

(8) 六地藏讃歎

一。達多地藏。此《ハ》右手說法《ノ》印《ヲ》結《テ》。左《ノ》御手《ニ》珠數《ヲ》持《タマフ》。是則地獄能化《ナレハ》一切《ノ》衆生《ハ》百八《ノ》煩惱《ニ》付《テ》墮二百八地獄一者。以二念珠一說法敎化《シテ》受苦《ノ》衆生《ヲ》濟度《シタマフ》菩薩《ナリ》

二。寶珠地藏。此菩薩《ハ》餓鬼道《ノ》敎主《ナリ》。右《ノ》手《ヲ》與願《ノ》印《ニ》作《リ》。左《ニ》寶珠《ヲ》持《タマフ》。是卽三界《ノ》衆生《ハ》心堅貪(慳カ)也。依二此罪障一餓鬼道《ニ》墮。飯食《ヲ》見《テ》食《セント》スレハ忽《ニ》炎《ト》成《ル》。是《ヲ》爲レ消《ンカ》以二寶珠一施レ之令二飽滿一《ナラ》菩薩也。又《ハ》是《ヲハ》延命地藏《トモ》申也

三。寶印地藏。此菩薩《ハ》畜生道《ノ》能化。右手《ヲ》劍印《ニ》作《リ》。左《ニ》草瓶《ヲ》持給。心《ハ》九界《ノ》群類《ハ》愚癡破戒《ニシテ》鎭《ニ》水草《ヲ》願故《ニ》。敎主以《テ》二利劍一千草《ヲ》切《テ》與レ之令二度脫一菩薩也

四。持地地藏者。此菩薩《ハ》右《ノ》御手《ニ》錫杖《ヲ》持。左《ノ》手《ニ》懸《ク》二袈裟一《ヲ》。是《ノ》菩薩《ハ》修羅道《ノ》敎主《ナリ》。四生《ノ》輩《ハ》何《モ》鬪諍憍慢《ノ》故《ニ》墮二修羅一。二六時中《ニ》弓箭刀劍《ノ》苦《ミ》無レ止《コト》故。此《ヲ》資《ケンカ》爲二振二錫杖一敎《ヱ》二誡之一。與《テ》二衣服一濟度《ス》

五。日月地藏者。此菩薩《ハ》人道《ノ》能化《ナリ》。我等凡夫《ハ》好《テ》二一旦《ノ》榮花一招二三惡四趣《ノ》苦果一。故《ニ》右《ニ》幡《ヲ》持《チ》左《ニ》花筥《ヲ》持《テ》。花鳥風月《ヲ》好《ム》人《ニ》示問《シテ》遂《ニ》佛果《ニ》引接《セント》誓《タマフ》

六。除蓋障地藏《ト》者。此菩薩右《ノ》手《ニ》持二五古一左《ノ》手《ニ》持二香呂一。天道《ノ》娛樂快樂《ノ》人《ヲ》導《ント》誓給菩薩《ナレハ》。五分《ノ》香臺《ニ》乘。五趣《ノ》輪廻《ヲ》救《タマフ》菩薩也。六地藏《ノ》旨趣如レ斯

(9) 橋供養表白

愼敬白二周遍法界摩訶毘盧遮那如來。因緣果滿盧舍那界會。一代敎主釋迦牟尼善逝。東土藥師。西方彌陀。八萬十二顯密聖敎。普賢文殊觀音勢至諸大薩埵。靈山界會諸賢

聖衆。惣ハ微塵刹土。帝網重重不可說不可說。一切三寶境界一而言。方今。於二大日本國常州吉田群(郡カ)栗崎一有二一池水一。其中有レ嶋。弁才天女影向處也。自然涌出水體。誠以微妙音異裝也。頗神王威力之所成。垂迹所應處也。不レ可レ不レンハアル信。臨則。池水浴浴(沃沃カ)兮浮二大碧虛空一鮮麗タリ。嶋體艷艷兮移二歡喜薗一爲二勝妙一。地童自爾德相。天女居住顯然也。然則往嶋參社以二渡橋一

依レ之。信心之施主

發二無二誓願一修ニ造彼神王橋一既畢。今宣二供養一其旨趣如何夫。轉ニ除ルコト横災怖畏ノ難一無レ過ルコト二宇賀之威力一。感ニ得ルコト官位福祿一無レ如クコト二神王之誓約一。十五童子ハ晝夜不退ニ守ニ歸敬之輩一。部類卷(眷カ)屬ハ行住隨順シテ惠ニ仰信族一。然ニ渡橋ハ不レ論二親疎一不レ擇二惡愛一有二無遮德一。殊ニ尋二天女ノ內證一。慈悲平等ニシテ憐愍無レ隔レ物。若爾ハ。橋之德義相ニ叶神王之本意者一也。又此橋者行ニ詣ル寶殿一者ノハ。最要ノ求ニ得ル珍財一指南ナリ

爰以。消除不祥。增長福壽。誠皆可レ寄二橋之德一也。仰願ハ。弁才天女。十五童子。部類卷(眷カ)屬。五帝龍王ノ水天水神

施主　心願一一知見納受タマヒテ除二恐懼邪横厄難一。與ニ龜鶴長壽嘉齡一遂(逐カ)二年月一福祐倍增シ。續二日夜一卷(眷カ)屬恆多ニシテ。令レ滿ニ足一切之願望一給。惣シテハ神王參詣之道俗。池橋運步之男女。同息災安全。所願成就。因テ鄉內靜謐。伽藍安穩。興隆佛法。諸人快樂

重乞。一天納レ風。四海ノ浪靜ナリ。乃至法界

⑽一切入佛表白

先三禮　二丁　次神分　丁

抑精舍造立庭。入佛供養ノ砌レハ。爲下飡ニ受シ法味一隨ニ喜ンカ善根上。上天下地ノ大少(小カ)神祇。定降臨影向シ給ラン

然則

奉レ始ニ上梵王帝釋一。護世四王三界諸有ノ天王天衆。日月五星諸宿曜等。下內海外海龍王龍衆。殊ニハ當國ノ守護鹿嶋筑波等。當郡吉田笠原等。圓宗鎭守山王權現。別ハ稲荷祇薗賀茂下上。乃至普天卒土。權實二類。信心法主。當年

屬星。本命元辰。當年行疫流行神等。各法樂莊嚴。爲ニ威光增益一。一切神分ニ般若心經丁　大般若經名丁　妙法經名丁　觀自在菩薩丁　爲ニ法成就一佛眼部母尊丁
一切三寶丁　殊ニハ三國傳燈諸大師等。爲ニ佛果增進一阿彌陀寶號丁　爲ニ法界衆生一佛頂尊勝陀羅尼丁
愼敬白ニ周遍法界摩訶毘盧遮那如來。因緣果滿盧舍那界會。一代敎主釋迦牟尼如來。東土藥師。西方彌陀。平等大會一乘妙典。八萬十二權實聖敎。殊ニハ當堂本尊諸大薩埵。身子目連等ノ諸賢聖衆。佛眼所照塵刹法界ノ一切三寶ニ而言。方今。南閻浮提大日本國常州吉田郡於ニ當鄕當所一。信心之法主建ニ立シ一宇ノ花堂一吉日良辰ヲ撰定シテ致ニ入佛供養一。祈ニ現世當來ノ願望一事アリ。其旨趣如何者夫
觀音薩埵ハ濁世末代之能化。娑婆有緣之大士也。然則
三十三身春花ハ荀(匂カ)ニ普門示現之薗一
十九說法秋月ハ耀ニ自在神通之空一
加之
一心稱名之輩ハ忽ニ拂ニ三毒七難ノ災一
常念恭敬之族ハ速離ニ三惡四趣ノ苦一
爰以
大慈大悲平等ノ法雨ハ濡《ウルヲ》ニヒ佛種乾田ノ衆生一
拔苦與樂ノ任運ノ智水ハ流ニル八寒八熱ノ惡趣一
寔ニ可レ仰者。觀音ノ本誓。可レ貴者ハ。普門應用ナリ。憑哉。生老病死苦。以漸悉令滅ノ金言。眞乎。慈眼視衆生。福聚海無量ノ玉句也
付中
佛閣造立ノ由來。精舍修榮(營カ)ノ功德ヲ案レハ。天竺須達長者展ニ金銀一祇陀林ニ建ニ立釋迦尊精舍一。耀ニ眼於六天報一ニ。本朝聖武皇帝ハ投ニ珍財一修ニ榮(營カ)南都寺伽藍一。驚ニ耳於東西堤(境カ)一ニ。先縱(蹤カ)如レ斯。末代盍《ナンゾ》不ニ修造一。依レ之信心法主現世安穩爲ニ祈念一。寸鐵モ不レ用ニ世功一。偏ニ起リ自ニ發心之丹棘一。後生善處ノ思テニ願望一。尺木モ不レ借ニ合力一。只生レ自ニ慈善之懇篤一。肆ニ眞俗圓滿ノ花ハ結ニ二世悉地ノ果一。寺內安全ノ月ハ耀ンニ所願成就ノ光一
希又

師匠同朋兄弟一門繁昌堅固。自然助力ノ類。入來聽聞ノ輩。官錄(祿カ)增長シテ遊ニ長生不老ノ門一。善願成就シテ登ンニ紫金常樂ノ臺一

觀夫

花開レ梢粧ハ顯ニ色香中道ノ理一。鶯囀レ軒聲摧(催カ)ニ梵音和雅韻一ヲ。景色ノ感應天地ノ冥契ナリ。乃至功德雨遍澍シ蒼生一。廻向ノ風穩ニ扇ン塵界一。啓白詞ハ短シ。三寶知見シタマヘ

⑾佛名第一夜法則 記ニ現行一樣一勿ミ必爲ニ指南一

先作相集僧 人人燒香禮拜著座

次惣禮伽陀 大衆蹲跪

敬禮無邊際　去來現在佛
等空不動智　救世大悲心

次導師進ニ寄禮盤前一 伽陀第三句比漸可ニ起座一也

展ニ座具一蹲跪合掌。伽陀畢大衆相共三禮。然後登座 一丁

次取ニ香呂一 一丁

唱禮佛頌 乍レ座

當願衆生 取次第　得無礙眼 次第　見一切佛 次第
唯願如來哀愍我 次第　常令覩見大悲心 次第
三業無倦奉仕尊 次第　速出生死歸眞際 次第

然三禮 無言 畢 一打。若略ニ法用一之時禮佛頌 一丁

須用三禮如來　次法用 四箇 畢 一丁

唄等 如常　次表白 用ニ香呂一

謹敬。三身卽一釋迦牟尼如來。十二上願醫王薄伽。一萬三千諸佛善逝。十方三世應正等覺者。滅罪生善佛名妙典。八萬十二權實聖教。寶達喜王等諸大薩埵。迦葉阿難等諸賢聖衆。惣佛眼所照塵數世界海。現不現前三寶願海。驚白而言。方今。當寺恆例之齊會展ニ佛名懺悔之梵莚一御座ス事。其旨趣如何者夫。我等無明之眠リ一ヒ起テ長夜之夢永結シ以來タ。結業蕪蔓トシテ從レ冥入レ冥。塵勞浩然トシテ自レ迷還レ迷。加之。十惡五逆。無ニ惡トシテ不トイフコトレ造。謗法闡提。莫ニ罪トシテ不トイフコトレ犯。悲哉。現生ノ後ニ鎭ニ受ンコトニ苦惱。傷哉。將來ノ世ニ永忘ンコトニ出離一。爰ニ我大師釋尊愍テ此倒惑一以宣ヘニ滅罪之敎文一。悲テ其沈沒一以テ留タマヘリニ禮佛之方

軌ヲ一。信而修レハレ之怨ニ拂ヒ二衆罪之霜一。勤而廻ハレ之自詫ス二九品
之蓮一。佛語誠諦ナリ。誰カ不レ歸ンレ之ヲ。但シ罪業ハ生スレ自ニ重緣一。
懺悔ハ須レ用二重心一。非ハレ移ニ二山岳一焉《イツクンソウヌ》塡ン二江海一ヲ。宜下專シテ二
事理之一心一以テ懺中過現之衆罪上。嗚呼。一息不レ返ルニ千載
永ク徂《ユク》。前路遙遠ニシテ資糧無レ有シコト。冥使迫來ランニ怖ルル心何ソ
緩ラン。仰願一萬三千諸佛善逝。俱ニ垂テ二哀愍一照シ二見タマフ此
誠一。凡ソ厥ノ貴賤ノ檀主結緣靈等。各出テ二苦域一同生ン二淨刹一。
乃至上自《ミ》二四空一下至テ二三途一。有緣無緣平等利益矣

次神分　香呂猶持

抑佛名懺悔之庭。滅罪拜經之砌。飡ミ二受法味一爲レ隨二喜ンカ
善根一。上天下界神祇冥衆。定降臨影向シタマフラン。然則。奉レ
始ニ大梵天王釋提桓因一。三界九居四禪八定天王天衆。難
陀跋難陀四海龍神。殊ニハ本命曜宿當年屬星等。一乘守護
山王七社王子卷（眷カ）屬。伽藍守護勸請神祇。當年行疫流行神
等。惣シテ奉レ祀ニ天照大神一八幡三所賀茂下上等。日本國
中ノ諸大明神。乃至閻魔王界冥官冥衆。泰山府君司命司
祿。有勢無勢。權者實者。各爲下增ニ法樂一添ンカ中威光上。惣神

分。般若心經丁　大般若經名丁

次靈分祈願

奉ニ爲三國傳燈顯密祖師佛果圓滿一釋迦牟尼寶號丁
奉ニ爲當寺代代先師等往生極樂一阿彌陀寶號丁
爲ニ貴賤靈等皆成佛道一阿彌陀寶號丁
奉ニ爲金輪聖王天長地久御願圓滿一藥師寶號丁
爲ニ攝政殿下大臣諸卿文武百官善願圓滿一觀音寶號丁
爲ニ伽藍安穩興隆佛法諸人快樂一釋迦牟尼寶號丁　觀音
寶號丁
爲ニ諸德大衆善願圓滿一觀音寶號丁
爲ニ乃至法界平等利益一妙法經名丁　文殊師利寶號丁

⑿堂供養法則

法用如常

新ニ被タマヘリ二起立供養一伽藍一宇。爲下除ニ風火難一令中安穩
常住ナラ上三寶荒神眞言丁
被タマヘリ二安置供養一觀音地藏十王ノ尊容爲靑蓮慈悲御眼

開キ奉レカ令シメニ五眼具足一タメニ佛眼眞言　丁
爲ニ五住三惑ノ眼膜ヲ除奉一ンカ陀羅尼菩薩眞言　丁
爲ニ四智三身ノ功德ヲ獲得圓滿奉一ランカ大日如來眞言　丁
次神分
次表白
愼敬白ニ三寶一○　方今。南閻浮提大日本國○此道場而
信心大施主某建ニ立一宇精舍一。安ニ置本地垂迹ノ尊容一。勞ニ
供養讃歎之淨業一。祈ニ現當二世ノ素願一御事在リ。其旨趣如
何ナレハ夫レ。業障海深シ。非ンハ善根ノ船筏一爭カ能渡レ之。煩惱
山高シ。無ニハ佛乘ノ象馬一誰速ニ超レ之
　爰以
七佛ノ敎示ニハ皆以ニ諸善奉行一爲ニ本懷一
釋尊遺誡ニハ必專ニ作福ノ淨業一爲ニ詮要一
　就中
伽藍ト者。爲ニメ三寶ノ依止一表ニ清淨之佛刹一
本尊ト者。爲ニ一切道師一施ニ種智靈神一
　然閒
起者人ハ得ニ無量功德一安ニ置之一。偏ニ感ニ現當勝妙一
　是以
月氏震旦ニハ竹林祇薗之聖說。白馬青龍之佛閣。其先蹤
遙ニ聞ヘ
大日本國ニハ常(上カ)宮行基之所造。傳敎弘法之建立。其精舍
今ニ殘レリ
　粤大施主
運ニ無二清淨之懇志一。擲ニ世俗資生之珍財一
起ニ一閒四面之精舍一。崇ニ十王薩埵之尊容一
　剩ヘ
遂ニ數十餘部之讀經一。怙(折カ)ニ責伏攝受之誓約一。修ニメ滅罪生善
之方法一。祈ニ現世當生之勝果一
　誠以
息災延命之綱要。頓證菩提之行業也。二世安樂之巨益
有レ憑。三有拔濟之應用無レ疑者歟
　若爾者
先亡ノ恩者悉遂ニ成佛之素懷一

見聞親族同達ニ心中之願望一
　庶幾者
十大法皇ハ各隨ニ喜シテ今日之作善一。新ニ記ニ淨業之札一。觀音
地藏ハ共ニ哀ニ愍シテ施主之信心一。廣廻ニタマフ濟度之願一
　重乞
伽藍梁棟堅ニシテ至ニ千佛正覺之曉一。本尊靈驗新タニシテ施ニ三
災不壞之益一。國土靜謐ニシテ吹風不レ鳴レ枝。都鄙安泰ニシテ降
雨無レ破レ塊ヲ
　將又
處ニハ風火盜賊之怖長息シ
國ニハ五穀豐饒之樂普成ン
　乃至
上有頂ノ四陰。下無間色質。同觸ニ妙法ノ餘薰一ニ。均浴ニ淸
冷ノ智水一
　啓白詞短。三寶知見シタマヘ
次發願
至心發願　建立精舍　安置尊像　讀誦經書　功德威力

次四弘　次諷誦　次祈願《クワン》
次佛名　次教化
次讚歎十王之事
新ニ被ニタマヘリ起立供養一精舍 并 被レ安ニ置本尊一。被レタマヘリ讀ニ誦
經書一。各其功德ヲ奉ニヘシ讚歎一シ
先付ニ精舍一。事理ノ功德御ス。事ノ堂ト者。平レケ地居レ石ヲ聚ニ材
木一請ニ巧匠一起レ柱。渡シニ紅(虹カ)梁一立ニサス(叉首カ)一擧レ棟。調ニ上葺一
敷レ板ヲ。打ニ長押一入レ壁。立レ扉嚴ニ佛壇一安ニ本尊一。內外之
莊嚴具足スル。是ヲ名ニ事ノ堂一
次。理ノ堂ト者。平ニ無明ノ大地一。居ニ信力堅固ノ石一。立ニ十二
門禪ノ柱一。通ニ四弘誓願ノ貫木一。折ニ十力無畏ノ栝一。涉ニ四無
量心ノ析(桁カ)一。置ニ隨緣不變ノ江(虹カ)梁一。立ニ境智冥合ノサス(叉首カ)一。擧ニ一實
中道ノ棟一。四德波羅蜜ノ隅木ニ張ニ四攝利他軒一。繫ケニ三十七
品ノ垂木一。葺ニ萬善萬行ノ畫(甍カ)一ヲ。打ニ觀練薰修ノ長押一ヲ。敷ニ平
等大惠ノ板一。張リニ大悲覆護ノ天井一。打ニ金剛喩定ノ針(釘カ)一ヲ。入ニ三
學四等ノ壁板一。立ニ定惠和合扉一。構ニ行願莊嚴ノ佛壇一ヲ。安ニ
種智究竟ノ本尊一。是ヲ名ニ理ノ堂一ト也

凡本有四德爲所依。修德四德爲能依ナレハ。（天文五、二一五五上。文句記）理性ノ堂ヲ爲ニ所依一。修德ノ堂ヲ爲ニ能依一ト。本有ノ三身ヲ爲ニ所依一。顯德ノ三身ヲ爲ニ能依一。事理不二。修性一如ニシテ。二義齊等ノ精舍。毘盧遮那ノ身土也

然則

此砌ハ諸佛來集ノ道場也。豈非ニ事理不二ノ寂光一耶。就レ之又顯密習不同也。圓宗ノ心ハ。一宇精舍卽四土不二ノ寂光。三身卽一ノ本尊也。密教ノ心ハ。胎藏ハ四重ノ圓壇。金界ハ九會ノ曼陀羅。全一堂ニ令ニ具足一者也。具ニハ如ニ顯密章疏一

次。就ニ本尊一

惣別ノ功德御。先惣ノ功德ト者。五眼五智。二身三身是也。五眼ト者云云五智ト者云云三身ト者云云次。別ノ功德ト者。觀音地藏十王云云

次。就ニ讀誦經書ニ。可レ有ニ三門分別一。捧テハ精舍起立本尊供養之惠業一。上增ニ諸天之快樂一。下救ニ阿鼻之苦患一。近ハ現在ノ六親。終ニ入ニ實報寂光之淨刹一。遠ハ七世ノ恩者。速ニ出ニ分段變易之生死一。化功歸己ノ故ニハ大施主。報命久保テ。五體六根無レ患カ。當レ生ニ信心一。三輩九品自進マン　將又。本尊伽藍常樂ニシテ而致ニ慈尊下生之曉天一。憐(鱗カ)國近里豐饒ニシテ而誇ニ五穀成就之快樂一。當堂結緣ノ老若ハ十種之福報忽ニ蒙。今日値遇ノ貴賤ハ一處ノ詫生無レ疑

仰承乞

來臨影向之佛施冥衆。起立安置之本尊聖者。佛力法力信力之三力和合シテ現世當來ノ願望令ニタマヘ成就一。供養淨陀羅尼。一切諷誦丁

十王釋

次。別御功德ト者。十王ノ本迹功德雖ニ不思議一言ニ其大概一者

第一秦廣王ト者。本地毘盧ノ惠日。雖レ處ニ法界常住之虛空一。不動而動之迹化。鎭ニ施ニ責(折カ)伏攝受之利生一

第二初江王ト者。內證爲ニ牟尼善逝一。三界吾子悲願雖ニ深重一タリト。外(宋カ)用ニ顯ニ初江大王一。於テ衣領樹ノ下一。恥シムニ娑婆名利一」

第三宗帝王ト者。三世覺母ノ文殊。智光圓滿ノ薩埵也。迹ニ

示二第三大王一。註二記罪人ノ處名一
第四五官王ト者。普賢大士也。出レ自二實相ノ理體一。恆順二一切衆生一今顯二五官王一。量二罪業輕重一錄二身口七支ノ過罪一」
第五閻魔王ト者。地藏薩埵也。二佛ノ中間ニハ以二此薩埵一爲二教主一。十王聽（庭カ）底ニハ以二斯裁斷一爲二龜鏡一。然則。此王面前ニ以二三事一顯二罪ノ輕重一。一塵モ無レ曇。三世無レ隔。可レ歸可レ照。誰カ有レ疑者耶
第六變成王ト者。付二其本一一生補處ノ大士。三會得脫慈氏如來。迹ハ稱二變成王一。怕二警（驚カ）罪人一也。勸二善根ノ心一給ヘリ
第七太山王ト者。本爲二醫王善逝一。癒二衆生色心業病一。迹現二太山王一定二罪人苦樂生處一
第八平等王ト者。觀音應作也。娑婆世界者爲二有緣薩埵一。救二怖畏急難ノ衆生一。冥途裁斷ニハ爲二第八王一。募二タマヘリ杻械枷鎖之誡一
第九都市王者。勢至示現也。彌陀隨從ノ薩埵。衆生引接導師ナリ。因レ之顯二都市王一待二娑婆作善一出二タマヘリ迷律（津カ）苦海一
第十五道轉輪王ト者。西方淨刹現二彌陀善逝一。迎二一念十念之類一。中有裁場者現二第十ノ王一。責二自業自得一慈悲利生志無レ替
十王之惣別功德大概如レ此畢

⒀〔塔供養〕（缺文）

⒁常行三昧開白作法

登禮盤　二丁

禮佛頌云（禮佛頌・三禮博士圖次頁）

當願衆生　得無礙眼　見一切佛　唯願如來
哀 愍 我　常令都見　大 悲 身　三業無倦
奉 仕 尊　速出生死　歸 眞 際

三禮　丁

一切恭敬　自歸依佛　當願衆生　體解大道
發無上意　自歸依法　當願衆生　深入經藏
智惠如海　自歸依僧　當願衆生　統理大衆
一切無礙

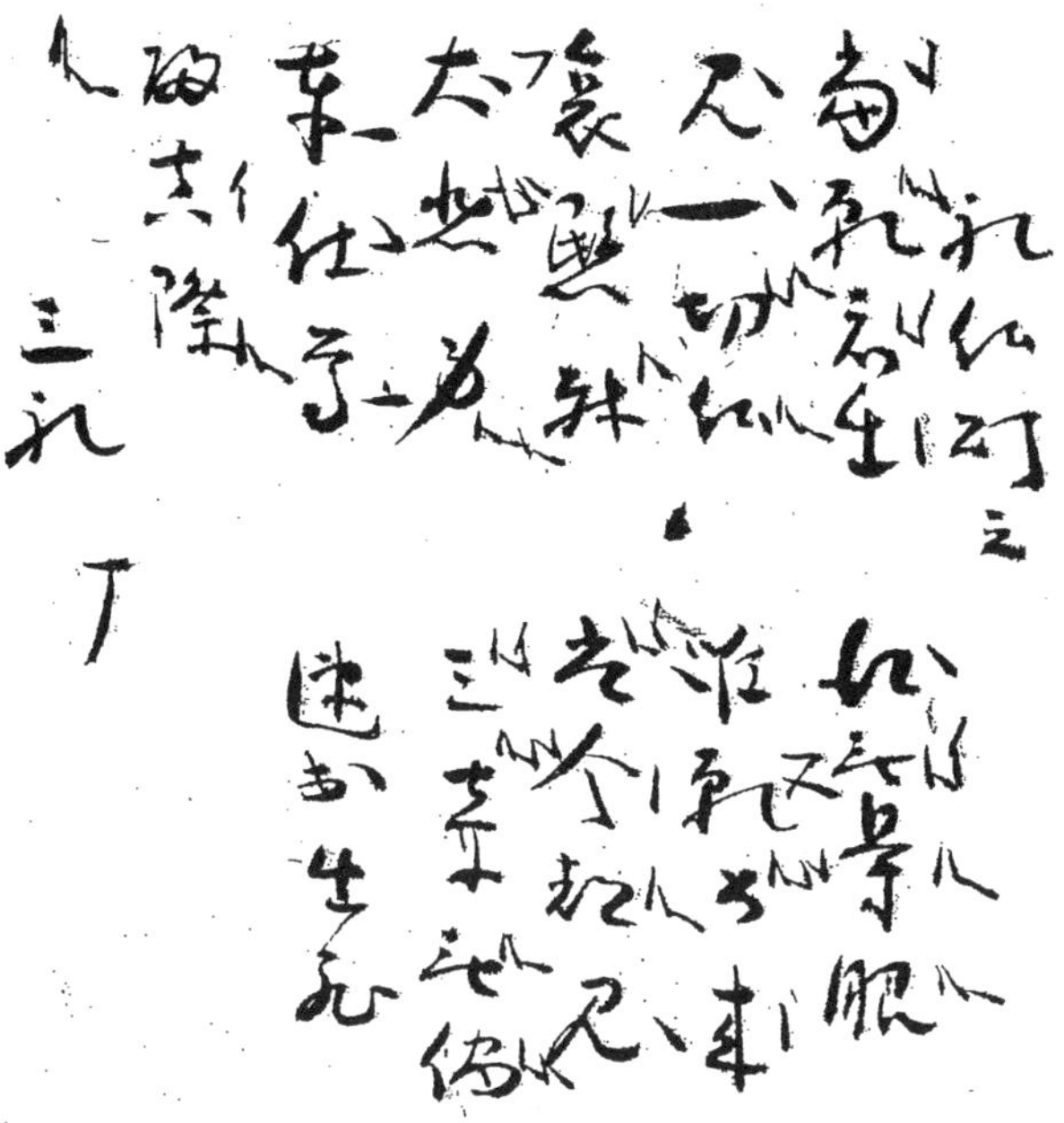

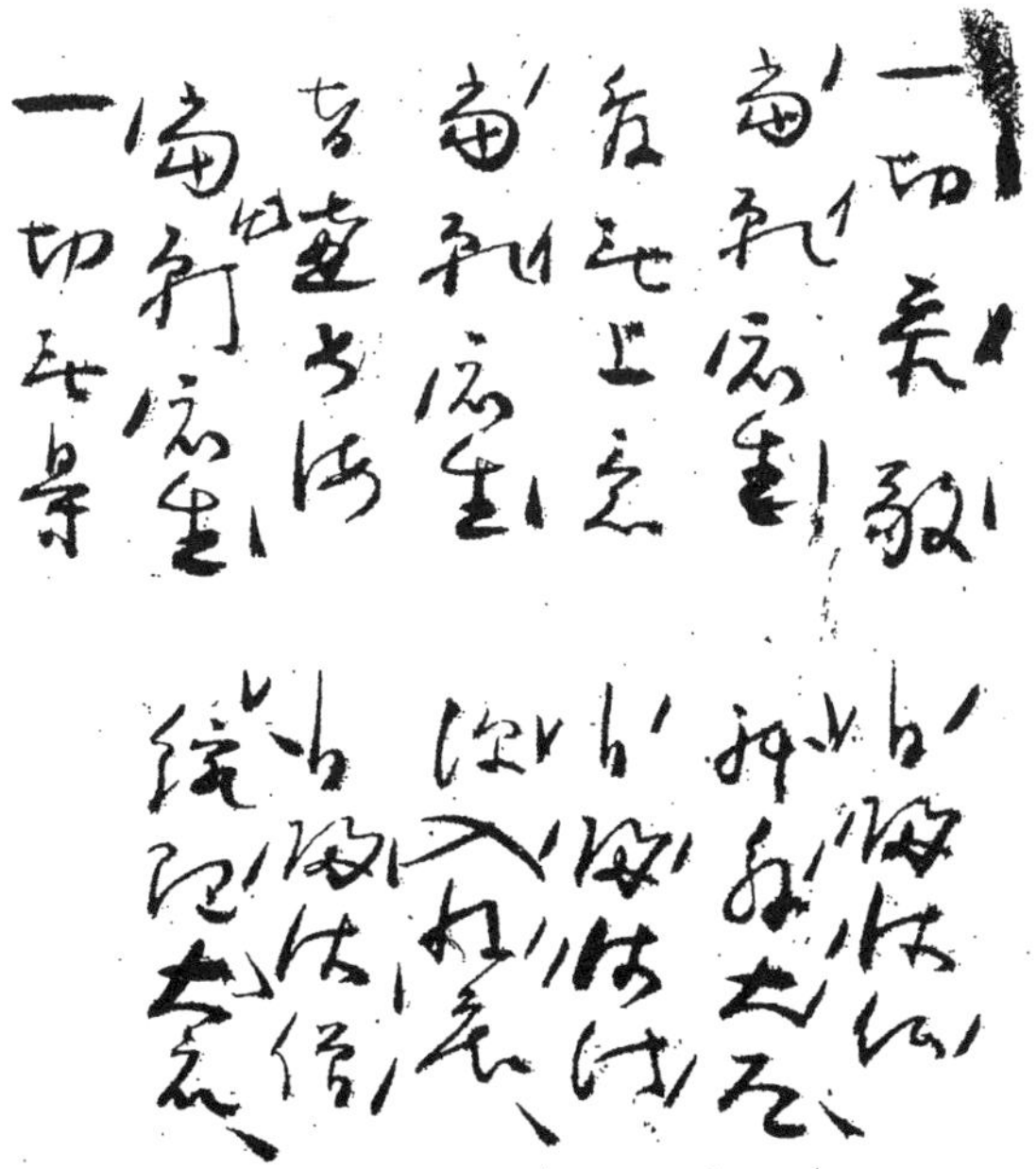

如來妙色身　世間無與等　無比不思議
是故今敬禮　如來色無盡　智惠亦復然
一切法常住　是故我歸依

愼敬白二周遍法界摩訶毘盧遮那界會。一代教主釋迦牟尼如來。證明法花多寶世尊。十方分身諸釋迦牟尼佛。東方淨瑠璃世界醫王薄伽。西方九品教主彌陀種覺。八萬十二五時八教。普賢文殊等諸大菩薩。身子目連迦葉阿難等諸賢聖衆。惣佛眼所照自界他方ノ三寶ノ境界每一而言。方今。南瞻部州大日本國於二テ常州當郡當所道場一二。常夜不斷念佛ヲ修シ其ノ志趣何者ハ夫レ。拂二コトハ有漏之塵勞一莫レ過レコトハ念二六八願王佛一。促二無窮之生死一不レ如レ誦二五濁難信之經一

因茲

梁朝之道珍依レ不レ誦二阿彌陀經一故往生有レ躓《サハリ》《ツマツキ》。□(本カ)州之僧盛ハ依レ誦二彌陀經一往生無レ妨。月支舍衛夫妻二子修二念佛之行業一。故遂二往生之先途一。日域叡山之慈覺大師ハ傳二テ彌陀之教迹一開二往生後榮一

然閒

恃《タノム》二テ此等之先跡一諸德大衆爲恆例不退勤。白藏之候。中秋之天。一七日之閒修二常行三昧彌陀經一。率二シテ老少中年一異口同音二唱二彌陀寶號一。不レ簡二有緣無緣之輩一。不レ斥ハ二遠近親疎之閒一。祈二九品淨刹之往生一。共爲二一佛淨土親支一。一代之教主ハ稱三揚シ七日念佛一。證二利シ六方之諸佛一。證三明五濁難信之經王一

而二

末法萬年餘經悉滅之折。彌陀一教利物偏增之剋。二佛之中閒ノ受レ生。偏二憑二彌陀之引接一。所レ欣二極樂之往生一。實二四重五逆之罪人二於修二念佛一預二引接一。況一衆數輩之禪侶。豈二依二テ此ノ勤行二不レ遂二往生一耶。雖レ多二志趣一知三見シタマヘ三寶一

神分　如常

抑念佛勤行ノ處ハ。安養欣求砌ハ。爲下飡二受法味一隨中喜善根上。上界之天人ハ分レ雲來リ。下界ノ龍神ハ淩レテ波ヲ來臨タマフラン

然則

上奉レ始二梵天帝釋一。三界ノ九居四禪八定之天王天衆。日

月五星司命司錄(祿カ)諸宿曜等。下閻魔王界。五道冥官。六十餘州大少(小カ)神祇。殊者。當國鎮守鹿嶋三所大明神部類卷(眷カ)屬。別者。當寺勸請山王等諸大明神。法樂莊嚴威光增益爲レ御。一切神分般若心經 丁 大般若經名 丁

爲二三國傳燈諸大師等聖靈增進佛道一。妙法經名 丁

奉三爲金輪聖王天長地久御願一。藥師寶號 丁

爲二關白天下左右丞相文武百官各願成就之一。觀音寶號 丁

一結諸德等爲二各願成就之一。藥師寶號 (丁)

爲二興隆佛法寺中繁昌一。大聖文殊師利菩薩 丁

爲二乃至法界平等利益一。阿彌陀寶號 丁

次勸請 (勸請・緣起博士圖次段)

敬禮十方三世佛　釋迦彌陀兩足尊

觀音勢至諸薩埵　極樂教主諸聖衆

還念本誓來影向

次緣起

南無令法久住利益有情

天衆地類威光增益

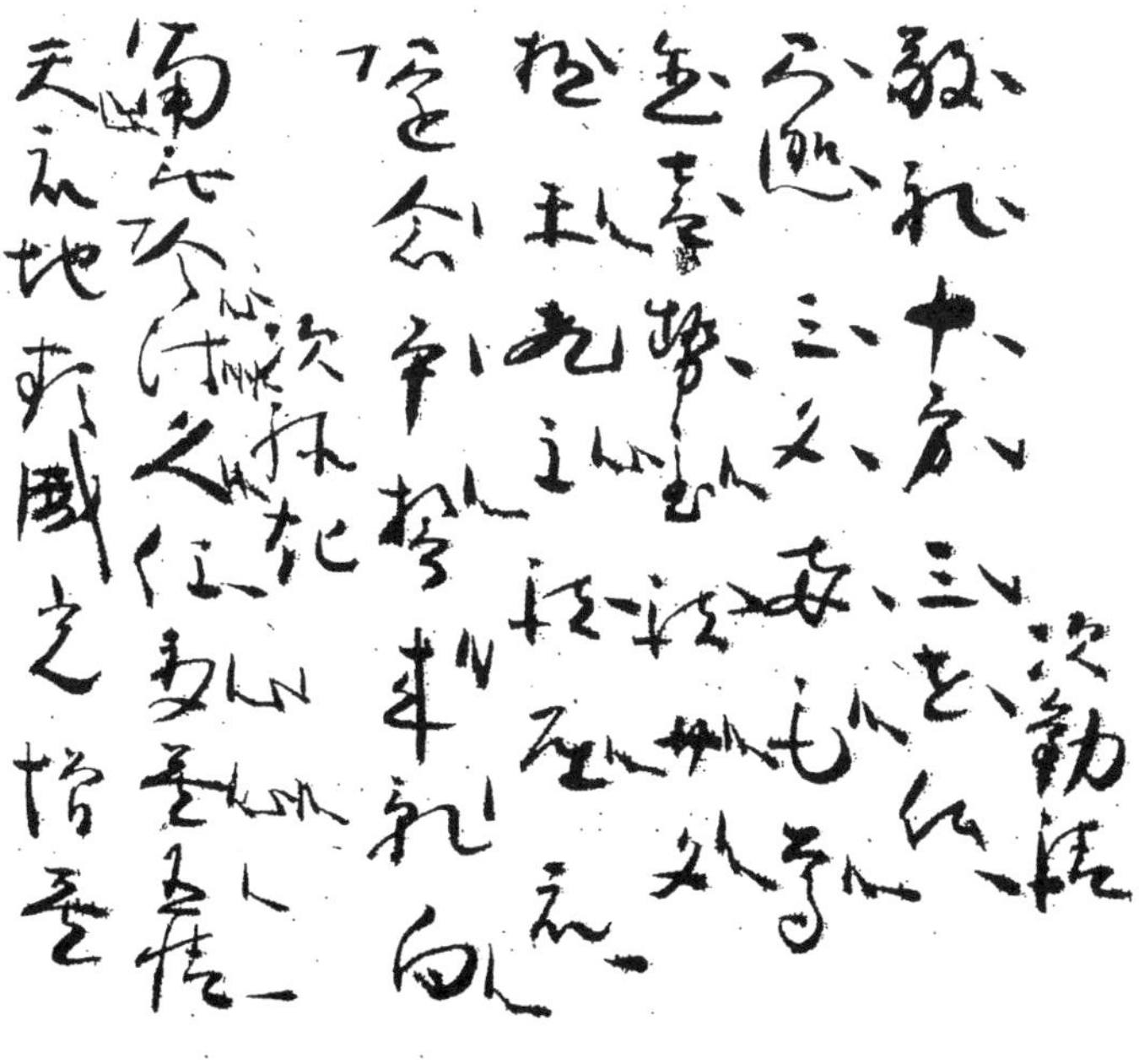

聖靈決定成等正覺皆成佛道
南無三世一切衆生。今以㆓勤行㆒必往生淨土令㆑タマヘ預㆓直
因㆒
南無自他法界衆生平等利益㆜
次番帳
次導師下座　次四奉請
行道一番ヘ渡㆓香呂㆒
次作法 如例時
結願作法 二丁
登禮盤佛名（佛名・敎化博士圖次段～次頁上段）
南無歸命頂禮
安養敎主彌陀
種覺觀音勢至
諸薩埵
還念本誓來影向
次敎化

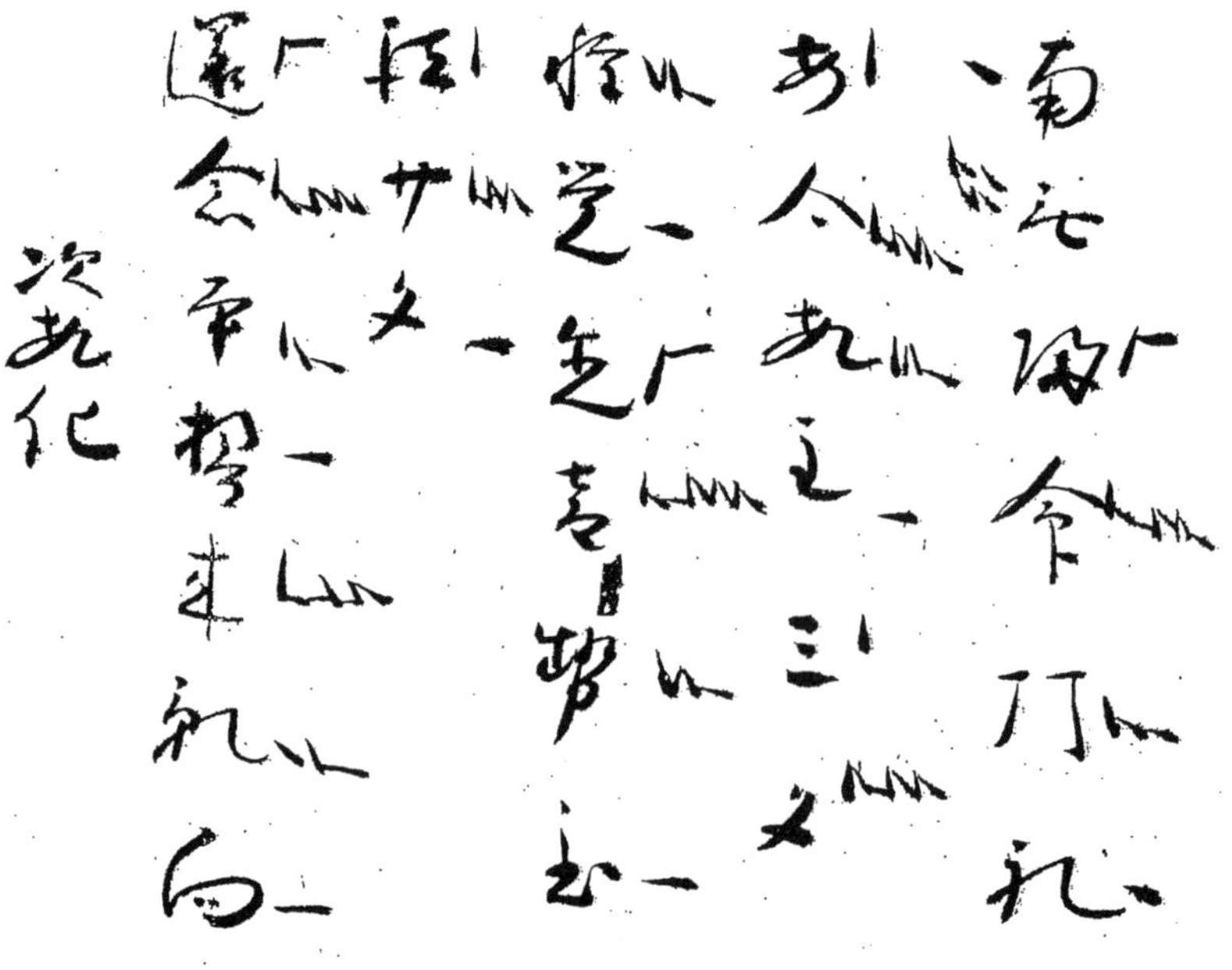

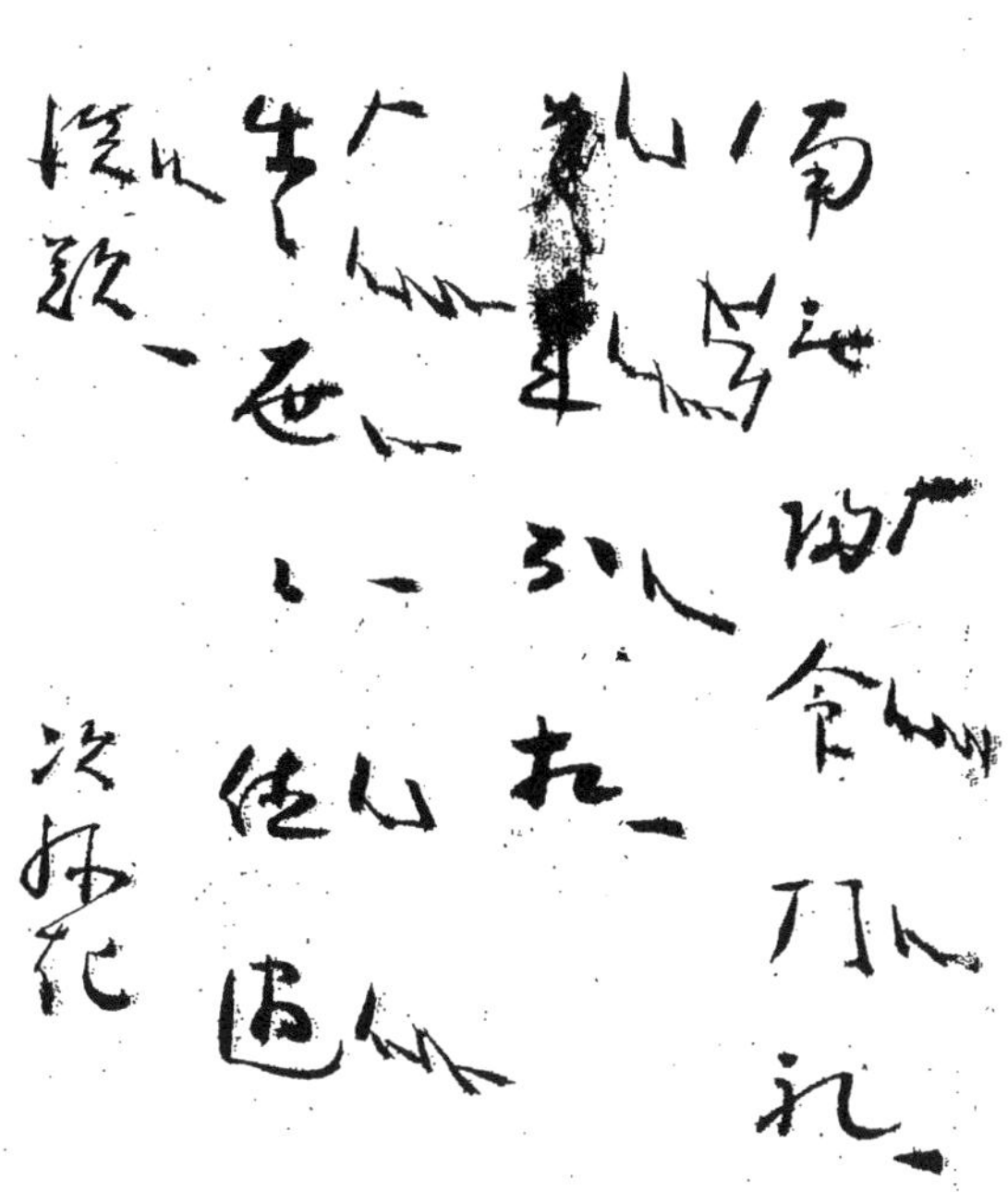

南無歸命頂禮
如來妙相
生生世世值遇
讚歎
次縁起
次過去帳
次六種廻向
供養淨陀羅尼一切誦
敬禮常住三寶
敬禮一切三寶
我今歸依　釋迦彌陀　今日所獻　香花燈明
所設供具　三輪清淨　皆不可得　哀愍納受
護持佛子　所願成就　願於生生　以一切種
上妙供具　供養無量　無邊三寶　自他同證
無上菩提丁　廻施法界　廻向無上大菩提丁
次錫杖三條　次十二禮
次廻向

⒂ 法花三昧立筆法則

先著座　次禮佛 頌如常
次三禮 如常　次如來唄 如常
次神分
抑如法寫經之庭。懺悔滅罪之砌。上天下界神祇冥衆。定來臨影向給ン　然則
梵王帝釋四大天王奉レ始。三界所有天王天衆。下界龍神堅牢地神等。惣ハ日本國中大少(小カ)神祇。殊ニハ如法守護三十番神。一乘守護山王七社。王子卷(眷カ)屬赤山大明神。別ハ當所神祇乃至自界他方。權實二類。當年行疫流行神等。法樂莊嚴威光增益ノタメニ
一切神分般若心經 丁
大般若經名 丁
爲ニ三國傳燈諸大師等佛果圓滿一ノ。釋迦牟尼寶號 丁
奉ニ爲金輪聖王天長地久御願圓滿一。藥師寶號 丁
爲ニ本願聖人 幷 諸德二世悉地成就圓滿一。觀音寶號 丁
爲ニ信心檀那助成合力貴賤諸人二世安樂一。大聖不動明王 丁
爲ニ當所安穩興隆佛法一。五大明王 丁
爲ニ乃至法界平等利益一。妙法經名 丁　一切三寶 丁
次表白
愼敬白ニ大恩教主釋迦牟尼無上大覺世尊。證明法華多寶世尊。十方分身諸釋迦牟尼佛。平等大會一乘妙典。八萬十二權實聖教。普賢文殊等ノ諸大菩薩。身子目連等ノ諸賢聖衆。惣靈山虛空二所三會發起影向。當機結緣之四衆。都佛眼所照微塵刹土ノ三寶ノ境界一而言ク
方今
於テニ南瞻部州ノ大日本國 隨所 一嚴ニ法華三昧之道場一。修シニ六根懺悔之行儀一。以ニ如法寫經之法式一。刷《カイツクロヒ》ニ一乘立筆之法莚一給事アリ。其志趣如何者夫レ。背テニ本覺眞如之都一。入《イツシ》ヨリニ分段輪廻之鄕《サト》ニ一已來タ。無明之長夜難《タウ》レ明ケ。煩惱之眠リ彌ヨ深シ。法性之晴天易《ヤス》フレ蔭《クモ》リ。頓悟之曉キ良久シ
然ル閒タ
二十五有ノ徘《ハイ》徊《クワイ》暫モ無レ止《ヤム》コト。十二因緣ノ旋輪何《イツカ》ハ有レン

絶ウルコト。送クルマテ㆓多百千才ヲ㆒而。鎭ニ迷㆓於三途ノ衢《チマタ》㆒ニ。過クトモ㆓阿僧祇劫ヲ㆒而。無ン㆑聞《キキ》タテマツルコト㆓於三寶ノ名《ミナ》ヲ㆒

於戲

此《ココ》ニ來リ彼《カシコ》ニ去ル。何度《イクタヒ》カ結㆓構セン六賊之城郭ヲ㆒。受㆑生歸㆑死。徒ラニ然造㆓作セン四蛇之屋宅㆒。廣劫受生之舊骨ハ積ツテ。雖㆑高ト㆓比富羅山㆒ヨリモ。爲ニハ㆓佛法修行ノ㆒未㆑捨㆓一身ヲモ㆒。多生恩愛之愁涙《ルイ》ハ湛ヘテ。雖㆑深ト㆓滄溟海底㆒ヨリモ。爲㆓聞法隨喜㆒未㆑下《クタ》㆓一滴ヲモ㆒

悲哉。過去遠遠之生死。已ニ以徒ラニ過ンコト如㆑此

傷《イタマシキ》哉。未來無窮之流轉。亦以テ空ク送ンコト無㆑疑

然ニ

諸佛之出世ハ如㆔優曇花ノ開カ㆓海畔㆒ニ

衆生之値遇ハ似リ㆔一眼ノ龜ノ得ニ㆓浮木ヲ㆒

爾レハ乃チ

釋尊在スコトナレトモ㆓舍衞國ニ二十五年㆒。三億人遂不㆑聞タテマツラ㆓世尊名字《ミナ》ヲ㆒

梵王居シテ㆓高臺閣㆒百八十劫。空ク送トモ㆓劫海㆒不㆑見タテマツラ㆓如來尊容《スカタ》ヲ㆒

加之

常啼菩薩ハ爲ニ㆓求法㆒ノ。擢キ㆓肝膽《タン》於七日之風㆒。雪山童子ハ爲ニ㆓半偈㆒。投㆓全身於鬼王之前㆒。誠ニ佛法ニハ難コト㆑値蓋シ以如㆑此

爰當聖人　施主トモ可㆑隨㆑時

宿善內ニ催シテ受ケ㆓難㆑受於人界之依身㆒

知識外ニ資テ値㆓難㆑遇於妙法之眞文㆒

滅罪生善ノ勝因在リ㆓此時㆒

出離得脫ノ良緣期ン㆓何《イツ》ノ生ヲカ㆒

正シク

得益之最尊最上ナルコト無㆑過㆓如法如說之行㆒

罪障之消除消滅ルコト不㆑如《シ》カ㆓半行半座之勤ニ㆒

是以テ

調テ㆓三業於一心㆒。將㆑寫ント㆓實相法身文字㆒。所生之善利莫太也。現當之得益揭焉ナルモノ歟。爲㆓彼利養㆒書セシ㆓涅槃一字㆒者。雖㆑不㆑願㆓淨土㆒猶生㆓不動國㆒。資シ㆓纔ニ正觀㆒寫セシ㆓法花一句㆒者。由㆓唯書寫之力㆒淨㆓六根㆒。付テ㆓色塵ノ經卷㆒觀レハ㆓

文字卽實相一。現身《ニ》得二開悟《コトヲ》一。於《テ》二一乘如法書寫之行
業一。勝利誠《ニ》不レ可二度量《ス》一
定知
多寶《ハ》涌現《シテ》爲《ニ》作《シ》二證明一。普賢《ハ》影向《シテ》含《タマハン》二隨喜《ノ》笑《ヲ》一。
時代《ハ》雖レ及二澆季一。勤行《レハ》取證速疾也。罪障雖レ爲二深
重《タリト》一。懺悔《レハ》消滅《スルコト》無レ滯《ヲリ》
乞願
十方法界之一切三寶。法華經中之諸尊聖衆。垂《レ》二哀愍納
受一大衆《ノ》願《ヲ》令《タマヘ》二成就圓滿《セ》一
次發願　取二香呂一金一丁
至心發願　唯願教主　釋迦如來　全身舍利
多寶善逝　十方分身　一切諸佛　平等大會
一乘妙曲(典カ)　普賢文殊　身子迦葉　諸賢聖衆
還念本誓　降臨道場　證知證誠　如法寫經
功德威力　天衆地類　倍增法樂　三業六根
一切罪障　皆悉消滅　過去聖靈　出離生死
三世四恩　一切靈等　皆成佛道　及以法界
平等利益
次四弘
次一切書寫《ト》云《テ》　一丁
次六種廻向
次緣起
夫釋尊者。一切衆生之大慈父。三有苦海之大船師《ナリ》。
尋《レハ》二其壽量一。於二五百塵點一年舊《タリ》。思《ヘハ》二其分身《ヲ》一。於二十
方土田《ニ》一日新《ナリ》。付中。成道之後過《テ》二四十餘才一一大事因
緣爰《ニ》遂《タマフ》二其法一。名《テ》曰二妙法蓮花經一。輕毀之衆尚證二不
退一。尊重之輩誰《カ》致《ン》二孤疑一。是故《ニ》此經《ヲ》如說修行《スレハ》者。
不レ過二三生一見《タテマツル》二普賢之身一。不レ越《シテ》二一念一登《ル》二遮那之
位一。往昔之時。靈山之庭。本化迹化之菩薩。自界他方之聖
衆。皆悉慇懃申《ノフ》二於弘通一。其中《ニ》閻浮提《ノ》內《ニ》流二布《ルコト》此
經一皆是普賢威神之力《ナリ》。因レ茲。台嶺《ノ》慈覺大師《ヲハ》相
傳《シテ》皆云《ヘリ》二普賢垂迹一也。然《ニ》大師存生之時。於《テ》二天台山
之上《ヘ》楞嚴院之中一。磨二石之墨一染《テ》二草之筆一書二寫此經一。
納二寶塔之裏一安《ス》二精舍中一。是《ヲ》名《テ》爲《イウ》二如法堂一也。厥後流二

轉シテ遐邇《カジ》之郷トニ一悉ク抽ツ二清淨之誠一。是則本師ノ高覽非レ無ニ
其謂一。若經卷所住之處。(大正藏九、五二上。神力品)卽是道場。(一〇カ)諸佛於此得阿耨菩提。
諸佛於此轉於法輪。諸佛於此而般涅槃ト說。(同、三一下。法師品)或ハ又。得見
此塔禮拜供養。皆近阿耨菩提 文 爰知ヌ。道場ハ則是寂光
土也。行者則又普賢也。當得菩提ノ妙果。豈ニ可レ疑哉。仰
願ハ。大恩教主釋迦牟尼如來現シテ二清淨堅固ノ身ヲ一。顯タマヘ二弟
子カ眼前一　伏乞。普賢薩埵放テ二白毫相ノ光一。照シタマヘ二弟
子カ眉間一。豈啻《タタ》有レ敎ルノミ二亡失句逗一。兼又無レ正シクスルコト二魚魯
錯錄ヲモ一。露點若シ有二脫落一ルコト。乞願。以二白玉之指一染メ二紫
毫之筆一。花文若シ有ラハレ不ルレ鮮カナラ。以二金色ノ手ヲ一添《ミテ》タマヘ二松煙之
色一　次。交名アルヘシ

其詞云

爰釋迦遺法弟子等 某 一和尙ヨリ下臈ニ至マテ次第ニ讀擧之
後。宿緣相ヒ牽《ヒイ》テ共ニ爲《ナ》リ二一結ノ衆ト一。入ニ法花三昧之道場一ニ。
懺ヨ悔シ六根罪障一。以二勇猛精進一一心ニ以テ二木筆一染ニ石ノ
墨一。書ヨ寫タテマツリ一乘妙法花經。期シ二龍花樹下ノ解脫ヲ一。待ニ慈
氏如來ノ出世一處也

然則

一結衆異口同音俱發願曰

願我無始已來三業六根一切罪障一時消滅臨終之時。七
日以前知ニ死期一。無ニ諸苦惱一住ニ正念一得レ入ルコト二禪定一。身
心安穩ニシテ面タリ見タテマツリ二彌陀佛一。決ヨ定往ヨ生シ極樂世界一。
速ニ證ニ無生忍一預ニ佛ノ記莂一。上求下化シ拔ヨ濟シ群生一共ニ
至ン二一切智地一。又我等當來世ニ彌勒出世之時。作ツテ二一聚落
之人一共ニ詣シテ二佛前一聽ヨ聞シ正法一得ニ佛道ノ記一時。今日
所レ奉レ書經卷。從ニ彼地一涌出シテ住シテ二虛空一放テ二大光明一
現ン二大神變一。時ニ佛以ニ和雅ノ御音ヲ一我等讚シテ言タマハク。善哉。
汝等過去ノ釋迦牟尼佛ノ滅度ノ後。於テ二惡世濁亂中一。能ク信シ
佛ヲ修ヨ行シテ正法一。我カ所ヘ來ト說給ハン。諸ノ大衆聞タテマツリテ二佛
說一歡喜踊躍セン。亦我等父母師長。一花一香一念一稱。供
給走使者乃《ノ》至展轉隨喜結緣違順輩。假使《タトヒ》墮ニ三途八難一。
生リトモ二他方餘界一本願力ノ故ニ互ニ得ン二値遇コトヲ一。若シ又一結ノ
衆ノ中ニ一人モ不ニ得道一。墮ニ生死一者ハ。相ヒ尋テ引接シ共ニ作ン二
利益一。乞願ハ。當來導師彌勒慈尊。明ニ此誓言ヲ聞シメタマヘ。伏テ

願ハ。大恩教主釋迦牟尼如來。十方三世一切三寶。殊ニハ西方能化彌陀善逝。清淨大海衆加ニシテ今此ノ願一。令レ成ニ就圓滿一給　敬白

法華三昧結願法則

六種廻向（六種廻向博士圖下段）

供養淨陀羅尼一切誦 丁
敬禮常住三寶
敬禮一切三寶
我今歸依釋迦如來
一切妙曲（典カ）一切三寶
今求所獻一色一香
無非中道願於生生
事理俱具供養無量
無邊三寶自他同證
無上菩提 丁

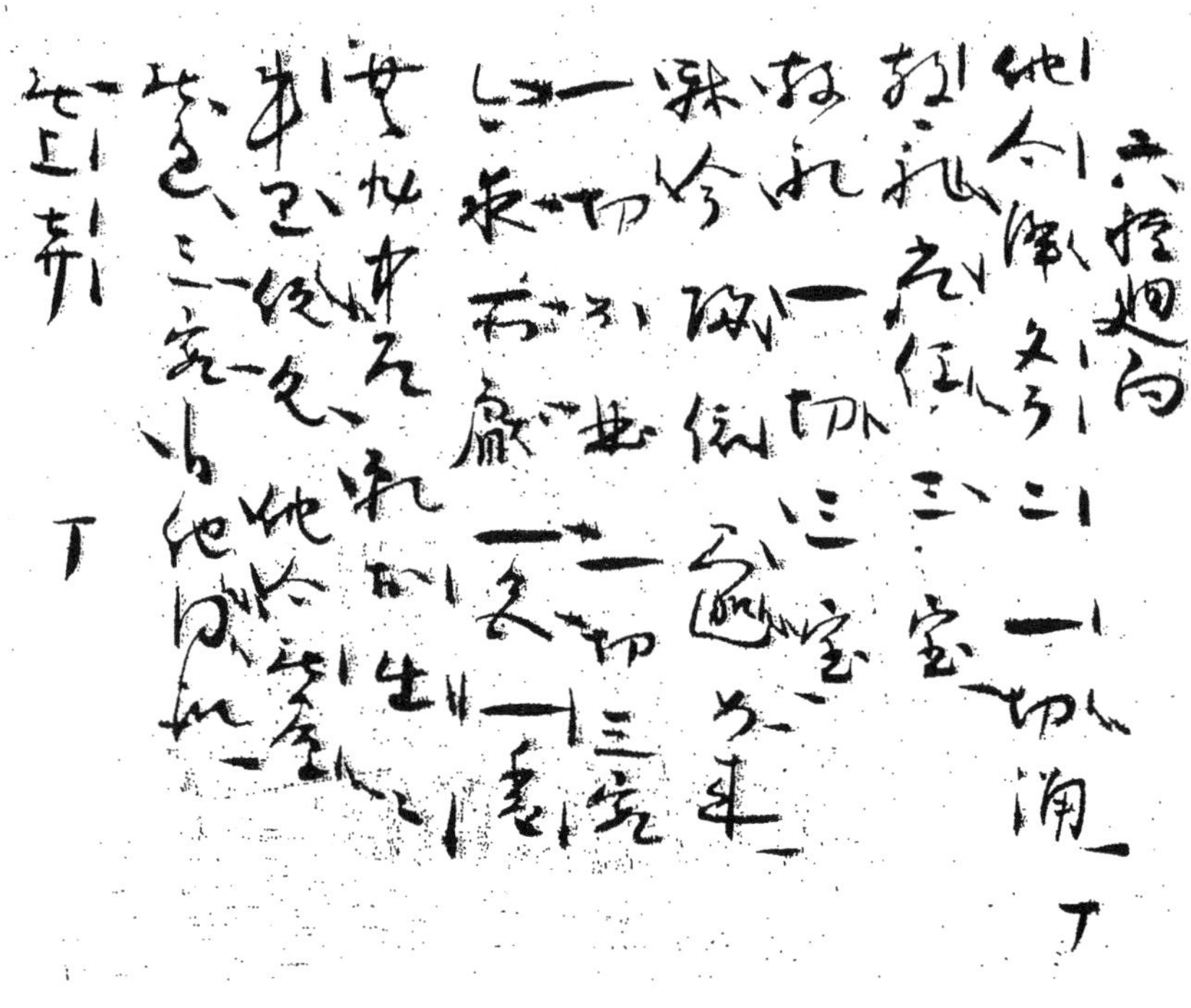
六種廻向
供養淨陀羅尼一切誦 丁
敬禮常住三寶
敬禮一切三寶
我今歸依釋迦如來
一切妙典一切三寶
今求所獻一色一香
無非中道願於生生
事理俱具供養無量
無邊三寶自他同證
無上菩提 丁

⒃六十六部縁起之事

倩以。超醍醐ノ眞文ト者。諸佛自證之祕藏。衆生得果之軌範也。抑企ニコト二六十六部書寫之大願一。是則爲ニ二自他同證無上菩提一也。然ハ即於テ二今身一不ンニ二修習一者ハ。爭カ感ンヤ二當來ニ大果一。傳聞ク。太(大カ)施太子ハ汲テ二大海一求ニ二如意寶珠一利ニ益シタマフ衆生一。令レ爾ニ願力ノ事如レ此。雖レ然願主短才薄福而難レ遂ニ素懷一。只貴賤之芳助之外無レ所レ憑。爰以於テ二奉加一不レ撰二巨寡《クワ》ヲ一。於テ二悃《コン》志ニ一不レ論二尊卑一。少(小カ)因感二大果一。微塵成二山岳一。然ハ取レ沙獻セシ二世尊一人既ニ生シ二阿育《イク》大王一。以レ泥供セシ二如來一輩ラ又成ル二吉祥天女ト一。修因感果是顯然也。何況ヤ於二一紙半錢之合力一哉。彼淨名方丈ノ室ニ並ヘ二三萬六千高座一。又微少ノ芥子ノ中ニ納二十六萬由旬須彌ヲ一。半紙ノ中ニ攝ス二百萬恆沙ノ部一。是則圓融無礙之心。一紙何ソ單《タン》ノ一紙ナラン哉。半錢又爾也。若爾ハ隨力結縁之族ラ雖二奉加狹少也一。其因何ソ空ン哉。依レ之生生世世値二遇シ法會一修行無ニ退轉一。終ニ成二就セン佛道一。爰右大將之見ルニ二縁起一。昔シ伊頭(豆カ)ノ國ニ有リ二新平三《サウ》ト云者一。先祖ノ所領ヲ爲ニ二平家一被テ二召シ上ケ一後無ニク二幾ク程一成ニ源氏ノ代一。聽テ於テ二關東一訴訟申ニ更ニ不レ叶。然ハ觀シテ二我身之宿業一。熊野權現ニ參籠シ百日本領安堵《ト》ヲ祈リ申ス。時ニ百日滿夜示シテ云ク。汝カ所望自ハ不レ知。可レ參ト二出雲ノ國大社ヘ一告ケ給。然ル間出雲ノ大社ヘ參籠シテ如レ先祈申ス。然又百日滿夜示云。有二昔シ法花書寫六十六部ノ聖三人一。奉レ納二六十六箇國一。令レ結二縁一切衆生一。其時ノ三人ノ聖ト者。本願賴朝房。代リ聖ノ時政房。小聖景時房也。又有二檀那一云二平大夫廣基一。此人人廻二向ハ無上菩提一依二法華ノ功德一速可レ至二佛果一。然ニ依レ好二有相之福分一。本願賴朝房ハ成二日本國大將軍ト一給。今ノ右大將賴朝是也。代聖時政房ハ成二將軍後見一給。北條四郎時政《トキマサ》是也。小聖景時房ハ爲《タ》ル二勸進聖一故ニ成二日本國侍所司《サ》ト一。今ノ梶原平三景《ケ》時《キ》是也。昔ノ檀那平大夫廣基《ロ》ハ《ト》今ノ大膳大夫廣基是也。平家亡テ當代皆誇ル二榮花ニ一也。結縁之人人者皆《ハ》成ル二賴朝ノ卷(眷カ)屬ト一。汝其時《キ》麻ノ糸三筋與二小野景時房(聖カ)一有二其縁一。就二梶《カチ》原平三景時一致(有カ)ニ訴訟一者可《ノ》レ叶。是又思二不審一者。自カ廻廊之後ニ右ニ如法經之塚一。開テ可レ見レ之蒙レ告。然閒見二廻廊之後一如二夢想ノ一有二如法經之塚一。其中ニ有二銅ノ筒一。筒上ニ賴朝・時政・景時・廣基四人ノ名字彫付テ有レ之。新平三致二信心一。彌捧二弊(幣カ)帛一下リ二關東一就二梶原一子細申上。忽本領安堵云云然ニ此緣起之事ハ出雲國大社ノ神主國通《クニミチ》ト云人。蒙テ二夢想ノ告一關東ヘ注シ二進ス之一。賴朝此由ヲ聞召シ。我レ先世ニ爲ナル二如法經六十六部聖一條無ト疑。信仰隨喜シ建二立シ法花堂一造二立スト御影ヲ一云云仍彼賴朝過去自レ爲リシ二如法妙曲(典カ)ノ六十六部ノ聖一以來タ。經二百七十三年一出生給也。是卽被レ引二有相之妄念一。一旦雖レ生二榮花之家一。(大正藏九、九中。方便品)依テノ二法花之功力一故ニ。終ニ成佛無レ疑。然則チ若有聞法者無一不成佛共。(同、三一上。法師品)或ハ須臾聞之卽得究竟阿耨菩提トモ宣。誠以可レ信。爰以テ一念信解ノ功德ハ猶ヲ超二五波羅蜜修行一。五十展轉ノ隨喜ハ又過タリ二八十箇年ノ布施ニモ一見タリ。若爾ハ結緣助力之人皆可レ成二佛果一也

仰願。奉レ始二梵天帝釋一。四大天王。堅牢地神。龍王龍衆。閻魔法王。五道冥官衆。殊ニハ伊勢天照大神。山王七社王子卷(眷カ)屬。十羅刹女。三十番神。妙經所修ヲ哀愍納受シ。加ニ守護一速ニ令レ成二就二世ノ悉地一給ヘ　重乙

天下泰平。國土豐饒。萬民快樂。同心奉加輩。現世安穩。後生正覺。乃至法界。同證佛果云云

六十六部緣起　畢

（奥書なし）

（底　本）叡山文庫眞如藏、書寫年不明一冊本

（校訂者　水尾寂芳）

〔法則集　終〕

法則集〔目次〕

〔法則集〕　〔十七題〕

1 東照宮神儀五十年御忌御經供養法則

先開眼

新タニ被二タマフナリ開眼供養一セ。愛染明王ノ尊容一軀。同ク准二スル宸翰一ニ門主堂上新寫ノ之御經。開二キ靑蓮慈悲ノ御眼《コ》一ヲ。爲レメニ奉レンカ令二メ五眼具足一

　佛眼ノ印眞言丁

四智三身ノ御功德。爲レメニ奉レンカ令二メ圓滿獲得一

　大日ノ印眞言丁

次神分

御經供養ノ之庭。叡願鄭重ノ之砌。爲下メニ飡三ヒ受シ法味一ヲ證中明センカ功德上ヲ。上天下界ノ神祇冥衆降臨影向シタマフラン。奉レテ始二メ梵釋四王一ヲ。三界所有ノ天王天衆。日本國中諸大明神。乃至年ノ中《チ》ノ行疫流行神等。併ラ奉ニ爲ニ法樂莊嚴威光增進一ノ

　一切神分ニ般若心經丁

　大般若經名丁

次表白

謹ミ敬テ白二テ五百塵點實修實證。三身一身諸佛如來。權敎實敎八萬十二。普賢文殊諸大薩埵。身子阿難諸賢聖衆。都テハ而盡空法界ノ三寶ノ境界二ニ而言サク

方ニ今マ

南瞻部州　大日本國　信心英檀　大樹殿下

凝二シ白業ヲ於賢慮一ニ　抽二テタマフ丹誠ヲ於尊體一ニ

　善根ノ旨趣何ントナレハ夫

聖《セイ》主ハ以レテ孝ヲ治二ム天下一ヲ　政化ハ非レンハ孝ニ不《ス》レ可レラ立ス

今マ

仰二ヒテ釋尊利物ノ之願一ヲ　報二シタマフ神明護國ノ之恩一ヲ

　信《ト》ニ知ンヌ

當二ツテ第四代糸ノ之遠裔一ニ　祭二リタマフ五十年前ノ之祖神一ヲ

上古ニモ稀レニシ聞《キ》ヲ　末世ニハ難レナラン見ルコト

丁寧ノ祭奠　奇異ノ勝會ナリ

蓋シ是レ　家門ノ之榮耀
累代之ノ餘慶
何ニ事カ豈ニ如ンレ之レニ
伏テ惟レハ。神君ハ者
儀二刑タリ四海ニ一　師二範タリ一人ニ一
照シ二德輝ヲ於象岳ノ之日ニ一　扇ク二仁化ヲ於槐門ノ之風ニ一
厥ノ益奇《ヒト》シク二唐虞ニ一　爾ノ功比《タクラ》フ二周漢ニ一
凡情何ンソ測ラン
爰ニ小僧
依テレ令ルニ下忝ク降タシ二鳳詔ヲ於東岳ニ一響カ中花鐘ヲ於日光ニ上。雖レ耻ツト二
下質ノ愚昧ヲ一。且ク恐レ二上命ノ之誠諦ヲ一。假ル二十軸講經ノ唱導
師ノ名ヲ一
所ロハレ祈ル
造化無爲ノ之要旨　國家長久ノ之祕賾ナリ
是ノ故ニ
諸天ハ趣キ二一經香煙ノ上《ホトリ》ニ一　萬神ハ向ハレ二一散花鬘ノ傍ラニ一
若シ爾ハ

何ソ限ラン二當社ノ納受ノミニ一　普ク及ハン二群生ノ利濟ニ一
非スレ助ルノミニ二一朝ノ寶祚ヲ一　長ク至ラン二萬代ノ喜運ニ一
抑　柳營幕下
通ハシ二仙籍ヲ於蓬嶋萬里ノ之雲ニ一
繼キタマハン二遺塵ヲ於槐門三台ノ之位《ヒ》ニ一
觀《ミレ》ハ夫レ
鴻毛吹テレ砌リニ聊カ添ヘ二講經ノ之聳キヲ一
杜鵑叫ンテレ雲ニ自《ヲ》ラ和ス二絲竹ノ之調《シラヘ》ヲ一
道儀既ニ儼然タリ　感應何ンソ疑ハンヤレ之ヲ乎
御願旨《ネ》深ク　啓白詞ハ短カシ
委キ旨ハ被タリレ載二御願文ニ一。捧テ二之ヲ神前ニ一可シレ顯ス二旨趣ヲ一
次御願文
夫以。天地明察。四海會同。六府甚修。上下優柔。八紘靜
謐。五典克從。休徵自至。庶績咸熙者乎。恭惟
東照宮靈場飾二威於其中一。儼二神德一長貴。宗廟停二曜於其
表一。持二棟宇一彌堅
帝業隆盛。永代之御幣無レ懈。社稷安穩。每年之祭禮無レ

虧。普擁二護國家一。廣鎭二撫邊境一。爰弟子。當以二槐門不朽之道一。遐邇悅豫而來。幸垂二柳營累葉之榮一。外內和順而治。且雖レ復二昇平土宇一。居レ安不レ忘レ危。已雖レ開二膏澤淵源一。臨レ深如レ履レ薄。能謹二權量一長發二禎祥一。方今。恭迎二遠忌之期一。崇臺增レ麗。敬修二追賁之行一。法座作レ粧。僧伽列二羅襟一。唱二讚佛讚經之梵唄一。伶倫調二律呂一。合二雅曲雅音之正聲一。卿相整二行香之儀一。雲客從二散花之役一。群僚取二被物一。敕使捧二誦經一。因レ茲。奉レ造二愛染明王像一軀一。奉レ圖二繪胎藏金剛兩部曼荼羅各一鋪。涅槃像一幅一。奉レ書二寫紺紙金字妙法蓮華經一部二十八品。無量義經。觀普賢經。阿彌陀經。般若心經等各一卷一。此經者。竹園攝籙蘭閣勵二辛勤一。蓮府亞槐黃門擧二功實一。各各據二几案一染二筆端於金泥一。別別離二經卷一連二玉字於紺紙一。成二就數輩數部之漸寫一。奉二納無量無邊之善根一。迺請二一品尊敬法親王一爲二唱導師一。宗枝抽二禁苑一。緇林秀二台山一。修二練止觀一。成二釋門之梁棟一。錯二綜顯密一。揚二法水之波瀾一。智月浮レ光心蓮吐レ蕊。觀夫。雲樹翠翠現二如是之相一。風松聲聲堪二隨宜之說一。

重請

權現偏呈二明驗一尙垂二感應一。寶祚無窮享二聖壽於億載一。皇胤相繼保二仙齡於萬年一。武運延長民生快樂。乃至餘薰遍二法界一。巨益滿二虛空一。敬白

寛文五年(一六六五)四月

弟子征夷大將軍右大臣正二位源朝臣家綱敬白

御願文如レシ此ノ。三寶諸天悉知證明シタマヘ

次經題

抑モ新寫ノ之御經開二ヒテ首題一ヲ可レシ奉レル拜レシ之ヲ

南無妙法蓮花經序品第一　丁

次發願

至心發願　新寫經典　功德威力　倍增法樂

倍增威光　信心懇願　決定圓滿　決定成就

乃至法界　平等利益

次四弘

衆生無邊誓願度　煩惱無邊誓願斷

法門無邊誓願知　無上菩提誓願證

大悲護念一切諷誦
次小讀經 金三丁
次御諷誦 御諷誦畢テ金一丁
敬白
請諷誦事
三寶衆僧御布施
右
東照宮方迎二五十回之忌辰一。展二大會梵席一。故誦二一萬部之經卷一。結二旬日善緣一。僧侶鳴二磬鐘一勤二曼陀之供養一。官徒正二冠帶一刷二香花之軌儀一。凝二懇念之精誠一。乃備二尊崇之禮奠一。仍諷誦所レ修如レ件
寬文五年四月 (一六六五)
次發願
至心發願 御諷誦威力 天衆地類 倍增法樂
東照神祇 御威光增進 信心殿下 御願圓滿
乃至法界 利益周遍
次四弘

衆生無邊誓願度 煩惱無邊誓願斷
法門無盡誓願學 如來無邊誓願證
護持御願成滿足
依ルカ二御諷誦ノ之威力一ニ故ニ。神明納受靈驗勝利ノ御爲メニ
釋迦牟尼寶號 丁
妙法經名 丁
觀自在菩薩名 丁
次經釋
願我生生見諸佛 世世恆聞法花經
恆修不退菩薩行 疾證無上大法樂
方ニ今マ被レタマフナリ二開題供養一セ。妙法蓮花經一部八卷并無量義經。觀普賢經。心經。小阿彌陀經
先ツ開經ハ者
自リ二無相ノ之一理一。生ス二森羅ノ之萬法一ヲ
次ニ法華經ハ者
諸佛出世ノ之本懷。衆生成佛ノ之直道也
釋名判文依テレ繁キニ略スレ之ヲ

次《ニ》結經《ハ》者

惠日高《カク》晴《レテ》無始《ノ》之霜露悉《ク》消《ユ》

心經《ハ》者

一紙十七行《ノ》之文。言句雖《》少《シト》。四處十六會《ノ》之說。簡要在《リ》斯《レニ》

阿彌陀經《ハ》者

說《テ》淨土《ノ》之指南《ヲ》。示《ス》凡機《ノ》之往西《ヲ》

次《ニ》至《テハ》御廻向《ノ》之旨趣《ニ》者

捧《ケテ》經經之開講。深深之供養《ヲ》。擬《スル》神明納受《ノ》之法味。威光增益《ノ》之勝因《ニ》者《ノ》也

若《シ》然《ラハ》

法性山《ニ》靜《ニシテ》本覺《ノ》之月和《ケ》光《リヲ》

權化地深《フシテ》大慈《ノ》之雲垂《レン》迹《トヲ》

重《テ》乞《フ》

九野風收《ツテ》　歌《ヒ》千秋《ノ》之曲《ヲ》

八嶋波穩《カニシテ》　翻《サン》萬歲《ノ》之袂《トヲ》

次《ニ》六種廻向

供養淨陀羅尼一切誦

敬禮常住三寶　敬禮一切三寶

我今歸依　藥師釋迦　願於生生　以一切誦

自他同證　無上菩提

回向無上大菩提

〔後柏原院二十一回聖忌〕

2 御經供養法則

先三禮 或一禮　次登禮盤

次法用 無法用時、導師三禮 丁 如來唄沙汰之耳 丁

開題供養之庭。追修御願之砌。爲下殞ニ受法味ヲ證中明功

德上ヲ。降臨影向シタマフラン。然則。奉レ始ニ梵王帝釋ヲ。三界所有ノ

天王天衆。閻羅王界冥官冥衆。惣シテハ王城鎭主諸大明神。

天照太神正八幡宮。別シテハ一乘守護山王七社王子眷屬。

乃至年中行役流行神等。法樂莊嚴威光增益ノ御爲ニ。一切

神分般若心經 丁 一卷了　大般若經名 丁 三丁

謹敬白三身卽一釋迦善逝。妙法蓮花甚深祕藏。八萬十

二權實聖敎。普賢文殊諸大薩埵。身子目連諸賢聖衆。二

天羅刹十女。乃至盡空法界ノ一切ノ三寶ニ而言ク

方ニ今。南瞻部州扶桑國。今上階下(陛力)。抽ニ無二ノ丹誠ヲ排キ

梵莚ヲ。瑩ニ金几刷ニ講經供養ノ儀則ヲ。御願之旨趣如

何トナレハ夫。儒門百行之中ニハ以テ孝道ヲ爲シ第一ト。釋氏諸敎ノ

之內ニハ以テ報恩ヲ爲ス最要ト。佛敎孔道雖レ異ナリト至孝ノ道一

概ナル者乎

伏惟レハ

先皇尊靈位者

提ニ仁王一ヲ百五之代糸ヲ誇リタマフ聖壽六十三之天曆ニ。厥ノ

益齊ニ唐虞ニ爾リ功比ニ周漢ニ。聖道鎭ニ興テ發キ儒林ノ春ノ

華ニ。歌什屢盛ニシテ涵ニ言泉之秋ノ月ニ。感セシメ鬼神ヲ和ク人

倫ヲ。凡情何ゾ測リ迷慮豈ニ覃ムヨ乎。雖レ然有爲轉變ノ憶ヒ不レ

隔ニ貴賤ニ。無常遷流ノ掟ヲ。無レ分ニツヽト凡聖ヲ。依レ之ノ去 大永

第六ノ天首夏ノ初ニ七。顏花落ニ東風ニ面月隱ニ西山ニ。一天

哭シ之ノ四海慕レ之ヲ。被ルヽ恩澤ヲ群臣預ニ仁德ニ緇素。愁緒

未ルヽニ乾ル乾カ。居諸押シ移ニ二十箇年ノ星霜云ヽ

爰小僧。依テ令下タマフニ忝ニ降鳳詔於東ノ麓ニ。響ニ花鐘於陽

方上ニ。雖レ恥ニ下質ノ愚昧ニ。恐タテマツリ上ニ命ノ誠諦ヲ。假ニ十軸講

經ノ唱導師ノ名ヲ。所ハ祈ニ三身圓滿ノ證ニ。萬德究竟ノ果ナリ。是ノ

故ニ諸天趣ニ一株ノ香煙ノ上ニ。神明向イタマハム一散ノ花ノ傍ニ。若

爾ハ。何ゾ限ラン一靈ノ解脫ニ。普ク及ニ群生ニ非レ助ノ一朝ノ寶

祚一ヲ。長ノ至二ラム千歳ノ萬秋一ニ。抑　今上階下（陛カ）
蒼蒼タル向レハ天ニ量二テ高德一ヲ暫ク勵二シ微《ミ》善一ヲ
深深タル向レハ海ニ　校《タクラヘ》二テ深恩一ヲ今報二シタマフ微志ノ供慈一ヲ
觀夫
詹《セン》牙《ケ》　啄《ツイハム》レ山二。凝二シ鷲峯ノ一夏一ヲ。沙《シヤ》貲《シ》　簇《ムラカル》レ樹《ウエキ》二。殘二ス靏林ノ三春一ヲ。道儀既二儼然タリ。冥應何疑レム之ヲ哉。御願丁寧ナリ。啓白
詞短シ
次願文
委キ旨被レ載二御願文一ニ。捧二讀テ之ヲ佛前一ニ可レ顯二旨趣一ヲ
願文讀畢
御願文如レ此。三寶諸天悉知證明シタマヘ
抑新寫之御經。開二キ首題一ヲ可レ拜タテマツル之ヲ
南無妙法蓮花經
南無妙法蓮花經　丁
次發願
至心發願　新寫妙典　功德威力　倍增法樂
倍增威光　過去尊儀　御增進究竟　頓證菩提

乃至法界　平等利益
次四弘
衆生無邊誓願度　煩惱無邊誓願斷
法門無盡誓願知　無上菩提誓願證
大悲護念一切諷誦　丁
次小讀經　次先金　三丁
次諷誦　諷誦畢　丁
次發願
至心發願　御諷誦威力　天衆地類　倍增法樂
倍增威光　過去尊儀　御出離生死　證大菩提
信心今上　御願圓滿　乃至法界　利益平等
次四弘
衆生無邊誓願度　煩惱無邊誓願斷
法門無盡誓願知　無上菩提誓願證
護持御願成善願
依二カ御諷誦威力一ニ故ニ。過去尊靈御成等正覺菩提究竟ノ御爲ニ

釋迦牟尼佛名丁

妙法經名丁

觀自在菩薩名丁

次佛名

南無歸命頂禮御諷誦威力尊靈決定證大菩提

次敎化

九乳ノ凫氏ヲナラシテソ　三寶ノ境界ヲヲトロカシ奉ツル

　然則　尊靈三業ノ誠ニムクヒテ　三身ノ妙果ヲ證シ給フ

ヘキ者ナリケリ丁

方今　被レ開題供養一タマヘリ。妙法蓮華經一部八卷并無量義經。普賢觀經。般若心經。小阿彌陀經等

先無量義經者。從リ無相之一法一出ニ三千ノ諸法一ヲ。明ニテ從一出多ノ旨一ヲ。爲ニ合經ノ序分一ト

次於ニ今經一ニ者。（天玄一、七〇。玄義）可レ有ニ大意・釋名・判文之三門一

先大意ト者。本地甚深之奥藏。道場所得之法門。諸佛出世之本懷。衆生開覺之直路也。迹門ニハ宣ニテ諸法實相之理一ヲ。身土依正無レ非ニトイフコト實相之一理一ニ。本門ニハ說ニテ久遠正覺ノ旨一ヲ。迷悟ノ諸法無レシ非ニトイフコト無作ノ三身一ニ。一字書寫之功永ク閉ニテ三惡ノ門戶一ヲ。一念信敬ノ輩ハ忽ニ生ニス十方ノ佛刹一ニ。依レ之諸佛　適《タマタマ》雖モ出ニ世一スト說レコト之ヲ太難シ。故ニ大通佛ハ送ニリ二萬劫一ヲ。釋尊ハ成道之後經ニフ四十餘年一ヲ。雖レ奉レト値レ佛ニ聞レコト之ヲ不レ易《タヤスカラ》。五千人ハ自ミ起ニ會座一ヲ。天人又被レ移ニ他土一ニ。如來ハ爲ニ今ノ典一ノ施ニシ他人ニ頭目髓腦一ヲ。身肉手足ヲ與ニルハ羅刹一ニ偏ニ爲ニ一乘一ノ也。難レ逢逢ル宿習可レ悅。叵レニ聞聞ク作佛無レシ疑

次題目者。（天止三、二九〇。止觀）妙者迹本二十之妙。惣シテハ一百二十重ノ妙アリ。釋ニハ玄妙深絕ト云。（大正藏九、六下。方便品）經ニハ我法妙難思ト說是ナリ。法者界如三千權實ノ諸法也。蓮花者法譬兼含ノ義。蓮花非譬當體得名トモ判セリ。（天玄四、五一九。玄義）經者聖敎ノ通稱。序者次由述ノ義。品者類同。第一者擧レ始ヲ

次入レ文ニ判釋者。序品ヲ爲ニ序分一ト。自ニ方便品一至ニマテ分別功德品ノ彌勒之偈一ニ爲ニシ正宗分一ト。自レ偈已後十一品半者流通分也。一經ノ大概如レ此

凡今經者。以ニテ本來成佛之旨一ヲ爲ニ本懷一ト。一度結緣同聽之

輩ハ頓ニ成ス二正覺一ヲ。是ヲ以テ經ニハ說キ二一切衆生皆成佛道一ト。述フ二
若有聞法者無一不成佛一ト。妙經之功德併在リ二尊靈ノ得脫一ニ。
一乘之勝德何ソ不ンレ顯サ二御願ノ成就一ヲ乎
次普賢觀經者。明テ二罪障懺悔ノ方法ヲ一爲ス二結經ノ流通一ト
次般若心經者。三世ノ諸佛依テ二此經ニ一得ウ二阿耨菩提ヲ一。盡淨
虛融ノ空理。聞テ二金言ヲ一令ムレ消二除セ衆罪ヲ一。肝心ノ要經。謝德
之樞楗也
次阿彌陀經者。宣テ二六方如來之舌相ノ證明ヲ一。明シ二往生淨
土ノ相貌ヲ一。顯シテ二安養莊嚴ノ粧ヒヲ一。勸ム二衆生稱念ヲ一。滅罪之要
道。解脫之船筏也
次至ニ二御廻向之旨趣ニ一者。捧テ二於經經開講供養之惠業ヲ一。
奉ルレ資ニ二尊靈極位頓成之勝果ニ一者也

然則　先皇尊靈

南浮ノ虛夢之裏《ウチ》ニハ縱ヒ殘タマフトイフトモ二元品ノ微煙ヲ一。西刹之曉ノ
今ハ顯タマハム二本性三身ノ覺月ヲ一。若爾者。究竟常寂之春ノ花ハ。
添ヘ二匂於三明覺滿之玉臺ニ一。四智圓明之秋ノ水ハ。移ラン二影於
八功德池之岸ニ一シ。化功歸ルカレ本ニ故

今上皇帝御寶祚ハ齊シテ二壽命無量ノ金言ニ一。御叡願ハ歸《キ》セン二衆
望亦足ノ眞文ニ一。萬機廣ク覆テ照シ二一天ヲ一。仁惠深ク鎭ヘニシテ
遊タマハム二不老之仙方ニ一

重乞

九重《テウ》風收テ　歌ヒ二千秋之曲ヲ一
八嶋浪靜ニシテ　翻サム二萬歲之袂《ト》ヲ一
與善結緣ノ人ハ。成シ二現當二世ノ願ヲ一。暫時視聽ノ輩ハ。充《ミタ》ム二眞
俗二諦ノ望ヲ一　凡ソ夫レ
法雨普ク濕《ウルヲ》シ二六趣之衆品《ヒン》ヲ一。梵風遙ニ覃《ヲヨ》ホサン二十界之蠢蠢《ジュン》ニ一。
仰承乞
靈山虛空　二處三會　妙法經中　一切三寶
佛力法力合セレ力ヲ。得道得果究メムレ道ヲ
補闕分ニ釋迦牟尼佛名丁
供養淨陀羅尼一切誦丁
廻向無上大菩提丁

3 御經供養法則

〔大猷院殿御一周回御忌。御導師一品尊敬親王。予奏レ之〕

開題供養ノ之庭。至《シイ》孝至善ノ之砌リ。爲ニ下飡二受法味ヲ一證中
明センカ御願ヲ上。上天下界ノ神祇冥衆降臨影向シタマフラン。奉リレ始メ二
梵釋四王ヲ一。三界所有ノ天王天衆。日本國中諸大明神。乃
至年中行疫流行神等。併ラ奉二爲ニ法樂莊嚴威光增益ノ一
　一切神分般若心經丁　大般若經名丁
謹ミ敬テ白テ二
三身相卽。釋迦如來。空假中道。權實聖敎。發起影響。十
方賢聖。無邊刹土ノ三寶ノ境界ニ二而言サク。方ニ今マ
南瞻部州　大日本國　信心英檀　大樹殿下
玉二成シテ梵刹ヲ一　管二領セシム佛事ヲ一
　善根ノ旨趣何トナレハ夫レ
孝梯(悌カ)ハ仁ノ本ト也。仲尼ノ諫ムルニレ人ヲ以ス二孝道ヲ一
報酬ハ義ノ言レル也。牟尼ノ利スルニレ生ヲ專ラニス二報恩ヲ一
孝養ノ之勤メ　謝德ノ之善　鄭重ノ之御願　慇懃ノ之勝會ナリ

伏テ惟レハ過去太相國尊儀ハ者
以テレ爲タルヲ二一天ノ之守《シウ》禦一　七戎六蠻皆靡《ナ》キ二德風ニ一
以テレ爲タルヲ二朝廷ノ之功臣一　大師大傅忝ニ蒙ル二抽賞ヲ一
　所ルレ謂
補シテハ二柳營ノ重任ニ一　鎭二治メ海內ノ逆浪ヲ一
彰テハ二槐門ノ榮爵ニ一　倍ゞ播セリ二天外ニ威風ヲ一
　加之
外ニハ專ニシテ二理民ノ之化ヲ一　深ク搜リ二周公大聖ノ之奧賾ヲ一
內ニハ勵シテ二歸佛ノ之信ヲ一　快ク傳フ二慈眼大師ノ之脈譜ヲ一
　可シレ謂
前代未聞ノ將師《スイ》(帥カ)　異城無雙ノ名君ナリト
　雖レ然リト
去シ慶安第四(一六五一)ノ候　厥ノ首夏仲浣ノ終リ
顏花落チ二東風ニ一　面月隱ル二西山ニ一
　粤テ
萬民悉ク如シレ爲《ナス》カ二孩吼ノ泣ヲ一　況ヤ於テヲ二遺體ノ孝心ニ一哉
群英併ラ似リレ遭ルニ二父母ノ哀ニ一　況ヤ於テヲ二累孫ノ親戚ニ一哉

爾《ヨリ》來《タ》
千萬行《ノ》愁緒未《タルニ》レ盡　一周忌《ノ》光陰云《ニ》臻《レリ》
因《テ》レ斾《ニ》
令三新宇《ノ》寶殿《ニ》　供二養《セ》新寫《ノ》經一《ヲ》
覩《ルニ》レ之《ヲ》
白銀《ノ》境黄金《ノ》字　放《テ》レ光《ヲ》互《ニ》照耀《シ》
瑠璃《ノ》紙頗梨《ノ》軸　交《テ》レ色《ヲ》同《ク》赫奕《タリ》
一畫《ク》一字《ノ》之德　猶無《ン》二涯際一
數紙數行《ノ》之功　寧《ロ》唐捐《ナラン》哉
就中
其《ノ》玉廊也《ヤ》瑑《ク》二琳琅一《ヲ》　訝《ル》三兜史夜摩《ノ》忽《チ》現《カト》二下界一《ニ》
其《ノ》寶殿也《ヤ》約《ス》二金碧一《ヲ》　怪《ム》三蓬島瀛洲《ノ》已《ニ》在《カト》二人間一《ニ》
折《ナル》哉
蜀魂鳴《テ》レ雲《ニ》　暗資《ケ》二梵唄歌讚《ノ》之韻律一《ヲ》
桂魄移《テ》レ天《ラニ》　自《ラ》添《ウ》二解脱知見《ノ》之惠光一《ヲ》
以二景色《ノ》之自然一《タルヲ》　知《ル》二御願《ノ》之成就一《ヲ》
修善有《カ》レ慶《イ》故《ニ》

龍圖鳳闕《ノ》之運　送《テ》二千秋一《ヲ》而無《ク》レ傾《コト》
大樹幕下《ノ》之榮　經《テ》二萬歳一《ヲ》而愈《ヾ》盛《ナラン》
都《テハ》
八荒無異　九野安寧　衆生法界　平等拔濟
丹祈淵深《ク》　啓白流レ淺《シ》　三寶知見《シ》　諸天證明《シタマヘ》
抑新寫《ノ》御經開《キ》二首題一《ヲ》可《シ》レ奉《ル》レ拜《シ》レ之《ヲ》
南無妙法蓮花經序品第一
至心發願　摺寫經典　開題供養　功德威力
天衆地類　倍增法樂　信心御願　決定圓滿
護持檀越　國家安全　及以法界　平等利益
衆生無邊誓願度　煩惱無邊誓願斷
法門無盡誓願知　無上菩提誓願證
諷誦　在二別紙一
依《ルカ》二御諷誦《ノ》之威力一《ニ》之故《ニ》御二爲《ニ》過去尊儀成等正覺一《ノ》
釋迦牟尼寶號　丁
妙法經名　丁
觀自在菩薩　丁

願我生生見諸佛　世世恆聞法花經
恆修不退菩薩行　疾證無上大菩提
方ニ今被《マ》ニタマヘリ開題供養一セ。妙法蓮花經一部八巻ヲ并無量義
經。普賢觀經等
這ノ中ニ且ク就テ二大部ノ御經一ニ可シレ奉ルレ釋シ
妙法蓮花經序品第一
三門ノ分別　事爲リ二恆例一
大意ハ者
無二無三ノ之車。脂《マ》テレ轄ニ運載ヲ爲レ宗ト。難解難入ノ之門。
排テレ扃ヲ開悟不レ側ラレ
題目ハ者
妙ハ者相待絶待　法ハ者十界十如
蓮花ハ本因本果　經ハ有黐無黐
序ハ祥瑞　品ハ類同　第ハ不亂　一ハ元始ナリ
分テハレ文者
有リ二序・正・流通ノ之三段一。有リ二開三開近ノ之二門一
一經ノ講釋。大概如シレ斯ノ

抑至テ二御廻向ノ之意旨一ニ者
妙覺果滿ノ之月　遙ニ出テ二昏衢ノ雲一ヲ
大乘實智ノ之花　遍ク薫ン二法界ノ露一ニ
重テ乞フ
有頂ノ雲上ニハ　梵風遠ク扇キ
無間ノ炎下ニハ　法雨普ク灑ン
伏テ冀クニ
靈山淨土ノ釋迦大師　寶淨世界ノ多寶善逝
十種願王ノ普賢大士　二聖二天十羅刹女
尊靈得脫セシメタマヘ　御願成就セシメタマヘ
補闕分ニ
釋迦牟尼寶號丁
廻向無上大菩薩(提カ)丁
供養淨陀羅尼一切誦丁
敬禮常住三寶　敬禮一切三寶
我今歸依釋迦彌陀　願於生生以一切誦
淨妙供具自他同證　無上菩提廻向大菩薩(提カ)丁

4〔心經供養并遷座法則 予奏レ之。御導師一品尊敬親王〕

開眼

新ニ被二レタマヘリ開眼供養一セ　宸筆ノ之御經

爲レ奉下開二青蓮慈悲ノ御眼一ヲ令中メ五眼具足上セ

佛眼ノ印眞言

爲レ奉レ令二四智三身ノ功德獲得圓滿一

大日如來ノ印眞言

神分

東照宮再建遷座供養之場。飡二受シ法味一ヲ爲レ證二明センカ御願一ヲ。上天下界ノ神祇冥衆降臨影向シタマフラン

然則

奉レ始二梵釋四王一ヲ。三界所有ノ天王天衆。日本國中諸大明神。乃至年ノ中ノ行疫流行神等。各ノ奉二爲法樂莊嚴威光倍增一ノ

一切神分ニ般若心經

大般若經名

表白

謹《ツツシミ》敬テ白二一代教主釋迦世尊。十二願王藥師如來。六八弘誓無量壽佛。妙法蓮華眞淨法門。靈山虛空二處三會。發起影向當機結緣。普賢文殊諸大菩薩。迦葉阿難等ノ賢聖僧寶。盡空法界一切ノ三寶ノ境界一ニ而言

方ニ今

南瞻部洲大日本國武陽紅葉山。於二テ今此ノ再營ノ之玉殿一ニ

僧侶唱二ヱ梵唄一ヲ　供二ヘ尊神之法味一ニ

伶人奏二シ雅樂一ヲ　招二ク諸天ノ之影嚮一ヲ

其ノ旨趣何者ハ夫レ

本地清涼ノ之月靜《シツカ》ニシテ　和二ケ光ヲ於四海ノ浪一ニ

垂迹權化ノ之花鮮《アサヤカ》ニシテ　送二ル匂ヲ於一天ノ風一ニ

是ヲ以テ

信心ノ之英檀　大樹殿下

繼《ツキ》二承《ウケ》テ列《レツ》祖《ソ》ノ之遺緒《ユイショ》一ヲ。武勇《ユウ》ノ勤《ツト》メ窺《ウカカ》二ヒ於周室《シツ》一ヲ

習《ナレ》二ヒ馴テ嚴考《ゲンカウ》ノ之懿《イ》德一ニ。孝養勵《ハゲン》テ諳《ソラン》二ス於虞《グ》家一ヲ

於戲《アア》偉《キ》ナル哉

始祖ノ之神風　布二遍シ八荒一ヲ　彌二満ス六合一ニ

維《コレ》誠ニ

朝廷ノ之股肱《ココウ》　尊爵《シャク》以テレ時ヲ至レリ焉

伏シテ以レハ

群臣浴シテ二恩河一ニ而欲スレ致サント二身命一ヲ

烝《シャウ》民扇テ二仁風一ヲ而莫シレ不トイフコト二感格《カク》一セ

因テレ茲ニ

君臣同シレ志ヲ　冶匠《ヤシヨウ》合セテレ力ヲ

瓊《ケイ》殿ノ造營　依テレ舊ニ新タニ成レリ

信《マコト》ナル哉

盡虚空界ノ之莊嚴ハ眼《コ》迷イ二雲路一ニ

轉妙法輪ノ之音聲ハ聞《キキ》満ツト二寶刹一ニ

覩レハ夫レ

黃葉飄《ヒルカエ》ツテ飛ヒ二丹墀《チ》一ニ　翠《スイ》竹聳《ソヒヘ》テ映《ヱイ》ス二碧簷《エン》一ニ

粉牆《セウユウヘ》暮ニ曬シレ雪ヲ　朱欄朝ニ簇《ムラカラ》スレ霞ヲ

猗與《アア》奇ナル哉《カナ》

寒蛩《ケウ》鳴テレ砌リニ　聊カ助ケ二讀經ノ聲一ヲ

賓雁《ヒンガンサケ》叫ンテレ雲ニ　自ラ和ス二絲《シ》竹ノ調《シラヘ》一ニ

仰願ハ

酬《コタヘ》テ二積善之餘薰一ヲ　信心ノ大檀主

嘉運天長ク　壽算地久シカラン

伏乞

天下昇《シャウ》平　國土豐饒　一一御願　悉皆充足

御願旨深《ネ》ク　啓白言淺《ハ》シ

委旨《イシ》被レ載セタリ二御願文一ニ。捧テ二神前一ニ讀テレ之ヲ可シレ顯ス二御願ノ旨趣一ヲ

次御願文

御願文如レ此

三寶諸天　悉知證明シタマヘ

抑新宸翰ノ御經。開ヒテ二首題一ヲ可シレ奉ルレ拜シレ之ヲ

南無摩訶般若波羅蜜多心經

至心發願　宸筆經典　功德威力　天衆地類

倍增威光　倍增法樂　護持英檀　身心堅固

武勇不退　御願圓滿　皆令滿足　及以法界

平等利益
四弘(五大願カ)
衆生無邊誓願度　福智無邊誓願集
法門無盡誓願學　如來無邊誓願事
無上菩提誓願證　護持御願成滿足
次小讀經
次御諷誦
依ルカ二御諷誦ノ之威力ニ一故ニ。尊神靈祉倍增威光倍增法樂ノ
御爲ニ
釋迦牟尼寶號丁
妙法經名丁
觀自在菩薩丁
次上(揚カ)勸請
願我生生　見諸佛　世世恆聞　法花經
恆修不退　菩薩行　疾證無上　大菩提
方今
被レタマヘリ二開題供養セ一宸翰ノ御經。摩訶般若波羅蜜多心經。

將ニスルニレ釋ント二此經ヲ一略シテ有リ二三門一。初ニ大意者。般若最大ノ月ノ
光リハ照シ二天龍八部暗《ヤミ》ヲ一。畢竟皆空ノ風ノ響キハ救スク二地類三妄ノ
憂ヲ一。是レ一經ノ大旨ナリ也
次ニ題目ハ。摩訶ハ者大多勝ノ三義。般若ハ者智惠。波羅蜜ハ
到彼岸。多ハ者六度ノ萬行。心ハ者諸部般若ノ肝心。經ハ者聖
教ノ通號ナリ也。故ニ云フ二摩訶般若波羅蜜多心經ト一也
次ニ入テレ文ニ判釋セハ者。自リ二觀自在菩薩一至マテヲ二度一切苦厄一ニ
爲二序分ト一。自リ二舍利子色不異空一至マテハ二苦集滅道無智亦無
得トイフニ一正宗分。自リ二以無所得トイフ一經終マテハ流通分也。一經ノ
三段大概如レ斯
抑歸二經講肆一ニ有二多ノ文段一。且ク其ノ初ノ文ニ如何
南無摩訶般若　南無波羅蜜多心經
影向神祇增威光　護持御願成滿足
六種廻向
供養淨陀羅尼一切誦　敬禮常住三寶　敬禮一切三寶
我今歸依釋迦藥師　願於生生以一切誦淨妙供具
自他同證無上菩提

5〔大般若法則〕

大般若經開白作法

先登禮盤 取香呂金二丁

次法用 若三禮

次表白

愼《ミ》敬《テ》白《ニ》法報應化三身卽一釋迦牟尼如來。十二大願醫王薄伽。三世十方應正等覺者。空假中道八萬十二權實聖敎。畢竟空寂般若妙典。法涌波憐等《ノ》諸大薩埵。身子目連等《ノ》諸賢聖衆。別《シテハ》般若經中十六善神。惣《シテハ》盡虛空遍法界《ノ》一切《ノ》三寶《ノ》境界每《ニ》而言《サク》

方《ニ》今《マ》

南瞻部州大日本國武陽豐嶋《ノ》郡。於《テ》此《ノ》殿中《ニ》令《メタマフ》轉讀六百軸《ノ》妙典。十六會《ノ》眞文《ヲ》事《アリ》

其《ノ》旨趣何《ナレハ》夫《レ》

息災延命《ノ》之醫術《ハ》。無《シ》如《クハ》惣持《ノ》之良藥《ニ》轉禍爲福《ノ》之妙用《ハ》。般若《ノ》之效驗尤《モ》勝《レタリ》

爰《ヲ》以《テ》

畢竟空寂《ノ》之春《ノ》風《ハ》。拂《ヒ》惡魔鬼神《ノ》之塵《リヲ》

盡淨虛融《ノ》之秋《ノ》月《ハ》。照《ス》妄想戲論《ノ》之暗《ミヲ》

桃花却老《ノ》之術《モ》無《シ》由《シ》。旣《ニ》嘗《ム》般若無相《ノ》之甘露《ヲ》

菊水延命之方《モ》爲《ン》何《カ》。方《サニ》服《ス》惣持甚深《ノ》之妙藥《ヲ》

凡《ソ》

果位《ノ》萬德自《リ》此《ノ》經生《ス》。故《ニ》三世《ノ》諸佛《ノ》之智母《ナリ》也

因位《ノ》萬行自《リ》今《ノ》典起《ル》。故《ニ》十方《ノ》薩埵《ノ》之慈父《ナリ》也

勝用無邊《ニシテ》如《シ》月《ノ》照《スカ》四州《ヲ》

利生廣大《ニシテ》似《タリ》雲《ノ》覆《フニ》一天《ニ》

望《ミ》福貴《ヲ》祈《ルノ》勇健《ヲ》之人《ト》。誰《カ》不《ン》仰《カ》今《ノ》典《ヲ》。除《キ》災難《ヲ》保《ツノ》壽算《ヲ》之輩《ラ》。尤《モ》可《キ》崇《ム》此《ノ》經《ノ》者。滿《ツル》求願《ヲ》如意珠《ナリ》。拂《フ》怨敵《ヲ》智寶劍《ナリ》歟

然《レハ》則《チ》

十六善神《ハ》開《ヒテ》隨喜《ノ》之咲《ミヲ》。守《リ》般若轉讀《ノ》之處《ロヲ》

七千夜叉《ハ》合《セテ》竭仰《ノ》之掌《ロヲ》。敬《フ》經王歸依《ノ》之人《トヲ》

若《シ》爾《ラ》者《ハ》
一天風《セ》穩《カニシテ》國《ニ》無《ク》二亂兵《ヘイ》軍賊《ノ》之怖《レ》一
四海波《ミ》閑《カニシテ》家《コトニ》有《ラン》二增福延命《ノ》之榮《エ》一
殊《ニハ》信心《ノ》大檀那
萬春《ノ》之花《ナ》鮮《カニシテ》保《チ》二龜鶴長生《ノ》之壽命《ヲ》一
千秋《ノ》之月《キ》朗《カニシテ》期《シタマハン》二家門繁昌《ノ》之祥瑞《ヲ》一
殿內安穩諸人快樂。乃至法界利益平均
旨趣雖《トモ》レ多《シト》大概在《リ》レ之レ《ニ》。三寶悉《ク》知見照覽《シタマヘ》
次發願
至心發願　轉讀經王　功德威力　天衆地類
倍增法樂　當所神等　威光增益　行疫神等
離業得道　天長地久　御願圓滿　文武百官
各願成就　信心英檀　消除不祥　消除災難
增長福壽　武運長久　家門繁榮　子孫相續
君臣合體　殿中安全　諸人快樂　諸願成辨
乃至法界　平等利益
次四弘誓願

衆生無邊誓願度　福智無邊誓願集
法門無盡誓願知　護持御願成滿足
次一切諷誦　丁
次至經題名

結願作法
先導師登禮盤　金一丁
次法用　若三禮
次發願
至心發願　轉讀般若　功德威力　天衆地類
倍增法樂　當所神祇　威光增益　行疫神等
離業得道　聖朝安穩　御願圓滿　信心檀主
消除不祥　增福延命　武運長久　子孫繁興
家門豐饒　殿內安全　諸人快樂　五穀充滿
無邊所願　決定成就　乃至法樂(界カ)　平等利益
衆生無邊誓願度　福智無邊誓願集
法門無盡誓願知　護持御願成滿足

一切諷誦　金丁

次出經題名

次述（題カ）經願由　取香呂

數口《ノ》大法師等《ラ》。特《ニ》致《シ》精誠《ヲ》。專《ラ》凝《ラシ》信心《ヲ》。奉《ル》轉讀《シ》六百軸《ノ》經王。十六會《ノ》妙文《ヲ》。雖《トモ》然《リト》凡夫具縛《ノ》之身《ミ》。字章誤《リ》定《テ》可《シ》多《カル》。仍《テ》唱《ヘ》能說教主《ノ》寶號《ヲ》擧《ク》所說經王《ノ》首題《ヲ》。令《メタマヘ》圓滿御願《ヲ》

釋迦牟尼如來　丁

大般若妙典　丁

次神分

抑自《リ》開白《ノ》始《メ》至《ルマテ》結願《ノ》之今《ニ》。爲《メニ》飡受《シ》法味《ヲ》證明《センカ》功德《ヲ》。冥衆定《メテ》降臨影向《シ》給《ラン》。然《レハ》則《チ》。奉《テ》始《メ》梵王帝釋《ヲ》。三界所有《ノ》天王天衆。護世四王日月五星諸宿曜等。內海外海《ノ》龍神八部。日本國中王城鎭守。諸大明神部類眷屬等。別而《ハ》關東守護伊豆箱根三嶋大明神。若宮八幡當國鎭座六所明神。殊《ニハ》山王二十一社天滿天神。惣《シテハ》普天率土《ノ》權實二類。法樂莊嚴威光增益《ノ》爲《ニ》

一切神分般若心經　丁

奉爲《ニ》金輪聖王天長地久御願圓滿《ノ》

多聞天王　丁

藥師寶號　丁

信心《ノ》大檀越。爲御息災延壽嘉運延長心中御願皆令滿足《ノ》

大般若經名　丁

大聖不動明王　丁

爲乃至法界平等利益《ノ》

釋迦牟尼如來　丁

大般若經名　丁

一切三寶　丁

次經惣釋

今《マ》將《サニ》《スルニ》釋《セント》此《ノ》經《ヲ》。可《シ》有《ル》大意・釋名・入文判釋《ノ》三門。初《メニ》大意者《ハ》。夫《レ》今《マ》此《ノ》經者《ハ》。三世《ノ》諸佛能生《ノ》之智母。十方《ノ》薩埵所行《ノ》之根本也《ナリ》。所以《コノユヘニ》受持讀誦《ノ》之人《ンハ》預《リ》諸佛《ノ》

之加護一ニ。信敬歸依ノ之輩ラハ蒙二ル薩埵ノ之擁護一ヲ。安二置スル經王一ヲ處ロニハ諸天必ス降臨シテ除二キ災難一ヲ。轉二讀スル般若一ヲ砌リニハ龍神定メテ影向シテ與二フ福壽一ヲ。纔カニ聞二ク般若ノ之名一ヲ者ノハ滅二シ無量ノ罪障一ヲ。暫クモ見二ル經卷一ヲ者ノハ登二ル究竟ノ最頂一ニ。是レ此ノ經ノ大意也

次ニ題目者ハ。大ト者ハ漢語也ナリ。梵ニハ云二フ摩訶一ト。般若者ハ智恵。波羅蜜者ハ到彼岸ノ義。多者ハ部類衆多ノ意ロ也。經者ハ正教ノ都名也。第一者ハ擧二ク次第一ヲ。故ニ云二フ大般若波羅蜜多經卷第一一ト

第三ニ入レテ文ニ判釋セ者ハ。此ノ經ハ一部六百卷。四處十六會ノ說也。會會ニ有二リ序・正・流通ノ三段一。委クハ如二シ經ノ文一ノ。今マ捧二テハ般若軸軸ノ之法味一ヲ。擬二シ本尊如如ノ內鑒一ニ。致二シテハ心中ノ祈願一ヲ助二ク施主ノ榮輝一ヲ。伏テ乞フ。壽福如レク意ロノ增長シ。萬慶如レク願ヒノ滿足シタマハン。抑經ノ初メニ有二リ多クノ文段一。其ノ初メノ文ニ如何ン

　　南無大般若波羅蜜多經

　南無大般若波羅蜜多經　丁

次六種廻向

供養淨陀羅尼一切誦

敬禮常住三寶

敬禮一切三寶

我今歸依釋迦大師

願於生生以一切誦淨妙供具

自他同證無上宿願

次諸眞言

次祈念

次下座

6　已講初問ノ表

厥以廣學竪義大業者
佛法傳持之洪基。台門出世之本懷也
因レ茲ニ
今此ノ堂ハ者。爲《シ》ニテ深草ノ天皇ノ之御願一ト。築《キツ》ニキタマフ一乘弘通之
壇一ヲ矣 義科之英《ハナブサ》 儼《ヲゴソカ》ニシテ問答ノ之菓 矗《ミイヨヤカ》ナリ
時《トキ》ナル哉
落葉未タシテレ盡散ラシニ春ノ錦ヲ於林風一ニ。寒菊猶ヲ殘テ映ヤスニ冬ノ螢ヲ
於池水一ニ。法爾ノ佳《カ》景自然ノ莊嚴タル者《ノカ》乎
抑探題僧正ハ者
叡嶽ノ律虎 振《フル》ヒニ威《イ》ヒヲ於一天一ニ
玉泉ノ義龍 雨シタマヘリニ 惠《メクミ》ヲ於四海一ニ
爰竪者ハ亦
定惠兼美之碩德。義觀雙明ノ之賢哲也
爰ニ問者

稽古日《ヒヒ》ニ懶《モノウフ》シテ愁ニ交リニ學道一ニ。修練月《ツキツキ》ニ懈タツテ忽ニ列ルトニ梵席一ニ
恥クハ
著《キ》テニ渇鹿之 裘《カハコロモ》ヲ一似ルコトヲレ作スニ野干ノ喝《ナキ》ヲ一而已
右ハ正覺院豪觀已講之時被レ作レ之

7 同。五巻日已講表

夫以

廣學竪義勝業者

向《ナンナン》トシテ二平等大會之靈場ニ一。祈ル二眞俗圓備之保算ヲ一

靠テレ旃ニ

敕使ハ者　堆《ウヅタカフ》シテ二金床ニ一不レ傾ケタマハ二蟬冕《センベン》ノ冠ヲ一。大衆ハ者跪イテ二玉

堂ニ一不レ亂サ二烏紗ノ巾《カザリ》ヲ一

信是

一天安泰ノ之祕術。四海靜謐之奧賾《セキ》タリ

就中

擧ケテ二五雙十箇ノ義目ヲ一。勵ス二論匠進退ノ偶《グウ》談ヲ一

量識ヌ

本尊納受之開キレ眉ヲ。大師隨喜ノ之含タマハンレ咲ヲ

抑已講

性拙シテ兮當タリ二唱首ノ撰ニ一

智淺クシテ兮作《ナ》ス二齊會ノ儀ヒヲ一

愁ニ憶ヒ二知恩報恩ノ之懇篤《トク》ヲ一

恭《ウヤウヤ》シク刷フ二令法久住ノ之軌則ヲ一而已

8　同。十講開白之表

夫以

花洛之静寧ハ者專ラ依リ二吾山之鎭護ニ一。叡岳之紹隆ハ者正ク在リ二禁闕之德化ニ一

方今

堯雲遍ク燾《ヲヲフ》テ潤シ二弘仁之講肆ヲ一

舜日更《フ》ビ轉シテ暉ス二承和之大業ヲ一

誠ニ是レ

廣學之龜鏡。釋門之靏翼也

觀ハ夫

露葉迎ヘテレ冬ヲ似《ヨリモ》二三春ノ花一紅ヒニ

霜林帶ヒテレ雪ヲ如《ヨリモ》二九秋ノ月一白シ

蓋是

天眞之景色《ケイショク》。獨朗之幽致タリ也

爰ニ已講

文苑愛シテレ羊ヲ徒ニ移シ二金烏ヲ一

學路鞭ツテレ馬ニ空ク飛ス二玉兎ヲ一

雖レ然

依テレ賜フニ二仰高之敕リヲ一。假リニ汚ス二講匠之佳《カ》名ヲ一

伏シテ乞

公武益《マスマス》昌榮ニシテ兮發シ二長生不老之笙《セイ》歌ヲ一

眞俗彌豐饒ニシテ兮調二常住ニ不滅之琴聲ヲ一

乃至沙界利益自然而已

9〔大會所立之表白 通二予草一レ之〕

予草之。遣多武峯自性院

三身義　天台大師說

厥レ以ハ

宿因多幸ニシテ而候二シ曩祖報恩之梵場一ニ。善緣繁茂ニシテ而登二ル末弟勤學之高床一ニ

因レ茲

就二新成顯否之義科一ニ。究二開悟得脫之幽微一。便チナンテ二俗諦常無之算題一。紀二ス廢立歸眞之旨一ヲ

抑探題法印者

智月仰ケハ彌高ク。學海臨メハ益深シ

問者ハ又

吐二富縷那之巧辨一。飛二迦旃延之論勢一ヲ

爰竪者 實名

行足倦フシテ而倒二惑東西一ニ。智目暗シテ而宛二轉ス方隅一ニ

恥クハ

來日之懈怠爲セン二コトヲナラク如何一ントカ而已

同遣同所十妙院

六卽義　天台大師說

夫以レハ

學業拙フシテ而逢二ヒ敕會嚴重之時キ一ニ。勤勞淺フシテ而來二ル佛閣慇懃之夕一ニ

往因正サニ發シ。來果既ニ顯ハル

故ニ

欲レシテ拂二ハント元品ノ之餘雲一ヲ。諍二ヒ等妙二覺ノ之智斷一ヲ。擬レシテ臨二マント一實ノ之嘉月一ニ。拒コハ二ム性相兩經ノ之優劣一ヲ

抑探題法印者

爲二レハ稱揚一セント言語塞レキ道ヲ　爲スレハ二讚仰一セント思慮斷タツレ趣キヲ

問者亦タ

功名早ク就テ。威德忽ニ芳ハシ

爰竪者 實名

背《ケル》レ天《ニ》凝闇嘆《テモ》無《シ》レ由《シ》。爰《タル》レ性《セイ》ニ疎略顧《リミレハ》有《リ》レ悔《ヒ》

恥《クハ》

呼《レンコトヲナラク》ニ衆中ノ之糟糠《ト》一而已

10〔同。探題之表白　予草レ之〕

依豪観僧正之命。予草之

厥レ今般《マコノ》勝業ハ者

過《テ》二八百五十ノ之年月《ヲ》一。禪侶再《フタタヒ》進《ンテ》問《フ》二遠忌《ヲ》一

大師ノ之威光在《リ》二山高《マキ》ニ一

除《ヒテ》二一二三四ノ之時日《ヲ》一。敕使後《チ》ニ下《ツテ》成《ナス》ニ儀形《ケイ》ヲ一

聖《セイ》主ノ之恩澤依《テナリ》二海深《キ》ニ一

宜《ムベナル》哉《ナ》

親《マノアタリ》見《ル》レ彼《ヲ》。生前ノ之本懐正ニ遂《ク》

忽《チ》聞《ク》レ此《ヲ》。老後ノ之嘉運已ニ臻《イタレリ》

依《テ》レ之《ニ》

酬《コタヘテ》二智顗弘法ノ之焦《セウ》思ニ一。明《ラメ》二新成顯本ノ玄底《ヲ》一

因《チナンテ》二最澄出世之素意ニ一。紀《ス》二俗諦常住ノ之奥旨《ヲ》一

抑《モ》竪者

文勢驚《カシ》二聽衆ノ之耳《ミ》ヲ一

義論消《ケ》ス二來者ノ肝《キモ》ヲ一
問者ハ又タ
先輩モ還テ可キノレ恥ツ之禪衲《ナフ》
後生《コウセイ》モ又タ不ルノレ恐レ之重器《チフキ》ナリ
爰ニ探題　豪親
稟承未タルニレ半《ナカハ》。老衰垂《ナンナン》タリレ滿ルニ
恥クハ
疎《ウトフ》シテ二判斷ニ一而招キ二自山ノ之謗訕《セン》ヲ一
泥《ナツ》ンテ二得略ニ一而求ンコトヲナラク二他門ノ之談笑ヲ一而已

11　第[二]度探題　予遣候ノ表

當會ノ之大業ハ者
迎テ二八百五十年《ヤヲイソトセ》ノ之聖忌《セイ》ヲ一。訪《ト》ヒ二根本大師ノ之遺蹟《イ》ヲ一
共ニ二六十六箇國《ムソムカクニ》ノ之淨侶ト一。遂ク二末葉小弟ノ之微志ヲ一
星霜漸ク積レトモ。善苗無キハレ朽ルコト有リ二祖恩ノ芬キニ一。年月太タ
隔レトモ。正種有ルハレ芽スコト依テナリ二師德ノ茷キニ一
故ニ
臨ンテ二終日竟夜ニ一促カス二座主奏問ノ之敕會ヲ一
一宗ノ之本懷已ニ充チ足レリ
惜ンテ二暫時輕刻ヲ一登ル二天衆影向ノ之佛閣ニ一
滿山之多幸又幾許《イクハク》ソヤ
今《マ》殊ニ
披ヒテ二六卽義天台大師ノ之說ヲ一。明ラメ二元品能治ノ之智斷ヲ一
因ンテ二教相義荆溪尊者ノ之釋ニ一。紀ス二一經所說ノ之優劣ヲ一
此レハ理智究竟醍醐味ノ珍膳ナリ。等ク二天王ニ一歡悞(娯カ)シタマヘ

彼等妙終卒無價寶智玉。同ニ世尊一納受

視レハ夫レ

緇素成スレ群ヲ。平等大會ノ之化儀蕩カスニ隔情一ヲ

夜白唱フレ法ヲ。重閣講堂ノ之勤行澄スニ心意一ヲ

爰豎者ハ

被テレ撰ハニ衆人一ニ既ニ賦スニ今夕初座ノ之所立一ニ

不シテレ越ヱニ累年一ヲ定テ呼レンニ當時末世ノ之能範一ト

問者ハ亦タ

理惠明了ノ之內德。以テニ寸智一ヲ識度スルニ無シレ由シ

言行相應ノ外用。吐テニ短舌一ヲ稱揚スルニ有リレ餘リ

爾ルニ探題 實俊

時節及フカニ澆季一ニ故ニ。忝テ進ムニ判斷ノ之職位一ニ。前ヘニハ恐ルニ佛祖ノ

照覽一ヲ。人心垂ルルカニ哀憐一ヲ故ニ。愁ニ勤ニ難澁ノ之課役一ヲ。後ヘニハ

招クニ尊卑ノ謗訕一ヲ

恥クハ

愚臣ノ如クレ執ルカニ國ノ政務一ヲ。盲者ノ似ニタルコトヲナラクレ成スニ道ノ引入一ヲ

而已

---

12 十講開白之表。依白豪院實契已講草

厥以

九重ノ之安全ハ者。專ラ依ルニ大師安鎭ノ之效驗一ニ。三塔ノ之紹

隆ハ者。偏ニ以テナリニ賢王歸依ノ之德化一ヲ

方今

惠日遠ク照シテ寶祚復シニ延喜ノ之古一ヘニ。慈雲遙ニ灑テ敎會隣ルニ弘

仁ノ之始一メニ

誠是

王法無朽ノ之砌リ。佛事多幸ノ之時ナル者ノ乎

視夫

杜鵑問フテレ空ラニ添ヘニ一夏敷揚ノ之法音一ヲ。梅雨降テレ地ニ增スニ一時

慈霔ノ之善緣一ヲ

蓋是

美景契ヒレ天ニ。嘉奧銘スレ神ニ

爰已講

法則集　十七題　390

徒ラニ飛シテ二金烏ヲ一怠リ二夜學ニ一。空ク馳《ハ》シテ二玉兎ヲ一倦メリ二晝勤ニ一

雖レ然

應《コタ》ヘテ二天憐ノ忝《ヲホケナ》キニ一。酬《ムク》フ二祖恩ノ深キニ一

伏乞

天下彌ヨ長久ニシテ期シ二萬萬歳ヲ一

山上益ス豐饒ニシテ祝センコトヲ二千千秋ヲ一而已

---

13 同問者之表斷同前

夫レ廣學大會ノ勝業ハ者

佛法弘傳ノ之洪基トシテ兮毎歳不易ノ之勤行タリ。王政繁茂ノ之

齊末トシテ兮歷代下敕ノ之律令タリ

依テレ之ニ當伽藍ハ者

深草ノ明帝敕願ノ之靈場

大樹ノ武將鈞命ノ之大廈ナリ

爰以

本朝ノ末弟成シテレ群ヲ鳴シ二夏冬二季ノ之論鼓ヲ一。諸山ノ高德率ヒテレ

友ヲ展フ二和漢兩祖ノ之講莚ヲ一

就テレ中カニ

這ノ年特《シ》トニ當ツテ二最澄遷化ノ之遠忌ニ一。疇ノ昔ニ傳フ開ク二智者宣

說ノ之嚴旨ヲ一

抑探題僧正者

八萬ノ法用ヲ稟二承シ雙耳ニ一。七千ノ經旨ヲ呑二納シタマヘリ一口ニ一

竪者亦

俗年轉《タ》若《ケレトモ》。學功太《タ》老《ンタリ》

爰問者 實契

却《ケテ》二身子《カ》之譽《レヲ》一特《リ》失《ヒ》二智玉《ヲ》一

受《テ》二盤特《カ》之謗《リヲ》一懇《ニ》携《フ》二荊帚《ヲ》一

恥

疑問《ハ》毘(篦カ)竹未《タトモ》レ伐。賢答《ハ》鳳音莫《ランコトヲ》レ殘《ルコト》而已

---

14 同五卷日斷同前

夫《レ》當會者

山洛一貫《ノ》之化儀

眞俗同致《ノ》之幽微《ナリ》

依《レ》茲

天使《ハ》紀《テ》二威儀《ヲ》一階下《ニ》回《シ》レ轅《ヘヲ》

山衆《ハ》調《テ》二格式《ヲ》一堂上《ニ》構《フ》レ座《ヲ》

信是

君《ミ》爲《ノ》レ君之政化

國爲《ノ》レ國之道德《ナリ》

就中

十箇條條《ノ》之義目《ニハ》本尊《モ》與《ニ》開《キ》二納受《ノ》之眉《ヲ》一。五雙番番《ノ》

之甚口《ニハ》高祖《モ》又《タ》含《ハン》二歡喜《ノ》之咲《ミヲ》一

抑已講

行足拙《フシテ》兮攀《ツ》二學山《ニ》一。偏《ニ》似《タリ》レ蹈《ニ》二薄氷《ヲ》一。智眼暗《フシテ》兮

渡ル二法海ヲ一。恰カ如シレ臨カ二深淵一ニ
唯タ
携テ二寸志ノ管ヲ一仰キ二高祖ノ之恩天ヲ一。以テ二短才ノ蠡ヲ一穿ツコトヲナラク二大
師ノ之寶地ヲ一而已

---

15 五巻日十講問者ノ表

夫以
鷲峯三變淨刹依依　親拜二佛祖嘉會之玄旨一
叡岳二季梵筵了了　新刷二宗師謝德之白善一
抑當會者
村上哲王。弘二至治於萬機之上一。凝二叡願於四明之幽窟一。
揚二道化於千載之下一。降二紫詔於二師之聖忌一
自爾已來
撰二學路俊逸一擬二其職一當二其仁一
抽二法林翹(楚カ)走一或以レ精或以レ講
寔三國無比之鴻業也
方今
向二天使一鳴二論鼓一列二佛面一催二推鐘一
爰以
遠近來詣緇素　叉手渇仰

都鄙遂業老若　低頭感動
計知
滿山三寶轉二隨喜眸一　三七尊神含二納受咲一
仰願
皇圖靳固　益復二堯年之昔一
法燈不絕　遠泊二慈氏之曉一
視夫
庭露消二草上一　示二罪福無主粧一
嶺嵐吟二樹頭一　成二轉妙法輪響一
佳景自若。寧非二法會嘉瑞一乎
爾講匠者
得二滿願大辨一巧說無窮　逞二彌天高才一玄覽斯溜
宜哉。十手所指。最敎觀偉人也
粤小僧
雖レ當二第五之問起一（亂二法門朱紫一迷二觀道人杌一）
徒欲レ擊二其節一恰如三爝火比二二曜一而已

16　五卷日十講問者之表白　予草レ之

厥レ當會ハ者
擬ス二本朝ノ高祖數百餘歲ノ之聖《セイ》忌ニ一
文林榮ヘテレ時キニ嘉色移ル二八隅《スミ》ニ一
遂ク二諸山ノ碩德五雙十題ノ之大業ヲ一
詞花開ケテレ折リニ異香芬ハシ二四方《モ》ニ一
誠ニ是レ
座主奏問之敕會。崇テモ猶ヲ有リ二餘殘一
大師之報謝併ラ極マルレ此《ココ》ニ
內《ダイ》使參向ノ之化儀。謹ンテモ又タ無シ二飽足一
末弟之歡娛蓋シ在リレ彼レニ
視ハ夫レ
溪水終日ニ湛ヘテ而示シ二寶祚之長久ヲ一
嶺風竟夜テ涼シテ而呈ハス二德音之紹隆ヲ一
抑講匠者

琢磨之智玉。放チ二光ヲ於遐邇一
鍛練之説鈴。聞ユ二響キヲ於内外一
　爰ニ小僧
稀有ニシテ面(而カ)捧二十講第五ノ之問ヲ一。多幸ニシテ而豫ルコトヲナラク二八音
拔群之答ニ一而已

17　予新題者ノ表

　厥以
國家安泰之幽微者。特在二吾山之護持一。佛法紹隆之軌範
者。専依二帝都之昌榮一
　爰知
根本大師開闢之絶境
崔嵬漸舊而不退惠燈燋炷増レ光
深草天皇敕願之伽藍
叡念又儼而常寂嚴土柱礎無レ傾
　因肆
歴代座主經二奏聞一而促二和漢高祖之報恩會一。累朝明帝
降二聖詔一而賜二言行兼備之君子使一
台家眉壽何事如レ之　山門咽喉蓋在レ之乎
　故
開二五雙兩科之義目一。擬二終夜再斷之題額一。此新成顯本有

無。台宗己證之奥藏也。彼俗諦常住可否。山家出世之素
懷也
觀夫
溪霜空銷示二觀無生懺悔一　山嵐頻吹垂二圓音敎惠利一
抑竪者
雅染之昔文成二七步一　空門之今學富二三冬一
爲二滿山之重器一　爲二一院之寶鼎一
問者又
攸愜修習早究二宗源一。懇學精勤快啓二家運一。鳳驎(麟カ)仁趾騰二
美譽于天外一。神虎雷吼播二芳聲于海内一
粤題者 實俊
不敏而坐二判斷金床一。行足拙兮如レ踏二薄氷一
未達而候二練磨官會一。智眼暗兮似レ臨二深淵一
但宿善之所薫也。若加二謗訕一誰足レ言レ之
更冥慮之所應也。若比二分齊一那可レ聽レ之
恥
效二摸陵(稜カ)兩端一。屬二譙周獨笑一而已

(奥書なし)

(底　本)叡山文庫眞如藏、書寫年不明一册本

(校訂者　水尾寂芳)

法則集　終

〔法則集〕〔十七題〕

〔法則集　目　次〕

（以上目次新作）

標題錄

標　題

〔法則集〕　〔十七題〕

(1) 例講法則（＊天全二〇、一〇三上～五下。法則彙雋參照）

一切恭敬　自歸依佛　當願衆生　自歸依法　當願衆生
自歸依僧　當願衆生丁
如來妙　世閒如來色　一切法常住　是故我歸依丁
抑《モ》講讚一乘《ノ》場《ニハ》。結擇圓義《ノ》砌《リ》。爲《メニ》下喰(鴉カ)《コ》一受《シ》法味《ヲ》一。證中
明《ンカ》功德《ヲ》上。上天下界《ノ》。神祇冥衆。定《テ》來臨影響(嚮カ)《シタマフラン》。
然《レハ》則《チ》。奉《リ》レ始《メ》二上《ハ》梵天帝釋。四大天王《ヲ》一。三界所有《ノ》。天
王天象。日月五星。諸宿曜等。下《ハ》上《コ》首《トシテ》難陀跋難陀《ヲ》一。
內海外海《ノ》。龍王龍衆。總《テハ》日本國中。三千餘座《ノ》。大小《ノ》
神祇。別《テハ》圓宗守護。山王三七王子眷屬。赤山明神。殊《ニハ》
當山勸請。東照靈神。乃至山麓林野。一切《ノ》幽祇各《々》爲《メニ》下威權《ケン》自
在《ニシテ》。顯中揚《シタマハンカ》佛事《ヲ》上御《コ》爲《メニ》法樂莊嚴。威光倍增《ノ》一　一切神分《ニ》
般若心經丁

大般若心經(經名カ)丁
至心勸請釋迦尊　多寶分身諸善逝
平等大會法華經　八萬十二諸聖教
普賢文殊諸薩埵　身子目蓮(連カ)諸賢聖
梵釋四王諸護法　靈山界會諸聖衆
還念本誓來影向　證智證誠講演中
至心懺悔無始來　自他三業無量罪
今對寶前皆懺悔　懺悔已後更不犯
我等至心受三歸　歸三寶竟持十善
乃至如來一實戒　生生世世無缺犯
願我生生見諸佛　世世恆聞法華經
恆修不退菩薩行　疾證無上大菩提
妙法蓮華經序品第一
將《ニ》釋《ルニ》レ此《トノ》經《ヲ》一略《シテ》有《ニ》二三門《一》。始《メニ》大意《ハ》者。敗種二乘《ノ》意
樹《ニハ》。無生中道《ノ》花含《ミ》レ薰(美カ)《ヲ》。地涌千界《ノ》心淵《ニハ》。本果圓滿《ノ》
月輝《ス》レ光《ヲ》。是二門《ノ》雙非也
次《ニ》題目《ハ》者

妙《ハ》迹本二十《ノ》之妙。法《ハ》界如三千《ノ》法。蓮華《ハ》法譬兼含《ノ》稱。經《ハ》聖教《ノ》都名。序《ハ》次由述。品義類同。第一《ハ》首次《ノ》之初《メナリ》也

次入《テ》レ文《ニ》判釋《セハ》者

序品《ヲ》爲《ン》二序分一《ト》。從《リ》二方便品一至《マテ》二分別功德品《ノ》十九行《ノ》偈《ニ》一爲《ン》二正宗分一《ト》。從《リ》レ偈已後經訖《マテ》爲《ス》二流通分一《ト》。一經《ノ》略釋大概如《シ》レ斯《ノ》。具《ニハ》如《シ》二大師章疏一《ノ》

抑捧《テハ》二講經論談《ノ》惠業一《ヲ》。奉《ル》レ擬《シ》二（新本尊）拔苦與樂一。酬《テハ》二功德《ノ》餘薰一《ニ》者

一天恭平（泰カ）　四海靜謐　佛日增暉　法輪常轉

乃至法界　平等普潤

抑《モ》經《ノ》講肆《ニ》還《テ》文段多《シ》。且《ク》其《ノ》初《ノ》文《ニ》云何《ン》

南無妙法蓮華經　南無妙法蓮華經

影響（嚮カ）神祇增威光

(2) 三十三卷經法則（＊天全二〇、一一八上～一二〇上。法則彙雋參照）

一切恭敬　自歸依佛　當願衆生　自歸依法　當願衆生

自歸依僧　當願衆生

如來妙　世間如來色　一切法常住　是故我歸依　丁

抑《モ》讀誦妙經《ノ》場《ハ》。善願成就《ノ》砌《リ》。爲《ニ》下喰（飡カ）二受法味一《ヲ》證中明《カ》功德上《ヲ》。來臨影響（嚮カ）《シタマフ》所《ノ》之上天下界護法《ノ》神祇冥道。惣《テハ》扶桑國中。三千餘座《ノ》大小《ノ》神祇。殊《ニハ》山王三七部類眷屬。併《ニ》爲《メニ》二法樂莊嚴倍（丁增カ）威光一《ノ》一切神分《ニ》

般若心經　丁

大般若心經（心ナシカ）名　丁

謹《ミ》敬《テ》白《シテ》二三身卽一釋迦世尊。超八醍醐一乘妙典。文殊觀音紹尊位者。內祕外現諸聲聞衆。惣《シテハ》靈山會中諸賢聖衆等二《ニ》而言《ク》。方《ニ》今《マ》。淸信《ノ》施主某何爲《ニ》何々安全。善願成就。當病平愈一。於《テ》二本山何々々々《ノ》寶前一《ニ》。請《シテ》二衆僧一《ヲ》令《ム》レ讀二誦《セ》普門品三十三卷一《ヲ》。其《ノ》旨趣何《トナレハ》者

夫

一代了義雖《トモ》レ多《ント》　妙法經典《ノ》力用是《レ》勝《レタリ》
四弘大士雖《トモ》レ繁《ント》　觀音薩埵《ノ》因緣最《モ》深《シ》
　是《ノ》故《ニ》
一《タヒ》讀《ニ》誦《スレハ》此《ノ》經《ヲ》一　不《ス》三唯《タ》滿《ルノミナラ》二二求兩願《ヲ》一。必《ス》成《ス》二
實相《ノ》因果《ヲ》一
纔《ニ》歸《ニ》依《レハ》此尊《ニ》一　不《ス》三唯《タ》離《ルノミナラ》二三毒七難《ヲ》一。普《ク》致《ス》二藥
珠感應《ヲ》一
　料《リ》知《ヌ》
勇猛心之誠　不雜不亂《ニシテ》仰《テ》叩《タタク》二本誓《ヲ》一
慈善根之力　無記無緣《ニシテ》必《ス》垂《ン》二聖應《ヲ》一
啓白詞《ハ》淺《シ》　意願旨深《シ》　伏《シテ》願《クハ》本尊　哀愍照鑑《シタマヘ》
發願
至心發願　讀誦妙經　功德威力　天衆地類
倍(增カ)僧法樂　心中所願　決定成就　決定圓滿
及以法界　平等普潤
衆生無邊誓願度　福智無邊誓願集
法門無邊誓願學　如來無邊誓願仕

無上善願誓願證　護持施主成大願　丁
一切諷誦　丁
次讀經　發音
次誦經　畢　補闕分作法
次三禮
一切恭敬　自歸依佛　當願衆生　自歸依法
當願衆生　自歸依僧　當願衆生　丁
如來妙　世間如來色　一切法常住　是故我歸依　丁
抑《モ》從前所《ノ》讀誦《ル》二三業雜亂《ニシテ》。章句殘闕《スラン》。故《ニ》重《テ》讀《ニ》
誦《シテ》之《ヲ》一以《テ》補《フ》二其《ノ》闕《ルヲ》一。惣衆須《ク》二一心《ニ》誦念《ス》一
一切諷誦　丁
次一卷讀誦　發音
次誦經　畢　神分
抑《モ》讀誦妙經《ノ》場。善願成就《ノ》處。大力《ノ》天龍。護法神祇。
殊《ニハ》日吉山王權現等。定《テ》來臨隨喜《シタマフナリ》。重《テ》爲《ニ》二倍(增カ)僧威
光《ノ》一一切神分《ニ》
　般若心經　丁

大般若經名 丁

至心勸請釋迦尊　多寶分身諸善逝
平等大會法華經　八萬十二諸聖經(敎カ)
普賢文殊諸薩埵　身子目蓮(連カ)諸賢聖
梵釋四王諸護法　靈山海會(界カ)諸聖衆
還念本誓來影響(嚮カ)　證智證誠講演事
至心懺悔無始來　自他三業無量罪
今對寶前皆懺悔　懺悔已後更不犯
我等至心受三歸　歸三寶竟持十善
乃至如來一實成　生生世世無缺犯
願我生生見諸佛　世世互(恆カ)聞法華經
互(恆カ)修不退菩薩行　疾證無上大善願

妙法蓮華經普門品第二十五

將《ニ》レ釋《ント》二此《ノ》經《ヲ》一略《シテ》有《リ》二三門一。初《ニ》大意《ハ》者。法界圓融《ニシテ》化《ニ》像《ニ》無《トモ》二所像《ニ》一。無《シ》二所《トシテ》而不《ルコト》レ像《セ》。眞如淸淨《ニシテ》化《ニ》無《レトモ》二所化《ニ》一。無《シ》二所《トシテ》而不《ルコト》レ化《セ》。是《ヲ》以《テ》三業致《セハ》レ請《ヲ》蒙《レ》脫二苦涯《ヲ》一。四弘爲《シテ》レ誓《ヲ》使《ム》レ霑《サ》二上樂《ニ》一。是《ノ》品《ノ》大意《ナリ》也

次《ニ》題目《ハ》者。妙法等《ノ》之五字《ハ》一部《ノ》惣稱。講解如《シ》レ常《ノ》。觀世音《トハ》者境智雙《ヘ》擧《ケ》能所合《シテ》標《ス》。菩薩《トハ》者此《ニ》云《フ》二大道心成就有情《ト》一。紹二隆《ルノ》佛職《ヲ》一嘉號《ナリ》。普門《トハ》者用《ニ》一實相《ヲ》。於《テ》レ開《クニ》二十普門《ヲ》一無《シ》レ所《ロ》二障礙《ル》一。故《ニ》稱《ス》二普門一。品《トハ》者義類相從《ノ》義《ナリ》也

次《ニ》入《テ》レ文《ニ》判釋《セハ》者。此《ノ》文經家《ノ》序《ル》者《ヲ》爲《ン》二序分《ト》一。無盡意白佛《ヨリ》以下《ハ》爲《ン》二正宗分《ト》一。地持《ヨリ》去《テ》是《レ》流通分《ナリ》也。於《テ》レ中《ニ》有《リ》二兩番《ノ》問答一。初《ノ》問答《ノ》中《ニハ》明《シ》二觀音樹王《ノ》冥益《ノ》義《ヲ》一。於《テ》二後《ノ》問答《ノ》中《ニ》一明《ス》二普門珠王顯益《ノ》義《ヲ》一。凡《ヘテ》有《リ》二十雙五隻《ノ》釋一。具《ニハ》大師如《シ》二所説章疏《ノ》一。抑《モ》此《ノ》品《ハ》雖《トモ》レ有《リト》二大部一。從《リ》下比(北カ)涼《ノ》讖師爲《ニ》二沮《シヨ》渠蒙遜一別傳《ヘ》世《ニ》。流通特《ニ》盛《ニシテ》應驗最《モ》著《シ》。故《ニ》智者別《ニ》製《シ》レ疏《ヲ》。法智隨《テ》述《ス》レ記《ヲ》。性具《ノ》妙旨無作《ノ》弘誓。炳然《トシテ》如《シ》レ指《ス》レ掌《ヲ》。今《マ》表《ス》二三十三身《ノ》妙應《ヲ》一。讀誦既《ニ》滿《ス》二其《ノ》數《ヲ》一。功德莫大《ナリ》

仰願《クハ》。本尊納受《シ》。施主心願。決定成就。決定圓滿《シタマヘ》 丁

供養淨陀羅尼一切 丁　　敬禮常住三寶 丁

敬禮一切三寶 丁

我今歸依　釋迦彌陀　願於生生　以一切種
上妙供具　供養無量　無邊三寶　自他同證
無上善願丁
次寶號　　次[illegible]

(3)千卷心經法則（＊天全二〇、一二〇上〜二一下。法則彙雋參照）

一切恭敬　自歸依佛　當願衆生　自歸依法　當願衆生
自歸依僧　當願衆生丁
如來妙　世閒如來色　一切法常住　是故我歸依丁
抑モ心經讀誦ノ場ニハ。善願成就ノ砌リ。爲メニ下喰(飡カ)二受シ法味ヲ一證中明ンカ功德ヲ上。降臨影響(嚮カ)シタマフ處ノ之上天下界ノ護法神祇冥道。惣シテ大日本國中。三千餘座ノ。大小ノ神祇。殊ニハ日吉山王。部類眷屬。悉ク爲ニ二法樂莊嚴威光增益ノ一一切神分ニ

　　般若心經丁

　　大般若經名丁

謹ミ敬白シテ二威德獨尊能仁教主十方與欲無量諸佛無上無等。甚深般若。文殊彌勒輔弼大士空生身子。轉教應眞。乃至法誦(涌カ)常啼。寶憧(幢カ)尸棄。他方來集。諸賢聖衆等ニ一言ク。方ニ今。信心施主何某爲メニ二院內安全。善願成就。當平(病カ)平愈ノ一於テ二本山何々何々ノ寶前ニ一。請シテ二衆僧ヲ一有リレ令ルニレ讀二誦セ般若心經一千卷ヲ一。其ノ旨趣何レハ者夫レ

十方種覺。成二辨ルハ大事ニ一　莫シレ不ルコトレ賴ラ二般若ノ慈母ニ一
一切ノ菩薩。達二到ルハ彼岸ニ一　無レ弗ルレ假ラ二智度迅航《ジンコウ》一
所以ニ
畢竟空寂ノ中ニハ　無ク二無明塵勞不ルコトレ卽セ二法性ニ一
本性光潔《ケツ》ノ前ニハ　無ク二魔軍邊邪不ルコトレ歸セ二中正ニ一
是ニ知ヌ
莫著《キ》(着カ)除テ二七難ヲ一　滅罪拔苦可シ二徑チニ徵《キザス》一
〔摩尼與ヘテ二七福ヲ一〕(天全二〇、一二一上。法則彙雋參照)　生善與樂可シ二立トコロニ致ス一
啓白詞ハ淺シ　意願旨深シ　伏願本尊　哀愍照鑑タマヘ
發願
至心發願　讀誦心經　功德感(威カ)力　天衆地類
倍增法樂　護持正法　信心施主　心中所願
決定成就　決定圓滿　及以法界　平等普潤 丁
衆生無邊誓願度　福智無邊誓願集
法門無邊誓願學　如來無邊誓願事
無上善願誓願證　護持施主成大願 丁
一切諷誦 丁

次讀經 發音
次誦經 畢 補闕分之作法
先三禮
一切恭敬　自歸依佛　當願衆生　自歸依法　當願衆生
自歸依僧　當願衆生 丁
如來妙　世閒如來色　一切法常住　是故我歸依 丁
抑モ前來所ノ二讀誦ル一三業雜亂ニシテ章句殘闕スラン。故ニ重テ讀二
誦シテ之ヲ一以テ可シレ成ス二補闕ヲ一
一切諷誦 丁
次一卷 發音
次讀經 畢テ
次神分
抑モ般若心經讀誦ノ場ニハ消災召福之砌リ。從リ二開白ノ始メ一至マテ二
結願ノ今マニ一所ノ二影響(嚮カ)シタマフ一神祇冥道衆。重テ爲メニ二法樂莊嚴倍
增威光ノ二一切神分ニ
般若心經 丁
大般若經名 丁

至心勸請釋迦尊　十方三世諸善逝
般若心經甚妙典　八萬十二諸聖教
觀音文殊諸薩埵　身子善吉諸賢聖
梵釋四王諸護法　此《ノ》閒如《シ》レ常《ノ》　般若經
互(恆カ)修不退菩薩行　疾證無上大善願

摩訶般若波羅蜜多心經

將《ニ》ルレ釋《ント》二此《ノ》經《ヲ》一有《リ》二三門一。初《ニ》大意《ハ》者。甚深無相《ノ》妙理《ヲ》爲《シ》レ宗《ト》。非有非空《ノ》中道《ヲ》爲レ體《ト》。實《ニ》是《レ》釋尊己證《ノ》之法(脫文か)門。觀音祕法《ノ》之神呪《ナリ》

分《ツ》レ經《ヲ》。此《ノ》經《ハ》文略《ニシテ》義廣《シ》。記者肖(省カ)二略《セリ》序及《ヒ》流通《ヲ》一。今欲二解釋《シテ》一《セント》擬二分《ス》三段《ヲ》一。從《リ》二觀自在一下《モ》至《テハ》二度一切苦厄一是《レ》序分。從《リ》二舍利子色不異空空一至《マテ》二是無等等呪《ニ》一是《レ》正宗分。從《リ》二能除一切苦一下《モ》經訖《ルヲ》爲二流通分一《ト》。一經《ノ》三段大概如《シ》レ斯《ノ》

抑《モ》捧《テハ》二心經讀誦《ノ》惠業《ヲ》一奉《ル》レ資《シ》二何何《ノ》法味《ニ》一

仰《キ》願《クハ》

一天泰平　四海靜謐　佛日增輝　法輪常轉

施至(主カ)處願　皆令滿足　乃至法界　利益周遍丁

次六種回向

次寶號丁

次𛂞丁

⑷往生淨土懺願儀（＊大正藏四七、四九一下～四中參照）

第四ニ燒香散華

一切恭敬

一心頂禮十方法界常住佛

一心頂禮十方法界常住法

一心頂禮十方法界常住僧

是ノ諸ノ衆等各各互跪シ。嚴ヿ持シテ香華ヲ一如法ニ供養ス。供ヿ養ス十方ノ法界ノ三寶ニ一

願クハ此香華雲。遍ヿ滿シ十方界ニ一。供ヿ養ス一切ノ佛。尊法諸菩薩。無量ノ聲聞衆ニ一。以テ起ニシ光明臺ヲ一。過ニ於無邊界ニ一。無邊ノ佛土ノ中。受用シテ作ニ佛事ヲ一。普ク熏ニシテ諸ノ衆生ニ一。皆發ニセン菩提心ヲ一

供養シ已テ一切恭敬ス

第五ニ請禮法

一心奉請。南無本師釋迦牟尼佛

一心奉請。南無過去久遠劫中。定光佛光遠佛龍音佛等五十三佛

一心奉請。南無過去久滅世自在王佛

一心奉請。南無十方現在不動佛等。盡十方河沙淨土一切諸佛

一心奉請。南無往世七佛。未來賢劫千佛。三世一切諸佛

一心奉請。南無極樂世界阿彌陀佛

一心奉請。南無大乘四十八願無量壽經。稱讚經等。及彼淨土所有經法。十方一切尊經。十二部眞淨法寶

一心奉請。南無文殊師利菩薩。普賢菩薩。無能勝菩薩。不休息菩薩等。一切菩薩摩訶薩

一心奉請。南無極樂世界觀世音菩薩摩訶薩

一心奉請。南無極樂世界大勢至菩薩摩訶薩

一心奉請。南無過去阿僧祇劫法藏比丘菩薩摩訶薩

一心奉請。南無極樂世界新發道意。無生不退一生補處諸大菩薩摩訶薩

一心奉請。南無此土舍利弗等。一切聲聞縁覺得道賢聖僧」

一心奉請。此土梵釋四王一切天衆。摩羅天主。龍鬼諸王。

閻羅五道主善罰惡守護正法護伽藍神。一切賢聖
上ニ所ノ奉請ス。彌陀世尊。觀世音菩薩。大勢至菩薩。清淨
海衆一切ノ賢聖。唯願ハ不レ捨二大慈大悲一。他心道眼無礙
見聞身通自在。降コ來シ道場二令レ安住シテ法座二。光明遍ク照シ
攝コ取シ我等ヲ一。哀憐覆護シテ令レ得レ成二就スルコトヲ菩提願
行ヲ一。釋迦文佛。定光佛等。世自在王佛。十方三世一切ノ正
覺。及ヒ文殊師利菩薩。普賢菩薩。三乘ノ聖衆。護法ノ諸神一切ノ
來慈悲攝護シタマヘ。諸天魔梵龍鬼等ノ衆。護法ノ諸神一切ノ
賢聖。悉ク到ニ道場一。安慰堅守シテ同ジク成ニ淨行ヲ一

第六ニ讚歎法

色如二閻浮金ノ一。面如二淨滿月ノ一。身ノ光智慧ノ明。所レ照ス無二
邊際一。降コ伏シ魔冤衆一ヲ。善ク化スル諸人天二ヲ乘ニテ彼ヲ八正ノ船一ニ。
能ク度スレ難レ度ヲ者一ヲ。聞ハ名ヲ得ニ不退一ヲ。是ノ故ニ應ニ頂禮一
以下此歎佛ノ功德ヲ。修二行ス大乘ノ無上ノ善根上ヲ一。奉レ福下テ上界
天龍八部大梵天王三十三天。閻羅五道六齋八王。行病鬼
王各及二眷屬二一。此土ノ神祇僧伽藍內ノ護ニスル正法一者上ヲ。又
爲ニ國王帝主土境ノ萬民。師僧父母善惡知識。造寺ノ檀越

十方ノ信施ノ。廣ク及二マテ法界ノ衆生二。願クハ藉二此善根二平等二
熏修シ。功德智慧二種莊嚴シ。臨二命終ノ時二俱ニ生二セン樂國二

第七ニ禮佛法

一心敬禮。本師釋迦牟尼佛

一心敬禮。過去久遠劫中。定光佛光遠佛龍音佛等五十三
佛

一心敬禮。東南方最上廣大雲雷音王佛等。盡東南方河沙

一心敬禮。東方不動佛等。盡東方河沙淨土一切諸佛

一心敬禮。過去久滅世自在王佛

淨土一切諸佛

一心敬禮。南方日月光佛等。盡南方河沙淨土一切諸佛

一心敬禮。西南方最上日名稱功德佛等。盡西南方河沙

淨土一切諸佛

一心敬禮。西方放光佛等。盡西方河沙淨土一切諸佛

一心敬禮。西北方無量功德火王光明佛等。盡西北方河沙

淨土一切諸佛

一心敬禮。北方無量光嚴通達覺慧佛等。盡北方河沙淨土

一切諸佛
一心敬禮。東北方無數百千倶胝廣慧佛等。盡東北方河沙淨土一切諸佛
一心敬禮。上方梵音佛等。盡上方河沙淨土一切諸佛
一心敬禮。下方示現一切妙法正理常放火王勝德光明佛等。盡下方河沙淨土一切諸佛
一心敬禮。往古來今三世諸佛。七佛世尊。賢劫千佛
一心敬禮。極樂世界阿彌陀佛
一心敬禮。極樂世界佛菩薩等所說經法。乃至水鳥樂樹一切法音清淨法藏
一心敬禮。大乘四十八願無量壽經稱讚經等。十方一切尊經十二部眞淨法藏
一心敬禮。極樂世界觀世音菩薩摩訶薩
一心敬禮。極樂世界大勢至菩薩摩訶薩
一心敬禮。過去阿僧祇劫法藏比丘菩薩摩訶薩
一心敬禮。極樂世界一生補處諸大菩薩摩訶薩
一心敬禮。極樂世界無生不退諸大菩薩摩訶薩
一心敬禮。極樂世界新發道意菩薩。及十方來生淨土一切菩薩摩訶薩
一心敬禮。文殊師利菩薩。普賢菩薩。彌勒菩薩。常精進菩薩等。盡十方一切諸大菩薩摩訶薩
一心敬禮。大智舍利弗。阿難持法者。諸大聲聞緣覺。一切得道賢聖僧

第八ニ懺願法

一明ス二懺悔ヲ一

普ク為二法界ノ一切衆生ノ一。悉ク願クハ斷二除セントシテ三障ヲ一。至誠ニ懺悔ス

我弟子某甲至心ニ懺悔ス。十方ノ諸佛。眞實ニ見知ス。我及ヒ衆生。本性清淨諸佛ノ住處。名二常寂光一遍二在ス刹那。及ヒ一切法ニ一。而ルヲ我不了ニシテ。妄リニ計シ二我人ヲ一。於テ二平等法ノ中ニ一。而起シ二分別ヲ一。於テ二清淨心ノ中ニ一。而生ス二染著ヲ一。以二是（此カ）ノ顚倒。五欲ノ因縁ヲ一。生死循環シテ。經二歷シ三界ニ一。坐テ二比相續ニ一。不レ念二出期ヲ一。而シテ復於テレ中ニ。造ル二極惡業ヲ一。四重五逆。及ヒ一闡提。非二毀シ大乘ヲ一。謗二破シ三寶ヲ一。謗リレ無二諸佛一。斷スレ學スルヲ二

般若《ヲ》一。用二十方僧物《ヲ》一。汚《シ》二梵行《ノ》人《ヲ》一。習二近《ス》惡法《ニ》一。於《テ》二破戒《ノ》者《ニ》一。更《ニ》相《ヒ》讚護《シ》。三乘《ノ》道人。種種《ニ》毀罵《ス》。內覆《ニ》二過失《ヲ》一。外現《ス》二威儀《ヲ》一。常《ニ》以《テ》二五邪《ヲ》一。招《キ》二納レ四事《ヲ》一。不淨《ニ》說レ法《ヲ》。非律《ヲモテ》教レ人《ヲ》。因レ佛《ニ》出家《シテ》。反《テ》破《シ》二佛法《ヲ》一。違二逆《ス》師長《ノ》如法《ノ》教誨《ニ》一。恣《ママニ》行《テ》二貪恚《ヲ》一。無二慙恥《ノ》心一。以二是《ノ》因緣。諸惡業力《ヲ》一。命終《シテ》當《ニ》下墮二阿鼻地獄《ニ》一。猛火熾然《ニシテ》。受二無量《ノ》苦《ヲ》一。千萬億劫。無《ル》中解脫《ノ》期上。今始《テ》覺知《シテ》。生《シ》二大慙愧《ヲ》一。生《ス》二大怖畏《ヲ》一。十方《ノ》世尊。阿彌陀佛。久《ク》已《ニ》於《テ》レ我《ニ》。生《シ》二大悲心《ヲ》一。無數劫《ヨリ》來《タ》爲《ノ》レ度《スルカ》我《ヲ》故《ニ》。修《シテ》二菩薩《ノ》道《ヲ》一。不レ惜二身命《ヲ》一。今已《ニ》得《テ》レ佛《ヲ》。大悲滿足《シ》。眞實《ニ》能《ク》爲二一切《ノ》救護《ヲ》一。今我造レ惡《ヲ》。必《ス》墮《ン》二三塗《ニ》一。願《クハ》起《シテ》二哀憐《ヲ》一。受二我懺悔《ヲ》一。重罪得レ滅《スルコトヲ》。諸惡消除《セン》。乃至娑婆生因永《ク》盡。諸佛《ノ》淨土。如《ク》レ願《ノ》往生《セン》。當《テ》二命終《ノ》時《ニ》一。悉《ク》無《ン》二障礙一

懺悔已《テ》。歸命《シテ》禮《ス》二阿彌陀佛。及《ヒ》一切《ノ》三寶《ヲ》一

二《ニ》明《ス》二勸請《ヲ》一

我弟子某甲至心《ニ》勸請《ス》。十方《ノ》所レ有世間《ノ》燈。最初《ニ》成二就《スル》菩提《ヲ》一者。我今一切皆勸請《ス》。轉《シタマヘ》二於無上《ノ》妙法輪《ヲ》一。諸佛若欲《セハ》レ示《ント》二涅槃《ヲ》一。我悉《ク》至誠《ニ》而勸請《ス》。唯願《クハ》久《ク》住《シテ》二刹塵劫《ニ》一。利二樂《シタマヘ》一切諸衆生《ヲ》一

勸請《シ》已《テ》。歸命《シ》禮《ス》二阿彌陀佛。及《ヒ》一切《ノ》三寶《ヲ》一

三《ニ》明《ス》二隨喜《ヲ》一

我弟子某甲至心《ニ》隨喜《ス》。十方《ノ》一切諸衆生。二乘有學及《ヒ》無學。一切《ノ》如來《ト》與二菩薩一。所レ有功德皆隨喜《ス》

四《ニ》明《ス》二廻向《ヲ》一

我弟子某甲至心《ニ》廻向《ス》。所レ有禮讚供養《ノ》福。請《シ》二佛《ノ》住世轉法輪《ヲ》一。隨喜懺悔《ノ》諸善根。廻二向《ス》衆生及《ヒ》佛道《ニ》一

廻向《シ》已《テ》。歸命《シテ》禮《ス》二阿彌陀佛。及《ヒ》一切《ノ》三寶《ヲ》一

五《ニ》明《ス》二發願《ヲ》一

我弟子某甲至心《ニ》發願《ス》。願《クハ》共《ニ》下修《スル》二淨行《ヲ》一人《ノ》三業所生《ノ》一切《ノ》諸善上《ト》。莊二嚴《シ》淨願《ヲ》一。福智現前《セン》。願《クハ》得下彌陀世尊。觀音勢至。慈悲攝受《シテ》。爲《ニ》レ我《カ》現《シ》レ身《ヲ》。放《テ》二淨光明《ヲ》一。照二燭《シ》我等《ヲ》一。諸根寂靜《ニシテ》一二障消除《シ》。樂《テ》修《シテ》二淨行《ヲ》一身心潤澤《シ》。念念不レ失二淨土《ノ》善根《ヲ》一。及《ヒ》於《テ》二夢中《ニ》一。常《ニ》見二彼

國《ノ》衆妙莊嚴《ヲ》。慰《ニ》悦《シテ》我《カ》心《ヲ》。令《コトヲ》生《ニ》精進《ヲ》。願《クハ》得《ン》
臨命終《ノ》時。預《シメ》知《ニ》時《ノ》至《コトヲ》。盡《ニ》除《シテ》障礙《ヲ》。慧念増明《シ》。
身無《ニ》病苦。心不《ニ》顚倒。面《ニ》奉《シ》彌陀。及《ヒ》諸《ノ》眷屬《ニ》。歡喜
快樂《シ》。於《テ》一刹那《ニ》。卽《チ》得《ニ》往《ニ》生《スルコトヲ》極樂世界《ニ》。到《リ》已《テ》
自《ラ》見《ニ》生《シテ》蓮華《ノ》中《ニ》。蒙《ヲ》佛《ノ》授記《ヲ》。得《ニ》授記《ヲ》已《テ》。自在《ニ》
化《シ》身《ヲ》微塵《ノ》佛刹《ニ》。隨《ニ》順《シテ》衆生《ニ》。而爲《ニ》利益《ヲ》。能《ク》令《コトヲ》
佛刹《ノ》塵數《ノ》衆生《ヲシテ》。發《ニ》菩提心《ヲ》。俱時《ニ》離《レ》苦《ヲ》。皆共《ニ》往
生阿彌陀佛《ノ》極樂世界《ニ》。如《ノ》是《ノ》行願。念念《ニ》現前《シ》。盡《シテ》
未來《ノ》時《ヲ》。相續《シテ》不《レ》斷。身語意業。常《ニ》作《ン》佛事《ヲ》
發願《シ》已《テ》。歸命《シテ》禮《ス》阿彌陀佛。及《ヒ》一切《ノ》三寶《ヲ》

第九《ニ》旋遶誦經法

南無佛　南無法　南無僧　南無釋迦牟尼佛　南無世自
在王佛　南無阿彌陀佛　南無觀世音菩薩　南無大勢至
菩薩　南無文殊師利菩薩　南無普賢菩薩　南無清淨大
海衆菩薩摩訶薩

自《ラ》歸《ス》於佛《ニ》。當《ニ》願衆生。體《ニ》解《シテ》大道《ヲ》。發《セン》無上心《ヲ》
自《ラ》歸《ス》於法《ニ》。當《ニ》願衆生。深《ク》入《テ》經藏《ニ》。智慧如《ナラン》海《ノ》
自《ラ》歸《ス》於僧《ニ》。當《ニ》願衆生。統《ニ》理《シテ》大衆《ヲ》。一切無礙《ナラン》
和《ニ》南《ス》聖衆《ニ》

(5) 往生淨土決疑行願二門（＊大正藏四七、一四六中～七上參照）

一切恭敬。一心頂禮常住三寶

願クハ此香烟雲遍ニ滿シ十方界ニ。無邊ノ佛土ノ中無量香莊

嚴シ。具ニ足シ菩薩ノ道ヲ成シコ就セン如來ノ香ヲ

如來ノ妙色身。世閒ニ無レ與ニ等キ。無レ比スルコト不思議ナリ。是ノ故ニ

今頂禮スо如來ノ色身無レ盡ルコト。智慧亦復然リ。一切ノ法常住。

是ノ故ニ我歸依スо大智大願ノ力。普ク度ニ於群生ヲ。令下捨ニ熱

惱ノ身一ヲ。生中彼ノ清涼國上ニ。我今淨ニテ三業ヲ。歸依シ及ヒ禮讚スо

願クハ共ニ諸ノ衆生ニ同ク生ゼン安樂刹ニ

一心頂禮。常寂光淨土阿彌陀如來。清淨妙法身遍法界諸

佛

一心頂禮。實報莊嚴土阿彌陀如來。微塵相海身遍法界諸

佛

一心頂禮。方便聖居土阿彌陀如來。解脫相嚴身遍法界諸

佛

一心頂禮。西方安樂土阿彌陀如來。大乘根界身遍法界諸

佛

一心頂禮。西方安樂土阿彌陀如來。十方化往身遍法界諸

佛

一心頂禮。西方安樂土教行理三經。極依正宣揚遍法界尊

法

一心頂禮。西方安樂土觀世音菩薩。萬億紫金身遍法界菩

薩摩訶薩

一心頂禮。西方安樂土大勢至菩薩。無邊光智身遍法界菩

薩摩訶薩

一心頂禮。西方安樂土清淨大海衆。滿分二嚴身遍法界聖

衆

我今普ク爲ニ四恩三有法界ノ衆生ニ。悉ク願クハ斷コ除セントシテ三

障ヲ歸命シテ懺悔　一乙

至心ニ懺悔ス⑪我弟子某甲及ヒ法界ノ衆生。從ニ無始世ニ

來タ。無明ニ所レ覆顚倒迷惑ス。而由テ六根三業習ニシテ不善法ニ。

廣ク造ニ十惡及ヒ五無閒一ヲ。一切ノ衆罪。無量無邊ニシテ說トモ不レ

可レ盡スо十方ノ諸佛常ニ在ニ世閒一ニ。法音不レ絕。妙香充塞シ。

法味盈レ空《ニ》。放《テ》二淨光明《ヲ》一照二觸《シ》一切《ニ》一。常住《ノ》妙理遍二滿《ス》虛空《ニ》一。我無始《ヨリ》來《タ》。六根內《ニ》盲《ヒ》三業昏闇《ニシテ》。不レ見不レ聞不レ覺不レ知。以二是《ノ》因緣《ヲ》一長《ク》流二生死《ニ》一。經二歷《スルコト》惡道《ニ》一百千萬劫。永《ク》無二出《ル》期一。經《ニ》云。毘盧遮那遍《ス》二一切處《ニ》一。（大正藏九、三九二下。普賢觀經）其佛《ノ》所レ住《スル》名《ト》二常寂光《ト》一。是《ノ》故《ニ》當《ニ》レ知。一切《ノ》諸法無レ非《ル》二佛法《ニ》一。而《ルヲ》我不了《ニシテ》隨二無明《ノ》流《ニ》一。是則《チ》於《テ》二菩提《ノ》中《ニ》一見二不淸淨《ヲ》一。於二解脫《ノ》中《ニ》一而《モ》起《ス》二纏縛《ヲ》一。今始《テ》覺悟《シ》。今始《テ》改悔《ス》。奉《リ》二對《シテ》(叩)諸佛彌陀世尊《ニ》一發露懺悔《ス》。當《ニ》レ令下我《ト》與二法界《ノ》衆生一三業六根。無始《ヨリ》所レ作現《ニ》作《シ》當《ニ》作《ス》。自《ラ》作《シ》敎レ他《ヲ》見聞隨喜《ス》。若《ハ》憶《シ》不レ憶。若《ハ》識不レ識。若《ハ》疑不レ疑。若《ハ》覆《ヒ》若《ハ》露《セル》。一切《ノ》重罪畢竟《シテ》淸淨《ナラ》上。我懺悔《シ》已。六根三業淨《クシテ》無二瑕累一。所修《ノ》善根悉《ク》亦淸淨。皆悉《ク》廻向《シテ》莊二嚴《シ》淨土《ヲ》一。普《ク》與二衆生一同《ク》生《セン》二安養《ニ》一。願《クハ》(叩)阿彌陀佛常《ニ》來《テ》護持《シ》。令《タマヘ》下我《カ》善根《ヲシテ》現前《ニ》增進《シ》。不レ失中淨因《ヲ》上。臨二命終《ノ》時《ニ》一身心正念《ニ》視聽分明《ニシテ》。面下奉《シ》(叩)彌陀與二諸《ノ》聖衆一。手《ニ》執《テ》二華臺《ヲ》一接中引《シタマフニ》於我《ヲ》上。一刹那《ノ》頃《ニ》生二在《シ》佛前《ニ》一。具《シ》二菩薩《ノ》道《ヲ》一廣《ク》度《シテ》二衆生《ヲ》一同《ク》成《セン》二種智《ヲ》一

懺悔發願已。歸命禮阿彌陀佛。及一切三寶

南無阿彌陀佛　南無觀世音菩薩　南無大勢至菩薩　南無淸淨大海衆菩薩摩訶薩

○彌陀經讀誦

自歸於佛。當願衆生。體解大道。發無上心

自歸於法。當願衆生。深入經藏。智慧如海

自歸於僧。當願衆生。統理大衆。一切無礙

和南聖衆

⑹觀無量壽佛經初心三昧門（＊卍續二一一三、三五三丁左下～五丁右上。淨土十要參照）

一切恭敬。一心頂禮十方常住三寶

是諸衆等。各各互跪。嚴持香華。如法供養。供養十方法界三寶

願クハ此香華雲。遍二滿シ十方界一ニ。供二養ス無量壽。金臺百寶蓮。如レノ是ノ佛世尊。佛法及ヒ佛子一ニ。普ク熏二シテ諸ノ衆生一ニ。皆發二セン菩提心一ヲ

供養已一切恭敬

諸佛如來是法界身。入二一切衆生ノ心想ノ中一ニ。心想レフ佛ヲ時。是ノ心即チ是三十二相八十隨形好。諸佛正遍知海從二心想一生ス。是ノ故ニ一レニシテ心ヲ繫念諦觀ス。多陀阿伽度阿羅訶三藐三佛陀

以二此歎佛功德。修行淨業正因一ヲ。奉シテ感下ス釋梵護世諸天。普ク雨二シテ天華一ヲ持テ供養スル者上ヲ。又感下ス南無逆順起敎五百思惟主伴娑羅闍世・月光耆婆・天授惡友。及ヒ步虛以來好ク持二シテ是ノ語一ヲ無二忘失一スル者上ヲ。咸ク降二ヲ密室一ニ大慈受レン熏ヲ。願クハ

一切世閒增長增損大ニ興二シ末法一ヲ息レ諍ヲ揚レ宗ヲ。禪敎律ノ三會ニ歸二セン祕藏一ニ

一心頂禮。身紫金色坐百寶蓮華本師釋迦牟尼佛

一心頂禮。佛頂妙高臺中十方無量諸佛淨業正因過去來（未カ」）現在三世諸佛

一心頂禮。住立空中觀世音大勢至二大士侍立左右無量壽佛

一心頂禮。西方極樂世界在池水上住寶蓮華現八尺身形眞金色圓光映徹圓光中無量化佛菩薩阿彌陀佛

一心頂禮。西方極樂世界在池水上阿彌陀佛

一心頂禮。西方極樂世界在池水上住寶蓮華阿彌陀佛

一心頂禮。西方極樂世界在池水上住寶蓮華現八尺身阿彌陀佛

一心頂禮。西方極樂世界在池水上住寶蓮華現八尺身形眞金色阿彌陀佛

一心頂禮。西方極樂世界在池水上住寶蓮華現八尺身形眞金色圓光映徹阿彌陀佛

一心頂禮。西方極樂世界在池水上住寶蓮華現八尺身形

眞金色圓光映徹圓光中無量化佛菩薩阿彌陀佛

一心頂禮。西方極樂世界在池水上身同衆生觀世音菩薩

大勢至菩薩摩訶薩

一心頂禮。西方極樂世界在池水上天冠立佛觀世音菩薩

摩訶薩

一心頂禮。西方極樂世界在池水上肉髻寶瓶大勢至菩薩

摩訶薩

一心頂禮。西方極樂世界在池水上於一切處身同衆生助

佛普化觀世音菩薩大勢至菩薩摩訶薩

一心頂禮。觀無量壽佛經

一心頂禮。淨除業障得生佛前經

一心頂禮。第十三雜想觀及十方三世一切尊經

南無極樂世界阿彌陀佛無二憂惱一處。我當二往生一ス。不レ樂二

閻浮提濁惡世一ヲ也。此濁惡處。地獄・餓鬼・畜生盈滿シ。多シ

不善聚。願クハ我未來不レ聞二惡聲一ヲ不レ見二惡人一ヲ⑭今向二世

尊二五體投レ地求哀懺悔一ス。我等愚人多ク造二惡法一ヲ。無レ

有二慚愧一。毀シ犯シ五戒八戒及ヒ具足戒一ヲ。偸二僧祇物一。現前

僧物一ヲ。不淨說法一シ。以二諸ノ惡業一而モ自ラ莊嚴シ。乃至五逆

十惡具二スル諸ノ不善一ヲ。應下墮三惡道二受ルコト苦無キ窮⑭唯願クハ

觀世音及ヒ大勢至以二大悲音聲一。爲レ我ガ廣ク說タマヒ諸法實

相。除コ滅スルノ罪法上ヲ。令三我ヲシテ聞已テ發二菩提心一ヲ。應レ時二

即チ見二極樂世界ノ廣長之相一ヲ。得ル見コト佛身及ヒ二菩薩一ヲ。

豁然トシテ大悟シテ逮二無生忍二。臨二命終ノ時二⑭阿彌陀佛授テレ

手ヲ迎接シ不レ離二金臺一ヲ遍二十方界二。於テ諸佛ノ前二次第二

受レ記ヲ。還ツ至二本國二觀二百寶蓮一。廣爲二多衆ノ宣コ說シ佛

語ヲ。僧那大悲盡二未來際一ヲ

懺悔發願已。歸命禮三寶一

南無阿彌陀佛　南無觀世音菩薩　南無大勢至菩薩摩訶

薩

自歸於佛。當願衆生。體解大道。發無上心

自歸於法。當願衆生。深入經藏。智慧如海

自歸於僧。當願衆生。統理大衆。一切無礙

和南聖衆

(7) 受持佛說阿彌陀經行願儀（＊卍續二‐一三、三五五丁左上～七丁左下。淨土十要參照）

一切恭敬。一心頂禮十方常住三寶

是諸衆等。各各互跪。嚴持香華。如法供養。供養十方法界三寶

願クハ此香華雲。遍二滿シ十方界ニ一。供二養ス一切ノ佛。世閒難信ノ法。及ヒ諸上善人ニ一。普ク熏二シテ諸ノ衆生ニ一。皆發二セン菩提心ヲ一

供養已一切恭敬

身光不思議。遍ク照二ス於十方ヲ一。無量光如來。西方ノ大慈父。壽命不思議。無邊ノ阿僧祇。無量壽如來。西方ノ大導首。國土純清淨ニ。功德所二莊嚴スル一。一切ノ諸群生。悉ク登二不退地ニ一。十方ノ恆沙ノ佛。共ニ讚二ス於此邦ヲ一。故我ト與二衆生一。願クハ生二セン極樂國ニ一

一心頂禮。娑婆世界五濁惡世本師釋迦牟尼佛

一心頂禮。東方世界阿閦鞞佛・須彌相佛・大須彌佛・須彌光佛・妙音佛如是等恆河沙數諸佛

一心頂禮。南方世界日月燈佛・名聞光佛・大焰肩佛・須彌燈佛・無量精進佛如是等恆河沙數諸佛

一心頂禮。西方世界無量壽佛・無量相佛・無量幢佛・大光佛・大明佛・寶相佛・淨光佛如是等恆河沙數諸佛

一心頂禮。北方世界焰肩佛・最勝音佛・難沮佛・日生佛・網明佛如是等恆河沙數諸佛

一心頂禮。四維世界最上廣大雲雷音王佛・最上日光名稱功德佛・無量功德火王光明佛・無數百千俱胝廣慧佛如是等恆河沙數諸佛

一心頂禮。下方世界師子佛・名聞佛・名光佛・達磨佛・法幢佛・持法佛如是等恆河沙數諸佛

一心頂禮。上方世界梵音佛・宿王佛・香上佛・香光佛・大焰肩佛・雜色寶華嚴身佛・娑羅樹王佛・寶華德佛・見一切義佛・如須彌山佛如是等恆河沙數諸佛

一心頂禮。西方極樂世界淸旦所供十萬億佛及一切時中所供十方三世一切諸佛

一心頂禮。西方極樂世界壽命無量無邊阿僧祇劫阿彌陀佛

一心頂禮。西方極樂世界光明無量照十方國阿彌陀佛
一心頂禮。西方極樂世界臨命終時現前導引阿彌陀佛
一心頂禮。佛說阿彌陀經
一心頂禮。稱讚不可思議功德一切諸佛所護念經
一心頂禮。西方極樂世界阿彌陀佛所說及十方三世一切尊經
一心頂禮。西方極樂世界光明衆寶無量眞淨色塵
一心頂禮。西方極樂世界和雅微妙無量眞淨聲塵
一心頂禮。西方極樂世界身雲華雨無量眞淨香塵
一心頂禮。西方極樂世界飯食禪法無量眞淨味塵
一心頂禮。西方極樂世界德水微風無量眞淨觸塵
一心頂禮。西方極樂世界同佛授手觀世音菩薩。大勢至菩薩及諸聖衆菩薩摩訶薩
一心頂禮。西方極樂世界諸上善人一生補處菩薩摩訶薩
一心頂禮。西方極樂世界無量無邊諸大菩薩摩訶薩
一心頂禮。西方極樂世界阿鞞跋致同佛壽命十方往生菩薩摩訶薩
一心頂禮。西方極樂世界無量無邊聲聞弟子諸大菩薩摩訶薩
一心頂禮。極樂世界欄楯行樹中諸菩薩摩訶薩
一心頂禮。極樂世界寶池蓮華中諸菩薩摩訶薩
一心頂禮。極樂世界階道樓閣中諸菩薩摩訶薩
一心頂禮。極樂世界黃金地上娛天華樂諸菩薩摩訶薩
一心頂禮。極樂世界盛衆妙華廣修佛事諸菩薩摩訶薩
一心頂禮。極樂世界飯食經行諸菩薩摩訶薩
一心頂禮。極樂世界聞音正念諸菩薩摩訶薩
一心頂禮。極樂世界無有衆苦但受諸樂一切菩薩摩訶薩
一心頂禮。文殊師利法王子・阿逸多菩薩・乾陀訶提菩薩・常精進菩薩如是等諸大菩薩及十方三世一切菩薩摩訶薩」
一心頂禮。舍利弗尊者・迦葉尊者・阿難陀尊者如是等諸大弟子及十方三世一切聖僧
普爲法界一切衆生。悉願斷除三障歸命懺悔
至心懺悔。我弟子某甲及法界衆生。從無始世來。無明所覆顚倒迷惑。而由六根三業習不善法。廣造十惡及五無間

一切衆罪。無量無邊說不可盡。十方諸佛常在世間。依正莊嚴法音不絕。妙香充塞。法味盈空。放淨光明照觸一切。常住妙理遍滿虛空。我無始來。六根内盲三業昏闇。不見不聞不覺不知。以是因緣長流生死經歷惡道。百千萬劫永無出期。經云。(大正藏九、三九二下。普賢觀經)毘盧遮那遍一切處。其佛所住名常寂光。是故當知一切諸法無非佛法。而我不了隨無明流。是則於菩提中見不清淨。於解脫中而起纏縛。今始覺悟。今始改悔(叩)(「奉對カ)諸佛彌陀世尊發露懺悔。當令我與法界衆生。三業六根。無始所作。現作當作。自作教他見聞隨喜。若憶不憶。若識不識。若疑不疑。若覆若露。一切重罪畢竟清淨。我懺悔已。六根三業淨無瑕累。所修善根悉亦清淨。皆悉廻向莊嚴淨土。普與衆生同生安養(叩)願阿彌陀佛常來護持。令我善根現前增進。不失淨因。臨捨命時身心正念視聽分明(叩)面奉彌陀與諸聖衆。手執華臺接引於我。一刹那頃生在佛前。具菩薩道廣度衆生同成種智

懺悔發願已。歸命禮阿彌陀佛。及一切三寶

南無十方佛　南無十方法　南無十方僧　南無本師釋迦牟尼佛　南無極樂世界阿彌陀佛　南無一切諸佛所護念經　南無觀世音菩薩　南無大勢至菩薩摩訶薩

自歸於佛。當願衆生。體解大道。發無上心

自歸於法。當願衆生。深入經藏。智慧如海

自歸於僧。当願衆生。統理大衆。一切無礙

和南聖衆

(8) 節分會日數心經法則（*天全二〇、一二四下～六下。法則彙雋參照）

先三禮

一切恭敬　自歸依佛　當願衆生　自歸依法　當願衆生

自歸依僧　當願衆生

如來妙　世間如來色　一切法常住　是故我歸依

抑節分會日數讀誦心經《ノ》場《ハ》除災與樂《ノ》之砌《リ》。爲下喰(飡カ)受《シ》法味一《ヲ》證中明《ンカ》功德上《ヲ》。降臨影向《シタマフ》處《ノ》之上天下界護法神祇冥道。總《ハ》扶桑國中三千餘座《ノ》大小神祇。殊《ニハ》東照宮日吉山王七部類眷屬。併《ニ》爲二《メ》法樂莊嚴倍增威光一《ノ》一切神分《ニ》

般若心經

大般若經名

謹敬白《シテ》三世常住淨妙法身摩訶毘盧遮那。一代教主釋迦大師。十方三世應正等覺。十六會中般若心經甚深妙典。法涌常啼等《ノ》諸賢聖衆。現不現前《ノ》三寶《ノ》境界二《ニ》而言《ク》。方《ニ》今《マ》。於二《テ》扶桑國東叡山兩大師《ノ》寶前一《ニ》。每歲除夜《ノ》恆規《トシテ》。一結《ノ》法師等抽二《テテ》一心《ノ》丹誠一《ヲ》專二《ニシ》三業《ノ》白善一《ヲ》。以《テ》讀誦《シテ》般若心經一《ヲ》奉レ《ル》備二《ヘ》兩大師《ノ》法味一《ニ》事有《リ》。其《ノ》旨趣

如何《トナレハ》者夫《レ》

息災延命之祕術　無レ過二《クルハ》色卽是空《ノ》之旨一《ヲ》

福壽增長之方法　無レ如二《シクハ》空卽是色《ノ》之義一《ニ》

經《ニハ》說二《キ》能除一切苦一《ト》。或宣二《フ》無有恐怖遠離一切顚倒一《ト》。仍《テ》一文一句之講讀猶《ヲ》有二《リ》七難卽滅《ノ》祕術一。節分會日數讀誦之功爭《カ》無二《ン》七福卽生《ノ》妙用一。以《テ》諸人合掌《シテ》偏《ニ》奉レ《ル》仰二《キ》兩大師《ノ》悲願一《ヲ》。讀誦《タテマツル》眞實不虛《ノ》之眞文一《ヲ》。然《レハ》則《チ》。影向《ノ》諸天《ハ》納受《シ》法味一《ヲ》。降臨《ノ》冥衆《ハ》善根《ヲ》隨喜《シ》。化功歸本《ノ》之故《ニハ》信心《ノ》法師等悉地成就乃至法界平等利益

至心發願　讀誦心經　功德威力　功德成就

天衆地類　倍增法樂　行疫神等　離業得道

天下泰平　國土安穩　風雨順時　五穀成就

大樹幕下　高運不退　一品大王　御願圓滿

大檀　家　武運長久　參詣諸人　各願成辨

院內安全　僧俗和合　乃至大千　平等普潤
衆生無邊誓願度　福智無邊誓願集
法門無盡誓願學　如來無邊誓願仕
無上菩提誓願證　護持自他成大願
一切諷誦　丁
次日數心經讀誦　發音
次讀經　畢　結願作法
先三禮
一切恭敬　自歸依佛　當願衆生　自歸依法　當願衆生
自歸依僧　當願衆生
如來妙　世間如來色　一切法常住　是故我歸依
抑法師等殊ニ致シ二精誠ヲ一雖トモレ令ムト二讀誦セ一。凡夫愚縛ノ依身ナレハ。讀誦ノ間タ交ヘ二餘念ヲ一於二文字章句ニ一不ンカレ正歟。故ニ重テ讀二誦シテ之ヲ一以テ可シレ成ス二補闕分ヲ一
一切諷誦　丁
次一卷讀誦　發音
抑モ節分會般若心經讀誦ノ庭ハ。消災召福ノ之砌。從リ二開白ノ之始一至ルマテ二結願之今マニ一。影向シタマフ處神祇冥衆。重テ爲メニ二法樂莊嚴威光增益一ノ一切神分ニ
般若心經
大般若經名
至心勸請釋迦尊　十方三世諸善逝
般若心經甚妙典　八萬十二諸聖教
觀音文殊諸薩埵　身子善吉諸賢聖
梵釋四王諸護法　十六會中諸聖衆
此閒如常
世世恆聞般若經　恆修不退菩薩行
疾證無上大菩提
摩訶般若波羅蜜多心經
將ニルニレ釋ント二此ノ經ヲ一。凡釋尊己證ノ法門。觀音祕密ノ神呪ナリ。又三世諸佛ノ發心覺母。十方薩埵ノ尊師也ナリ。雖トモレ不ントレ滿タ二此ノ經一紙ニ一。爲タリ二六百軸ノ肝心一。理包二含シ二空ヲ一盡ス二十六會ノ祕賾ヲ一(贖カ)。能除一切空眞實不虛ノ金言。滅罪生善勝利。誠ニ憑シキ哉。一經ノ大意存略如シレ斯ノ

抑捧《テ》心經讀誦《ノ》惠業《ヲ》奉《ル》資《シ》兩大師《ノ》法味《ニ》

仰《キ》願《クハ》

一天太平　四海靜謐　佛日增輝　法輪常轉
乃至法界　利益周遍

---

(9) 光明供法則

愼《ミ》敬《テ》白《シテ》自性法身摩訶毘盧遮那。本有顯照盧舍那界會。隨緣利物釋迦善逝。淨瑠璃教主醫王薄迦。西方化主無量壽佛。兼但對帶權實聖教。妙法蓮華眞淨法門。祕密上乘三部妙典。普賢文殊觀音地藏等《ノ》諸大薩埵。身子目蓮(連カ)等《ノ》賢聖。閻魔王界冥官冥衆。乃至佛眼所照微塵刹土《ノ》一切《ノ》三寶《ノ》境界《ニ》而言《ク》。方今

南瞻部提扶桑朝大日本國東叡山於《テ》勸學校院《ノ》道場《ニ》。移《シ》密嚴華藏《ノ》梵筵《ヲ》。修《シ》光明眞言《ノ》祕法《ヲ》營《ム》盂蘭盆《ノ》會式《ヲ》。(卍續三三五、一五一丁左上。盂蘭盆經新疏參照)其《ノ》旨趣如何《ントナレハ》者夫《レ》。人世《ノ》福田《ハ》莫《ク》尚《ハ》乎三寶《ヨリ》。出世《ノ》道法《ハ》莫《シ》先《ナルハ》孝慈《ヨリ》。欲《ハ》報《ント》深恩《ヲ》莫《ク》要《ナルハ》乎與拔《ヨリ》。欲《ハ》成《ント》濟度《ヲ》莫《シ》大《ナルハ》乎盂蘭《ヨリ》。原《ネ》以《レハ》。往昔佛子目蓮(連カ)道滿《シテ》首《メニ》思《ヒ》乳哺之恩《ヲ》。普《ク》尋《ルニ》其《ノ》所在《ヲ》墮《シテ》餓鬼趣《ノ》中《ニ》。乏《ク》食《ニ》皮骨連立《シ》。偶《タマタマ》見《ルトキハ》食《ヲ》則化《シテ》爲《リ》火炭《ト》。其《ノ》苦最《モ》重《ク》無《シ》可《キコト》喩陳《ス》。暫《ク》假《ルニ》喩《ヲ》以《テス》盂蘭《ヲ》。盂蘭《ハ》是《レ》倒懸《ノ》梵名。親愛特《ニ》重《シ》。何《ツ》絶《ンヤ》悲

哀ノ情ニ。故ニ、大聖世尊垂レ慈ヲ廣ク示シ救世ノ深法ヲ。頓ニ令ニ三ム

其ノ脱セシ重苦ヲ。爾ノ來。法水流注シテ普ク潤ニ法界ヲ。所以ニ

凡夫ノ四倒。二乘ノ四倒等ニ於ルヤ因ニ也。及ヒ欲界ノ無禪モ亦タ

是ノ倒懸ナリ也。三有ノ之ヲ無漏ノ之漿ニ。偏眞缺俗諦ノ法財ニ

權位ヲ。失スル中道ノ實味ヲ等ニ於ルヤ果ニ也。悉ク比シテ可レ稱ニス倒

懸ニ。雖レ然ニ圓音一タヒ興テ唱レ高シ。所ニ潤何ソ限ランヤ焉。百味五

菓ノ盆食ハ。解キ餓鬼ノ倒懸ニヲ。攝心十支ヲ爲ルハ盆食ト。解ニ欲界ノ

倒懸ヲ。念處四諦ノ行觀ヲ爲ニルハ盆食ト。解ニ三界ノ倒懸ヲ。弘願

六度ノ滿行ヲ爲ニレハ盆食ト。解ニ四枯ノ倒懸ニヲ。一心不思議ヲ爲ニレ

盆食ト。解クニ三邊ノ倒懸ヲ。密乘ノ法雨誰レカ測ニシヤ其際畔ニ乎。于

茲ニ常州眞壁郡久下田ノ郷有ニリ早瀬氏ナルニ者。恭シク悅シ此ノ法

筵ニ投シテ寶財ヲ令ニシム當館ノ僧侶ヲシテ當年修ニセシ此ノ大法ニ。所レ慕

供ニ先祖代代ノ諸靈魂。六親眷屬七世ノ父母等ノ洪福ニ。祈ルニ

施主家内安穩子孫繁榮ヲ。其ノ功何ソ不レ着シカラ乎。凡ソ所

修ノ眞言ハ者大日覺王ノ之肝心。彌陀善逝ノ密言ナリ也。故ニ

略シテ說カハ神呪ノ功能ヲ者。初ノ 宇（ヲト）者三身圓滿ノ之覺位。滿法

出生之字母。（アボキャ）ハ自受法樂無間斷ノ之義ヲ。（ビロシャナ）ハ

除闇遍明ノ之義。（マカボダラ）ハ五智五色放光ノ之義。（ニ）ハ如

意滿足ノ義。（ハドマ）ハ妙法芬陀利華衆生ノ之心蓮ナリ也。（ジンハラ）ハ

煩惱滅盡ノ之義。（ハラハリタヤ）ハ三世常恆說法利生ノ之義。（ウン）ハ

内證金剛ノ之智體。（ハッタ）ハ破獄密言清淨ノ之義ナリ也

若爾ハ

八寒ノ堅水ハ者顯レテ（バン）字ノ智水ト潤ニ瞋恚ノ之渴ヲ。八熱ノ猛

火ハ者開ケテ（ラン）字ノ智火ト燒ニ貪煩惱ノ之薪ヲ。餓鬼ノ求食ハ欣ニ

果德ヲ求ニメ菩提ノ之果ヲ。畜趣ノ愚癡ハ表シテ智斷ヲ澄禪定ノ之

意ヲ。修羅ノ鬪諍ハ顯ニレテ降魔ノ振ヒ忍力ノ之威ヲ。人中ノ八苦ハ

示シ八葉ノ之功德ヲ。天上ノ五衰ハ表シ五智ノ莊嚴ヲ。與ニ四聖

共ニ速カニ證ント色心境智ノ之覺位ヲ無レ疑ヒ。乃至法界ニ。平等

利益

信心ノ施主含ニミ除災與樂ノ笑ミヲ。丹誠ノ淵深ク啓白詞拙シ。三

寶照鑒シタマヘ

至心發願　所修善根　三寶願海　哀愍救護

護持施主　諸願成辨　五穀豐饒　萬民快樂

九品蓮臺　樹下聖衆　過去諸靈　增進佛道

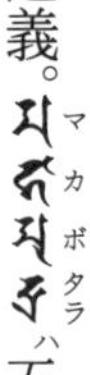

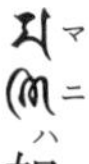

滅罪生善　出離生死　其諸功德　證大菩提
抑《モ》爲祕密眞言所修善根《ノ》庭。解《キ》趣倒縣(懸カ)《ノ》苦惱《ヲ》頓證《スルノ》
佛果《ヲ》砌《リ》。餐受《シ》法味《ヲ》證明《センカ》功德《ヲ》。上天下界《ノ》神祇冥
衆。定《テ》來臨影向《シタマフラン》
然《レハ》則
奉爲《メ》梵釋四王諸大明神五道冥官。別《シテハ》寶同(圓宗カ)守護《ノ》諸
神祇衆。各《ゞ》法樂莊嚴威光倍增　一切神分
般若心經　丁
大般若經名　丁
次靈分
爲三國傳燈諸大師等乃至無依無怙一切靈等皆成佛道《ノ》
南無摩訶毘盧遮那如來　丁
南無金剛手菩薩　丁
爲信心《ノ》施主家先祖代代過去諸靈佛果增進《ノ》
南無阿彌陀如來　丁
南無地藏寶號　丁
爲除《キ》慳貪業《ヲ》福智滿足《ノ》
南無寶勝身如來　丁
爲破《シ》醜陋《ノ》形《ヲ》圓滿相好《ノ》
南無妙色身如來　丁
爲灌去《シ》身心《ヲ》令受快樂《ノ》
南無甘露王如來　丁
爲咽喉廣大飯食受用《ノ》
南無廣博身如來　丁
爲恐怖悉除離餓鬼趣《ノ》
南無離怖畏如來　丁
次祈願
爲金輪聖王御願圓滿玉體安穩寶祚延久國土豐饒諸人
快樂《ノ》
南無大聖不動明王　丁
南無觀自在菩薩　丁
爲當山槃(繁カ)昌學道長久《ノ》
南無大悲多門(開カ)天王　丁
南無文殊師利菩薩　丁

爲二信心ノ施主家運長久諸難消除一ノ

南無藥師如來 丁

南無一字金輪佛頂 丁

爲二決定法成就一ノ

南無釋迦牟尼如來 丁

南無佛眼部母菩薩 丁

南無妙法蓮華經 丁

南無一切三寶 丁

(以下插紙)

一切恭敬　自歸依佛　當願衆生　自歸依法　當願衆生

自歸依僧　當願衆生 丁

如來妙　世閒如來色　一切法常住　是故我歸依 丁

(以上插紙)

⑽ 法華三昧常行三昧 法則

與レ衆本尊左方着座。惣禮頭ノ字ニテ立。三禮。登檀(壇カ)。燒香如常。次惣禮畢テ磬丁如レ常。三敬禮。次供養文畢テ磬。表白

愼ミ敬テ白シテ下三身卽一釋迦大世尊。東方敎主醫王善逝。西方願王彌陀主(種カ)覺。妙法蓮華權實聖敎。普賢文殊等ノ諸大菩薩。身子目蓮(連カ)等ノ諸賢聖。五道ノ冥官。總シテハ盡虛空界ノ一切ノ三寶ニ上而言ク。方ニ今南瞻部提大日本國東叡山於二勸學校院ノ道場一ニ。一結ノ衆等調ヘ二六種相應ノ之供物一ヲ。修シテ二法華常行三昧ノ妙行一ヲ刷二追福善根一ヲ。祈ル二先古累代出離一ヲ。其旨趣如何トナレハ夫レ。靈鷲三明ノ覺月ハ早ク隱レ二二千餘回ノ雲一ニ。龍猛三部ノ智水ハ遙カニ隔ツ二五濁ノ之浪一ヲ。上天ノ果報モ盡レハ二威力一ヲ還テ墮シ二惡趣一ニ。人界ノ之修因ハ多ク趣ク二鬼道一ニ。凡ソ娑婆ハ是レ會者定離之境《ナラヒ》。生者必滅之處《コトワリ》也。誰レカ不レンヤ欲二出離一ヲ乎。於レ中ニ上野ノ國榛名山ノ住人ニ有二一ノ之宮氏ナル者一。信スルコト二此ノ法一ヲ深ク擲《ナケウツテ》二眞金貳拾片一ヲ恆例ニ結ヒ二此筵一ヲ。移シテ二目蓮(連カ)尊者ノ拔苦一ヲ回二向シ諸趣ノ菩提一ニ。供フ二先祖代代父母ノ洪福一ニ。伏シテ以レハ。施餓鬼ノ勝業ハ

者世尊以テ二巧智ヲ一示シ二慳貪ノ業因ヲ一。目蓮(連カ)比丘ハ應シテ二佛敕ニ一
爲レ濟スント二悲母ノ苦患ヲ一。雖レ爾リト。業報甚深ニシテ不レ堪ヘ二飲食ニ一。
依レ之詣二佛所ニ一悲二演ス二此ノ旨ヲ一。僧爲レメニ之レカ修セン二法華常行兩三
昧勝業ヲ一。在世ノ濟度。滅後ノ軌範。豈過レンヤ之ニ乎

若爾ラハ過去諸靈魂ハ者

無明ノ之雲忽チ晴レテ　顯シ二三身圓滿ノ之月ヲ一
生死之眠頓ニ覺テ　遊二本覺眞如ノ之都ニ一
乃至法界。平等利益丁
信心ノ施主含ミ二家運長久ノ瑞ヲ一。丹祈淵深ク。啓白詞淺シ。三
寶照鑒シタマヘ
至心發願　所修功德　三寶願海　哀愍救護
一結大衆　各願圓滿　過去聖靈　證大菩提丁
抑爲ニ下三業相應所修妙行ノ庭ハ。拔苦與樂ノ砌。喰(飡カ)二受シ法
味ヲ一證中明センカ功德ヲ上。上天下界ノ神祇冥衆。定テ來臨影
向シタマフラン

然レ則

爲ニ二梵天帝釋四大天王。王城ノ鎭守諸大明神。別シテハ圓宗
擁護ノ諸神祇等。併テ法味莊嚴威光增益ノ一一切神分

般若心經丁

大般若經名丁

靈分

爲ニ三國傳燈ノ諸大師等乃至一切靈等皆成佛道ノ一

南無摩訶毘盧遮那如來丁

南無金剛手菩薩丁

爲ニ施主家過去諸靈佛果增進ノ一

南無阿彌陀如來丁

南無地藏寶號丁

爲ニ金輪聖王玉體安穩五穀豐饒諸人快樂一

南無大聖不動明王丁

南無觀自在菩薩丁

爲ニ當山繁昌興隆佛法ノ一

南無大悲多聞天王丁

南無文殊師利菩薩丁

爲ニ決定法成就ノ一

南無釋迦牟尼如來丁

南無佛眼部母菩薩丁

南無一切三寶丁

衆生無邊誓願度　煩惱無邊誓願斷

法門無盡誓願學　如來無邊誓願仕

無上菩提誓願證　護持佛子成大願丁

一切諷誦丁

(別筆)

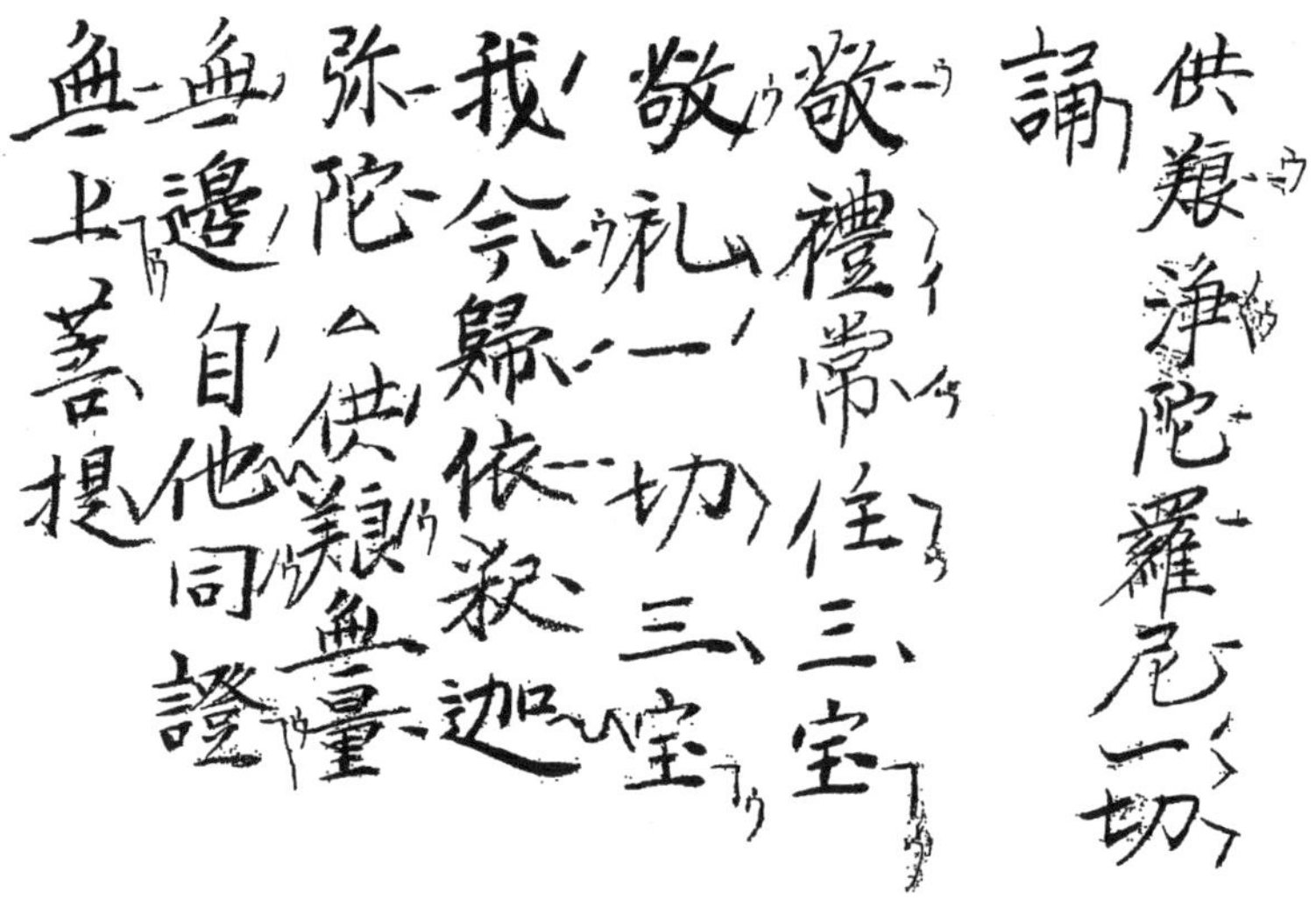
供養浄陀羅尼一切
誦
敬禮常住三宝
敬礼一切三宝
我今歸依釈迦
弥陀△供養無量
無邊自他同證
無上菩提

⑾ 藥師如來懺願儀（＊卍續二ー乙二、五〇丁右下～三丁左下。藥師三昧行法）

初入道場。至本尊前。敷尼師壇。正身合掌倚立。應念本尊行願功德。於一切有情。起利益安樂慈悲平等之心。誓欲救度。慚愧懇惻。存想三寶叆塞虛空。影現道場。手執香爐。燒衆名香。口唱三寶。五輪著地。首者舉云

一切恭敬 此下異口同音

一心頂禮。十方法界常住佛 一拜

一心頂禮。十方法界常住法 一拜

一心頂禮。十方法界常住僧 一拜。禮竟。互跪燒香。以手擎華。首者白云

是諸衆等。各各互跪。嚴持香華。如法供養 此下衆同聲唱

願此香華雲遍滿十方界。一一諸佛土無量香莊嚴。具足菩薩（「道カ）成就如來香 唱已。冥心少頃。遍運香雲。供養三寶。普熏衆生。發菩提心。咸生淨土。速證佛智。想已。起首者白結

供養已。一切恭敬 一拜。禮已。起立合掌。想念本尊。大衆同聲。誦讚歎偈云

面淨如滿月　光明照無極　壽命無有量

國土甚嚴淨　能滅諸衆生　三毒之熱惱

所有現在佛　皆從其發願　聞名定作佛

是故稽首禮 讚願已竟。首者唱云

以此歎佛功德。修行大乘。無上善根。奉福上界天龍八部。大梵天王。三十三天。閻羅五道。六齊八王。行病鬼王。各及眷屬。此土神祇。當所鎭守。護正法者。又爲國王帝主。土境萬民。師僧父母。善惡知識。造寺檀越十方信施。廣及法界衆生。願藉此善根平等熏修。功德智慧。二種莊嚴。同得往生。淸淨佛土 一拜

一心頂禮。南無本師釋迦牟尼世尊 一拜 下同

一心頂禮。南無東方淨瑠璃世界教主。藥師瑠璃光世尊

一心頂禮。南無東方無勝世界。善名稱吉祥王世尊

一心頂禮。南無東方妙寶世界。寶月智嚴光音自在王世尊」

一心頂禮。南無東方圓滿香積世界。金色寶光妙行成就世尊

一心頂禮。南無東方無憂世界。無憂最勝吉祥世尊

一心頂禮。南無東方法幢世界。法海雷音世尊

一心頂禮。南無東方善住寶海世界。法海勝慧游戲神通世尊

一心頂禮。南無十方一切諸佛世尊

一心頂禮。南無賢劫千佛。三世一切諸佛世尊

一心頂禮。南無藥師瑠璃光如來本願功德。正法寶藏
一心頂禮。南無光中演說。除滅一切衆生苦惱大陀羅尼
一心頂禮。南無五時法海十二部經。及十方三世一切尊法」
一心頂禮。南無淨瑠璃世界。日光遍照菩薩摩訶薩
一心頂禮。南無淨瑠璃世界。月光遍照菩薩摩訶薩
一心頂禮。南無淨瑠璃世界。無量無數菩薩摩訶薩
一心頂禮。南無曼殊室利法王子菩薩摩訶薩
一心頂禮。南無觀世音菩薩。得大勢至菩薩摩訶薩
一心頂禮。南無無盡意菩薩。寶檀華菩薩摩訶薩
一心頂禮。南無藥王菩薩。藥上菩薩。彌勒菩薩摩訶薩
一心頂禮。南無救脫菩薩。執金剛菩薩摩訶薩
一心頂禮。南無十方三世一切菩薩摩訶薩
一心頂禮。南無摩訶迦葉尊者。阿難尊者。及一切大聲聞
緣覺賢聖僧

禮シ已テ。燒レ香ヲ。散シレ華ヲ。長跪合掌シテ首者白シテ云

藥師瑠璃光如來。本行菩薩道時。發十二大願。令諸有情。
所求皆得。我今從佛。亦如是發

已下大衆齊レシテ聲ヲ唱テ云

願我來世得菩提　身光熾然照法界
相好莊嚴丈夫身　令諸有情無異我
願我來世得菩提　光明功德甚廣大
焰網莊嚴過日月　幽冥衆生悉開曉
願我來世得菩提　智慧方便無邊量
所受用物皆無盡　莫令衆生有乏少
願我來世得菩提　令諸邪行住正道
若行聲聞獨覺者　皆以大乘安立之
願我來世得菩提　無邊有情修梵行
皆令具足三聚戒　設有毀犯還清淨
願我來世得菩提　有情身劣根不具
聞我名已具諸根　端正黠慧無疾苦
願我來世得菩提　有情衆病貧窮苦
我之名號一經耳　身心安樂資具足
願我來世得菩提　女人百惡之所逼
極生厭離聞我名　卽得轉成丈夫身

願我來世得菩提　令諸有情出魔羂

解脱外道之稠林　正見修習菩薩行

願我來世得菩提　有情王法所加苦

及餘薦難逼身心　以我威神皆解脱

願我來世得菩提　有情饑渴因造業

我先飲食飽其身　後以法味竟安樂

願我來世得菩提　有情無衣寒熱逼

願我來世得衣服　寶莊嚴具亦滿足

專念我名得菩提

南無藥師瑠璃光如來　十二稱竟テ五輪著ケ地ヲ

大衆同執シ香爐ヲ起立シ首者作リ白ス

藥師瑠璃光如來。得菩提時。由本願力。觀諸有情。遇衆病

苦。瘦癴乾消。黄熱等病。或被魅魎蟲道所中。或復短命。

或時横死。欲令是等病苦消除。所求願滿。時我世尊入三

摩地。名曰除滅一切衆生苦惱。既入定已。於肉髻中出大

光明。光中演說大陀羅尼

南無薄伽伐帝（ナモ バ ギャ バ テイ）　鞞殺社窶嚕（ビ セイジャク ロ）　薛瑠璃鉢喇婆（ベイヂョリヤ ハ ラ バ）　曷囉闍也（ア ラ ジャ ヤ）

咀他掲多也（タ タ ギャ タ ヤ）　阿囉喝帝（ア ラ カ テイ）　三藐三勃陀也（サンミャクサンボダヤ）　怛姪他唵（タ ニャ タ ヲン）

鞞殺逝鞞殺逝（ビ セイゼイ ビ セイゼイ）　鞞殺社三沒掲帝（ビ セイジャサンボリギャテイ）　莎訶（ソハカ）

旋テ燒シ香座テ誦スルコト一百八遍マ竟テ首者白ス

爾時光中說此呪已。大地震動。放大光明。一切衆生病苦

皆除。受安穩樂　一礼

礼已テ。長跪シ。燒レ香テ。散レ華シ同聲ニ唱ヲ言

我等普爲四恩三有法界衆生。悉願斷除三障。歸命懺悔

起テ礼シ。復跪レ地ニ。執テ香爐ヲ唱ヘ云

至心懺悔。我等法界。一切衆生。現前一心。圓滿清淨。光

明廣大。功德巍巍。安住諸佛。甚深行處。具足無量。善巧

方便。無始不覺。行願力微。不識善惡。惟懷貪悋。不知布

施。及施果報。愚癡無智。缺于信根。瞋恚嫉妬。自讚毀他。

破壞尸羅。及以軌則。毀背正見。忽棄多聞。契經深義。不

能解了。生增上慢。覆蔽厥心。自是非他。嫌謗正法。甘爲

魔黨。自行邪見。令諸有情。墮大險坑。好喜乖離。更相鬪

訟。以身語意。造作增長。種種惡業。展轉常爲。不饒益事。

如是等罪。無量無邊。從此命終。應於地獄旁生鬼趣。流轉

無窮。受諸劇苦。已。從彼命終。來作人閒。牛馬駝驢。恆爲

鞭撻。饑渴逼惱。又常負重。隨路而行。或得爲人。生居下賤。受他驅役。恆不自在。種種惡纏。障于道法。不得熏修。由昔曾聞藥師瑠璃光如來名號。今復憶念。至心歸依。燒香散華。稽顙運想。歸向東土願王。藥師教主。誦持正法寶藏。大陀羅尼。從佛發願。成就菩提。與諸衆生。發露衆罪。唯願藥師瑠璃光世尊。放大光明。慈悲護念。乃至夢中。亦以佛名。覺悟其耳。令我與法界衆生。以佛神力。開發本明。願行莊嚴。隨念具足。得宿命念。畏惡趣苦。不樂欲樂。好行惠施。正見精進。善調意樂。受持學處。無有毀犯。解甚深義。離增上慢。不謗正法。不爲魔伴。諸根聰利。智慧多聞。常遇善友。永斷魔羂。破無明㲉。竭煩惱河。解脫一切。生老病死。一切嫌恨。皆起慈心。不相侵凌。互爲饒益。至命終時。有八菩薩。乘神通來。隨示道路。極樂世界。蓮華化生。諸上善人。同會一處。常得見佛。聞妙法門。具諸總持。入不退地。然後回生天上。及與人閒。而本善根。無有窮盡。十善統攝。威德自在。安立無量。百千有情。漸次修行。諸菩薩行。乃至證得。無上菩提。究竟同圓。微妙上願

懺悔發願已。歸命禮三寶 一禮

正シ身ノ威儀ヲ。右ニ繞シ佛座ヲ。燒キ香ヲ散シ華ヲ。同聲ニ稱シテ云

南無十方佛　南無十方法　南無十方僧　南無本師釋迦牟尼佛　南無教主藥師瑠璃光佛　南無藥師如來本願功德經　南無日光遍照菩薩　南無月光遍照菩薩　南無曼殊室利菩薩

或ハ三稱。或ハ七稱。還テ至ニ像前ニ

自歸依佛　當願衆生　體解大道　發無上心
自歸依法　當願衆生　深入經藏　智慧如海
自歸依僧　當願衆生　統理大衆　一切無礙
和南聖衆

⑫ 蘭盆獻供儀　幷序

餘杭沙門　釋　元照　重集

（*卍續二乙三、八九丁右上～九〇丁右上參照）

昔シ孤山法師嘗テ作ニル蘭盆ノ禮讚文一。三寶ト目連共シテ爲二六

位ト。啓白懺悔各〻四句ナル而已ノミ。仍テ用二常途ノ羅漢禮請ノ之

聲ヲ。後眞悟律師更ニ爲メニ天竺ノ祖禮ノ唱之ヲ。遂ニ加二啓請ヲ

冠シム于讚ノ首ニ一。移シテ孤山ノ四句ヲ以爲二歎佛一ト。予謂ク釋子

奉ニ行セハ蘭盆一。固ヨリ當下ニ代テ爲メニ存亡ノ露過陳悔上ス。又依ニ

經ニ設ハ供ヲ必ス先呪願ス。此ノ二ハ乃シ法會ノ之至要ナリ。而モ昔シ

皆ナ遺ス之ヲ。故ニ今於二歎佛ノ後ニ依テ經ニ出ス呪願ノ法一ヲ。又禮

讚ノ後ニ別シテ出二悔文一。餘ハ並ニ仍二テ舊貫ニ。無シ二別ノ改作一。有モレ

加ニ圭峯ノ一讚及勸請等ノ偈一ヲ。今例スルニ不レ存各其ノ志爾。

○初入二道場一。三禮已ニ互跪。燒香散花。首者唱云

恭以レハ牟尼化主ハ。大孝慈尊ニシテ。三祇ノ功行告圓ニシテ。萬德ノ莊

嚴克ク備タマレリ。在シ因ニ在テシ果ニ咸推二孝順ヲ爲レ宗ト。居シ

聖ニ居シテ凡ニ皆以レ報恩ヲ爲レ本ト。尋ニ以レハ王宮ニ誕瑞シ。棄テ二

金輪ヲ而出家シ。道樹ニ證シテ眞ヲ。伏シテ二天魔一而成レス聖ヲ。

指シテ三千ヲ爲二化境一ト。演テ八萬ヲ爲二法門一ト。親リ昇テ二忉利天

中ニ一爲二摩耶ノ而說キ法ヲ一。躬ラ向テ二迦維國內ニ酬テ二淨飯一ヲ以テ

擔レ棺ヲ。觀ニ目連救レフ母ヲ無レキラ方。示ス自恣孟蘭ノ妙供一ヲ。使ム下

盆ニ羅テ二百味ヲ式貢リ三尊一。仰ニ賢聖ノ之威光ヲ。濟中自他之

存沒上ヲ。今則チ炎當テ二休夏一ニ。聊カ展二微餚ヲ一。普ク伸テ二供獻ヲ一。之

儀ヲ。用テ答二劬勞ノ之德ニ一。惟冀ハ十方ノ聖衆俱ニ降二臨道場ニ一。

同ク享二克誠一。俯シテ廻タマヘ二照鑒一

○唱已レ一禮。後跪執レ爐。冥ニ想衆聖。請云

一心奉請。蘭盆敎主久報親恩釋迦文佛

唯願降二臨道場一受二我供養一　（三請已ニ。一禮。下同）

一心奉請。蘭盆至敎報親拔苦法門修多羅藏

唯願降二臨道場一受二我供養一

一心奉請。十方自恣得道聖賢菩薩僧衆

唯願降二臨道場一受二我供養一

一心奉請。十方自恣得道聖賢緣覺僧衆

唯願降二臨道場一受二我供養一

一心奉請。十方自恣得道聖賢聲聞僧衆

唯願降二臨道場一受二我供養一

一心奉請。報親入道起教利生目連尊者

唯願降二臨道場一受二我供養一

○請已起立。稱二歎三寶一。同レ聲呪願

稽首釋迦眞教法　三乘賢聖目連尊

我今稟教報親恩　願軫慈悲聽讚歎

我等各爲報答所生父母罔極深恩。具飯百味五果香油挺燭。供養三寶。十方自恣大德衆僧。願使現在父母壽命百年。無病無一切苦惱之患。乃至七世父母離餓鬼苦。生人天中。福樂無極。遍周法界無量衆生。承此熏修俱沾《テン》《セン》利樂

遍三

○或更陳敍宣疏。或念佛等。臨レ時自裁

南無大孝釋迦文佛

○然後禮讚。唱云

一心頂禮。蘭盆教主久報親恩釋迦文佛

歷劫修行成聖道　目連哀請演眞乘

父母反拜踊虛空　田土聞言解羅網

修因證果同歸孝　化他自行盡酬恩

願廻慈眼視衆生　令彼存亡皆受賜

故我一心歸命頂禮　此同聲和已。一禮。下並同

一心頂禮。蘭盆至教報親拔苦法門修多羅藏

金口廣談無量教　報親唯此應機緣

拔苦偏稱自恣僧　垂慈更示蘭盆法

慶喜宣傳言已備　曇摩翻譯道彌光

王臣貴賤悉遵行　妙訓明明逾日月

故我一心歸命頂禮

一心頂禮。十方自恣得道聖賢菩薩僧衆

悲智俱修稱大士　上求下化歷僧祇

濟物長乘六度舟　利他悉到三空岸

內證將臻諸佛境　隨緣或現比丘形

而今旣降道場來　願使存亡皆離苦

故我一心歸命頂禮

一心頂禮。十方自恣得道聖賢緣覺僧衆

利智不因師匠授　諦觀緣起悟無生

說法傳燈號部行　修心無侶稱麟喩
眞空頓了看華謝　煩惱全除聽釧聲
而今旣降道場來　願使存亡皆離苦
　故我一心歸命頂禮
一心頂禮。十方自恣得道聖賢聲聞僧衆
山閒樹下安居勝　四諦深觀得有餘
喧喧生死果全傾　寂寂涅槃心已證
六通自在超魔境　八解逍遙號福田
而今旣降道場來　願使存亡皆離苦
　故我一心歸命頂禮
一心頂禮。報親入道起教利生目連尊者
神通第一居無學　爲報親恩乃出家
自力難除慈母殃　哀號遂奉如來教
發起微言資後世　揄揚孝道利群生
而今旣降道場來　願使存亡皆離苦
　故我一心歸命頂禮
○請(讃カ)已互跪。追二想存亡父母一。懇切至誠懺悔

至心懺悔。我等所生父母。多世親緣。自背眞常。長流生死。順無明之倒想。隨欲境以攀緣。恣放六情故爲十惡。貪嗔邊見殺盜邪婬。兩舌惡口以欺誑。綺語妄言而誑惑。加以恪財荒色酣酒嗜音。慢辱僧尼輕陵佛法。飡噉衆生血肉。傷殘無量含靈。不思萬劫之殃。但顧一時之美。或現遭厄難。或後受沈淪。忝當割愛出家。理合修身報德。幸値佛歡喜日僧自恣時。仰遵調御法門。式奉盂蘭盆供。但以生緣義重。哀慕情深。由是輒敍瑕疵。代申懺悔。依三寶威神加被。衆僧功行冥熏。令彼罪根倶時除滅。亡沒遷神於天上。永脫冥途。生存保壽於人閒。常無病惱。善根彌固。正信增深。倶出輪廻。盡生安養。無緣普覆。有感遂通。願賜哀憐。俯垂護念 三遍
　懺悔已。至心歸命頂禮
○此一人唱已。一禮起繞旋唱云
南無十方佛　南無十方法　南無十方僧　南無蘭盆教主釋迦文佛　南無蘭盆至教修多羅藏　南無十方自恣菩薩僧衆　南無十方自恣緣覺僧衆　南無十方自恣聲聞僧衆

南無報親入道目連尊者

○旋繞三稱已。諷二盂蘭盆經一。或餘經等。盡レ誠便散

蘭盆獻供儀 畢

○上來補助行用。且爲二潤色一。後讀經並廻向文亦爾

⒀ 佛說盂蘭盆經（＊大正藏十六、七七九上～下）

西晉三藏法師竺法護奉　詔譯

聞如是。一時佛在舍衞國祇樹給孤獨園。大目犍連始得六通。欲度父母報乳哺之恩。卽以道眼觀視世間。見其亡母生餓鬼中。不見飮食皮骨連立。目連悲哀。卽以鉢盛飯往餉其母。母得鉢飯。便以左手障鉢右手摶食食未入口化成火炭。遂不得食。目連大叫悲號涕泣。馳還白佛。具陳如此。佛言。汝母罪根深結。非汝一人力所奈何。汝雖孝順聲動天地。天神地祇邪魔外道。道士四天王神。亦不能奈何。當須十方衆僧威神之力。乃得解脫。吾今當說救濟之法。令一切難皆離憂苦。佛告目連。十方衆僧七月十五日僧自恣時。當爲七世父母。及現在父母厄難中者。具飯百味五果汲灌盆器。香油挺燭牀敷臥具。盡世甘美以著盆中。供養十方大德衆僧。當此之日。一切聖衆或在山閒禪定或得四道果。或在樹下經行。或六通自在敎化聲聞緣覺。或十地菩薩大人權化比丘。在大衆中皆同一心受鉢和羅飯。具

清淨戒聖衆之道其德汪洋。其有供養此等自恣僧者。現世父母六親眷屬。得出三塗之苦。應時解脫衣食自然。若父母現在者福樂百年。若七世父母生天。自在化生入天華光。時佛敕十方衆僧。皆先爲施主家呪願。願七世父母。行禪定意然後受食。初受食時。先安在佛前塔寺中佛前。衆僧呪願竟。便自受食。時目連比丘及大菩薩衆。皆大歡喜。目連悲啼泣聲釋然除滅。是時目連母。卽於是日得脫一劫餓鬼之苦。目連復白佛言。弟子所生母。得蒙三寶功德之力。衆僧威神之力故。若未來世一切佛弟子。亦應奉盂蘭盆。救度現在父母乃至七世父母。爲可爾否。佛言。大善快問。我正欲說。汝今復問。善男子。若比丘比丘尼。國王太子大臣宰相。三公百官萬民庶人。行慈孝者。皆應先爲所生現在父母。過去七代父母。於七月十五日。佛歡喜日。僧自恣日。以百味飮食安盂蘭盆中。施十方自恣僧。願使現在父母壽命百年無病。無一切苦惱之患。乃至七世父母離餓鬼苦。生人天中福樂無極。是佛弟子修孝順者。應念念中常憶父母乃至七世父母。年年七月十五日。當以孝慈憶所生父母。爲作盂蘭盆施佛及僧。以報父母長養慈愛之恩。若一切佛弟子。應當奉持是法。時目連比丘。四輩弟子。歡喜奉行

佛說盂蘭盆經

○或誦ㇾ經已。念佛三匝。亦得而後還立稱二廻向一揖(ㇾ一カ)而去

(以下四行。卍續九四、三七四丁左下。盂蘭盆經疏孝衡鈔參照)

以此諷經念佛善　報答父母劬勞德
存者富樂壽無窮　亡者離苦生安養
四恩三有諸含識　三途八難苦衆生
俱蒙悔過洗瑕疵　盡出輪廻生淨土

⑭ 観音祕法 付不動金縛。憶事不忘日天百日

觀音菩薩祕法
先護身法
次普印
慈眼視衆生　福聚海無量
次未敷蓮華印
歌云
我思心ノ中ハ福聚海無量ノ海ニ立波モナシ
皆人ノ壽ヲ延ル藥リニハ聞ケル花ノ菊ノ下水
次掌中ニ水三反出嘗レ之。次ニ眞言 七反
次寶號 十返
以上

不動金縛祕法
先護身法
次四字印明
次逆操 七返
輡轗吒羅怛吽也吒破娑曩濂路賀麼拏戰赦羅曰縛多滿三莫曩
次解時順誦 七反
以上

右傳授前慈救呪一洛叉。滿後授レ之者也

不動如影隨形法
先護身法
次索印
見我身者　發菩提心
次小鈎印 外縛二大指如ニク釣(鉤カ)形ニノ立
聞我名者　斷惑修善
次智拳印 雙手作レ拳。左舒ニ風指一。以ニ右拳一。握ニ右風空二指一。左風指峯割也。觀ニ命根一祈ニ念延命一
聽我說者　得大智惠
次無所不空印　口傳
知我身者　卽身成佛
次四字印

次外五鈷印
次慈救呪 百遍

憶持不忘之大事

以上

先懺悔
無始輪回諸有中　身口意業所生罪
如佛菩薩諸懺悔　我今陣(陳カ)懺亦如是
次三禮
次護身法
次合掌
𑖌𑖼𑖀𑖨𑖢𑖓𑖡
次六葉印
文殊師利大聖尊　三世諸佛以爲母
十方如來初發心　皆是文殊敎化力
次五髮印
𑖀𑖨𑖢𑖓𑖡
次同印　頌云

大智自心發　於心在我處　無古亦無今
成就一切義　文殊大聖尊　十方諸佛師
歸命供養者　起諸佛供養
次合掌　祈願
南無文殊三世農保登計農母登幾玖和連茂子奈連婆智古
曾保志計連
次加持珠明
唵ハサラクギヤシヤハサマヱイウン
次頂戴珠
唵ビロサマレイソワカ
次正念珠 五字明　一千返
次還念珠
次撥遣
唵ハサラモキサモク
次法樂 隨意
次禮拜 三反

以上

⒂ 一宿五遍大事

先禮文 三返

南無大悲利生廣大圓滿。千手千眼觀世音菩薩。二十八宿衆日月五星諸宿曜等。各各眷屬一切罪障悉皆消滅。一切善根皆令滿足

次護身法

次向二日輪一以二右ノ頭指一ヲ當シレ書ク二𑖮𑖿𑖨𑖱𑖾字一ヲ

次隨求童子印明 合掌シテ隨求陀羅尼三返

ヲン。バラバラ。サンバラ。サンバラ。インダリヤ。ビシユダニ。ウン。ウン。ロ゜ロ。シユレイ。ソワカ

次人頭童子印明 合掌

ナマ。サマンダ。ボダナン。カカカ。ビサマヱイ。ソワカ

次黑兒童子印明 合掌

ヲン。タキニ。ギヤギヤナ。ヱイ。ソハカ

次九山八海印 口傳 千手陀羅尼

次八葉印

ヲン。バサラ。ダルマ。キリ

次九葉印 先作二八葉印一。右大指入二掌中一直立。ロイ

ヲム。アミリタ。テイゼイカラ。ムン

次馬頭印 二手合。水指風指入二掌中一ニ。屈皆合。餘指立合

ヲム。アミリトハバ。ム。バツタ

次虎口印 鉤印 從二頂向一下至レ足略去

ヲム。アンボリテイ。カナカナ。ム。バツタ

次合掌唱頌 一返　次發願持呪 合掌

轉シテ二小乘心一ヲ　爲ス二大乘ノ心一ト　轉シテ二貪欲心一ヲ

爲ス二他施ノ心一ト

轉シテ二愚癡心一ヲ　爲ス二智惠心一ト　轉シテ二邪道心一ヲ

爲ス二正道心一ト

轉シテ二瞋恚心一ヲ　爲ス二柔和心一ト　轉シテ二障礙心一ヲ

爲ス二豐饒心一ト

佛子 某甲 一切圓滿𑖮𑖿𑖨𑖱𑖾莎訶

次障礙神呪 虚合

ヲム。トナバサラコ。ソハカ

次誦經文

若有比丘比丘尼。優婆塞優婆夷。童男童女欲ニ誦持一者。

於テニ諸ノ衆生一起ニ慈悲一ヲ。先當ニシヨ從レ我發スニ如ノ是ノ願一ヲ

南無大悲觀世音　願クハ我レ速ニ知ニ一切ノ法一ヲ

南無大悲觀世音　願クハ我早ク得ニ智惠ノ眼一ヲ

南無大悲觀世音　願クハ我早ク度ニ一切ノ衆一ヲ

南無大悲觀世音　願クハ我早ク得ニ善方便一ヲ

南無大悲觀世音　願クハ我速ニ乘ニ涅槃ノ船一ニ

南無大悲觀世音　願クハ我速ニ得ニ越コトヲレ苦海一ヲ

南無大悲觀世音　願クハ我速ニ得ニ戒定道一ヲ

南無大悲觀世音　願クハ我早ク登ニ涅槃山一ニ

南無大悲觀世音　願クハ我速ニ會ニセン無爲ノ舍一ニ

南無大悲觀世音　願クハ我早ク同ニ法性身一ニ

我若シ向ニ刀山一ニ云云　自ラ摧折セン

我若シ向ニ火湯一ニ云云　自ラ消滅

我若シ向ニ地獄一ニ云云　自ラ枯竭

我若シ向ニ餓鬼一ニ云云　自ラ飽

我若シ向ニ修羅一ニ云云　自ラ調伏

我若シ向ニ畜生一ニ云云　自

得ニ大智惠一ヲ。發ニ是ノ願一ヲ已至心ニ稱シ念ニ我之名一ヲ。亦タ應シニ三

專ラ念スニ我カ本師阿彌陀如來一ヲ。然後ニ卽チ當シニ誦二此陀羅尼

神呪一ヲ。一宿ニ誦ニ滿五邊一除コ滅セン身中百千萬億劫ノ生死

重罪一ヲ

次念珠一

彌陀　百返　千手小呪　百返　千手陀羅尼　五返　月輪呪　百返

三部總呪　百返　諸天呪　百返　一字呪　百返

次法施　隨意

普門品　心經　千手陀羅尼

　　　　　已上

若初行千日或百日。必不レ可レ行ニ姪事一ヲ。若犯ハ之ヲ者決

定シテ蒙ニ現罰一ヲ

⒃ 日天子百日禮法

先向日天 三禮
歸命日天子。本地千手觀自在尊
次護身法
次拍掌
次單(彈カ)指
次合掌唱云
歸命日天子。本地千手觀自在尊。爲衆生故。普照四天下
某甲 心中所願。皆令滿足。悉地成就。唵唵如律令
次日天放光印
ヲン。アニチヤ。ソハカ
次以《テ》二右ノ風指《ヲ》一日輪ノ中四三二字書《ク》レ之 三返
次千手根本印
ヲン。バサラダルキリ。ソハカ
次生身蛇刑(形カ)印
ヲン。ウガヤジヤヤ。ギヤラベイ。ソハカ

次九字切
次法施
日輪眞言 百反　千手陀羅尼 五卷　普門品 一卷　心經 三卷
已上

⒄ 九文字

先護身法 如常

臨　小鈠

兵　金剛

闘　外獅

者　内獅

皆　外縛

陳　内縛

烈　智拳

在　日輪

前　寶珠

（奥書なし）

（裏見返し別筆）

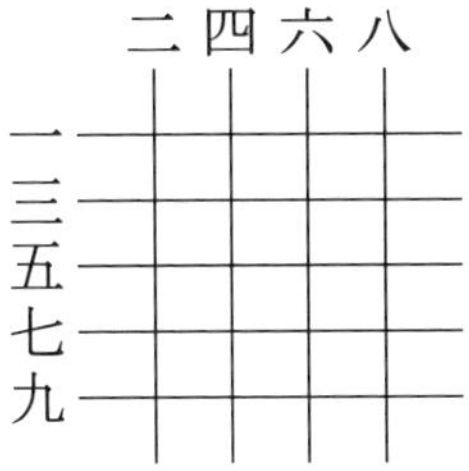

此主　光照房

（底　本）天王寺福田藏、書寫年不明一冊本

（校訂者　水尾寂芳）

〔法則集〕　〔十七題　終〕

法則集〔目次〕

＊對校㋑本原典の掲載順は16・6・18・8・10・19・1・15・20

（以上目次新作）

〔法則集〕　〔二十題〕

1　慈覺大師八百五十回忌金曼供法則（金イ合）

慈覺大師八百五十回忌　正德三癸巳〔一七一三〕年正月十〔十イ二十〕四日〔イ尊師正覺院探題僧正豪建〕

合曼供表白

愼敬白二密嚴佛土法界宮中理智不二摩訶毘盧遮那如來。大悲胎藏十三大院三部四重諸尊聖衆。金剛界會五解脫輪。十八會中諸曼荼羅一切諸尊。乃至盡空法界現不現前三寶境界一而言。方今。於二南閻浮提扶桑朝近江州比叡山延曆寺本院東塔今此大堂一。屈二三塔淨侶一凝二一心之精誠一。迎二慈覺大師八百五十回之聖忌一。營二合行曼供一修二三密瑜伽之祕法一。志願旨如何者　夫

兩部合行之軌則者。遮那內證之本源。而盡二理智眞際一
窮二寂照俱時一

所以

極理趣二百非一而分二萬德於因果一
大智施（施イ絕）二四句一而耀二圓輪於東西一

是以

卷レ之則法界　皆收二乎一塵一
舒レ之則一塵　亦遍二于法界一

然則

暫禮二心蓮一　八葉新開
良觀二滿月一　五相忽成

故

胎藏十三大院者十界群類乘二阿字一
金界九會曼荼者三十七尊現二鑁字一

信哉

僅結二印契一供二養恆沙諸佛一
一誦二眞言一消二滅無量業障一

稟是

翻二迷於一念一　最無レ如二此教一

開ニ悟於卽身一　豈有レ過ニ密法一
所謂
三密結要所レ無ニ諸經一。五智奧源獨在ニ此經一
祕教大旨蓋以如レ斯
熟以
漢明往昔　梵本始到ニ支那一
欽明聖代　象教方入ニ扶桑一
時至矣
開山大師　抗レ表入唐請益
傳ニ顯密道一　以弘ニ宣于日域一
爾後當會大師
欲レ繼ニ於其〈イ眞〉遺跡一　護ニ夢寐〈寐イ寢〉之誨誘一
期レ遭ニ于彼龍象一　涉ニ溟渤之渺瀰一
誠是
爲ニ求法一輕ニ骸骨一　不レ厭ニ慕(暴カ)風一
志ニ弘通一投ニ身命一　不レ屑ニ逆浪一
於戲

道業純淑　闡ニ揚玄風一
辭氣雄壯　紹ニ隆像化一
竊窺ニ求〈イ末〉法請〈イ諸〉益之相一
往ニ大興善寺一　謁ニ元政一而受ニ金界之法一
詣ニ于青龍寺一　見ニ義眞一而入ニ胎灌之場一
加旃
傳ニ胎藏之儀軌於法全闍梨一
窮ニ悉曇之祕頤(賾カ)於寶月三藏一
奇哉
到ニ于五臺一　數ヾ感ニ靈瑞〈瑞イ場〉一
所レ照ニ一燈一　遂誓レ建レ樓
故
承和年中期ニ歸帆一寫ニ瑜伽法水於吾山一
貞觀之天遂《ケテ》ニ要誓一營ニ文殊樓閣於東院一
是則
收ニ彼臺石一　埋ニ乎五方基趾一
探ニ其靈土一　塡ニ于師子脚下一

嗚呼
雖二業精レ勤　無二體不レ倦
似二心遊レ空　莫二眼奈レ昏
是以
遠二離諸務一　潜二屛居于草庵一
天倫忽然　與二忉利之妙藥一
瑞哉避レ翳失〔失イ矣〕　奇哉忘レ勞焉
因レ茲
書二妙經一而　藏二小塔一也
感二神靈一而　貽二大行一也
是以
台徒蹈レ跡　以質二規矩一
天下則レ之　名二如法經一
諱哉吾大師者
軌支嚴肅　扇二遮那之教風一
器識閎偉　汲二猛智之淸流一
悃愊無レ華　窮二盡三密一

舌耕絕レ倫　研二精五相一
可レ崇權化德焉　可レ敬祖業厚矣
所以
舊學英才　繼レ踵慕レ風
後進翹楚　爲レ林靡レ德
加勉而細問焉　俛焉而博學矣
誠哉
兩部百練之鏡　無二照有レ曇
祕教錯綜之文　莫二閲不レ解
故
顯綱密記　再張二叡峯一
印綱呪目　彌隆二扶桑一
雖レ然
儀法充二吾山一　播二讖緯於三千徒一
德澤胎〔胎イ貽〕二後世一　示二遷化於花芳峯一
自爾已來
八百五十之星霜

雖㆓年序似㆒㆑移祖業鎮榮
三院無數之法弟
似㆓賢愚有㆒㆑異顯密永傳
嗟呼
天旋地轉　塔廟朽敗
星移物換　舊跡荒壞
是以
大衆嗟嘆而　懷㆓興復之志㆒
勸㆓勵篤信者㆒　寄㆓嚫施之投㆒
既而
去正德辛卯（一七一一）天　穿㆓往躅㆒得㆓靈璽㆒
其仲秋撰㆓忌景㆒　營㆓塔廟㆒設㆓法饗㆒
方今至㆓聖忌㆒者
披㆓法華八軸㆒　講㆓讚于兩日㆒
請㆓阿鑁聖衆㆒　經㆓營於曼要㆒
凡
所㆑修白善　鮮㆓於士峯之雪㆒

所㆑灑瓶水　潔㆓於合浦之玉㆒
追福之功　大哉至哉
作善之德　豈唐捐乎
然則
諸尊踊躍　垂㆓歡喜眉㆒
大師娛樂　增㆓進佛乘㆒
測知
坐㆓于八葉之蓮臺㆒
卓犖而嘯㆓法界宮之月㆒
偈㆓於九尊之聖衆㆒
優然而弄㆓密嚴土之花㆒
見夫
碧堂映㆑雲兮　爀㆓爍十方㆒焉
朱簾捲㆑風兮　玲㆓瓏四面㆒矣
就中
珍膳美菓　彩㆑之以㆓金泥㆒也
巨堂麗壇　飾㆑之以㆓錦繡㆒也

疑是
安養現二于穢土一乎　都率在二于下界一乎
於戯
可レ謂盡レ美又盡レ善也
時矣
梅華帶レ雪　薫二于壇香一
嶺風落レ軒　響二乎梵唄一
景色自如兮　感應惟新焉
幸哉
遇二師諱陰一　寧非二宿種生レ芽
出二謝德時一　豈不二因花結レ菓
粤佛子某甲
雖レ似二探職有レ譽　挾二祕頤(賾カ)一途暗
雖レ應二密室勵レ業　顧二練行一蹉跎
嗚呼
心輪嘯二妄緣一　不レ測二瑜伽之冲邈一
色相猥二威儀一　無レ質二印契之曲直一

唯願
兩部諸尊　悲二愍愚叨昧濫一
界會聖衆　聽二許乖僻謬計一
伏乞
三塔佛閣之法燈
長到二于三會一増二光耀一矣
遮那止觀之兩業
鎭遍二于一山一隆二硏精一焉
重乞
天下豐饒　國家安泰
滿山諸德　眞俗圓備
士農工商　恆歌二大平《ヘイ》一(大イ太)
道俗貴賤　普歸二佛乘一
乃至
飛沈伏走　利益周遍
志願淵深　啓白流淺
三寶諸天　悉知照見

抑爲二令法久住利益人天當會大師增進佛果一

南無摩訶毘盧遮那如來

南無金剛手菩薩

次（イ无）神分

曼荼供養之場。善根隨喜之砌。爲下飡二受法饗一證中明功德上。冥衆定而來臨影向。然則。梵釋四王龍神八部三界天衆。日月星辰本命元辰當年屬星。惣而。六十餘州三千餘座大小神祇。別而。王城鎭守諸大明神。圓宗擁護山王七社王子眷屬。殊。赤山大明神乃至普天卒土神祇冥道。各爲二法樂莊嚴威權自在一。一切神分

般若心經

奉三爲三國傳燈諸大師。歷代密敎諸阿闍梨耶。普賢行願速疾圓滿一

南無摩訶毘盧遮那如來

南無金剛手菩薩

奉三爲金輪階（陛カ）下寶祚延長一

南無摩訶毘盧遮那如來

南無金剛手菩薩

奉三爲仙洞諸宮御願圓滿一

南無摩訶毘盧遮那如來

南無金剛手菩薩

爲二博陸三台文武百寮各願成就一

南無摩訶毘盧遮那如來

南無金剛手菩薩

爲二大樹幕下高運長久一

南無摩訶毘盧遮那如來

南無金剛手菩薩

爲二一天泰平四海靜謐萬民豐樂一

南無摩訶毘盧遮那如來

南無金剛手菩薩

爲二山上安穩山麓無爲佛法繁榮一

南無摩訶毘盧遮那如來

南無金剛手菩薩

爲二一結諸德滅罪生善一

南無摩訶毘盧遮那如來
南無金剛手菩薩
爲二鐵圍沙界平等利益一
南無摩訶毘盧遮那如來
南無金剛手菩薩
爲二決定法成就一
南無摩訶毘盧遮那如來
南無金剛手菩薩
南無一字金輪佛頂
南無佛眼部母菩薩
南無大聖不動明王
南無降三世明王
南無盡空法界一切三寶

以上 以上㋑ナシ

（以下對校㋑本奥書）
昭和十一年（一九三六）九月吉日
天王寺納之
佛子圓實

2　赤山大明神本地供法則 附札守開眼作法

赤山大明神本地供法則 附札守開眼作法

謹敬白シテ二常住三寶赤城山神ニ一言。方ニ今。於二南瞻部洲大日東國淡海州比叡山西麓赤山神廟一。毎歳季春特ニ一日。建二嚴肅法會ヲ一修シテ二瑜伽密軌一奉二獻スルコトアリ神明法供ヲ一

伏惟本社大明神ハ

本地慧日已鮮カニシテ

地藏願王濟世利生ノ大士

應迹ノ和光倍ゝ爽

太山府君拔苦與樂ノ靈神ナリ

仁明御宇

酬テ二佛法擁護誓願ニ一現シ二妙應於震旦ノ赤山ニ一

清和聖代

仰テ二王綱衞護ノ勢威ヲ一安二鎭座ヲ於平安艮嶽ニ一

誠ナルカナ哉

依テ二住於實相ノ眞文ニ一

普ク消二時方災厄ヲ一

專ラシテ二空平等地ノ權力ヲ一

咸ク示セリ二舍宅吉祥ヲ一

依レ之

王臣歸敬年年盛ニ

緇素虔恭日ヒ新ナリ

以レ故西溪闔衆ハ

剋二毎歳季春良辰ヲ一

修ス二三業白淨祕法ヲ一

伏シテ願クハ本社靈神

整テ二諸相ヲ一嚴リ二最勝無相種智ヲ一

統テ二衆緣一施シタマヘ二融妙無緣眞慈一

重テ乞フ

今上皇帝椿算無窮

大樹幕下昌運長久

山上山下堂社安寧

顯密兩乘法輪常轉
國無シテ二七難一咸ク頌シ二堯聲一ヲ
家生シテ二七福一ヲ普ク沾ハン二舜德一ヲ
乃至沙界利益周遍
祈願旨深ク　啓白詞淺
三寶證知シ　諸天洞鑒シタマヘ
抑爲ニ二令法久住護持佛子滅罪生善及以法界平等利益一ノ
南無摩訶毘盧遮那如來
三密瑜伽之場。供養眞乘之處。爲メニ下饗レ二受シ法供一證中明勝事上ヲ。梵天帝釋四大天王十二威德天。日月五星諸宿曜等。日吉大權本社明神。總シテハ。上天下界ノ神祇百靈來儀降臨シタマフラン。然則。爲ニ威權自在功德增益一ノ。一切神分
般若心經
爲ニ開闢以來傳燈ノ諸祖貴賤靈等皆成佛道一
南無無量壽如來
奉レ二爲メニ金輪聖王寶算萬安一ノ
南無藥師瑠璃光如來

奉レ二爲メニ儲王親王諸院諸宮御願圓滿一ノ
南無文殊師利菩薩
奉レ二爲メニ大樹幕下福延萬葉一ノ
南無大聖不動明王
爲メニ下文武百官下至ルマテ二凡民一善願成就上
南無觀自在菩薩
爲ニ風雨順時五穀成就一ノ
南無多聞天王
爲ニ二法界群生除災與樂一ノ
南無摩訶毘盧遮那如來
南無本尊界會
南無三部五部諸尊
爲メニ二決定法成就一ノ
南無一字金輪佛頂
南無一切三寶

赤山明神札守開眼作法

先護身法

次洒淨　三反

次大金剛輪印明　二十一返 或七返

次五眼具足印　二十一返 或七返

　唵母駄嚕者你莎呵

次外五古印

　阿尾羅吽欠　二十一返 或七返

次鈎召印

　曩○南阿　二十一返 或七返

次本尊印　内縛二中指直竪不二相著一

　唵訶訶訶尾沙摩曳莎呵　二十一返 或七返

次法施　　心經

次撥遣　左拳安レ腰。以二右拳一誦明。彈指三返

　唵縛日羅目乞叉稷（穆カ）

以上

3　千手大士供法則

千手大士供法則

謹敬白二祕密教主摩訶毘盧遮那如來。蓮華部中諸大薩埵。殊ニハ。本尊聖者千手千眼觀自在菩薩。惣シテ者。盡虚空界一切ノ三寶一ニ而言。方今。慈覺大師末弟某四度密法既修。三部壇場ニ得レタリ入コトヲ。方ニ今。於二阿闍梨所一受テ二千手薩埵祕法一欲ク勤コ修ス之一ヲ。伏惟夫。千手觀音者娑婆世界之施無畏者。安養淨土之一生補處ノ故ニ。正法明之月。示シ二影ヲ六道之衢一ニ。清淨光之珠。宿ス二光ヲ於五濁之水一ニ。抑。示コ現シテ三十三身之聖容一ヲ利二二十五有ノ衆生一ヲ。加之ス。纔ニ持スレハ二神呪一ヲ者。十五ノ勝利不レシテ求獲得シ。偶ヾ稱スル二名號一ヲ輩ハ。四十ノ所求自然ニ滿足ス。爰ニ弟子。飾リ二祕密壇場一ヲ修ス二薩埵ノ祕法一ヲ。若シ爾ハ。三毒七難皆ナ遠離シ。二求兩願悉ク圓滿セン。仰願ハ。本尊聖者。鑒ミ二懇誠一ヲ令レタマヘ成セ二所願一ヲ

以上

4　千手大士供請雨法則

千手大士供請雨法則

愼敬白二眞言教主摩訶毘盧遮那如來。三部五部諸尊聖衆。外金剛部金剛天等。祕密乘教深甚法門。本尊界會千手千眼觀世音自在菩薩。日光月光二十八部衆等諸大眷屬。乃至法界塵數ノ三寶一二言サク。方今。於二娑婆世界一四天下南閻浮洲大日東國近江州滋賀縣比叡山延曆寺山王院道場一。西溪大衆等抽ンテ二一心淸淨丹誠一。刷ロイ二三密瑜伽(壇カ)檀場一。修二千手大士祕法一。兼誦シ二大悲薩埵明呪一以祈ルコトアリ二雨澤順時一。其旨趣如何ントナレハ者

夫レ

陰陽愆《アヤマ》リレ候　旱魃連ヌレ日ヲ

是故

五穀將レ不レ登《ミノ》ラ　庶民憂レ失レセンコトヲ業

然ルニ本尊者

入テ二ノ三昧一二

證ンシ二智不可得ノ菩提一ヲ

起シ二弘誓雲於補陀落ノ岫《クキ》一ニ

布キタマフ二大慈雨於閻浮提ノ澳《クマ》一ニ

眞俗雖レヘトモ殊　利益並ヒニ著ルナリ

是以

供養スルニ依二瑜伽軌ノ則一ニ

誦滿スルニ以テス二無上明呪一ヲ

然レハ則チ

梵音揚時　慈雲布キ二於一天一ニ

密印結フ處ロ　甘露霑ヲサン二於八荒一ヲ

若シ爾ラ者

田園草木鬱《ウツ》トシテ類シ二榮ヲ於衆香土一ニ

道俗貴賤宛トシテ比セン二樂於安養界一

仰願

慈意妙大雲。金言既ニ無シレ疑(大正九、五八上。普門品)

澍甘露法雨。妙文必不レンコトヲ誤マラ(同前)

兼《テハ》又《タ》

飛沈伏走《ノ》群萌　同蒙《ムリ》二慈雲《ヲ》一

胎卵濕化《ノ》四生　等霑《ハン》二妙雨《ニ》一

祈願旨深《ク》　啓白詞《ハ》拙《ナシ》

三寶證知《シ》　諸天洞鑑《シタマヘ》

抑《ヾ》爲二令法久住利益人天護持大衆求願圓成《ノ》一

南無摩訶毘盧遮那如來

南無金剛手菩薩

三密瑜伽場。祈雲請雨處。爲下飡《ヿ》受法味《ヲ》一證中明功德上。梵釋四王二十八天內海外海龍王龍屬。大扶桑朝持國護法大小神祇。別《シテ》者。本宗守護日吉大權赤山明神。惣《テ》者。滿空盡地衆神靈必《ス》降臨來集《スラン》。然《レハ》則《チ》。各《ヾ》爲《メニ》二威權自在功德增益《ノ》一。一切神分

般若心經

大般若經名

爲二三國傳燈諸祖普賢行願究竟圓滿貴賤靈等皆成佛道一

南無摩訶毘盧遮那如來

南無金剛手菩薩

御《ヿ》爲《メニ》今上陛下寶祚延長《ノ》一

南無藥師瑠璃光如來

南無本尊界會

御《ヿ》爲大樹幕下高運永久一

南無大聖不動明王

南無大悲多聞天王

爲《メニ》二百官萬民各願成就《ノ》一

南無摩訶毘盧遮那如來

南無金剛手菩薩

爲二法界怨親平等利益《ノ》一

南無摩訶毘盧遮那如來

南無金剛手菩薩

爲二法成就《ノ》一

南無摩訶毘盧遮那如來

南無金剛手菩薩

南無一字金輪佛頂

南無佛眼部母菩薩

南無大聖不動明王

南無一切三寶

5 千手大士供法則

千手大士供法則

慎《シミ》敬《テ》白《シテ》二眞言教主摩訶毘盧遮那如來。三部五部諸尊聖衆。外金剛部金剛天等。一代教主釋迦牟尼如來。東土醫王善逝。西刹化主彌陀種覺。觀音勢至等諸大薩埵。二十八部衆。惣《シテ》法界塵數《ノ》三寶《ニ》一而言《ク》。方《ニ》今。於《テ》二大日本國某洲某郡此道場一二。信心《ノ》大法主抽《ンテ》二一心清淨《ノ》丹誠《ヲ》一凝《シ》二三業相應《ノ》白善《ヲ》一。刷《ロヒ》二三密瑜伽《ノ》壇場《ヲ》一。修二千手千眼《ノ》祕法《ヲ》一。祈《ルコトアリ》二信心檀主《ノ》求願《ヲ》一。其旨趣如何《ントナレハ》者厥レ

是尊《ハ》者

入《テ》二訶羅伊惡《ノ》之三昧《ニ》一

證《シ》二智不可得《ノ》之菩提一

遊《ンテ》二安養寶池之九品《ニ》一

傾《ムク》二引攝衆生《ノ》之蓮臺《ヲ》一

因レ茲

十方諸佛ノ慈悲。併テ納リ二觀音一身ニ一
六道衆生ノ利益。悉ク預ル二薩埵弘誓ニ一

就中

千ノ手執二持シテ本誓ヲ一益レ物有レ餘
千眼見二張テ佛地一降レ魔無レ瞬クコト

宛カモ是

觀二是形貌ヲ一闇闇如タリ
思フニ二是功德ヲ一與與如タリ

凡夫

衆生無邊ニシテ化道已テニ無レ極ルコト
大悲闡提ニシテ正覺終無レ取

故ヘニ

說下今誦二大悲陀羅尼ヲ一時。十方師卽チ來テ爲メニ作二證明ト一一切ノ罪障悉ク皆消滅スト上

或ヒハ又

宣下誦二持大悲心呪ヲ一者。得二十五種善生ヲ一。不レ受ケ中十五種惡死ヲ上

是故

除クコトハ二一切災糵(孼カ)ヲ一專任二本尊誓願ニ一
愈スコト二所有ノ病患ヲ一最預ル二大士ノ護念ニ一

加旃《シカノミナラス》

呪二乾枯樹一尚得レ生スルコトヲ二枝柯花葉菓ヲ一。何況有情有識ノ衆生身有テ二病患一治ンニレ之。不レ差者必ラス無二是處ハリ一
誠諦ノ金言無クレ疑　千手ノ誓願有レ憑ミ

爰ヲ以テ

念二是尊一者
定業亦タ能轉シテ得二壽命長遠ノ加被一
誦スル二是呪ヲ一輩ラハ
無明尚ヲ斷盡シテ到ル二無上菩提ノ彼岸ニ一
毒藥變シ二甘露ト一　呪咀著キ二本人ニ一
疾疫頓ニ消除シ　刀杖尋テ段壞ス
總持ノ功力稱揚スルニ無レ盡ルコト
大悲ノ德用讚歎スルニ有レ餘

豈ニ言語ノ能所ナランレ可レ述耶
又心慮ノ絶所レ不レ及也
仰願クハ
本尊大悲千手千眼觀世音自在菩薩。眷屬大力波（婆カ）藪功德
二十八部衆等。誓願不レ空。利益無ンコトヲレ私
若シ然者
施主依二祕法勤脩ノ功德一
拂二九族ノ之災難於萬里之外カニ一
諸德ハ酬テ二神呪唱滿勝利ニ一
成セン二二世之求願ヲ於一念之閒タニ一
重ネテ乞フ
一天風穩カニシテ千秋梢ヘ不レ鳴レ枝
四海波平カニシテ萬曆星無レ隱レ光
一門繁昌ニシテ子孫倍ゞ保二龜鶴壽等ヲ一
七珍富饒ニシテ福祿重テ誇ラン二松柏榮華一

［押紙］
觀夫
雲浮二大虛一轉示二梵釋影向ノ嘉瑞一
風吹二疏林一屢傳二佛祖稱揚妙韻一
景光惟勝　感享何爽
（以上［押紙］）
乃至法界　利益周遍
啓白詞淺　三寶證知
祈願旨深　諸天洞鑑シタマヘ
抑爲二令法久住利益人天護持檀主求願圓滿及以法界平等利益一
南無摩訶毘盧遮那如來
南無金剛手菩薩
祕法勤修場。神呪唱滿ノ砌。爲下饗二受法供一證中明功德上。上界天人拂二雲霧一降臨シ。下界龍衆ハ凌二波浪ヲ一來集スラン。然則。上奉レ始二梵天帝釋四大天王ヲ一。三界所有天王天衆。下爲レ上二首ト難陀跋難陀一。內海外海龍王龍屬。惣シテハ。大日

本國大小神祇。王城鎭守諸大明神。殊。山王三七赤城山
神部類諸神。乃至山麓林野一切幽儀。各ヾ爲二法樂莊嚴威
光增益一。一切神分ニ

般若心經

大般若經名

爲二三國傳燈ノ諸祖普賢行願究竟圓成貴賤靈等皆成佛
道一ノ

南無摩訶毘盧遮那如來

南無金剛手菩薩

爲二今上陛下玉體安穩天長地久御願圓滿一

南無藥師瑠璃光如來

南無本尊界會

爲二諸院諸宮御願圓滿一

南無本尊界會

南無文殊師利菩薩

爲二大樹幕下福延萬葉列國諸鎭保國安民護持三寶一ノ

南無大聖不動明王

南無大悲多聞天王

爲下文武百官下至《ルマテ》二萬民一各願成就上

南無本尊界會

南無三部五部諸尊

爲二決定法成就一

南無摩訶毘盧遮那如來

南無金剛手菩薩

南無一字金輪佛頂

南無一切三寶

6 靈元院尊靈七周〔イ聖〕忌金曼供法則

靈元院尊靈七周〔イ聖〕忌金曼供

先敬〔イ啓〕白

謹敬白二金剛衆寶大樓閣法界衆德大日尊事理倶密金剛乘菩提心殿一切衆一言。方今。於二南閻浮提大日東國洛東妙法院大殿一。皇子二品法親王屈二台嶺魚山淨侶一。奉三爲靈二元院尊儀七周聖忌薦福一。隔宿已建二六趣苦報講說會一。今晨乃脩〔イ修〕二金剛曼荼供養儀一

抑金剛界會者

十萬廣偈以レ此爲二綱宗一

十八大會指レ茲爲二本源一

是故

流三出四種波羅蜜一

宣二演九會曼陀羅一

實是

獲二大果於卽身一之眞詮

破二無明乎當念一之妙法

恭惟

尊儀

具二上聖體一　踐二至尊位一

德逾二文武一　蒞二臨萬國一

功均二唐虞一　撫二育四民一

是故

繼體一百十三葉輝レ古輝〔イ耀〕レ今

在位二十又五年繼レ絕興レ廢

況復

尊二信佛乘一　殆過二後漢明帝一

歸二敬台宗一　遠紹二桓武聖主一

然則

叡算當レ保二千秋一

崇壽必期二萬歲一

奈何《ンカセン》

從心僅過二九年一　大耋猶缺二一歲一
六龍奄升遐　八駿遠宸遊
華夷咸哀二其考喪一
王臣皆懷二其后撫一
爾來
千行涙痕未レ乾　七周聖忌斯至
於レ是（是㋑此）
法會兩日顯密兩乘並兼備
淨侶一心身口二葉（葉㋑業）必相應
伏惟
用二此勝妙功德一　資二彼幽冥福惠一
蓮臺上品卽二娑婆一超昇
髻珠一顆於二剎那一薦取
觀夫
時惟仲秋灝風送二新清涼一
節正桂月爽氣滌二殘煩暑一
景光惟勝　感享何爽

御願旨深　啓白詞疎
三寶證知　諸天洞鑑
次取爲
抑爲二令法久住利益人天一
南無摩訶毘盧遮那如來
南無金剛手菩薩
奉三爲皇考尊儀神遊淨國位入法雲一
南無摩訶毘盧遮那如來
南無金剛手菩薩
次神分
供養曼荼場。追薦尊靈所。梵釋四天神祇百靈來儀降臨。
然則。爲二各倍增威權顯揚佛事一。一切神分
般若心經　大般若經名
次祝贊
奉三爲至尊聖御寶曆遐長天祚永久一
南無摩訶毘盧遮那如來
南無金剛手菩薩

奉二爲大樹幕下保國安民福延萬葉一

南無摩訶毘盧遮那如來

南無金剛手菩薩

奉二爲本室大王顯密兩肩擔福惠一身嚴一

南無摩訶毘盧遮那如來

南無金剛手菩薩

爲二三有均資萬彙普濟一

南無摩訶毘盧遮那如來

南無金剛手菩薩

爲二法成就一

南無摩訶毘盧遮那如來

南無金剛手菩薩

南無佛眼部母菩薩

南無一字金輪佛頂

南無一切三寶

㋑〔靈元院尊儀七周御忌金曼供綾小路殿ニテ被レ修

元文三年(一七三八)八月六日〕

御忌佛開光

新被二刻成一阿閦如來尊容一軀。爲下開二出光明一五眼具

足上

佛眼印眞言

爲二三身宛然四德成就一

大日印眞言

以上 以上㋑ナシ

(以下對校㋑本奥書)

昭和十一年(一九三六)九月吉日

天王寺納之

佛子圓實

7　日吉山王本地供法則

日吉山王本地供法則

謹敬白ニ祕密教主清淨法身遍照如來。教流布身釋迦善逝。十二上願醫王薄伽。西方能化彌陀種覺。大悲觀自在普賢地藏等諸大菩薩。大聖不動大悲明王。三部五部界會聖衆。外金剛部護法天等。山王三七和光眷屬。惣《シテハ》。滿山三寶ニ而言《ク》。方ニ今。於ニ南瞻部洲大日本國近江州比叡山延暦寺一乘止觀院此道場一。修ニ三密瑜伽祕法《ヲ》一奉三獻《スルコトアリ》日吉大權法供一二

伏惟

法性山高《シテ》四教三觀之覺月輝ニ光《リヲ》於三千萬法一二
實相海深《シテ》三密四曼之智水洒ニ流於十界群機一

然

諸佛菩薩之降《スヤ》レ靈
無方大悲不レ捨ニ一切一

神明和光之垂《ルルヤ》レ跡
利物冥益感應遍《ク》被《ル》
本迹雖殊不思議一《ナリトハ》者此謂也（天玄四、三七一。玄義）
爰ニ比叡山王王及眷屬《ハ》
尋《レハ》レ本三佛四菩薩
等妙二覺之大聖
論レ迹三七二十一社
圓宗鎭護之靈神《ナリ》
久《シク》護ニ衞《シテ》吾山佛法《ヲ》一
致ニ三千淨侶之化育一
兼加ニ被《シテ》日域王法一

故《ヘニ》

施《シタマヘリ》ニ治國安民之德澤《ヲ》一
顯密二教之奧旨綿綿《トシテ》不レ絶
遮那止觀之兩業獨《リ》熾ニ吾山一二
豈非ニ權現之威靈一二哉乎
最依ニ神明之護念一者《ナリ》也

依レ之

恭脩二シテ本地之祕軌一

　獻二シ三密之供養ヲ一

敢ヘテ仰二法身之高廣一

　賁《カサ》二リタテマツル靈神之威光ヲ一

　　若爾ラハ者權現及眷屬

隨二喜歡三娛シ最上ノ法軌ヲ一

　哀二愍納三受シタマハンコトヲ至誠供養一

祈願旨深　啓白詞淺シ

三寶諸天　悉知證見シタマヘ

次神分

抑爲二令法久住利益人天法界有情平等利益一ノ

　　南無摩訶毘盧遮那如來

　　南無金剛手菩薩

梵王帝釋四大天王。十二大威德天。日月五星諸宿曜等。

三界所有天王天衆歡喜善歡喜等。龍王龍屬閻魔王界冥

官冥道。日本國中大小ノ神祇。王城鎭守諸大明神。乃至行

疫流行神等。權實二類各爲二威光增益離業得道一ノ。一切神

分

　　般若心經　可レ誦二一卷一

次靈分

爲二三國傳燈諸大師等普賢行願究竟圓滿。乃至六道四生

三有四恩一切靈等皆成佛道一

　　南無無量壽如來

　　南無地藏菩薩

次祈願

爲二今上陛下玉體安穩天長地久御願圓成一ノ

　　南無摩訶毘盧遮那如來

　　南無醫王善逝

爲二仙院國母諸王諸宮三台九棘文武百官士農工商百姓

萬民各願成就一ノ

　　南無本師釋迦牟尼如來

　　南無醫王善逝

爲下大樹幕下及以ヒ列國諸鎭保國安民成二大善心一護二持

三寶二福中延萬世上

南無摩訶毘盧遮那如來
南無大悲觀自在菩薩
為二伽藍安全三寶常住正法興起廣作佛事一
南無大聖不動明王
南無大悲多聞天王
為二自他法界一切有情平等利益一
南無釋迦牟尼如來
南無文殊師利菩薩
為二決定法成就一
南無一字金輪佛頂
南無佛眼部母菩薩
南無一切三寶

「④常憲院殿十七周忌胎曼荼羅供法則」

8「供養曼荼羅儀則」

供養曼荼羅儀

謹敬白二法界宮殿摩訶毘盧遮那如來。醍醐一乘大日經
王。對告傳持金剛手等。凡。十三大會一切三寶。方。於三南
瞻部洲皇扶桑國東叡山常憲公廟堂。丁二十七回忌隔宿一。
源元帥內府。特建二大悲胎藏曼荼羅供養會一

原夫

眞性清淨　理智無二能所分一
本覺妙明　依正絕二自他量一

然

強覺忽生　塵勞斯起
於二解脫一而枉見二纏縛一
于二祕藏一而妄生二癡迷一

於レ是

勞二吾世尊一　迪二爾下凡一

現二毘盧之妙體一　演二瑜伽之眞乘一
就中　胎藏界會者
毘盧覺皇果滿法界胎內含二育群生一
金剛行者阿字一念心中示二現四聖一
可レ謂
卽身是佛（成カ）之要徑
觸（卽カ）事而眞之玄門
恭惟　台靈　△
以二本願一而熏レ心　作二元帥一而護レ法
是故
洞悟二事理淵府一　深徹二顯密源頭一
是以
好二吾山雙弘之美一
薄二他家偏學之局一
茲此會者
已三日擧二法華顯露妙典一
更今辰結二瑜伽祕密淨壇一

是則
作福善得レ次　薦靈誠合レ宜
是知
親預二四重曼荼羅會一
近侍二五智盧遮那尊一
仰啓二誠悰一　俯垂二照鑒一
抑爲二令法久住利益人天一
南無摩訶毘盧遮那如來
南無金剛手菩薩
供養曼荼羅（羅イナシ）之場。祭奠祖先之處。降臨隨喜神祇百靈。爲二
威權光揚功德增隆一。一切神分
般若心經　大般若經名
奉三爲本廟台靈四智頓證五分圓成一
南無摩訶毘盧遮那如來
南無金剛手菩薩
奉三爲傳持眞言列祖二嚴圓滿三德究竟一
南無摩訶毘盧遮那如來

南無金剛手菩薩

奉二爲今上皇帝寶祚延長聖躬萬安一

南無摩訶毘盧遮那如來

南無金剛手菩薩

奉二爲太上法皇崇壽萬歳椿齡千秋一

南無摩訶毘盧遮那如來

南無金剛手菩薩

奉二爲元帥內府壽考萬年本支百世一

南無摩訶毘盧遮那如來

南無金剛手菩薩

爲下台卿百司輔二贊聖治一歌中詠太平上

南無摩訶毘盧遮那如來

南無金剛手菩薩

爲二三有兼資萬彙普救一

南無摩訶毘盧遮那如來

南無金剛手菩薩

爲二法成就一

南無摩訶毘盧遮那如來

南無金剛手菩薩

南無一字金輪佛頂

南無佛眼部母菩薩

南無一切三寶

㋑〔享保九年（一七二四）十一月九日　一品法親王〈公寛製〉〕

附台德院殿功薰詞

△繼二神君一開二雄圖於武城一

爲二元帥一護二皇基於日域一

是以

德光顯レ外兼二文武盛業一

本願薰レ內歸二佛陀洪範一

爾來

天下仰二漢室繁榮時一

海外數二周家太平年一

誰不レ浴二恩波一　誰不レ謝二德光一

依レ之此勝會者
高結二瑜伽祕密梵壇一
長修二追福謝德淨業一
是知　尊靈者

(以下對校㋑本奥書)
昭和十一年(一九三六)九月吉日
天王寺納之
佛子圓實

9　日光山大猷院殿廟堂施餓鬼光明供法則

日光山大猷院殿廟堂施餓鬼光明供法則

謹敬白二シテ一代教主大毘盧尊。十方應化諸釋迦文。三五部類瑜伽眞詮。八萬聚集權實法門。金剛妙德諸大菩薩。飲光鶖子諸大僧伽。總。盡虛空界三寶境界一言サク。方ニ今。於二娑婆世界一四天下南瞻部洲大日東國下野州都賀郡日光山大猷院殿廟堂一。仰二大樹幕下鈞命一。承二一品大王教旨一。迎二大聖解制之時一。當二僧伽自恣之日一。啓二請十方薄伽一。雲二集闔山清衆一。修二光明眞言供法一。行二瑜伽施食梵儀一。其旨趣如何者

夫
除障薦福要法莫レ逾二眞言祕章一
報恩答德妙術莫レ過二蘭盆妙供一
是故
眞言纔ニ誦持スレハ　光明普ク照觸ス

無明大夜ハ　曦輪高ク升リ
法悔淨空ハ　雲靄淸ク開ケリ
　況ヤ復施食者ハ
奉シテ二能仁垂範ヲ一　遵ヒ二梁武儀科ニ一
拔二焰口面燃厄一　飽二甘露禪悅供一
　誠是
博濟普拯《シヨウ》之至要ハ
消災延壽之良軌
　然則　過去尊儀
出二超三有之鄕ヲ一　逍二遙八德之池ニ一
蓮ハ開二上品之花一　佛ハ授二一生之記一
功德無レ窮　福善有レ餘
　以レ故
大樹幕下　功高二於伊周一　德逾二于桓文一
千祥早臻　萬福騈集
官家歌二懷葛之風一　黎庶戴二唐虞之德一
　重乞

人人游二毘盧ノ性海一
各各登リタマハンコトヲ二實相寶渚一
建會旨深　啓白辭淺
三寶衆聖　慈覽昭見
抑奉二爲令法久住利益人天過去尊儀超升解脫一
　南無摩訶毘盧遮那如來
　　南無金剛手菩薩
次神分
光明供法之場。水陸施食之砌云云
次靈分
爲三國列祖云云
次祈禱分
奉爲今上云云
奉二爲大樹幕下千祥早至萬福騈集一云云
爲下百職弘二大平治一萬民慶中安樂年上云云
爲本山云云
次回向分

爲二三有均濟四恩普報一云云

爲決定云云

以上

---

10 東叡山灌頂三摩耶（摩耶(イ)ナシ）戒三箇夜法則 附小啓白

東叡山灌頂三摩耶戒三箇夜法則 附小啓白

授三摩耶戒儀

謹敬白二十方法界常住三寶。密嚴敎主摩訶毘盧遮那。五部瑜伽毘尼法藏。持律大師優波（「離カ）尊者。翻譯流通諸大法師。總。胎藏金剛兩部海界。諸尊聖衆三寶境界一言。方今。於二娑婆世界○大日本國武州豐嶋郡東叡山開山祖堂一。信心弟子殷勤啓二請莊嚴三摩耶道場一登壇受戒

觀夫△

抑三摩耶戒者

毘盧覺皇特誦宣

薩埵大士惟傳受

是故

三聚十重篤行二大士之兼懷一

四等四弘遙超二二乘之自度一

可レ謂

却惡之先陣　運善之初章

仰願

〔イ内〕海會賢聖　加持慈憐

〔イ外〕雲集天龍　翼衞扶護

遮難永無レ起　悉地速令レ成

抑傳法灌頂之場。登壇受戒之砌云云

般若心經　大般若經名

奉二爲傳持密教諸祖二嚴圓成三德究竟一

南無摩訶毘盧遮那如來

南無金剛手菩薩

奉下爲常憲院台靈永辭二八難之鄕一。速登二九慶之宅一。蓮花開時見二眞佛一。香風起處聽中妙經上云云

奉二爲今上皇帝陛下〔陛下イナシ〕寶祚永固聖躬萬安一云云

奉二爲太上皇〔イ法〕崇壽萬歲椿齡千春一云云

奉二爲大樹幕下壽考萬年本支百世一云云

奉二爲二品大王萬福並鍾千祥齊集一云云

爲下監護文武祿遷。高擧官班顯榮。文武百官輔二贊聖治一歌中詠大平上云云

爲下信心受者傳受盡二蘊奧一修證稱中理性上云云

爲本山云云

爲人人云云

爲決定云云

以上

△華臺妙談尸羅爲レ要

鶴林顧命木叉爲レ師

是故

秉二羯磨一發二戒善一

繹二毘尼一持二性遮一

是則

萬行依レ之爲二基本一

三學以レ之爲二端緒一

然則

須レ受ニ一實三摩耶戒一
深入ニ三部曼荼羅場一
　○以上「九行ヲ上段ノ觀レハ夫ノ下ニ挾入スベシ」（＊以上十一行、底本は十一行、對校㋑本は九行にて表記）
「」㋑九行可レシ入ニルル上ノ觀夫ノ下ニ一

胎藏界灌頂儀

謹敬白ニ法界宮殿摩訶毘盧遮那。醍醐一乘大日經王。對告傳受金剛手等。滅後弘闡龍猛龍智。本邦首唱傳教慈覺。十三大會三寶境界一言。方今。於ニ娑婆世界○祖堂一信心弟子建ニ大悲胎藏悲生曼荼羅會一。啓ニ請傳法灌頂一

　觀夫
五瓶法水淨灌頂　七珍妙服嚴被レ身
　是則
超ニ僧祇於一念一之要道
獲ニ菩提乎卽身一之眞詮
　是故
金剛不空來レ自ニ印土一唱ニ法於支那一「㋑本
傳教慈覺入ニ於大唐一傳ニ教于日域一

　自時厥後
弘揚彌熾　派流益廣
　然法曼正流
相應僧正深原ニ乎本經一所レ立
慈眼開祖精選ニ于諸流一而弘
　茲信心弟子
恭禮ニ四重曼荼羅像一
欲レ受ニ三部阿闍梨位一
　然某甲
濫處ニ師位一非レ無レ所レ愧
永斷ニ佛種一亦當ニ應思一
　是故
明鑑ニ根機一　許可攝容
熟察ニ因縁一　傳付囑累
　仰願
海會聖衆　空居諸天
照ニ鑑師資之懇心一

證二明授受之勝事一
抑傳燈付法之場。灌頂授職之處
爲殆受云云
奉二爲傳持密教諸祖三智究竟五分圓成一云云
奉爲今上云云
奉爲太上云云
奉二爲建會檀信大樹幕下文德武威咸備光大。福基壽等（等イ算）昌
盛增長一云云
爲二現前同法諸阿闍梨四行成辨四智圓明一云云
爲受者云云
爲四恩三有云云
爲決定法云云
以上
奉下爲受者親王傳受盡二蘊奥一修證稱二理性一。密乘與二顯
示一倶振。福德兼二惠命一無疆上云云
以上

金剛界灌頂儀
謹敬白二金剛衆寶大樓閣法界衆德大日尊。事理倶密金剛
乘菩提心殿一切衆一言。方今。於二娑婆世界○祖堂一。信心
弟子建二金剛界密壇一。懇二請傳法灌頂一
觀夫
眞性淸淨理智無二能所分一（「イ異）
本覺妙明依正絕二自他量一
然
强覺忽生　塵勞斯起
於二解脫一而狂見二纏縛一
于二祕藏一而妄生二癡迷一
於レ是覺皇調御
開二頓覺之要門一　示二勝異之方便一
現二毘盧妙體一　演二瑜伽眞詮一
獲二大果於今身一　破二無明於當念一
況金剛界者
十萬廣偈綱宗　十八大會最要

流二出四種波羅蜜一　宣二演九會曼荼羅一
　茲信心佛子等
既得レ窮二胎藏奧源一　尋欲レ傳二金剛祕要一
根器已堪任　傳授何不レ聽
　仰願
海會聖衆　空居諸天
照二鑑師資之懇心一　證二明授受之勝事一
抑傳燈付法之場。灌頂登位之處
梵天云云
奉爲傳持云云
奉二爲今上皇帝聖德乾坤大皇圖日月長一云云
奉二爲大樹幕下壽等〔等イ算〕千秋本支百世一云云
奉下爲三台九卿百司千官輔二贊聖治一歌中詠大平上云云
爲四恩三有云云
爲決定法云云
　以上
奉二爲受者親王顯密一肩擔福惠一身備一云云

以上

合行灌頂法則
謹敬白二胎藏金剛兩部教主理智不二摩訶毘盧遮那如來。
外金剛部護法天等。乃至無畏不空傳教慈覺歷代傳法諸
阿闍梨耶。盡空法界一切三寶一言。方今。於二○祖堂一信心
受者建二胎金兩部合行灌頂壇一。懇二請傳法受職一
　觀夫
胎金兩部雖レ殊二儀軌一　理智二法本同二性源一
　然
凡下情識易レ隔　果上妙性難レ彰
　是故
會二胎金顯法之融妙一　合二理智示體之亡泯一
　然則
非二二物相合之謂一　乃一體互融之義
　茲信心佛子等
嚮遂二兩部傳法一　今求二合行灌頂一

然某甲
雖三幸顯二傳受之列一　未レ能レ得二行證之位一
雖レ然
法門若不レ傳　佛種爭相續
仰願
海會聖衆　空居諸天
愛二愍師資之懇心一　證二明授受之勝事一
以下云云

附

小啓白

敬白二密嚴教主大日如來。三部五部海會諸尊。傳燈列祖護法諸天一言。夫灌頂者。表二頓成正覺儀一示二速證大果門一。瑜伽大事斯極。遮那要業無レ過。是故。從上諸祖重二傳持一。末代凡輩寧輕二修習一。然幸遭二圓頓教法一謬受二闍梨職位一。傳持之法若不レ遺二于他一。斷種之罪蓋其歸二於孰一。於レ是。審察二弟子之根緣一。叨リ二行二師家之法事一。仰乞。海會聖衆。降臨諸天。加持護念慈愍證明シタマヘ

南無摩訶毘盧遮那如來
南無金剛手菩薩
爲二皇圖鞏固遮《遮イ庶》民豐樂一
南無摩訶毘盧遮那如來
南無金剛手菩薩
爲二法界群彙平等利益一
南無摩訶毘盧遮那如來
南無金剛手菩薩

11 滋賀院盆供儀

滋賀院盆供儀

先啓白

謹《シミ》敬《テ》白《シテ》眞言教主摩訶毘盧遮那如來。究竟了義瑜伽教主。金剛手等諸大薩埵。身子目連諸聲聞衆。外金剛部護法天等。總《テハ》。三世常住一切《ノ》三寶《ニ》言《サク》。方《ニ》今。娑婆世界一四天下南瞻部洲大日本國輪王寺一品大王。特《ニ》降《シテ》鈞命《ヲ》於淡海州比叡山滋賀《ノ》新院《ニ》。丁《テ》解制自恣之日《ニ》。屈《シテ》一主十件之衆《ヲ》。奉《ンコ》爲《ニ》大元帥一代《ノ》台靈及《ヒ》本室六世覺靈《ノ》。結《ヒ》光(「明カ)眞言《ノ》修持壇《ヲ》。建《テラル》盂蘭盆獻供《ノ》儀《ヲ》

觀《ハ》夫

欄架高聳《ヘテ》鉢《ニ》盛《コ》滿《シ》於飯饌《ヲ》

案榻麗《シク》敷《ヒテ》盆《ニ》陳《コ》列《ス》于果實《ヲ》

抑盂蘭盆供《ハ》

尊者目連爲《メニ》發起《シ》　法師法炬爲《シ》傳譯《ヲ》

脫《スルノ》焰口倒懸《ヲ》之妙術

得《セシムルノ》生天解脫《ヲ》之勝法《ナリ》

況《ヤ》光明眞言《ハ》

大《ヒニ》照《シ》無明昏蒙之衢《タヲ》

速《カニ》生《セシム》不退清淨之國《ニ》

伏惟《ミレハ》過去尊靈

仗《テ》盂蘭妙供《ノ》功德《ニ》

登《リ》薩雲大覺《ノ》果位《ニ》

廣《ク》度《シ》法界《ノ》群品《ヲ》

頓《ニ》成《シタマハン》菩提《ノ》弘願《ヲ》

御願旨深《ク》　啓白辭拙《シ》

三寶證知《シ》　諸天洞鑒《シタマヘ》

次取爲

抑爲《ニ》令法久住利益人天《ノ》

南無摩訶毘盧遮那如來

南無金剛手菩薩

蘭盆供養ノ場。光明供法ノ處。爲ニ下隨ニ喜シ勝事ヲ一證明センカ功德ヲ上。上天下界ノ聖衆冥官來臨降下シタマフラン。然ハ則。爲ニ各威權自在福惠增進一ノ。一切神分ニ

般若心經

大般若經名

奉《ゴン》爲ニ元帥七代《世世》本室六世《代代》過去尊靈神遊淨國位入法雲一ノ

南無摩訶毘盧遮那如來

南無金剛手菩薩

奉《ゴン》爲ニ今上皇帝寶祚永《イ》固聖《イ》窮萬安一ノ

南無摩訶毘盧遮那如來

南無金剛手菩薩

奉《ゴン》爲ニ大樹幕下壽考萬年本支百世一ノ

南無摩訶毘盧遮那如來

南無金剛手菩薩

奉《ゴン》爲ニ一品大王才德兼美福惠雙隆一ノ

南無摩訶毘盧遮那如來

南無金剛手菩薩

爲ニ下人人登ニ壽域一ニ各各到ニ寶所一ニ。三有均ク資ケ四恩普ク報上ンカ

南無摩訶毘盧遮那如來

南無金剛手菩薩

爲ニ法成就一ノ

南無摩訶毘盧遮那如來

南無金剛手菩薩

南無一字金輪佛頂

南無佛眼部母菩薩

南無一切三寶

○覺

一。七月十五日。三院ヨリ十一口。但導師ハ三塔極官座次第ニ當レ之。衆僧十口ハ三塔割。東塔五口。西塔三口。

橫川二口

一。出仕限ニ住侶一

一。衣體素絹五條 但導師者用ニ指貫一也

一。巳刻集來
一。始經後唄鐃一老。鈸六老。錫杖頭五老。讚頭十老
一。御法事後御非時　一汁二菜 香物

○施餓鬼次第

先導師衆僧入道場　承仕賦鐃鈸 口上座
次四智讚　同音ヨリ 行道一返
次導師登禮盤　修光 明供
次着座讚　鈸一匝 無レ序
次切音錫杖
次導師降禮盤　到二案前一 作法
次衆僧列立
次始經　安樂行品 十方念佛　行道　二反。初ニ水向ケ 後ハ水向ケ無シ
次後唄　一老也　畢而 出場

以上

12 開山會法則

開山會法則

先三禮
一切恭敬　自歸依佛　當願衆生
自歸依法　當願衆生
自歸依僧　當願衆生丁
次如來唄
ン如來妙世閒如來色一切法常住是故我歸依二丁
次神分
抑ヾ講讚一乘之場。報恩齊會之砌リ。爲メニ下飡ニ受シ法供一證中明センガ功德上ヲ。上界ノ天人拂レテ雲ヲ降臨シ。下界龍衆分レ波來集スラン。然則。爲下梵釋四王諸王官屬。八大龍王部類眷屬。大扶桑國持國護法ノ大小神祇。殊ニハ。擁護今宗日吉權現赤山明神等。乃至山麓林野一切ノ幽祇。各ヾ威權自在顯中揚ンカ佛事上ヲ。惣神分ニ

般若心經　丁
大般若經名　丁
次靈分
奉爲三國傳燈諸大師等增進佛道
南無釋迦牟尼如來　丁
南無觀自在菩薩　丁
南無一切三寶　丁
次表白
謹敬白《シテ》一代教主毘盧覺者。十方應化釋迦文佛。四一開顯醍醐眞詮。八萬微塵權實諸敎。妙德慈氏諸大補處。飲光鶖子諸大弟子。凡《テハ》盡空界一切三寶言。方今。於娑婆世界一四天下南瞻部州大日東國淡海州比叡山延曆寺今此道場。闔溪僧侶講讃一乘妙意。奉獻開祖供法
觀《レハ》夫《レ》
佛日西沒《ス》　必假傳持《ヲ》乎應運《ノ》人
法流東漸《ナカル》　果《シテ》要《ス》弘闡於命世師
示《シテ》蹟日域師《トシ》于延曆弘仁《ノ》兩帝
求法支那資《タリ》於興道龍興《ノ》二老
於是
闢山號天台　創寺名國昌
倡《ナヘ》弘一乘圓旨《ヲ》　北嶺《ノ》九院大振《ヒ》宗風《ヲ》
辯《ハシ》闢三論《ノ》權宗《ヲ》　南京七刹始靡《カヘス》邪幟《ヲ》
爾《ショリ》來《カタ》
六十州之外普《ネク》浴《シ》圓頓敎海
九百年之後《チ》猶《ヲ》飽《ク》醍醐法乳
今則《チ》
式《シンテ》屆《リ》季夏之節　仰迎《ヘ》圓寂之辰
薦《メ》醍醐之法善　設《ク》蘋蘩之齊羞《ヲ》
伏《シテ》願《クハ》
深思(慈カ)無礙　不離當處而《モ》現《シ》來儀《ヲ》
利生有方　初無《シテ》動相而垂《レ》妙應《ヲ》
敎觀二門　無《ク》異說曲見《ノ》累《ヒ》
顯密兩乘　知《ラシメタマヘ》眞修實詣《ノ》方《チヲ》
精誠有《リ》餘《リ》　啓白難《シ》盡《シ》

三寶證知《シ》　諸天洞鑑《シタマヘ》

次勸請

至心勸請釋迦尊　多寶分身諸善逝
平等大會法花經　八萬十二諸聖教
普賢文殊諸薩埵　身子目連諸賢聖
梵釋四王諸護法　靈山界會諸聖衆
還念本誓來影向　證知證誠講演事
至心懺悔無始來　自他三業無量罪
今對祖前皆懺悔　懺悔已後更不犯
我等至心受三歸　歸三寶境持十善
乃至如來一實戒　生生世世無闕犯
願我生生見諸佛　世世恆聞法華經
恆修不退菩薩行　疾證無上大菩提

次經釋

妙法蓮花經序品第一

將レ釋二此經一略有二三門一。初大意者。敗種二乘意樹無生中道花含レ薰。地涌千界《ノ》心淵《ニハ》本果圓滿月耀《カス》レ光。是二門之雙美也。次釋レ名者。發《ク》二祕密奧藏一《ヲ》。稱《ス》レ之爲《シ》レ妙。示二權實正軌一。故號《シテ》爲レ法。指二久遠本一。喩《ルニ》レ之以《シ》レ蓮。會《ス》二不二圓道一。譬レ之以レ花。聲爲二佛事一。稱《シテ》レ之爲《シ》レ經。圓詮最初。目《ケテ》レ之爲《ス》レ序(丁序カ)。類相從是品《ノ》義。第一者。衆次之首也。次入《テ》レ文判釋《セハ》者。序品爲二序分一。從二方便品一至二分別功德品十九行偈一爲二正宗分一。從レ偈已後經盡《ルマデヲ》爲二流通分一。

一經綱概存略如レ斯。具如二大師所說一

次祈句

抑捧二講經論談惠業一擬《シタテマツル》二當會大師之法味一

功德有《リ》レ餘　餘薰無《ラン》レ限《リ》

然《レハ》則《チ》

佛日增輝　法輪常轉
當山繁榮　諸人快樂
闔溪安全　修學增進《シメタマヘ》

重《ネテ》乞

一天泰平　四海靜謐
乃至法界　平等利益

抑〻歸テ二經ノ講肆ニ一多文段アリ。且ラク其始ノ文如何

南無妙法蓮華經

南無妙法蓮花經

影向神祇增威光

13 傳教講 正月四日 三問一答 法則 附問答 法用 唄 散花

傳教講 正月四日 三問一答 法則 附問答 法用 唄 散花

神分

一乘講讃場。開祖法樂砌リ。爲下飡ニ一受シ法味一證中明功德上。三界天衆飃ニ一翻羽衣一九重雲井降臨。四海龍神蹴ニ一立漣漪一八重潮路來集スラン。然則。梵釋四王龍鬼八部。日本國中三千餘座宗廟社稷大小神祇。別シテハ者。圓宗守護日吉大權赤城山神乃至山麓林野一切幽祇。各〻爲ニ法樂莊嚴威光增益一惣神分ニ

般若心經

大般若經名

表白

愼敬白ニ一代教主毘盧覺者。十方應化釋迦文佛。四一開顯醍醐眞詮。八萬微塵權實聖教。妙德慈氏諸大補處。飲光鷲(鶖カ)子諸大弟子。凡盡虛空界一切三寶一言。方今。於ニ娑

婆世界一四天下南瞻部州大日東國淡海州志賀縣比叡山
延暦寺淨土教院。一院十箇ノ淨侶修二一乘三座勝業。奉三
獻開山大師法味一。其旨趣如何者

夫

佛日西沒　必假《リ》二傳持乎應運人一
法流東漸　果要二弘闡於命世師一

抑當會大師尊靈者

示《シテ》二蹟日域一師二于延暦弘仁兩帝一
求二法支那一資《タリ》二於興道龍興二老一

於レ是

闢レ山號二天台一　創レ寺名二國昌一
倡《ナヘ》二弘《メテ》一乘圓旨一　北嶺九院大《ヒニ》振二宗風一
辯二闢三論權宗一　南京七刹始靡二邪幟一

爾來

六十州之外普浴《シ》二圓頓教海一
九百年之後猶飽二醍醐法乳一

今則

講二深甚妙法一　資二無二無三之法饗一
凝二渇仰丹心一　開二三問一答之議論一

伏願

深慈無レ礙　不レ離二當處一而現二來儀一
利生有レ方　初無二動相一而垂二妙應一
教觀二門　無二異說曲見累一
顯密兩業　知《シメタマヘ》二眞修實詣方一

觀夫

雲浮二太虛一　轉示二梵釋影向之嘉瑞一
風吹二孤林一　屢ゞ傳《フ》二佛祖稱揚之妙韻一
景光惟勝　感享何爽
法筵爲二恆例一　啓白不二委悉一《ナラ》
三寶證知　諸天洞鑑《シタマヘ》

勸請

至心勸請釋迦尊　多寶分身諸善逝
平等大會法花經　八萬十二(連カ)諸聖教
普賢文殊諸薩埵　身子目蓮諸賢聖

梵釋四王諸護法　靈山界會諸聖衆
還念本誓來影向　證知證誠講演事
至心懺悔無始來　自他三業無量罪
今對寶前皆懺悔　懺悔已後更不犯
我等至心受三歸　歸三寶境持十善
乃至如來一實戒　生生世世無缺犯
願我生生見諸佛　世世恆聞法花經
恆修不退菩薩行　疾證無上大菩提

經釋

妙法蓮花經序品第一

大意者

如來祕密之奧藏ナリ。故開レ之不レ輒。釋尊出世之本懷。故聞レ之甚難。成道四十餘年之閒。未レ顯二眞實一。佛壽七十二歲之後。方メテ說ク二此經一

逢二于難レ逢宿習可レ悅
聞二於難レ聞作佛無レ疑

題目者

妙者迹本二十之妙。法者界如三千之法。蓮花者法譬兼含之稱。經者聖教都名。序者次由述。品者義類同。第一者首次之初也

入文判釋ハ者

序・正・流通三段其說如レ常。就二第一卷一。有二序品・方便二品一

序品者

如是我聞至二退座一面一通序。爾時世尊四衆圍鐃(繞カ)下別序。通序有レ五。別序亦同シ

方今

彌勒代二衆會疑念一　問二放光奇瑞一
文殊引二燈明往事一(大正藏九、五中)　示二法花欲說一
謂二我見燈明佛本光瑞如此一
不レ聞二燈明之昔一(同前)爭散二大衆疑念一
宣二以是知今佛欲說法華經一
自レ非二彌勒之問一誰知二妙法序分一

方便品者

有ニ略開三段一　有ニ廣開三段一
略開三段ニハ三千性相不レ出ニ一念一
廣開三段五千上慢起去ニ一會一
或會ニシテ衆善之小行一歸ニス廣大之一乘ニ一
一卷諸品略釋大概如レ此
祈句
抑修ニシテ一乘三座之白善一資ニ開祖大師之法味一
功德有レ餘　餘薰無レカラン限
是以
玉泉寺之智月　耀ニ於豐葦原之天一
吾立杣之法水　溢ニ于秋津洲之限一
然則
一天四海風波彌ゞ治ツテ　復ニ延喜天曆之佳代一
三塔九院解行必富　同ニ南岳天台之聖化一
兼テハ又
胎卵濕化四生　速離レニ三有之桎梏一ヲ
飛沈伏走群萌　早出ンニ六衢之囹圄一ヲ

乃至法界　利益周遍
抑ゞ歸ニ卷講肆一多ニ文段一。且其始ノ文ニ如何
南無妙法蓮花經
南無妙法蓮花經
影向神祇增威光

14 千手堂御修理祈禱會法則

千手堂御修理祈禱會法則

謹《シミ》敬《テ》白《シテ》法界宮殿摩訶毘盧遮那醍醐一乘大日經王。
對告傳授金剛薩埵。本尊界會千手大士。四七部類諸大眷
屬。凡《テハ》法界塵類《ノ》一切《ノ》三寶《ニ》言《ク》。方《ニ》今。於《テ》娑婆世界
一四天下南贍部洲大日東國近江州滋賀縣比叡山延暦寺
本院西溪山王院《ノ》道場《ニ》。一溪《ノ》僧侶結《フ》以《テシ》瑜伽《ノ》密壇《ヲ》。
修《スルニ》以《スルコトアリ》本尊《ノ》供法《ヲ》。其《ノ》旨趣

如何《ントナレハ》　者夫《レ》

殿堂《ノ》修造　歳月既《ニ》久《ク》
像設《ノ》莊嚴　金碧寖《ヤヤ》淪《ム》
是《ノ》故《ニ》
脩葺懇請之狀　先《ニ》已《ニ》奉《シ》官府《ニ》
允兪鼎重之命　今將《ニ》降《ラント》山門《ニ》
於《テ》是《ニ》

篤《ク》展《テ》香華燈塗之供養《ヲ》
預《シメ》祈《ル》殿堂門廡之成功《ヲ》

伏《シテ》願《クハ》

官家《ノ》修葺《ハ》　由《テ》大悲願《ニ》速《カニ》成辨《シ》
大衆《ノ》求願《ハ》　藉《テ》妙智力《ヲ》早《ク》圓滿《セン》

觀《レハ》夫《レ》

白雪消《エ》山《ニ》表《シ》除障滿願《ノ》速《カナルヲ》
紅梅薫《ス》園《ニ》示《ス》隨縁利物《ノ》著《ルキヲ》
景光惟勝《ル》　感享詎《ンソ》爽《ハン》
祈願誠篤《ク》　啓白辭《ハ》疎《カナリ》
三寶證知《シ》　諸天洞鑑《シタマヘ》
抑爲令法久住　云云

15　胎曼荼羅供法則

「滋賀院行事正月二十四日」（「」イ傍註）

胎曼荼羅供法則　滋賀院行事正月二十四日

表白

謹敬白二眞言教主毘盧覺者。本殿奉安醫王善逝。醍醐一乘大日經王。對告傳持金剛薩埵。凡塵數世界一切三寶一言。方今。娑婆世界一四天下南瞻部州（州イ洲）皇扶桑國輪王寺大法王奉二爲台德院殿前相國一。降二每歲不易鈞命於延暦本院大衆。建二孟春四六勝會乎台麓滋賀別殿一。高結二瑜伽梵壇一。以令レ修二供養曼荼羅儀一。御願旨趣如何者

夫

眞性清淨　理智無二能所分一

本覺妙明　依正絶二自他量一

然

强覺忽生　塵勞斯起

於二解脫一而枉見二纏縛一

于二祕藏一而妄生二癡迷一

於レ是

勞二吾世尊一　迪二爾下凡一

現二毘盧之妙體一　演二瑜伽之眞乘一

就中　今此胎藏界會者

毘盧覺皇果滿法界胎內含二育群生一

金剛行者阿字一念心中示二現四聖一

可レ謂

卽身是佛之要徑（成カ）　觸事而（卽カ）眞之玄門

然則

祭典（典イ奠）方法無レ要二於此一

薦進饗供豈讓二于他一

恭惟　過去尊儀者

扶二東照神君聖運一　摧二坂陽逆徒利兵一

繼二蹟於神君一開二雄圖乎武城一

託二道於元帥一護二皇基乎日域一

於レ是

爵極二一位之貴一　富保二四海之大一
外傚二商湯周武政治一　內歸二靈神佛陀法言一
德光兼二日月一合レ明　恩波與二滄海一同レ深
以レ故
至レ今百年　天下浴二至治之化一
自レ茲萬歲　海內受二昇平之樂一
依レ之
建二此勝會一　致二彼祭奠一
乃是
香花五種物類　准二于世間一調備
事理兩重供儀　盡二於法界一奉獻
數章梵唄　驚二落迦沈沒妄夢一
三部密印　結二遮那淸淨覺果一
是知　尊儀者
卽二縛業幻花一　觀二解脫妙空一
涸二愛河千尺波一　輝二義天一輪月一
親預二四重曼荼會一　近侍二五智遮那尊一

觀夫
白雪消レ山　表二罪性無生深義一
紅梅薫レ苑　顯二法身無緣妙理一
景光惟勝　感享詎爽
御願意趣極深廣　啓白言陳至淺略
三寶證知　諸天洞鑑
抑爲二令法久住利益人天一
南無摩訶毘盧遮那如來
南無金剛手菩薩
次神分
曼荼供養場。祭奠尊儀砌。爲下享二受法味一隨中喜勝會上。滿空盡地衆神靈。殊。日吉大權赤山神明。尊儀先君東照和光。各ヾ召《イ各》二部類一箇箇輝二神威一。必降下定來儀。然則。奉二爲各ヾ威權自在功德增益一。一切神分
般若心經　大般若經名
次靈分
奉二爲當會尊儀四智頓證五分圓成一

南無摩訶毘盧遮那如來
南無金剛手菩薩
奉二爲傳持密教列祖二嚴圓滿三德究竟一
南無摩訶毘盧遮那如來
南無金剛手菩薩
次祈願
奉二爲今上皇帝寶祚延長聖躬萬安一
南無摩訶毘盧遮那如來
南無金剛手菩薩
奉二爲太上法皇崇壽萬歲椿齡千秋一
南無摩訶毘盧遮那如來
南無金剛手菩薩
奉二爲大樹幕下壽考萬年本支百世一
南無摩訶毘盧遮那如來
南無金剛手菩薩
奉二爲本室大王顯密兩肩荷福慧一身備一
南無摩訶毘盧遮那如來

南無金剛手菩薩
爲下台卿百司輔二贊聖治一歌中詠太平上
南無摩訶毘盧遮那如來
南無金剛手菩薩
爲二三有俱資萬彙等救一
南無摩訶毘盧遮那如來
南無金剛手菩薩
爲二法成就一
南無摩訶毘盧遮那如來
南無金剛手菩薩
南無一字金輪佛頂
南無佛眼部母菩薩
南無大聖不動明王
南無一切三寶

（以下對校㋑本奥書）

寛延二（一七四九）龍集己巳仲春初二日依二舊規一製レ之

相住坊十世大僧都智觀

昭和十一（一九三六）年九月吉日

天王寺納之

佛子圓實

---

16 佛眼供法則

佛眼供法則

愼敬白シテ二眞言敎主摩訶毘盧遮那（遮㋑舍）如來。本尊聖者佛眼部母菩薩。三部五部諸尊聖衆。外金剛部護法天等一ニ言ク。方ニ今マ。南瞻部州大日東國比叡山延暦寺。慈覺大師ノ末弟小僧某甲三部ノ祕密修練積レ功。護摩密行已ニ畢ル。依レ之。爲レ蒙ニ傳法灌頂許可一ヲ。自ニ今日一起テ始テ所レ修ニ佛眼部母行法一也。伏シテ惟レハ。佛眼種智ハ是（㋑者）諸佛智母。自餘ノ諸尊者卽所生等流也。然ル聞。縦ヒ經ニ三業一凝ストモニ觀解一ヲ。不レンハ垂レタマハニ佛眼之悲愍一ヲ者。功德難レシ成。縦對シテニ餘尊一ニ致ストモニ恭敬供養一ヲ。不レ蒙ニ佛母之加被一者。豈顯ンヤニ靈驗一ヲ。然レハ則。且ハ爲レ成ニ當時之行業一ヲ。且爲レ繼ニ未來之法命一ヲ。奉ル四傳ヨ受修ヨ行此法一ヲ。仰願。本尊界會佛眼部母尊并兩部曼荼羅諸尊。哀ヨ愍シテ弟子之懇精一超テニ三祇於一念一三身四德速ニ成就。滿ニ十地於刹那一十力無爲悉具足セン

惣シテハ而。伽藍安泰三寶止住乃至法界衆生令ニメ悉地成就一

給ヘ

（以下對校㋑本奥書）

右以二當坊藏本一命二弟子智到一令二書寫一訖

寛延二（一七四九）龍集己巳年三月望日

相住坊智觀大悲金剛敬白

昭和十一（一九三六）年九月吉日

天王寺納之

佛子圓實

17　當病祈禱千手大士供法則

當病祈禱千手大士供法則

謹シミ敬テ白シテ二眞言教主毘盧覺皇。究竟了義祕密法門。金剛手等諸大薩埵。千手千眼觀自在尊。日光月光二十八部衆。外金剛部金剛天等。惣シテハ。十方三世ノ一切ノ三寶一ニ言ク。方ニ今。於テ二娑婆世界一四天下南瞻部洲大日東國淡海州滋賀縣比叡山延暦寺本院西溪山王院ノ道場一ニ。結ンテ二瑜伽ノ密壇一ヲ會シ二合溪ノ僧侶一ヲ。展テ二事理ノ供養一ヲ修シ二本尊祕法一ヲ。以テ祈ルコトアリ二同學ノ淨侶某等ノ當病平安一ヲ。其旨趣如何トナレハ者　夫レ

十方諸佛ノ慈悲　併セテ納マリ二觀音ノ一身一ニ

六道衆生ノ利益　悉ク預ル二薩埵ノ弘誓一ニ

況ンヤ又タ

千ノ手《ミテ》ニ執二持シテ本誓一ヲ　益スルニレ物有レリ餘リ

千ノ眼《ミマナコ》照二見シテ法界一ヲ　降スルニレ魔ヲ無レシ瞬クコト

以《テ》レ故《ヲ》
満《スルコトハ》二所有《ノ》求願《ヲ》一　専《ハラ》任《セ》二本尊《ノ》誓願《ニ》一
除《クコトハ》二一切《ノ》病惱《ヲ》一　最《モ》在《リ》二大士《ノ》護念《ニ》一
依《テ》レ之《ニ》
經《ニハ》説《ケリ》呪《ニ》二乾枯樹《ヲ》一尚得《レ》生《ニ》二枝柯華葉菓《ヲ》一。何況有情有
識《ノ》衆生身《ニ》有《ニ》病患一。治《レ》之不《ンハ》レ差《ヘ》者必無《ニ》是處《ハリ》一
是以《テ》
纔展《レハ》二供養一　當病忽平愈《シ》
暫致《ニ》觀念《ヲ》一　定業亦轉滅
大悲稱揚《スルニ》無《レ》盡《ルコト》　弘誓讃嘆《スルニ》有《レ》餘
仰願《クハ》
瑜伽法力　除《ニ》病惱《ヲ》於百由旬《ノ》外一
薩埵大悲　示《シタマハコトヲ》二效驗乎一刹那閒一
觀夫
雪消《ニ》林閒一　示《シ》二病患消除之粧《ヒヲ》一
霞靉《ヒテ》二山頭一　顯《ニ》利益廣大之相一
景光惟勝《ル》　感享何爽《ハン》

祈願誠篤《ク》　啓白辭《ハ》疎《カナリ》
三寶證知《シ》　諸天洞鑑
抑爲令法久住 云云
次神分・靈分・祈願等如《レ》常
以上

（以下、底本巻末奥書）
昭和十一年（一九三六）九月吉日
佛子圓實
納之

（以下、對校㋑本のみ所收）

18 胎曼供法則 滋賀院行事正月二十四日

胎曼供滋賀院行事 正月二十四日 法則

謹敬白《ニ》蓮華胎藏清淨法身遍照如來。大悲胎藏悲生曼荼。三部界會四重聖衆。祕密上乘甚深法門。外金剛部金剛天等。乃至法界宮中尼吒天上。十方世界帝網重重《ノ》三寶《ノ》境界《ニ》而言《サク》。方《ニ》今《マ》。於《テ》蘇訶世界一四天下南浮林洲大日東國淡海州志賀縣下天台靈場。屈《スルニ》以《ニ》十五口《ノ》淨侶《ヲ》。修《スルニ》以《シテ》三密《ノ》規則。調《ニ》曼荼供養《ノ》儀則《ヲ》。祈《ニ》求願成就先亡成等正覺《ヲ》。御願《ノ》趣何者

夫《レ》

法身毘盧攝《シ》法界《ヲ》　眞俗常住《ノ》風鎭《ヘニ》○

祕密上乘收《メ》諸教《ヲ》　自身成佛《ノ》月遍《ク》照《ス》

然《レハ》則《チ》

滅罪生善《ハ》　偏《ヘニ》上乘《ノ》功能

斷迷開悟《ハ》　併《ラ》眞言《ノ》德用《ナリ》

何《ニ》況《ンヤ》

一指纔《カニ》動《スレハ》諸佛皆從《カヒ》

一音少《シク》發《スレハ》塵界悉《ク》感《ス》

暫《ク》觀《スレハ》月輪《ヲ》無《ク》罪《トシテ》不《ル》滅《セ》

閑《カニ》思《ヘハ》字義《ヲ》無《シ》善《トシテ》不《ル》生《セ》

誠是

閻浮《ノ》夜光　扶桑《ノ》明珠《ナリ》

可《ク》敬《フ》可《シ》歸《ス》　不《レ》可《レ》不《レ》行

是以

展《ニ》五種供養《ヲ》　致《ス》一心精誠《ヲ》

若《シ》爾《ラハ》

預《ニ》此會《ニ》者　進滅○○○○

法界《ノ》含識《ハ》　快《ク》歸《シテ》于法性《ニ》得脫

兼《テハ》又《タ》

（脫文カ）

（ㇳ爲カ）

三國傳燈《ノ》諸祖普賢行願究竟圓滿乃至無依無怙一切靈等皆成佛道《ノ》

南無無量壽如來
南無觀自在菩薩
奉三爲メニ今上陛下寶祚延長ノ二
南無摩訶毘盧遮那如來
南無藥師瑠璃光如來
爲二大衆和合悉地成就ノ一
南無摩訶毘盧遮那如來
南無大聖不動明王
爲ニ二參詣諸人所願圓滿一
南無摩訶毘盧遮那如來
南無金剛手菩薩
爲メニ二鐵圍沙界平等利益ノ一
南無摩訶毘盧遮那如來
南無金剛手菩薩
爲メニ二決定法成就一
南無摩訶毘盧遮那如來
南無金剛手菩薩

南無佛眼部母菩薩
南無大聖不動明王
南無一字金輪佛頂
南無一切三寶
右依二當用筆記一。未レ暇二押韻之考一。修飾待レ時云
寛保四（一七四四）甲子年正月二十三日　智觀
昭和十一（一九三六）年九月吉日
天王寺納之
佛子圓實

19 胎金合曼供法則　華芳會

前唐院胎曼供法則

謹敬白ニ蓮花胎藏清淨法身遍照如來。大悲胎藏悲生曼荼羅。三部界會四重聖衆。外金剛部金剛天等。乃至法界宮中尼吒天上。十方世界帝網重重ノ三寶ノ境界ニ而言ク。方今。南閻浮提大日本國近江州比叡山延暦寺一乘止觀院於ニ前唐院道場一ニ。每月不退ノ勤行トシテ調ニ曼荼供養儀則一。

一結不易契諾トシテ運ニ報恩謝德懇志一ヲ

其旨趣何夫

法身毘盧攝ニ法界一　眞俗常住風鎭扇

祕密上乘收ニ諸教一　自身成佛月遍照

然レハ則チ

除災與樂ハ偏上乘功能　國土安穩併ラ眞言德用

何カニ況ンヤ

一指纔カニ動スレハ諸佛皆從　一音小シク發スレハ塵界悉感シ

暫ラク觀スレハ月輪一ヲ無ニ災不一レ除　閑思ニ字義一莫ニ福トシテ不一ルコトレ與ヘ

誠是

閻浮夜光　扶桑明珠

依レ之

可レ敬可レ歸　不レ可レ不レンハサル行セ

爲レ除ニ災難於一百由旬之外一

爲レ續ニ慧燈ヲ於五十六億之後一チニ

諸衆偏致ニ三密修行一

一結必展ニ一心供養一

是以

本尊ハ含ミニ隨喜ノ咲一ミヲ

諸天令ニ納受掌一

傳法傳燈ノ諸祖ハ進入ニ于妙覺一　增道

登天登霞衆魂快歸ニ於法性一　得脫

兼又

山上安穩　興隆佛法
大衆和合　各願圓滿
四姓萬民　所望亦足
一結諸衆　求願圓成
乃至法界　利益平等

抑爲二令法久住利益人天護持諸德滅罪生善一

　南無摩訶毘盧遮那如來
　南無金剛手菩薩

曼荼稱揚庭。聞法隨喜砌。爲下飡二受法味一證中明功德上。冥衆定來臨影向。然則。奉レ始二梵釋四王一。三界所有天王天衆。日本國中大小神祇。王城鎭守諸大明神。圓宗守護山王三七赤山明神。惣。普天率土神祇冥道。各爲二法樂莊嚴威光增益一。一切神分二

　般若心經　大般若經名

奉二爲三國傳燈諸大師等普賢行願究竟圓滿一

　南無摩訶毘盧遮那如來
　南無金剛手菩薩

奉二爲今上皇帝寶祚延長一

　南無摩訶毘盧遮那如來
　南無金剛手菩薩

奉二爲太上天皇聖算無疆一

　南無摩訶毘盧遮那如來
　南無金剛手菩薩

奉二爲大樹幕下武運長久御願圓滿一

　南無摩訶毘盧遮那如來
　南無金剛手菩薩

奉二爲輪王大王二嚴圓滿一

　南無摩訶毘盧遮那如來
　南無金剛手菩薩

爲二山上安穩除災與樂顯密學徒住山修學興隆佛法所願成就一

　南無摩訶毘盧遮那如來
　南無金剛手菩薩

爲二一結諸衆各各ノ恩所皆成佛道一

南無摩訶毘盧遮那如來
　南無金剛手菩薩
爲二鐵圍沙界平等利益一
　南無摩訶毘盧遮那如來
　南無金剛手菩薩
爲二決定法成就一
　南無摩訶毘盧遮那如來
　南無金剛手菩薩
　南無一字金輪佛頂
　南無佛眼部母菩薩
　南無一切三寶

　前唐院金曼供法則

愼敬白二金剛界會遍照如來。五智所成四種法身。本有金剛界自在大三昧耶。自覺本初大菩提心。普賢滿月不壞金剛光明心殿中。自性内證眷屬四波羅蜜多。十六大菩薩四攝八供金剛天等。金剛乘敎能斷煩惱。甚深祕密心地法門。各各本誓加持自性。微細法身祕密心地。超過十地三業金剛。乃至十八會中四曼六大。不離境界諸尊聖衆一而言

方今
於二南贍部州大日本國近江州比叡山延暦寺一乘止觀院前唐院一二結諸衆抽二一心丹誠一飾二瑜伽密壇一專二三業精勤一修二成身儀則一
　其志趣何者夫
金剛瑜伽大敎凡夫超證方便
曼荼供養軌則薩埵正覺儀式
　所以
十地滿足秋霧　晴二一道淸淨空一
五相成身夜月　瑩二三明無暗光一
不レ經レ生到二密嚴王(土カ)一
不レ起レ座住二𑖀字殿一
　誠是
不思議甚深要行　三摩地現前祕術
　爰

一結諸德宿緣有三幸遇二于此教一
滿座群賢往因無レ廢列二于此會一
修行無レ功　　爭得二於悉地一
祖恩難レ報　　寧存二於等閑一
　　依レ之
且爲レ勵二愚昧練習一　且爲レ報三祖師恩德
爲三每月不退恆例一　　運三三密瑜伽精誠一
　　然則祖師聖靈者
依二此慧業一　　酬二此薰修一
等覺分曉夢　　更驚二妙覺位風一
普賢地夜月　　新增二普照曜光一
仰願大日覺王　　伏乞金剛薩埵
三密修行　　久住二解脫輪一
五智法水　　長傳二未來際一
乃至法界　　平等利益
抑爲二令法久住等一
（自下盡如二胎曼一依略レ之歸レ始見レ之）

前唐院合曼供法則

慎敬白二胎金兩部理智不二周遍法界大日如來。胎藏界中
十三大院。四重圓壇諸尊聖衆。金剛界會自在三昧耶。自
覺本初大菩提心。普賢滿月不壞金剛光明心殿。甚深境界
兩部曼茶至極法門。八萬十二權實聖教。內證法樂三十七
尊二十天等。金剛薩埵已來三國傳燈諸尊師等。惣。佛眼
所照世界海世界種。不可說不可量三寶境界一而言
　　方今
於三南閻浮提大日本國近江州比叡山延曆寺一乘止觀院
前唐院聖場二。一結信心諸德每月不易恆式。且爲二報恩謝
德二。且爲二紹隆佛法一。開三三密瑜伽壇場二。致三兩部曼茶供
養一
　　其旨趣何夫
兩部合行春花　　櫻梅交レ枝芬芬
本迹體一秋月　　金玉並光冷冷
　　然則
自性受用出世　　納三三世化導於花藏密嚴之洞一

釋迦多寶應用　顯二十界利生於靈山虛空之扉一
　只是
不二圓道　本覺益物
　是以
釋一切衆生色心實相常是毘盧遮那平等智身
　故
六道含識　遍照法界理體
四生言語　法身說法妙義
　實是
卽身成佛直路　凡夫頓證妙觀
　抑《モソモ》
難レ報祖師之慈恩　可レ訪七世之親契
忘レ之送二年月一　閣レ之思二世務一
併是隱二三衣一綠林　豈非レ化二五逆闡提一
　依レ之
進報二大師慈澤一　退資二恩所菩提一
　若爾

善雲覆二法界一　遍霔二平等拔苦甘雨一
德風扇二普天一　等長二卽成菩提佛種一
　重乞
伽藍常住　至二慈氏正覺曉一
法燈不退　期二千佛出世夕一
法莚爲二恆例一　啓白不二委悉一
三寶證知　諸天洞鑑
抑爲二令法久住等一　自下盡如二胎曼一依略レ之歸レ始讀レ之
昭和十一（一九三六）年九月吉日
　天王寺納之
　　佛子圓實

20 葬禮引導光明供法則

葬禮引導光明供法則 板本之通

愼敬白㆓眞言教主理智不二清淨法身毘盧遮那。大悲胎藏悲生曼荼。金剛界會五解脱輪。教流布身初門釋迦。十二上願醫王善逝。九品引接彌陀種覺。八萬十二權實聖教。隨求光明諸祕密呪。觀音勢至諸大薩埵。身子目蓮(連カ)諸聲聞衆。乃至塵刹佛眼所照一切三寶㆒而言。方今。於㆓蘇訶世界南浮州扶桑朝 某國某寺 此法場㆒。移㆓密嚴華藏儀式㆒修㆓光明眞言祕法㆒

其旨趣何者夫

滅罪生善之勝用　無㆑如㆓光明眞言功力㆒

卽身成佛之祕術　無㆑過㆓瑜伽三密教行㆒

何況斯大神呪者

五智內證之祕藏　易往淨刹之直因

依㆑之

纔誦㆓一遍㆒　消㆓滅無始罪障㆒

適ゞ聞㆓一音㆒　感㆓應無量功德㆒

若誦㆓此神呪㆒輩　速蒙㆓周遍法界大日遍照利益㆒

常持㆓彼眞言㆒人　急預㆓光明遍照接取不捨照觸㆒

爰過去幽儀 或入戒名

五蘊所成之依身　假宿㆓南浮塵里㆒

六大法界之心月　終陰㆓東岱之烟霞㆒

悲哉生者必滅之掟　痛哉會者定離之理

不㆑如

歸㆓三寶㆒致㆓黃泉資㆒

茲以

備《ソナヘ》㆓香華燈塗之供具㆒　行㆓光明眞言之祕法㆒

若爾叔靈者

出㆓九界之昏衢㆒　到㆓十轉開明曉㆒

入㆓四佛之妙臺㆒　添㆓五智圓滿光㆒

兼亦

鐵圍沙界　受潤平等

乃至依正　利益拔濟

抑爲二令法久住利益人天過去聖靈成等正覺一

　南無摩訶毘盧遮那如來

　南無金剛手菩薩

祕密壇場庭。滅罪生善砌。爲下飡二受法味一證中明功德上。上界天人分レ雲來臨。下界龍衆凌レ波影向。惣。日本國中大小神祇。王城鎭守諸大明神。別。圓宗擁護山王七社王子眷屬。殊。當國當所諸大神祇。乃至無邊世界權實二類一切天衆地類。同共爲レ奉レ令二法樂莊嚴一惣神分

　般若心經　大般若經名

爲二三國傳燈諸大師等。乃至無依無怙一切靈等皆成佛道一

　南無釋迦牟尼寶號

　南無尊勝佛頂

奉二爲今上陛下玉體安穩一

　藥師寶號

爲二大樹幕下世運永久列國諸鎭保國安民。乃至百官萬民各願成就一

　南無大聖不動明王

　南無大悲多聞天王

爲二信心法主施主息災延命現當二世悉地成滿一

　南無摩訶毘盧遮那如來

　南無金剛手菩薩

爲二乃至法界平等利益一

　南無摩訶毘盧遮那如來

爲二決定法成就一

　南無摩訶毘盧遮那如來

　南無金剛手菩薩

　南無佛眼部母菩薩

　南無一字金輪佛頂

　南無一切三寶

昭和十一年（一九三六）九月吉日
天王寺納之
佛子圓實

（底　本）東京天王寺福田藏（雨十九）、書寫年不明一冊本
（對校本）㋑＝東京天王寺福田藏（雨十八）、書寫年不明一冊本
（校訂者　水尾寂芳）

法則集　終

法則指南集　目　綠（錄カ）

亮映石槃輯

法則指南集

1〔光明供〕 〔大僧都忠順　權僧正宣順〕

○光明供法則

大僧都忠順

謹敬白二眞言教主摩訶毘盧遮那。對告傳持金剛手等。迦
葉阿難聲聞僧伽。乃至十方沙界不可說ノ三寶ノ願海ニ而
言。茲ニ今。於二南閻浮提大日本國東叡山松林教院ノ道
場ニ。延二屈シテ闔山ノ大衆。啓二建シ大僧都忠順ノ葬儀一ヲ修シテ
言。

所謂光明ノ祕法者

經ニ說下キ永ク除キ四魔一ヲ成中佛果一ヲ上

軌ニ八宣フ能滅シテ二五逆一生中極樂上

誠是

法王掌中ノ之摩尼　遮那內證ノ之祕印ナリ

粤ニ覺靈ハ

諱ハ忠順。字ハ義潭。俗姓ハ杉山氏。濃洲加納ノ人ナリ。文政十
年丁亥。歳甫テ十三。遠ク來リ本山ニ。拜シテ前大僧都正孝順師ヲ
薙髮。既ニシテ而志レ學ニ。名聲早ク著ルル。天保六年乙未。受二兩
部ノ灌頂一。同十四年癸卯八月。主三叡岳常智院一ヲ。於レ是法
兄本院ノ調順告ケ老。公乃繼レ系以主スル。是歳十月開ク三
部ノ灌頂ヲ於祖廟。弘化二年乙巳。叡岳擧レ公爲三法花會ノ
講師ニ。嘉永二年己酉三月。從二慧澄和尚一受二菩薩ノ十重四
十八輕一。同五年壬子任三大僧都一。安政元年甲寅七月。代ニテ
一品法王ニ修二蘭盆會一於光嶺一。同二年乙卯三月。以レ病
辭レ院。自號ニ忍草一。公稟生多病。而志氣不レ凡。年比三
十一。忽有リ猛省スル。爾來深ク厭二塵緣一。決スレ志西邁ニ。常恆
持齋。日ニ課二六萬一。辭レ院後其業益々勵ム。萬延元年。結テ
夏ヲ修二常行三昧一。其如三七日不レ眠以事二禮誦一。不レ可二復
數一也。公又精シ乎本學一。幼ニシテ而從二隆敎沙彌一。長シテ而就二
慧澄和尚一。一家ノ諸部殆ト無レ不レ究。但以三志專ニ淨業ニ子
弟或ハ講ヘトモ蒡多辭レ之。然ニ有ニ請ヒ益者一循循トシテ不レ倦。
今茲辛酉之春。偶得病。不レ洒日ニ十餘度。身疲レ體倦ミ殆

如二枯木一。而三時ノ禮誦。六萬ノ之課未二嘗テ少モ怠一。死前三日無シ二復少苦一。醫告レハ二其期ヲ一公有二喜色一。遂ニ安然トシテ而化ス。實文久元年（一八六一）六月十四日也。嗚呼如レハ公解行相ヒ濟ナシ。乘戒倶ニ運ス。可レ謂二澆世之偉人一ト矣。其如キハ三聞レ期有二喜色一。非下ンハ深ク信シ有ルレ所二省發スル一者上。焉ソ能如ナランレ此哉。然則其往生可レ必ス也　更ニ願ハ

回二此勝業一　寶蓮早開

會シテ二彼聖衆一　三智頓ニ朗ナランコトヲ

啓白辭拙　意願之レ篤

十方ノ三寶　伏垂二照鑒一

抑爲二令法久住利益人天一

南無摩訶　南無金剛

爲二三國傳燈ノ列祖增損究竟一

南無　南無

奉三爲今上皇帝聖躬戸（萬カ）安神祚無窮一

南無　南無

爲二本院安全法統延長一

南無　南無

爲二本山清平顯密隆盛一

南無　南無

爲三乃至法界同霑二常樂一

南無　南無

爲二法成就一

南無　南無

南無佛眼　南無一字

南無一切三寶

權僧正宣順

○光明供法則

謹敬白二法界宮中毘盧覺王。六八願王彌陀引接。八萬四千權實法藏。觀音勢至諸大補處。身子目連大阿羅漢。乃至佛眼所照微塵刹土ノ三寶ノ境界一而言

方今

於二南浮扶桑東叡山護國院ノ道場一。請シテ二闔山ノ大衆一。建二雙

樹院權僧正宣順法印ノ葬儀ニ以修ニ光明眞言ノ祕法ニ

抑光明眞言トハ者

三世諸佛瑩中ノ寶玉

十方含識額裏ノ智光ナリ

伏惟覺靈

俗姓ハ淺川氏。先世ハ奈良縣大和國郡山ノ藩士也。文政六
年十一月誕生ス。天保十年年始テ十七仲冬。拜ニ多武峯竹
林坊大僧正貞順ニ而薙髮ス。嘉永四年仲冬。侍ニ晃嶺惠乘
院心亮ニ陪ニ講席ニ同五年極月。爲ニ吾山護國院忠順ノ資ニ
同六年初冬。攀ニ北嶺ニ遂ニ業廣學竪義ニ。尋從ニ淡庵大和
尙ニ受ニ十重禁戒ニ安政五年暮秋。主ニ駿河國府中總持院ニ
尋聽ニ許木蘭色衣着用ニ文久元年。改ニ造坊宇ニ同二年閏
八月。大樂王院一品法親王當ニ西上ニ枉ニ輿賜ニ謁。同年
修ニ補東照宮神祠ニ尋法親王賜ニ神號之額字ニ嘉ニ賞之ニ又
納ニ六六ノ歌額ニ於神殿ニ元治元年六月。登山謁ニ法王ニ賜
御詠和歌ニ慶應二年。登ニ日光山ニ會ニ東照宮二百五十神
忌ニ明治二年四月。爲ニ從二位清水谷公正卿ノ猶子ニ同年

十月。退隱自號シテ稱ニ雙樹院ニ同七年十一月。教導職試補
受命シ。尋主ニ吾山覺成院ニ同九年九月辭ニ院ニ同十一年十
二月。主ニ護國院ニ同十二年五月。補中講義。同年改ニ造釋
迦堂供所ニ同十三年八月。學ニ教導取締ニ同十二年。北白
川宮殿下。特備ニ香資于本尊ニ同十四年二月。免ニ教導取
締ニ。同十五年六月。修ニ葺釋迦堂ニ同十月。更ニ入ニ吾山灌
室ニ陞ニ三部都法大阿闍梨ノ職位ニ同十六年六月。以病
辭ニ院。又稱ニ雙樹院ニ同十八年七月。補僧都。同十九年。
聽ニ許松葉衣着用ニ同二十一年九月。補大僧都。同二十四
年三月。師平素以ニ護法之念厚ニ座主猊下特賞補權僧正
同年六月六日。感ニ痾旣而自知レ不レ起。同二十二日。拂曉
正念移化ス。時世壽六十又九。法臘五十二也

師資性清閑ニシテ行業淳直ナリ

輔ニ弼シテ上座ヲ以回ニ祖光ヲ於旣墜ニ

延ニ裝シテ大象ヲ而卜ニ寶殿ヲ於淨地ニ

宜哉

五根ノ意馬ニ具ニ加ニ波羅提之轡ヲ鞭ニ十大ノ誓願ニ六塵ノ心

猿ニハ徑ニ制シテ二芬陀利之鎖一繋二正業ノ覺觀一
寂室避二賾閙一　餘資昭ス二靈壇ヲ一
可レ謂
緇林ノ木鐸　佛閣ノ華吼ナリト
雖レ然
沒駄モ猶唱二涅槃ヲ於鶴林ニ一
迦葉亦告二入定於雞足一
矧乎薄地ヲ乎
哀哉
雙眸早ク閉テ一念ノ睡夢忽ニ醒メ
四大頓ニ離シテ九地ノ籠樊奄ニ脱ス
是故
備二香華燈塗之供具一
修二光明神呪之妙行ヲ一
仰願
速ニ出二生死ノ六道一再ヒ遊二化此界ニ一
意願旨細　啓白辭疎　三寶衆聖　悉知洞鑒

抑爲二令法久住利益人天過去覺靈速成正覺一
南無摩訶毘盧遮那如來
南無金剛手菩薩
光明密乘之場。覺靈葬儀ノ之處。來臨影向ノ百靈各爲ニ稱
讚佛事一誦念ス
般若心經
大般若經名
爲二傳燈密敎ノ諸祖三德圓滿一
南無摩訶
奉二爲金輪聖王玉體安穩一
南無藥師瑠璃光如來
爲二十界群類平等利潤一
南無地藏大菩薩
爲二決定法成就一
南無摩訶
南無金剛
南無佛眼部母菩薩

南無一字金輪佛頂

南無一切三寶

2○東叡山瑠璃殿供養儀

謹敬白二淨妙法身摩訶毘盧遮那如來。因圓果滿盧舍那界會。教流布身釋迦善逝。十二上願醫王薄伽。西方能化無量壽佛。妙法蓮華眞淨法門。八萬十二權實聖教。普賢文殊諸大薩埵。身子目連諸賢聖衆。乃至微塵刹土ノ一切三寶一而言。方今。南閻浮提大日本國。武州東叡山。今此ノ瑠璃殿ハ者闔山大衆繼コ承シテ元錄(祿カ)ノ盛典ヲ一募リ二財ヲ於十方檀信一。再コ營シ密場ヲ工役　浸《ヨヲヤク》成リ。疇夕曾テ奉レ安二尊體ヲ一。今辰更二修シ顯密ノ大法ヲ一。啓コ建供養梵儀一。其旨趣如何者夫

息災延命之神藥ハ　無ク越二顯密大法ノ功德一

轉禍爲福之祕術　無レ勝ルハ二醫王薄伽ノ誓願ニ一

是以

蘋蘩蘊藻　以祝ン二琳宮ノ之落慶ヲ一

梵唄散華　恭仰ク二寶壝ノ之莊校ヲ一

伏シテ惟

淨瑠璃ノ壺內ニハ　儲ケ二種智還年ノ之藥ヲ一

遍照界ノ光ノ前　除ク二三毒五衰之病ヲ一

加旃

日光月光無量ノ菩薩ハ者圍コ繞シテ前後ニ飾リ二本佛ノ果德ヲ一

十二神將七千ノ夜叉ハ者守コ護シテ晝夜ヲ一禳フ二衆生ノ災厄ヲ一

觀ハ夫

密殿環レシテ翠ヲ　轉タ表ン二巍巍堂堂ヲ一

金甍聳レテ雲ニ　眞トシテ顯ニ浩《コウ》浩漾漾ヲ一

重乞

(今カ)金上皇帝　聖躬萬安　大臣諸公

保國安民　四海昌平　安穩豐樂

乃至法界　平等利益

次六種回向

供養淨陀羅尼一切誦　丁

敬禮常住三寶　丁　敬禮一切三寶　丁

我今歸依　釋迦醫王　願於生生

以一切種　上妙供具　供養無量
無邊三寶　自他同證　無上菩提　丁

3 ○寛永寺中堂供養 戰死回向

神分

大殿落就供養之場。爲下飡二受法味一隨中喜勝會上ヲ。來臨影向ノ神祇百靈。爲ニ各各威權自在功德圓滿一一切神分

般若心經

大般若經名

次啓白

夤ミ敬テ白シテニ久遠實成多寶塔中大牟尼覺王正遍智尊。十方分身釋迦善逝。殊ニハ超八醍醐妙法教主。發起影向普賢文殊。下方上行等ノ菩薩。乃至三寶ノ境界現不現前ニ言ク。爰ニ今。於ニ南閻浮州大扶桑國。東方ノ天台醫王善逝ノ之道場ニ。有レ修コトニ法華懺摩ノ嚴儀一

其旨趣何者夫

招祥攘禍ノ祝禱ハ　無ク超タルハニ三障斷除ノ要術一ニ
增道損上(生カ)ノ白善ハ　無レ如クハニ六根懺悔ノ專修一ニ

恭ク惟

明君ノ尚フハニ理世一ヲ　歸シテニ一乘ニ索メニ陰翊一ヲ
群黎ノ祈ルハニ安全一ヲ　崇メテニ三寶一ヲ得ニ顯益一ヲ

爰以

白馬靑龍ノ寺院　起リニ後漢明帝ノ叡信一ヨリ
南都北嶺ノ伽藍　生レリニ本朝聖皇ノ敕願一ニ

因レ之

精舍ノ造立ハ榮ヘニ和漢一ニ　蘭若ノ修營ハ昌ナリニ古今一ニ
抑モ東叡山寛永寺ハ者
故相國台德公
嘗テ續キニ東照神君ノ之功一ヲ
乃チ諮リニ事ヲ吾ガ慈眼大師一ニ
總ヘニ萬法ヲ於一心一ニ　攝シニ百政ヲ於三觀一ニ
遠ク擬シニ平安比叡ノ嘉模一ニ
近クトシニ江城艮位ノ靈地一ヲ
開テ無雙ノ祇園一ヲ　張ルニ一大壯觀一ヲ

況復
常憲相公ハ更ニ大ニシ二其業ヲ一抛チ二淨資ヲ一廣シテ二境域ヲ一
元祿ノ皇帝ハ特ニ嘉シテ二其美ヲ一揮ヘ二宸翰ヲ一賜フ二題榜ヲ一
爲ルヤ二其美一
鼎‐建シ二瑠璃寶宮ヲ一　挾テ二三昧堂ヲ一爲リ二正殿一
締‐構シ二吉祥高閣ヲ一　面シテ二不二ノ峯ニ一開ク二層門ヲ一
乃
瓊柱玉扉映シテ二絳霞ニ一彌ヾ輪煥タリ
朱甍碧瓦帶テ二翠嵐ヲ一益ヾ鮮明ナリ
爾ヨリ來
聖皇賢相屈シテレ尊愈信シレ敎
金枝玉葉出レ城永嗣タマフレ法
於レ此
竹園ノ繁榮恆ニ有二鳳鸞ノ來儀一
門主紹繼シテ無シレ隳スコト二龍象ノ威風ヲ一
誠是
天安羅羅トシテ兮五日ノ風不レ鳴サレ梢ヲ

地平利利トシテ兮十日ノ雨不レ搖サレ壤ヲ
可レ謂
廟堂ノ治維レ極焉　敎家榮惟レ盡リト矣
然ニ復
眞如不變ニシテ　而雖レ無二興トレ廢一
萬法隨緣シテ　而又有二隆替一
不レ圖キ戊辰ノ之役
期ルノ二我此土安穩ヲ一地。忽チ爲二鬪諍攄掣ノ域ト一。炮聲響テレ雲ニ
迅雷動キ。彈丸諒(掠カ)メテレ空急雨衝ク
傷イ哉
官軍ヤ兮　東兵ヤ兮
同ク斃テ二白刃ノ閒ニ一共ニ迷フ二黑火ノ衢ニ一
應レ知
照セハ二大義名分ノ鑑ニ一　情懷ノ得失雖レ非レ無レ論
旋セハ二平等拔濟ノ眸ヲ一　魂魄ノ昇沈不レ可レ不ルレ憐マ
于レ爰
鏤メレ金ニ彫ルノレ瓊ニ大殿ハ　拂テ二玉碣ヲ一爲リレ燼ト

無《ク》㆑來無《ノ》㆑去尊像《ハ》　傾《テ》㆓寶髻《ヲ》㆒纔《ニ》移《シタテマツル》

嗚呼

昔《ハ》釋尊出㆓譬諭之門《ヲ》㆒諸子戲而倶《ニ》去《リ》

今《ハ》醫王避《テ》㆓燹煙之砌《リ》㆒衆僧悶而扶《ケ》逃《ル》

彼《モ》一時此《モ》一時也

歳月漸《ク》移《リ》四千六百八旬如《ク》㆑昨《ノ》如㆑今

星霜遙《ニ》隔《リ》十有三年《ノ》往事如㆑夢如㆑幻

于㆑肆

貫主敎正闔山《ノ》大衆深《ク》慨㆓伽藍《ノ》滅亡《ヲ》㆒大《ニ》勵《シ》㆓再興《ノ》志

願《ヲ》㆒

共穿《チ》㆓草鞋《ヲ》㆒　同《ク》飛《シ》㆓鐵錫《ヲ》㆒　募《リ》㆓力《ヲ》於江湖《ニ》㆒　鳩㆓材《ヲ》於

遠近《ニ》㆒

是故

緇素齊《ク》隨喜《シ》　喜捨《スル》不㆑爲不《ト》㆑多

於㆓隨喜多《キカ》中《ニ》㆒。喜多院兩世《ノ》院主《ハ》寄《セ》㆓一宇《ノ》堂材《ヲ》㆒殊《ニ》

毘㆓贊《ス》此擧《ヲ》㆒

因㆑之

肇《メ》㆓土木《ヲ》客歳《ノ》姑洗《ニ》㆒　畢《フ》㆓斧斤《ヲ》本年《ノ》夾鐘《ニ》㆒

驗《メ》知

縱令《ヒ》發願《ノ》堅實《ナルモ》　幸《ニ》自《ハ》㆑非㆑遇㆓明時《ニ》㆒

如何《シテカ》經營復舊　能可《シヤ》㆑得㆑見《ヲ》㆓盛儀《ヲ》㆒

於㆑是

顯密《ノ》淨侶來集《シテ》　凝《シ》㆓供養《ノ》丹誠《ヲ》㆒

皇華貴縉賁臨《シテ》　祝《シタマフ》㆓慶讚《ノ》奇特《ヲ》㆒

視《ハ》夫

夕《ノ》嵐《ニ》飛《セシ》㆑花櫻《ハ》　更《ニ》添《フテ》㆑綠《ヲ》籠《ミ》㆓瑠璃殿《ヲ》㆒

昨《キノフ》《ノ》霜《ニ》凋《メル》㆑葉蓮《モ》　復出㆑泥浮《フ》㆓不忍池《ニ》㆒

恰是

景勝契《フ》㆓道義《ニ》㆒　感應定《テ》天眞《ナラン》

仰願《ハ》

寶祚與㆓七政㆒延長《ニシテ》　皇基共㆓兩儀《ト》㆒無《ク》㆑彊《リ》

乃至

兩后親王保㆓遐算㆒三公諸卿長《ク》弼《ン》㆓叡明㆒

見者聞者隨喜讚善。有爲無爲《ノ》悉地速《ニ》成《ン》

併セ冀ハ

戰死ノ英靈　殉難ノ幽魂

慧劍放ママニ振テ　坐ラ破リ二塵勞ノ之敵門ヲ一

妄轡永ク退テ　立ロ二攘ハン二生死ノ之魔軍ヲ一

重テ乞

伽藍安穩ニシテ　勸學彌ヾ榮

教林花馥シク　結果漸ク盈テンコトヲ

志願旨深ク　啓白辭淺　三寶證明　諸天洞鑒

4〔放生會〕〔東照權現堀家〕

○台麓東照權現放生會法則

神分

抑放生勤修ノ之場。法樂作善之處。爲下二享一受シ法味一證上明

勝會上。梵釋四王二十八天。宗廟社稷三千餘社。殊ニハ擁護

圓宗日吉大權。鎭護祕教赤山明神。鎭國治民當社權現。

凡テハ名山大川神祇百靈。降下來集スラン。然レハ則。爲二各威權

自在ニシテ功德增益一ノ

般若心經

大般若經名

謹敬白二大恩教主釋迦本師。醍醐一乘妙法蓮華。普賢妙

德諸大補處。慶喜鶖子諸聲聞衆。總テハ盡虛空界一切ノ三

寶ニ言

方ニ今

台嶺若干ノ淨衆。月ハ在二正五九一ニ。日ハ從リ二讚佛場一詣シ二于

此一ニ。開キ二一問一答ノ講席（筵カ）一ヲ。爲下二誦シテ二究竟ノ眞文一開中發ンカ有

情ノ覺種上。所ハレ營ム勝延ノ之事。兼テハ擬ス二當社ノ法樂一ニ。其趣旨

如何夫

慈悲ノ妙體　以二不利一爲シ二止惡ノ家一ト

救世ノ良用ハ　以二放生一開二作善ノ門一ヲ

是以

利ハ者始メス二制教ノ源首一ニ　慈ハ者終リ二仁政ノ德化一ニ

宜哉

佛壠ノ篭梁ハ過二流水所ノレ救量一ニ

鳩峯ノ聖廟ハ下セリ二和光結ノレ緣敕一ヲ

大哉。放生勝業綿綿永世無窮焉
　然
寛永甲戌(一六三四)　新造眞葛原宮廟
正保丙戌(一六四六)　殊附神領二百石
　爾來
當其執職　物淨自廟如神在
嚴其神祭　事足放生嗟闕典
　於此
約有志徒　不問多少聚淨財
任所投捨　令聞經後放水族
　蓋
不若多而自疎漫者少而爲如法
　故以
於廟前授三歸因緣十號。每一魚添印佛三聖種子
　可知
非但得天然命。兼下聞法佛種。如彼流水救千魚。希此水族成當來果
啓白辭淺　放生旨深　三寶冥資　悉知昭鑒
次　代香着座
洗(先カ)　導師入堂登油
次　磬　二丁
次　唄　賦華籠
次　散華　中段略之
次　法則　撤華籠
次　下壇　直到入側
次　放生作法畢而　直到內陣
次　讀祭文
次　自我偈獻供作法

○堀家放生會法則

謹敬白大恩教主釋迦大師。十二大願醫王善逝。六八弘誓無量壽佛。一乘醍醐究竟妙典。八萬十二權實聖教。普

賢文殊諸大薩埵。放生發起流水長者。身子目連諸聲聞
衆。總《シテハ》盡虛法界一切《ノ》三寶言
方今
於娑婆世界一四天下。南浮日域東叡此《ノ》道場。屈《シテ》台
門《ノ》僧伽啓建《シ》梵唄散華《ノ》法筵。令《メ》修放生《ノ》勝會《ヲ》。以
薦《メタマフ》凌雲院鐵團宗釘大居士。及《ヒ》殉壙三士《ノ》冥福《ニ》
抑此《ノ》放生會《ト》者
贖《フテ》羽鱗《ノ》之必死《ヲ》　施《シ》無畏水穀《ノ》飲食《ヲ》
授《テ》金剛《ノ》之三學　爲《ス》乘戒倶急《ノ》因緣《ヲ》
誠是
生天之妙術　與樂之深法《ナリ》
是故
長者救《シカハ》十千《ノ》魚　速《ニ》成《ン》勝果《ヲ》
智者棄《テシムレハ》筥梁《ノ》漁《トリヲ》　立《ロニ》感《ニ》瑞雲《ヲ》
若爾《ハ》過去英靈《ハ》者
依《テハ》取食施與《ノ》功德《ニ》　除《キ》三途八難《ノ》飢渇
酬《テハ》讀誦法味《ノ》慈善《ニ》　增《ン》五智圓滿《ノ》慧命《ヲ》

重《テ》乞《フ》
今上皇帝　寶祚延長　大樹幕下　萬壽無疆
村松太守　封內繁榮　風雨順時　國家安寧
三有均《ク》資《ケ》　四恩普《ク》報《シ》　善願旨深《ク》　啓白辭《ハ》淺《シ》
三寶證知《シ》　諸天洞鑑《シタマヘ》　二丁
次下壇於入側放生作法

5〔蘭盆會〕　〔一橋御方方 御子様方〕

頭一 一橋御方方
○蘭盆會法則
謹敬白眞言教主毘盧法王。六八弘誓無量壽尊。無上福
田蘭盆經王。給孤獨園諸大列衆。總《シテハ》三際十方現不現
前《ノ》三寶《ノ》願海《ニ》言《ク》
方今
於娑婆世界須彌南方。大日東國東叡凌雲。此《ノ》靈殿。
建《タマフ》蘭盆供養《ノ》法軌
抑此《ノ》蘭盆會《ト》者

目連托下シテ拯二フノ悲母一之縁上ニ　顯二揚シ孝道一ヲ
釋尊依下テ伸二ル妙供一之教上ニ　拔二ク三途ノ苦一ヲ
誠是
人世ノ福田　出世ノ道法ナリ
是以
唐朝ノ皇帝ハ　於二内殿一ニ設二ケ斯ノ會一ヲ
吾朝ノ天皇ハ　肇《ハジメ》二タマヘリ祭祀ヲ於天下一ニ
至イ貴ノ所レ尊ム　利益何ゾ虚カラン
若爾ラハ過去覺靈ハ
直ニ踏二テ白雲ヲ於虚空一ニ　快ク遊二タマハン勝妙ノ之天界一ニ
祈願意深　啓白辭淺　三寶諸天　悉知洞鑒
抑爲二令法久住利益人天過去覺靈成等正覺一
南無
南無
自性三寶供養之場。群生拔濟之處。爲下ニ隨二喜シ勝會一ヲ證中
明功德上。來臨影向ノ神祇冥衆。爲二ニ威光增益一一切神分
般若心經

大般若經名
爲二ニ傳燈ノ列祖增道損生一
南無萬德慈尊釋迦大師
奉二爲今上皇帝聖躬萬安一ノ
南無無量壽如來
奉二爲大樹幕下高運無窮一
南無藥師瑠(璃カ)離光如來
爲二三有均ク資ケ四恩普ク報一ンカ
南無六道能化地藏菩薩
爲二法成就一
南無佛眼部母菩薩
南無一字金輪佛頂
南無一切三寶
頭二
御子樣方
○蘭盆會法則
謹敬白二密嚴教主毘盧覺王。祕密醍醐眞淨法門。對告傳

持金剛手等。乃至微塵刹土ノ一切ノ三寶ニ而言

方今

於二娑婆世界一四天下。南浮日域東叡此ノ靈殿一ニ。爲二○各

靈增進菩提一有レ令タマフコト修二瑜伽施食ノ梵儀一。其ノ旨イ趣何

者夫

正《サダ》カニ回二セハ法帆船筏一　深ク浴二シ毘盧ノ覺海一ニ

僅ニ擧二密乘ノ印契一　直ニ動二ス塵刹ノ祕藏一ヲ

誠是

返妄歸眞ノ之要徑　背塵合覺ノ之眞詮ナリ

若然ハ過去高靈ハ

依二テ今日ノ白善一ニ　彌ゞ進二ミ不退ノ位一ニ

離二テ無始ノ妄執一ニ　益證二タマハン無生ノ智一

(已下同上)

頭三

△旨趣

欲レセハ報二深恩一　莫レク要ナルハ二乎與拔一ヨリ

欲レセハ成二濟度一　莫レ大ナルハ二乎盂蘭一ヨリ

是故

目連道滿チテ　首メニ思二ヒ乳哺ノ之恩一ヲ

大聖垂レテ慈　廣ク示二ス法供ノ之式一ヲ

誠是

恆沙ノ鬼趣ハ　脫二ノ倒懸一之要徑

曠劫ノ冤《ヲン》類モ　證二ノ本眞一之洪範ナリ

若然ハ過去覺靈ハ

直ニ駕二シテ白牛ノ大車一ニ　快ク遊二ハン上品ノ蓮臺一ニ

頭四

△旨趣

三祇ノ功行告レルモ圓カナルヲ　咸ク推二シテ孝順一ヲ爲レシ宗ト

萬德ノ莊嚴克《コク》シテ備ルモ　倶ニ以二報恩一爲レス本ト

誠是

拔苦偏ニ應二ルノ自恣ノ緣一ニ之慈鑒《カン》

垂訓更ニ示二ノ蘭盆ノ法一ヲ之良範ナリ

伏シテ願ハ

心月頓ニ明ニシテ　慧光周ク照シタマハンコトヲ

頭五
△旨趣

除障薦福ノ要法ハ　莫《ク》レ逾《タルハ》ニ眞言ノ祕章一ニ
報恩答德ノ妙術ハ　莫レ過《タルハ》ニ蘭盆ノ妙供一ニ
是故
飾《リ》ニ五色ノ幢幡一ヲ　備《ヘ》ニ百味ノ調味一ヲ
拔《キ》ニ焔口面燃ノ之厄一ヲ　飽《シム》ニ甘露禪悅之供一ニ
凡《ソ》此ノ眞言ハ者
消ニ竭《スル》三途ノ火坑一ヲ冷水
普ニ照《スル》六趣ノ昏暗一ヲ理炬《ナリ》
若爾者過去覺靈ハ
依《テ》ニ光明祕奧ノ加持一ニ　除《キ》ニ三途八難ノ飢渴一ヲ
酬《テ》ニ唯眞言語ノ功力一ニ　增《ン》ニ五智萬德ノ惠命一ヲ
乃至
有財無財ノ鬼趣　有緣無緣ノ煢魂
同《ク》飽ニ一味ノ之法水一　齊《シク》遊《ン》ニ五智ノ之覺苑一ニ

6〔胎曼供〕

頭一
大行天皇盡七日　〔大行天皇盡七日 溫恭公二十一回御忌〕

○胎曼供法則

謹敬白ニ法界宮殿毘盧覺王。蓮華胎藏中臺八葉。十三大會塵刹聖衆。外金剛部護法天等。乃至四重尊位及以《ヒ》法界ノ三寶ニ言
方今
於ニ南閻浮州大日東國東叡山此ノ法殿一ニ。奉ニ爲ニ大行天皇盡七日追薦冥資一。大ニ莊ニ嚴《シ》道場一ヲ令《メタマフコトアリ》レ修ニ大悲胎藏曼荼羅會一
抑此ノ曼荼羅會ト者
華藏世界ノ海會ニハ　四智四行各〻住《シ》ニ自證一ニ
法界宮裏ノ莊嚴ニハ　四重四曼悉《ク》具《セリ》ニ輪圓一ヲ
誠是
大日法王自證ノ祕藏
一切衆生頓悟ノ直道《ナリ》
伏《シテ》惟過去尊儀ハ

其レ仁如レク天　以覆ニフ四海一ヲ
維レ德類レス地ニ　以育ニス群有一ニ
是故
堯日煇煇トシテ　麟鳳翔ニリ舞シ于野一ニ
舜風淡淡トシテ　雨露不レ違ハ于野一ニ
仰願
曼荼ノ聖衆垂ニレ賜テ玄鑑一ヲ
與拔ノ利益現ニシ前當座一ニ
開悟ノ功德成ニ就シタマハンコトヲ今日一
祈願旨深　啓白辭淺　四曼ノ聖衆　悉知證明
抑奉ニリ爲令法久住利益過去尊儀速證大覺一
南無
南無
曼荼供養之場ハ。滅罪生善ノ砌リ。爲下ニ飡ニリ受法味一稱中揚佛
事上。所ニノ來儀影向一シタマフ普天率土ノ神祇百靈。爲ニ功德增進一
總神分
般若心經

大般若經名
爲ニ顯密ノ列祖三德究竟一
南無
南無
奉ニリ爲今上皇帝寶壽增長一
南無
南無
奉ニリ爲大樹尊君椿齡千秋一
南無
南無
爲ニ十界皆成一
南無
南無
爲ニ決定法成就一
南無
南無
南無
南無佛眼

南無一字

南無一切三寶

[頭二]溫恭公二十一回御忌

○胎曼荼羅供法則

謹敬白ニ蓮華胎藏。悲生曼荼。祕密中臺。淸淨法身。毘盧覺王。凡テハ十三大院。十八界會。不可說不可量ノ三寶ノ境界ニ而言

方今

於ニ忍土界中大扶桑國中東叡山斯ノ影殿一。奉三爲溫恭院台靈二十一回ノ忌辰追福一ノ。建タマフコトアリ二大悲胎藏曼荼羅會ヲ一

良トニ惟ハ

理具難シレ入　乃現シ二十界隨類之身ヲ一

機緣不レ同　故ニ說タマフ二群生所樂之法ヲ一

法門雖レ異同ク無レ非コト二祕密之權ニ一

身相大タ多ケレトモ等ク靡シレ不ハ二解脫ノ之業ニ一

可レ謂

頓ニ究ノ二實際ヲ一之寶鑒　速ニ超ノ二迷津ヲ一之蘭楫

茲ニ惟レハ台靈ハ者

口ニ銜《フク》ンテ二天憲ヲ一　淸風被リ二船頭ノ所一レ逮フ

身贊ケテ二大敎ヲ一　膏澤及フ二馬蹄ノ所一レ極ムル

是以

百花春過レトモ　遺香遙ニ徹ス二四表ニ一

桂月西ニ沒レトモ　餘光遠ク輝ケリ二八荒ニ一

況復

千歲之昔　已ニ掬シ二其ノ淸苑ヲ一

萬世之後　正ニ飽ヲヤ二其ノ良味ニ一

方今

建テ二悲生曼荼ノ勝會一　擬セントシテ二二嚴圓成ノ資糧ニ一

夐カニ迓ヒ二忌月一　羞メ二黍稷ノ菲香ヲ一

猶踐テ二舊轍ヲ一　開ク二密場ノ梵儀ヲ一

伏願

迅《トク》證シ二常住ノ妙果一　速ニ會シタマハンコトヲ二湛然ノ智海ニ一

願求ノ泉深ク　啓白ノ綆《ツルベ》短シ　三寶諸天

悉知照鑒　（略後同上）

頭三 △抑胎曼荼羅會者

八葉ノ心蓮ハ　普ク敷《ヒラ》キ二本有ノ依正ニ一

九尊ノ月輪ハ　高ク瑩《カカヤ》ク二自性ノ色心ニ一

況復

四重ノ輪圓ハ　豁顯シ二眞如ノ妙境ヲ一

三密ノ加持ハ　徑ニ證ス二遮那ノ覺體ヲ一

誠是

成ノ二大覺ヲ乎刹那ニ一之捷徑

獲ノ二常樂ヲ乎凡軀ニ一之甘露ナリ

于茲過去覺靈ハ

親ク預リ二曼荼ノ勝會ニ一　優カニ遊コトヲ二密嚴ノ佛國ニ一

觀ハ夫

金風颯颯トシテ送ルハ二梵堂ニ一　呈《アラハ》シ二泥洹清涼ノ之德ヲ一

白雲靄靄トシテ映ルハ二盛筵ニ一　表ス二大慈遍覆ノ之用ヲ一

景象任眞ナリ　感格奚ツ爽ン

頭四 ○抑モ斯曼荼羅會者

三十二ノ嚴身ハ　即シテレ因ニ顯シレ果

四處輪ノ布字ハ　即シテレ性ニ示スレ修

測リ知ヌ

修性既ニ融ス　豈ニ不ンレ獲二得四身ヲ于一念ニ一

因果既ニ卽ス　豈ニ不ンレ究二顯五智ヲ于一生ニ一

慈ニ惟ハ　台靈ハ者　文恭王

寛度宏量ニシテ　能得二爲ルノレ君之道ヲ一

明智英略ニシテ　深通ス二待レ臣之術ニ一

是以

黎庶荷フレ恩　昇平彌ヾ昌ナリ

侯伯歸シテレ德　守成益ヾ固ク

依レ之

修シテ二因果不二ノ妙行ヲ一　祈ル二理智平等ノ慈尊ヲ一

仰願

速ニ會シテ二自證法眷ノ界衆ニ一

永ク冥ニシタマハンコトヲ本有阿字ノ理體一ニ

7〔金曼供〕〔大樂王院宮盡七日
淳宗院殿十七回御忌〕

圓一
大樂王院宮盡七日

○金曼供法則

謹敬白二眞言教主一。常住三世。淨妙法身摩訶毘盧遮那如來。金剛界會三十七尊。現在賢劫十六薩埵。外金剛部二十ツ天等。九會曼荼諸尊聖衆。帝網錠光重重無盡。一切ノ三寶ノ境界一而言

方今

新尊儀前天台座主准三后。一品慈性大王盡七日奉二爲冥資一。命二シテ闔山ノ僧侶一令レタマフコトアリ修二金剛大曼荼羅供養ノ祕法一ヲ

其ノ旨イ趣何者夫

三密ノ結要ハ　諸佛ノ所レ無キ

五智ノ奥源ハ　唯局二ルル此教一ニ

誠是

唯佛與佛之境界　祕中深祕之極談ナリ

伏惟ハ過去尊靈ハ者

道德雙ヘ備タマヒテ　饗二ケ王侯之歸敬一ヲ

依レ之

齢不レ二到一ニ七旬一ニ　公ニ蒙二テ恩旨一ヲ

賜二ファッテ於八十杖一ヲ　群僚皆悦服ス

豈レ圖

俄ニ厭二テ人中ノ浮榮一ヲ　取二タマハン勝妙ノ上果一ヲ

茲ニ今

以二最上乘ノ法一　資二ク最上乘ノ眞因一ヲ

仰願

横ニ遍二ク十方一ニ　竪ニ亙二テ三世一ニ

增道損生シ　無礙自在ナランコトヲ

御願旨深ク　啓白辭淺シ　三寶(尊カ)證知シ　諸天洞鑒

抑奉二爲令法久住利益三世過去尊靈成等正覺一

南無

南無

供養曼荼之場。祭祀薦福之處。梵釋四天神祇百靈來儀降
臨《シタマフラン》。然則。爲二各倍增威光顯揚佛事一一切神分

般若心經

大般若經名

爲二傳燈ノ諸祖增進聖階一

南無

南無

奉二爲今上皇帝寶祚延長一

南無

南無

奉二爲大樹尊君椿齡千秋一

南無

南無

奉二爲一品大王二嚴圓滿一

南無

南無

爲二一山安寧正法興隆三有均《ク》資《ケ》四恩普《ク》報《ンカ》一

南無

南無

爲二決定法成就一

南無

南無

南無佛眼

南無

南無

圓二淳宗院殿十七回御忌

○金曼荼羅供法則

謹敬白二金剛衆寶大樓閣。法界衆德大日尊。事理俱密金
剛衆菩提心殿一切聖衆一而言

方今

於二堪忍世界一四天下南浮日域武藏之國東叡凌雲ノ道
場一。丁《リ》二淳宗院從一位權大納言戒德嚴明大居士十七回ノ
忌辰一。奉二爲追薦冥資一。屈二闔山ノ淨侶一令《ラル》レ修二金剛大曼

茶羅供養ノ祕法一

　蓋シ以

十萬ノ廣偈ハ　以レ此爲ニ綱宗ト一

十八ノ大會ハ　指テレ茲ヲ爲スニ本源ト一

　是故

流二出シ四種ノ波羅蜜一ヲ　宣二演ス九會ノ曼荼羅一ヲ

　誠是

獲二ノ大果ヲ於卽身一ニ之眞詮

破ニ無明ヲ於當心一ニ之妙術ナリ

　伏惟過去覺靈ハ

乾德具シテ二規繩一ヲ　勝緣薫シテ二于宿種一ニ

精行法テ二明德一ニ　(洪カ)供範傳ニ二于將來一ニ

　一ツニ願ハ

酬テ二金剛曼荼ノ功德一ニ　速ニ陛(陞カ)リ二不壞金剛光明心殿一ニ

頓ニ成ン二毘盧覺王究竟大果一ヲ

啓白詞淺　志願旨深ク　三寶諸天　悉知照見

抑奉二爲令法久住利益人天過去覺靈成等正覺一

南無

南無

供養曼荼之場。追薦冥資之處。梵釋四天神祇百靈來臨影

向シタマフラン。然ハ則。爲ニ各倍增威光顯揚佛事一 一切神分

　般若心經

大般若經名

奉二爲今上皇帝寶祚延長一

南無

南無

奉二爲大樹尊君高運不退一

南無

南無

奉二爲德川源公福壽萬安一

南無

南無

爲ニ三有齊ク資ケ萬彙普ク濟ンカ一

南無

南無
爲ニ法成就一
南無
南無
南無佛眼
南無一字
南無一切三寶

8〔合曼供〕〔妙勝定院宮百箇日 東照宮三十三年〕

妙勝定院宮百箇日

○合行曼供法則

謹敬白ニ祕密敎主兩部諸尊。胎藏界十三大院。金剛界會九會曼荼羅。總ハ而微塵刹土ノ三寶ノ境界一而言

方今

於ニ大日本國東叡王府。祕密ノ道場一。管主大王竭シニ追孝之誠一。奉ニ爲妙勝定院宮百箇日追薦冥資。開キニ胎金不二ノ之勝會ヲ一修ニ兩部合行ノ之大法一。其旨趣何者夫

本池(地カ)ノ奥藏ハ無トモレ隔テ　分チニ敎門ヲ於二道一ニ
體性ノ毘盧ハ雖レ一ナリト　輝スニ圓輪ヲ於兩界一ニ
是以
金剛宮裏觀シニ滿月ヲ一　八葉臺上見ルニ尊佛ヲ一
誠是
理智冥合ノ之眞詮　寂照倶時ノ之正軌ナリ
恭惟過去尊靈ハ
良因享ケニ金殿ノ洪福ヲ一　輝光最照シニ皇宮一
勝報產シテニ尊皃ヲ玉堂一ニ　善緣愈過タリニ往時一ニ
奈何セン
三界無コトレ常　比セリニ雷光不ンニ久停ラ一
五蘊無コトレ賴　類セリニ泡沫ノ難トコシナイニ鎭保チ一
仰願
五智遍クシテニ三際ニ一　得ムコトヲレ踐ニ頓覺ノ極階ヲ一
四曼該ネテニ法界ヲ一　營ニ飾シタマフ密嚴ノ報土ヲ一
御願旨深ク　啓白辭淺　三寶諸天　悉知照鑒
抑奉ニ爲令法久住利益人天過去尊靈成等正覺一

南無

南無

供養曼荼之場。祭祀薦福ノ之處。梵釋四天神祇百靈來儀

降臨《シタマフラン》。然ハ則。爲ニ下各倍ニ增シ威光一顯中揚佛事上 一切神

分

般若心經

大般若經名

奉ニ爲今上皇帝寶祚延長一

南無

南無

奉ニ爲德川尊君椿齡千秋一

南無

南無

奉ニ爲管主大王二嚴圓滿一

南無

南無

爲ニ當山安寧正法興隆三有均ク資ケ四恩普ク報一

南無

南無

爲ニ法成就一

南無

南無

南無佛眼

南無一字

南無一切三寶

東照宮三十三年

○合曼供法則　慶安元年(一六四八)四月十九日用之　導師毘沙門堂大僧正公海

愼敬白ニ　眞言教主　理智不二　清淨法身
毘盧遮那　大悲胎藏　悲生曼荼　四重法界
圓妙壇中　三部海會　諸尊聖衆　金剛界會
五解脱輪　三十七尊　十八會中　無中無邊
一切聖衆　普門塵數　諸尊海會一ニ　而言ク方今
於ニ大(南カ)贍部州大日本國東山道野州日光山一ニ。仁君英檀主

征夷大將軍從一位左亟(丞カ)相。源ノ朝臣家光尊公胥ニ下シテ祖
廟東照宮大權現神儀三十三回諱ノ之國忌一ニ。崛(屈カ)シテ二台門ノ之
淨侶一ヲ演ニ數箇ノ之法筵一ヲ。莊ツテ二三密相應ノ之壇場一ヲ修ル二兩部
合行ノ之祕法一事アリ。其旨趣何者夫
仲尼十八章專述ニ孝道一故ニ
俗士皆行ニ如在之禮奠一ヲ
釋尊八萬藏正ク說ニ報恩一故
儒釋道ノ之三教異レトモ孝道ノ思ヒ是同。佛法僧ノ之三寶
佛子遍ク修ニス眞實ノ之敬養一
區ヾナレトモ報恩ノ志シ不レ異
抑モ東照宮大權現ト者
世世殖ニ德本一現在掌ロニシ二一天一ヲ
生生積テ二善種一ヲ滅後ニ顯レタマフ二靈神一ト
伏シテ惟ハ
曩祖參ニ籠シテ山王大權現ニ祈ニ願
靈神御在生ノ之日。隨ニ順シテ慈眼大師一ニ諮ニ問シ台家ノ佛法一
御後嗣理世ヲ憶ニ此往昔ノ
夙誓ヲ正ク與ニ天台ノ佛法一ヲ
上ニ守リ
皇上之寶祚一ヲ下救タマフ二四海ノ
請シン二益シタマフ圓宗玄旨一ヲ。密通一徹ニシテ內鑒冷然。芳契追ヒ二宿
之群氏一ヲ
其恩高ク須彌之絕頂一ヨリ
善一誓約逮フ二末代一ニ。恐ハ後裔ノ繁興國家ノ平穩。萬人豐足佛
其德深ニ滄溟之源底一ヨリモ
教ノ紹隆。皆是冥神之威力佛教之效驗也
然レハ則
雖下玉趾去シリ二太虛一ニ　金容隱ルト中寂界一ニ上
尊魂忽ニ彰シ二神明一ト　靈廟面タリ耀キタマフ二當山一ニ

是以
天子授ルニ以ニシ宮號一　群臣敬テ厚ニス禮信一ヲ
加之
後胤無レシテ恙而永ク備ハリ二天下ノ之主君一ニ
何ニ矧ヤ
忠臣無レシテ貳ココロ而周ク惠タマフ二卒土ノ之萬生一ヲ
其ノ本ハ東方瑠璃ノ之教主トシテ而施シ二衆病悉除ノ之大利一ヲ
故ニ今
其迹ハ源家中興ノ之神君トシテ而與ヘタマフ二諸願皆滿ノ之巨益一ヲ
御當代幕下仁君
權威秀テ二累代一ニ　恩澤潤シ二億兆一ヲ
專ニシタマフコト二孝行一ヲ　宛モ如ニ堯舜一
勤メタマフコト二忠信一ヲ　頗ル似リ二禹湯一ニ
所以ニ
祖神廟崛鏤メ二金銀一ヲ　臨時ノ遠忌厚シタマフ二禮孝一ヲ
見レハ二此ノ地體一ヲ
山嶺高高トシテ而　示シ二種智圓明ノ之覺相一ヲ

溪水洋洋トシテ而　表ニ實相無漏ノ之妙理ヲ

三佛塔廟模ニ淨刹ヲ　衆神社祠如三天宮一

勝景恐ハ無レ比　利生何ゾ有レ疑

殊ニ

眞言上乘トハ者大日覺王已證之奧藏。祕密曼茶羅ト者一切

衆生成佛之直道也。僅ニ結二印契ヲ供二養シ塵沙ノ之諸佛ヲ。

一ヒ誦シテ明呪ヲ消コ滅ス無量之業障一ヲ。翻スコトニ迷ヲ於卽生一無レ

如ク此敎コ。開クコト悟ヲ於卽身一無シ過ルニ此ノ法一ニ。就レ中。兩部

曼茶羅ト者十界本有ノ之輪。十佛果海ノ之根源ナリ也。文ニ
云ク。無量俱胝劫所作衆罪障是此曼茶羅消滅盡無餘ト

誠是

甚深ノ之接化頓覺ノ之軌範ナル者ノ乎カ

若爾ハ

尊神ハ定テ動シ納二受之眉一ヲ

本佛ハ必含タマハンニ隨喜之笑一ヲ

重請フ

大樹幕下御願圓滿シテ　與三日月一不レ盡

嗣君亞相高運長久ニシテ　與二乾坤一トシテ無レ極

乃至十界　利益周遍　啓白言短シ

三寶諸天　悉知證明

抑令法久住利益人天護持大施主御願成就及以法界衆生

平等利益御爲

南無摩訶毘盧遮那如來

南無金剛手菩薩

曼茶供養之場。追孝作善ノ之砌ナレハ。殆コ受シ法味一爲ニ證コ
明功德一。上天下界ノ之神祇冥道來臨影向シタマフ覽ン。然則。

奉レ始ニ梵釋四王。三界所有ノ之天王天衆。太山府君司命
司祿。御信心之御施主。本命元辰本命宿。日本國中三

千餘社ノ之大小神祇。王城鎭守祇園北野加茂下上松尾稻
荷。殊ニ圓宗守護山王三七和光。分テハ當山鎭座三社大權

現。各法樂莊嚴威光倍增ノ御爲一切神分

般若心經

大般若經名

三國傳燈大師等普賢行願究竟圓滿ノ御爲

南無
南無
國主聖朝御願圓滿御爲
南無
南無
大臣公卿文武百官各願成就ノ御爲
南無
南無
天下昇平國家豐鐃(饒カ)爲
南無
南無
社頭無事伽藍常住御爲
南無
南無
決定法成就爲
南無
南無

南無一字金輪佛頂
南無佛眼部母菩薩
南無大聖不動明王
南無降三世明王
南無盡空法界一切三寶

9〔常行三昧〕〔順承院二十一回 天璋院・顯樹院・精光院〕

圓一順承院二十一回

○常行三昧法則

啓建淨業之場。追薦冥資ノ處。爲ニ下飡ニ受法味一隨中レ喜勝會上。來儀降臨ノ神祇百靈。當山擁護ノ諸天冥衆。爲ニ二各威權自在功德圓滿ニ一切神分

般若心經

大般若經名

謹敬白ニ二一期教主百會世尊。西方願王彌陀種覺。十二部經眞常法門。四十八願無量壽經。觀音勢至諸大補處。上善一處諸賢聖衆。乃至盡空法界一切ノ三寶一言

方今
於二一四天下南閻浮提。大扶桑國東叡山凌雲教院ノ道場一。
大壇(檀カ)信村松侯竭シ二巖薦ノ之誠一。迎ヘ二順承院殿瓊壽英光大姉
二十一回ノ忌辰一。爲ニ二追薦冥資一。昨晡已ニ開キ二瑜伽ノ密場一。今
辰正ニ有レ建二常行三昧ノ梵會一ヲ
抑モ此ノ三昧ハ者
一心ノ觀佛ハ　成シ二翻迷開悟ノ巨益一ヲ
三力ノ因緣ハ　感ス二佛立星衆ノ勝相一ヲ
誠是
頓ニ融二ノ心佛一之要徑　速ニ獲二ノ淨報一ヲ之懿範ナリ
伏シテ惟過去淑靈ハ
進止窈窕トシテ　遠ク溯リ二關雎ノ芳躅一ニ
坤儀婉順トシテ　高ク則トル二葛覃ノ德化一ニ
奈何セン
烏兔頻ニ旋ツテ　三七ノ忌辰忽チ至リ
幻夢已ニ驚テ　一床ノ聲容是レ悲ム
方ニ今

善資已ニ追テレ影ヲ　高ク扣キ二慈關一ヲ
明信正ニ愼テレ祀リヲ　厚ク薦ム二淸羞一ヲ
伏願
妙薦深ク嚴リ二三昧ノ德果一ヲ
淑靈高ク超ンコトヲ二六根ノ緣修一ヲ
志願旨深ク　啓白辭淺　三寶證知　諸天洞鑒
頭二
△旨趣
獨尊垂レレ慈　橫ニ截ツテ二五道ヲ一要行
三力不レ虛カラ　忽超ルノ二九品一妙道ナリ
誠是
念念聲聲彌陀佛ハ　從リレ他不レ來ルニ
步步相相卽チ法身　從リレ自不レ生ルニ
攀緣想ヒ止ンテ　金容浩浩トシテ如ク二大劫ノ水一
相應ノ心觀　海相照照トシテ如シ二須彌山一ノ
伏惟過去淑靈　天璋院
莅ムニ二黔黎一ニ　以シ二慈悲喜捨一ヲ

接二群臣一《ニ》　以《ス》二仁讓溫和一《ヲ》
嗚呼如何《セン》
松柏雖《モ》レ鬱《タリト》　霜葉《ノ》紅淚又《タ》漣《タリ》
烏兎忽《チ》馳《テ》　時雨蕭條《トシテ》更《ニ》衰《ナリ》
請願《ハ》
速《ニ》究《メ》二十地《ノ》果一《ヲ》　頓《ニ》上《リタマハンコトヲ》二大覺《ノ》坐一《ニ》

頭三

△旨趣

玉毫旋輻《ノ》妙觀《ハ》　瑩《キ》二自性阿彌《ノ》壁一《ヲ》
珍臺寶閣《ノ》勝境《ハ》　映《ス》二唯心淨土《ノ》鄕一《ニ》
誠是
頓《ニ》超《ノ》二五道一之舟航　徑《チニ》登《ノ》二九品一《ニ》之寶輅
伏惟過去英靈《ハ》 顯樹院
允《トニ》全《シ》二文武一《ヲ》　永《ク》闡《キ》二家門《ノ》洪基一《ヲ》
厚《ク》存《シ》二忠孝一《ヲ》　大《ニ》翊《ク》二宗室《ノ》隆昌一《ヲ》
奈何《セン》
雖三榮光輝《ト》二朱門一《ニ》　夕陽《ノ》影難《ク》レ繫《キ》

雖三槃樂盈《ト》二銀臺一《ニ》　晨風《ノ》露易《シ》レ散《シ》
伏《シテ》願《ハ》
速《ニ》莊《リ》二三昧《ノ》德果一《ヲ》　優《カニ》遊《ンコトヲ》二八德《ノ》珍池一《ニ》

頭四

△旨趣

聲聲《ノ》唱名《ハ》　以進《メ》二九品《ノ》階位一《ヲ》
步步《ノ》行旋《ハ》　以嚴《ル》二四種《ノ》淨土一《ヲ》
誠是
圓《ニ》踞《スルノ》二不退一《ニ》之要徑　頓《ニ》登《ノ》二補處一《ニ》之梯隥《ナリ》
伏惟過去淑靈 精光院
天資溫惠《ニシテ》　克《ク》順《シ》二坤儀一《ニ》
婦行懿美《ニシテ》　實《ニ》垂《レタマヘリ》二閨範一《ヲ》
奈何《セン》
八苦交煎《ノ》地　其命無《ク》レ常
四相遷流《ノ》域　其期有レ限
仰願
遄《ハヤク》預《テ》二四十八《ノ》悲願一《ニ》　圓《カニ》淨《メ》二四土一《ヲ》

速ニ修シテ二三十七ノ道品ヲ一　永ク窮タマハンコトヲ二三福ヲ一

頭五 △抑般舟三昧トハ者

三業精進ノ猛風ハ　徑チニ碎キ二四重五逆ノ罪山ヲ一

一佛繫境ノ明鏡ハ　圓ニ現セリ二十方三世ノ覺容ヲ一

誠是

澄ニ四穢ノ濁水ヲ一之明珠

獲ノ二四淨ノ魚兎ヲ一之筌罤ナリ

伏惟過去淑靈ハ

貞義履テ二良範一　慈愛以攝シレ物

奈何セン

戒愼荷テ二恩眷ヲ一　坤儀克ク存スレ則ヲ

蘭摧ケ蕙折テ　恍トシテ驚キ二凋英ノ之影ニ一

雲散ジ雨絕テ　慘トシテ沾フ二香魂ノ之淚ニ一

伏願

託シテ二是心作佛ノ外境ニ一　證コトヲ二是心是佛ノ內體ヲ一

靈山賢聖　伏垂タマヘ二昭鑒ヲ一

頭六 △抑モ佛立三昧ト者

是心作佛ノ表詮ハ　始覺ノ智德圓カニ窮メ

是心是佛ノ誠諦ハ　本覺ノ妙理何ゾ違ハン

誠是

解入相應ノ之要路　感應道交ノ之玄門ナリ

伏惟過去淑靈ハ

柔順中テレ節ニ　慈愛以攝レ物ヲ

徽音含テレ章ヲ　禮容以存レ則ヲ

況復

崇信シテ二佛典ヲ一　恆ニ積ミ二書寫ノ之德ヲ一

戴仰シテ二妙詮ヲ一　長ヘニ齊フス二受持ノ之功ヲ一

是故

遠運シテ二無常ノ警索ヲ一　欣厭以自ラ簡ナリ

近要メ二大限ノ到來ヲ一　歌詠以長ク傳フ

奈何

蘭蕙風遠シテ　芳躅徒ニ存ン

松影霜淨シテ　清訓空ク慕フ
　嗚呼哀哉
蒼穹不シテレ恤　早奪ヒ二千秋ノ桂質ヲ一
白駒不シテレ停ラ　忽驚ク二一周ノ忌節ニ一
　伏願
妙薦深嚴リ二三昧ノ德果ヲ一
淑靈高超二六根ノ緣修一

10〔法華讀誦〕

頭一 中證院殿二百回忌

○法華讀誦法則

一切恭敬　自歸依佛　當願衆生　自歸依法
當願衆生　自歸依僧　當願衆生丁
如來妙　世閒如來色一切法常住　是故我歸依丁
讀誦妙經之場。追薦勝會ノ之處。上天下界神祇冥道必ス隨
喜影向シタマフラン。然ハ則。持國護法梵天帝釋圓宗擁護日吉大
權。總シテハ日本土疆一切幽儀爲ニ各法樂莊嚴功德圓滿一一
切神分
　般若心經
　大般若經名
謹敬白二萬德極聖百會世界。涌出證明多寶善逝。超八醍
醐四一開顯。八萬十二權實法門。妙德慈氏諸大補處。身
子目連諸大聲聞。凡テハ不可說不可說ノ一切三寶一言
　方今
於二娑婆世界一四天下南閻浮提。大日本國東叡山凌雲蘭
若ノ道場ニ一。大檀信村松侯追薦存レ誠。祭祀率二典刑ニ一預メ
迎テ二中證院月窓全清大居士二百回ノ忌辰一。爲二薦福冥資一
屈シテ二清淨僧伽一令レ讀二-誦醍醐ノ妙典一
　抑此妙典ハ者
雨吹擊演シテ　廢シ二三權之筌蹄一
開示悟入　得二一實之魚兎一
　是故
隨喜之德展轉猶大ナリ
讀誦之益較量寧ロ測ランヤ

若然過去覺靈者

三障險途已二度テ　高駕シ一乘ノ大事二

五翳ノ浮雲更二開テ　朗二瞻ン四德ノ眞月一ヲ

重テ乞フ

今上皇帝　玉體安穩　大樹尊君　保國安民

右將嗣君　遐齡千秋　信心公主　貴體健康

建會誠ト深ク　啓白詞淺テ　三寶證知シ　諸天洞鑒

次發願

至心發願　讀誦妙典　供養福善　德海無邊

天神地祇　倍增威光　過去覺靈　速證大果

乃至沙界　同證眞常　一切諷誦丁

次揚二經題一

△抑此妙典者（圓三）

斷二奠シテ五乘一ヲ　聚沙爲佛塔ノ功猶高ク

鎔二融シテ十界一　無一不成佛ノ義已二深シ

誠是

三說超過ノ之眞詮　一期究竟之玄祕ナリ

伏惟過去覺靈ハ

早ク負ヒテ培養之榮二　桂花濫二凋ミ

未レ酬シテ二誕育之恩一ヲ　孝訓空ク存ス

嗚呼悲哉

曦和頻二移テ　一場之夢易レ醒メ

烏兔不レ停ラシテ　小祥之忌忽チ至ル

於レ是

開二筵シテ梵筵一ヲ　扣二應眞ノ之洪慈一ヲ

陳二列シ芳薦一ヲ　羞二純誠ノ之冥資一ヲ

伏シテ願ハ覺靈ハ

三契七聲成二解脫ノ德一ヲ。一文一句成ラ二コトヲ般若ノ德智一ヲ

重テ乞フ

○○

△抑此妙典者（圓三）

開二方便ノ之權門一ヲ　示二眞實之妙理一

頭會 念《シテ》二衆善《ノ》之小行《ヲ》一　歸《ス》二廣大之一乘《ニ》一
是故
隨喜之德展轉猶大《ナリ》
讀誦之益較量寧《ロ》測《ランヤ》
若然《ハ》過去淑靈《ハ》者
久《ク》離《テ》二昏迷之塵一　遠遊《ヒ》二平等之都《ニ》一
快《ク》御《メ》二眞如之風《ニ》一　定《メテ》駕《タマハン》二無上之車《ニ》一
重《テ》乞《フ》

○○

頭四 △夫《レ》此《ノ》妙典《ハ》者
諸佛出世《ノ》之本懷　萬善同歸之大都《ナリ》
曠劫《ニモ》難《コト》レ逢猶三盲龜《ノ》於《ケルカ》二浮木《ニ》一
億載《ニモ》難《コト》レ聽如《シ》三輪王《ノ》現《カ》二瑞華《ヲ》一
誠是
速證頓覺之祕訣　無上無價《ノ》寶珠《ナル》者也
伏《シテ》以《レハ》淑靈《ハ》　天璋院

歡喜園《ノ》花已《ニ》傷《マシメ》二愛別《ノ》情《ヲ》於五相《ノ》風《ニ》一
鳳凰臺《ノ》月方《ニ》揮《フ》二懷舊《ノ》淚《ヲ》于四七《ノ》夕《ニ》一
痛惜乎
壺闈化《シテ》レ德《ニ》　各庶《ヒ》二八千《ノ》椿齡《ヲ》一
泉臺掩《ツテ》レ彩《ヒカリ》《ヲ》　既《ニ》過《ク》二一句《ノ》隙駒《ヲ》一
仰願《ハ》酬《フテ》二追薦至厚之福《ニ》一
八德花開《ケ》　同《ク》二韋提《ニ》一證《シ》二法忍《ノ》新果《ヲ》一
三德月朗《カニシテ》　學《テ》二淨德《ヲ》一度《セン》二閻浮《ノ》舊緣《ヲ》一
志願旨深　諷文難《シ》レ述
三寶諸天　冥鑒證明《シタマヘ》

頭五 △抑此《ノ》妙典《ハ》者
四華六動《ノ》奇瑞《ハ》　高《ク》開《キ》二方便《ノ》之門一
三變千涌《ノ》妙用《ハ》　深表《ス》二眞實之地《ヲ》一
是故
一念《ノ》隨喜　猶熏《ス》二緣因《ノ》德華《ニ》一
須臾《ノ》聞法　豈乏《カランヤ》二了因《ノ》覺果《ニ》一

頭六
△抑此ノ妙典ハ者

四時ノ調熟既ニ周足シ　一期ノ化道斯ニ圓成ス

是故

二乘ノ敗種ハ　方ニ開キ二實相之華ヲ一

八歳ノ劣報ハ　徑ニ成ス二正覺ノ之位ヲ一

誠是

廢ノ二三權ノ筌蹄ヲ一之妙譚ナリ

獲ノ二一實ノ魚兎ヲ一之大綱（網カ）ナリ

頭七
△夫レ此ノ妙典ハ者

三草二木　咸ク洽ネシ二一雨之潤ニ一

七善五乘ハ　等ク受ク二大車之賜ヲ一

誠ニ是

功越ヘ二於三説ニ一　唱ヘ高シ二於一期ニ一

是以

隨喜之德展轉シテ猶大ナリ

讀誦之益較量寧ロ測ランヤ

恭惟過去台靈者

易簡泣ミレ衆ニ　群臣忻躍願從シ

寛宥容レレ民ヲ　萬姓和親信服ス

所以

區内宅ヲキレ心　方隅回ラシレ面ヲ

是以

六府孔ハタ修ツテ　九有斯レ靖《シスカ》ナリ

喁《ギヤウ》喁タル臣民　思フレ欲ストレ長ヘニ被ント二其德ヲ一

冥冥タル幽宮　如何ソ永ク潛《ヒソ》メル二厥ノ光ヲ一

今乃

當テ二一周ノ忌辰ニ一　深ク思ヘ二追養ヲ一

讀テ二一部ノ妙典ヲ一　恂《マコト》ニ資ニ二冥《メイ》善ヲ一

定テ知　台靈

納レテ二甘露ノ霑ヒヲ一　忽發シ二性德ヲ一

乘シテ二珍寶車ニ一　直ニ至タマハン二道場ニ一

重テ乞　○○

頭一

11○妙經供養儀法則〔淨觀院中陰〕

一切恭敬　自歸依佛　當願衆生　自歸依法
當願衆生　自歸依僧　當願衆生丁
如來妙　世閒如來色一切法常住　是故我歸依二丁
供養妙典ノ之場。中陰薦福之處。輔フ翼影向ノ天地神祇。爲ニ
各法樂莊嚴威光增益ノ一誦念ス

般若心經

大般若經名

謹敬白ニ一代教主釋迦世雄。寶淨導師多寶婆伽。妙法蓮華眞淨經王。妙德慈氏諸大薩埵。飲光鶖子諸大衆漢。凡テハ微塵刹土三寶ノ境界一ニ言ク。方ニ今マ。於ニ大日東國東叡山此道場一。奉ニ爲ニ淨觀院從三位慈門妙信大姉中陰冥福一ノ。延ニ屈シ數百ノ僧伽ヲ一讀ニ誦セシム妙法蓮華一千餘部一。轉經已ニ滿散シ今辰正ニ建ニタマフコトアリ供養ノ梵儀ヲ一

蓋夫レ此妙典ハ
迹門ニハ指シテ二覆講ノ時ヲ一　直ニ暢フ二設化ノ綱格ヲ一
本門ニハ點シテ二久遠ノ行ヲ一　特ニ顯ス二布教ノ元始ヲ一

況復
八歲ノ龍女ハ　耀シ二佛日ヲ於無始界一
三周ノ聲聞ハ　開ニ覺蕊ヲ乎焦穀芽一ニ

誠是
恆沙法門之沖微　速疾頓成之樞要ナリ

伏惟過去淑靈者
韜ニ光華ヲ於葛覃一ニ　徽音愈ヾ遠ク
銜ニ推恕ヲ于樛木一ヲ　淑聞益ヾ高シ

是故
篤ク賞ラレテ二窈窕タルヲ一　恩露深ク二于閨闈一ニ
懿德靄靄トシテ　餘慶方ニ流ル二後昆一ニ

雖レ然奈何
鳳臺空ク餘シテ　歡悰有テレ時竭
鸞鏡徒ラニ懸ケテ　哀慕何レノ日カ忘ンヤ

仰願
藉テ二一乘ノ精修十種供養ノ白善一ニ

放二曠シ八德池畔ニ一　徜二徉シタマハンコトヲ九蓮臺上ニ一

矚《ミレ》ハ夫

梅華開テレ園ニ　高擬シ二華藏ノ華雲ニ一

鷃《ヲウ》鳥囀ルハレ空ニ　夐カニ想フ二清泰ノ化鳥ヲ一

景光如レ斯　感格曷ソ爽ハン　啓白詞疎ナリ

瞻望誠篤シ　三寶證知シ　諸天昭鑒

次發願

至心發願　讀誦妙經　一千餘部　供養恭敬

功德無邊　天神地祇　倍增法樂　淑靈目足

到清涼池　乃至法界　平等普潤丁

願我生生　見諸世世　恆聞法華經　恆修不退

菩薩疾證　無上大菩提

妙法蓮華經序品第一

將レ釋ニ此經一大ニ分テ爲レ二ト。初ニ題目ハ。妙ハ褒歎ノ辭《バ》含ス二待絕ノ二一ヲ。法ハ心佛衆生帝網融攝ス。蓮華ハ喩フ二本迹一ヲ。各〻三義アリ。經ハ聖敎ノ都號。品ハ義類同。第一ハ居ス二諸品ノ初ニ一。次ニ入文判釋ハ。二門ニ判レシ義。三分ニ節レス文ヲ。初メ從リ二如是一終リ

訖《イタル》マテ二而去ニ一。文文句句以二四釋一顯ス二奥旨一。具ニハ如二大師疏釋一ノ

抑

幽贊一乘　力用既ニ周ク

淑靈超昇シ　綽爾トシテ餘裕アラン

若爾ラハ

大樹源公　洪業綿衍　前大將軍　椿齢千秋

右將嗣君　藝苑優遊　陰陽調和　風雨順時

百穀豐登　萬民鼓腹　乃至烋動　同證眞常丁

次六種回向

供養淨陀羅尼一切誦丁

敬禮常住三寶丁　敬禮一切三寶丁

我今歸依　釋迦彌陀　願於生生　以一切種

上妙供具　供養無量　無邊三寶　自他同證

無上菩提丁

頭二 △抑妙法ノ教門ハ

統ヘ諸佛降靈之本致ヲ

包ヌ再生敗種之良術ヲ

因レ之

古佛涌出　特ニ證ニ明シテ其ノ眞實ヲ

分身來聚シテ咸ク與ニ欲ス其開塔ヲ

誠之

輪王髻中之明珠　飢國難値之王膳ナリ

伏惟過去台靈ハ者

往安樂國ニ生ニ寶座ノ上ニ

於ニ刹那ノ頃ニ至リ菩提ノ果ニ

如ニ藥王品ノ中說カ

同ニ文殊所化ノ益ニ

圉三

△抑此妙典者

奧藏不レ易レ闚キ　既ニ過キ五八ノ星霜ヲ

本懷尤難レ述　遂待ニ四三ノ請誠ヲ

誠是

群機開悟之要津　即身登極之眞詮ナリ

12 ○錫杖光明供法則 〔無量院十三回忌〕（義カ）

凡テハ横遍豎窮常住ノ三寶ニ言

謹敬白ニ眞言教主毘盧覺王。三密了儀瑜伽眞詮。金剛手

等諸大薩埵。身子目連大阿羅漢。外金剛部護法天等。

方今

於ニ一四天下南閻浮提。大日本國東叡山凌雲蘭若ノ道

場ニ。欽公主丁無量院眞壽見阿大姉十三回ノ忌辰ニ不レ

悖ニ至孝之懿行。嚴ニ設ヶ黍稷之清羞ニ。至　若。開ニ錫杖光

明ノ法筵ヲ以薦ニ其冥資ニ。其旨趣如何者夫

杖頭ノ輪相ハ　表ニ六波羅蜜ノ德ヲ

執持ニ振響ハ　顯ス三世諸佛ノ源ヲ

是故

纔ニ聞ク此ヲ者ハ　六蔽ノ惡心頓ニ破シ

一タヒ經ルレ耳ニ者ハ　三種ノ善心倏チ發ス

誠ニ是レ

截ルニ煩惱生死ヲ之寶劍

降スノ二毒獸毒龍ヲ一之妙術ナリ
　況復光明ノ祕法ハ者
加持ノ一砂ハ　深拔キ二幽冥ノ劇苦ヲ一
心性ノ五智ハ　高窮ム二諸佛ノ祕藏一
到ノ二四德泥洹一之要路
登ノ二三種解脫一之梯隥ナリ
　伏惟過去淑靈ハ
天資溫惠ニシテ　克ク順シテ二坤儀ニ一
婦德懿美ニシテ　閑ニ照ス二椒閨ヲ一
　奈何セン
天上尚現二五衰ノ相一　人閒寧ロ無ンヤ二一期ノ盡ル一
　伏願
沐二三昧ノ法水一　消二火宅ノ熱焔一
駕二一乘ノ大車一　到タマワンコトヲ二安養ノ涼池ニ一
善願旨深ク　啓白詞淺　諸天證知　衆聖昭鑒
抑爲二令法久住利益人天過去淑靈速證大果一
　南無

南無
供養密乘之場。追薦冥資之處。爲下饗ヨ受シ法喜一證中明勝
事上。所ノ二來臨一神祇百靈。爲二倍增威力顯揚佛事二一切神分
　般若心經
　大般若經名
爲二傳持密敎ノ諸祖二嚴圓滿三德究竟一
　南無
　南無
奉ヨ爲今上皇帝聖窮萬安寶祚延長一
　南無
　南無
奉ヨ爲大樹尊君壽考萬年本支百世一
　南無
　南無
奉ヨ爲信心ノ公主貴體健康一
　南無
　南無

爲二三有均資四恩普報一

南無

南無

爲二法成就一

南無

南無

南無一字

南無佛眼

南無一切三寶

△抑此眞言ハ者

大日覺皇ノ心府　瑜伽眞詮ノ祕髓ナリ

是故

極メテレ念誦スレハ於二凡庸ノ黎耶一　發シ二三明八解一ヲ

契テレ法印レハ於二方寸ノ肉團一ニ　開ク二五眼六通一ヲ

△旨趣

錫杖ノ六輪ハ　以テ表シ二六度一

光明ノ一呪ハ　以總フ二五智一ヲ

六度成レハ則　能斷シ二六弊一ヲ

五智昭セハ則　頓ニ脫ス二五道一

誠是

一超直入之要路　三密相應之妙術ナリ

13〔法華三昧〕〔靜慮院慈隆法印回向／凌雲院鐵團二百回忌〕

贈大僧正慈隆回向　明治十五年（一八八二）十一月二十四日寂ス

○法華三昧法則

一乘懺摩之場。追薦冥資之處。爲下霑二潤シ法澤一增中進センカ

功德上。降臨聚會ノ天王天衆。及ヒ山川曠野ノ一切ノ神祇冥

衆。爲二法樂莊嚴光顯佛事一總神分

般若心經

大般若經名

謹敬白二五濁敎主釋迦法王。寶塔證明多寶世尊。十界皆

成一乘妙典。遍古(吉カ)文殊諸大正士。慶喜鶖子諸聲聞衆。

凡テハ盡虚空際無邊ノ二三寶一而言

方今

於二一四天下南瞻部州大日本國東叡山凌雲教院ノ道場一。

有志ノ施主等。延二請シテ數口ノ僧伽一。大ニ開キ二薦福ノ法筵一。修シ二

圓頓ノ妙懺一。以擬コトアリ二贈大僧正靜慮院慈隆法印ノ冥資一ニ

抑圓頓ノ妙懺ト者

衡岳面授之心印　天台圓悟之妙行ナリ

理教懸《ハルカニ》出二過シ四味ノ上一ニ

智行高ク超二越ス三教之表一ニ

誠是

一名一字卽ノレ性ニ之行軌

一華一香薫ノレ體ニ之良範ナリ

伏惟過去覺靈ハ

陟テ二台峯一持チ二圓戒一　索メテ二薙髪一掃フ二塵緣一

權實ノ教道孜孜トシテ而　止觀ノ修練繇繇タリ兮

因テレ斯

遊學ノ窓櫺ニハ　映二孫康カ之雪一ヲ

論談ノ梵席ニハ　振フ二滿願ノ之辯一ヲ

既是釋門之瑚璉也

豈匪ニヤ二法海之驪龍一乎

加之

豪懐恍恍　曾テ謁シテ二武將一而參シ二帷幄一ニ

雄材郁郁　更ニ登テ二文檀(壇カ)一ニ而弘ム二斯道一

雖レ然

慈悲仁讓ノ月　早ク陰レ二遷化ノ雲一ニ

利生方便ノ燈　奄チ滅ス二無常ノ風一

是故

天台ノ座主ハ　贈位以傳ヘ二芳名ヲ於千年一ニ

東都ノ遺弟ハ　供養以表ス二報德ヲ於一筵一ニ

伏願

如在之威ハ　亙ツテ二百界一資ケ二覺力一ヲ

無疆之果ハ　超テ二十界一嚴ン二淨刹一ヲ

啓白辭疎ニシテ　意願旨濃ナリ

三寶證知　諸天洞鑑

頭二 △旨趣

開示悟入之四門ハ　同ク自ニシ直至道場ノ一路一

斷除三障之要誓ハ　普ク救ニフ昏醉沈眠ノ九界一ヲ

誠是

一生超入之眞詮　平等拔濟之行軌ナリ

頭三 △旨趣

首伏六根ノ法水ハ　速ニ滌ニヒ五住ノ妄塵一

供養三寶ノ慈航ハ　迅ク臻ニル四德ノ覺岸一ニ

誠是

濟ニルノ苦海一ヲ之要津　詣ニルノ樂域一ニ之徑路ナリ

頭四 △旨趣

懺悔六根ノ慧日ハ　普ク消ニシ六塵ノ霜露一

斷除三障ノ利刀ハ　除ク截ニツ十纏ノ毛繩一ヲ

誠是

轉ニ六識ノ陰妄一ヲ之捷徑

得ニ三品ノ證相一之妙行ナリ

頭五 ○〔凌雲院鐵團宗釘大居士二百回忌〕

開啓懺摩之場。追薦冥資之砌。梵天帝釋四大天王。圓宗擁護日吉山王。本邦土境諸天冥衆。爲ニ各威權自在功德圓滿一一切神分

般若心經

大般若經名

謹敬白ニ久遠實成能仁善逝。寶塔證明多寶世尊。究竟醍醐一乘妙典。普賢妙德諸大補處。身子目連三乘聖衆。凡テハ不可說一切ノ三寶一言

方今

於ニ三千刹摩一四天下。南瞻部州大扶桑國。東叡山凌雲精舍一。越ノ之村松侯迎ニヒ凌雲院鐵團宗釘大居士二百回ノ忌辰一。嚴カニ設ニケ籩豆ノ粢盛一ヲ。篤ク扣ニキ金仙ノ慈關一ヲ。嚮《キ》ニハ者開ニキ灌頂光明ノ密場一。今復建ニテ法華三昧ノ梵筵一。以擬ニコトアリ其冥資一。

其旨趣何者夫
五根縱逸之意馬《ハ》　具《ニ》加《ヘ》戒念之轡《ヲ》
六塵騰躍之心猿《ハ》　固《ク》繫《ク》調柔之鎖《リニ》
誠是
消《ノ》三障《ノ》霜露之慧日
到四徳《ノ》覺岸之舟航《ナリ》
伏惟過去覺靈《ハ》
曾《テ》承《テ》爵封《ヲ》　徳輝克《ク》光《シ》前彜《ヲ》
既保《チ》封土《ヲ》　功績以傳《フ》後裔《ニ》
況復
給孤長者《ハ》　營刱《シ》祇園精舍
凌雲居士《ハ》　開創《ス》當院蘭若《ヲ》
是故
追《ヒ》遠《ヲ》奉《シテ》先　方《ニ》竭《ス》至孝之誠
伏願
如在之威《ハ》　加《ツテ》九族《ニ》榮《ヘ》家門《ヲ》
無生之果　超《テ》十地遊《コトヲ》淨刹《ニ》

啓白詞淺《シ》　志願旨深　三寶衆聖　悉知昭鑒
頭六
△旨趣
懺悔六根《ノ》方法《ハ》　博《ク》淨《メ》自他《ノ》染汚《ヲ》
供養三寶《ノ》功徳　深《ク》徹《ス》生佛《ノ》本淨《ニ》
誠是
渉《ノ》二死《ノ》海之船筏　陟《ノ》三徳《ノ》山之梯隥《ナリ》
伏惟過去淑靈《ハ》者
進止窈窕《トシテ》　遠溯《リ》關雎《ノ》芳躅《ニ》
坤儀婉順《トシテ》　高則《ル》葛覃《ノ》徳化《ニ》
是故
慈愛攝《メ》物　篤《ク》保《チ》溫和《ノ》之徳《ヲ》
貞順守《テ》節　自懷《ク》歲寒《ノ》之心《ヲ》
奈何《セン》
姮娥影落《テ》　粧閣徒《ニ》捲《ク》珠簾《ノ》
芳魂香消《シテ》　鏡匳空《ク》映《ス》錦帳《ニ》
自爾《シテ》以來

烏兎頻ニ移テ　五十回ノ忌辰忽チ至リ
幻夢已ニ驚テ　一床ノ聲容自是レ悲ム
方今
善資已ニ追レ遠　高扣キ二眞馭一ヲ
明信正ニ愼テレ終　厚薦ム二清羞一
伏願
膏サシテ二一乘ノ大車一ニ　到コトヲ二三德ノ寶州一ニ

頭七
△旨趣
六根懺悔ノ龜鑑ハ　歷ネク照二六塵ノ幻境一
三品證相ノ等階　高登ル二三點ノ彼岸一ニ
誠是
半行半坐之要領　至圓至頓之行軌ナリ

頭八
△旨趣
一花一香ノ功德ハ　遍ク攝シ二法界ノ衆生一ヲ
一唱一禮ノ敬請ハ　高仰ク二盡空ノ諸佛一ヲ

誠是
斷ノ遍計所執一之利劍
獲二依(他カ)地如幻一之筌蹄ナリ
伏惟過去覺靈ハ
曾テ承二襲封一ヲ　述職之禮率ヒ二舊章一ニ
既ニ保テ二社稷一　奉先之孝刑トル二前烈一ニ
是以
雖三清閑營ト二菟裘一ヲ　率テ二常典一ニ而無クレ傾コト
雖三逍遙託ト二山泉一ニ　奉シテ二祖先一ニ以有レ嚴ナルコト
奈何ン
五更ノ風樹既ニ響ケ　羹牆空ク存シ
一周ノ忌辰乍チ至テ　劍舄如シレ在スカ
方今
扣テ二十力ノ洪慈一　仰テ資ケ二冥祐一ヲ
開二萬德ノ法筵一　恭ク集ム二勝因一ヲ

頭九
△旨趣

懺シテ二六根ノ罪過一　博ク淨メ二自他ノ三障一ヲ
運シテ二一實ノ定慧一　夐カニ照ス二本迹ノ三德一ヲ
　誠是
一念ニ涉ノ二三死ノ海一之船筏
卽生ニ陟ノ二三德ノ山一之梯隥ナリ
　【頭十】△所謂法華三昧ト也
衆愍割斷之要ハ　莫クレ如二供養三寶ノ良範一ニ
六塵消除之方ハ　莫レ如二懺悔六根ノ行軌一ニ
　伏惟過去甇靈ハ
稟氣不シテレ長　桂蘭奄チ凋ミ
降年不シテレ遠　襁褓空ク香シ
　於是
逝水之嘆ハ　嚴君懆懆トシテ搏チレ膺
藏舟之憂ハ　萱堂懵懵トシテ忘レ味
　加之
九簇ノ悲歎倶ニ悼ミ　群臣ノ割腹何ッ堪ン

嗚呼痛哉
夜臺獨リ去テ　月照シ二舊床一ヲ
冥路遙ニ隔テ　虫守ル二新家一
　伏願
　【頭十一】△旨趣
四安樂ノ行ハ　誓ク濯ツテ二三業一成ニ二三德一
三懺摩ノ法ハ　速ニ滅シテ二六罪一獲ニ二六淨一
　誠是
頓ニ截《ワタル》二苦海一之舟航　優ニ獲ニ二樂果一之摩尼ナリ

14【頭一】○百光明供法則　〔靈明院實如中陰〕
謹敬白ニ百光遍照毘盧覺王。十方應化諸釋迦文。三五部類瑜伽眞詮八萬聚集權實法門。金剛妙德諸大薩埵。飮光鶖子諸大聲聞。凡テハ盡虛空界一切ノ三寶一言
　方今
於ニ娑婆世界一四天下。南浮日域東叡山凌雲精舍ノ道場一。

德川源君追寵及二幽途二奉二靈明院實如宗眞大居士中

陰冥資二。令タマフコトアリ六和／清衆ヲシテ修二百光遍照ノ祕法一。其旨

趣何者夫

百光遍照之眞祕ハ　能仁禮レシテ之唱ヘ二正覺ヲ一

三密總持之神呪ハ　忍辱誦レシテ之現二體讀ヲ一

誠是

徹二修性不二ノ妙詮ナリ

開二事理俱密ノ玄門一ナリ

伏惟過去英靈ハ

懷月呈レシテ瑞　茲二鍾ッテ竹園ノ慈愛ヲ

佩蘭入レテ夢二　乃增二椒屋ノ光輝ヲ一

奈何セン

善果雖二已ニ得一ト　司命未レ許二其年一ヲ

勝報雖レ不レ空　厲鬼猶擅二其威一ニス

嗚呼悲哉

槿花ノ一朝ノ榮ハ　徒ラニ聞二晦朔一ヲ

蟪蛄ノ千林ノ聲ハ　空ク無二春秋一ヲ

仰願

回ニ此ノ介福ヲ　發二性具ノ智德ヲ

會ニシテ彼ノ上善二　進二修門ノ等階ヲ

志願旨深ク　啓白詞淺　諸天證知　衆聖昭鑒

抑モ奉二爲令法久住利益人天過去英靈速證大覺一

南無

供養密乘之場。中陰薦福之處。隨喜影向ノ諸天冥衆。爲二

各ミ威光增益顯揚佛事二一切神分

般若心經

大般若經名

南無

爲二三國傳燈ノ諸大列祖增道損生二

南無

南無

奉二爲令上皇帝寶祚延長二

南無

南無

奉二爲大樹尊君保國安民一

南無

南無

奉二爲右將嗣君鶴算千秋一

南無

南無

奉二爲德川兩源公高運不退一

南無

南無

爲ニ法界ノ群崩（萌カ）平等拔濟一

南無

南無

爲ニ法成就一

南無佛眼部母菩薩

南無一字金輪佛頂

南無一切三寶

頭二△ △旨趣

光明ノ心殿ハ　本有ノ月輪圓カニ照シ

瑜伽ノ智水ハ　自性ノ藕華頓ニ生ス

誠是

翻迷開悟之要徑　返妄歸眞之玄門ナリ

頭三 △抑百光明供者

大日如來久證之明妃

金剛薩埵鐵塔之深祕ナリ

是故

纔ニ持レハ二神呪一　三途無ク二闇トシテ不レ破

暫賴レハ二印契ニ一　十方無シ二佛トシテ不ハレ護リタマハ

稟是

一超直入ノ之要經（徑カ）　三密加持之玄門ナリ

15〔施餓鬼〕

普賢行院宮御二七日

○御施餓鬼法則

謹敬白ニ法界宮裏摩訶毘盧遮那。金剛道場釋迦善逝。從
心流出祕密寶藏。執金剛手等ノ自性海衆一而言

方今

就二閻浮ノ神州武陽盛都東叡山根本道場一ニ。踵《アタ》リ二新尊儀一
品公紹大王二七ノ之辰一ニ。奉コ爲ニ增道損生一設ケ二瑜伽施食ノ
之梵儀一修二灌頂光ノ之妙法。其旨趣何者夫
無畏ノ之理水ハ　救ヒ二憔悴ノ饑渇一ヲ
不空ノ之智光ハ　照ス二無明ノ迷途一ヲ

誠是

毘盧心中ノ心密　鬼趣ノ本具ノ神呪ナリ

是以

能仁ノ垂範大廣智闡コ揚シ之一ヲ
羂索ノ眞說仁大師弘コ傳ス之一ヲ
孰カレ不ンヤレ謂ハ二博濟普拯ノ之要術一ト哉
豈不ンヤレ稱セ二速ニ成正覺ノ之良範一ト乎

伏惟

過去尊儀ハ者
龍姿鳳質蚤《ツト》ニ入リ二玄門一ニ
戒珠清潔ニシテ定光寂《シツ》カニ照ス

何ニ況

丘索研キレ精　台衡探ルレ賾ヲ
和解英長シ　行學透出

是故

國家ノ所レ崇ムル　億兆所レ歸スル
猶如三百川ノ朝コ宗ルカ鉅海一ニ

可レ謂

法門ノ棟梁　一宗ノ管領

雖レ然

春秋難クレ留　鳳管音絶タリ
深憂未ニレ解　二七早ク至ル

伏願

過去尊儀

乘シテ二濟救施食ノ勝業一ニ　頓ニ凌キ二生死ノ巨浪一ヲ

依テ二灌頂光明ノ威力一ニ　速ニ到二涅槃ノ彼岸一ニ

觀ハ夫

東山ノ招響琴瑟沸キ二於雲閉一ニ

南陽ノ翠竹聖衆洿マル二於寶延(筵カ)一ニ

光景惟レ徵　感格何ソ差ハン

善願旨深ク　啓白詞淺　三寶證知シ　諸天洞鑒

以下如常

16〔尊勝供〕

普賢行院宮御四七日

○尊勝供法則

謹敬白ニ密嚴教主毘盧覺王。對告傳持金剛手等ノ三部五部界會ノ諸尊。總ハ盡虛空界不可說不可測一切ノ三寶一而言。方ニ今。踵アタリ二新尊儀一品公紹大王四七ノ之辰一ニ啓ニ建シ道場一。山海ノ珍羞以滿テ二孟(盂カ)蘭一ニ水陸ノ香華以盛リ二衣械(裓カ)一ニ。命シテ

屈シテ二諸淨侶一ヲ修ニ尊勝瑜伽ノ祕法一ヲ。其旨趣何者夫

洗淨戒根ノ祕符ハ　莫レク過タルハ二尊勝ノ總府一ニ

超登佛地ノ密券ハ　莫レ如ハ二佛頂ノ玄門一ニ

即是

尊勝佛頂ト者最尊最勝ノ之義ニシテ而胎金合行ノ之祕法也

是故

三種悉地ノ印契ハ　圓ニ成シ二三身ノ妙果一ヲ

六種供養ノ密言ハ　頓ニ脫ス二六道ノ苦緤一ヲ

恭惟尊儀者

夙ニ辭シテ二金闕一脫シ二珍御ノ服一ヲ。管二領シテ台宗一ヲ凝シ二思ヲ玉泉一ニ。德行特ニ篤ク顯職維レ盛ナリ。仁恩遠ク聞ヘ慈愛及フレ物ニ

奈何セン

鶴蓋影沈テ已ニ報ス二四七一。悲風蕭瑟タリ。凡情可レシヤ堪

伏願

機感相應シテ速ニ證シ二尊勝ノ悉地一ヲ

寶池莊嚴シテ直ニ究二佛頂ノ眞位一ヲ

觀夫

青松傾《ケテ》レ蓋《ヲ》表《シ》二諸尊《ノ》降臨《ヲ》一
寒嵐聲靜《ニシテ》和《ス》二鐘磬《ノ》逸韻《ヲ》一
光景如レ此　感應豈虛　啓白辭淺　善願誠切《ナリ》
三寶諸天　悉知證成
以下如常

17○光明供法則

[頭一]△旨趣

無上神呪《ノ》法鑰《ハ》　徑《チニ》闡《キ》二諸佛《ノ》祕藏《ヲ》一
不空灌頂《ノ》智水《ハ》　普《ク》消《ス》二群生《ノ》煩熱《ヲ》一
誠是
橫超《ノ》二五道《ヲ》一之舟航　竪《ニ》證《ノ》二三德《ヲ》一之模範《ナリ》
伏惟過去英靈 崇雲院
高嶽降《シテ》二其精《ヲ》一　聰敏《ノ》之德自《ラ》具《ハリ》
上天錫《テ》二其類《ヲ》一　彝倫《ノ》之道已《ニ》修《ム》
是以
宗室分《テ》レ封　已《ニ》輔《ケ》二藩屛《ノ》鎭衞《ヲ》一
本支嗣《テ》レ統　永《ク》資《ク》二俎豆《ノ》嚴薦《ヲ》一
奈何《セン》
鵠鶴曉驚《テ》　嘹唳空《ク》尋《ネ》二殘夢《ヲ》一
蘭蕙夕《ニ》謝《シテ》　馨香遠《ク》隔《ツ》二九泉《ヲ》一
方今
嚴《カニ》整《テ》二葬儀《ヲ》一　始《テ》援《ヒキ》二靈紼《ヲ》一
新《ニ》卜《シテ》二福地《ヲ》一　茲《ニ》發《ス》二喪柩《ヲ》一
伏願
因《テ》二此良善《ニ》一　徹《シ》二不退《ノ》本際《ニ》一
資《テ》二彼冥祐《ヲ》一　窮《タマハンコトヲ》二無生《ノ》淵源《ヲ》一

[頭二]△旨趣

四德《ノ》覺海《ハ》　洗《二》除《ルノ》三惑《ヲ》一之急湍
五智《ノ》閃《セン》電《ハ》　割《二》斷《ルノ》衆愍《ヲ》一之利劍《ナリ》
誠是
到清涼池之要徑　入于妙覺《ノ》之洪範《ナリ》
良《ニ》惟過去覺靈《ハ》者

忠魂義膽　臨テ二大節ニ一不レ撓マ
智勇方略　應シテレ宜ニ發ス二妙機一
是以
資性固ヨリ爽快　持ニ佩ヒ二薫蘭ヲ一
毅然トシテ全シ二天爵ヲ一　芳名何ソ窮ン
奈何セン
名花射シレ芳ヲ　蜀魂認ム二啼血ヲ一
淡月影沈テ　瞑靄望ミ迷フ
嗚呼悲哉
英姿不レ反ラ　澄川ノ遺跡遙ニ隔テ
哀涙漣如タリ　輓歌愀愀トシテ碾リ泣ク
伏願
頭三 △旨趣
光明遍照ノ靈瑞ハ　深ク表シ二能仁ノ眞祕ヲ一
五智遮那ノ德用ハ　直ニ現ス二忍辱ノ正覺ヲ一
誠是

徹ノ二修性不二ニ一之妙詮　開ノ二事理俱密一之玄門ナリ
頭四 △旨趣
光明ノ心殿ハ　遍ク照シ二九泉ノ玄塗ヲ一
瑜伽ノ智水ハ　深ク注ク二中有ノ識浪ニ一
誠是
拔二濟ルノ幽冥ヲ一之舟航　證二入覺道一之玄門ナリ

18 四箇法要法則

中陰祭奠之場。七七日宿夜薦福之處。爲下飡二受法味一證中明功德上。普天率土ノ神祇冥衆定テ降臨影向シタマフラン。然ハ則。
奉レ始ニ梵釋四王一各爲ニ法樂莊嚴威光倍增一一切神分
般若心經
大般若經名
謹敬白ニ三身卽一釋迦如來。空假中道一乘妙法。地前地上諸大薩埵。發起影向賢聖僧法。乃至佛眼所照ノ微塵刹土ノ三寶ノ境界ニ而言

方今

於二南閻浮提大日本國東叡山此瑠璃殿一。奉三爲前キノ大將軍從一位大政大臣尊靈七七日宿夜追薦冥資一ノ。延テ二四箇法要ノ之講席一ヲ專ラ奉ルレ擬二佛果圓滿一者也。其旨趣何者夫

孝思隆スルハ二廟德一ヲ　政莫シレ重キハレ焉ヨリ

覺慈資ルハ二冥祐一ヲ　績《イサヲ》莫シレ大レ焉ヨリ

誠是

一生ノ光景ハ刹那ノ夢　四大ノ色身ハ水上ノ漚《アワ》

皆ナ以有リ二轉變ノ理一　誰カ可キレ遯ル二殂落ノ道一ヲ

伏惟　過去尊靈ハ者

內ニハ施シ二愍哀ノ之誠一ヲ　外ニハ專ラニス二理民ノ之化一ヲ

仁海義海ノ內鑑　共ニ潛《セン》ス二幽遠ノ之跡一ヲ

永ク潤フ二曠蕩ノ之思一エ

若爾ラバ

沐シ二大寶自然ノ之德海一　增ス二四德常住ノ之覺道一ヲ

重テ乞フ

今上皇帝　寶祚延長　大樹尊君　保國安民

右將嗣君　椿齡千秋　天下靖康　國家安靜

士農工商　恆歌大平　乃至法雨　潤澤群生

三寶證知　諸天洞鑒

六種回向 如常

19 ○御廟堂供養儀

寬量院覺靈廟塔開光供養儀

先衆僧着座

次導師登高座 鳴磬二丁

次唄 賦華籠

次散華

次浮圖開光

新ニ所ノ二造立一。寬量院正善映岳大居士廟塔一基。奉三爲ニ開二發五眼一

佛眼印眞言 一丁

奉三爲四智圓滿三身頓成一

大日印眞言 一丁

奉二為千歳長ク存シ億劫不朽一

不動明王印眞言 一丁

謹敬白二一代教主毘盧覺王。十方應化釋迦文佛。四一開顯妙法圓詮。八萬微塵權實聖教。妙德慈氏諸大補處。飮光鶖子諸大聲聞。凡テハ盡虛空界一切ノ三寶一言

方今

於二娑婆世界一四天下。南瞻部州大日本國。東叡山凌雲精舍ノ玄塗一。德川源公由二リ舊章一ニ營二建シ寛量院正善映岳大居士ノ廟塔一。工匠已ニ告二テ竣成一。今辰正ニ開二キ無遮ノ法筵一。令三タマフコトアリ闔山ノ淨侶ヲシテ修二開光供養ノ之梵儀一。其旨趣何者夫

一塔ノ表幟ハ　常ニ卽二シ毘盧ノ身土一ニ

五大ノ方墳ハ　普ク遍二ス法界ノ塵刹一ニ

誠是

三身宛然ノ覺體　四德無滅ノ妙理ナリ

伏惟　過去覺靈ハ者

正ニ誕二シテ柳營一ニ　積二ミ禮儀ヲ於朝一ニ

既ニ保二テ社稷一ヲ　播二ス仁風ヲ於民一ニ

奈何セン

珍池ノ金蓮早ク榮ヘ　提河ノ雙樹忽チ萎ムコトヲ

正ニ今

就二靈廟ノ塔一ニ　謹テ伸二ヘ供養一　華果陳列シ

香燈駢衆シ　金鼓山ニ答ヒ　梵唄雲遏トトマル

伏シテ願ハ籍二テ此勝業一ニ

早ク還二歸シ本覺ノ宮殿一ニ

快ク開二敷シタマワンコトヲ始覺ノ心蓮一ヲ

重テ乞

今上皇帝　寶祚延長　大樹幕下　保國安民

內府嗣君　鶴算長久　亞相儲君　椿壽千秋

德川源公　嘉算永綿　風雨順時　禾穀有年

乃至沙界　平等普潤

次六種回向

次回向

次導師復座 同音之時

次焼香
次導師退去
次衆僧退去

△旨趣

五輪圓滿ノ尊形ハ　六大無礙ノ極致
四德常住ノ體性ハ　五眼具足ノ良範ナリ
誠是
五大ノ方墳ハ　入ニノ薩婆若ニ軌則
三點ノ尊形ハ　遊ニノ波羅蜜ニ舟航ナリ

20〔正遷座〕
一橋御位牌所
○正遷座供養儀

一切恭敬　自歸依佛　當願衆生　自歸依法
當願衆生　自歸依僧　當願衆生
世閒如來色　一切法常住　是故我歸依丁

遷座供養ノ之場。修理落慶ノ之處。爲下隨ニ喜シ勝會一證中誠
功德上。上天下界ノ神祇冥道。必ス降下影向シタマフラン。然則。梵
天帝釋護世四王。本朝宗廟天照八幡。擁護圓宗日吉山
王。殊ニハ大祖神廟東照權現。凡テハ本邦封彊名山大山。一
切幽儀爲ニ各增益威光功德圓滿一一切神分

般若心經

大般若經名

恭ミ敬白ニ清淨法身最勝最尊。寛狹二遍法界三身。半滿兩
乘甚深法藏。慈氏諸大補處。三乘等侶賢聖僧衆。法界三
寶一言

方今

於ニ閻浮日域東叡山此影殿一修シテニ覺了院台靈始メ五座
嚴恭。憲德 崇雲。英德 敬宗院覺靈各各之靈殿一修理既ニ告ニク竣成一ヲ。今辰
正ニ有下整ニ遷座ノ薦禮一建テ中供養ノ梵儀上。其旨趣何者夫
天經地誼ノ孝養ハ　在ニ永盡スニ如在ノ奠一ヲ
至德要道ノ聖訓ハ　在ニ實答ルニ罔極ノ恩一ヲ
是故

恭ク修メ二神位一ヲ　具ヘ二薦羞禮一ヲ
虔テ理メテ二廟塔一ヲ　竭ス二追孝ノ誠一ヲ
伏願
回シテ二此因華一ヲ　映シ二不退ノ春熙一ニ
莊テ二彼果實一ヲ　進タマハンコトヲ二無漏ノ山頂一
重乞
感二格シテ至善一ヲ　倍二增德輝一ヲ　一天恭平（泰カ）　四海淸寧
德川源公　福壽增長　乃至沙界　平等眞常
次六種回向
△其旨趣
宮殿新造ハ者　衆善ノ之洪津
英靈虔恭ハ者　宿植ノ之德本ナリ
依レ之
勵シ二無二ノ之丹誠一ヲ　修ス二唯心ノ之白善一ヲ
計リ知ヌ
過去英靈快ク展ヘ二納受ノ之眉一ヲ
他方ノ諸佛定テ含タマハン二隨喜ノ之笑一ヲ
是故
○
○

21 ○法華頓寫供養儀〔崇雲院回向〕

先唄　有磬
次散華
次開眼　報香呂唱之
正ニ所ノ二書寫スル一之妙經一部。字字皆金色佛ノ故ニ。開ニ靑蓮
慈悲ノ眸リ一ヲ爲レ奉レ令ニ五眼具足一　置香呂
佛眼印眞言　五眼具足印
爲ニ三身宛然四德圓滿一
唵沒馱路左抳莎賀
大日印眞言　外五貼
阿毘羅吽欠
次敬白
謹敬白ニ三身圓滿百會世尊。醍醐一乘妙法絕唱。身子目

連諸聲聞衆。總テハ横遍竪窮一切ノ三寶一言。方今。於ニ娑婆世界一四天下。南瞻部州大日本國。東叡山。凌雲精舍ノ道場一。德川源公攀ニ慕シ昇遐一ヲ修ニ崇シテ冥果一ヲ以薦ニタマフコトアリ崇雲院覺靈ノ冥資一

其旨趣何者夫

一代ノ法藏ハ　以ニ妙典一爲ニ大綱一ト

五種ノ行軌ハ　以ニ書寫一爲ニ勝業一ト

誠是

三世諸佛　出世ノ本懷

一切衆生　開悟ノ直捷ナリ

是故

當得作佛ノ之唱ハ　貴賤但(倶カ)ニ無レシ遺スコト

皆成佛道ノ之敎ハ　遠近寧ロ唐捐ナランヤ

伏惟　過去覺靈ハ

報果霑ニツテ良縁一ニ　令質以合ニシ道華一

天眂法ニヲ勝因一ニ　善淵以協ニフ玄牝一ニ

奈何セン

忍土ノ縁早ク盡テ　淨界ノ報已ニ熟ス

伏願

酬ニフテ已往ノ善一ニ乘ニシ白牛ノ之車一ニ

攀ニテ將來ノ縁一上ニタマハンコトヲ紫金ノ之臺一ニ

觀ハ夫

微風高天ノ雲ハ　映ニシ文字般若ノ色一ニ

涼氣遠林ノ露ハ　濕ニ名句解脱ノ路一ニ

光景既ニ勝ル　感享何ゾ差ハン　志願旨深

啓白辭淺　三寶證知　諸天洞鑒

次神分

書寫妙典之場。供養三寶ノ之砌。爲下隨ニ喜シ勝事一證中明功德上。上天下界聖衆冥官。來儀降臨シタマフラン。然卽。爲ニ各々威權自在ニシテ福慧增進一誦念ス

般若心經

大般若經名

次發願

至心發願　天神地靈　倍增威光　過去覺靈

速證大果　乃至法界　利益周遍

次四弘

衆生無邊誓願度　福智無邊誓願集

法門無盡誓願證　佛道無上誓願成

護持尊主成大願

次釋經

抑書寫之妙典當ニ下揚テ二首題一分別解釋ス上

妙法蓮華經序品第一

妙法蓮華經譬喩品第三

妙法蓮華經藥草喩品第五

妙法蓮華經五百弟子授記品第八

妙法蓮華經提婆達多品第十二

妙法蓮華經如來壽量品第十六

妙法蓮華經常不輕菩薩品第二十

妙法蓮華經觀世音菩薩普門品第二十五

將ニレ釋二此經一大ニ分テ爲ス二三門一ト。初ニ大意ハ者迹門ノ三喩。本門ノ三喩。因縁究竟シ。事理倶ニ圓カナリ。次ニ題目及ヒ入文判釋ハ具ニハ如二建業所譚一ノ

抑以二書寫妙典ノ勝業一奉ルレ薦メ二過去覺靈ノ冥資ニ一。然ハ則。

乘シテ二八正ノ船ニ一速ニ超ヘ二愛河ヲ一駕シテ二一乘ノ車ニ一直ニ至タマハン二道場ニ一」

功德有リレ餘リ　福善無シレ窮リ

以ノ故ニ

重乞

建會ノ大檀信　嘉運榮長　壽考萬年ナラン

四海昇平　八荒靜寧　乃至沙界　同證眞常

次六種回向

22〔溫恭院下火〕

引導師　慈性親王

○溫恭院殿下火

夫レ以レハ

六大無礙常ニ住ス二瑜伽ニ一

四曼法爾本來具足ス

凡聖一如ナリ。誰カ復問ン二生死涅槃ヲ一

23△法華頓寫供養

其旨趣如何トナレハ夫

五種法師ノ妙行ハ以二書寫一爲シ二奇特一ト

十種供養ノ淨業ハ以二禮讃一爲ス二殊勝一ト

是以

經ノ文ニハ宜（宣カ）ヘ三聚テレ砂爲スモレ塔ト皆成ト二佛道一

說タマヘリ三低頭合掌悉歸ト二廣大ノ一

若爾ハ

所ノ二書寫スル一字字放テ二金色ノ光ヲ一普ク照シ二幽冥ヲ一。脫シ二三途四趣ノ苦患一。點點作ツテ二佛ノ之形ト一利二益セン有頂無閒ノ群類ヲ一

況復

人ノ之貴キハ無レ貴キハ二將相ノ之任ヨリ一

法ノ之尊キハ無レ尊キハ二終極ノ之敎ヨリ一

24△胎曼旨趣

抑此ノ曼荼羅會ト者

華藏世界ノ海會ニハ　四智四行各住シ二自證ニ一

法界宮裏ノ莊嚴ニハ　四重四曼悉具セリ二輪圓ヲ一

然ハ則

卽事而眞ノ之月ノ前ニハ

地水火風常恆ニ理智圓明

當相卽道ノ之窓ノ前ニハ

金石草木法爾因果宛然ナリ

是故

一ヒ見レ之者ハ永ク離レ二三途四趣ノ苦報一

纔ニ念レ之者ハ忽超ユ二三乘五乘ノ權證ヲ一

誠ニ斯

大日法王自證ノ祕藏。一切衆生頓悟ノ直道ナリ

惟ハ過去台靈ハ 溫恭院

內樹テテ二寬明ヲ一　神樂載《スナワチ》穆ラキ

外ニ施シテ二簡惠ヲ一　萬國以テ清メリ

雖レ然

始終ハ者萬物ノ之大歸。生死ハ者性命ノ之區域ナリ。誰カ免ルン二無

常ノ之代謝ヲ一
哀イ哉
涼陰掩テレ軒ヲ　娥月寢メレ輝リヲ
秋露未レ凝ラ　歸スニ神ヲ大素ニ一
茲ニ今
設ケ二烝烹拾採ノ之供養一。勵シ二觀練熏修ノ精勤一ヲ。三業所作ノ善根併セテ會ス二佛果ノ德海一ニ
仰願

其旨趣何者夫

25○金曼旨趣

金剛嘉會ノ曼荼羅ハ
彰シ二密嚴國土ノ之界會一ヲ
唯タ佛ト與レ佛直ニ住ス二色心ノ之實相一ニ
開ケ二光明心殿之臺宮一
聖人凡人但(俱カ)ニ窮ム二因果ノ之眞際一ヲ
祕中ノ極祕　非ニ二乘偏權ノ菩薩ノ所レニ知ル
深中ノ深法　薄命下劣ノ根性ハ永ク絕スレ分

26△施餓鬼旨趣

經ニハ說タマヘリ。其レ有ル二供養一スルコト者ハ現世ノ父母六親眷屬。得テ下出ニ二三途ノ之苦一應テレ時ニ解脫スルコトヲ上。生シテレ天自在ニ化生シテ入ト二天ノ華光一ニ
是故
目連ハ依テ二十方衆僧威神ノ之力一ニ救ヒ二亡母ノ饑渴ヲ鬼道一ニ
阿難ハ依テ二自在光明如來ノ之呪力一免ル二餓鬼三日ノ苦患一ヲ
佛口ノ金言二聖ノ事跡誰カ不ンレ生レ信
誠是
斷ニ倒懸ノ縛繩一ヲ之利刀。消ニ煩惱ノ猛火一ヲ之法水ナリ
況又
光明ノ祕法ヲ　凝シニ於密印一ニ
台靈ノ增進ヲ　祈ルニ於一心一ニ
彼此ノ法力堅固ナリ。何ソ不ンレ拔カ二無明ノ重苦一ヲ
測リ知ヌ

速ニ住シテ上品ノ寂光ニ　常ニ受タマハン勝妙ノ快樂ヲ
啓白○○

27 ○廟塔供養旨趣

五字ノ明呪ハ　大日覺尊自證ノ之體
一基ノ寶塔ハ　六大無礙瑜伽ノ之相ナリ
然則
縱ヒ刻ムモ一方一圓ヲ　無レ非コト一佛ノ全體ニ
誠是
卽シテ長短方圓ノ形ニ　獲ニ無形ノ佛身ヲ妙行
卽シテ青黃赤白ノ色ニ　證ニ無相ノ陰入ニ祕法ナリ
是故
經ノ中ニハ說タマヘリ一見率都婆永離三惡道何況造立者必生安樂國ト
若爾ハ過去台靈ハ
三界有漏ノ執情忽チ蕩シテ
瑩《カカヤ》カシ心月ヲ見性見理ノ之軒ニ
六趣輪回ノ迷妄速ニ轉シテ
開キタマハン白蓮ヲ於上品上生ノ之池ニ
志願○○

28 溫恭院御廟御拜殿

○御安鎭　御表白
爲ニ新ニ所ノ圖畫不動明王尊像忿怒眼中五眼具足佛眼印眞言
唵沒馱路左抳莎訶
爲ニ五智四曼功德成就大日印眞言
阿尾羅吽欠
謹敬白ニ法性常住大日如來。百億應化釋迦文佛。三五部類瑜伽眞乘。本尊鎭宅不動明王。四大八大諸大忿怒。外金剛部護法天等。堅牢地神無量眷屬。佛眼所照微塵刹土。三寶ノ界會ニ言
方今
於ニ大日本國東叡山此ノ淨地ニ。大樹源公因ヨ循シテ祭先ノ舊

章ニ一新ニ營二造シテ溫恭院台廟ノ之拜殿一。其功已ニ卒《ヲ》ワリ延二屈シテ
闔山ノ僧伽ヲ一開タマフコトアリ二安鎭ノ密場一
　抑安鎭祕法ト者
大覺慈尊　哀二愍シテ世間ノ災厄一現シ二降伏ノ之形ヲ一
明王ノ智劍　摧二折シテ無量ノ魔軍一拂フ二衆生ノ之難ヲ一
　誠是
鎭二護ルノ國王萬民一良法。繫二縛ルノ六天ノ魔主ヲ一呪術ナリ
　是故ニ
唐土ノ三藏ハ修シテレ之　鎭メ二國家ノ亂ヲ一
吾カ朝ノ祖師ハ行シテレ之　致ス二禁中ノ固《カタ》メヲ一
　仰願
廟中安穩ニシテ　永ク禳《ハラ》ヒ二風火震雷ノ之不祥ヲ一
海內靜寧ニシテ　恆ニ降ンコトヲ二百穀萬貨ノ之休徵ヲ一
　觀ハ夫レ
繁雨灌イテ二庭艸ニ一　自《ヲ》通シ二法界宮ノ涼氣ヲ一
蟬蜩鳴テ二森樹ニ一　坐《ロ》ニ傳フ二盧遮那ノ妙說ヲ一
景趣天眞ナリ　感格何ゾ背カン

　重乞
大樹源公　福延萬世　廟內安穩　永無災害
普天率土　海晏河淸　三世十方　利益周遍
抑奉二爲令法久住利益人天過去台廟千歲不朽一
　南無摩訶毘盧遮那如來
　南無大聖不動明王
練修密行之場。護持安鎭之處。上界ノ天人ハ分テレ雲降臨シ。
下界ノ冥衆ハ踏テレ海影向スラン。各爲ニ護持聖教威光增益一 一
切神分
　般若心經
　大般若經名
奉二爲聖朝安穩寶壽千秋一
　南無
　南無
奉二爲大樹源公武德永昌一
　南無
　南無

奉ニ爲新廟安永護持基業一
南無
南無
爲ニ天下靜寧萬民快樂一
南無
南無
爲ニ所修行法靈驗勝利一
南無
南無
南無

29 ○溫恭公歎德

夫レ
忉利千年ノ樂ミモ不レ免レ二五衰一
彭《ホウ》祖七百ノ壽キモ終ニ有ニ其ノ限リ一
無常ノ殺鬼ハ不レ擇ニ豪賢一
有待ノ身誰カ有下逃ルル二有爲ノ變遷ヲ一者上

恭ク惟ハ
過去尊儀ハ。宿福ノ所レ酬フ託シ二質ヲ高貴ノ家一ニ。繼キ二累世ノ浩業ヲ一職司ル二閫外ノ重キ一ハ。仁政普ク布テ二宇內ニ一蒼生偃シレ德ニ。恩波遠ク及ンテ邊夷服レ威ニ
豈レ圖
青春猶富タマヒテ黃泉促レシタマハントハ裝ヲ
群侯沈ミレ憂ニ庶民泣クレ血ニ
慈(茲カ)ニ今
祭典竭シ二如在ノ禮儀ヲ一奉葬飾ル二如法ノ梵筵一。在天ノ之靈遙ニ覽《ミソナハ》シテレ之ヲ尚クハ饗コトヲ
維レ時
安政五年(一八五八)歲次戊午今月今日
凌雲院大僧正志常敬白

30〔法華三昧〕〔櫻峯諸將士・賴信丸遭難回向・峻德院建碑供養・傳教講〕

○櫻峯法華三昧法則

謹敬白ニ久遠實成牟尼世尊。寶塔證明多寶如來。究竟醍

翺一乘妙典。文殊逸多諸大補處。迦葉目連諸聲聞衆。

總《テハ》盡空法界《ノ》一切《ノ》三寶《ニ》言。方《ニ》今。於堪忍世界一四天下。南閻浮提大日本國。東叡山櫻《ケ》峯《ノ》陣亡諸將士《ノ》遺跡《ニ》。特《ニ》蒙《テ》恩赦《ヲ》親族《ノ》諸士一齊《ニ》盡力《シテ》不日《ニ》成《テ》功《ヲ》新《ニ》建《ツ》寶塔一基《ヲ》。今月今日。迎《テ》陣歿諸英靈《ノ》諱辰《ニ》爲增進覺位有建法華三昧《ノ》梵儀。其旨趣何者夫

六根懺悔《ノ》方法《ハ》　歷《ク》淨《ネ》《メ》六塵《ノ》幻境

供養三寶《ノ》功德《ハ》　深《ク》徹《ス》三德《ノ》果海《ニ》

誠是

半行半坐之要領《ニシテ》　至圓至頓之妙行《ナリ》

伏惟過去諸英靈《ハ》者

比《シ》志於金鐵《ニ》　致《ス》身《ヲ》於塵芥《ニ》

冒《シテ》劍電砲雷《ヲ》而進《ミ》　先《テ》風華霜露《ニ》而逝《ス》

哀《イ》哉

勝敗如《ク》夢　屍埋《シ》於夏草《ニ》

血肉無《ク》痕　魂泣《ク》於夜《ヨハ》《ノ》雨《ニ》

迷《カ》故《ニ》三界暗《ク》　誰《カ》會《セン》煩惱卽《チ》菩提《ナリト》

悟《ハ》則十方空　了達《ス》資業皆《ナ》正法《ナリト》

唯冀《ハ》

回《シテ》藉《リ》六韜《ニ》將《キ》六軍《ヲ》向《フノ》敵陣《ニ》之策《ハカリコト》《ヲ》

以爲《ンコトヲ》滅《シ》三毒《ヲ》出《テ》三界《ヲ》破《ノ》魔網《ヲ》之法《ト》

皇帝既《ニ》可《ユル》《シテ》賜《フ》涅槃《ノ》之佳城《ヲ》

法王豈《ニ》不《ンヤ》與《ヘ》頂髻《ノ》之明珠《ヲ》

瞻仰《スレバ》

舊來《ノ》戰場成《リ》金地《ト》　新建《ノ》寶塔涌《ク》碧空《ニ》

已《ニ》說《ク》兒戲聚《ルニ》砂礫《ヲ》猶是《レ》得道《スト》

而《ヲ》況《ヤ》信士鎔《ス》銅鐵《ヲ》何《ソ》不《ン》成佛

嗟呼

此《ノ》妙法蓮華《ハ》

經中《ノ》之經王　難中《ノ》之難事

暫時持《ルモ》之　諸佛《ノ》觀(歡カ)喜無量《リ》

今日轉《ス》之　多寶《ノ》證明奚《ソ》疑《ン》

此界《ハ》音聲作《ス》佛事《ヲ》　人生《ハ》耳根殊《ニ》聰明《ナリ》

唯願《ハ》英靈宿植深厚《ナリ》

來コ會シテ此ノ甚深微妙ノ勝筵ニ聞ニ經聲ヲ頓キ悟ニ無生ヲ。同ク

飽ニテ一乘醍醐ノ妙味ニ共ニ進ニムコトヲ三德圓滿ノ極果ニ

賴信丸遭難回向

○法華三昧法則

方今

於ニ東叡山寬永寺瑠璃殿ニ　無遮會之攸

嗚嗚

渺茫タル溟渤　漂漾タル秋葉　萬古一轍ナリ

危殆可レシャ保ス

昔者十萬ノ艨艟艨片板不レ殘ラ。今也九月ノ三五五吾賴信艦紀

海阿濱ニ羅ニ黑旋暴颿ノ厄ニ。鐵板簸亂シ。莊勇沒溺スる。幸ニ箇

箇僅ニ得リ存活一。焉ニ商船學校ノ出身ノ有志厚善ノ諸君。爲ニ

遭難亡者ノ有レ修ニ追悼薦福之妙行一ヲ

夫

海城雖ニ堅牢ト　防禦雖ニ精英ト

毘蘭摧ニ帆檣ヲ　劫波折クク舵篷一ヲ

迴瀾漲リニ闥礁ニ　雹雨擊ツテニ目瞳ヲ

閃電逬ラシテニ輪火ヲ　幽怪走ニス毒龍一ヲ

經ニ曰（大正藏四ノ五二九上ノ中。雜聲喩經。取意）

黑山是ノ鰐魚　雙日斯レ目光

獨稱シテニ佛號一ヲ　皆得ニリト解脱一ヲ

倩惟ハ

漏身不レ免レ殺鬼一ヲ　佛性湛然トシテ不レ亡ヒ

妙法ノ經ノ力　慈悲ノ航舟

駛御自在ナリ。況ャ學士ノ厚誼至懇透底。豈ニ不ンャ使ニ溟沒ノ

幽儀ヲシテ變シテ成サシメニ金蓮玉臺一ト　仰キ觀ル

天漠溶溶トシテ輝シテニ銀鉤ノ月一ヲ

玉容晃晃トシテ黄金ノ波浮フ

四海五州皆歸妙法

唯佛ト與レ佛俱ニ優遊セン

嗚呼

此ノ妙法蓮華ハ

經中ノ之經王　法門ノ之至極
一稱南無佛　皆已成佛道
轉傳倍勝ノ力　普賢摩頂ノ時
此界ハ音聲作ス二佛事ヲ一　閻浮ハ耳根殊ニ聰明ナリ
唯願ハ一切遭難ノ幽趣

峻德院 田中平八 建碑供養

○法華三昧法則

其旨趣何者夫
眞如清淨ニシテ　本ト無ク二色像ノ之端一
法界含容シテ　遂ニ有ニ二往來ノ之貌一
是故
聲揚レハ二虛谷一ニ響キ答ルコト無シレ疑
機叩ケハ二眞慈一ニ應來ルコト何ソ忒《タカ》ワン
茲ニ當會精靈者
本姓藤島氏。以ニ天保五年（一八三四）甲午五月十有一日一ヲ生ルニ于信陽
伊奈ノ郡赤穗ノ邑一ニ。其爲レリ人ト也。剛邁不羈。當テ二國家多事ノ
之際一ニ。單身獨步奔ニ走シ東西一ニ。奇變ノ之妙出沒如シレ龍。起テレ
自ニ徒手一遂ニ致ス二陶朱猗頓之富一。蓋是宿福ノ所レ追。豈出ルニ
于偶然一者乎。臨テ二其ノ將レ終也。安詳トシテ不レ驚。遺スニ二言ヲ於
子孫一以ニ確乎タル處世之良方一。實ニ明治十七年（一八八四）六月初八日
也。嗚呼。子ハ誠ニ可レ不レ謂下不ノ愧ニ于爲ルニ二大丈夫一之一處
士上ト哉
雖レ然
有待ノ形質ハ恰モ如ニ芭蕉泡沫一
彭祖六百豈免ニ無常ノ殺鬼ヲ一
不レ若
扇テ二一乘ノ眞風ヲ一　消シ二無明ノ煩熱ヲ一
遊テ二九品ノ寶池ニ一　住ンニハ二法身ノ妙樂ニ一
方今
親戚故舊相謀テ建テ二碑ヲ於墨川ノ靈區ニ一表シ二居士有隣ノ之餘
德ヲ一。更ニ開テ二妙法ノ梵筵ヲ一鳴ス二卽身成佛ノ法鼓ヲ一
伏願
不シテ來ニシテ而來テ　喜ヒ二無上ノ妙味ヲ一

不受《ニシテ》而受《テ》　飽《ンコトヲ》蘋蘩《ノ》清饗

觀《ハ》夫

百花綴《テ》瑤《タマヲ》表《シ》帝網之依正《ヲ》

嬌鳥奏《シテ》典《ヲ》囀《ル》法身《ノ》之法音《ヲ》

以景色《ノ》自然《ナルヲ》知《ル》感應《ノ》無《ヲ》疑。功德莫大《ナリ》。納受何《ゾ》空《ラン》。啓白辭拙《シ》。三寶證知《シ》。諸天洞鑒

傳敎講

○法華三昧法則

方今

於南瞻部州大日本國東叡山寛永寺開山《ノ》之道場。一結《ノ》之講社屈請《シテ》闔山《ノ》淨侶建法華三昧《ノ》行軌。爲《シテ》每歳不易《ノ》之梵儀以備《コトアリ》山家大師《ノ》法樂。其旨趣何者夫

開示悟入《ノ》之四門《ハ》　同《ク》自《シ》直至道場一路

斷除三障《ノ》之要誓《ハ》　普《ク》救昏醉沈眠《ノ》九界

誠是

一超直入之直詮　平等拔濟之行軌《ナリ》

伏惟當會大師者

奉《ケテ》求法《ノ》之敕《ヲ》於桓武皇帝　凌《キ》萬里之滄海《ヲ》

傳《テ》圓頓《ノ》之旨《ヲ》於道邃和尙　開《ク》一乘之廣路

加之

創《メ》三塔九院《ノ》之佛閣

弘《メ》顯密大乘《ノ》之兩宗

分《テ》六即七重《ノ》之清池《ヲ》

示內外凡聖《ノ》之差別《ヲ》

然則

扶桑一州併《テ》扇《キ》其風

五畿七道悉《ク》浴《ス》此法水

因茲

對《シテ》今此《ノ》靈像凝《ス》大衆三業《ノ》之白善《ヲ》

仰願

照覽《シテ》徒衆《ノ》微志《ヲ》　含《ミ》歡喜《ノ》咲《ヲ》

擁護《シテ》顯密《ノ》佛法《ヲ》　傳星宿《ノ》劫

愛憐《シテ》信心《ノ》施主　令子孫長久

重乞《フ》

一天泰平　四海靜謐　今上皇帝　寶祚延長
佛日增輝　法輪常轉　乃至沙界　平等普潤

31 ○藏源院僧正年譜

權僧正亮阿。父《ハ》中根氏。三州額田郡岡崎《ノ》產也。文政十(一八二七)年丁亥四月佛誕日。年甫《テ》十三《ニシテ》拜《ニ》靑龍院亮壽《ニ》薙髮《ス》。同十三年庚寅十二月。爲《ニ》晩嘯院贈僧正亮德《ノ》弟子《ト》。天保八年(一八三七)丁酉十月。主《ル》山門妙觀院《ニ》。于時因《テ》先師住《ニ》東漸院《ニ》留府《シテ》輔《ク》院務《ヲ》。文廟葬儀《ノ》之際輔《テ》師《ヲ》殊《ニ》有《リ》勤勞。弘化三年(一八四六)丙午轉《ス》寂光院《ニ》。同年閏五月移《リ》主《ス》見明院《ニ》。此《ノ》院從來頽破《ス》。因《テ》就《テ》檀越會津公《ニ》求《メ》乞《フ》改造《ヲ》。自《ラ》費《シテ》鉢資若干《ヲ》速《ニ》遂《ク》成功《ヲ》。嘉永二年(一八四九)己酉十月爲《ツトム》法華會《ノ》竪者《ヲ》。同年進《ム》傳法阿闍梨位《ニ》。同三年庚戌五月任《ス》大僧都《ニ》。同四年七月轉《シ》壽昌院《ニ》被《ル》輔《セ》別當職《ニ》。同五年十月辭《シテ》職自號《ス》藏源《ト》。安政四年(一八五七)十二月有《テ》命主《ル》仙波喜多院《ヲ》。任《ス》權僧正《ニ》。同六年己未四月因《テ》病隱遁《シ》占《メテ》艸庵《ヲ》於勸善《ノ》前園《ニ》養《フ》眞《ス》焉。于爰《ニ》慶應三年(一八六七)丁卯六月十六日。疾病稍加《ツテ》西向歸化《ス》。世壽五十三。法臘四十一　此《ハ》魚山實光院觀海所書也

32 慈覺一千遠忌

○胎曼供法則

謹敬白《ニ》密嚴寶刹遮那法身。悲生胎藏醍醐經王。一切智印持金剛者。乃至四重尊位及以法界《ノ》三寶《ニ》而言。方今。於《ニ》下野州二荒山王府道場《ニ》。迓《ヒ》慈覺大師一千周《ノ》遠忌《ヲ》大《ニ》開《キ》法筵《ヲ》。以欲《シテ》擬《ント》報恩謝德《ノ》一端《ニ》修《コトアリ》悲生胎藏曼荼羅會《ヲ》。其《ノ》所以如何者夫

八葉《ノ》心蓮《ハ》　圓《ニ》顯《シ》自性《ノ》果德《ヲ》
四重《ノ》圓輪《ハ》　正《ク》示《ス》本有《ノ》理體《ヲ》

誠是

卽生大覺之眞詮　法王髻中之明珠《ナリ》

俯《シテ》惟《ハ》

涉《リ》溟渤之渺瀰《ヲ》　遭《ヒ》龍象之十哲《ニ》

見二狻猊ヲ於五臺ニ　歸帆無レ恙

洩ルコト

　嗚呼

爾ヨリ以來吾宗顯綱密紀一時ニ具ニ張リ攝ニ盡シテ二機ヲ無レ

　方今

沙身可レ施ス。深恩難シレ酬ヒ

山斤可レ量ル。洪澤罔レ極マリ

爰ニ値ニ遠忌ニ　　時物之感益〻厚ク

恭ク薦メテ冥祉ヲ　　至誠之情之鍾ル

　仰願ハ

不レ受而受二此法味一　不レ化而化ンコトヲ普群萌一

　（後略）

33　○「慈眼」開山令法則
　　　　　　（會カ）

一切恭敬　自歸依佛　當願衆生　自歸依法

當願衆生　自歸依僧　當願衆生丁

ン如來妙世開如來色。一切法常住。是故我歸依丁

抑一乘開講ノ庭。開山大師報恩謝德ノ砌。爲下殆ニ受二法味一

隨中喜衆善上。三界ノ諸天ハ分レ雲ヲ降臨。四海ノ龍衆ハ凌ギテ波

來集スラン。惣シテハ扶桑國中大小ノ神祇。別シテハ圓宗守護山王

部類東照宮日光三所。各〻奉ニ爲二法樂莊嚴威光倍增一一

切神分

　般若心經　大般若經名

愼敬白ニ一代敎主釋迦善逝。多寶世尊醫王薄迦。一乘究

竟妙法蓮華。八萬十二權實聖敎。三國傳燈諸大師等一切

三寶境界ニ而言　方今

於二南閻浮提大日本國武州東叡山此ノ靈窟一爲二每歲不

易ノ儀則一ト。丁ッテ乎歲首ニ迎ヘ開山大師ノ忌日ヲ。供シテ香花ニ

厚ク酬ヒ法乳ノ恩ヲ。備ニ法供ヲ擬ス報恩ニ。其ノ旨趣如何者夫

　開山大師ハ者

降ニ誕シテ生ヲ於澆季ノ世ニ　　早ク蒙リ於俊才ノ巨名ヲ

及二年齡中葉ニ　　　　切ク募ル切磋之巧能ニ

竟ニ窮メテ台嶺ノ圓旨ヲ　　自ラ顯ス列祖ノ高德ニ

外ニハ專ニ於檀度ヲ　　　內ニハ固ク於尸羅ニ

台門ノ棟梁扶ケレ危ヲ　大教ノ陵夷再ヒ興起ス
台嶽ノ徒衆處シテレ安ニ　法燈ノ流轉長ク光耀タリ
故ニ代代ノ明君崇テレ之ヲ爲ス二國寶一ト
世世ノ大樹敬レ之爲二師範一
因レ茲
自他ノ僧侶ハ自歸二德行一ニ。遠近ノ白衣ハ仰テ受ク二法訓一ヲ
加之
在世ニハ簡テ二勝地一ヲ　新ニ闢キ二東叡之景跡一ヲ
滅後ニハ蒙テ二天恩一ヲ　恭ク賜二大師之謚(謚カ)號一ヲ
誠是
信シテモ可キハレ信開山ノ實德　謝シテモ可ハレ謝大師賜也
是以
展テハ二三問一答之講筵一備ヘ二難思妙果之法味一ヲ
鳴二一乘一實之金磬一顯ス二智思報恩之懇誠一
然則
論談決擇ハ者佛乘ノ輨轄
獻花辨香ハ者一會ノ軌則ナリ

仰願
照二覽シテ徒衆微善一ヲ含ミ二歡喜ノ咲一
擁二護シテ顯密ノ佛法一ヲ令レ傳二星宿劫一ニ
重乞
四海安寧ニシテ眞俗並ヒ興ランコトヲ
善修旨深。啓白言淺。三寶ノ冥衆。悉知照看
次勸請
至心勸請釋迦尊　多寶分身諸善逝
平等大會法華經　八萬十二諸聖教
普賢文殊諸薩埵　身子目連諸賢聖
梵釋四王諸護法　靈山界會諸聖衆
還念本誓來影向　證知證誠講演事
至心懺悔無始來　自他三業無量罪
今對祖前皆懺悔　懺悔已後更不作
我等至心受三歸　歸三寶竟持十善
乃至如來一實戒　生生世世無缺犯
願我生生見諸佛　世世恆聞法華經

南無妙法蓮華經
南無妙法蓮華經
影向大師增威光

34〔法華三昧〕

國分寺殿四百回御忌(宗家)

○法華三昧法則

恆修不退菩薩行　　疾證無上大菩提

妙法蓮華經序品第一

將レ釋二此經一略ニシテ有二三門一。初ニ大意ト者。今此ノ經者三世
諸佛出世ノ本懷。一切衆生成佛ノ直道也。故ニ開三顯一二八
草庵ノ聲聞受ヶ記。開近顯遠ニ微塵ノ菩薩損レス生ス。若有聞
法者無一不成佛ト說ク。此ノ經ノ大意也。次ニ題目ト者。妙ハ不
可思議之義。法ト者界如三千ノ法。蓮華ト者法譬兼含之稱。
經ハ者聖教ノ都名。序ハ者次由述ノ義。品ハ者義類同。第一ハ
者舉三次第ヲ也。次レ入レ文判釋セ者。此ノ經大ニ分テ爲ニ三ト。序
品ヲ爲二序分一ト。從二方便品一至二分別功德品十九行ノ偈一
爲二正宗分一ト。從リ偈已後十一品半ヲ爲二流通分一。一經ノ梗概
大略如二此一。具如二章疏一

抑唱ニ優婆提舍梵唄ヲ攪ニ生死長夜ノ之夢一。故當會大師ハ
者威光轉輝キ。一山諸德者眞俗ノ英蕊增スル馥シカラン

伏シテ乞

天祚永久　　四海平寧　　乃至大千　　利益周遍

抑就二卷講二文段繁一シ。且ク其ノ初ノ文如何

一乘懺摩之場。追福作善之處。爲下隨ニ喜ノ勝會ヲ證中明功
德上所レ降臨影向シタマフ二天衆地類一。各爲二法樂莊嚴威光陪
增二一切神分一。般若心經
大般若經名

謹敬白二萬德慈尊釋迦善逝。一乘醍醐妙法經典。文殊彌
勒諸大薩埵。身子飲光諸聲聞衆。凡テ盡虛空界常住ノ三
寶一而言。方今。於二娑婆世界一四天下。南瞻浮州大日東
國。武陽金光山此ノ道場一。預メ迎二國分寺殿前刑部郎中對
馬地頭代中室宗玄大居士四百回ノ忌辰。大檀主平君。竭シ
追孝之誠一。令レ修二法華懺摩一以薦タマフコトアリ二菩提ノ資糧一

其旨趣何者夫

營《ミ》レ善作《スハ》レ福《ヲ》竺墳之慈教

愼《ミ》レ終《ヲ》追《フハ》レ遠《キヲ》魯典之聖訓《ナリ》

是故

雖二尊卑不一レ同　以二悲心一爲《シ》二根本一《ト》

雖二儒釋有《ト》一レ殊《ルコト》　以二報恩一爲《ス》二要道一《ト》

因《テ》レ茲

供二養《シテ》三寶一《ニ》　虔《ミテ》竭《シ》二如在之誠一《ヲ》

回二向《シテ》群萌一《ニ》　齊《ク》救《フ》二何限之罪一《ヲ》

況又

懺悔六根《ニハ》　消二除《シ》衆罪之惑累一《ヲ》

清淨《ノ》三業《ヲモツテ》　唱二禮《ス》諸佛之果號一《ヲ》

然則

過去尊靈《ハ》

速《ニ》浴《シテ》二八德鮮妙《ノ》之水一《ニ》

必《ス》磨《キタマハン》二百福莊嚴之膚《ハダイ》一《ヲ》

精禱旨深　啓白詞拙《シ》

三寶諸天　悉智洞鑒《シタマヘ》

（奧書なし）

（底　本）天王寺福田藏、書寫年不明、亮映石綮輯一册本

（校訂者　水尾寂芳）

法則指南集　終

〔諸法則　八通〕

（外題）
文殊樓外遷座法則　二通
同　正遷座法則　三通
政所大墨（黑カ）天遷座法則
辛崎宮正遷座法則
同表白

目次

(1) 文殊樓外遷座法則　寛保元年（一七四一）辛酉四月二十二日
(2) 文殊樓正遷座法則　寛保二年（一七四二）壬戌七月晦日
(3) 文殊樓外遷座法則　安永十（一七八一）辛丑三月二十一日
(4) 文殊樓正遷座法則　妙禪房豪雲製
(5) 文殊樓正遷座法則　天明元年（一七八一）辛丑十月二十四日
(6) 政所大黑天遷座法則
(7) 辛崎宮正遷座法則　天明元丑（一七八一）六月二十七日
(8) 表白 唐崎　章海僧正直筆

（以上目次新作）

(1) 文殊樓外遷座法則

(內扉書)
寛保元年（一七四一）
文殊樓外遷座法則

先啓白

謹ミ敬テ白ニ法界宮殿毘盧覺者三五部類瑜伽眞詮金剛妙
德諸大薩埵歆光鶖子諸聲聞衆凡盡十方界一切三寶二言。
方今娑婆世界一四天下南瞻部洲大日本國淡海州比叡山
西塔院常行三昧堂於テ奉安文殊樓閣。結ニ瑜伽ノ密壇ヲ一修ス二供養本尊ノ方軌ヲ一。其
旨イ趣如何ナレ者ハ夫レ
樓閣《殿堂》脩茸《ジョウ》歲霜既ニ久シク。像設ノ莊嚴金碧寖淪《ヤヤシヅム》
是ノ故ニ
脩茸懇請之狀乃チ奉シ二公府ニ一
允兪鼎重之命速カニ降ル二山門ニ一
於レ是ニ
土木之工作將レ興ント　像設之座位須レ遷ス
以テレ故ヲ　座主大王特ニ降ニ鈞命ヲ一遣ニ名僧一代テ爲サシメ二
法門之供ヲ一。本院ノ合ッ衆共ニ屈シテ二上首ヲ一主トシテ修セム二眞言之法ヲ一
觀レハ夫
杜鵑響ヒテレ空雅サニ和《ハハ》シ二歌詠之梵音ニ一
梅天應シテレ候ニ正ニ表ス二靉靆之慈潤ヲ一
祈願旨深　啓白詞淺　三寶證知　諸天照覽
抑爲二令法久住利益人天一
南無摩訶毘盧遮那如來
南無金剛手菩薩
爲ニ二天神地靈倍增威權ノ一
般若心經　大般若經名
奉二爲ニ今上皇帝寶祚延長聖躬萬安ノ一
南無摩訶毘盧遮那如來　南無金剛手菩薩
奉二爲ニ元帥幕下保國安民本夫（支カ）百世ノ一
南無摩訶毘盧遮那如來　南無金剛手菩薩
奉二爲ニ一品大王福慧雙嚴興隆正法ノ一

南無摩訶毘盧遮那如來　南無金剛手菩薩

奉三爲二座主大王百福莊嚴千聖擁護一ノ

南無摩訶毘盧遮那如來　南無金剛手菩薩

爲二ニ人人登壽域各各到寶所一ノ

南無摩訶毘盧遮那如來　南無金剛手菩薩

爲二ニ法成就一ノ

南無摩訶毘盧遮那如來

南無金剛手菩薩

南無佛眼部母菩薩

南無一字金輪佛頂

南無一切三寶

文殊樓外座法則

寛保元年(一七四一)辛酉四月二十二日

右法則以二當導師正覺院大僧正豪雲親書本一寫。如二其脇書一亦是大僧正所二自筆一非二私加一也。于時寶暦拾(一七六〇)庚辰八月十六日

清泉院大僧都德廣誌

朱書 寛保二年(一七四二)壬戌七月晦日

(2) 文殊樓正遷座法則

謹ミ敬テ白二シテ法界宮殿。毘盧覺皇。醍醐一乘。大日經王。對告傳授。金剛手等。特ニハ正東第三院。妙吉祥大菩薩。八大童子。五奉教者。蓮華部中。諸大眷屬。總テハ盡十方世界。一切三寶一ニ言サク。方ニ今於二テ娑婆世界。一四天下。南瞻部洲。大日東國。淡海州。滋賀郡。比叡山。奉安文殊寶樓一ニ。廣ク集二メ本山魚阜ノ淨侶一ヲ嚴ソカニ結二ヒ瑜伽密壇一ヲ。修二ス供養本尊ノ梵軌一ヲ

緬カニ惟ミレハ此ノ寶樓ハ者

貞觀ノ聖代。創建之後。屢ヾ歷二興廢一ヲ

寛永御宇。重營ヨリ以來タ。稍ヾ經二歲霜一ヲ

是ノ故ニ

脩葺懇請之狀。乃チ奉二シ公府一ニ

允兪鼎重之命。卽チ降二ル山門一ニ

於テレ是ニ

大ヒニ興シ二土木ヲ一　盛發シ二工役ヲ一

臺臣以テ提サケ二其綱ヲ一　司曹以董ス二其ノ役ヲ一

以レ故ヲ

屋宇軒簷。美ナル哉輪。美ナル哉奐

檻欄梯磴。式テ如クレ玉ノ。式テ如シレ金ノ

方ニ今

瑜伽壇儀。以テ致シ二供養ノ傾忱ヲ一

梵唄ノ歌詠。用テ慶ス二脩葺落成イヲ一

欽シミ願ハクハ

垂レ二拱シテ無爲ニ一。天地位ヒシテ而萬物育セラレ

鈞ス二陶シテ有象ヲ一。陰陽理マリテ而四時平カナラン

觀ハ夫レ

雲霧滿テレ蹊ニ。想ヒ二五臺山頭狻猊ノ震ヒシレ威ヲ當時《カミ》ヲ一

燈燎耀ヤヒテレ嶺ニ。思フ二普通院內大聖現セシレ光ヲ往昔《シヘ》ヲ一

景光惟勝ル　感享何ソ爽ハン　祈願旨深ク

啓白辭疎シ　三寶證知シ　衆聖洞鑒シタマヘ

抑爲ニ令法久住。利益人天ノ一

南無摩訶毘盧遮那如來

南無金剛手菩薩

熏脩瑜伽ノ場。落慶脩葺ノ所。梵釋四王。二十八天。本邦封境。名山大川。本山管鎭。日吉大權。赤山神明。總テハ滿空盡地ノ。神祇百靈。必ス來儀降臨シタマフラン。然レハ則爲ニ各〻威權自在。顯揚佛事ノ一

一切神分般若心經　大般若經名

奉二爲今上皇帝。寶曆遐長。天祚永久ノ一

南無藥師瑠璃光如來

南無大聖文殊支利菩薩

奉二爲大樹幕下。保國安民。本支萬世ノ一

南無藥師瑠璃光如來

南無大聖文殊支利菩薩

爲ニ二監校將作。董督工役司曹。吉慶多福。祿遷高擧ノ一

南無大聖文殊支利菩薩

南無觀自在菩薩

爲ニ二本山清肅。支院繁興ノ一
　南無大聖文殊師利菩薩
爲ニ下風雨順時。穀禾有。〔朱イフ年〕人人登リ二壽域一。各各到ランカ中寶渚ニ上
　南無大聖文殊支利菩薩
爲ニ二法成就ノ一
　南無摩訶毘盧遮那如來
　南無金剛手菩薩
　南無大聖文殊支利菩薩
　南無佛眼部母菩薩
　南無一字金輪佛頂
　南無一切三寶

延享元甲子（一七四四）年十月晦日夜寫レ之

---

(3) 文殊樓外遷座法則

（内扉書）安永十辛丑（一七八一）三月二十一日
文殊樓外遷座

先啓白
謹ミ敬テ白ニ二法界宮殿毘盧覺者三五部類瑜伽眞詮金剛妙徳諸大薩埵飲光鶖子諸聲聞衆凡テハ盡十方界一切三寶ニ一言ク。方ニ今マ娑婆世界一四天下南瞻部洲大日東國淡海州比叡山於ニ二文殊樓閣ニ一結ニ二瑜伽ノ密壇ヲ一修ス二供養本尊ノ方軌ヲ一。其旨イ趣如何ナレ者ハ夫レ
樓閣修治星霜既ニ積テ赴ニ二傾廢一
尊容莊飾春秋更ニ移テ壞ニ二金碧ヲ一
是ノ故ニ
修葺懇請之牋乃チ捧ニ二公府ニ一
幕下鼎重之命速ニ降ル二台岳ニ一

朱書大樹下シ二鼎重之命一ヲ。重臣提シ二經營之綱一ヲ

爰ヲ以

（朱司曹董シ二其役一ヲ）良臣鑑ニ榮造一ヲ　諸職將（朱發サシム）ニ工作一セン

朱書依レ之

新ニ建ニ殿宇一ヲ　將ニ遷ニ座位一ヲ

以テレ故ヲ

座主大王降シ二鈞命ヲ一代テ導主トシテ修シメ二本尊密法一ヲ

本院合衆屈シテ二數口一ヲ共ニ曲席シテ唱二梵唄歌詠一ヲ

若シ爾ハ　朱測知

本尊益ヾ施シ二應驗一ヲ　諸天彌ヾ加シ二擁護一ヲ

朱書○御信心大檀主御武運長久ニシテ壽算齊二南山一國家

永升平ニシテ德澤浴二海內一ニ

（朱○仰願）然レ則チ　朱重乞

冥氣常ニ消シ二于宇宙一ニ　祥日高ク照二于佛閣一

貴賤除キ二災殃一ヲ　上下蒙リ二福祥一ヲ（朱應）

修飾功就リ　落慶速ニ致ン

觀レハ夫レ

桃李開テレ園薰シ二解脫香一ヲ。鸎（朱黃）鳥囀テレ林ニ和ス（朱類頻伽聲ニ）二唄散曲一ニ。景光旣ニ

佳シ。感享何ソ爽ハン。祈願旨深シ。啓白詞淺シ。三寶證知。諸天

照鑑タマヘ

抑爲二令法久住利益人天一ノ

南無摩訶毘盧遮那如來

南無金剛手菩薩

爲メ下饗二受シ法味一ヲ隨ヰ喜センカ勝會上ヲ。天神地靈降臨來儀スラン。

然レハ則チ爲二各威權自在顯揚佛事一ノ

一切神分　般若心經　大般若經名

奉二爲今上皇帝寶祚延長聖躬萬安一

南無摩訶毘盧遮那如來

南無金剛手菩薩

奉二爲元帥幕下保國安民本支萬世一ノ

南無摩訶毘盧遮那如來

南無金剛手菩薩

奉二爲貫主大王福惠雙嚴興隆正法一ノ

南無摩訶毘盧遮那如來

南無金剛手菩薩
奉ニ為座主大王百福莊嚴千聖擁護一ノ
南無摩訶毘盧遮那如來
南無金剛手菩薩
爲下ニ人人登二壽域一各各到中シンカ寶所上ニ
南無摩訶毘盧遮那如來
南無金剛手菩薩
爲ニ法成就一ノ
南無摩訶毘盧遮那如來
南無金剛手菩薩
南無佛眼部母菩薩
南無一字金輪佛頂
南無一切三寶

---

(4) 文殊樓正遷座法則

(內題)文殊樓遷座法則

謹シミ敬白ニシテ法界宮殿。毘盧覺皇。醍醐一乘。大日經王。對告傳授。金剛手等。特ニハ正東第三院。妙吉祥大菩薩。八大童子。五奉敎者。蓮華部中諸大眷屬。總シテハ盡十方世界。一切ノ三寶ニ言サク。方ニ今於テ娑婆世界。一四天下。南贍部州。大日東國。淡海州。滋賀郡。比叡山。奉安文殊ノ寶樓一ニ。廣ク集メ本山魚阜ノ淨侶一ヲ。嚴ソカニ結ヒ瑜伽ノ密壇一ヲ。修ス供養本尊ノ梵軌一ヲ。

緬カニ惟ミレハ此ノ寶樓ハ者
貞觀ノ聖代。創建ノ之後。屢ゝ歷ニ興廢一ヲ
寛永ノ御宇。重營ヨリ以來タ。稍ゝ經ニ歲霜一ヲ
是ノ故ニ
修葺懇請之狀。乃チ奉シ公府一ニ
允兪鼎重之命。卽チ降ル山門一ニ

於レ是ニ

大ヒニ興ニ土木ヲ　盛ニ發シ工役ヲ

臺臣以テ提サケ其綱ヲ　司曹以テ董ニ其役ヲ

以レ故ニ

屋宇斬簷（軒カ）美ナル哉輪　美ナル哉奐

檻欄梯磴　式如レ玉　式如レ金ノ

方ニ今

瑜伽ノ壇儀　以テ致シ供養ノ頎忱ヲ（頎忱カ）

梵唄ノ歌詠　用テ慶ス修葺ノ落成ヲ

欽シミ願ハクハ

垂レ拱シテ無爲ニ　天地位ヒシテ而萬物育セラレ

鈞ニ陶シテ有象ヲ　陰陽理マリテ而四時平カナラン

觀ハ夫レ

雲霧滿蹊ニ　想三五臺山頭狻猊震レ威當時ヲ

燈燎耀嶺ニ　思フ普通院内大聖現レ光往昔ヲ

景光惟レ勝ル　感光何ソ爽ハン

啓白辭疎シ　三寶證知シ　衆聖洞鑒シタマヘ

抑爲ニ令法久住。利益人天ノ

南無摩訶毘盧遮那如來

南無金剛手菩薩

熏修瑜伽ノ場。落慶脩葺ノ所。梵釋四王。二十八天。本邦封境。名山大川。本山管鎮。日吉大權。赤山神明。總シテハ滿空

盡地ノ神祇百靈。必ス來儀降臨シタマフラン。然レハ則爲ニ各威權自在顯揚佛事ニ

一切神分ニ般若心經　大般若經名

奉ニ爲ニ今上皇帝寶曆遐長天祚永久ノ

南無大藥師瑠璃光如來

南無大聖文殊支利菩薩

奉ニ爲ニ大樹幕下保國安民本支萬世ノ

南無藥師瑠璃光如來

南無大聖文殊支利菩薩

爲ニ監校將作。董督工役司曹。吉慶多福祿遷高舉ノ

南無大聖文殊支利菩薩

南無觀自在菩薩

爲二本山清肅支院繁興ノ一

南無大聖文殊支利菩薩

爲下ニ風雨順時穀禾有年。人人登リ二壽域《イキ》一ニ。各各到中寶渚《ランカ》ニ上

南無大聖文殊支利菩薩

爲ニ二法成就ノ一

南無摩訶毘盧遮那如來

南無金剛手菩薩

南無大聖文殊支利菩薩

南無佛眼部母菩薩

南無一字金輪佛頂

南無一切三寶

右妙禪房大僧正豪雲製寫置者也

---

(5) 文殊樓正遷座法則

(内扉書)天明元年(一七八一)

文殊樓正遷座法則

文殊樓遷座法則

謹シミ敬テ白シテ二法界宮殿。毘盧覺王。醍醐一乘。大日經王。八對告傳授。金剛手等。特ニハ正東第三院妙吉祥大菩薩。八大童子。五奉教者。蓮華部中。諸大眷屬。總シテハ盡十方世界一切ノ三寶ニ一言サク。方ニ今マ於テ二娑婆世界。一四天下。南瞻部州。大日東國。淡海州。滋賀郡。比叡山。奉安文殊ノ寶樓ニ一。廣ク集メ二本山魚阜《フ》ノ淨侶ヲ一。嚴ソカニ結ヒ二瑜伽ノ密壇一。修ス二供養本尊ノ梵軌ヲ一

緬《ホノ》カニ惟ミレハ此ノ文殊樓院ハ者

清和天皇御願　慈覺大師艸創

以テレ故ヲ

以テ二五臺ノ香木ヲ一　刻ミ二大士ノ尊像ヲ一
取ニ彼山ノ土壤一　埋ニ師子ノ足下一
振ヒ二本朝嚴威ヲ一　祈ル二異域降伏ヲ一
可レ謂ツ
海内昇平之玉樓　治世利民之靈場ナリト
雖トモレ然リト
寛文再建ヨリ以來タ春秋既ニ久ク
元文重修之後歳月《セイゲツ》亦深シ
是ヲ以テ
先ニ捧ニ修營懇請一　今マ降ニ鼎重台命一
巨候(侯カ)轉ニ運シ材用ヲ一　重臣董ニ督ス工作ヲ一
於テレ是ニ
屋宇軒簷耀シ二彩畫一麗ス二彫飾ヲ一
像設幡蓋鏤メ二金碧ヲ一坛(ママ)ス二丹瑤ヲ一
方ニ今マ
瑜伽密法以テ爲シ二供養慶讚一
梵唄歌詠用テ伸フ二經營落成一

伏シテ願クハ
陰陽交和シテ庶物時ニ育シ
惠風廣ク被シメ澤曁ン二迷荒一
觀レハ夫レ
溪水傳テレ聲ヲ示シ二法身ノ說一
白雪降テレ峯ニ顯ス二天華ノ粧ヒヲ一
景光惟レ勝ル　感光何(享カ)ソ爽ハン
祈願旨深ク　啓白辭疎シ
三寶證知シ　衆聖洞鑒シタマヘ
抑爲ニ二令法久住利益人天ノ一
南無摩訶毘盧遮那如來
南無金剛手菩薩
熏修瑜伽ノ場。落慶脩葺ノ所。梵釋四王。二十八天。本邦封境。名山大川。本山管鎭。日吉大權。赤山神明。總シテハ滿空盡地ノ神祇百靈。必ス來儀降臨シタマフラン。然レハ則爲ニ二各威權自在顯揚佛事ノ一
一切神分般若心經　大般若經名

奉コン爲二今上皇帝寶曆遐長天祚永久一ノ

南無藥師瑠璃光如來

南無大聖文殊支利菩薩

奉コン爲二仙院天皇壽算千秋一ノ

南無藥師瑠璃光如來

南無大聖文殊支利菩薩

奉コン爲二大樹幕下保國安民本支萬世一ノ

南無藥師瑠璃光如來

南無大聖文殊支利菩薩

爲二監校將作董督工役司曹吉慶多福祿遷高擧一ノ

南無大聖文殊支利菩薩

南無觀自在菩薩

爲二本山清肅支院繁興一ノ

南無大聖文殊支利菩薩

爲下風雨順時穀禾有年人人登リ二壽域一各各到中寶渚上

南無大聖文殊支利菩薩

爲二法成就一ノ

南無摩訶毘盧遮那如來

南無金剛手菩薩

南無大聖文殊支利菩薩

南無佛眼部母菩薩

南無一字金輪佛頂

南無一切三寶

天明元（一七八一）辛丑十月二十四日

（別紙）

唱禮畢テ驚覺

唵縛《ハ》日《シ》盧《ロ》地《チ》瑟《シ》吒《タ》吽《ウン》

九方便畢テ發願

至心發願　唯願大日　本尊聖者　大聖文殊

八大菩薩　四大明王　十六大天　三部五部

諸尊聖衆　滿山三寶　還念本誓　二返金輪聖王

寶祚延長　大樹幕下　武運長久　山上安穩

伽藍安全　決定成就　及以法界　平等利益

次五大願

衆生無邊　福智無邊　法門如來　無上菩提

誓願證　護持所願成圓滿

---

(6) 政所大黑天遷座法則

政所大黑遷座表白

愼敬白二眞言敎主大日如來兩部界會諸尊聖衆。殊本尊聖者大黑天神諸大眷屬鎭護國家醫王善逝日光月光十二大將七千夜叉東西楞嚴住持三寶。惣者盡虛空遍法界一切三寶境界一言。方今南瞻部州大日本國近江州比叡山延曆寺止觀院於二此道場一信心大法主

新摩訶迦羅天尊軀刻彫開眼遷座之調儀則事有。其旨趣如何者夫

入二顯敎之室一以二中道一爲二窮源一

向二祕密之門一以二天部一爲二最上一

遮那止觀之業雖レ分二兩旨一天部中道之體都無二異路一

就中

諸天之利生區。此天之擁護至深。彼神之巨益最廣

然則摩訶迦羅天者

不動明王之文(分カ)身。堅牢地天之化現也
於二三寶一者。成二外護之誓一
於二四衆一者。勵二父母之懷一
加之
(傳全四、三三〇。六天講式參照)金剛頂經中。以二自食上分一。供二養大黑天神一。日日養二育一
萬五千人衆一。夜夜增二加一千萬億福德一説。一經中。凡念二
此天神密號一有二六十種得益一。捧二一花一香一行者七寶隨レ
心滿二庫藏一宣《タマヘリ》
依之
高祖傳敎大師御手三面一軀尊容刻彫而院院安置。養二三
千徒衆惠命一與二貧窮群類福田一。抑又。三身三面者示二三
諦一諦之實理一。一大圓融袋裏納二十界三千之珍寶一。金剛
堅固槌下雨二本性圓妙珠玉一。寔是眞俗兩諦之依怙。世出
世閒之倚頼者哉
爰信心法主
權大僧都光海法印。摸二大師刻彫之尊像一。新安二置此靈
場一

俯以
聚沙爲二佛塔一之微善。尙歸二廣大一乘一。況聖容造立之素
願。豈非二莫太功德一乎
若爾者
佛閣堂堂兮　覃二三會之曉天一
靈像魏魏兮　繼二慈尊之夕陽一
兼又
信心法主法體堅固俗諦常住
一天安全　四海靜寧　山上繁榮　山下豐饒
伽藍長久　佛法紹隆　僧衆和合　廣作佛事
法界海中　平等利益　稱揚旨深　啓白詞淺
三寶諸天　悉知證見
抑令法久住利益人天護持法主惠命長遠恆受快樂爲
南無摩訶毘盧遮那如來
南無
遷座供養之庭。滅罪生善砌。爲下飡二受法味一隨中喜善根上。
冥衆定來臨影(嚮カ)響。奉レ始二釋梵二大護世四王一三界所有天

王天衆。日月五星北辰北斗。炎羅王界泰山府君。司命司
錄(祿カ)。野馬臺神母天照太神。王城鎭護諸大明神。殊者當山
守護兩所三聖。稻荷松尾祇薗北野赤山明神等諸大眷屬。
別者信心法主本命元辰當年屬星。乃至年中行役(疫カ)流行神
等。併奉二爲法樂莊嚴威光增益一。一切神分般若心經
三國傳燈顯密祖師。普賢行滿究竟圓滿。乃至貴賤靈等皆
成佛道奉爲
　南無摩訶毘盧遮那如來
　南無妙吉祥菩薩
金輪聖王玉體安穩。太上天皇御願圓滿。諸院諸宮寶壽長
遠奉爲
　南無摩訶毘盧遮那如來
　南無妙吉祥菩薩
三台九棘文武百領
大樹幕下國群(郡カ)諸將各願成就御爲
　南無摩訶毘盧遮那如來
　南無妙吉祥菩薩

信心法主　法體堅固　列座諸德　惠命長遠
堂內安全　興隆佛法　鐵圍沙界　平等利益爲二
　南無摩訶毘盧遮那如來
　南無妙吉祥菩薩
決定法成就爲
　南無摩訶毘盧遮那如來
　南無一字金輪佛頂
　南無佛眼部母菩薩
　南無叡山大師
　南無一切三寶

(7) 辛崎宮正遷座法則

（屏書）天明元丑六月二十七日（一七八一）

辛崎宮正遷座法則

先啓白

謹《ミ》敬《テ》白《シテ》二法界宮殿毘盧覺者。三五部類瑜伽眞詮。金剛妙德諸大薩埵。身子目連諸大聲聞。凡《テハ》盡十方世界一切三寶《ニ》一言《ク》。方《ニ》今《マ》於《ニ》二裟婆世界一四天下南瞻部洲大日東國志賀郡辛崎大明神《ノ》宮祠《ニ》一。叡岳《ノ》淨侶依《テ》二瑜伽密軌一修《ス》二宮祠脩葺落慶梵儀《ヲ》一。緬惟

當社神明者

靈山由《テ》二芳契一　應迹《ヲ》垂《レ》二此地《ニ》一

叡嶽護《リ》二圓乘一　山王《ノ》補《タマフ》二行化《ヲ》一

是《ヲ》以《テ》

特《ニ》給《ヒ》二女官《ノ》別當一　頻《ニ》進《ム》二神祇《ノ》位階《ヲ》一

尋《レハ》二其《ノ》本《ヲ》一本高《シテ》窮《ハメ》二唯佛與佛之內證一

論《レハ》二其《ノ》迹《ヲ》一迹廣《シテ》施《タマフ》二普門示現之外用《ヲ》一

依《テ》レ之

近隣參籠之者《ハ》除《ヒ》二三毒七難之横災一

遠境渇仰之輩《ハ》滿《ツ》二二求兩願之素懷《ヲ》一

測《リ》知《ヌ》

治國利民尊神　紹隆佛法靈社《ナリ》

故《ヲ》以

先《ニ》修葺降《リ》二台命一　今《マ》落成《ヲ》告《ク》二茲《ノ》日《ニ》一

於《テ》レ是《ニ》

梵唄歌詠爲《シ》二慶讚《ヲ》一　珍味嘉羞伸《フ》二供養《ヲ》一

觀《レハ》夫《レ》

松樹綠益《ヾ》盛《ニシテ》示《シ》二御代長久一

江湖浪彌《ヾ》靜《ニシテ》顯《ス》二海內昇平一

景光正《ニ》美《ハシ》　感格何《ソ》爽《ハン》　祈願旨深《ク》

啓白辭短《シ》　三寶證知　諸天洞鑑《シタマヘ》

抑爲二令法久住利益人天一

南無摩訶毘盧遮那如來
　南無金剛手菩薩
修營落慶之場。法會啓建之處。爲メニ下饗二受シ法喜一ヲ證中
明勝《センカ》事上。天神地祇降下來臨シタマフラン。然レハ則チ爲二上ハ梵
釋四天盡空曜宿。下ハ名山大川滿地神靈。殊ニハ日吉大權
現赤山神明等。各倍增威權益進福惠一ノ。一切神分二
　般若心經　大般若經名
奉二爲今上皇帝寶曆遐長天祚永久一
　南無藥師瑠璃光如來
　南無觀自在菩薩
奉二爲大樹幕下保國安民福延萬世一
　南無釋迦牟尼如來
　南無觀自在菩薩
奉二爲貫主大王二嚴圓滿御願成就一
　南無摩訶毘盧遮那如來
　南無觀自在菩薩
爲二監校將作ノ有司。董督工役ノ屬吏。吉慶多福祿遷高擧一

南無摩訶毘盧遮那如來
　南無觀自在菩薩
爲下ニ風雨順時穀禾有年。人人登二壽域一ニ各各到中寶渚上
　南無摩訶毘盧遮那如來
　南無觀自在菩薩
爲二法成就一
　南無摩訶毘盧遮那如來
　南無金剛手菩薩
　南無佛眼部母菩薩
　南無一字金輪佛頂
　南無一切三寶

(8) 表白　唐崎

表白

愼敬白㆓三身卽一釋迦大師。證明法華多寶世尊。靈山虛空二處三會。發起影向當機結緣ノ諸衆。八萬十二權實聖教。普賢文殊等諸大薩埵。身子目連等諸賢聖衆。盡空法界三寶境界㆒而言。方今講優婆提舍奉㆑資㆓當社法樂ニ㆒。其意趣何夫。吾神者伊勢ノ海。問㆓神路山之昔㆒。女日神威光普ク耀㆓志賀ノ浦㆒。思㆓吾立杣之今㆒。女別當靈驗尚盛ナリ

是以

天智春朝柳花芬芬兮當社御名早立シ
桓武秋夕松風颯颯兮唐崎波色再ヒ顯ル
惣シテ此松ハ千千萬萬不㆑知㆓其ノ始ヲ㆒
亦彼浦ハ億億載載無㆑計㆓其ノ數㆒
名所獨四州ニ秀タリ　靈木無㆓三國□㆒

近般

松樹枝朽巠(莖カ)葉色老タリ。爲㆓神慮㆒謂㆓時節㆒トヤ不《シ》㆑如《シ》カ。追㆓先蹤ヲ㆒講㆓法花ヲ㆒祈ランニハ㆓再隆ヲ㆒計知ヌ。誠㆓後車ヲ㆒演テ㆓神詫ヲ㆒滿㆓願望ヲ㆒

凡

尋㆓萬壽ノ古ヲ㆒依㆓神慮ニ㆒三宮林枯ルル時衆徒修㆓八講ヲ㆒成ナリ㆓青葉ト㆒
思㆓天文ノ比ヲ㆒漂㆓大水ニ㆒一松ノ色變セントスル砌ニ君臣詠㆓六[題]ヲ㆒再昌榮ナリ

是則

顯シ㆓敗種還生ノ於法花勝用ヲ㆒
示ス㆓高原蓮生ノ於吾山嘉名ヲ㆒

依之

詣㆓神前ニ㆒捧㆓醍醐ヲ㆒。臨㆓龍淵ニ㆒備㆓法味ヲ㆒

若爾者

獻㆓赤鯉ヲ㆒八柳之跡殘雪難消
供㆓粟餉ヲ㆒一松之隱枝葉色盛ナラム

將又法財ノ施主。緇素ノ達親

良因厚シテ二當社ニ而成二如影隨形之神眷一ト
善縁深二山王一而蒙二無暫離時之利生一ヲ
　觀ハ夫レ
叡月照照兮上求菩提之莊遮レ眼
湖水深深兮下化衆生之色染レ心
修レ善砌加二龍神八部擁護一
起レ誓ヲ所ニハ施二八百萬ノ神化導一
　然則
普天率土泰平而松風呼二萬歳ノ聲一ヲ
山上山下富貴而溪水成二千秋ノ響一ヲ
君臣和合兮納一天　主民榮耀兮靜四海
啓白詞短。靈神知見
右章海僧正以二直筆一書二寫之一

（合綴の奥書なし）

（底　本）叡山文庫無動寺藏、諸法則等八通一括一册寫本
（校訂者　水尾寂芳）

〔諸法則　八通　終〕

法儀　2

校訂者：天台宗典編纂所　編纂委員：水尾寂芳

解題担当者：編 纂 委 員　水尾寂芳

編纂研究員　齊川文泰・伊藤進傳

中川仁喜・塩入亮乗

天台宗典編纂所

（初版）〈囑託編輯長〉藤平寛田

〈編　輯　員〉一色皓湛・小川晃洋・弓場苗生子

吉田慈順・山中崇裕

〈編纂研究員〉那波良晃

〈臨 時 職 員〉成田教道

天台宗祖師先徳鑽仰大法会記念

續天台宗全書　法儀2　常行堂聲明譜
法則類聚

令和元年（二〇一九）七月二十九日　第一刷発行

編纂　天台宗典編纂所
滋賀県大津市坂本四−六−二（〒五二〇−〇一一三）
電話〇七七−五七八−五一九〇

刊行代表者　理事長　杜多道雄
天台宗教学振興事業団©
滋賀県大津市坂本四−六−二（〒五二〇−〇一一三）

発行者　神田明

発行所　株式会社　春秋社
東京都千代田区外神田二−十八−六（〒一〇一−〇〇二一）
電話〇三−三二五五−九六一一

印刷所　図書印刷株式会社
東京都北区東十条三−十−三十六

製本所　ナショナル製本協同組合
東京都板橋区東坂下一−十八−八

装丁者　河合博一

定価：函等に表示

本文組版：電算写植　本文用紙：中性紙

ISBN978-4-393-17142-4　第2回配本（第Ⅲ期全10巻）

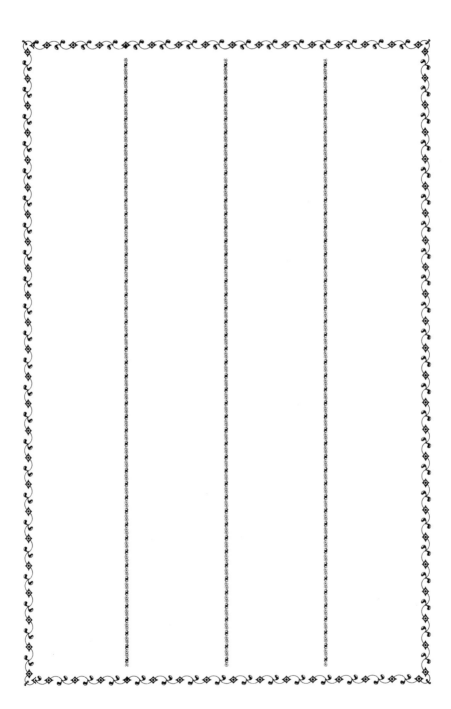